Wissenschaftliche Untersuchungen
zum Neuen Testament · 2. Reihe

Herausgeber / Editor
Jörg Frey (Zürich)

Mitherausgeber / Associate Editors
Friedrich Avemarie (Marburg)
Markus Bockmuehl (Oxford)
James A. Kelhoffer (Uppsala)
Hans-Josef Klauck (Chicago, IL)

299

Christian Stettler

Das letzte Gericht

Studien zur Endgerichtserwartung
von den Schriftpropheten bis Jesus

Mohr Siebeck

CHRISTIAN STETTLER, geboren 1966; Studium der evangelischen Theologie in Zürich, Tübingen und Erlangen, Vikariat in Bischofszell (Schweiz); 1993 Promotionsstipendiat des Schweizerischen Nationalfonds; 1994–2000 Assistent in Tübingen; 2000 Promotion; 2000–03 Habilitationsstipendiat des Schweizerischen Nationalfonds in Heidelberg und Cambridge (England); 2004–06 Oberassistent für Neues Testament in Zürich; seit 2007 Pfarrer in Gächlingen bei Schaffhausen (Schweiz).

ISBN 978-3-16-150512-6
ISSN 0340-9570 (Wissenschaftliche Untersuchungen zum Neuen Testament, 2. Reihe)

Die Deutsche Nationalbibliothek verzeichnet diese Publikation in der Deutschen Nationalbibliographie; detaillierte bibliographische Daten sind im Internet über *http:// dnb.d-nb.de* abrufbar.

Für Hanna

מַה־יָּפוּ דֹדַיִךְ

כְּשׁוֹשַׁנָּה בֵּין הַחוֹחִים כֵּן רַעְיָתִי בֵּין הַבָּנוֹת

Vorwort

"And that," said Ransom, "will be the end?"
Tor the King stared at him.
"The end?" he said. "Who spoke of an end?"
"The end of your world, I mean," said Ransom.
"Splendour of Heaven!" said Tor. "Your thoughts are unlike ours. About that time we shall be not far from the beginning of all things. But there will be one matter to settle before the beginning rightly begins."
"What is that?" asked Ransom.
"Your own world," said Tor, "Thulcandra. The siege of your world shall be raised, the black spot cleared away, before the real beginning. ... It is but the wiping out of a false start in order that the world may *then* begin."

C. S. LEWIS in *Perelandra*

Die vorliegenden Studien waren ursprünglich als Bestandteil meiner Habilitationsschrift zur paulinischen Lehre vom Endgericht geplant. Sie wuchsen dann aber zu einer selbständigen Monographie heran. Ein wesentlicher Teil dieses Buches entstand während eines dreijährigen Aufenthalts an der Universität Cambridge. Auf Einladung von Prof. William Horbury konnten meine Frau und ich als Research Associates des Corpus Christi College und als Visiting Fellows am Centre for Advanced Religious and Theological Studies der Faculty of Divinity von den exzellenten Bibliotheken und dem intensiven internationalen und interdisziplinären Austausch in Cambridge profitieren. Finanziell ermöglicht wurde dieser Forschungsaufenthalt durch ein Stipendium des Schweizerischen Nationalfonds, für das ich zu großem Dank verpflichtet bin. Ein weiterer Teil dieses Buches entstand, als ich zwei Jahre lang an der theologischen Fakultät der Universität Zürich teilzeitlich als Oberassistent angestellt war. Ich bin meinem damaligen Chef, Prof. Samuel Vollenweider, für die ausgezeichneten, flexiblen Arbeitsbedingungen sehr dankbar, die es mir ermöglichten, meine Forschungsarbeiten weiterzutreiben. Fertiggestellt wurde diese Arbeit neben einer Pfarrstelle, die meine Frau und ich seit 2007 teilen.

Viele Personen haben durch ihren Rat und ihre Ermutigung zum Gelingen dieser Studie beigetragen. Mein Gastgeber in Cambridge, Prof. William Horbury, war immer wieder bereit, sich für meine Fragen Zeit zu nehmen und mir an seinem enormen Wissen Anteil zu geben. Dres. Andrew und Susan Chester haben mit ihrer herzlichen Freundschaft wesentlich dazu beigetragen, dass wir uns als ganze Familie in Cambridge so wohl gefühlt haben. Dem damaligen Warden des Tyndale House for Biblical Research, Dr. Bruce Winter, danke ich für die Möglichkeit, die hervorragende Bibliothek dieses internationalen Forschungszentrums zu nutzen, und Dr. Elizabeth Magba, der Bibliothekarin, und Dr. David Instone-Brewer, dem technischen Mitarbeiter, für ihre unermüdliche Hilfsbereitschaft.

Intensiver Austausch mit einer Reihe von Alt- und Neutestamentlern aus aller Welt hat meine Perspektiven geweitet und befruchtet. Sie alle aufzuzählen, würde den Rahmen dieses Vorworts sprengen. Speziell erwähnen möchte ich Prof. Peter Stuhlmacher, Tübingen, der sich trotz der ihn rund um die Uhr beanspruchenden Pflege seiner schwerkranken Frau immer wieder Zeit genommen hat, Texte seines früheren Assistenten und Doktoranden zu lesen und wertvollen Rat zu geben. Prof. Thomas Pola, Dortmund, hat eine frühe Fassung des Manuskripts gelesen und hilfreich kommentiert, und Prof. Thomas Krüger, Zürich, hat den alttestamentlichen Teil durchgesehen und wichtige Literaturhinweise gegeben. Ihnen allen sei herzlich Dank gesagt. Außerdem möchte ich hier besonders den Professoren Howard Marshall, Aberdeen, David Wenham, Bristol, und Palmer Robertson, Kampala (Uganda) für lehrreiche freundschaftliche Gespräche danken.

Prof. Jörg Frey, Zürich, danke ich herzlich für die Aufnahme dieser Arbeit in die Reihe der Wissenschaftlichen Untersuchungen zum Neuen Testament und für seine wertvollen Verbesserungshinweise. Dank gebührt auch Tanja Mix vom Verlag Mohr Siebeck für ihre kompetente Begleitung bei der Fertigstellung des Manuskripts.

Unsere drei Söhne Samuel, Daniel und Josua waren mir in den Jahren der teilzeitlichen Forschungsarbeit eine Quelle der Freude. Dass meine Frau und ich unsere zur Verfügung stehende Forschungs- und Familienzeit meistens geteilt haben, hat einerseits unsere wissenschaftlichen Arbeiten in die Länge gezogen, mir andererseits mit unseren Söhnen viele glückliche Zeiten beschert, die ich niemals missen möchte.

Dieses Buch ist meiner geliebten Ehefrau Hanna gewidmet, die mich all die Jahre als meine treue Gefährtin und Freundin begleitet und mit ihrer Liebe erfreut hat. Durch alle Höhen und Tiefen mit ihr Seite an Seite zu gehen und so vieles mit ihr zu teilen, ist mein größtes irdisches Glück.

Zuletzt danke ich allen, die mich, meine Familie und unsere Arbeit in ihrer Fürbitte immer wieder dem anbefohlen haben, der meine Stärke ist, mein Fels, meine Burg, mein Erretter. Aller Dank soll einmünden in den Dank an Ihn.

Inhaltsverzeichnis

Abkürzungsverzeichnis

Die Abkürzungen richten sich in der Regel nach:

Abkürzungen Theologie und Religionswissenschaft nach RGG[4]. Hg. Redaktion der RGG[4]. Tübingen 2007.

Ausnahmen:

2Bar	syrischer Baruch
3Bar	griechischer Baruch
TN	Targum Neofiti

Die Abkürzungen für Qumran-Schriften folgen:

Johann Maier. *Die Qumran-Essener: Die Texte vom Toten Meer.* 3 Bde. Basel 1995–1996.

Zusätzlich werden folgende Abkürzungen verwendet:

AOTC	Apollos Old Testament Commentary
BBR	Bulletin for Biblical Research
BM	Bibelwissenschaftliche Monographien
CGTC	Cambridge Greek Testament Commentary
DCLY	Deuterocanonical and Cognate Literature Yearbook
DJG	*Dictionary of Jesus and the Gospels.* Hg. Joel B. Green, Scot McKnight und I. Howard Marshall. Leicester 1992.
GBL	*Das große Bibellexikon.* Hg. Helmut Burkhardt u. a. 3 Bde. Wuppertal 1988.
HBT	Horizons in Biblical Theology
ISBE	*The International Standard Bible Encyclopedia.* Hg. Geoffrey W. Bromiley. 4., völlig neu bearb. Aufl. Grand Rapids MI 1979–88.
JETS	Journal of the Evangelical Theological Society
KNT	Kommentar zum Neuen Testament
KZATV	Kartellzeitung akademisch-theologischer Vereine
NCeB	New Century Bible
NDBT	*New Dictionary of Biblical Theology.* Hg. T. Desmond Alexander und Brian S. Rosner. Leicester und Downers Grove IL 2000.
NIB	New Interpreter's Bible
NIDOTTE	*New International Dictionary of Old Testament Theology and Exegesis.* Hg. Willem VanGemeren. 5 Bde. Grand Rapids MI 1997.
OxBC	*The Oxford Bible Commentary.* Hg. John Barton und John Muddiman. Oxford 2001.
PBM	Paternoster Biblical Monographs

Kapitel I

Einleitung

Nachdem das Endgericht in der Exegese Jahrzehnte lang kaum thematisiert wurde, hat das Interesse am Thema in den letzten Jahren deutlich zuge-nommen. Neben einer Reihe von Arbeiten zur Gerichtserwartung Jesu[1] und des Paulus[2] und zu einem Aspekt der neutestamentlichen Gerichtsanschau-ung[3] haben sich auch eine Zeitschrift[4] und zwei Festschriften[5] des Themas angenommen. Auch in der systematischen Theologie ist das Interesse am jüngsten Gericht stärker geworden.[6] Im Bereich der alttestamentlichen und frühjüdischen Forschung ist eine Fülle von Studien zu Einzelaspekten des Themas erschienen.[7] Nach wie vor fehlen aber Arbeiten, die einen Über-blick über das Thema im Alten Testament und im Frühjudentum geben. Unter den neueren Theologien des Alten Testaments widmet – so weit ich sehe – allein diejenige von Otto Kaiser dem Thema Gericht eigene Kapi-tel.[8]

Einige der neutestamentlichen Arbeiten beginnen mit einem Durchgang durch alttestamentliche und frühjüdische Gerichtsaussagen.[9] Diese Über-blicke befassen sich teils nur mit einer Auswahl von Belegen, teils gehen sie von vornherein von einer bestimmten Systematik der frühjüdischen Ge-richtserwartung aus.

Die Arbeit von *Kent Yinger* leidet an einer zu engen Textauswahl, da sie nur Stellen be-handelt, die explizit von einer Vergeltung „nach den Werken" sprechen. Dass der Sach-verhalt des Gerichts nach den Werken auch in vielen anderen Passagen zum Ausdruck kommt, lässt Yinger außer Acht. Durch diese unzulässige Einschränkung des Fokus ist automatisch die Gefahr einer Verfälschung des Ergebnisses mitgegeben. Yinger schließt

---

[1] REISER, *Gerichtspredigt*; ZAGER, *Gottesherrschaft*; RINIKER, *Gerichtsverkündigung*; GREGG, *Historical Jesus*.

[2] KONRADT, *Gericht*.

[3] WENDEBOURG, *Tag des Herrn*.

[4] *ZNT* Heft 9, 5. Jg. (2002).

[5] BONS, *Jugement* (Altes Testament); COULOT, *Jugement* (Neues Testament).

[6] Vgl. MIGGELBRINK, *Zorn Gottes*; DERS., *Der zornige Gott*; Zeindler, *Gott der Rich-ter*; WYNNE, *Wrath*.

[7] S. auch unten II.A.

[8] KAISER, *Gott*, v. a. Bd. 1, § 9; Bd. 3, §§ 4, 5 und 13.

[9] Beispiele sind: REISER, *Gerichtspredigt*; ZAGER, *Gottesherrschaft*; YINGER, *Paul*; GATHERCOLE, *Boasting*; WENDEBOURG, *Tag des Herrn*; GREGG, *Historical Jesus*; VAN-LANDINGHAM, *Judgment*.

sich für sein Bild des antiken Judentums der Sicht des „covenantal nomism" an, wie sie von Ed P. Sanders herausgearbeitet wurde.[10] Nach Sanders ist das antike Judentum keineswegs eine Religion der Werkgerechtigkeit, nach der man sich das Heil durch Gesetzesgehorsam „verdienen" müsse, sondern eine Gnadenreligion, nach der Gott Israel allein aus Gnade in den Bund mit ihm aufgenommen habe („getting in"), Israel aber das Bundesverhältnis durch Gesetzesgehorsam aufrecht erhalten müsse („staying in").

Das Gegenteil versucht die Studie von *Chris VanLandingham* zu belegen, nämlich dass im Alten Testament und im Frühjudentum JHWH mit seiner Gnade durchweg auf menschlichen Toragehorsam antwortet; auch die Bundesschlüsse mit Abraham, Israel etc. seien die göttliche Antwort auf menschliche Gerechtigkeit. Dasselbe gelte in allen Schriften für die Rechtfertigung im Endgericht. Diese Arbeit wurde als Dissertation unter der Anleitung von George Nickelsburg geschrieben. Sie interessiert sich nicht für das Endgericht insgesamt, sondern nur für die Frage, wie sich Erwählung und Verdienst im Alten Testament, im Frühjudentum und bei Paulus zueinander verhalten. Die Untersuchung zeigt, wie wichtig für viele Texte Toragehorsam und Verdienst sind, übergeht oder marginalisiert aber andere Texte, die sehr wohl von einer bedingungslosen Erwählung sprechen.[11]

Die Studie von *Nicola Wendebourg* ist einerseits sehr breit angelegt, indem sie die prophetischen Bücher des Alten Testaments, die frühjüdischen Schriften und das ganze Neue Testament in den Blick nimmt; andererseits untersucht sie nur Belege, in denen das Motiv des „Tags des Herrn" vorkommt. Gerade diese thematische Einengung ist ihr größtes Defizit; der „Tag des Herrn" ist nur eines von einer ganzen Reihe von Motiven, die im Zusammenhang mit dem Endgericht Verwendung finden. Trotz dieses Defizits, das die vorliegende Untersuchung ausgleichen will, führt Wendebourgs Analyse zu wichtigen Korrekturen älterer Arbeiten; ihre Ergebnisse sind durchaus für die frühjüdische und neutestamentliche Gerichtserwartung insgesamt von Bedeutung. Wendebourg zeigt in ihrer Übersicht über den alttestamentlichen Forschungsstand auf, dass in den späteren Texten eine Universalisierung und Eschatologisierung der Gerichtserwartung stattfindet. Zwar ist im prophetischen und frühjüdischen Schrifttum der „Tag des Herrn" überwiegend negativ konnotiert. Dennoch weist die Verfasserin als „fast alle Gerichtstexte durchziehenden Grundgedanken" nach, „dass Jhwhs Einschreiten letztlich darauf zielt, seiner Herrschaft erneut Geltung zu verschaffen" und dass die Texte lediglich einzelne Aspekte des Themas entfalten, die aber zusammengehören: „Gericht *oder* Heil, ... Jhwhs Handeln an Israel, den Völkern *oder* der ganzen Welt" (72). In Bezug auf die Jesustradition stellt Wendebourg fest: „Die Synoptiker entwerfen das Bild einer endzeitlich geprägten Geschichte, die in Jesus Christus ihren Ausgangspunkt hat und als Zeit der Bewährung von diesem Ausgangspunkt her auf einen Abschluss zuläuft, der durch den ‚Tag des Herrn' markiert ist." (279) Wendebourg macht deutlich, dass die urchristliche Eschatologie tief im Alten Testament und im Frühjudentum verwurzelt ist. Das entscheidend Neue der christlichen Hoffnung verortet sie in der schon erfahrenen Heilswende im ersten Kommen des Messias (209). Trotz dieses „Blicks zurück" bleibe die Erwartung des zukünftigen „Tags des Herrn" ein zentrales Element auch in der Jesustradition. Es gehe der neu-

---

[10] E. P. SANDERS, *Paul and Palestinian Judaism* 1977, deutsch *Paulus und das palästinische Judentum* 1985. Eine Zusammenfassung der wichtigsten Kritikpunkte an SANDERS' These und die neueste Literatur bietet FREY, „Judentum" 38–42; vgl. auch ELLIOTT, *Survivors* 52–56.

[11] Diese Einschätzung teilen auch die Rezensionen von CARSON, TILLING und WESTERHOLM.

testamentlichen Gerichtserwartung nicht nur um die Vergeltung des menschlichen Tuns, sondern auch um eine „theo- und christologische Tiefendimension" (362), nämlich darum, dass Gott (durch seinen Messias) zu seinem Recht komme und seine Herrschaft umfassend durchsetze. Die Vernichtung der Sünder und des Bösen sei die notwendige Kehrseite davon. – Im Einzelnen bleibt zu prüfen, wie weit sich die Ergebnisse Wendebourgs auf die Endgerichtserwartung insgesamt übertragen lassen.[12]

Im deutschen Sprachraum besonders einflussreich wurden die Beiträge von *Egon Brandenburger* und *Karlheinz Müller*, die von mehreren einander ausschließenden Gerichtskonzeptionen im Frühjudentum ausgehen.[13] Zu den Exegeten, die sich ihrer Sicht anschlossen, gehören u. a. Marius Reiser, Michael Wolter und Matthias Konradt.[14] Die Unterscheidung mehrerer einander ausschließender Gerichtskonzeptionen wird aber den Texten kaum gerecht. Karheinz Müller hat selber darauf hingewiesen, dass (1) die unterschiedlichen „Konzeptionen" in ein und demselben Text *gleichzeitig* und *nebeneinander* vorkommen"[15] und dass (2) die frühjüdischen Texte, bei aller schier unübersehbaren Fülle an Motiven, eine „gemeinsame weltanschauliche Rückwand" aufweisen: die Erwartung der endzeitlichen Königsherrschaft Gottes.[16] Damit führen die frühjüdischen Gerichtstraditionen die älteren Traditionen des Alten Testaments fort, die Gericht nicht als etwas Negatives, etwa als „Straf- oder Vernichtungsgericht", sondern positiv als Durchsetzung der Wohlordnung Gottes in der Welt verstehen.[17] Letztere Einsicht ist in der neutestamentlichen Forschung noch kaum rezipiert worden.[18]

Die vorliegende Arbeit versucht, erneut die Fülle der Texte zusammenzusehen und ihre Gemeinsamkeiten wie Unterschiede herauszuarbeiten. Dies geschieht im Vierschritt Altes Testament – Frühjudentum – Johannes der Täufer – Jesus. Dabei verfolgt die Arbeit zwei Ziele: Erstens will sie gegen die klassische Propheten-Anschluss-Theorie und gegen einige Entwürfe des „Third Quest for the Historical Jesus" die tiefe Verwurzelung Jesu im apokalyptischen Denken aufweisen, jedenfalls was seine eschatologischen Erwartungen anbelangt. Zweitens will sie Kontinuitäten in der Gerichtsverkündigung von den Schriftpropheten über die Apokalyptik bis hin ins Neue Testament aufweisen und somit perspektivischen Verkürzungen neuerer Entwürfe zum Endgericht begegnen. Dabei steht die Frage

---

[12] Dass der Befund z. T. anders ausfällt, wenn alle Gerichtsaussagen einbezogen werden, stellt sie z. B. S. 136 und 150 Anm. 106 selber fest.

[13] BRANDENBURGER, „Gerichtskonzeptionen"; K. MÜLLER, „Gott als Richter".

[14] KONRADT, *Gericht*; REISER, *Gerichtspredigt*; WOLTER, „Gericht".

[15] K. MÜLLER, „Gott als Richter" 41.

[16] K. MÜLLER, „Gott als Richter" 44.

[17] S. den Überblick bei JANOWSKI, „Richter".

[18] Ausnahmen sind z. B. MERKLEIN, „Gericht"; ZAGER, *Gottesherrschaft*; WOLTER, „Gericht".

nach Einheit in der Vielfalt der Gerichtsmotive im Mittelpunkt, die Unter-
suchung soll aber auch einen Beitrag zur Diskussion um die Rolle von
Gnade und Werken im Frühjudentum und bei Jesus und damit zur von Ed
Sanders ausgelösten „Bundesnomismus"-Diskussion leisten.[19]

Im alttestamentlichen Teil werden zuerst unter stärker synchronem Aspekt grundlegende semantische Beobachtungen zum Thema Gericht und
Gericht JHWHs angestellt. In einem zweiten Schritt wird versucht, den
historischen Gang der Gerichtserwartung von den frühen Schriftpropheten
bis zur Sapientia Salomonis nachzuzeichnen. Im frühjüdischen Teil werden
die Linien, die im Alten Testament entdeckt wurden, auf das weitere Feld
der außerkanonischen frühjüdischen Schriften ausgezogen. Hierbei wird
der Differenzierung zwischen den unterschiedlichen frühjüdischen Strömungen besonderes Augenmerk geschenkt. Die Abschnitte zu Johannes
dem Täufer und Jesus zeigen, wie tief beide in der frühjüdischen, speziell
der „chasidisch"-apokalyptischen, Gerichtserwartung verwurzelt waren,
wie sie aber auch völlig neue Akzente setzten. So entsteht ein vielfältiges
Bild der frühjüdischen Gerichtserwartung, das aber dennoch klare Grund-
konstituenten aufweist.

---

[19] E. P. SANDERS, *Paulus.*

Kapitel II

Das Gericht JHWHs nach dem Alten Testament[1]

A. Die gegenwärtige Diskussionslage zu „Eschatologie" und „Gericht" im Alten Testament

Im Folgenden wird die alttestamentlich-frühjüdische Gerichtserwartung aus zwei Gründen relativ ausführlich behandelt:

1. Der schon nicht mehr so jungen Einsicht der Alttestamentler, dass Gottes Gericht nicht einfach „Strafgericht" ist, sondern in erster Linie das positive Ziel hat, Gottes gerechte Ordnung durchzusetzen, wird in der neutestamentlichen Wissenschaft immer noch so gut wie keine Beachtung geschenkt.[2] Deshalb arbeiten die meisten neutestamentlichen Studien zum Endgericht semantisch auf der Grundlage falscher Voraussetzungen und falscher Alternativen.

2. Leider fehlt immer noch eine neuere, ausführliche wissenschaftliche Monographie zur Endgerichtserwartung im Alten Testament.[3] Das Gericht

---

[1] In dieser Studie ist „Altes Testament" im Sinn des Umfangs der Septuaginta, der Bibel weiter Teile des Urchristentums, verstanden (ohne den Appendix, 4. Makkabäer und Psalm 151, und ohne die in RAHLFS' Ausgabe befindlichen Psalmen Salomos). Dieser Grundbestand des Alten Testaments ist (teilweise mit der Ausnahme von 3. Makkabäer und 1. Esdras = 3. Esra) auch den verschiedenen Kanones aller nicht-griechischen alten Kirchen gemeinsam, nämlich der lateinischen, koptischen, syrischen, äthiopischen und armenischen. Auch in den reformatorischen Kirchen wurde dieser Umfang des Kanons beibehalten, jedoch wurden hier die über den reduzierten rabbinischen Kanon hinausgehenden Bücher (also nicht nur die „apokryphen", sondern auch die „deuterokanonischen Bücher" des tridentinischen Kanons) als „Apokryphen" von minderer Autorität gewertet. Lediglich die theologisch vom Puritanismus geprägten Kirchen akzeptierten nur den rabbinischen Kanon (vgl. Westminster Confession I 3). Zum alttestamentlichen Kanon in den verschiedenen kirchlichen Traditionen s. MEURER, Apocrypha, und darin bes. die Übersicht von RÜGER („Extent"). – In der vorliegenden Untersuchung werden jene Bücher, die nur in einzelnen Kirchen zum alttestamentlichen Kanon gehören oder nur einen Anhang zum Kanon bilden (also 4. Makkabäer, Gebet des Manasse, 4. Esra, Psalm 151, Jubiläen, 1. Henoch und der Brief des Baruch [= 2Bar 78,1–86,3]), unter die „außerkanonischen frühjüdischen Schriften" gezählt.

[2] Eine Ausnahme ist ZAGER, Gottesherrschaft, z. B. 104.

[3] In Bezug auf das Alte Testament ist das Thema m. W. nach LEON MORRIS' Studie *The Biblical Doctrine of Judgment* (1960) nicht mehr zusammenhängend behandelt worden. J. KRASOVEC's *Reward, Punishment, and Forgiveness* (1999) bietet eine systematisch-theologische Interpretation des synchronen Befundes zu dem weit gefassten Thema

wird auch in den neueren Theologien des Alten Testaments und Abrissen der alttestamentlichen Eschatologie trotz seiner tragenden theologischen Bedeutung kaum als eigenes Thema behandelt.[4] Neuere Untersuchungen befassen sich mit einzelnen hebräischen Gerichtstermini[5], mit Aspekten des Gerichts[6] oder mit einzelnen Epochen der Gerichtsverkündigung[7]. Das Ergebnis solcher Einzelstudien leidet bisweilen an ihrem zu engen Fokus[8]. Zwei neuere Problemstudien zeigen den unbefriedigenden Zustand der Erforschung des Themas auf, helfen aber inhaltlich nur teilweise weiter (s. u. II.A.2).[9]

1. Zum Begriff „Eschatologie"

Das Endgericht ist eines der eschatologischen Motive des Alten Testaments. Seit Jahrzehnten ist die Frage, wie weit man überhaupt von einer „Eschatologie des Alten Testaments" sprechen könne, Gegenstand einer intensiv geführten Diskussion.[10] Wir können uns für unsere Zwecke an den Konsens halten, den Horst Dietrich Preuss schon 1978 festgestellt hat und der immer noch Gültigkeit besitzt: Man kann zwar durchaus von einer alttestamentlichen Eschatologie sprechen, jedoch nur im Sinn von „Entwicklungslinien", nicht im Sinn eines Systems. „Was als grundlegend Neues

---

in allen alttestamentlichen Büchern. Wiewohl die Arbeit wichtige Gesichtspunkte zur Fragestellung unseres Kapitels beiträgt, handelt es sich weder um eine historische Untersuchung der Geschichte der Gerichtsverkündigung und ihrer Hauptmotive noch um eine semantische Analyse der im Zusammenhang mit dem Gericht vorkommenden Wortfelder. Die Studie ist deshalb für unsere Zwecke nicht direkt von Nutzen. Die neueren Untersuchungen zum Frühjudentum, besonders diejenigen von ELLIOTT und VANLANDINGHAM, beziehen die alttestamentliche Traditionsgeschichte zu wenig mit ein und formulieren deshalb z. T. falsche Alternativen oder falsche Akzentsetzungen. VOLZ' Die Eschatologie des Judentums bleibt als Materialsammlung wichtig, ist aber in vielerlei Hinsicht überholt bzw. für unsere Fragestellung ungenügend.

[4] Eine Ausnahme stellt die Theologie von OTTO KAISER dar (s. o. Kap. I).

[5] So z. B. NIEHR, Herrschen; KRASOVEC, Justice; HO, ṣedeq; PEELS, Vengeance u. a.

[6] P. D. MILLER, Sin; MÜNCHOW, Ethik; ELLIOTT, Survivors; ZAGER, Gottesherrschaft 53–114.

[7] So bietet REISER einen Überblick über die frühjüdische Gerichtserwartung (Gerichtspredigt 1–152).

[8] Siehe z. B. unten die Kritik an REISERs Systematik in seiner Zusammenfassung oder an ELLIOTTs Nichtberücksichtigung der klassischen Prophetie.

[9] BRANDENBURGER, „Gerichtskonzeptionen" und K. MÜLLER, „Gott als Richter".

[10] Siehe SMEND, „Eschatologie" 256–159; SCHREINER, „Eschatologie im Alten Testament" 17–22. Die wichtigsten Beiträge bis 1978 sind dokumentiert im von H. D. PREUSS herausgegebenen Sammelband Eschatologie im Alten Testament; s. weiter den gleichzeitigen Aufsatz von HABETS, „Eschatologie". Zur neueren Diskussion s. SÆBØ, „Eschaton"; REVENTLOW, „Eschatologization" 169–175; UFFENHEIMER, „Eschatology" und ferner die bei BIEBERSTEIN, „Der lange Weg" 4 Anm. 2 genannten Arbeiten.

erwartet wurde, hat sich in der alttestamentlichen Prophetie von Phase zu Phase kontinuierlich gesteigert"; deshalb darf man sich die Definition von ‚Eschatologie im Alten Testament' nicht von einer späten, voll entwickelten Eschatologie vorgeben lassen.[11]

Offen ist, wo man den Übergang zwischen „nicht eschatologisch" und „eschatologisch" sehen soll.[12] Während die einen den Begriff eng definieren und nur auf das Weltende bzw. „das Sichablösen von zwei grundsätzlich unterschiedenen Zeitaltern" beziehen[13], gebrauchen andere ihn weiter gefasst für jede Wende der Geschichte durch ein Eingreifen Gottes, die etwas Neues setzt, „ohne jedoch gleich die Vollendung aller Dinge zu sein"[14]. Die alttestamentliche „eschatologische" Erwartung ist „durch die Eigenart des israelitischen Jahweglaubens entstanden und bestimmt (...), da Jahwe der Gott ist, welcher sich durchsetzt, von Verheißung zu Erfüllung führt sowie Geschichte zielgerichtet gestaltet".[15] Eschatologie in diesem weiten Sinn setzt deshalb nicht erst bei Amos' Ankündigung des „Tages JHWHs" ein, sondern schon bei den Verheißungen an die Väter (vgl. Gen 12,3) und an David (vgl. 2Sam 7).[16] „Eschatologie [hat] nicht nur eine Geschichte, sondern bleibt stets auch auf sie bezogen, denn sie führt zur Vollendung eines Anfangs, zur Erreichung eines Ziels, wobei dieses Ziel [in der Forschung] meist als Königsherrschaft Jahwes, als volle Herrschaft Gottes über sein Volk, über die Völker, über die Welt näher bestimmt wird."[17]

2. Die Problemstudien von Müller und Brandenburger

Zwei Problemstudien zum Thema „Gericht Gottes" aus der Zeit um 1990 stellen die auch heute noch kaum veränderte Diskussionslage dar und entwerfen Perspektiven für eine künftige umfassende Analyse des Themas.

---

[11] BIEBERSTEIN, „Der lange Weg" 4.

[12] PREUSS, *Eschatologie* 5.

[13] PREUSS, *Eschatologie* 6.

[14] PREUSS, *Eschatologie* 7.

[15] PREUSS, *Eschatologie* (9–)10; ders., *Theologie* 2,278f. (ausgeführt in: Ders., *Jahweglaube*; ähnlich schon PROCKSCH, *Theologie* 582).

[16] Siehe PREUSS, *Eschatologie* 11f. und die dort genannte Literatur; ähnlich WESTERMANN, *Oracles* 13 (Heilsworte gibt es im Alten Testament von den Väterverheißungen an bis in die Apokalyptik hinein). Einen Überblick über die „wesentlichen Zukunftserwartungen" vor den Schriftpropheten gibt SCHREINER, „Eschatologie im Alten Testament" 2–5.

[17] PREUSS, *Eschatologie* 16.

a) Egon Brandenburger

Nach Egon Brandenburgers Untersuchung zu den neutestamentlichen Gerichtskonzeptionen ist „Richten" im Neuen Testament nicht nur auf die
Rechtssphäre bezogen.[18] Trotzdem solle man den Begriff „Gericht Gottes"
auf die „Vorgänge aus der Rechtssphäre" beschränken; er bezeichnet nach
Brandenburger verschiedenste „Gesichtspunkte, unter denen der Glaube
negatives Weltgeschick als Gotteshandeln erblickt, erfahrenes ... sowie an-
gesagtes oder erwartetes".[19] Die Anschauung vom Gericht Gottes wurzle in
der Rede von Gottes Königtum: „Rechtssetzung und Rechtswahrung" seien
„Funktionen des (idealen) Königtums" und somit auch Gottes als König.[20]
Dagegen habe die Gerichtsvorstellung ursprünglich nichts mit dem weisheitlichen Tun-Ergehen-Zusammenhang zu tun, die „merkwürdige[n] Ver-
quickung" der beiden Traditionen sei erst spät (z. B. in Mt 25,31–46) auf
Grund der beiden Bereichen gemeinsamen „bewältigten geschickhaften Erfahrungen negativen Weltgeschehens" erfolgt.[21]

Brandenburger fordert eine „traditionsgeschichtlich orientierte Untersuchung" der alttestamentlich-frühjüdischen Gerichtstexte, die nicht von der
„Abgrenzung von frühjüdischen und zumal apokalyptischen Gerichtsvorstellungen" geprägt sei[22], dies v. a. angesichts der Tatsache, dass im Neuen
Testament „die theologisch tragenden Begriffe Evangelium und Glaube im
konstitutiven Horizont ... endzeitlichen Gerichtsgeschehens zu verstehen
sind"[23].

Brandenburger selber arbeitet mehrere alttestamentlich-frühjüdische
und urchristliche „Gerichtskonzeptionen" heraus:

1. Der *„Zorn Gottes"* als Auswirkung einer „inneren Bewegung ... Gottes selbst" auf
    die Welt, innergeschichtlich (so die frühen Texte) oder auch endzeitlich (im Frühju-
    dentum)[24];
2. das *„Erlösungs- oder Heilsgericht"*[25], zu dem Gott (oder Jesus) „kommt", „um zu-
    gunsten der ihm Zugehörigen (...) siegreich-heilschaffend in das aus den Fugen gera-
    tene Weltgeschehen einzugreifen" und ihre Feinde auszuschalten. „Der Weltenherr
    kommt, um seine Königsherrschaft durchzusetzen, um also die gestörte Ordnung der
    Welt aufzurichten"[26];
3. das *„Vernichtungsgericht"*, der *„Tag"* Gottes (bzw. „des Menschensohns" etc.), der
    Verderben und Vernichtung bringt und dem die, die umkehren, „entrinnen" können

---

[18] BRANDENBURGER, „Gerichtskonzeptionen" 292.
[19] BRANDENBURGER, „Gerichtskonzeptionen" 296 (Hervorhebung von mir).
[20] BRANDENBURGER, „Gerichtskonzeptionen" 294.
[21] BRANDENBURGER, „Gerichtskonzeptionen" 297–299 (Zitate: 297, 299).
[22] BRANDENBURGER, „Gerichtskonzeptionen" 302.
[23] BRANDENBURGER, „Gerichtskonzeptionen" 303.
[24] BRANDENBURGER, „Gerichtskonzephionen" 307f. (Zitate: 307).
[25] BRANDENBURGER, „Gerichtskonzeptionen" 308.
[26] BRANDENBURGER, „Gerichtskonzeptionen" 308–310 (Zitate: 309).

(nicht identisch mit dem „Verdammungsgericht", das zum „Rechtsverfahren" gehört)[27];

4. das *Rechtsverfahren vor dem Richterthron*": „Es wird gerecht – und das meint hier: rechtlich korrekt, einem ordnungsgemäßen Rechtsverfahren entsprechend – gerichtet", und zwar nach schriftlichen Aufzeichnungen[28]; die Gerechten sind nicht Gegenstand des Gerichts, sondern teilweise auf der Seite des Richters beteiligt[29];

5. das *universale Weltgericht*", eine erst urchristliche Konzeption, die begründet ist in der universalen Weltmission und der ethischen Forderung der urchristlichen Gemeindekatechese.[30]

Nach Brandenburger sind diese Konzepte faktisch oft miteinander vermischt. Schon der früheste Beleg für das Gericht als Rechtsverfahren sei eingebettet in den „Rahmen des Vernichtungsmotivs innerhalb des Heilsgerichts" (Jo 4,2.14; vgl. 1Hen 90,20).[31]

Für die Apokalyptik stellt Brandenburger fest, dass sie die endzeitliche Durchsetzung der weisheitlichen Weltordnung Gottes erwarte.[32] Wie das deuteronomistische Geschichtswerk sehe sie vergangenes und gegenwärtiges Unheil als Gericht Gottes.[33] Zudem falle auf, dass Israel bzw. die Heiligen, Gerechten und Auserwählten nirgends Gegenstand des Endgerichts seien.[34] Brandenburger definiert Apokalyptik als Antwort auf „tiefe Krisenlagen" mit der Funktion, „die Religionsgemeinschaft ... zum Durchstehen der überkommenen Gottesverehrung zu stabilisieren".[35] Aufgrund dieser Definition zählt Brandenburger nicht alle Gerichtskonzeptionen des Frühjudentums und Urchristentums der Apokalyptik zu. „Die mit der [urchristlichen] Missionsverkündigung ... verbundene Gerichtskonzeption hat eine ganz andere menschliche Grundsituation im Auge", die „Wahrnehmung verfehlten, nichtigen Existierens".[36] Deshalb müsse man der Ansicht,

---

[27] BRANDENBURGER, „Gerichtskonzeptionen" 310–312.

[28] BRANDENBURGER, „Gerichtskonzeptionen" 312(–314).

[29] BRANDENBURGER, „Gerichtskonzeptionen" 313.

[30] BRANDENBURGER, „Gerichtskonzeptionen" 314.

[31] BRANDENBURGER, „Gerichtskonzeptionen" 312 (zu den „Motivwanderungen" s. 310–314 und v. a. 315–321). Dass hingegen für das Neue Testament das „Ineinander verschiedener Gerichtstypen ... in der Regel auf Texte aus der Spätzeit hin[weist]" (ebd. 316), ist von daher unverständlich.

[32] BRANDENBURGER, „Gerichtskonzeptionen" 325.

[33] BRANDENBURGER, „Gerichtskonzeptionen" 326.

[34] BRANDENBURGER, „Gerichtskonzeptionen" 326–328. 1. Henoch 61 sei die einzige Ausnahme, das Gericht über „alle Werke der Heiligen" habe jedoch einen völlig positiven Ausgang und diene nur „der Zuteilung der himmlischen Wohnungen" (Zitate: 328).

[35] BRANDENBURGER, „Gerichtskonzeptionen" (321–333) 332.

[36] BRANDENBURGER, „Gerichtskonzeptionen" 332.

die Apokalyptik sei der „Wurzelboden des Urchristentums", „den Abschied" geben.[37]

Brandenburgers Analyse greift das für unsere Frage wichtige Ergebnis alttestamentlicher Forschung auf, dass die Gerichtsanschauung in der Rede vom Königtum Gottes verwurzelt ist. Hingegen werden seine Unterscheidung von Straf- und Heilsgericht, seine Abgrenzung der verschiedenen Gerichtskonzeptionen, seine Apokalyptikdefinition und seine Sicht des Verhältnisses von Gerichtsanschauung und Tun-Ergehen-Zusammenhang dem alttestamentlichen Befund nicht gerecht. Auch die These, dass Israel bzw. die Gerechten keinem Gericht unterworfen seien, ist so nicht richtig: Schon in der Schriftprophetie wird das Heilskollektiv Israel aufgebrochen, indem *innerhalb* der erwählten Volkes zwischen Gerechten und Sündern unterschieden wird; diese Individualisierung wird in der Apokalyptik weitergeführt (s. u. II.F.1.f, II.F.3.a und III.B.6).

b) Karlheinz Müller

Karlheinz Müller kritisiert an früheren Studien, dass sie meist „unter den Zwängen n[eu]t[estament]l[icher] Fragestellungen betrieben und bilanziert" worden seien: „Die Folge ist die künstliche Isolierung und Übergewichtung einer sonst keineswegs zentralen Komponente der frühjüdischen Religionsgeschichte".[38] So „[verschwende] eine ganze Reihe" von „Repräsentanten des westlichen Diasporajudentums weder eine nennenswerte Wissbegierde noch eine gesteigerte Aufmerksamkeit an das endzeitliche ‚Gericht' Gottes oder überhaupt an die Abläufe irgendwelcher ‚eschatologischer' Ereignisse".[39] Müller beklagt die viel zu offene Terminologie der Bibelwissenschaftler, wonach Gericht „so gut wie jedes vernichtende oder strafende göttliche Einschreiten gegen Menschen oder die Welt" sein könne[40], und will die Begrifflichkeit im Anschluss an die hebräischen Wortgruppen שפט, ריב, דין und פלל nur dort verwenden, „*wo eindeutig* im Rahmen von *Rechts*vorgängen gedacht und dem *Recht* entlang Sprache rekrutiert wird – wo es also zweifelsfrei und nachweisbar um *Gerichts*szenen im Kontext eines *Gerichts*hofs mit zugehörigem *Gerichts*ritual *und Gerichts*inventar geht"[41]. Nach Müller fehlen durchgängige Darstellungen, die den traditionsgeschichtlichen Werdegang der Gerichtsverkündigung nachzeichnen und nicht nur „konkordanzartig" die „Stoffe und Einzelheiten" zusam-

---

[37] BRANDENBURGER, „Gerichtskonzeptionen" 333. Andererseits sieht B. im Aufkommen urchristlicher Apokalyptik ein sekundäres Phänomen, das wiederum „ähnliche, ... typische Problemlagen" zum Auslöser hatte (330).

[38] K. MÜLLER, „Gott als Richter" 24f.

[39] K. MÜLLER, „Gott als Richter" 23f., ähnlich 36.

[40] K. MÜLLER, „Gott als Richter" 25(–30).

[41] K. MÜLLER, „Gott als Richter" 28.

menstellen, wie das Paul Volz in seiner *Eschatologie der jüdischen Gemeinde* (1934) getan hat[42]. Auch an der Darstellung der alttestamentlichen und frühjüdischen Texte in Marius Reisers *Gerichtspredigt Jesu* (1990)[43] kritisiert er, der Verfasser trage, nicht anders als Volz, „am Ende die mühsam abgelesenen und beschriebenen Differenzierungen wieder zu einem ‚eschatologischen Grundmuster' zusammen, dessen Aspekte und Kategorien er an einer Leine vorführt, die sich im wesentlichen statisch-systematischen Gesichtspunkten verdankt und das Geländer einer *überlieferungsgeschichtlichen* Entwicklung gar nicht erst in Erwägung zieht."[44] An Brandenburgers Entwurf[45] kritisiert Müller, dass man nur künstlich zwischen einem „Vernichtungsgericht" und einem „Erlösungs- und Heilsgericht" unterscheiden könne. Beide bildeten die zwei Seiten einer einzigen Konzeption. Die einzige weitere Gerichtskonzeption, die in vorneutestamentlicher Zeit belegt sei, sei das „Rechtsverfahren ‚vor dem Thron der Herrlichkeit'".[46] Auch dieses betreffe, wie das Vernichtungsgericht, nur die Gottlosen bzw. die Völker, nicht die Gerechten bzw. das Gottesvolk. „Nur in einem einzigen Fall" würden auch die Gerechten einer Beurteilung unterworfen (1Hen 61,8), was aber „ein separater Vorgang" sei, der „nur die Zuteilung der himmlischen Wohnungen an die Gerechten regeln will".[47] Hingegen sei die Erwartung eines universalen Weltgerichts erst eine Folge des christlichen Auferstehungsglaubens. Vor diesem habe es nur einen Pseudo-Universalismus gegeben, in dem das Unheil der Welt lediglich Folie für das Heil Israels sei und die Gerechten nie vor das Gericht gestellt würden. Diese „Israelzentriertheit" werde im Urchristentum durch die Weltmission abgelöst.[48] Weiter kritisiert Müller an Brandenburger, dass „die beiden unstrittig belegbaren Arten des göttlichen ‚Gerichts'" oft „*gleichzeitig* und *nebeneinander*" vorkämen (z. B. in 1. Henoch 92–104).[49]

Müller selbst versucht, knapp die „*überlieferungsgeschichtlichen Koordinaten*"[50] der Rede vom Gericht Gottes zu skizzieren, indem er darauf hinweist, dass im alten Israel die Reflexion auf das Königtum Gottes und die theophoren Eigennamen, die das Richtersein Gottes voraussetzen, etwa gleichzeitig auftauchten.[51] Richter sei Gott, weil er König sei. Das schlage

---

[42] VOLZ, *Eschatologie.*
[43] REISER, *Gerichtspredigt.*
[44] K. MÜLLER, „Gott als Richter" 36.
[45] BRANDENBURGER, „Gerichtskonzeptionen".
[46] K. MÜLLER, „Gott als Richter" 40f.
[47] K. MÜLLER, „Gott als Richter" 41.
[48] K. MÜLLER, „Gott als Richter" 48f.
[49] K. MÜLLER, „Gott als Richter" 41(–43).
[50] K. MÜLLER, „Gott als Richter" 30.
[51] K. MÜLLER, „Gott als Richter" 30f.

sich im inhaltlichen Verständnis seines Gerichts nieder.[52] Die großen Unterschiede der frühjüdischen Gerichtsvorstellungen im Detail seien offenbar „problemlos akzeptiert und geradezu für selbstverständlich gehalten"
worden, ganz anders als die halachischen Differenzen der verschiedenen
jüdischen Gruppierungen.[53] Der Grund: Es gab für die vielfältigen frühjüdischen Gerichtserwartungen eine gemeinsame „weltanschauliche Rückwand, an die sich die meisten frühjüdischen Gruppierungen anlehnten".[54]
Diese werde z. B. in Daniel 2 und 7 fassbar, wo in verschiedenen Bildern
beide Male von der *Aufrichtung der Gottesherrschaft* am Ende der Tage
gesprochen werde, im Sinne einer „Restitution der Weltordnung", die zum
Ziel habe, „das die Welt letztlich ordnende ... ‚Gesetz' neu zu etablieren".[55]
„Letzten Endes steht die Metapher vom ‚Gericht' Gottes also für den
*Glauben an die weltordnende Zusammengehörigkeit von Herrschaft Gottes
und Gesetz."*[56]

Müller macht auf einige für unsere Frage wichtige Punkte aufmerksam.
Er warnt zu Recht davor, nur vom neutestamentlichen Befund her Fragen
an die alttestamentliche Gerichtsbotschaft zu stellen, statt diese selbst
sprechen zu lassen. Er macht auf die Problematik der semantischen Definition von „Gericht" aufmerksam. Mit Recht kritisiert er Brandenburgers
Einteilung der „Gerichtskonzeptionen". Wie Brandenburger hebt er die
grundlegende Bedeutung der Rede vom Königtum Gottes für die Gerichtsanschauung hervor. Damit konsistent arbeitet er die den verschiedenen Gerichtsanschauungen gemeinsame Grundausrichtung heraus: die Aufrichtung der (in der Tora definierten) göttlichen Weltordnung als Aufrichtung
von Gottes Königsherrschaft.

Hingegen wird Müllers Ansicht, die Gerichtserwartung stelle im Frühjudentum kein zentrales theologisches Thema dar, weder den alttestamentlichen Spätschriften noch dem Schrifttum des palästinischen Frühjudentums und auch nicht dem Befund im Diasporajudentum gerecht. Auch ist
das *universale* Weltgericht keineswegs nur ein Produkt urchristlicher Missionstheologie, sondern schon längst in der alttestamentlichen Prophetie
verankert. Dies wird aus der weiter unten folgenden Skizze der Entwicklung der alttestamentlichen Gerichtserwartung deutlich werden.

---

[52] Siehe K. MÜLLER, „Gott als Richter" 30–34.

[53] K. MÜLLER, „Gott als Richter" 43. Dies gilt freilich nicht für die Sadduzäer, welche
die apokalyptische Eschatologie ganz ablehnten (s. u. III.B.1). Auch durch die vielen
überlieferten rabbinischen Diskussionen über Einzelheiten der Gerichtserwartung wird
MÜLLERs Feststellung relativiert.

[54] K. MÜLLER, „Gott als Richter" 44.

[55] K. MÜLLER, „Gott als Richter" 45–49 (Zitat: 47).

[56] K. MÜLLER, „Gott als Richter" 48.

B. Der Frame „Gericht" im Alten Testament

1. Methodische Vorbemerkungen: Die Bedeutung von Frames, semantischen Feldern und thematischen Rollen für die Semantik

Als Erstes soll nun die semantische Konzeption „Gericht" dargestellt werden, wie sie uns in den Schriften des Alten Testaments begegnet. Der Grund dafür, dass diese Konzeption zunächst synchron skizziert wird, liegt bei Einsichten der neueren kognitiven Semantik. Diese hat gezeigt, dass Wortbedeutungen nicht nur durch den unmittelbaren literarischen Kontext (in der Linguistik „Co-Text" genannt) bestimmt werden, sondern dass Wörter meist auch kontext-unabhängige Kernbedeutungen aufweisen. Diese sowie alle möglichen kontextuellen Bedeutungen sind bestimmt durch das *enzyklopädische Wissen* oder *Weltwissen* eines Autors, das er mit seinen Adressaten zu teilen meint.[57] Wenn also ein alttestamentlicher Autor von „Gericht" oder „richten" spricht, bezieht er sich damit auf ein ganzes Netz von Anschauungen, das er mit seinen Adressaten teilt:

„we can regard the relevant background information for the characterization of word meanings as a network of shared, conventionalized, to some extent perhaps idealized knowledge, embedded in a pattern of cultural beliefs and practices".[58]

Nach der Erkenntnis der kognitiven Linguistik verweisen Wörter meist auf solche enzyklopädischen Konzepte.

„When the sentence is being processed by the hearer or reader, the words call up the corresponding cognitive categories, [...] the mental concept which we have of the objects in the real world. [...] [F]or all kinds of phenomena that we come across in everyday life, we have experienced and stored a large number of interrelated contexts. Cognitive categories are not just dependent on the immediate context in which they are embedded, but also on this whole bundle of contexts that are associated with it. Therefore, it seems quite useful to have a term which covers all the stored cognitive representations that belong to a certain field."[59]

Dass die Bedeutung von Wörtern von kognitiven Konzepten abhängt, wird anhand von Beispielen schnell deutlich[60]: Was eine „Hypotenuse" ist, kann man nur anhand des Konzepts eines rechtwinkligen Dreiecks erklären, was ein „Ellbogen" ist, anhand des Konzepts des menschlichen Arms, oder „April" anhand des Jahreskalenders. Rechtwinkliges Dreieck, Arm und

---

[57] „[O]ne of the major contextual influences is what the speaker assumes to be the relevant presupposition pool he shares with the hearer" (COTTERELL/TURNER, *Linguistics* [90–]97). Grundlegend ist LANGACKER, *Foundations* 154–158.

[58] J. R. TAYLOR, *Categorization* 83, vgl. 81.

[59] UNGERER/H. J. SCHMID, *Introduction* 47.

[60] Nach LANGACKER, *Concept* 3f.

Jahreskalender bilden Wissenskonzepte, die man kennen muss, um „Hypothenuse", „Ellbogen" oder „April" verstehen zu können.

Während die ältere Semantik die Bedeutung von Wörtern einzelnen semantischen Feldern („semantic/lexical field/domain") zuordnete[61], hat die kognitive Semantik die Relevanz der enzyklopäischen Wissenskonzepte für die Wortbedeutung entdeckt.[62] Ein einzelnes Lexem (Wort oder Wortverbindung) eröffnet demnach einen Zugang („access") zu dem mit ihm verbundenen und durch es repräsentierten enzyklopädischen Wissen. Es „evoziert" eine bestimmte Konzeption von enzyklopädischem, durch Erfahrung und kulturelles Lernen erworbenem Wissen.[63] Diese durch Wörter evozierten Wissenskonzeptionen werden in der linguistischen Literatur *Frames* und auch *Szenographien, Scripts, Schemata, Szenen, Szenarios* oder *cognitive models* genannt.[64] Eine Szenographie ist also „the knowledge network linking the multiple domains associated with a given linguistic form".[65]

---

[61] Ein semantisches Feld wird von LEHRER/KITTAY so definiert: „A semantic field [...] consists of a lexical field – that is, a set of lexemes or labels – which is applied to some content domain (a conceptual space, an experiential domain, or a practice)"; „words applicable to a common conceptual domain are organized within a semantic field by relations of affinity and contrast (e. g., synonymy, hyponymy, incompatibility, antonymy, etc.)" („Introduction" 3; ähnlich GROOM, *Analysis* 109). Nach LANGACKER, *Foundations* 1,488 ist eine „domain" „[a] coherent area of conceptualization relative to which semantic units may be characterized. Three-dimensional space, smell, color, touch sensation, etc. are basic domains. A concept or conceptual complex of any degree of complexity can function as an abstract domain (e. g. the human body, the rules of chess, a kinship network)." Einen Versuch, den neutestamentlichen Wortschatz in semantische Felder aufzuteilen, bietet LOUW/NIDA, *Lexicon*. Zum Problem der Klassifikation von semantischen Feldern s. NIDA/LOUW, *Semantics* 107–111; IVERSON, *Restoration* 90–101.

[62] J. R. TAYLOR, *Categorization* 85; LANGACKER, *Concept* 4.

[63] J. R. TAYLOR, *Categorization* 90; BLANK, *Einführung* 57.139.154; UNGERER/H. J. SCHMID, *Introduction* 223f.; ECO, *Lector* 21f.

[64] ECO, *Lector* 21; J. R. TAYLOR, *Categorization* 87; vgl. auch BLANK, *Einführung* 54. Andere sprechen von Hierarchien von über- und untergeordneten „domains", so LANGACKER, *Concept* 3. Manchmal werden auch in einem einzigen semantischen Modell mehrere dieser Begriffe verwendet, um damit verschiedene Unterkategorien zu bezeichnen. So werden manchmal zeitliche Sequenzen als „script" bezeichnet (s. J. R. TAYLOR, *Categorization* 87; BLANK, *Einführung* 154; UNGERER/H. J. SCHMID, *Introduction* 213–217). UNGERER/SCHMID unterscheiden unter der übergeordneten Kategorie „cognitive models" die Unterkategorien „frames", „scenarios", „domains and interactive networks" und „scripts". Zum Beispiel sind Frames in ihrer Definition „a type of cognitive model which represents the knowledge and beliefs pertaining to specific and frequently recurring situations" (*Introduction* [210–]211). Solche Feinheiten sind aber für unsere Fragestellung nicht wesentlich.

[65] J. R. TAYLOR, *Categorization* 87. Siehe auch die Übersichten bei BLANK, *Einführung* 54–66; KITTAY/LEHRER, „Introduction" 4f.; BARSALOU, „Frames" 28f.; UNGERER/ H. J. SCHMID, *Introduction* 205–249. Die Beiträge von BARSALOU, GRANDY und LEHRER

Ein Frame ist immer an eine konkrete Kultur gebunden. Es ist „ein kulturspezifischer Wissenskontext"[66], eine von einer sozialen Gruppe geteilte, konventionelle Konzeption.[67] Genauer genommen haben Szenographien „sehr häufig diese Struktur: Um einen relativ einfachen und überkulturellen Kern gruppieren sich vollkommen unterschiedliche und unterschiedlich wichtige kulturspezifische Konzepte, welche die ganze Vielfalt der Regeln menschlichen Zusammenlebens spiegeln."[68] Auch die einzelnen kulturbedingten Ausprägungen sind nicht in sich abgeschlossen, sondern stellen offene Systeme dar, in denen es zentralere und eher periphere Elemente gibt.[69] Darum haben auch Wortbedeutungen, die sich aus dem Bezug auf Wissenskonzepte ergeben, einen offenen Rand.[70]

---

in LEHRER/KITTAY, *Frames* plädieren für die auch hier vertretene Kombination von Frame und semantischem Feld. Während semantische Felder eher statisch-hierarchisch sind, definiert durch Beziehungen unter Wörtern (s. vorhergehende Anm.), sind Frames dynamisch, d. h. oft beinhalten sie auch zeitliche Abfolgen, und beziehen sich auf enzyklopädisches Wissen (s. KITTAY/LEHRER, „Introduction" 6). „[F]rames are dynamic relational structures whose form is flexible and context dependent" (BARSALOU, „Frames" 21, vgl. 66f.).

[66] BLANK, *Einführung* 54.

[67] Nach J. R. TAYLOR, *Categorization* 89 ist eine Szenographie eine „configuration of culture-based, conventionalized knowledge", und zwar „knowledge which is shared, or which is believed to be shared, by at least some segment of a speech community". Vgl. LANGACKER, *Foundations* 1, 158: „From the encyclopedic nature of contextual meaning, that of conventional meaning follows fairly directly. The latter is simply contextual meaning that is schematized to some degree and established as conventional through repeated occurrence." Der Gegensatz zu diesem von einer Gemeinschaft geteilten Wissen ist das „episodische" oder „idiolektale" Wissen eines Individuums (BLANK, *Einführung* 138; vgl. LÖBNER, *Semantik* 300f.). Freilich lässt sich kaum eine so scharfe Grenze zwischen beiden ziehen, wie Löbner das ebd. will; der Erwerb des individuellen Wissens geschieht in Gemeinschaft, und auch Gruppenwissen kann durch die Einzelnen immer nur angenommen und nur zu einem gewissen Grad überprüft werden. Darauf verweisen auch UNGERER/H. J. SCHMID, die hervorheben, dass kognitive Modelle, die Menschen von Sachverhalten haben, immer „private and individual experiences" sind; ihre Beschreibung involviert die Annahme „that many people have roughly the same basic knowledge about things", d. h. die Annahme von „cultural models" (*Introduction* 49f.). Zum Ganzen s. ebd. 45–55.

[68] BLANK, *Einführung* 59.

[69] LANGACKER, *Foundations* 1,486. Vgl. BLANK, *Einführung* 55: „Da Frames [=Szenographien] das allgemein Rekurrente vielfältiger Einzelerlebnissen [*sic*] speichern, haben [...] sie eine prototypische Struktur und lassen evtl. bestimmte randständige, nicht primär erwartbare, aber mögliche Variationen zu." Hinzu kommen individuelle Variationen von Szenographien (s. o.).

[70] LANGACKER, *Foundations* 1,489 charakterisiert Wortbedeutungen als „open-ended". „Wie groß unser Weltwissen ist, bestimmt nicht zuletzt auch unsere soziale Position und unsere Fähigkeit, jeweils den Sinn von Texten und Diskursen mit ihren möglichen

Wörter „profilieren" je nach Kontext einzelne Aspekte oder Konzepte innerhalb eines Frames, indem sie diese hervorheben. Dieser Vorgang wird in der Literatur auch *highlighting, perspectivizing* oder *windowing* genannt.[71] Andererseits werden in Texten oft Teile des Frames vorausgesetzt, ohne sie auszuführen. Texte weisen immer viele Lücken oder Leerstellen auf („gapping"), die durch die Lesenden aus ihrem enzyklopädischen Wissen ausgefüllt werden müssen.[72] Dieser Vorgang findet bei allem Sprechen und Schreiben bzw. Zuhören und Lesen statt:

> „[W]hen we produce or listen to language we unconsciously fill in an incredible amount of information taken from frames and scripts"[73].

Sowohl beim *windowing* als auch beim *gapping* ist immer die ganze Szenographie vorausgesetzt.[74] Ohne Kenntnis des betreffenden Frames, allein aus dem literarischen Kontext, ist deshalb die Bedeutung eines Wortes oft nur sehr begrenzt erschließbar.[75] Für das Ausfüllen der Leerstellen eines Textes wichtig sind die verschiedenen ein Frame ausmachenden *thematischen Rollen* (oder *θ-Rollen, semantische Rollen, Aktanten, Partizipanten*)[76] wie *agens* (Handlungsträger), *patiens* (Objekt der Handlung), *experiens* („experiencer", erfährt eine Wahrnehmung), *actus* („act", Ereignis/ Handlung), *expertum* („experience", Widerfahrnis), Instrument, Ort, Quali-

---

Anspielungen auf bestimmte andere Texte, historische Gegebenheiten etc. zu verstehen." (BLANK, *Einführung* 139.)

[71] J. R. TAYLOR, *Categorization* 90; BLANK, *Einführung* 57.139.154; UNGERER/ H. J. SCHMID, *Introduction* 223f.; ECO, *Lector* 21f.

[72] UNGERER/H.-J. SCHMID, *Introduction* 223f.

[73] UNGERER/H. J. SCHMID, *Introduction* 216. Auf diesen Sachverhalt hat UMBERTO ECO schon 1962 in *Das offene Kunstwerk* hingewiesen, vgl. ders., *Lector* 5 und 29.

[74] UNGERER/H. J. SCHMID, *Introduction* 224 in Bezug auf „motion event-frames": „On the hearer's side one may assume that, given sufficient context, the gapped portions of an event-frame can always be reconstructed. This means that no matter how many portions of it are windowed for attention, the *path* [d. h. der Frame, der eine bestimmte Bewegung zum Inhalt hat] is always conceptualized in its entirety."

[75] Dies betonen z. B. FILLMORE/ATKINS, „Lexicon" 76f. Es ist aber wohl eine falsche Alternative, wenn sie semantische Feld- und Frame-Theorien einander entgegensetzen. Die beiden Ansätze ergänzen einander und schließen einander nicht aus (s. o.).

[76] Hier verstehe ich „thematische Rollen" also nicht, wie es zuweilen auch geschieht, im Zusammenhang mit der semantischen Beschreibung eines *Verbs* („welche Gruppen von Wörtern welche Positionen oder Rollen übernehmen können", BLANK, *Einführung* 154; vgl. LÖBNER, *Semantik* 173; UNGERER/H. J. SCHMID, *Introduction* 206–211.217), sondern in einem weiteren Sinn als die Aktanten, die in einem *Frame oder Skript* vorkommen, entsprechend den „semantischen Kernen" als Organisationsprinzip von „semantischen Netzwerken" (hier „Frame" genannt), s. BLANK, *Einführung* 59–62 (Lit.). Nach KITTAY/LEHRER, „Introduction" 5 haben die so verstandenen semantischen Rollen „pride of place in the construction of frames".

täten von Agens und Patiens etc.[77] Ein Text nennt oft nur einzelne dieser thematischen Rollen einer Szenographie; die übrigen werden beim Lesen aus der Kenntnis des Frames ergänzt. Für eine möglichst vollständige Rekonstruktion eines Frames ist es deshalb unabdingbar, alle thematischen Rollen zu bestimmen.

Das Verhältnis von Frames und semantischen Feldern (*semantic domains*) kann unterschiedlich bestimmt werden. Auf der einen Seite bestehen Frames aus semantischen Feldern, die konstitutive bzw. inhaltlich zentrale Teilmengen des Frames darstellen und nur in Bezug auf dieses Frame vorkommen (so genannte „intrinsische" bzw. „prototypische" semantische Felder). Andererseits weisen Frames auch Bezüge zu semantischen Feldern auf, die auch außerhalb und unabhängig vom betreffenden Frame existieren (so genannte „extrinsische" semantische Felder).[78]

Eine wichtige Rolle für das mit Wörtern verbundene Weltwissen spielt die intertextuelle Kompetenz von Autoren und Rezipienten. Nach Umberto Eco kann man

„keine enzyklopädische Repräsentation eines Lexems geben ..., ohne sich dabei auf den Gebrauch zu beziehen, der in früheren Texten von diesem Lexem gemacht worden ist", weil „[k]ein einziger Text ... unabhängig von den Erfahrungen gelesen (wird), die aus anderen Texten gewonnen wurden".[79]

Neben den Texten, die Autor und/oder Rezipienten direkt kennen, sind auch jene wichtig, die sie zwar nicht selber gelesen, die aber prägend auf ihre Kultur gewirkt haben.

Zusammenfassend lässt sich festhalten, dass die kognitive Semantik erkannt hat, dass die Bedeutung eines Wortes nicht in erster Linie vom unmittelbaren literarischen Kontext (Co-Text), sondern umgekehrt „das Textverständnis weitestgehend von der Einsetzung de zugehörigen Frames bestimmt wird".[80] Das Semem (Gesamtbedeutung eines Wortes) wird so „als virtueller Text und ebenso der Text als Expansion eines Semems" verstanden.[81] Diese Einsicht hat für die Exegese weitreichende Folgen.[82]

---

[77] Vgl. BLANK, *Einführung* 61; LÖBNER, *Semantik* 174; und die grundsätzlichen Hinweise bei ECO, *Lector* 220–223. Mit den oben verwendeten lateinischen Begriffen gebe ich die entsprechenden englischen Ausdrücke wieder.

[78] Das durch die verschiedenen mit der Szenographie verbundenen Felder charakterisierte Netz wird etwa im „Spreading-Activity-Modell" beschrieben, s. BLANK, *Einführung* 59f.

[79] ECO, *Lector* 97 bzw. 101.

[80] ECO, *Lector* 101.

[81] ECO, *Lector* 27. Vgl. ebd.: „[D]ie Geschichte eines Fischers wäre demnach nichts anderes als die Entfaltung dessen, was uns eine ideale Enzyklopädie über den Fischer hätte sagen können".

[82] Vgl. KRÜGER, „Überlegungen".

2. Rechtsstreit und Gerichtsverfahren

Für unser Vorgehen in dieser Untersuchung heißt das, dass wir zuerst den semantischen Frame „Gericht" darzustellen versuchen, organisiert nach thematischen Rollen. An einen Überblick über die mit dem menschlichen Richten verbundenen Frames schließt sich die Frage an, wie sich die Rede vom göttlichen Gericht darauf bezieht. Sodann wenden wir uns dem intrinsischen semantischen Feld „richten" sowie den wichtigsten extrinsischen, d. h. mit dem Frame „Gericht" verbundenen semantischen Feldern zu.

Für die folgende Darstellung können wir weitgehend auf die Ergebnisse von Pietro Bovatis Studie *Re-Establishing Justice: Legal Terms, Concepts and Procedures in the Hebrew Bible* (1994) zurückgreifen.[83] Bovati hat herausgearbeitet, dass es im Alten Testament im Blick auf menschliches Richten zwei Rechtsvorgänge gibt, die unterschieden werden müssen, aber in der Literatur oft vermischt werden: zum einen den bilateralen *Rechtsstreit* (רִיב) zwischen zwei Parteien, zum anderen das trilaterale *Gerichtsverfahren* (מִשְׁפָּט[84]), bei dem ein Richter über die Sache zweier Parteien entscheidet. *Juridische* Vorgänge sind beide, *forensisch* nur das Zweite – „a controversy as such is not necessarily forensic"[85].

Der *Rechtsstreit* ist kein Gerichtsverfahren, er hat zwar juridischen Charakter, d. h. hat Rechtsfragen zum Inhalt und fußt auf gültigem Recht, ist aber ein bilaterales Verfahren, spielt sich also in direkter Auseinandersetzung zweier Parteien ab, ohne Appell an ein Gericht. Ziel des Rechtsstreits ist die Übereinkunft der beiden Parteien nach der Wahrheit des Tatbestandes, d. h. der Schuldige gibt dem Unschuldigen Recht und leistet Wiedergutmachung, der Unschuldige nimmt die Wiedergutmachung an.[86] Im Idealfall mündet der Rechtsstreit also in eine Versöhnung, in der dem Unschuldigen durch den Schuldigen Recht widerfährt. Wenn die beiden Parteien sich nicht einigen können, kann der Rechtsstreit an ein Gericht weitergezogen werden.[87] Die eine Rechtsform kann also (muss aber nicht) in die andere einmünden.

Das *Gerichtsverfahren* ist trilateral. Ein Richter entscheidet über den Rechtsstreit zweier Parteien. Seine Aufgabe ist es, dem Unschuldigen Recht zu schaffen und den Schuldigen zu bestrafen. Auch hier ist das Ziel

---

[83] BOVATI greift teilweise zurück auf ältere Arbeiten, v. a. GEMSER, „rîb"; SEELIGMANN, „Terminologie"; BOECKER, *Redeformen*; s. BOVATI, *Justice* 388.

[84] Das Lexem hat allerdings auch noch andere Bedeutungen, s. BOVATI, *Justice* 208.

[85] BOVATI, *Justice* 36 Anm. 1.

[86] Nach Deuterojesaja leistet im Rechtsstreit zwischen JHWH und Israel nicht nur Israel Wiedergutmachung durch „doppelten Schadenersatz" im Exil (Jes 40,2; vgl. Ex 22,3.6.8), sondern auch JHWH selber als die unschuldige Partei für die schuldige (Jes 43,3f.25; 53,5f.10–12). S. dazu unten II.F.2.a.

[87] So auch LIEDKE, „רִיב" 775.

also die Wiederherstellung und Aufrichtung des Rechts, allerdings durch einen Dritten, eine Autorität, die im Namen der Rechtsordnung handelt.

Wie schon aus diesem kurzen Überblick deutlich wird, hat „richten" immer zwei Aspekte: einerseits die Hilfe und Rettung, die dem Unschuldigen widerfährt, und andererseits die Bestrafung des Schuldigen.[88] Eine einseitige Beschränkung auf das Eine oder das Andere, wie sie sich oft in der Literatur findet (*nur* Strafgericht oder *nur* heilschaffende Gerechtigkeit), greift zu kurz.

Zunächst werden wir die zwei Konzeptionen *menschlichen* Richtens (Rechtsstreits und Gerichtsverfahren) nach thematischen Rollen gegliedert darstellen. In einem weiteren Schritt werden wir fragen, wie sich die Traditionen des *göttlichen* Richtens zu diesen Konzeptionen menschlichen Gerichts verhalten.

Der synchrone Charakter der folgenden Darstellung stellt eine Vereinfachung des Tatbestands dar. In den fast zweitausend Jahren der alttestamentlichen Rechtsgeschichte von der nomadischen Gesellschaft bis hin zum Sanhedrin haben sich auch die Rechtsvorgänge immer wieder gewandelt.[89] Bovatis Annahme, dass die von ihm herausgearbeiteten Frames das darstellten, „what seems so constantly present in the different epochs and biblical writings as to form an incontrovertible basis for interpretation", ist sicher im Blick auf die lange alttestamentliche Rechtsgeschichte zu ungenau.[90] Unsere Darstellung intendiert jedoch nicht einen Überblick über die Geschichte der Entwicklung und Veränderung der Rechtsverhältnisse des Alten Israel, sondern will einerseits die Unterscheidung von Rechtsstreit und Gerichtsverfahren dokumentieren und andererseits die wichtigsten Wortfelder nennen, die im Zusammenhang mit den beiden Konzeptionen vorkommen können. Es geht nicht darum, eine klare Prozedur zu rekonstruieren, sondern darum, Elemente aufzuzählen, wichtige Aspekte, die im Horizont liegen, wenn von Gericht gesprochen wird.

Der geschichtlichen Entwicklung der Erwartung des *göttlichen* Gerichts werden wir uns später eingehend zuwenden.

---

[88] Gericht ist „intended to re-establish real justice", und zwar einerseits durch „saving victims from violence", andererseits „carried out by the conviction of the culprit, and his or her *inevitable punishment*" (BOVATI, *Justice* 382). Deshalb gilt: „it cannot be stated – as a general axiom – that ‚judging' is synonymous with ‚saving'." (215) „A just judge saves *only the innocent* in a trial, and alternatively condemns with appropriate severity whoever is guilty." Es geht im gerechten Gericht um die „victory of the law", die gleichbedeutend ist mit der „victory of the victim" (216).

[89] Zur Geschichte der Rechtsinstitutionen im Alten Orient und Alten Testament s. BOECKER, *Recht* 15–40; R. R. WILSON, „Judicial System"; zur Zeit des Zweiten Tempels Z. FALK, *Introduction*, bes. 46–112.

[90] BOVATI, *Justice* 390.

Im Blick auf die Fülle der im Folgenden angeführten Begriffe ist eine
Angabe von biblischen Belegstellen nicht sinnvoll. Die Leser(innen) seien
dafür an die Arbeit von Bovati verwiesen.

3. Der Rechtsstreit

a) Agens

Die Person, die im Rechtsstreit die Initiative ergreift, ist der Ankläger
(אִישׁ רִבִי, מוֹכִיחַ, מֵרִיב etc.)[91]. Er ist oft die unschuldige Seite (צַדִּיק etc.), der
Unrecht widerfahren ist; er kann aber auch im Unrecht sein und sein Recht
vortäuschen.

b) Ort

Ort der Austragung des Rechtsstreits ist v. a. die persönliche Begegnung
der beiden Parteien, er kann aber auch andere Formen annehmen, so bei
einem zwischenstaatlichen Rechtsstreit die Kommunikation durch Delega-
tionen oder in einer Endphase das Schlachtfeld.

c) Patiens bzw. Experiens

Patiens ist der Angeklagte (אִישׁ תּוֹכָחוֹת, אִישׁ רִיב)[92]. Er ist oft der Schuldige
(רָשָׁע), kann aber auch unschuldig angeklagt sein.

d) Akt

(1) Notitia criminis

Am Anfang eines Rechtsstreits steht die *notitia criminis*, die Feststellung
eines Delikts aufgrund der geltenden Norm (mit נגד hi./ho., ראה, ידע, שמע
etc.).[93]

(2) Anklage

Dann folgt die Anklage (אמר, דבר pi., ידע hi., יכח hi., נגד hi., ספר pi., ענה,
שוב hi.)[94]. Sie mündet oft in die Aufforderung, Schuld einzugestehen und
anzuerkennen, dass sich der Ankläger im Recht befindet, sowie in die Ankündigung von Sanktionen.[95] Letztere ist notwendig, denn „without sanctions, there would be no way of indicating the essential difference between

---

[91] BOVATI, *Justice* 48.
[92] BOVATI, *Justice* 48.
[93] Zum Vokabular s. BOVATI, *Justice* 70 Anm. 16; vgl. 71 und zum Ganzen 62–70.
[94] BOVATI, *Justice* 47f.72–75.
[95] BOVATI, *Justice* 82f.

a good and an evil life in society, between justice and injustice".[96] Ziel der Anklage ist „not punishment but a right relationship with the other".[97] Dies wird auch dadurch deutlich, dass Sanktionen oft graduell umgesetzt werden, denn sie sind „intended to cure and not to kill".[98]

(3) Die Reaktion des oder der Angeklagten

Zwei Reaktionen der Angeklagten sind möglich: (1) ein Eingeständnis der eigenen Schuld („ich habe gesündigt", „du bist im Recht")[99], oft mit ידה hi./hitp. ausgesagt[100]; (2) die Beteuerung der eigenen Unschuld (z. B.: צָדַקְתִּי, אֶצְדָּק, נָקִי אָנֹכִי oder Hinweise auf צִדְקִי, צִדְקָתִי, תֻּמִּי)[101]. Die beteuerte Unschuld ist nicht absolut gemeint (im Sinne völliger Unschuld oder Vollkommenheit in allen Gebieten), sondern auf den konkreten Fall bezogen.[102]

(4) Der Ausgang des Konflikts

Ziel des Rechtsstreits ist Versöhnung, d. h. ein „agreement in a statement that defines justice in accordance with truth".[103] Dies geschieht, wenn die schuldige Partei ihre Schuld eingesteht und um Vergebung bittet (oft mit פלל hitp., עתר q./hi., חנן hitp., ידה hitp. und den Substantiven רִנָּה, תְּפִלָּה, תַּחֲנוּנִם, תְּחִנָּה).[104] Die Bitte um Vergebung kann von Prostration, Weinen, Fasten und Bußkleidung begleitet sein[105] und auch als „Besänftigen des Zorns" des Anklägers bezeichnet werden (חלה פְּנֵי־ pi.).[106] Eine Wiedergutmachung tritt zur Bitte um Vergebung hinzu (mit נתן, בוא hi.), entweder, wo das möglich (und vorgeschrieben) ist, als materielle Wiedergutmachung (כֹּפֶר), ansonsten als freies Versöhnungsgeschenk (מַתָּן, מִנְחָה, בְּרָכָה).[107] Damit es zur Versöhnung kommt, muss die unschuldige Seite das Vergehen der schuldigen Seite vergeben (als juridisches Gegenstück zur Anklage). Objekt des Vergebens ist das Vergehen[108]. Folgende Verben kom-

---

[96] BOVATI, *Justice* 85.

[97] BOVATI, *Justice* 90, vgl. 46 mit Hinweis auf den weisheitlich-erzieherischen Charakter von יכח hi. „anklagen", das z. T. parallel zu יסר „erziehen" steht.

[98] BOVATI, *Justice* 91.

[99] BOVATI, *Justice* 94.

[100] BOVATI, *Justice* 97–100.

[101] BOVATI, *Justice* 110–113.

[102] BOVATI, *Justice* 114.

[103] BOVATI, *Justice* 120f.

[104] BOVATI, *Justice* 125–127.

[105] BOVATI, *Justice* 134–137.

[106] BOVATI, *Justice* 150 (Anm. 67 wird als mögliches Synonym auch כפר פְּנֵי־ pi. genannt).

[107] BOVATI, *Justice* 137–139.

[108] Zum Teil figurieren auch die Sünder als Objekt (im Sinne einer Metonymie, s. BOVATI, *Justice* 143).

men vor: nur mit Gott als Subjekt: סלח (Objekte: עָוֹן, חַטָּאת), כפר pi.
(Objekte: חַטָּאת, עָוֹן, פֶּשַׁע) sowie die Reinigungsverben מחה q./hi. (Objekte:
חַטָּאת, עָוֹן, פֶּשַׁע) und כבס, רחץ, מהר (Objekt: Sünder, + מִן + עָוֹן, חַטָּאת). Mit
Gott und Menschen als Subjekt kommen vor: נשא (Objekte: פֶּשַׁע, עָוֹן[109],
חַטָּאת), עבר (Objekte: חַטָּאת, עָוֹן, פֶּשַׁע), כסה pi. (Objekte: חַטָּאת, עָוֹן, פֶּשַׁע) und
verneinte Verben des Gedenkens (v. a. זכר לֹא, Objekte: חַטָּאת, עָוֹן, פֶּשַׁע).[110]
Synonym zur Vergebung steht das Aufhören des Zorns (mit שׁוּב q./hi.,
נחם ni.)[111] und „Gnade" bzw. „Erbarmen" für den Sünder (nicht für die
Sünde!); in diesem Zusammenhang vorkommende Wörter sind חַנּוּן/חֵן,
רחם pi./רַחֲמִים/רחום, חמל, חוס, אהב, חֶסֶד, אֱמֶת.[112] Vergebung sieht das Vergehen an, als ob es nie geschehen wäre.[113]

Auf Vergebung haben die Schuldigen kein Recht; sie ist „an act of re-
nunciation – carried out by the accuser – of the right to punish" und wird
nur zu den vom Ankläger gestellten Bedingungen gewährt, und auch das
nicht immer.[114]

Wo ein zwischenmenschlicher Konflikt beigelegt werden kann, geschieht dies nicht immer mit der gewünschten Klarheit, sondern manchmal
auch in der Form eines Kompromisses, z. T. auch mehr als Spiegel der
Macht- als der Rechtsverhältnisse.[115] Im Idealfall kann der Angeklagte seine Unschuld beweisen, und der Ankläger akzeptiert dies, oder der Angeklagte akzeptiert die Entscheidung des Anklägers. Aufgrund ihres einver-
nehmlichen Abkommens können beide „in Frieden zu ihren Wohnungen
zurückkehren".[116] Manchmal hat das Abkommen die formelle Gestalt eines
Bundes, verbunden etwa mit gegenseitigem Eid, einem Mahl, Opfern oder
einem Zeichen.[117]

Wenn keine Einigung erzielt werden kann, wird der Streit vor ein Gericht gezogen, oder aber der Ankläger wendet Gewalt oder Krieg an, und
eine der Parteien unterwirft die andere.[118] Dann diktiert der Sieger die Bedingungen.[119] Diese „punitive intervention" kann als „Zorn" bezeichnet

---

[109] Dieses nur mit Gott als Subjekt, s. BOVATI, *Justice* 145.

[110] BOVATI, *Justice* 143–148.

[111] BOVATI, *Justice* 152f. „The cessation of wrath ... expresses a change that takes
place in the accuser and which leads the accuser into a different relationship with the
guilty party" (ebd. 152).

[112] BOVATI, *Justice* 153f. Die semantische Opposition von Zorn ist Gnade; Gnade und
Vergebung sind synonym (s. ebd.).

[113] BOVATI, *Justice* 159.

[114] BOVATI, *Justice* 156f. (Zitat 156).

[115] BOVATI, *Justice* 161.

[116] BOVATI, *Justice* 163.

[117] BOVATI, *Justice* 164–166.

[118] BOVATI, *Justice* 49.121.

[119] BOVATI, *Justice* 122.

werden.[120] Ziel ist die Vergeltung für das objektive Böse, das getan wurde (ausgedrückt mit נקם, גמל, שלם pi., פקד, שוב hi. u. a.).[121] Vegeltung ist in Israel nichts Willkürliches oder Widergesetzliches, sondern „an institution publicly recognized by society and regulated by precise juridical arrangements", „a proportional response to evil ... in conformity with the axiom of justice that each should be done by as he or she does".[122] Gegenstück zur Vergeltung des Bösen ist die Rettung der Unschuldigen (ausgedrückt mit ישע hi., שפט, עשה מְשְׁפָּט, גאל, נקם pi.).[123]

e) Expertum

Das, was dem Angeklagten widerfährt, entspricht dem Ausgang des Konflikts (s. o.). Es ist entweder ein *positives* Ergehen: (wenn schuldig:) Vergebung erfahren, Versöhnung/Frieden erfahren; (wenn unschuldig:) Recht erhalten, eine Wiedergutmachung oder ein Versöhnungsgeschenk empfangen, Rettung erfahren. Oder aber das Ergehen ist für die schuldige Partei *negativ*: Wiedergutmachung oder ein Versöhnungsgeschenk leisten müssen, vor Gericht angeklagt werden, Vergeltung des Unrechts, d. h. Unterwerfung durch Gewalt oder Krieg erfahren („Erfahrung von Zorn").

f) Art und Weise

Die emotionale Heftigkeit der Reaktion gegen Unrecht kann mit „Zorn" bezeichnet werden (קָצֶף, אַף, חָרוֹן, עֶבְרָה, זַעַם, קִנְאָה und verwandte Verben).[124] Zorn ist „non-connivance with evil", „the right reaction in the face of a grave situation of injustice"; ausgerichtet ist er darauf, „to rid the world of evil".[125] „Zorn" in diesem juridischen Kontext (!) ist also kein irrationaler und ungerechter Ausbruch von emotionaler Gewalt, ganz im Gegenteil: Er richtet sich gegen das Unrecht und will das Recht durchsetzen.[126]

Wenn ein Rechtsstreit zum Ziel kommt, können (müssen aber nicht!) „Gnade" bzw. „Erbarmen" eine Rolle spielen (s. o.).

---

[120] BOVATI, *Justice* 54.
[121] BOVATI, *Justice* 55f.
[122] BOVATI, *Justice* 57.56.
[123] BOVATI, *Justice* 43 (vgl. 55).
[124] BOVATI, *Justice* 50(–53).
[125] BOVATI, *Justice* 53.
[126] Siehe die Diskussion bei BOVATI, *Justice* 52.

g) Standard

Das geltende Recht bzw. die geltenden Normen von „Gerechtigkeit" sind die Grundlage eines Rechtsstreits.[127]

h) Instrument

Manchmal tritt zusätzlich jemand Drittes für die Schuldigen ein – „someone who is not guilty": Diese Person anerkennt die Schuld der Schuldigen und „takes the criminal's part, shouldering the guilt and asserting total solidarity with the person and fate of the guilty". Sie wird so zum *„mediator of the reconciliation"*.[128]

Die Vergeltung kann auch durch Dritte ausgeführt werden (so bei zwischenstaatlichen Konflikten durch ein Heer).

4. Das Gerichtsverfahren[129]

a) Agens

Agens ist der Richter. Ein (bilateraler) Rechtsstreit kann, wenn er nicht selbst zur Wiederherstellung der Gerechtigkeit führt, in ein (trilaterales) Gerichtsverfahren münden. Ein Richter kann aber auch von sich aus die Initiative ergreifen, wenn er Ungerechtigkeit feststellt. Im Alten Israel existierte keine Gewaltentrennung im modernen Sinn[130]: Politisch-militärische, legislative und jurisdiktionelle Gewalt waren eine Einheit – was wir unterscheiden, wird alles mit der Wurzel שפט (שָׁפַט, שֹׁפֵט, מִשְׁפָּט) bezeichnet[131], denn alle drei Aspekte der staatlichen Gewalt haben es fundamental mit der Wahrung und Wiederherstellung der gerechten Ordnung zu tun. Es gab drei Ebenen von Richtern. Zuoberst stand der König, der Wahrer der „Gerechtigkeit" *par excellence* (vgl. Psalm 76 und 45,4–8). Sodann war seine Macht und Jurisdiktionsgewalt in einer Hierarchie teilweise an die Priester und an die Ältesten im Tor delegiert.[132]

---

[127] BOVATI, *Justice* 70.

[128] BOVATI, *Justice* 132f.

[129] Zum Folgenden vgl. auch BOECKER, *Recht* 20–32.

[130] Dies gilt nur für die Zeit vor dem Exil, s. R. R. Wilson, „Judicial System" 243–247.

[131] Siehe v. a. NIEHR, „שפט" 416–419, aber auch Bovati, *Justice* 172f. und unten D.1. Die forensische Bedeutung von שפט ist also nicht älter als die politische (gegen BOVATI, *Justice* 173). Beide sind gleich ursprünglich, da von Anfang an verbunden.

[132] BOVATI, *Justice* 176–181. Zum Einzelnen s. NIEHR, *Rechtsprechung*.

b) Ort

Das Gericht tritt zusammen am Tor (wenn die Ältesten richten) bzw. im Gerichtssaal des königlichen Palastes (wenn der König richtet). Der Richter „setzt sich" zu Beginn und bleibt während der Verhandlung sitzen (יֹשׁב), er „erhebt sich" (קוּם, נצב ni.) erst zur Urteilsverkündigung.[133] Der Gerichtsthron (כִּסֵּא, מוֹשָׁב) ist ein Zeichen für „the dignity, power and glory of whoever rules".[134] Der Kläger und der Angeklagte „erheben sich" (קוּם) zur Anklage bzw. Verteidigung, sie „stehen" dann „vor" dem Richter.[135]

Vom Ort des Gerichts ist manchmal durch einen Ortswechsel der Ort der Vollstreckung des Urteils unterschieden.[136]

c) Patiens bzw. Experiens

Vor dem Richter stehen zwei Parteien, Ankläger und Angeklagter. Der eine ist צַדִּיק (unschuldig), der andere רָשָׁע (schuldig).

d) Akt

Der Akt des Richtens im Gerichtsverfahren wird mit mehreren Verben bezeichnet.[137]

Am prominentesten ist שׁפט. Es bedeutet allgemein „Recht schaffen" und oft spezieller „the authoritative act of discerning, separating, deciding between what/who is just and what/who is unjust, between the innocent and the guilty", d. h. zwischen טוֹב und רָע bzw. zwischen צַדִּיק und רָשָׁע (1Kön 3,9: לְהָבִין בֵּין טוֹב לְרָע, vgl. 2Sam 14,17; Jes 5,20).[138] Im Zusammenhang mit dem Recht-Schaffen für den Unschuldigen kann שׁפט geradezu synonym zu Wörtern des Rettens (ישׁע, נצל hi., פלט pi., פדה) und Erbarmens (חוס, חנן, נחם hitp., אהב, עשׂה חֶסֶד וּרְחֲמִים) stehen.[139] Das Verb דין ist weitgehend synonym, bezieht sich aber nie auf den Akt der Unterscheidung zwischen gerecht und ungerecht, sondern allgemeiner auf „the juridical procedure (for or against)".[140]

Dem Nomen מִשְׁפָּט entsprechen im Deutschen eine Reihe von Bedeutungen: (1) der Akt des Richtens (so in עשׂה מִשְׁפָּט); (2) als inneres Objekt von שׁפט jemandes „Recht", um das es im Prozess geht – das, was jemand „zu-

---

[133] BOVATI, *Justice* 230f.233.

[134] BOVATI, *Justice* 232.

[135] BOVATI, *Justice* 236f.

[136] BOVATI, *Justice* 371–373.

[137] Näheres zur semantischen Bandbreite dieser Wurzeln s. u. Abschn. D.

[138] BOVATI, *Justice* 185 (mit Anm. 38) und 186.

[139] BOVATI, *Justice* 203–205. Freilich kann שׁפט im Zusammenhang mit einem Verbrechen oder Schuldigen auch „verurteilen, strafen" bedeuten, s. ebd. 205f.

[140] BOVATI, *Justice* 186.

steht"; (3) der abschließende Akt eines Prozesses, das Urteil (so in דבר מִשְׁפָּט pi.); und (4) die Basis der Rechtsprechung, das Recht bzw. der Rechtssatz (parallel zu תּוֹרָה) (bisweilen auch als Ergebnis der Rechtsprechung).[141] Auch hier ist die Bedeutung also weiter als der eigentliche Gerichtsprozess, auch wenn die Bedeutungen teils eng damit zusammenhängen.

Das Substantiv דִּין bezieht sich wohl spezifischer auf „those lawsuits – concerning neither murder nor injury – that probably concern property or other ‚civil' matters"; oft geht es auch um das subjektive „Recht" von Einzelnen.[142]

Für die „Rechtssache" oder das „Urteil" kann auch das in verschiedensten Kontexten verwendete דָּבָר stehen.[143]

Die Terminologie für den Akt des Richtens ist für die verschiedenen Ebenen von Gericht dieselbe: „the different kinds of judges (or of court of law) do not demand corresponding variations in the procedural terminology".[144]

(1) Die Einberufung des Gerichts

Entweder appelliert die eine Partei eines Rechtsstreits an das Gericht (z. B. בוא/קום/עלה/הלך/נגש/קרב אֶל־)[145], oder die Initiative geht vom Richter aus (mit den oben genannten Verben im hi. oder mit קרא אֶל/לְ/אֶת). Das hi. (oder pi.) der Verben drückt dabei die Autorität der handelnden Person aus.[146]

(2) Das Erscheinen vor Gericht und die involvierten Personen

Das Erscheinen vor Gericht wird mit Verben der Bewegung oder mit עמד לִפְנֵי, נצב ni. oder יצב hitp. ausgedrückt.[147] Es gibt keine zusätzlichen Ämter des Anklägers oder Verteidigers; der Richter übt auch diese Funktionen aus.[148] Zusätzlich können sich alle, die es möchten, in den Prozess einschalten, entweder indem sie für eine Partei eintreten (sie stehen dann

---

[141] BOVATI, *Justice* 208 (vgl. 209f.); LIEDKE, „שפט" 1004–1007.

[142] BOVATI, *Justice* 211.

[143] BOVATI, *Justice* 212f.

[144] BOVATI, *Justice* 221.

[145] BOVATI, *Justice* 218–220.

[146] BOVATI, *Justice* 222f. – Dem Prozess kann ein Arrest zur Untersuchungshaft vorausgehen. Gefängnisstrafen gab es im gesamten Alten Orient hingegen nur für Kriegsgefangene. Kapitalverbrechen wurden mit dem Tod bestraft, andere Schuld durch Wiedergutmachung, Arbeit oder Sklaverei (ebd. 227 mit Anm. 14).

[147] BOVATI, *Justice* 234f.

[148] BOVATI, *Justice* 236. Dies erklärt, warum bei Paulus Jesus sowohl die Funktion des Richters (Röm 2,16; 2Kor 5,10) als auch die des Verteidigers (Röm 8,34) haben kann. Es handelt sich dabei keineswegs um inkompatible Motive.

„nahe" bei ihr) oder indem sie gegen sie aussagen (dann stehen sie „ferne"
von ihr).[149]

(3) Die Untersuchungsphase

Die Rechtssache, das Verbrechen bzw. die Personen werden jetzt vom
Richter untersucht (דרש, חקר, בקש pi./pu., שאל). Ziel der Untersuchung ist
es, sicher herauszufinden (מצא), was die Wahrheit ist (אֱמֶת, אֱמוּנָה, כֵּן,
Gegenteil: שֶׁקֶר, עַוְלָה) bzw. wo die Schuld liegt.[150]

(4) Die Anklage

Es gibt „keinen öffentlichen Ankläger", sondern „der Geschädigte [legt]
selbst seine Sache dem Gerichtsforum vor [...], bzw. der Zeuge einer Untat
[wird] zum Ankläger".[151] Die Anklage beruht auf Zeugenaussagen. Zeugen
(Sg. עֵד) erfahren (ידע, ראה) von einem Unrecht und berichten (נגד hi.) der
Gerichtsbehörde. Es kann sich um wahre oder falsche Zeugen handeln. Es
ist Aufgabe des Richters festzustellen, welche Zeugen wahrhaftig sind und
welche lügen.[152] Zeugen fehlen, wo ein Verbrechen im Verborgenen geschieht, z. B. auf dem Feld oder in der Dunkelheit. Hier muss Gott eingreifen, um das Verborgene aufzudecken, z. T. über rituelle Ordale.[153]

Das Vorgehen des Anklägers wird mit קום בְּ ausgedrückt.[154] Er beteuert,
unschuldig (צַדִּיק) zu sein und Unrecht erfahren zu haben – er gehört oft zu
den „oppressed, downtrodden, offended" in der Gesellschaft, die durch
„wretchedness, weakness and poverty" gekennzeichnet sind, wie es v. a.
für die Waisen, Witwen und Fremden gilt.[155] Er bittet[156] den Richter um rettendes Eingreifen (ישׁע hi.) – „a complaint is in fact a request for assistance
on one's own behalf (and therefore against another)".[157]

Der Richter „hört" (שמע) die Anklage, entscheidet und „antwortet" darauf (ענה) und greift schließlich rettend zugunsten der Unschuldigen ein

[149] BOVATI, *Justice* 237f.

[150] BOVATI, *Justice* 248–253.

[151] BOECKER, *Recht* 30.

[152] Zu den Wortfeldern s. BOVATI, *Justice* 266f.289. Es gibt freilich auch Zeugen, die
den Angeklagten verteidigen (עֵד m. Personalsuffix, s. ebd. 265).

[153] Siehe BOVATI, *Justice* 271–276.

[154] BOVATI, *Justice* 299f.

[155] BOVATI, *Justice* 309f.

[156] Die dieses Bitten ausdrückenden Verben sind dieselben wie die oben bei der Ver-
gebungsbitte (3.d.[4]) genannten, nur geht es dort um etwas, worauf die Bittenden keinen
Anspruch haben, während es hier um das Recht geht (s. BOVATI, *Justice* 311). Weitere
Verben ebd. 314f.

[157] BOVATI, *Justice* (318–)320.

(יֵשַׁע).[158] Dies schließt die Bestrafung der Schuldigen ein: „a judge *always* condemns and at the same time saves"![159]

(5) Die Verteidigung

Für die Verteidigung gibt es kein technisches Vokabular[160], sie besteht schlicht in der Negation der Anklage und stellt damit zugleich eine neue Anklage dar, die die Integrität des Klägers in Frage stellt. Das Vokabular ist deshalb dasselbe wie bei der Unschuldsbeteuerung und der Klage (s. o.). Der Richter kann als Verteidiger der Unschuld angerufen werden. Ziel der Anklage wie der Verteidigung ist es, den Gegner zum Schweigen zu bringen, ihm den „Mund zu stopfen", d. h. ihn zu überführen.[161]

(6) Das Urteil

Das richterliche Urteil ist „a declaration that defines the judicial truth binding on all".[162] Das Urteil ist verbunden mit dem Befehl, das Urteil auszuführen. Von diesem Sprechakt durch einen Wechsel von Zeit, Ort und beteiligten Personen unterschieden ist die Ausführung des Urteils als Handlung, wobei aber in den Texten oft das eine im anderen impliziert und so z. B. der Richter auch als der Vollstrecker gesehen ist.[163] Der bindende Charakter des richterlichen Urteils wird in Dtn 17,8–13 deutlich, wonach es ein Kapitaldelikt ist, sich ihm (in Höchstinstanz) zu widersetzen.[164]

Dem ausgesprochenen Urteil geht die Entscheidung im Herzen des Richters voraus (ausgedrückt z. B. mit חשׁב oder יעץ).[165] Innerhalb des Vokabulars für das (ausgesprochene) Urteil ist der Gegensatz zwischen צדק hi. und רשׁע hi. besonders wichtig. Das Objekt des Verbs zeigt, ob es sich um gerechtes oder ungerechtes Gericht handelt: Gerecht sind Gerichtsurteile, welche die Unschuldigen freisprechen („rechtfertigen") und die Schuldigen für schuldig befinden (vgl. Ex 23,7; Dtn 25,1; 1Kön 8,32; 2Chr 6,23), ungerecht ist das Gegenteil (vgl. Spr 17,15; Jes 5,23).[166]

---

[158] Diese drei Schritte der Reaktion des Richters werden nicht immer unterschieden, sondern oft ist einer in einem anderen impliziert (s. Bovati, *Justice* 323–328).

[159] BOVATI, *Justice* 328.

[160] Es gibt also kein hebräisches oder aramäisches Äquivalent zu den griechischen technischen Termini ἐντυγχάνειν (vgl. Röm 8,34), ἀπολογεῖσθαι (vgl. Röm 2,15), συνηγορεῖν oder συνδικεῖν. Es können auch Ausdrücke für „Zeugen" in diesem Zusammenhang verwendet werden (z. B. עד/שׂהד und יכח hi. in Hi 16,19.21).

[161] BOVATI, *Justice* 329–340.

[162] BOVATI, *Justice* 344.

[163] BOVATI, *Justice* 345f.371–373.

[164] Siehe BOVATI, *Justice* 344 Anm. 3 und THOMPSON, *Deuteronomy* 202–204.

[165] BOVATI, *Justice* 350–353.

[166] BOVATI, *Justice* 348f.

Zusätzlich findet in Bezug auf das Urteil fast das gesamte Vokabular Anwendung, das ebenfalls für den Gerichtsvorgang als Ganzen stehen kann (שפט, דין u. a.). Die spezielle Bedeutung „urteilen" haben diese Verben besonders dann, wenn sie zusammen mit מִשְׁפָּט verwendet werden.[167] Das Wortfeld „Zorn" kann sowohl für den „act of sentence passed on someone" als auch für die Ausführung der Strafe verwendet werden.[168]

Das Urteil definiert, wer schuldig (רָשָׁע) und wer unschuldig (צַדִּיק) ist, und setzt die Strafe fest. Beides geschieht in Übereinstimmung mit dem Gesetz.[169] Für die Verurteilten bringt das Urteil Schande in den Augen der Gemeinschaft mit sich, für die Freigesprochenen Freude und Ehre.[170]

(7) Die Vollstreckung des Urteils

Neben dem Vokabular des Zorns (s. o.) und פקד sowie יסר findet hier das Wortfeld „to strike, to break, to knock down, to destroy, and the like" Anwendung.[171] Oft ist die Strafe in der Form der Vergeltung angesprochen, d. h. mit einer Betonung der Entsprechung von Verbrechen und Strafe (bzw. Unschuld und Ins-Recht-Setzung). Die Strafe ist proportional zum begangenen Verbrechen („lege seinen Weg auf sein Haupt", 1Kön 8,32), ebenso entspricht die Wiedergutmachung der Unschuld.[172] Oft verwendete Formulierungen sind: שוב/נתן hi./שלם pi. (Subjekt: Richter) + Objekt (Verhalten oder Vergeltung)/Adverbiale (כְּ + Verhalten) + Ort (Schuldiger/Unschuldiger bzw. sein Haupt etc.).[173] Die Sprache ist dieselbe wie bei der „poetic justice" bzw. dem Tun-Ergehen-Zusammenhang der weisheitlichen und prophetischen Texte, der uns noch beschäftigen wird.[174]

Konkrete Beispiele für vollzogene Strafen sind: Bußzahlungen, Hausarrest, Schläge, Verstümmelung, Hinrichtung (durch Schwert, Steinigung oder Verbrennung) und Exil.[175]

Die Übergabe an den Vollstrecker wird meist mit נתן בְּיַד- ausgedrückt. Dieser ist dem Richter für den gerechten Vollzug der Strafe verantwortlich.[176]

---

[167] BOVATI, *Justice* 347f.

[168] BOVATI, *Justice* 376.

[169] BOVATI, *Justice* 355f. Zum Vokabular der Strafverkündigung s. ebd. 357–368.

[170] BOVATI, *Justice* 369–371.

[171] BOVATI, *Justice* 374.376; hebräische Verben ebd. 376 Anm. 86.

[172] BOVATI, *Justice* 376f.

[173] BOVATI, *Justice* 378.

[174] S. u. E.1.

[175] BOVATI, *Justice* 381.

[176] BOVATI, *Justice* 381f.

(8) Das Ziel des Gerichts

Ziel des Gerichtsverfahrens ist die Wiederherstellung der gerechten Ordnung in der Gesellschaft. Dies schließt sowohl die Rettung derer, die Opfer
von Ungerechtigkeit geworden sind, als auch die Bestrafung der Bösen mit
ein. Das Böse muss eliminiert werden, was z. B. durch die Hinrichtung derer geschieht, die Böses getan haben (vgl. die Formulierung „entfernt den
Bösen aus eurer Mitte", Dtn 13,6; 17,7; 19,19; 21,21; 22,21.24; 24,7
u. a.).[177] Weitere Wirkungen des Gerichts sind Abschreckung, die Furcht
bewirkt und damit die Ausbreitung des Bösen eindämmt (vgl. Dtn 13,12;
17,13; 19,20; 21,21), sowie – wohl ausschließlich im Zusammenhang mit
Gott als Richter – die Besserung der Schuldigen.[178]

e) Expertum

Im gerechten Gericht ist das Ergehen der Schuldigen *negativ*: Ihr Mund
wird gestopft, sie werden schuldig gesprochen, verurteilt und bestraft („ge-
schlagen", „niedergestreckt", „zerstört" etc.), ihnen wir nach ihrer Tat vergolten, sie müssen Bußzahlungen leisten, erleiden Hausarrest, Exil, Schande, Furcht und Schrecken, sie werden verstümmelt oder hingerichtet.

Das Ergehen der Unschuldigen ist im gerechten Gericht *positiv*: Sie
werden gerechtfertigt (d. h. für gerecht erklärt, also freigesprochen) und
gerettet, erfahren Wiedergutmachung, Freude und Ehre.

f) Art und Weise

Grundlegende Qualitäten des Richters sind Macht, Weisheit, Gottesfurcht,
Wahrheitsliebe sowie Neutralität und Unparteilichkeit.[179] Das gerechte, der
Wahrheit verpflichtete, unparteiliche Gericht heißt מִשְׁפַּט־צֶדֶק (verbal:
שפט צֶדֶק bzw. שפט בְּצֶדֶק/בֶּאֱמֶת).[180] Unparteiisches Gericht bedeutet, nicht von
vornherein für die Angesehenen, Reichen und Mächtigen Partei zu ergreifen; Charakteristikum des gerechten Gerichts ist vielmehr die bedingungslose Parteinahme für diejenigen, denen Unrecht widerfährt. Bei ihnen *muss*
die Gunst des Richters liegen, wenn es ihm um das Recht geht.[181] „Judging
is in fact to intervene in defence of someone who is *ṣaddîq*, whose rights
have been threatened or injured by a *rāšāᶜ*."[182] In diesem Zusammenhang
kann שפט synonym zu Wörtern des Rettens und Erbarmens stehen (s. o.).

---

[177] BOVATI, *Justice* 382.385.
[178] BOVATI, *Justice* 386f.
[179] BOVATI, *Justice* 180f.
[180] BOVATI, *Justice* 189f. (weitere Wortverbindungen S. 190).
[181] BOVATI, *Justice* 201f.
[182] BOVATI, *Justice* 202.

Das Gegenteil wäre das Ansehen der Person (נכר פָּנִים hi., נשׂא פָנִים), das Annehmen von Bestechung (לקה שׂהַד) und allgemein die Beugung des Rechts (נטה מִשְׁפָּט hi.).[183] Während menschliche Richter oft am „Verborgenen" scheitern, gilt dies nicht für Gott, der Herz, Nieren und Verstand sieht und prüft (בחן, ידע, ראה, צקף u. a.).[184]

Innerhalb des Vokabulars für das (ausgesprochene) Urteil ist der Gegensatz zwischen צדק hi. und רשׁע hi. besonders wichtig. Das Objekt des Verbs zeigt, ob es sich um gerechtes oder ungerechtes Gericht handelt: Gerecht sind Gerichtsurteile, welche die Unschuldigen freisprechen („rechtfertigen") und die Schuldigen für schuldig befinden (vgl. Ex 23,7; Dtn 25,1; 1Kön 8,32; 2Chr 6,23), ungerecht ist das Gegenteil (vgl. Spr 17,15; Jes 5,23).[185]

Die „aggressive side of an accusation"[186] kann mit verschiedenen Bildern ausgedrückt werden, v. a. mit Kriegs- oder Jagdmotiven. Der Kläger wird dabei mit einem Feind, mit einem Jäger oder einem Raubtier verglichen, der den Angeklagten „verfolgt" (רדף).[187]

g) Standard

Es geht darum, zwischen טוב und רָע bzw. zwischen צַדִּיק und רָשָׁע zu unterscheiden. Maßstab ist das geltende Recht (das Gesetz) bzw. allgemeiner das, was als „Gerechtigkeit" gilt.

h) Instrument

Die Vollstreckung des Urteils kann vom Richter delegiert werden. Allerdings wird in den Texten das Urteil selten explizit von der Vollstreckung unterschieden; die Vollstrecker sind also oft impliziert, wenn vom Richter die Rede ist.[188]

---

[183] BOVATI, *Justice* 189–201.

[184] BOVATI, *Justice* 244–47 (weitere Verben ebd.) und 254f. (hier auch Wörter für das „Verborgene").

[185] BOVATI, *Justice* 348f.

[186] BOVATI, *Justice* 292.

[187] BOVATI, *Justice* 293–299 (zu den Wortfeldern und Bildern s. ebd. 296–299).

[188] BOVATI, *Justice* 371–373.

C. JHWH – Richter oder Gegner im Rechtsstreit?

1. Eine Gattung „covenant lawsuit"?

Der semantische Frame „Gericht" wird im Alten Testament auch auf JHWHs Verhältnis zu Israel und zur Welt angewandt. Lange sprach man in der Exegese vom „ריב pattern", „covenant lawsuit" oder „Rechtsstreit" JHWHs mit Israel als einer prophetischen Gattung, der man eine Reihe von Texten zuordnete. Die klassischen Arbeiten von Majorie O'Rourke Boyle und Lawrence A. Sinclair zum Rechtsstreit bei Amos, die offenbar unabhängig voneinander geschrieben wurden, rechnen dazu etwa Am 3,1–4,13; Mi 1,2–7; 6,1–16; Jer 2,1–37 und Jes 1,2–31.[189] Charakteristisch für die Übersetzung von ריב mit „lawsuit" ist die fehlende Unterscheidung von Rechtsstreit und Gerichtsverfahren, während wir heute wissen, dass wir die beiden Bereiche unterscheiden und ריב gerade nicht mit „lawsuit" oder „Gericht" übersetzen dürfen.[190] Im Rechtsstreit („juridical controversy") klagt eine Partei die andere an. Die schuldige Partei kann durch Wiedergutmachung oder Versöhnungsgaben auf die Forderung der unschuldigen eingehen, worauf Vergebung und Versöhnung folgen, oder aber eine Partei wendet gegen die andere Gewalt an. Dazu passt gut Am 3,9–12 und Mi 6,1–8; an letzterer Stelle lehnt JHWH kultische Gaben als Wiedergutmachung ab und fordert Gerechtigkeit.

Neuerdings ist zunehmend infrage gestellt worden, ob es berechtigt ist, von einer Gattung „covenant lawsuit", „covenant controversy" oder „ריב pattern" zu sprechen.[191] So weist Mi 1,2–6 nach Andersen und Freedman zwar Charakteristika des ריב auf, ist aber nicht als Szene eines Rechtsstreits geformt.[192] Zu Jeremia 2 bemerkt Lundbom: „There is certainly legal language in 2:5–9 (*rîb* in v 9), and proof enough that a complaint is being lodged, but the oracle and those following derive their structure not

---

[189] O'ROURKE BOYLE, „Covenant Lawsuit" 361f.; SINCLAIR, „Courtroom Motif"; zu Deuterojesaja auch: VON WALDOW, *Denn ich erlöse dich* 60ff.; DERS., *Hintergrund* (weitere Literatur bei LIEDKE, „ריב" 776). SINCLAIR spricht in Bezug auf dieselben Texte freilich von Gerichtsszenen statt von Rechtsstreit, was aber damit zu tun hat, dass damals die Unterscheidung von Rechtsstreit und Gerichtsverhandlung noch wenig bekannt war. Jes 1,2–20 ist auch nach WATTS, *Isaiah 1–33*, 23 „the beginning of a covenant lawsuit". Nach BRUEGGEMANN, *Isaiah 1–39*, 15 ist Jes 1,4–17 „a characteristic ‚lawsuit' speech", und nach BLENKINSOPP ist Jes 1,2f. ein „indictment ... following covenant violation" (*Isaiah* 182). Ähnlich auch VERMEYLEN, „YHWH en litige".

[190] Siehe oben und auch BOVATI, „Langage juridique"; DE ROCHE, „Rîb".

[191] Siehe die Diskussion bei WALTKE, *Micah* 366–394; ANDERSEN/FREEDMAN, *Micah* 501.507–511 und DE ROCHE, „Rîb".

[192] ANDERSEN/FREEDMAN, *Micah* 135.

from a lawsuit genre but from established canons of Hebrew rhetoric."[193] Hugh Williamson fasst die neuere Kritik zusammen, indem er zwar zugesteht, dass in prophetischen Texten öfter Motive aus Rechtsstreit und Gerichtsverfahren aufgegriffen werden, dass dies aber nicht die Annahme einer Gattung „lawsuit" o. Ä. rechtfertigt.[194]

2. Gericht oder Rechtsstreit?

Während die Unterscheidung von Gerichtsverfahren und Rechtsstreit bei „irdischen" Rechtsvorgängen im Alten Testament klar zutage tritt[195], ist diese Unterscheidung nicht so offensichtlich, wenn es um das Richten bzw. den Rechtsstreit Gottes geht. Wenn Texte von Gottes Intervention in juridischer Sprache sprechen, ist oft nicht klar, ob sie ein Gerichtsverfahren oder einen Rechtsstreit im Auge haben. Ist Gott der Richter oder die eine Partei in einem Rechtsstreit? Bovati und de Roche versuchen, die Unterscheidung zwischen Rechtsstreit und Gerichtsverfahren auch hier durchzuziehen. Ihrer Meinung nach erscheint Gott in den einen Texten als Ankläger im Rechtsstreit; hier sei das Ziel die Versöhnung von Gott und Menschen. In anderen Texten erscheine Gott als Richter – und zwar als dritte Partei, die zwischen zwei Parteien richte, indem er den Schwachen und Unschuldigen Recht schaffe und gegen die Unterdrücker und Ungerechten vorgehe.[196]

Es gibt freilich unter den Texten, die von JHWHs juridischem Handeln sprechen, solche, in denen die Terminologie beider Bereiche miteinander vorkommt, so im Gerichtskapitel Jeremia 2 (V. 9.29.35) ריב und שׁפט, in Jes 3,13f. ריב, שׁפט und דין, in Mi 6,2 ריב und יכח.[197] Auch in Psalm 50 erscheint JHWH als Ankläger in einer bilateralen Szene und zugleich als Richter (דין, שׁפט). Ähnlich ist die Szene in Psalm 82. Also erscheint JHWH als „Richter" auch in Texten, die eine bilaterale, nicht trilaterale Situation voraussetzen, in denen er Israel den Bundesbruch vorhält[198] und gerade nicht zwischen zwei Gruppen von Menschen richtet. Diese offensichtliche Verbindung und Vermischung der ansonsten klar geschiedenen Bereiche hat

---

[193] LUNDBOM, *Jeremiah 1–20*, 257f.

[194] WILLIAMSON, *Isaiah 1–27*, 1,26f. (Lit.: 26 Anm. 12).

[195] Die Terminologie von Rechtsstreit und Gerichtsverfahren kommt in Texten, die sich auf zwischenmenschliche Rechtsfälle beziehen, nicht synonym vor. Die Stellen, die Liedke in „ריב" 775 angibt, sind in Wirklichkeit keine Belege dafür, dass ריב für Gerichtsverfahren verwendet werden konnte. Zwar wird ריב dort zusammen mit שׁפט-Terminologie verwendet, bezeichnet aber nie das Gerichtsverfahren, sondern die Streitsache bzw. den Rechtsfall, der vor Gericht gebracht wird.

[196] BOVATI, *Justice* 392f.; DE ROCHE, „Rîb".

[197] Vgl. LIEDKE, „ריב" 776; WILLIAMSON, *Isaiah* 1,269f.; WATTS, *Isaiah 1–33*, 68.

[198] Bzw. in Psalm 82 den ihm untergebenen „Göttern" eine ungerechte Amtsführung.

damit zu tun, dass auch in einem Rechtsstreit zwischen Jahwe und seinem
Volk die Gewichte sehr ungleich verteilt sind.[199] Auch wenn Jahwe „nur"
Partner in einem Rechtsstreit ist, ist er immer der, der gerecht und verbind-
lich entscheidet, was recht ist, und diese Entscheidung auch durchsetzt – er
hat die Autorität des obersten Herrschers, ist also König und Heerführer,
Gesetzgeber und Richter in einer Person. Jahwe hat also auch im *Rechts-*
streit mit Israel die objektive Autorität des Richters inne, und wenn er im
Fall Israels als Richter entscheidet, ist er zugleich Richter und betroffene
Partei. Die Unterscheidung zwischen Rechtsstreit und Gericht wird in Bezug auf Jahwes juridisches Eingreifen aus konzeptionellen Gründen nicht
durchgehalten.

3. Versöhnung oder Vergeltung?

Nach Bovati hat der Rechtsstreit zwischen JHWH und Israel die Versöhnung zum Ziel, während JHWH als Richter das Böse beseitigt und die gerechte Ordnung wiederherstellt. Nun ist aber der Aspekt der Beseitigung
des Bösen, der im Gerichtsverfahren als Kehrseite des Rechtschaffens eine
zentrale Rolle spielt[200], auch da vorhanden, wo es um Jahwes Rechtsstreit
mit Israel geht. Die Schuldigen müssen sterben oder in anderer Weise Gericht erfahren, etwa durch das Exil, d. h. den Verlust aller Privilegien des
erwählten Gottesvolkes. Die Texte, die nach einem Rechtsstreit Vergebung
und Versöhnung durch Jahwes Erbarmen verheissen, setzen in ihrem weiteren Kontext eine wie auch immer ins Werk gesetzte Vernichtung des Bösen voraus, durch Gericht an den Schuldigen (Jes 42,2), durch eine kultische Reinigung (Ez 36,25) oder durch stellvertretende Lebenshingabe, etwa anderer Völker (Jes 43,1–4) oder des Gottesknechts (Jes 52,13–53,12),
oder durch Umkehr und endzeitliche Opfer (Ezechiel 18 und 46).[201] Kein
Mensch kann JWHW gegenüber die Versöhnungsmittel leisten, die ein
Rechtsstreit erfordert, nämlich Wiedergutmachung oder Versöhnungsgeschenk (vgl. Ps 49,8f.; 1Hen 98,10).[202]

---

[199] Nach LIEDKE ist der Rechtsstreit zwischen JHWH und Israel ein „asymmetrischer
Konflikt" („ריב" 772.777).

[200] Dies zeigt auch das Problem des unaufklärbaren Mordes: Weil die Schuld in diesem Fall nicht durch die Hinrichtung des Mörders beseitigt werden kann, muss eine stellvertretende Tötung stattfinden, s. Dtn 21,1–9 und dazu GESE, „Sühne" 89.

[201] Vgl. NICKELSBURG, *Judaism* 64–66. – Dass auch das Ezechielbuch solche Reini-
gungsmittel voraussetzt, ist wichtig angesichts der Umkehrforderung des Buchs. Umkehr
auf der Seite der Menschen ist also nicht allein ausreichend zur Beseitigung vergangenen
Unrechts, sondern es braucht auf Jahwes Seite sein gnädiges Handeln durch Reinigungs-
mittel, die die endzeitlichen Opfer mit einschließen.

[202] Siehe STUHLMACHER, *Biblische Theologie* 1³,128.

D. Das semantische Feld „Gericht, richten"
im Alten Testament[203]

Karlheinz Müller fordert, dass künftige Rekonstruktionen der alttestamentlichen Gerichtserwartung von den grundlegenden hebräischen Wurzeln des semantischen Feldes „richten" ausgehen müssten. Nur so könne man einer willkürlichen Assoziierung aller möglichen Vorstellungen entgehen.[204] Deshalb folgt hier ergänzend zum oben dargestellten semantischen Frame „Gericht" eine Zusammenstellung der für das semantische Feld „richten" konstitutiven Wurzeln.[205]

In der Septuaginta wird mit der Wurzel κρι- in der großen Mehrzahl der Fälle die hebräische Wurzel שפט wiedergegeben, weniger häufig דין oder ריב.[206] Alle drei Wurzeln werden auch mit δικάζειν wiedergegeben, שפֵּט meist mit κριτής, aber auch mit δικαστής. Bei Ezechiel stehen ἐκδικεῖν bzw. ἐκδίκησις auch für die Wurzel שפט (meist aber für נקם), δικαίωμα (und einmal δικαίωσις) für מִשְׁפָּט. Das so umrissene hebräische Wortfeld, einschließlich weiterer Wurzeln, die entweder synonym oder antonym zu שפט verwendet werden, wird im Folgenden im Anschluss an Wortstudien der Literatur dargestellt. Wichtig ist dabei die Unterscheidung von lexikalischer Bedeutung („welche Bedeutungskomponenten hat das Wort immer bei sich?") und kontextueller Bedeutung („welche Bedeutungskomponenten finden sich nur in einem Teil der Belege?").[207]

---

[203] Zusammenstellungen von Wurzeln, die zu den Wortfeldern „Gericht" und „Vergeltung" gehören, finden sich z. B. bei MORRIS, *Doctrine* 7–43; PEELS, *Vengeance* 266; VANNOY, „Retribution" 1144 und ZERAFA, „Retribution" 465–470.

[204] K. MÜLLER, „Gott als Richter" 25–30.

[205] H. G. L. PEELS hat ausgehend von der Wurzel נקם eine Übersicht über die verschiedenen semantischen Felder der Gerichtsterminologie erarbeitet. Sie kann zum Vergleich mit den folgenden Überlegungen herangezogen werden:

1. *„The juridical vengeance"*, oft mit Metaphern des Rechtsstreits und des Gerichtsprozesses verbunden, betont die Wiederherstellung der gerechten Ordnung: שפט, דין, ריב, נקם.

2. *„The retributive vengeance"*, die gerechte Bestrafung der Ungerechten (ohne forensische Konnotation): נקם, שלם, שוב, גמל, יכח, פקד.

3. *„The liberating vengeance"*, die die Unterdrückten befreit und ihnen Recht schafft: נקם, גאל, פלט, ישע, צדק(ה).

4. *„The emotional vengeance"*, die Betonung liegt auf der mit dem Recht-Schaffen verbundenen Emotion: נקם/נָקַם, חֵמָה, חֵמָה, נטר, אף, נחם, קנאה. אֵשׁ.

(PEELS, *Vengeance* 266. נקם kommt in allen Feldern vor, da PEELS von dieser Wurzel ausgeht. Ich lasse hier das fünfte Feld, „The rancorous vengeance" durch Menschen, weg.) – Interessante Parallelen zu dieser Terminologie finden sich in den vorexilischen althebräischen Inschriften und Namen, s. J. RENZ, „Jahwe" 50.

[206] Vgl. dazu DODD, *Bible* 42–59.

[207] WALTON, „Principles" 171.

1. שפט

שפט (שׁוֹפֵט Richter, מִשְׁפָּט Gericht) ist die häufigste und die grundlegende Wurzel für „richten".[208] Die Bedeutungen „herrschen" und „richten" lassen sich nicht trennen[209]; gemeint ist die Aufrechterhaltung und Wiederherstellung der gerechten, heilvollen Ordnung durch den Herrscher (vgl. 1Sam 8,5; 1Kön 3,9).[210] שפט meint also nicht in erster Linie das Strafgericht, sondern bedeutet je nach Kontext „zum Recht verhelfen" (für Bedrängte)[211] oder „zur Rechenschaft ziehen" (von Bedrängern).[212] Das Ideal eines Königs, der den Schwachen und Rechtlosen zu ihrem Recht verhilft, wird auch für das Königs- und Richtertum Gottes bestimmend.[213] In diesem Sinne „richtet" JHWH die Erde[214], ist er שׁפט כל־הארץ[215]. Deshalb bricht die Schöpfung bei seinem Kommen zum Gericht in Jubel aus (Ps 96,11–13; 98,7–9). Nach Jes 51,5 schafft JHWH den Völkern Recht; שפט steht hier parallel zu den Heilsbegriffen צֶדֶק und יֵשַׁע.[216] Gottes Gericht ist etwas Positives: Der Beter kann, um seine Unschuld zu beteuern, Gott zum Gericht auffordern; gäbe es kein Gericht, gäbe es auch keine Hoffnung (Hi 19,7).[217]

שפט impliziert auch die *Unterscheidung* zwischen Gut und Böse, jedoch nicht abstrakt, sondern immer mit dem Ziel, die Unschuldigen ins Recht zu setzen und die Schuldigen zu bestrafen.[218] Das „Richten" des Königs bzw. Gottes geschieht „nach Recht und Gerechtigkeit".[219] Zu diesem richterli-

---

[208] Siehe dazu NIEHR, „שפט"; MORRIS, *Doctrine* 7–25.

[209] Nach NIEHR, „שפט" 416(–419) (vgl. DERS., *Herrschen* 124–126) steht שפט in Parallele zu „Termini der Herrschaftsausübung ... und der Gerichtsbarkeit" und bedeutet somit „herrschen, leiten, regieren" bzw. „richten, urteilen, Recht verschaffen". Dass dies auch noch bei Ez so ist, zeigen Stellen wie 34,17.20.33 (darauf verweist SEYBOLD, „Gericht" 463).

[210] MORRIS, *Doctrine* 8–11; NIEHR, „שפט" 416; ders., *Herrschen* 396–400; SEIFRID, „Righteousness Language" 426f. (hier weitere Lit.). Zum Alten Orient s. JANOWSKI, „Richter" 85–97.

[211] NIEHR, „שפט" 418f.; so z. B. Ps 7,9; Klgl 3,59 (weitere Belege bei NIEHR, „שפט" 426). Zu Ps 7,9 s. JANOWSKI, „Richter" 108.

[212] NIEHR, „שפט" 418f.; MORRIS, *Doctrine* 17; BIEBERSTEIN, „Der lange Weg" 6f.

[213] SEYBOLD, „Gericht" 461; JANOWSKI, „Richter" 99–113.

[214] Ps 9,9; 67,5 (ergänzt mit LXX); 82,8; 96,13; 98,9; 1Chr 16,33 (s. NIEHR, „שפט" 425).

[215] Gen 18,25; Ps 94,2 (s. NIEHR, „שפט" 425).

[216] Es geht nach V. 4 um das Heil der Völker, das JHWH schaffen wird, wenn seine „Tora" zu den Völkern ausgehen und sein „Recht" (מִשְׁפָּט) das Licht der Völker sein wird.

[217] Siehe MORRIS, *Doctrine* 22.

[218] Zum Beispiel 1Kön 8,32 par. 2Chr 6,23; s. NIEHR, „שפט" 417f.426.428; MORRIS, *Doctrine* 14–18.23.

[219] Siehe NIEHR, „שפט" 418.

chen Handeln gehört *auch* die Verurteilung und das Strafgericht[220], dieses ist aber nur *ein* Aspekt des Richtens. Es handelt sich also nicht in erster Linie um eine *justitia distributiva*, die straft und vergilt[221], sondern um eine *justitia connectiva*, die rettet, indem sie „das Unrecht ahndet und das Böse nicht straffrei ausgehen lässt".[222] „Das G[ericht] G[ottes] ist danach eine Funktion seiner Gerechtigkeit, die vorfindliches Unrecht durchkreuzt und die ambivalente Wirklichkeit zur Ordnungsstruktur der Gerechtigkeit formt."[223] Dieses Gerichtsverständnis wird z. B. in Ex 22,20–26 deutlich.[224]

Das Substantiv מִשְׁפָּט kann die Handlung bezeichnen (Entscheidung, Gericht, Recht schaffen, retten/strafen), das Ergebnis der Handlung (Urteil, Recht, Gebot, [Welt-]Ordnung) oder den Ort der Handlung (Gericht, Prozess).[225] Zusammenfassend lässt sich sagen: Das Ziel von Gericht ist immer die Herstellung der gerechten, heilvollen Ordnung. Strafe und Vernichtung ist lediglich ein notwendiger negativer Weg dazu.

2. צדק

Richten und Gericht ist eng verbunden mit „Gerechtigkeit" (צדק, צדקה).[226] „Recht und Gerechtigkeit" (משפט וצדקה o. ä.) ist eine häufig wiederkehrende Formel.[227] Das Wortfeld צדק kommt v. a. im Zusammenhang mit dem irdischen oder göttlichen Gericht vor. „Recht und Gerechtigkeit üben" ist die Aufgabe des Königs und Richters.[228] Auch der königliche Gottesknecht wird den Vielen „Gerechtigkeit/Rechtfertigung verschaffen" (Jes 53,11; vgl. Dan 12,3).[229]

---

[220] S. die Belege bei NIEHR, „שפט" 426.

[221] Für שפט „im Sinne des Verurteilens bzw. Strafens" gibt es nur vereinzelte Belege (s. NIEHR, „שפט" 418).

[222] JANOWSKI, „Gericht" 733; DERS., „Richter" 85f.; vgl. MORRIS, *Doctrine* 22f.

[223] JANOWSKI, „Gericht" 734. Ähnlich NIEHR, „שפט" 425: Es geht um die „Aktion des Herrschers zur Etablierung der gerechten Ordnung".

[224] JANOWSKI, „Gericht" 733f. (JANOWSKI nennt ebd. 734 weitere Beispiele aus den Psalmen: im ersten Davidspsalter: Ps 3,5f.; 4,9; 5,4.9–11 u. a.; in den Asaphpsalmen: 74,22; 75,3f.7f.; 76,9f. u. a.; in den späten JHWH-König-Psalmen: 96,10.13; 97,6.8; 98,2f.9 u. a.; im Schlusshallel des Psalters: 145,14.17–20; 146,5–9; 147,6 u. a.

[225] B. JOHNSON, „משפט" 95–106; MORRIS, *Doctrine* 14 Anm. 1 (Lit.). Siehe auch oben B.4.d.

[226] Siehe auch unten E.1.

[227] Zur Wurzel צדק und ihrem Verhältnis zum altorientalischen Weltordnungsdenken s. auch unten E.1; zu משפט וצדקה s. WEINFELD, „Justice".

[228] Siehe SCHARBERT, „Gerechtigkeit" 405–408. Nach WEINFELD, *Justice* 44, gehört „Recht und Gerechtigkeit" „not ... to the jurisdiction alone, but is much more relevant for the social-political leaders who create the laws and are responsible for their execution".

[229] Siehe dazu unten F.2.c. Zum königlichen Charakter des Gottesknechts s. K. SCHMID, „Herrschererwartungen" 54f. mit Anm. 64 und 69 (Lit.).

In einem weiter gefassten, nicht auf den Gerichtskontext beschränkten Sinn bezeichnet das Wortfeld die Aufgabe Aller, nämlich das „Wohlverhalten ... gegenüber den Mitmenschen und gegenüber Gott".[230] Gerecht ist, wer weise handelt (z. B. Ps 37,30)[231] und wer JHWHs Tora tut (Dtn 6,25)[232], weil die Tora die Wohlordnung definiert (vgl. die häufige Zusammenstellung von Torabegriffen mit צדק in Psalm 119). Wer so handelt, steht im Gegensatz zum Frevler (רשע) „gerecht" da im Gericht.[233] Gerechtes Verhalten wird ihm „zur Gerechtigkeit angerechnet" (Ex 24,13; Ps 106,31).[234]

Nach den grundlegenden Arbeit von Hermann Cremer und Ludwig Diestel[235] ist die Gerechtigkeit Gottes im Alten Testament in Entsprechung zu שפט grundsätzlich positiv ausgerichtet, also nicht als *iustitia distributiva*, sondern als *iustitia salutifera* verstanden. Gerechtigkeit ist die Durchsetzung von Heil, Recht, שלום. Nach Diestel liegt ihr höchster Zweck „ausschließlich im Heile der Menschheit"[236]; Unglück werde nie von ihr hergeleitet[237] und Gottes vergeltendes Richten nie mit „Gerechtigkeit" bezeichnet[238]. Dieser Sicht schlossen sich mehrere einflussreiche Exegeten an, so Klaus Koch[239] und Gerhard von Rad. Von Letzterem stammt das bekannte Wort: „Der Begriff einer strafenden צְדָקָה ist nicht zu belegen; er wäre eine contradictio in adiecto".[240]

Zu einem anderen Ergebnis kam Hans Heinrich Schmid in einer systematischen semantischen und historischen Untersuchung: „Die Texte reden von beidem, von der heilvollen und der strafenden צדקה".[241] Freilich sei die

---

[230] So z. B. in der Weisheitsliteratur, bei den Propheten stärker betont ab Ezechiel und Deuterojesaja (SCHARBERT, „Gerechtigkeit" 407).

[231] Siehe B. JOHNSON/RINGGREN, „צדק" 909.

[232] SCHARBERT, „Gerechtigkeit" 405; zu Gerechtigkeit und Bund s. B. JOHNSON/ RINGGREN, „צדק" 919–921.

[233] Siehe SCHARBERT, „Gerechtigkeit" 407f.

[234] Siehe SCHARBERT, „Gerechtigkeit" 405.408 und besonders B. JOHNSON/RINGGREN, „צדק" 913 (Lit.).

[235] CREMER, *Rechtfertigungslehre*; DIESTEL, „Idee".

[236] DIESTEL, „Idee"181.

[237] DIESTEL, „Idee"186.

[238] DIESTEL, „Idee"179.

[239] KOCH, „ṢDQ"; „Wesen"; „צדק".

[240] Von Rad, *Theologie* 1,389. Weitere Vertreter dieser Sicht bei H. H. SCHMID, *Gerechtigkeit* 177–179; PEELS, *Vengeance* 290 Anm. 56. Überblicke zur Forschungsgeschichte finden sich bei SEIFRID, „Righteousness Language" 415–423; KRASOVEC, *Justice* 12–18; HO, *ṣedeq* 9–20; B. JOHNSON/RINGGREN, „צדק" 903–905; PEELS, *Vengeance* 290, Anm. 55; SEIFRID, „Righteousness Language" 415–430.

[241] H. H. SCHMID, *Gerechtigkeit* 178 in Wiederaufnahme älterer Arbeiten (DALMAN, „Gerechtigkeit" 124, KAUTZSCH, *Derivate* 46 und CREMER, *Rechtfertigungslehre* 29ff.). SCHMIDs Arbeit war für die weitere Diskussion grundlegend; s. SEIFRID, „Righteousness

„Gerechtigkeit" Gottes von „grundsätzlich heilbringendem Charakter".[242] Die strafende Gerechtigkeit Gottes stelle „lediglich die Kehrseite der rettenden" dar.[243] Schmids Sicht schlossen sich weitere Exegeten an. Krasovec betont, dass die strafende Seite der göttlichen Gerechtigkeit zwar nicht ihr „point de départ" oder ihr „but primordial" sei, wohl aber ihre „consequence inévitable"[244], und Seifrid formuliert: „promises of God's intervention to ‚right' the wrongs in this fallen world stand at the center of biblical interest. This perspective does not exclude the divine recompense of the wicked, it rather presupposes it".[245]

Jeremia erwartet in 11,20 von Gott als שׁוֹפֵט צֶדֶק, dass er seinen Gegnern Vergeltung bringen (נקם) und seine Rechtssache (רִיב) gut führen werde (ähnlich Ps 7,12; 9,5).[246] Die meisten Belege für eine strafende Gerechtigkeit Gottes sind in „Gerichtsdoxologien" zu finden. In ihnen bekennen die, welche von JHWH bestraft worden sind, nach erfolgtem Gericht: „JHWH ist gerecht" – יהוה הצדיק (z. B. Ex 9,27; Klgl 1,18; 2Chr 12,1–6; Neh 9,33; Dan 9,7).[247] Dies unterstreicht, dass „Gerechtigkeit" auch einen punitiven bzw. distributiven Aspekt tragen kann.[248] „[T]he biblical writers often use צדקה when speaking of a vindicating act of God ..., and the adjective צדיק [sic] ... when signifying a retributive justice of God."[249]

Die positive Grundausrichtung von צדק(ה) zeigen die weiteren Synonyme außer משׁפט (vgl. Ps 85,11!): „Wenn ṣdq mit 'mn [d. h. אמת und אמונה] verbunden wird, geht es besonders um das Wohletablierte, das Zuverlässige. Mit ḥæsæd zusammen wird die Großzügigkeit und mit šālôm die Harmonie hervorgehoben."[250] Häufig steht auch ישׁע parallel, Gottes „heilsa-

---

Language" 420f. und unten Abschn. E.1. – Seifrid, „Righteousness Language" 429 (mit Anm. 67) zählt im Alten Testament 15 Stellen, in denen Gottes Gerechtigkeit als strafend, und 64, in denen sie als rettend dargestellt ist. „The usage is obviously weighted, but not overwhelmingly so."

[242] H. H. Schmid, *Gerechtigkeit* 178(f.) Anm. 35 mit Verweis auf Cremer, *Rechtfertigungslehre* 24ff.

[243] H. H. Schmid, *Gerechtigkeit* 178 (in Anm. 35 mit Verweis auf Cremer, *Rechtfertigungslehre* 31ff., gegen Dalman, der von einer doppelten Gerechtigkeit spricht).

[244] So Krasovec, *Justice* 125 (Zitate) und 176; genauso Scharbert, „Gerechtigkeit" 409; Peels, *Vengeance* 290–292.

[245] Seifrid, „Righteousness Language" 430.

[246] Viele weitere Stellen für eine *iustitia vindicatrix* bei Krasovec, *Justice* 209–213.251; Scharbert, „Gerechtigkeit" 409; Peels, *Vengeance* 291 und 292 (mit Anm. 60). Zu Ps 7,12 s. Janowski, „Richter" 108.

[247] Seifrid, „Righteousness Language" 429.

[248] Siehe dazu Seifrid, „Righteousness Language" 429f. (Lit.).

[249] Seifrid, „Righteousness Language" 430.

[250] B. Johnson/Ringgren, „צדק" 906.

mes, rettendes Eingreifen als Ausdruck seiner Gerechtigkeit".[251] צֶדֶק ist
demnach die objektive, „richtige, JHWH-gewollte, heilvolle Ordnung der
Welt".[252] צדקה ist „das ihr gemäße, richtige, heilvolle Verhalten"[253], sowohl
„das positive, heilsame Eingreifen JHWHs"[254] als auch das heilsame, der
Tora gehorsame Tun des Menschen.[255] Gerecht (צדיק) ist, wer mit dieser
Weltordnung bzw. der Weisheit und der Tora als deren Ausdruck übereinstimmt.

3. דין

דין[256] weist praktisch dasselbe Bedeutungsspektrum auf wie שׁפט[257]: Die
Grundausrichtung ist positiv („Recht verschaffen")[258], es kann als Aspekt
von Herrschaft erscheinen[259] und hat als negative Seite die Bestrafung der
Bösen[260]. Stärker als bei שׁפט ist die forensische Färbung: Es bezieht sich
oft auf Gerichtsstreit und Prozess, bedeutet manchmal aber auch allgemeiner „Streit" ohne gerichtliche Konnotation.

4. ריב

Die Wurzel ריב[261] hat eine stark juridische (nicht aber forensische!) Konnotation.[262] Sie kann zwar allgemein „Streit" bedeuten (tätlich oder verbal)[263]
oder auch einseitig die Anklage des einen gegen den andern[264]. Aber in
mindestens der Hälfte der Belege meint ריב den bilateralen Rechtsstreit.[265]
Wird der Rechtsstreit vor einen Richter weitergezogen, also von einem Gerichtsverfahren abgelöst, ist mit ריב nicht dieser Gerichtsprozess, sondern

---

[251] B. JOHNSON/RINGGREN, „צדק" 906f. Neben משׁפט ist ישׁע das häufigste Synonym
(KRASOVEC, *Justice* 125.177; 906). Zur grundsätzlich positiven Ausrichtung von „Gerechtigkeit" s. auch SCHARBERT, „Gerechtigkeit" 408–410. Für weitere Synonyme oder
damit kombinierte Begriffe s. JOHNSON/RINGGREN, „צדק" 906–909.

[252] B. JOHNSON/RINGGREN, „צדק" 916, vgl. 910–912.

[253] B. JOHNSON/RINGGREN, „צדק" 916, vgl. 912–915.

[254] B. JOHNSON/RINGGREN, „צדק" 913.

[255] B. JOHNSON/RINGGREN, „צדק" 914; weitere Lit. bei WEINFELD, „Justice" 236
Anm. 1.

[256] Siehe HAMP, „דין"; Morris, *Doctrine* 26–29.

[257] HAMP, „דין" 200f.; s. auch oben II.D.4.d.(6).

[258] HAMP, „דין" 203f.

[259] HAMP, „דין" 203f.

[260] HAMP, „דין" 200.204.

[261] Siehe RINGGREN, „ריב"; MORRIS, *Doctrine* 37–41.

[262] S. o. B.2.

[263] RINGGREN, „ריב" 497; MORRIS, *Doctrine* 38.

[264] RINGGREN, „ריב" 497; MORRIS, *Doctrine* 38.

[265] RINGGREN, „ריב" 498f.; MORRIS, *Doctrine* 38f.

die dort verhandelte „Streitsache" oder „Rechtssache" bezeichnet. Die Ausrichtung des Ausdrucks „die Rechtssache führen" ist positiv.[266] Zwei Konnotationen sind besonders bezeichnend. Die eine ist „the reality of the opposition"; bei Gottes Gericht heißt das: Gott „is radically opposed to all that is evil". Die zweite Konnotation ist, dass der Prozess nach dem Tatbestand erfolgt und nicht nach der Willkür des Richters.[267]

5. נקם

Auch das oft mit Wurzeln des Richtens verbundene נקם („rächen, vergelten") wird nur selten rein negativ gebraucht und dann nur von der boshaften Rache durch Menschen. Meist ist „Rache" positiv ausgerichtet als „legitimate, righteous, even necessary enactment of justice by a legitimate authority", d. h. durch Gott oder die rechtmäßige Obrigkeit, oft den König. „Rache" hat dabei eine „strong association with legal thought and the idea of the restoration of justice".[268] Die Schaffung von Gerechtigkeit ist der „predominant ... thought"[269]. Deshalb kann von Freude über Gottes Vergeltung die Rede sein – als gerechter Freude, nicht Schadenfreude (z. B. Dtn 32,43; Jes 34f., bes. 35,4.10; 61, bes. V. 1–3.10f.; Ps 58,11.f; 79,10–13; 149).[270] Die Vergeltung kann bilateral im heiligen Krieg vollzogen werden oder einem trilateralen juristischen Prozess folgen.[271] Sie kann strafend oder rettend wirken.[272]

6. פקד

פקד „heimsuchen" und פְּקֻדָּה „Heimsuchung" können je nach Kontext positive oder negative Konnotationen haben – ein Kommen zum Segen oder zur Strafe. Es meint aber nie die belohnende Vergeltung guter Taten.[273]

7. יכח

יכח bezeichnet „a discussion or argument ... [which] shows another to be in the wrong".[274] In der Mehrheit der Belege steht יכח für einen einseitigen

---

[266] RINGGREN, „ריב" 498; MORRIS, Doctrine 40f.

[267] MORRIS, Doctrine 40.

[268] PEELS, Vengeance 265. Etwa 85% der Belege entfallen auf Gott als Subjekt oder Auftraggeber der Rache (ebd. 274–276).

[269] PEELS, Vengeance 267.

[270] Siehe PEELS, Vengeance 295.

[271] PEELS, Vengeance 276.

[272] Siehe PEELS, Vengeance 266.

[273] MORRIS, Doctrine 36f.; ZERAFA, „Retribution" 467f.

[274] MORRIS, Doctrine 31.

Vorwurf im bilateralen Rechtsstreit, aber auch für die Tätigkeit eines Dritten der zwischen zwei Parteien „richtet". Bei dieser Wurzel ist v. a. die Konnotation der Angemessenheit des Gerichts wichtig.[275] Da יכח auch ein weisheitlicher Terminus sein kann, schwingt auch der Erziehungsaspekt mit.[276]

8. Weitere Wurzeln für die göttliche Vergeltung

Speziell für den Aspekt der göttlichen „Vergeltung" von guten oder bösen Taten der Menschen können außer שפט, דין, ריב, צדק, נקם und פקד eine Vielzahl von weiteren Wurzeln stehen.[277] Es scheint keinen Terminus technicus zu geben, der bevorzugt würde[278]; vielmehr werden alle im Folgenden genannten Wurzeln erst übertragen und sekundär für die Vergeltung gebraucht.[279]

שָׂכָר bezeichnet den Lohn für positive Arbeit bzw. gutes Handeln (nie die Vergeltung für böses Handeln).[280]

שלם pi. bezeichnet, abgeleitet von der primären Bedeutung „vollenden, vollständig machen", auch „the outcome of man's activity in the form of reward or punishment, and any other kind of return for good or evil".[281] Die verschiedenen davon abgeleiteten Substantive können ebenfalls die Vergeltung für Taten bezeichnen.[282]

גמל כ kann „(mit jmd.) verfahren gemäß (seinen Taten)", d. h. belohnen oder bestrafen bedeuten. גְּמוּל „indicates the outcome of man's industry or anything that comes to him because of his care and diligence", oft als „the product or the result of man's actions" oder als „Lohn", wenn von jemand anders (Mensch oder Gott) gewährt.[283]

זכר kann das „Gedenken" an jmd. und seine Taten zur positiven oder negativen Vergeltung meinen.[284]

שוב q. bezeichnet das Zurückkehren von Gerechtigkeit zum Gerechten und von Bösem zum Übeltäter. Im hi. ist die Konnotation der Vergeltung

---

[275] MORRIS, *Doctrine* 31–33.

[276] MAYER, „יכח" 625–7 (Hinweis von Prof. Dr. T. POLA, Dortmund).

[277] Siehe v. a. ZERAFA, „Retribution" 465–470; VANNOY, „Retribution" 1144 und die dort genannten alttestamentlichen Belege.

[278] ZERAFA, „Retribution" 465.

[279] ZERAFA, „Retribution" 473f.

[280] ZERAFA, „Retribution" 466.

[281] ZERAFA, „Retribution" 466.

[282] Siehe ZERAFA, „Retribution" 466f.

[283] ZERAFA, „Retribution" 467.

[284] ZERAFA, „Retribution" 468.

deutlicher: *JHWH* lässt Gerechtigkeit bzw. Unheil zum Täter zurückkehren.[285]

פְּעֻלָּה „Tat" kann auch den Lohn einer Tat bezeichnen.[286]

עֵקֶב ist die Folge bzw. der Lohn für eine Tat.[287]

נכה hi. „schlagen" kann Gottes vernichtendes Eingreifen bedeuten.[288]

יסר „züchtigen" kann für Gottes „erzieherische und bessernde Bestrafung" stehen.[289]

עָוֹן kann die „Schuld" oder die zu tragende Folge der Schuld bezeichnen.[290]

9. Gottes Heiligkeit, Eifer und Zorn

a) Heiligkeit

Gottes Heiligkeit und sein Gericht werden an einer Anzahl von Stellen miteinander verbunden: Weil Gott heilig ist, kann er Ungerechtigkeit nicht tolerieren (Beispiele: Ps 99; Jes 1,4 [und Kontext]; 5,16; 30,12–17).[291]

b) Eifer

Eifer ist „an intense, energetic state of mind, urging towards action", „God's ... fiery, angry reaction to the infringement of his rights *vis-à-vis* Israel and to the violation of the *berît*".[292] JHWH wacht mit Eifer über seiner Einzigkeit in Israel (z. B. Ex 20,5 par.), mit Eifer setzt er Gerechtigkeit durch (Jes 59,17; Nah 1,2).[293] JHWHs Eifer ist seine brennende Liebe zu Israel; er bewirkt Wohltaten für die Gehorsamen und Strafe für Gottlosigkeit (Ex 20,5 par.).[294]

---

[285] ZERAFA, „Retribution" 468f.

[286] ZERAFA, „Retribution" 470.

[287] ZERAFA, „Retribution" 470.

[288] CONRAD, „נכה" 451f.

[289] BRANSON, „יסר" 694–697.

[290] KNIERIM, „עון" 245.

[291] Siehe dazu PEELS, *Vengeance* 287f.

[292] PEELS, „קנא" 938. Peels zeigt 939, dass die Übersetzung „Eifersucht" für קנאה fehlschlägt, weil der Eifer Gottes sich nicht auf seine Rivalen, sondern auf seinen Bundespartner richtet.

[293] Siehe dazu PEELS, *Vengeance* 288f.

[294] Siehe PEELS, „קנא" 938f.; DOHMEN, „Leidenschaft".

c) Zorn

Besonders wichtig ist die Rede von Gottes Zorn (אַף, נטר, חמה, חרה u. a.[295]).
Sie ist konstitutiv für das Verständnis des göttlichen Gerichts im Alten
Testament[296] und macht deutlich, dass *das Gericht Gottes nicht „ein dyna-
mistischer oder juristischer Automatismus" ist, sondern von Gott bewirkt
wird, der als der Recht schaffende König eingreift.*[297] Gottes „Zorn" drückt
die das Böse ausmerzende Seite seines Gerichts und seiner Gerechtigkeit
und gleichzeitig deren affektiven Charakter aus. [298] Gottes Zorn meint
„nicht nur eine Aktion, sondern einen Lebensvorgang in Gott selbst".[299] In
ihm begegnet Gott „als der Gute dem Bösen in höchster Leidenschaft".[300]
„If God enacts punishing judgment, he does not do that ‚emotionlessly'" –
vielmehr drückt die Rede von seinem Zorn „the heat (אשׁ) of God's deep
indignation" gegenüber jeder Ungerechtigkeit aus.[301] Wenn Gott zürnt, ent-
zieht er seine heilsame Gegenwart; er wendet sein Angesicht ab oder verhüllt es.[302]

Aber Gott reagiert nicht in Willkür als gekränkte, erboste Macht, sondern lässt Gericht ergehen „from a just, legal context".[303] So geben die Passagen, die von Gottes Zorn handeln, fast immer den Grund für das Zorngericht an: „Letzter Grund" für den Zorn Gottes ist „immer die Sünde".[304]
Die Anklage JHWHs, die schließlich zu seinem Zorngericht führt, ist oft in
juridische Redeformen gefasst.[305]

Auch Gottes Zorn ist nicht rein negativ-strafend, sondern hat ein positives Ziel: „God has always intended to restore and to bless. Since the restoration of fellowship with God can only be in the context of righteousness,
the wrath is his means of accomplishing his intended goal of blessing."[306]

---

[295] Für eine Zusammenstellung aller hebräischen Wörter für Zorn/zürnen s. BALOIAN,
Anger 189.

[296] Besonders zentral wird die Verkündigung des Zornes Gottes bei Jeremia und Ezechiel (SEYBOLD, „Gericht" 462; FICHTNER in: KLEINKNECHT, „ὀργή" 398).

[297] SEYBOLD, „Gericht" 462 (Hervorhebung von mir).

[298] Zum Folgenden s. BALOIAN, *Anger*; DERS., „Anger". Eine hilfreiche Zusammenstellung zu den Wirkungen des Zorns Gottes gibt PROCKSCH, *Theologie* 642–653. Vgl.
auch PREUSS, *Theologie* 2,288 (Stellen und Lit.).

[299] FICHTNER in KLEINKNECHT, „ὀργή" 397

[300] PROCKSCH, *Theologie* 642.

[301] PEELS, *Vengeance* 290; ähnlich FRETHEIM, „Reflections" 8f.

[302] TRAVIS, *Christ* 21–24.

[303] BALOIAN, „Anger" 381f.; vgl. DERS., *Anger* 102–108; JANOWSKI in: ASSMANN/
JANOWSKI/WELKER, „Richten"237.

[304] PROCKSCH, *Theologie* 643; vgl. BALOIAN, „Anger" 381.

[305] BALOIAN, „Anger" 382.

[306] BALOIAN, „Anger" 384.

d) Gottes Zorn und Gottes Liebe

Gottes Zorn wurzelt gleichermaßen in seiner Heiligkeit (s. o.) wie in seiner Liebe und Bundestreue („Gnade"), mit der er Israel erwählt und abgesondert hat, damit es ihm treu und gehorsam sei.[307] Weil Gott mit „Eifer" über seinem Volk wacht (vgl. Ex 20,5), entbrennt sein leidenschaftlicher Zorn, wenn seine Liebe vergessen wird.[308] Der „Zorn Jahves (ist) im Blick auf Israel die Kehrseite seiner Liebe zu ihm, aufs engste mit ihr verbunden in der Vorstellung seines Eifers".[309]

Gottes Liebe impliziert die Beseitigung aller Ungerechtigkeit, wie die grundlegende Definition von Gottes Wesen in Ex 34,6f. besagt (aufgenommen in Ex 20,5f.; Num 14,18; Dtn 5,9f.; Ps 86,15; 103,8; 145,8; Hos 2,21f.; Jo 2,13; Jon 4,2; Nah 1,3).[310] *JHWHs Liebe wird also nicht durch sein Zorngericht in Frage gestellt, sondern vielmehr dadurch, dass gerechte Vergeltung ausbleibt.*[311]

Dass Gottes Liebe weiter ist als sein Zorn, wird auch daraus deutlich, dass Gott kein Gefallen am Tod des Gottlosen hat (Ez 33,11); er schiebt deshalb das Gericht in Langmut oft lange auf, manchmal so lange, dass die Betenden an seiner Gerechtigkeit zweifeln (Ps 58; 79; Jer 15,15–18).[312] Das Zorngericht ist nur JHWHs letzte Option.[313] „Zorn und Liebe [sind also] nicht in kühl abgewogenem Gleichgewicht gehalten".[314] Vielmehr überwindet Gottes leidenschaftliche Liebe und Barmherzigkeit seinen Zorn wieder, nachdem er einen „Augenblick" aufgewallt war (z. B. Ps 30,6; Jes 54,7f.; Hos 11,8–11).[315] Deshalb hoffen Beter an vielen Stellen für ihre Rettung nicht auf ihre eigene Gerechtigkeit, sondern auf Gottes Erbarmen und Gnade.[316]

---

[307] Zum Folgenden s. FICHTNER in KLEINKNECHT, „ὀργή" 402–410; PEELS, *Vengeance* 289.292–295; BALOIAN, „Anger" 384; DERS., *Anger* 109–124; FRETHEIM, „Reflections".

[308] Zu Zorn und Eifer Gottes s. FICHTNER in KLEINKNECHT, „ὀργή" 404.

[309] FICHTNER in KLEINKNECHT, „ὀργή" 410.

[310] Siehe dazu SPIECKERMANN, „Barmherzig"; P. D. MILLER, „Slow to Anger" 275; HOSSFELD, „Gedanken" 18–22.

[311] Siehe FRETHEIM, „Reflections" 6–8; PEELS, *Vengeance* 294 und die dort genannten Belege, v. a. Ps 30,6; Jes 54,7f.; Jer 9,23 MT; Klgl 3,33; Ez 33,11; Hos 11,8.

[312] Siehe PEELS, *Vengeance* 294f. Nach Hi 33,23–30 rechnet Gott die menschliche Sünde sogar zwei- bis dreimal nicht zu, sondern vergibt auf Grund eines Lösegelds und gibt statt Strafe Gerechtigkeit zurück.

[313] S. unten zur Umkehrforderung der Schriftpropheten und PEELS, *Vengeance* 295; KRASOVEC, *Reward* 789f.

[314] So die Formulierung von ZIMMERLI, *Grundriss* 168.

[315] Siehe P. D. MILLER, „Slow to Anger" 276–278; JANOWSKI, „Richter" 77–85.113–121; DERS. in: ASSMANN/JANOWSKI/WELKER, „Richten" 238f. Weitere Stellen bei PEELS, *Vengeance* 294 Anm. 62; BALOIAN, „Anger" 384.

[316] Siehe BALOIAN, „Anger" 384.

Während in der heutigen kirchlichen Sprache „Liebe", Güte", „Gnade" und „Barmherzigkeit" in Bezug auf Gott oft mehr oder weniger synonym gebraucht werden, sind die
Begriffe im Alten Testament semantisch klar unterschieden:

- חֵן „Gnade" (LXX: χάρις) bezieht sich immer auf eine freiwillige Haltung oder Handlung eines Höhergestellten gegenüber einem Untergebenen[317];
- חֶסֶד „Güte" (LXX: ἔλεος, gelegentlich ἐλεημοσύνη) bezieht sich auf ein Verhalten,
  zu dem sich zwei Seiten beidseitig verpflichtet haben: „a deep, enduring, personal
  commitment to each other is an essential feature".[318] אֱמֶת und אֱמוּנָה („Wahrheit, Treue,
  Vertrauen", LXX: ἀλήθεια, πίστις) sind wesentliche Aspekte von חֶסֶד.[319] Das soziale
  Gefälle spielt zwischen Menschen keine Rolle, חֶסֶד wird aber nie von Menschen
  JHWH gegenüber erwiesen, denn der Handelnde ist immer „one who is able to render
  assistance to the needy party who in the circumstances is unable to help him- or her-
  self".[320] חֶסֶד ist nicht nur ein Gefühl oder eine Haltung, sondern ein konkretes Handeln, das dem anderen z. B. Hilfe, Segen, Rettung, Vergebung oder Bewahrung
  bringt.[321] Vom Kontext des Bundesverhältnisses her erweist JHWH seine חֶסֶד nach
  dem Alten Testament und den frühjüdischen Schriften nie einem Frevler, der JHWHs
  Tora nicht gehorcht, sondern nur gegenüber den (relativ) Gerechten, welche die Tora
  ernst nehmen.[322]
- רַחֲמִים „Erbarmen" (LXX: οἰκτιρμός) ist nicht von einer gegenseitigen Verpflichtung
  abhängig, motiviert aber manchmal einen Bundespartner dazu, חֶסֶד zu erweisen.[323]
- אַהֲבָה „Liebe" (LXX: ἀγάπη[σις], gelegentlich φιλία) kann auch von Menschen JHWH
  gegenüber ausgedrückt werden; sie ist JHWHs Beweggrund für die Erwählung Israels, jenes Bundesverhältnis, in dem beide Seiten einander אַהֲבָה erweisen und JHWH
  Israel gegenüber seine חֶסֶד.[324]

10. Zusammenfassende Überlegungen

Die Sache des göttlichen Gerichts, wie sie aus obiger Zusammenstellung
des semantischen Feldes „richten" deutlich wird, ist die Durchsetzung von
Gerechtigkeit als heilvoller Ordnung durch Gott.

Manchmal wird das Gericht Gottes in juridischen oder forensischen Kategorien verstanden[325], manchmal in Kategorien außerhalb des juridischen
Bereichs. Nur einige der genannten Wurzeln haben eine überwiegend juridische oder forensische Konnotation. Es ist deshalb nicht ratsam, sich bei
der Rekonstruktion der alttestamentlichen Gerichtsverkündigung auf die
forensischen Passagen zu beschränken. Vielmehr müssen wir die ganze

---

[317] CLARK, *Hesed* 259.263.

[318] CLARK, *Hesed* 261.

[319] CLARK, *Hesed* 264.

[320] CLARK, *Hesed* 263.267 (Zit.).

[321] CLARK, *Hesed* 262.

[322] Dies ist wohl das wichtigste Ergebnis der Studie von VANLANDINGHAM (*Judgment*). Der Frage, wie „Gerechtigkeit" definiert wird, gehen wir weiter unten nach.

[323] CLARK, *Hesed* 263.

[324] CLARK, *Hesed* 263.

[325] Zur Unterscheidung von juridisch und forensisch s. o. B.2.

Breite der Texte beachten, die von Gottes Durchsetzung der Gerechtigkeit in der Welt und der damit verbundenen Vergeltung für Gut und Böse handeln. Dieser Sachverhalt kann auch dann vorliegen, wenn die einschlägige Terminologie nicht verwendet wird.[326]

E. Die wichtigsten mit dem Frame „Gericht Gottes" verbundenen Konzeptionen

In einem nächsten Schritt fragen wir nach den wichtigsten mit dem semantischen Frame „Gericht Gottes" verbundenen extrinsischen semantischen Feldern bzw. Frames.[327] Der Erwartung, dass Gott „richtet", d. h. als König die gerechte Wohlordnung durchsetzt und deshalb jedem nach seinem Tun vergilt, liegt einerseits das altorientalische Weltordnungsdenken (a) und andererseits die Rede von Gottes Königtum (b) zu Grunde. Da die heilsame Weltordnung besonders in der Tora Israels offenbart ist, dient bei den Schriftpropheten v. a. die ihnen jeweils vorliegende Tora-Tradition als Maßstab von Gottes Gericht an Israel. Das Alter der Tradition von Segen und Fluch, den Bundessanktionen der Tora (c), ist umstritten; nach einem Teil der Exegeten liegt sie schon der Gerichtsverkündigung der vorexilischen Propheten zu Grunde. Mit Sicherheit ist sie in der sich nach dem Exil entwickelnden apokalyptischen Tradition vorausgesetzt.

1. Gerechtigkeit und Weltordnung[328]

Wie wir gesehen haben, sind die verschiedenen hebräischen Wurzeln für „richten" und „Gerechtigkeit" mit der Vorstellung einer heilvollen Weltordnung verbunden, die Gott bzw. der König durchsetzt. „Gerechtigkeit" als „Bundestreue" oder „Gemeinschaftstreue" zu definieren, engt die Bedeutung deshalb unzulässig ein. „All ‚covenant-keeping' is righteous behavior, but not all righteous behavior is ‚covenant-keeping'".[329] Gerechtigkeit hat nicht nur mit personalen Beziehungen im Sinne von Gemeinschaftstreue, sondern auch mit Normativität, Herrschaft und Richtertätig-

---

[326] MORRIS, *Doctrine* 41.

[327] Zur Definition von extrinsischen semantischen Feldern s. o. B.1. In unserem konkreten Fall sprechen wir wohl besser von „Frames" statt von „semantischen Feldern", da es sich eher um Konzeptionen als um Wortfelder handelt.

[328] Eine hilfreiche neuere Übersicht und Kritik der Diskussion über die Bedeutung von צדק bzw. צדקה im Alten Testament bietet SEIFRID, „Righteousness Language" 415–430.

[329] SEIFRID, „Righteousness Language" 424.

keit zu tun.[330] „It seems quite clear that the biblical understanding of right-eousness has to do in the first instance with the context of creation, not that of covenant."[331] Stefan Maul bringt dies so auf den Punkt:

> „‚Recht und Gerechtigkeit' im Sinne einer politisch-sozialen Ordnung ... sind nur mög-lich, wenn sie im Einklang stehen mit der Ordnung des Kosmos, wie sie im Schöpfungs-akt errichtet wurde".[332]

Diese Konzeption von Gerechtigkeit als *Weltordnung* ist nicht nur für das israelitische, sondern insgesamt für das altorientalische Denken grundle-gend. Hartmut Gese hat dies im Anschluss an ägyptologische Arbeiten her-ausgestellt.[333] Hans Heinrich Schmid hat diesen Ansatz weitergeführt. Sei-ne von der Wurzel צדק ausgehende Arbeit ist nach wie vor wegweisend.[334]

---

[330] SEIFRID, „Righteousness Language" 424(–425), vgl. 418–421.

[331] SEIFRID, „Righteousness Language" 426.

[332] MAUL, „König" 67.

[333] GESE, *Lehre*, bes. 11–28.

[334] H. H. SCHMID, *Gerechtigkeit*; vgl. DERS., „Gerechtigkeit" 33–35. SCHMIDs Sicht wurde u. a. aufgenommen von WEINFELD, *Justice* (bes. 20); REVENTLOW, „Righteous-ness"; JANOWSKI. „Richter" (bes. 77); DERS., „Frucht"; ASSMANN/JANOWSKI/WELKER, „Richten"; SEIFRID, „Righteousness Language" 420–430 (hier weitere Lit.) und in der Ägyptologie von ASSMANN, *Ma'at*, bes. 31–35. Abgelehnt wird sie u. a. von PREUSS, *Theologie* 1,217–220 (in Aufnahme von: HALBE, „Weltordnungsdenken"); KRASOVEC, *Justice* 16f.311f. Nach KRASOVEC liegt im Alten Testament kein Weltordnungsdenken vor, weil das Verhältnis JHWHs zu Israel *personal* gesehen werde und JHWH grundsätz-lich frei sei in seinem Gerichtswirken. Dagegen spricht aber schon das im Alten Testa-ment grundlegende Bekenntnis zum Schöpfersein JHWHs. JHWH bindet sich selber an die von ihm gesetzte Schöpfungsordnung (vgl. Jer 31,35–37; 33,20f.; Gen 9,8–17). Wei-ter zeigt z. B. die von JHWH gewährte Institution der Sühne, dass Gott nicht völlig frei ist zu vergeben, sondern sich selber an den Weltordnungszusammenhang gebunden hat: Verwirktes Leben erfordert seine Nichtung, um die gestörte Ordnung wiederherzustellen. Sünde und Sühne bzw. Vergebung ist demnach nicht ein rein interpersonales Geschehen, sondern hat auch kosmische Dimensionen (s. C. STETTLER, *Kolosserhymnus* 285–288). Auch die bisweilen als Beleg für die Freiheit Gottes in seinem Gerichts- und Vergel-tungshandeln angeführten Stellen vom Töpfer und Ton (so z. B. ZERAFA, „Retribution" 486) sprechen gerade nicht von einer Unabhängigkeit Gottes von der von ihm gesetzten Weltordnung: In Jes 10,15; 29,16; Jer 18,6 geht es darum, dass Gott die *sündigen* Gefäße wieder zerstört, also diejenigen, die gegen ihn und seine Ordnung verstoßen. SapSal 12,12 könnte für sich genommen als Beleg für eine völlige Freiheit Gottes verstanden werden; aber der Kontext des Buches, der die gerechte Vergeltung (ohne Ausnahme!) be-tont, macht dieses Verständnis unmöglich. JHWH zieht seine Versprechen nur im Falle von Untreue seiner Bundespartner zurück. Es handelt sich bei JHWHs Vergeltung von Treue und Sünde also keineswegs um „spontaneous love" bzw. „spontaneous wrath", sondern um ein Handeln JHWHs in Treue zur von ihm selber gesetzten Ordnung (gegen ZERAFA, „Retribution" 486–488.494).

Vorisraelitisch hat die Wurzel צדק die im gesamten Alten Orient belegte Vorstellung einer alles umfassenden Weltordnung bezeichnet.[335]

„Wie diese Ordnung kosmische, politische, religiöse, soziale und ethische Aspekte vereint und sich vor allem in den Bereichen des Rechts, der Weisheit, der Natur, des Krieges, des Kultes und – diese Bereiche umfassend – des Königtums konkretisiert, so kann צדק bzw. צדקה in entsprechender Bedeutungsweite auf ebendiese sechs Sachzusammenhänge angewendet werden. ... Wie im Alten Orient der König in speziellem Maß und Sinn für die Erhaltung dieser Ordnung zuständig war, so erschien auch die Wurzel צדק in der Sprache der Königsideologie an zentraler Stelle zur zusammenfassenden Kennzeichnung des umfassenden Charakters der (kosmoserhaltenden) Funktion des Königs."[336]

Weiter ist „im Alten Orient die Ordnungsvorstellung religionsphänomenologisch regelmäßig mit dem Urheber- bzw. höchsten Gott, dem Schöpfer, Erhalter und Richter der Welt, eng verbunden"; deshalb erscheint im Alten Testament „auch die Wortwurzel צדק sehr häufig in Zusammenhängen, die Jahwe als *summus deus* darstellen".[337] Außer צדק(ה) findet sich im Alten Testament v. a. משפט als Bezeichnung dieser Weltordnung, aber auch שלום, אמת, (מ)ישר(ים).[338]

Mit der Weltordnung ist die Frage nach Leben und Tod eng verbunden. Der צדיק lebt, der רשע muss sterben. „Wer ordnungsgemäß lebt, der wird leben; wer sich gegen sie vergeht, stellt sich damit selbst aus ihr hinaus und hat den Tod verdient."[339]

„צדק bezeichnet die richtige, jahwegewollte, heilvolle Ordnung der Welt, צדקה das ihr gemäße, richtige, heilvolle Verhalten – auch im Vollzug des Gerichts. Zur Wahrung der Ordnung gehört, dass der רשע, der sich selbst außerhalb der Grenzen des Kosmos begeben hat, umkommt. So ist selbst das Verderben des Frevlers Vollzug der heilvollen Ordnung; daher kann der grundsätzlich die heilsame Ordnung bezeichnende Begriff צדק auch den Untergang des רשע bezeichnen – und tut dies ... nicht selten. Die ‚Gerechtigkeit' hat im Alten Testament gerade darum auch eine das Böse vernichtende Funktion, weil sie grundsätzlich die Herstellung der heilvollen Ordnung bezweckt."[340]

Die so skizzierte Verwendung der Wurzel צדק für die von JHWH gesetzte Ordnung und das ihr entsprechende Verhalten zieht sich – mit unterschied-

---

[335] Zum Folgenden vgl. oben D.2.

[336] H. H. SCHMID, *Gerechtigkeit* 166. Im Alten Testament findet sich die Wurzel צדק zunächst in allen sechs genannten Bereichen, später v. a. konzentriert auf die Bereiche Recht, Weisheit und Königtum (ebd. 171[–173]). Zum Königtum s. auch unten Abschnitt 2.

[337] H. H. SCHMID, *Gerechtigkeit* 167.

[338] S. die Belege bei H. H. SCHMID, *Gerechtigkeit* 78–97.

[339] H. H. SCHMID, *Gerechtigkeit* 167.

[340] H. H. SCHMID, *Gerechtigkeit* 178. Übersetzungen wie „Bundestreue" oder „Gemeinschaftstreue" greifen also zu kurz, besser wäre es, umfassender von „Ordnungsgemäßheit" zu sprechen (vgl. ebd. 182–186). Zum Aspekt der Vernichtung des Bösen s. auch oben Abschn. 2.

lichen Akzentsetzungen – durch alle alttestamentlichen Schriftengruppen hindurch. Bei den vorexilischen Propheten bezeichnet צדק die soziale Ordnung, im Deuteronomium „das Heil, das dem Halten der Gebote entspringt".[341] Bei Ezechiel ist die Bedeutung der Wurzel sehr grundsätzlich als das „In-Ordnung-Sein" in Übereinstimmung mit der Weltordnung gefasst.[342] „Bei Deuterojesaja bezeichnet צדק die Heilsordnung Jahwes, wie sie sich im Ablauf der ‚Heilsgeschichte' seit Anbeginn der Welt ... manifestiert".[343] In Jesaja 56–66 (und verwandten Stücken in Jesaja 1–39) „wird צדק zur Qualifikation des (kriegerischen) Endgerichtes". [344] Konsequent bezeichnet die Wurzel in der alttestamentlichen Spätzeit die Gerechtigkeit JHWHs „in der Lenkung der Geschichte" und im Gericht, und „auf den Menschen bezogen ... das Halten der Gebote".[345] In der Weisheitsliteratur bezeichnet die Wurzel den Tun-Ergehen-Zusammenhang[346], auf den unten ausführlicher einzugehen ist.

Zum Weltordnungsdenken gehört der Glaube an Gottes Richtertätigkeit notwendig hinzu. Gott richtet das Volk nach seinem Wandel (vgl. דֶּרֶךְ in Ez 7,3.8.27; 18,30; 24,14; 33,20; 36,19), entsprechend seinen Taten (Hi 34,11; Ps 28,4; 31,24; 62,13; Spr 24,12; Jer 17,10; 32,19; Sir 16,14; u. a.).

Während man bis zur Mitte des 20. Jh.s davon ausging, dass hier das die israelitische Religion grundsätzlich kennzeichnende „Prinzip der Vergeltung" zu Grunde liege, sprach Fahlgren von der „synthetische Lebensauffassung" des Alten Testaments, nach welcher der Mensch sein Schicksal durch sein Tun selber herauführe. Klaus Koch nannte dies die „schicksalwirkende Tatsphäre". JHWH sei lediglich Garant für diese Schicksalwirkung.[347]

Fahlgren hat herausgearbeitet, dass mehrere hebräische Wurzeln zugleich Tat und Ergehen bezeichnen können.[348] Nach Koch gibt es kein hebräisches Äquivalent für „vergelten"; שלם hi. bedeute „ganz machen, vollenden", שוב hi. „zurückkehren lassen, zurücklenken". Das der Tat folgende Schicksal sei also nicht eine von außen verhängte Strafe, sondern die

---

[341] H. H. SCHMID, *Gerechtigkeit* 168.

[342] H. H. SCHMID, *Gerechtigkeit* (126–)129.

[343] H. H. SCHMID, *Gerechtigkeit* 168.

[344] H. H. SCHMID, *Gerechtigkeit* 168.

[345] H. H. SCHMID, *Gerechtigkeit* 168.

[346] H. H. SCHMID, *Gerechtigkeit* 168.

[347] Dokumentiert (mitsamt der sich anschließenden Diskussion) in: KOCH, *Vergeltung* (Zitat KOCH: S. XI; vgl. DERS., „Vergeltungsdogma").

[348] FAHLGREN, *Ṣedāḳā* passim (vgl. z. B. die Zusammenfassung bei H. H. SCHMID, *Gerechtigkeit* 175).

„Vollendung" bzw. das „Zurückkehren" der Tat selbst.[349] Eine juristische Dimension („Vergeltungslehre") sei erst durch die LXX eingeführt worden.

Diese Sicht wurde in der Folge in mehrfacher Hinsicht ergänzt und korrigiert.[350] Schon Klaus Koch selber hat darauf hingewiesen, dass in der Beschreibung des Tun-Ergehen-Zusammenhangs oft ein Ungleichgewicht zu beobachten ist, indem zwar das Unheil als direkte Folge der Untat dargestellt wird, der Segen jedoch als JHWHs Handeln.[351] Ferner wird שלם hi. nicht nur im Sinne des „Zurückkehrenlassens" einer Tat auf den Täter verwendet: „When the object of *shillem* is not the deed, but the increment that accrues to the doer, or the doer himself ... the evident meaning of *shillem* is not that God fulfils or completes an act, but that he recompenses man for his deed."[352] Ähnliches gilt für die andern hebräischen Wurzeln für „Vergeltung".[353]

H. Gese, J. Scharbert, H. Graf Reventlow und F. Horst wiesen darauf hin, dass JHWHs Vergeltung für die menschlichen Taten auch mit Rechtstermini ausgedrückt werden kann.[354] Im Alten Testament findet sich die „uniform and all-pervading" Überzeugung, dass Gott es ist, der die Guten belohnt und die Bösen bestraft, also die Taten vergilt.[355] Dies wird auch durch unpersönlich formulierte Belege für den Tun-Ergehen-Zusammenhang nicht widerlegt:

> „This impersonal manner of presenting the result of man's activity does not really prove the existence of an impersonal principle operating in society independently of an external agent. ... It does not deny God's role: it only passes it over in silence."[356]

Es gibt viele Beispiele, wo derselbe Fall von Tun-Ergehen-Zusammenhang mit und ohne die Nennung von Gott ausgesagt wird.[357] In Israel gibt es kein

---

[349] KOCH, *Vergeltung* 134.

[350] Für die Diskussion bis 1972 s. die Beiträge in KOCH, *Vergeltung*; außerdem: H. H. SCHMID, *Gerechtigkeit*, bes. 176; bis 1991: PREUSS, *Theologie* 1,217–220; bis 1996: JANOWSKI, *Weisheit* (darin v. a. die Einleitung des Hg. und HAUSMANN, „Weisheit"); bis 2001: WONG, *Idea* 6–25. Eine Übersicht über die neuere Forschung zur alttestamentlichen und frühjüdischen Weisheit insgesamt gibt CRENSHAW, *Wisdom* 1–3.

[351] KOCH, „Vergeltungsdogma" 80; vgl. dazu auch SCHREINER, *Theologie* 178.

[352] ZERAFA, „Retribution" 468f.

[353] Siehe ZERAFA, „Retribution" 479.

[354] Die ältere Auseinandersetzung mit Koch ist dokumentiert in KOCH, *Vergeltung*; wichtige neuere Auseinandersetzungen sind v. a.: ZERAFA, „Retribution"; P. D. MILLER, *Sin*, bes. 134–137; SCHUMAN, *Gelijk*; PEELS, *Vengeance* 302–305.

[355] ZERAFA, „Retribution" 480.

[356] ZERAFA, „Retribution" 480.

[357] Siehe ZERAFA, „Retribution" 481. ZERAFA zeigt zudem S. 481f., dass die von KOCH als wichtige Begründung für seine Sicht angeführte Vorstellung, dass das „Blut auf

Recht, keine Vorstellung von Gerechtigkeit und von Gut und Böse, die von JHWH losgelöst wäre.[358] Es ist vielmehr JHWH, der menschliche Gerechtigkeit anerkennen und anrechnen muss.[359] „There is simply no reason to believe that the Israelites ever admitted the so-called primitive principle of an automatic return of good or evil to the performer of the act"[360], ohne dabei „das unauffällig wirkende Gericht Gottes" mitzudenken[361].

„[D]ie Ordnung, nach der Gutes Heil und Böses Unheil produziert, ist eine von der Gottheit gesetzte Ordnung. Ob sie aus sich selber funktioniert, oder ob Gott bei ihrem Funktionieren von Fall zu Fall nachhilft, interessiert den a[lt]t[estanent]l[ichen] Menschen wenig. Sie bleibt so oder so Gottes Ordnung."[362]

Es ist also letztlich immer *Gott*, der dem Menschen „gemäß seiner Tat vergilt" (Spr 24,12; Jer 17,10) und die Tat auf den Täter „zurückwendet" (Ps 28,4; 94,2).[363]

Dem entspricht auch der Befund in der Gerichtsbotschaft der Schriftpropheten. Das Gericht ist immer Konsequenz aus der bösen Tat. Dieser Zusammenhang kommt in der Logik von Anklage („Scheltwort") und Gerichtsankündigung („Drohwort") zum Ausdruck.[364] Patrick D. Miller hat das Verhältnis von Tat und Gerichtsfolge in *Sin and Judgment in the Prophets* wie folgt analysiert: Nach einem Teil der Texte führt JHWH selber das Gericht herbei (z. B. Hos 7,2), nach anderen Texten ist das Gericht direkt die Folge der Taten (z. B. Jer 2,19), wenn auch hier sicher Gott als der mitgedacht ist, der die Konsequenz herbeiführt – JHWH „gets the relationship into effect and brings it to completion".[365] Beide Aussageformen

---

jemandes Haupt zurückkehrt", in Wirklichkeit die rechtlich genau geregelte Blutrache *durch Menschen* bezeichnet.

[358] ZERAFA, „Retribution" 482f.; vgl. dazu grundlegend SCHERER, „Empirie".

[359] Siehe ZERAFA, „Retribution" 483.

[360] ZERAFA, „Retribution" 485.

[361] SCHARBERT, „Gerechtigkeit" 407 (hier kritisch gegen FAHLGREN, KOCH, HALBE und H. H. SCHMID).

[362] KEEL, „Rechttun" 203. Vgl. H. H. SCHMID, *Gerechtigkeit* 177: „Im Gegensatz zu der in der wissenschaftlichen Literatur obwaltenden Diskussion spricht das Alte Testament selbst nirgends von einem ‚Kompetenzkonflikt' zwischen einem verselbständigten Tat-Ergehen-Zusammenhang und dem (freien) Wirken Jahwes; *die Ordnung, der dieser Zusammenhang entspringt, ist problemlos die Ordnung Jahwes.*" (Hervorhebung von mir.) Genauso PREUSS, *Theologie* 1,211f.; 2,222.

[363] W. H. SCHMIDT, *Glaube* 374; genauso PREUSS, *Theologie* 1,211; BARTON, „Natural Law" 9–14; HAUSMANN, *Studien* 237–243.

[364] Siehe WESTERMANN, *Grundformen*, bes. 69.94–98.

[365] P. D. MILLER, *Sin* 122–132 (Zitat 127). Siehe ferner: W. H. SCHMIDT, *Glaube* 374; PREUSS, *Theologie* 1,216f.; SCHREINER, *Theologie* 255 (vgl. ebd. 257: Die Verfehlungen provozieren JHWHs „Zorn", d. h. „dass er persönlich engagiert ist"). JHWH durchbricht die Strafe aber auch um seiner selbst willen und schafft Heil (Am 5,5; Hos 11,1ff.; s.

kommen aber auch verbunden vor: „Ich will deine Tat auf dein Haupt zurückkehren lassen" (Hos 4,9; Jo 4,7; vgl. Jer 6,19).[366] Dabei ist nicht das
Dass einer Strafe wichtig, sondern die inhaltliche Korrespondenz („talionic
correspondence") zwischen bösem Verhalten und Gerichtsmaßnahme, die
sog. „Spiegelstrafe" (vgl. z. B. Jer 21,14; 50,15; Ob 15f.).[367] Mit Patrick
Miller kann man den Befund zur prophetischen Literatur folgendermaßen
zusammenfassen:

> „[O]ne cannot fully express the relationship between sin and judgment as one of the fate-
> effecting deed under the guidance of God. While a number of passages do not clarify the
> issue one way or another, there are several which emphasize the idea of correspondence
> but not consequence and suggest that while there is always a causal effect in the relation-
> ship between someone or some people's actions and the judgment they recieve, that rela-
> tionship is not necessarily internal but is perceived as resting in the divine decision and
> not happening apart from that decision or decree."[368]

Wie die eben skizzierte Diskussion über Kochs Thesen zeigt, ist seine
Theorie, mit Vannoy gesprochen,

> „too sweeping to do justice to numerous OT texts that represent Yahweh as intervening
> in various situations to impose blessing or punishment in his role as divine warrior and
> judge".[369]

Die Überzeugung, dass rechtes Verhalten Segen und Heil und unrechtes
Verhalten Unheil nach sich zieht – entweder als von Gott gestifteter und
zur Wirkung gebrachter Tun-Ergehen-Zusammenhang oder durch Gottes
direkte Vergeltung –, ist also im ganzen Alten Testament grundlegend:
„every human activity has to be recompensed".[370]

Mit Hans Heinrich Schmid können wir zusammenfassen:

> „‚Gerechtigkeit üben' ist die zusammenfassende Beschreibung dessen, was vom Men-
> schen innerhalb der Welt und vor Gott gefordert ist. ... Solche Taten der Gerechtigkeit
> hängen nun nach alttestamentlichem – und überhaupt antikem – Verständnis nicht isoliert
> in der Luft. Vielmehr nimmt der Gerechte mit ihnen aktiven Anteil an der Konstituie-
> rung, Konsolidierung und gegebenenfalls Restituierung der heilen Welt und ihrer Ord-

---

PREUSS, *Theologie* 1,216f.). Man muss aber nicht so weit gehen wie PREUSS, der hier
personalen Gott und Weltordnung entgegensetzt (ebd. 218).

[366] P. D. MILLER, *Sin* 132. Dies ist nicht eine sekundäre Verbindung zweier ursprünglich unabhängiger Vorstellungen, wie auch außerbiblische Quellen zeigen (135).

[367] P. D. MILLER, *Sin* 128–130.132; vgl. 136: „the correspondence pattern ... presents
precisely that ‚*äquivalente Strafe'* which Koch finds missing in the Old Testament".
MILLER spricht auch von „*appropriate justice*" (ebd.).

[368] P. D. MILLER, *Sin* 134.

[369] VANNOY, „Retribution" 1141.

[370] ZERAFA, „Retribution" 473. Zum selben Gesamtergebnis kommt KRASOVEC, *Reward*. ZERAFA spricht wieder, nach und gegen KOCH, vom „Dogma of Retribution"
(471). Dies trägt freilich eine spätere Kategorie in die Texte ein. Zur *lex talionis* im Alten
Testament und Alten Orient s. auch OTTO, „Geschichte der Talion".

nungen. Wer so an der Weltordnung partizipiert, der wird darum auch in seinem Ergehen entsprechenden positiven Anteil an ihr haben. Darum steht über dem Tun des Gerechten der Segen und über dem des Frevlers der Fluch. ... [A]uch die Prophetie hat an diesem Denken grundlegenden Anteil: Die Propheten sagen mit letzter Konsequenz an, dass das frevelhafte Verhalten gesühnt werden und Strafe nach sich ziehen muss. ... Es ist nichts anderes als die Gerechtigkeit Gottes, die dieses Netzwerk der Weltordnung zusammenhält."[371]

2. Gottes Königtum

Gottes Gericht wird bei den Schriftpropheten vorwiegend mit drei qualitativ unterschiedlichen, in der Anschauung aber verwandten Vorstellungsbereichen ausgedrückt: Naturkatastrophen, Krieg und Gerichtsprozess.[372] Naturkatastrophen und kosmische Erschütterungen sind teilweise als direkte Kriegsfolgen verstehbar, teilweise reichen sie aber „weit über die Ebene vorstellbarer Kriegsfolgen hinaus"[373] und sind Begleiterscheinungen der Theophanie Gottes zum Gericht[374]. Gottes Heiliger Krieg hat „the establishment, recognition and promotion of his kingly rule and the protection of his people" zum Ziel.[375] Auch JHWHs Krieg kann eine Form seiner Theophanie sein, so schon in Richter 5, wo der Krieg gegen Jabin und seinen Feldhauptmann Sisera kosmische Dimensionen aufweist. Krieg und Theophanie sind oft „zwei Seiten einer Medaille".[376] Aber auch Gericht und Theophanie sind nicht ohne Bezug, denn die Gerichtsterminologie kann sich auch im Kontext von Gottes königlichem Kommen zur Durchsetzung von Gerechtigkeit im ganzen Kosmos finden (vgl. nur Ps 96,11–13; 98,7–9). JHWH ist der kommende, theophane Richter, weil er König ist.

Gericht und Heiliger Krieg sind also dadurch verbunden, dass beide Ausdruck der Theophanie JHWHs sein können und letztlich Funktionen des Königtums Gottes sind.[377] Gottes Königsherrschaft ist die „root meta-

---

[371] H. H. SCHMID, „Gerechtigkeit" 33f.
[372] Siehe dazu unten F.1.f.
[373] BIEBERSTEIN, „Der lange Weg" 5(f.).
[374] BIEBERSTEIN, „Der lange Weg" 6 (Lit.).
[375] PEELS, *Vengeance* 281–283 (Zitat 282). S. auch KANG, *Divine War* 114–224, bes. 197–204.
[376] BIEBERSTEIN, „Der lange Weg" 6.
[377] Dazu und zum Folgenden s. PEELS, *Vengeance* 276–283. „Ruling and judging cannot be separated" – „Ruling and doing battle cannot be separated" (PEELS, *Vengeance* 279.281; ähnlich SEIFRID, „Righteousness Language" 426f. mit Lit.). Für neuere Literatur zum Königtum Gottes im Alten Testament s. K. SCHMID, „Herrschererwartungen" 47f. Anm. 42.

phor"[378] für beides, weil die Hauptaufgabe des irdischen Königs in Rechtschaffen und Kriegführen besteht: „Unser König soll uns Recht sprechen, er soll vor uns herziehen und soll unsere Kriege führen" (1Sam 8,20).

Die altorientalische Königsideologie sieht die Hauptaufgabe des Königs im Wahren und Wiederherstellen der gerechten Weltordnung.[379] Schon Hammurabi (um 1700 v. Chr.) beschreibt seine Aufgabe so:

„to promote the welfare of the people, ... to cause justice to prevail in the land, to destroy the wicked and the evil, that the strong might not oppress the weak, to rise like the sun over the black-headed [=men in general] and to light up the land". Hammurabi ist „the savior of his people from distress, ... the shepherd of the people, ... who makes law prevail; who guides the people aright; ... who silences the growlers; ... the king who has made the four quarters of the world subservient".[380]

Ganz ähnlich definiert Psalm 72, die „Magna Charta der judäischen Königsideologie", die Aufgaben des idealen Königs.[381]

Die Rede von Gott als Richter hat also zur Voraussetzung, dass „das alte Israel über die Königsherrschaft Gottes nachzudenken anfängt": Wenn Gott der ideale König ist, nimmt er auch die königlichen Aufgaben der Rechtssetzung und Rechtswahrung wahr.[382] Herbert Niehr hat in diesem Zusammenhang auf die theophoren Namen hingewiesen, die schon von der Zeit Davids an vom Richtertum Gottes sprechen (so heißt der fünfte Sohn Davids Schefatjahu und der Kanzler Davids Jehoschafat).[383] שפט bezeich-

---

[378] PEELS, *Vengeance* 276 mit Verweis auf METTINGER, *In Search of God* 92: „A root metaphor feeds a whole familiy of extended metaphors ... the Lord as ‚King' is a metaphor that generates other, related metaphors". Mettinger hebt die beiden Aspekte „YHWH as *the warring deity*" und „YHWH as *the enthroned and reigning deity*" hervor (93); zur engen Verbindung von „herrschen" und „richten" s. u.

[379] Siehe JANOWSKI, „Frucht" 158–164.

[380] Aus Abschn. i, iv und v des Prologs, zitiert nach *ANET* 164.

[381] Siehe JANOWSKI, „Frucht" 164–192 (Zitat: 164).

[382] K. MÜLLER, „Gott als Richter" 30; ebenso SEYBOLD, „Gericht" 460f.; BRANDENBURGER, „Gerichtskonzeptionen" 294. Die Datierung der Gott-König-Konzeption ist sehr umstritten; wenn auch die in der Datierung allgemein unumstrittenen Belege erst aus der Zeit um das Exil stammen, so gibt es doch starke Hinweise auf einen viel früheren Ursprung der Konzeption, v. a. die im Folgenden erwähnten Argumente von H. NIEHR. Zur Diskussion s. PEELS, *Vengeance* 278 mit Anm. 27 (Lit.); KREUZER, „Gottesherrschaft"; W. H. SCHMIDT, *Königtum* 80–97; CAMPONOVO, *Königtum* 72–127; N. LOHFINK, „Begriff" 162–184.

[383] NIEHR, *Herrschen* 79–81.392–395.396–400.399f.; kurze Übersicht bei SEYBOLD, „Gericht" 460; PEELS, *Vengeance* 279–281. Ob die Anfänge der Konzeption von Gottes Königtum ebenfalls in der frühen Königszeit (so W. H. SCHMIDT, *Königtum*) oder sogar in vormonarchischer Zeit liegen, hängt wesentlich damit zusammen, wie man die Königsprädikation יושב הכרובים (1Sam 4,4; 2Sam 6,2) datiert (JÖRG JEREMIAS, „Lade" 171f.: Richterzeit; JANOWSKI, „Keruben": frühe Königszeit).

net, wie wir schon gesehen haben[384], umfassend das königliche, Recht set-
zende und Recht wahrende Regieren und nicht bloß das „Strafgericht".[385]
שפט heißt also einerseits „zum Recht verhelfen" (für Bedrängte) und andererseits „zur Rechenschaft ziehen" (von Bedrängern). JHWH ist ein König,
der den Schwachen und Rechtlosen zu ihrem Recht verhilft; er schafft auch
den Völkern Recht (Jes 51,1) und ist der Richter der ganzen Erde. Dieses
Gericht ist ein eminent positives, Heil schaffendes, Wohlordnung durch-
setzendes Geschehen.

Wenn die Schriftpropheten „Yahweh's judgment for breach of sacral
law" und „Yahweh's war against Israel or other nations" ankündigen, setzen sie somit die Vorstellung von der Königsherrschaft JHWHs voraus.[386]
Die Erwartung von Gottes endzeitlicher Königsherrschaft tritt mit Deuterojesaja ins Zentrum der prophetischen Verkündigung. „Jes 40–55 ist, mehr
als die drei Titelbelege (41,21; 43,15; 44,6) und das eine Vorkommen des
Verbs (52,7; doch vgl. auch 40,10) anzeigen, eine Theologie der kommenden Gottesherrschaft."[387] JHWH, der König der Völker und der Götter, ist
nach Deuterojesaja dabei, seine Königsherrschaft zur Erlösung seines Volkes vor den Augen aller Welt zu offenbaren (Jes 40,1–11; 52,7–12; vgl.
weiter Jes 24,23; 33,17.21; Ez 20,33; 34,11–16; Ob 21; Mi [2,13;] 4,7;
Zeph 3,15; Hag 2,[6.f]21f.; Sach 14,9.16f.). Die JHWH-Königs-Psalmen
(47; 93; 96–99) stehen entweder selber in dieser prophetischen Tradition
oder werden zumindest von ihr her eschatologisch gedeutet (so Ps 96–98 in
4Q88 [=4QPs^f]).[388] In Psalm 96[389] (vgl. auch Psalm 9–10[390]); 97 (vgl. auch
Psalm 82[391]) und 98 ist die Zusammengehörigkeit von Gottes Weltgericht,
das positiv seine Gerechtigkeit in der ganzen Schöpfung durchsetzt, und
Gottes universaler Königsherrschaft besonders stark betont.[392]

JHWHs universale Königsherrschaft und sein universales Endgericht
gehören also untrennbar zusammen. In der exilisch-nachexilischen Prophetie und der sich dort anbahnenden Apokalyptik „(bildet das) sowohl Juda
(...) und Jerusalem als auch die Völker umfassende Endgerichtsgeschehen
... die conditio sine qua non dafür, dass Gott seine Herrschaft auf Erden

---

[384] Oben Abschn. 2.

[385] Dasselbe gilt für die weniger häufigen Verben ריב und דין, wo sie zu שפט synonym
verwendet werden, s. o. Abschn. 2 und HAMP, „דין" 201f.

[386] P. D. MILLER, *Sin* 103 (Lit.). MILLER weist ebd. darauf hin, dass der himmlische
königliche Rat Gottes im Alten Testament ebenfalls die beiden Aspekte *gerichtlicher Rat*
und *Heer* aufweist.

[387] ZENGER, „Herrschaft" 182(f.).

[388] Zur Diskussion s. ZAGER, *Gottesherrschaft* 56–60; JANOWSKI, „Königtum".

[389] Siehe JANOWSKI, „Richter" 105f.

[390] Siehe ZAGER, *Gottesherrschaft* 57f.

[391] Siehe ZAGER, *Gottesherrschaft* 59f.; vgl. JANOWSKI, „Richter" 101–106.

[392] Siehe dazu ZAGER, *Gottesherrschaft* 57–60.

unbestritten ausüben wird" (vgl. Ez 20,32–44; Zeph 3,9–20; Sach 14; Jes 24–27, bes. 24,21–23 und 25,6–8; Jes 33,7–24; Daniel 2; 7 und 12,1–3).[393] Diese Aufrichtung der Gottesherrschaft betrifft nicht nur Israel, sondern auch die Völker (Jes 25,6f.), ja die ganze Natur (so schon Jes 41,18f.; 42,10; 43,20; 44,23; 49,13; 51,3; 55,12f.; vgl. Ps 96,11ff.).[394] Sie schließt sogar das „Heer der Höhe" mit ein (Jes 24,21).[395]

Wie in der Königszeit der König Stellvertreter JHWHs auf dem Zion war und an seiner Stelle und in seinem Auftrag herrschte und richtete, so übt nach den messianischen Texten des Alten Testaments und des Frühjudentums der Messias bzw. der messianische Menschensohn Herrschaft und Gericht im Auftrag JHWHs aus.[396]

Wir können zusammenfassen: JHWH wurde nachweislich schon seit der frühen Königszeit als königlicher Richter gesehen, der wie ein irdischer König die Wohlordnung der Welt durch Gericht und Krieg durchsetzt. Seit Deuterojesaja verkündet die apokalyptische Prophetie das Kommen der endzeitlichen universalen Königsherrschaft JHWHs, die in seinem ebenso universalen Endgericht durchgesetzt wird.

3. Segen und Fluch der Bundestora[397]

Wie die allgemein-menschlichen Formulierungen der Weisheitsliteratur, aber auch die Fremdvölkersprüche bei den Schriftpropheten zeigen, handelt es sich beim Tun-Ergehen-Zusammenhang bzw. beim Gericht JHWHs nach den Taten der Menschen nicht um eine nur in Israel geltende Gesetzmäßigkeit, die erst durch den Bund JHWHs mit Israel gesetzt wäre. Vielmehr ist die göttliche Vergeltung für alle Menschen unausweichlich.[398] Die Fremdvölkersprüche stützen sich, angefangen mit dem Fremdvölkergedicht in Amos 1f., nicht auf die Tora, sondern klagen die Heidenvölker vor dem Hintergrund eines von der Weltordnungsauffassung abgeleiteten allgemeinen Rechts an. Hauptanklagepunkte sind Hochmut, Götzendienst und Gewalt, ferner die schlechte Behandlung des Volkes Gottes.[399]

---

[393] ZAGER, *Gottesherrschaft* 64; zu den genannten Stellen s. ebd. 60–71, zu Daniel ebd. 71–73.80f.

[394] Weitere Belege für Ankündigungen kosmischer Erschütterungen im Endgericht und paradiesischer Zustände in der Gottesherrschaft bei ZAGER, *Gottesherrschaft* 64.

[395] Siehe ZAGER, *Gottesherrschaft* 65f.

[396] S. u. F.2.d und III.B.3.

[397] Viele Hinweise verdanke ich wiederholten Gesprächen mit Professor O. PALMER ROBERTSON (jetzt in Kampala, Uganda), der mir auch freundlicherweise Teile seines Buches *The Christ of the Prophets* vor der Veröffentlichung zur Verfügung stellte.

[398] Gegen ZERAFA, „Retribution" 493.

[399] Siehe PREUSS, *Theologie* 2,320; BARTON, „Natural Law"; ROBERTSON, *Christ* 168–173.

Im Kontrast dazu kennt das Alte Testament spätestens seit dem Deuteronomium[400] auch eine besondere Verantwortung Israels, die mit der Erwählung Israels zum Bundesvolk und der Offenbarung der Bundestora an
Israel begründet wird. In welchem Umfang die Schriftpropheten Teile oder
Vorformen der Pentateuch-Tora voraussetzen, ist umstritten (s. u.). Jedenfalls haben sie klare Vorstellungen, wie das in Gottes Augen „Gute" und
„Rechte" aussieht, und behaften ihre Hörer dabei, dass diese es ebenso gut
wissen. Die Schriftpropheten setzen also gewisse grundlegende Toraüber-
lieferungen voraus und beziehen sich mit ihren Anklagen auf diese für das
Gottesvolk verbindlichen Weisungen JHWHs.[401]

Auch zur Spruchweisheit Israels bestehen bei den Schriftpropheten starke Verbindungen.[402] Beide, Tora und Weisheit, gehören zusammen, weil
sie „sich je auf verschiedene Weise, im grundsätzlichen aber gemeinsam,
um die eine Ordnung der Welt (mühen)".[403] Die natürliche Konsequenz
dieses Sachverhalts ist die Identifikation von Tora und Weisheit ab dem
Deuteronomium (4,6; vgl. Ps 19; Sir 24).[404]

In den meisten Schriftpropheten finden sich explizite Bezugnahmen auf
die Tora JHWHs.[405] Nach Amos 2,4 ist der Grund für Judas Verwerfung,
dass es die Tora JHWHs verworfen hat.[406] Nach Hos 8,12 besaß Israel
schriftliche Toragebote JHWHs[407] (vgl. Hos 4,6; 8,1). In Hos 4,2 und Mi

---

[400] Zum Alter der Tora- und Bundestraditionen s. u.

[401] So LINDBLOM, *Prophecy* 314; DAVIDSON, „Covenant" 335; KLOPFENSTEIN, „Gesetz" 287–293; BRIGHT, *Covenant* 84 Anm. 6 (u. ö.); ZIMMERLI, *Gesetz*; H. H. SCHMID,
Gerechtigkeit 179. Die Meinung von KOCH (*Profeten* 2,9.11), die Propheten der assyrischen Zeit hätten noch nicht auf ein Gesetz Bezug genommen, lässt sich kaum halten.

[402] Siehe H. H. SCHMID, *Gerechtigkeit* 179f. (dort die ältere Lit.) und den Forschungs-
überblick von WHYBRAY („Prophecy"). Man muss aber nicht so weit gehen wie SCHMID
ebd. 180, der den Maßstab der prophetischen Anklage weder direkt im einen noch im andern, sondern „allgemeiner" im „Ordnungsdenken" sieht. Diese Abstraktion von der konkreten Tora bzw. Weisheitslehre haben die Propheten selbst kaum vollzogen.

[403] H. H. SCHMID, *Gerechtigkeit* 180 (ebd. mit Verweis auf Arbeiten, die die Bedeutung der Weisheit für die *Ausformung* des Rechts herausstellen).

[404] Siehe dazu GESE, „Gesetz" 68–73; PREUSS, *Theologie* 1,106.

[405] Insofern waren die Schriftpropheten tatsächlich selber „Anwender dieses Gesetzes
auf die Geschichte", die Verbindung der Propheten mit der Tora ist nicht erst nachexilischer Redaktion zu verdanken (so aber K. SCHMID, *Literaturgeschichte* 171). – Die folgende Aufzählung schließt sich an ROBERTSON, *Christ* 144–149 und 168 Anm. 17 an.

[406] Nach RUDOLPH, „Amos" 121.137 geht 2,4abα und somit die Aussage über die
Verwerfung der Tora auf Amos zurück.

[407] Hos 8,12 ist wahrscheinlich von Hosea, s. G. I. DAVIES, *Hosea* 194 und ANDER-
SEN/FREEDMAN, *Hosea* 509f. Nach PHILLIPS zeigt Hos 8,12, dass es zur Zeit Hoseas „a
clear complex of written law accredited to Yahweh, to which appeal could be made" gab
(„Prophecy" 223; darauf verweist ROBERTSON, *Christ* 144 Anm. 2). Genauso CRÜSE-
MANN, *Tora* 28(–30) und G. I. DAVIES, *Hosea* 207.

2,2 werden Dekaloggebote aufgezählt.[408] Die Dekalogpräambel wird in
Hos 12,10; 13,4 und in der Erkenntnisformel, v. a. bei Ezechiel[409], aufgenommen. Nach Mi 6,8 ist Israel „gesagt", was gut und von JHWH gefor-
dert ist (vgl. die Formulierung in Dtn 10,12f.).[410] Jeremia verweist in 6,19;
8,7–9; 9,13f.; 26,4–6; 31,33; 32,23; 44,10.23 auf die Tora[411]; in 7,9 zählt er
Dekaloggebote auf.[412] Nach Ez 20,13.16 verwarf Israel die Tora, einzelne
Toragebote sind in Ez 22,3–12; 33,23–26 zitiert. Auch in Deuterojesaja
spielt die Tora eine wichtige Rolle in der Gerichtsbotschaft (Jes 42,21.24;
48,17f.). Mal 4,4 verweist auf die Mosetora vom Horeb. Außer diesen ex-
pliziten Bezugnahmen auf die Tora gibt es zahlreiche weitere inhaltliche
Entsprechungen zwischen Anklagen der Schriftpropheten und Toragebo-
ten[413], insbesondere zum Bundesbuch[414].

Spätestens mit Esra wird die schriftliche Pentateuchtora in ihrer heutigen Gestalt für Israel verbindlich, sie ist Israels Verpflichtung und Freude
(vgl. Ps 1; 19; 119).[415] Von da an gilt diese Gestalt der Tora als der Maßstab des angekündigten Gerichts. So setzt Dan 9,5f.10f.13 klar den schriftlichen Pentateuch voraus: Das von den Propheten verkündete Gericht Gottes ist Auswirkung des Fluches von Leviticus 26 und Deuteronomium 28
über die Übertreter der schriftlichen Mosetora.

---

[408] Hos 4,2 ist wahrscheinlich hoseanisch, s. G. I. DAVIES, *Hosea* 112 und ANDER-
SEN/FREEDMAN, *Hosea* 337. Diese Stelle ist nach G. I. DAVIES, *Hosea* 207 (vgl. 115f.)
„evidence", dass Hosea den Dekalog – „or something very like it" – kannte.

[409] Siehe ZIMMERLI, *Ezechiel* 1, 57*.

[410] Nach WALTKE, *Micah* 13 und ANDERSEN/FREEDMAN, *Micah* 510f. stammt dieser
Ausspruch von Micha selbst; nach MCKANE, *Micah* 7 sind Micha 4–6 später entstanden.
Für den Bezug von Mi 6,8 auf Toratraditionen s. RUDOLPH, *Micha* 113 und WEISER,
Zwölf Propheten 280f. Zu Dtn 10,12f. vgl. MCCONVILLE, *Deuteronomy* 199.

[411] In welchem Umfang diese Stellen auf Jeremia selber zurückgehen, wird in der Literatur sehr unterschiedlich beurteilt. Nach MCKANE, *Jeremiah* 1,182 ist von den genannten Stellen 8,7f. echt, nach LUNDBOM, *Jeremiah* gehen weite Teile des Jeremiabuchs
(und somit viele der genannten Stellen) auf Jeremia zurück.

[412] Siehe dazu LUNDBOM, *Jeremiah* 1,465 (LUNDBOM hält die Stelle für jeremianisch).

[413] Siehe z. B. die Zusammenstellung bei ROBERTSON, *Christ* 149–168; 168 Anm. 17.

[414] Siehe W. H. SCHMIDT, *Glaube* 338; PHILLIPS, „Prophecy".

[415] S. dazu PREUSS, *Theologie* 105f. ; K. SCHMID, *Literaturgeschichte* 174–176. Abgesehen von späteren Bearbeitungen der Pentateuch-Chronologie liegt der Pentateuch
spätestens mit Esra abgeschlossen vor (s. Esra 7), also Mitte des 5. Jh.s v. Chr. (zur Datierung von Esras Auftreten s. WILLIAMSON, *Ezra/Nehemiah* xxxix–xliv; WITTE in
GERTZ, *Grundinformation* 517f.; K. SCHMID, *Literaturgeschichte* 143f.). Wie das „chro-
nistische Geschichtswerk" und Sirach zeigen, hat der Pentateuch „vor allem in Priester-
und Weisheitskreisen Jerusalems und deren Ausstrahlung in die Diaspora" kanonische
Geltung (STECK, „Kanon" 17); vgl. auch die Gesetzespsalmen 1; 19; 119 u. a. und die
alexandrinische Hochschätzung der Tora gegenüber den anderen heiligen Schriften in der
Sapientia Salomonis und bei Philo (s. BARTHÉLEMY, „État" 12).

Weil sich die Verbindung von Gesetz mit Segen und Fluch auch sonst in Bundestexten des Alten Orients findet, so schon in den hethitischen Vertragstexten des 15.–13. Jh.s v. Chr.[416], ist die Gerichtsverkündigung der Propheten auch nicht zu trennen von der mit dem „Bund"[417] zwischen JHWH und seinem Volk verbundenen Proklamation von Segen und Fluch für das Halten bzw. Verlassen der Tora.[418]

Das Alter der Bundestraditionen Israels wird seit den 1960er-Jahren stark diskutiert.[419] Während man vorher allgemein von der grundlegenden Bedeutung des Noah-, Abraham-, Sinai- und David-/Zionbundes auch schon für die frühen Schriftpropheten ausging[420], wird die Bundestheologie heute oft auf das Deuteronomium und die deuteronomistische Schule zurückgeführt; dem entsprechend werden Stellen in den Propheten, die vom Bund sprechen, als deuteronomistische Redaktion angesehen.[421] Allerdings fehlt es nicht an Stimmen, die vor einem zu prinzipiellen „Pandeuteronomismus" warnen[422] und auf frühe Stellen hinweisen[423]: Schon in Hos 8,1 werden תורה und ברית zusammen genannt (vgl. auch „meine Tora" in

---

[416] Siehe PREUSS, *Theologie* 1,103f. (Lit.). Es handelt sich also keineswegs um eine erst „deuteronomische Übertragung des Tun-Ergehens-Zusammenhangs" in das Recht (gegen K. SCHMID, *Literaturgeschichte* 107).

[417] Nach KUTSCH, „ברית," (vgl. DERS., *Verheißung*) ist ברית mit „Verpflichtung", nicht mit „Bund" zu übersetzen. Diese Ansicht hat sich nicht durchgesetzt, da beim alttestamentlichen „Bund" wie bei den altorientalischen Verträgen (v. a. den hethitischen Vasallenverträgen) der *bilaterale* Charakter grundlegend ist (s. MCCONVILLE, „ברית," bes. 747f.). BARR, „Semantic Notes" (35–)37 fragt im Blick auf KUTSCHs These, „whether his clear distinctions ... may not be distinctions where no distinction is meant".

[418] PROCKSCH rechnet den Fluch für den „Bruch göttlichen Rechts" unter die Wirkungen des Zornes Gottes (*Theologie* 643–646). Weitere ältere Vertreter: BRIGHT, *Covenant*, z. B. 29; CLEMENTS, *Prophecy and Covenant*, z B. 71 (anders in der Neuauflage *Prophecy and Tradition* 22f.); P. D. MILLER, *Sin* 136. Zu den gegenwärtigen Vertretern dieser Sicht gehört z. B. auch W. A. VANGEMEREN (*Interpreting* 79: „The judgment oracle is rooted in the covenant sanctions").

[419] S. die Übersichten bei ODEN, „Place"; DAVIDSON, „Covenant"; NICHOLSON, *God*, bes. 3–117; PREUSS, *Theologie* 1,77–85 (zum Sinaibund) und 89–106 (zum theologischen Ort des Gottesrechts).

[420] So neben den älteren Theologien des Alten Testaments, v. a. derjenigen von EICHRODT, auch die im englischsprachigen Raum einflussreichen Studien von JOHN BRIGHT (*Covenant*) und RONALD E. CLEMENTS (*Prophecy and Covenant*).

[421] So z. B. GERTZ, „Bund"; DERS., *Grundinformation* 307 im Anschluss an PERLITT, *Bundestheologie*. Zur Wirkung von PERLITT vgl. weiter DAVIDSON, „Covenant" 335; NICHOLSON, *God* 109–117; PREUSS, *Theologie* 1,81.

[422] So DAVIDSON, „Covenant " 344; PREUSS, *Theologie* 1,83.

[423] Zum Beispiel PREUSS, *Theologie* 1,83. PREUSS fragt in Bezug auf die Erwähnung des Bundes in Hos 2,20; 6,7; 8,1: „Soll man diese Stellen wegen der ‚Bundesphobie' der deutschsprachigen Alttestamentler (...) streichen?" (2,95 Anm. 156).

8,12).[424] Hos 1,9 und 2,3 (vgl. 4,6; 8,2) sind klare Bezugnahmen auf die durch die Bundesformel charakterisierte Relation von JHWH und „seinem" Volk.[425] Hos 4,6 spricht ebenfalls vom Bundesvolk („mein Volk") und seiner Verpflichtung auf die Tora[426], 6,7 von der Übertretung des „Bundes".[427] Es spricht viel dafür „that he [Hosea] was not formulating something new, but was referring rather to something already in circulation ...; the references have the character of allusions to something familiar both to Hosea and to his audience".[428] Bei Hosea ist offensichtlich eine Tradition vorausgesetzt, nach der ein Bundesschluss JHWHs mit Israel mit einer Verpflichtung Israels in der Form von Gesetzen verbunden war.[429]

Auch ohne das Stichwort ברית findet sich die Tradition eines Bundesverhältnisses zwischen JHWH und Israel überall bei den Schriftpropheten.[430] Es wird in der Bundesformel („Ich will euer Gott sein und ihr sollt mein Volk sein") vorausgesetzt, die viel älter ist als die joschijanische Reform: „Gott Israels" wird JHWH schon im Deboralied (Ri 5,3.5.13) und bei Hosea (4,11; 12,10; 13,4) genannt, „mein (JHWHs) Volk" heißt Israel schon bei Amos (7,8.15) und, wie schon erwähnt, bei Hosea (1,9; 4,6.8).[431] Dies alles spricht für ein hohes Alter der Bundestradition.[432]

Freilich wird der „Bund" JHWHs in Amos, Jesaja und Micha nicht *expressis verbis* erwähnt[433], und von den übrigen nicht-deuteronomischen Schlüsseltexten für den „Bund" (Ex 19,3b–8; 24,1–11; 34,10–28; Jos 24,1–28) wird oft allen außer Ex 24,3–8 vorjoschijanisches Alter abgespro-

---

[424] Hos 8,1.12 wird z. B. auch von G. I. DAVIES, *Hosea* 194.197 für authentisch gehalten. Der Hinweis auf einen neuen „Bund" in Hos 2,20 scheint hingegen kaum von Hosea, sondern eher aus dem 6. Jh. zu stammen (s. G. I. Davies, *Hosea* 84).

[425] Siehe SPIECKERMANN, „Barmherzig" 5f. Zu Hos 1,9 s. DANIELS, *Hosea* 108; ANDERSEN/FREEDMAN, *Hosea* 197f. und G. I. DAVIES, *Hosea* 59. Nach G. I. DAVIES, *Hosea* 47.69 ist Hos 1,9 hoseanisch und in Hosea 2 zumindest authentisches Material verarbeitet. Insgesamt zum Bund bei Hosea s. DANIELS, *Hosea* 77–92 und NICHOLSON, *God* 179–188.

[426] Nach G. I. DAVIES, *Hosea* 110 authentisch.

[427] Die in 6,4–7,16 sichtbare Redaktionstätigkeit betrifft 6,7 nicht, s. G. I. DAVIES, *Hosea* 165.171f.

[428] NICHOLSON, *God* 188.

[429] G. I. DAVIES, *Hosea* 171f.

[430] Vgl. die wichtige Schlussfolgerung BARRs aus seinen semantischen Beobachtungen zu ברית: „A current tradition that used *bᵉrīt* in one kind of linguistic context might use other terminology in another, without this being evidence of a basic theological conflict." („Semantic Notes" 38.)

[431] Siehe oben und PREUSS, *Theologie* 1,83.84f. Nach GESE, „Gesetz" 59f. ist die Selbstoffenbarung JHWHs und die exklusive Bindung Israels an ihn der Kern der Sinaiüberlieferung. Die Bundesformel ist Ausdruck davon.

[432] Siehe JÖRG JEREMIAS, *Hosea* 32–34.65–67.69.155.163.

[433] PREUSS, *Theologie* 1,84 hält zudem alle Erwähnungen des Bundes in Jeremia für deuteronomistisch.

chen.[434] Aber die in Am 3,2 erwähnte Erwählung Israels setzt ein besonderes (Bundes-)Verhältnis Israels zu JHWH und damit eine Art von Bundestradition voraus (vgl. „mein Volk" in 7,8.15): „Without the covenant background and the stipulations and sanctions imposed at Sinai, the prophet's argument would be meaningless."[435]

Viel kommt auf die Datierung des Deuteronomiums an.[436] Dass sich Hosea und das Deuteronomium theologisch sehr nahe stehen, ist unbestritten.[437] Umstritten ist ihr zeitliches Verhältnis. Nach weit verbreiteter Sicht ist eine Grundschrift des Deuteronomiums im Zusammenhang mit der joschijanischen Reform entstanden; Hosea würde dann eine vor-deuteronomische, auf das Deuteronomium hinlaufende Theologie repräsentieren.[438] Diese Sicht hat aber auch immer wieder Kritik erfahren. Nach Andersen und Freedman ist das Deuteronomium bei Hosea schon vorausgesetzt.[439] Weil im Aufbau des Deuteronomiums die Ähnlichkeiten mit den hethitischen Vasallenverträgen größer sind als mit den assyrischen, wird das Deuteronomium oder zumindest eine Grundschrift von einigen schon in der Zeit der Ersteren, also im ausgehenden 2. Jahrtausend v. Chr., angesetzt.[440] Diejenigen, welche die Verbindung des Deuteronomiums mit der Reform Joschijas in Frage stellen[441], können zu sehr unterschiedlichen Konsequenzen kommen.[442] Wegen dieser unentschiedenen Diskussion ist es für unsere Zwecke das Beste, das Verhältnis von Deuteronomium und vorexilischen Schriftpropheten offen zu lassen.

Aufgrund der Tatsache, dass Amos und Hosea schon Bundestraditonen voraussetzen, ist es möglich, in den Schriftpropheten den Rechtsstreit (ריב) zwischen JHWH und Israel als „covenant accusation"[443] aufzufassen, ferner die in der prophetischen Verkündigung überall zu Grunde gelegte exklusive personale Bindung zwischen JHWH und Israel als Bundesverhält-

---

[434] Siehe NICHOLSON, *God* 121–178.

[435] ANDERSEN/FREEDMAN, *Amos* (381–)382; ähnlich MCCONVILLE, *Prophets* 168; zur Frage der Aufhebung der Erwählung bei Amos ebd. 174.

[436] Einen Überblick über die neuere Diskussion bieten z. B. K. SCHMID, *Literaturgeschichte* 104–108 und GERTZ, *Grundinformation* 250–258.

[437] Zur Verwandtschaft von Deuteronomium und Hosea s. WEINFELD, *Deuteronomy* 366–370.

[438] So z. B. NICHOLSON, *God*; DAY, „Allusions".

[439] Vgl. MCCONVILLE, *Prophets* 136.

[440] Siehe Darstellung und Kritik bei MCCONVILLE, *Deuteronomy* 23f.

[441] Übersicht bei MCCONVILLE, *Deuteronomy* 21–33.

[442] So argumentiert RONALD E. CLEMENTS für ein exilisch-nachexilisches Datum („Law"; DERS. in: CLEMENTS/MOBERLY/MCCONVILLE, „Dialogue" 508–516; weitere Vertreter dieser Sicht bei K. SCHMID, *Literaturgeschichte* 106), J. GORDON MCCONVILLE (*Deuteronomy* 30–40) und PEKKA PITKÄNEN (*Central Sanctuary*) für eine vormonarchische Herkunft der Grundschrift (vgl. DERS., *Joshua* 51–64, 363–380).

[443] Zur Frage einer Gattung „covenant controversy" (o. Ä.) s. o. C.1.

nis[444] und somit die Gerichtsworte der Propheten als Androhung des Bundesfluchs.[445]

Auf die verschiedenen Bundestraditionen wird bei den Propheten öfter inhaltlich angespielt, teils in Anklagen wegen Bundesbruchs, teils in Verheißungen für die Heilszeit, in der die Bundesverheißungen erfüllt werden.[446] Manchmal werden verschiedene Bundestraditionen kombiniert.[447] So charakterisieren Ez 37,24–26 und Jer 33,22 die Heilszeit, den „ewigen Bund" bzw. neuen David- und Levibund, im Rückgriff auf David-, Mose- und Väterbundtraditionen. Jes 51,2f. verbindet das zukünftige Paradies mit dem Abrahams- und Davidbund, Sach 14,16–19 die Heilszeit mit dem Mose- und Abrahamsbund.

Tora und Bund gehören in Israel schon im Deuteronomium und in der in Hos 8,1 vorausgesetzten Tradition zusammen[448], weil die Tora nicht nur ein „abstract standard defining right and wrong" ist, sondern grundlegend mit dem personalen Verhältnis zwischen Israel und JHWH zu tun hat, wie es im Bund konstituiert und in der Bundesformel zum Ausdruck gebracht wird.[449]

Der frühe Torabegriff des Alten Testaments, wie er bei Hosea zum Ausdruck kommt, versteht Tora als דעת אלהים (Hos 4,6), bezeichnet damit also „in umfassendem Sinn die Gesamtheit des Offenbarungsinhalts".[450] Damit verwandt ist das deuteronomische Verständnis von Tora als „einer Zusammenfassung des geoffenbarten Gotteswillens" (z. B. Dtn 4,44): Tora ist „die *ganze* Offenbarung, soweit sie sich beschreiben lässt".[451] Die „Selbstoffenbarung Gottes an Israel in der exklusiven Zuordnung Israels zu diesem einen Gott" ist fundamental mit dem Sinaigeschehen verbunden; „im Rahmen dieser Sinaitradition wird daher die Tora überliefert".[452] Das

---

[444] Letzteres sieht als Möglichkeit auch DAVIDSON, „Covenant" 335.

[445] Diese Sicht wurde von der älteren Forschung weitgehend geteilt (s. ihre Darstellung bei DAVIDSON, „Covenant" 330) und wird heute mit Grund wieder vermehrt vertreten. Ein Beispiel ist G. J. WENHAM, „Grace" 14f.

[446] Siehe VANGEMEREN, *Interpreting* 79; G. J. WENHAM, „Grace" 15–17 und die Zusammenstellung bei ROBERTSON, *Christ* 175–184.

[447] Siehe ROBERTSON, *Christ* 173f.

[448] Dies zeigen auch Ex 24,8 („elohistisch"), Lev 26,15 („priesterschriftlich") und Dtn 4,13 sowie die Endgestalt von Ex 19–24 (s. auch PREUSS, *Theologie* 1,102–105; weitere Stellen ebd. 82).

[449] ROBERTSON, *Christ* 138 mit Verweis auf CLEMENTS, *Prophecy and Covenant* 80; vgl. GESE, „Gesetz" (56–)62.

[450] GESE, „Gesetz" 57.

[451] GESE, „Gesetz" 56.

[452] GESE, „Gesetz" 59; vgl. G. J. WENHAM, „Grace" 9: „[N]early all the laws in the Pentateuch appear within a covenant framework. Law is therefore integral to God's saving plan which is worked out through covenants."

personale Verhältnis JHWHs zu Israel ist integraler Bestandteil der Tora (vgl. z. B. Ex 19,5f.; Lev 20,26; Dtn 10,17–22; 14,1); dies ist eine Besonderheit des alttestamentlichen Gesetzes im Vergleich zu seiner Umwelt.[453]

Die Verbindung von Tun des Gesetzes und Segen bzw. Fluch ist keineswegs nur ein (theologisch anstößiges) Nebeneinander[454], sondern das Gesetz definiert den Schalomzustand, zu dem JHWH Israel befreit hat, den Segensbereich, in dem zu leben Israel durch den Bund berufen ist.[455] Zu diesem Schalomzustand gehören das gesegnete Ergehen und das heilvolle Tun gleichermaßen.[456] „Obedience to the law issues in further experience of the initial grace of God, who brought them [Israel] to himself."[457] Wer nicht im Raum des heilvollen Tuns bleibt, verlässt auch den Raum des heilvollen Ergehens.

Ist der Bund JHWHs mit Israel, in dem die Tora verwurzelt ist, mit Hartmut Gese gesprochen,

„die Selbstoffenbarung Gottes an Israel, die Selbsterschließung Gottes in eine ausschließliche und personale Relation Gott–Israel, die einen Schalomzustand begründet, so ist Tora das darüber Tradierbare, die Tradition in Hinsicht auf das durch die Offenbarung geschaffene neue Sein, d. h. die Ordnung des Seins".[458]

JHWHs Offenbarung ist „das Heil in dem von Gott geschenkten Sein des Bezuges zu ihm selbst"[459].

Israel und JHWH sind ungleiche Bundespartner[460]: JHWH gewährt seine Zusage, Israel wird zum Gehorsam verpflichtet, um des Segens teilhaftig zu bleiben und nicht dem Fluch zu verfallen (Lev 26,14–39; Dtn 4,25–29; 28,15–68; 30,17f.; 31,28–32,43; vgl. Ez 17,19f.).[461] Die Gebote der Tora

---

[453] G. J. WENHAM, „Grace" 9f. In Mesopotamien waren religiöse und zivile Gesetzgebung streng getrennt (s. DERS., „Law" 26).

[454] Gegen PREUSS, *Theologie* 1,102 im Anschluss an ZIMMERLI, *Gesetz* 93. ELIZABETH BELLEFONTAINE („Curses") hat gezeigt, dass die Fluchkataloge sich auf Kapitalverbrechen beziehen, die im Geheimen vollzogen werden und deshalb von der Justiz ungeahndet bleiben.

[455] So auch G. J. WENHAM, „Grace" 5f.12f. – Dies gilt schon für den frühen Torabegriff Israels, wie er im Dekalog und im Deuteronomium zum Ausdruck kommt, s. GESE, „Gesetz" 56f.60f.

[456] Der Segen ist sehr konkret und umfasst alle Lebensbereiche; der „Lohn" des Toragehorsams besteht also keineswegs nur (gut stoisch bzw. kantianisch) im Guten der guten Tat selbst, wie KRASOVEC nach fast 800 Seiten der Darstellung des alttestamentlichen Befundes behauptet (*Reward* 786f.).

[457] G. J. WENHAM, „Grace" 5.

[458] GESE, „Gesetz" 62.

[459] GESE, „Gesetz" 63.

[460] Überblick über die Forschungsdiskussion zu den semantischen Implikationen von ברית bei PREUSS, *Theologie* 1,78–81 (Lit.).

[461] PREUSS, *Theologie* 1,81; zum Fluch 101f. Es ist keineswegs so, dass die verschiedenen alttestamentlichen Bundestraditionen (v. a. Noach-, Abraham-, Sinai-, David- und

sind „Gebote des Lebens" (Ez 33,15; Dtn 32,45f.), wer sie tut, lebt (Lev 18,5, zitiert in Ez 20,11.21[462]).[463] Die Kehrseite davon ist, dass sie „zum Tod" sind für den, der sie nicht tut.[464]

„[D]ie Tora (galt) als der unbedingt verpflichtende Gotteswille, von dessen Erfüllung oder Verletzung man das Geschick des Gottesvolkes und letztlich der gesamten Menschheit und Schöpfung abhängig glaubte ...; sie ist daher nicht bloß eine juristische und moralische Größe. Es ist eine ‚Tora des Lebens', wer sie ausschlägt, wählt den Tod (vgl. schon Dtn 30,15ff.). Die Torah ist mehr als nur Lebensordnung und soziale Ordnung, ihre Durchsetzung bedeutet Gottes Herrschaft, führt zur Vollendung der Geschichte Gottes mit seinem Volk, sie ist – richtig interpretiert und angewendet – der Heilsweg schlechthin."[465]

Als Strafen sind in der Pentateuchtora je nach Vergehen die Todesstrafe oder die Wiedergutmachung von Schaden bzw. die Erstattung von Gestohlenem vorgesehen.[466] Die Festsetzung von Strafen und Sanktionen orientiert sich an folgenden Prinzipien:[467]

(1) Die Strafe korrespondiert dem Vergehen (*lex talionis*) (z. B. Ex 21, 23f.; Dtn 19,21).
(2) Die Strafe hat zum Zweck, „das Böse aus eurer Mitte zu entfernen" (Dtn 19,19), d. h. „the guilt that rests upon the land and its inhabitants" (vgl. Dtn 21,1–9).[468]
(3) Strafe schreckt ab (Dtn 19,20).
(4) Außer bei Kapitalverbrechen ermöglichen Sanktionen dem Schuldigen, in die Gesellschaft reintegriert und gerade nicht erniedrigt zu werden (Dtn 25,3).

Neuer Bund) teils konditional, teils unkonditional wären, sondern allen Konzeptionen eignet das Miteinander von bedingungsloser Erwählung, Zusage und Verpflichtung (s. ROBERTSON, *Christ* 139 gegen BRIGHT, *Covenant* z. B. 26.28.142, der zwischen bedingten und unbedingten Bundesschlüssen unterscheidet). Dies gilt nicht nur für die alttestamentlichen Bundestraditionen, sondern genauso auch für diejenigen der Pseudepigraphen und Qumranschriften (s. ELLIOTT, *Survivors* 245–307).

[462] Hinweis von Prof. Dr. T. POLA, Dortmund.

[463] PROCKSCH, *Theologie* 330. PREUSS, *Theologie* 1,104 nennt weiter: Dtn 5,33; 7,12–16; 10,13; 11,8f.13–15; 32,47; Ez 18,9.17.

[464] Siehe die Stellen bei PREUSS, *Theologie* 1,104.

[465] So SCHREINER, *Zwischen den Testamenten* 213 zum Toraverständnis des Frühjudentums, das sich schon bei den Schriftpropheten abzeichnet.

[466] Nach G. J. WENHAM, „Law" 42–44. Ob „aus dem Volk ausgerottet werden" (z. B. Ex 12,15) ebenfalls die Todesstrafe oder aber die Androhung direkten göttlichen Eingreifens meint, ist umstritten (s. ebd. 43). Jedenfalls ist es die Funktion des Fluchrituals, dass JHWH selbst Verbrechen ahndet, die im Geheimen geschehen (BELLEFONTAINE, „Curses").

[467] Nach G. J. WENHAM, „Law" 40f.

[468] G. J. WENHAM, „Law" 40.

(5) Sanktionen ermöglichen es dem Schuldigen, den von ihm angerichteten Schaden wieder gut zu machen (Exodus 22).

Wie v. a. das Deuteronomium betont, wird das Gesetz von der Israel zum Bund erwählenden Liebe[469] Gottes umfangen: Israel ist keineswegs wegen seiner Verdienste oder seiner Gerechtigkeit erwählt, sondern allein aus Gottes Liebe; der Bund ist unverdientes Geschenk (Ex 19,4; 20,2; Dtn 4,37; 7,6–8; 9,4–6; 10,15).[470] Der Segen für das Halten des Gesetzes ist deshalb nichts anderes als das Fortdauern des Heilszustandes, zu dem JHWH Israel aus freien Stücken erwählt und befreit hat: „prosperity and blessing are more appropriately linked with the grace that initiated the covenant than they are with the idea of merit flowing from obedience to its demands"[471]. Wegen dieser „priority of grace in the covenant" und der Unwiderruflichkeit des Bundes gibt es für Israel auch Hoffnung über den Bruch des Bundes hinaus (vgl. z. B. Hos 2,21f.; 3,1; 11,8f.; Jes 43,4; 54,8; Jer 31,3; Zeph 3,17; 2Kön 13,23; 14,26f.; Neh 9,19.28.31).[472]

Zusammenfassend können wir festhalten, dass der Bund JHWHs mit Israel, den er aus Liebe und ohne Vorbedingungen mit Israel schließt, in dem er aber zugleich Israel auf ein Leben nach seinen Weisungen verpflichtet, sowohl Heils- als auch Gerichtsprophetie verständlich machen kann.[473] Die Schriftpropheten setzten in ihrer Gerichtsverkündigung eine verbindliche Toratradition voraus, die integraler Bestandteil des Bundes JHWHs mit Israel ist, die Israel zum Gehorsam verpflichtet und deren negative Sanktionen (Fluch) die Propheten für den Fall fortgesetzten Ungehorsams androhen.

Zudem sprechen die Propheten bisweilen auch Gerichts- und Heilsworte für die Völker aus. Beim Gericht über die Völker gilt, genauso wie beim Gericht über Israel, der Tun-Ergehen-Zusammenhang, nach dem Gott die Taten der Menschen vergilt. Dieses Gericht wird aber nicht nach dem Maßstab der Tora vollzogen, sondern nach einem allgemeineren Maßstab, der auch den Völkern einsichtig ist, und nach ihrem Verhalten gegenüber dem erwählten Volk. Das *Heil* für die Völker ist hingegen, wie wir noch sehen werden, immer eng verbunden mit Gottes Offenbarung an Israel.

---

[469] Und nicht etwa seiner „Gnade" oder „Güte", wie wir in der kirchlichen Sprache zu sagen gewohnt sind, s. o. D.9.d.

[470] Siehe MCCONVILLE, *Grace*, bes. 15–44; G. J. WENHAM, „Grace" 4.10. Dies wird von VANLANDINGHAM, *Judgment* übersehen bzw. bewusst heruntergespielt.

[471] VANNOY, „Retribution" 1142 mit Verweis auf die klassische Darstellung in VOS, *Biblical Theology* 127.

[472] ROBERTSON, *Christ* 139; vgl. G. J. WENHAM, „Grace" 13.

[473] So CLEMENTS, *Prophecy and Covenant* 80.125f. (anders in der Neuauflage *Prophecy and Tradition* 22f.42).

F. Grundlinien der Gerichtsverkündigung von den vorexilischen Schriftpropheten bis zur Apokalyptik[474]

Drei Tendenzen charakterisieren die Entwicklung der Gerichtsverkündigung von den vorexilischen Propheten zur Apokalyptik: eine *Eschatologisierung* (Ziellinie: das Gericht markiert das Ende dieses Äons[475] und den Beginn der endgültigen Heilszeit), eine *Universalisierung* (Ziellinie: alle Menschen und Völker, die ganze Welt, auch die Himmelswesen[476], der ganze Kosmos sind betroffen) und eine *Individualisierung* (Ziellinie: jeder Einzelne wird zur Rechenschaft gezogen).[477]

---

[474] Die Datierung der im Folgenden erwähnten Texte ist in der Forschung stark umstritten. Die deutschsprachige Forschung unterscheidet in den Prophetenbüchern nach wie vor meist mehrere literarische Schichten. Parallel zum Dekonstruktivismus in der biblischen Archäologie (unter der Führung von FINKELSTEIN/SILBERMAN, *The Bible Unearthed*) neigt eine jüngere Generation von Alttestamentlern neuerdings zur immer radikaleren Spätdatierung einzelner alttestamentlichen Schichten und Schriften (dokumentiert in den neusten Lehrbüchern, z. B. GERTZ, *Grundinformation*; K. SCHMID, *Literaturgeschichte*). Freilich ist in dieser Frage das letzte Wort noch lange nicht gesprochen. Die erwähnten Datierungen sind in den meisten Fällen nicht von gesicherten Text- oder archäologischen Daten bestimmt, sondern von bestimmten hypothetischen Bildern der Theologiegeschichte Israels abhängig und damit genauso hypothetisch. Die Forschung im englischsprachigen Raum geht demgegenüber teilweise einen vorsichtigeren Weg, indem sie sich mehr an sicher beobachtbare und belegbare Daten hält. Auch hat jüngst eine Reihe von Alttestamentlern, Archäologen und Altorientalisten darauf hingewiesen, dass sich das von den radikalen Dekonstruktivisten vorausgesetzte Bild der (Religions-)Geschichte Israels mit vielen archäologisch einigermaßen gesicherten Daten keineswegs deckt (siehe z. B. J. RENZ, „Jahwe"; POLA, „Was bleibt"; KITCHEN, *Reliability*; MILLARD, „Assessment"; DERS., „Knowledge"; DEVER, *Biblical Writers*).

[475] Das Zwei-Äonen-Schema ist *terminologisch* erst im Neuen Testament, bei Pseudo-Philo und im 4. Esra belegt, liegt aber *sachlich* schon vor seit der Basileia-Ankündigung bei Deuterojesaja und Haggai 2 und der Eschatologisierung der Gerichtsverkündigung in frühnachexilischer Zeit sowie bei Daniel 2 und 7 (s. REISER, *Gerichtspredigt* 100.148).

[476] So Ps 82,1; Jes 24,21; 34,4; Hi 21,22.

[477] Vgl. SEYBOLD, „Gericht" 465; BIEBERSTEIN, „Der lange Weg" 10–13.16. – In der Eschatologisierung der Gerichtsankündigung wird fortgesetzt, was schon bei den frühen Schriftpropheten vorhanden war: Schon für sie ist das Gericht Gottes über Israel „ein radikales letztes Gericht, wenn auch nicht ein eschatologisches im Sinne späterer Geschichtsschau. Jede zukünftige Existenz Israels wird unter diesem prophetischen Verkündigungswort stehen" (GESE, „Gestaltwerdung" 10).

1. Die Gerichtsverkündigung der vorexilischen Schriftpropheten

a) Amos[478]

Amos sagt das Gericht an, weil Israel „Recht und Gerechtigkeit" verraten (5,4–6.14f.21–24) und sich in falscher Weise auf seine Erwählung verlassen hat (3,2, 9,7).[479] Die Erwählung gibt Israel im Gericht keinen Vorzug (9,7–10). Vielmehr will JHWH das Tun der Gerechtigkeit – dieses ist das „Gute" (5,14f.) und führt zum Leben, es ist soviel wie JHWH zu suchen (5,4.6), denn Gerechtigkeit und Güte sind JHWHs Wesen, wie es in der Schöpfungsordnung ersichtlich ist (vgl. die Hymnen 4,13; 5,8f.; 9,5f.).[480] Deshalb wird Israels Kult ohne begleitendes Tun der Gerechtigkeit von JHWH verabscheut (5,21–25).[481]

Als Gericht kündigt Amos das „Ende" (8,2, vgl. Gen 6,13) und den „Tag JHWHs" an (4,6–11; 5,18f.; 8,1–14), Zerstörung (5,2 u. ö.) und Exil (4,2; 5,27; 6,7; 7,11; 9,4), kosmische Erschütterungen wie Erdbeben und Sonnenfinsternis (8,8f.) sowie Hunger, Krankheit, Trauer und Krieg.[482] Wenn Amos von einem „Rest" spricht, den JHWH übrig lässt (3,12), ist dies zunächst kaum positiv gemeint, sondern als Demonstration der fast völligen Vernichtung.

Jedoch sprechen 5,15 und 9,8–10 in positiverer Weise vom „Rest", und nach 5,14f.24 gibt es das „Vielleicht" eines Heils durch das Gericht hindurch, wenn Israel zum Tun des Guten umkehrt.[483] 5,14f. kann man gera-

---

[478] Heute geht man vermehrt davon aus, dass das Amosbuch inhaltlich weitgehend auf Amos selber zurückgeht: „Additions and glosses to the text are minimal" (so HAYES, *Amos* 39; ähnlich ANDERSEN/FREEDMAN, *Amos* 141–144; anders JÖRG JEREMIAS, *Amos* XIX–XXII). Zur Rekonstruktion verschiedener Phasen in Amos' Verkündigung s. MCCONVILLE, *Prophets* 165f. und v. a. ANDERSEN/FREEDMAN, *Amos* 77–83.511f.; zur Diskussion s. K. SCHMID, *Literaturgeschichte* 96f.; DERS. in GERTZ, *Grundinformation* 386–389.

[479] Am 3,1f. ist zwar in Bezug auf die Komposition redaktionell, aber inhaltlich gehen 3,2 und 9,7 auf Amos zurück (ANDERSEN/FREEDMAN, *Amos* 379.894). Zu den Anklagepunkten bei Amos s. auch BOVATI/MEYNET, *Amos* 394–400.

[480] MCCONVILLE, *Prophets* 172.

[481] Zur Kultkritik des Amos s. ANDERSEN/FREEDMAN, *Amos* 529: „The shrines and ceremonies, sacrifices and songs here denounced and renounced were, after all, instituted by Yahweh and expected by him. It is precisely for this reason that it was so easy for the people to deceive themselves into believing that their conscientious and doubtless sincere obedience to this part of Yahweh's Torah assured his presence (v 14) and their safety (9:14b). ... It was because they were so religious that they did not repent."

[482] Zu den Motiven s. MCCONVILLE, *Prophets* 168 und BOVATI/MEYNET, *Amos* 401. Zum „Tag JHWHs" s. SPIECKERMANN, „Dies Irae" 36–38; ANDERSON/FREEDMAN, *Amos* 521f.; WENDEBOURG, *Tag*, bes. 81–85.

[483] Siehe dazu PREUSS, *Theologie* 2,87, vgl. 84.291 (Lit.); KEEL, „Rechttun" 211; ASEN, „No".

dezu als „the heart of the message" des Propheten bezeichnen.[484] Nach Othmar Keel erscheinen „[d]ie beiden Begriffe ‚Umkehr' und ‚Leben' ... schon bei Amos als Ziel der Ankündigunng und Verhängung von Unheil", wie eine Zusammenschau von 4,6–12 und 5,6.14 zeigt.[485] Zumindest in einem ersten Stadium verkündigt Amos also kaum, wie lange angenommen wurde, unbedingtes und unwiderrufliches Gericht.[486]

„Punishment for punishment's sake is not the prophetic ideal. The prophet's chastisement is meant to serve as a transitional stage to a period of future restoration".[487]

Auch nach dem neuerdings von vielen wieder für authentisch gehaltenen[488] Text 9,11–15 wird JHWH das davidische Israel wiederherstellen und das Gericht von 5,11 umkehren.[489] „Jahwes zukünftiges Heilshandeln (wird) analog dem früheren sein"; zugleich ist die Verheißung, dass Israel nie wieder aus seinem Land vertrieben wird, ein Hinweis darauf, dass das frühere Heilshandeln überboten wird.[490] Zudem wird das Heil auf Edom und andere Völker ausgedehnt. Diese universalistische Perspektive deutet sich schon in den Fremdvölkersprüchen von Kap. 1 und 2 und in der Erwählungsidee an: „the idea of election in itself already presupposes God's universal rule".[491] Dass JHWH tatsächlich schon im 8. Jh. als „Herr der ganzen Erde" bezeichnet werden konnte, ist jetzt auch mit einer Inschrift aus Hirbet Bet Layy belegt.[492]

---

[484] ANDERSEN/FREEDMAN, *Amos* 506.

[485] KEEL, „Rechttun" 213.

[486] Dass von Amos an mit der Gerichtsverkündigung die Umkehrmöglichkeit verbunden war, nehmen z. B. auch LINDBLOM, *Prophecy* 350f.; PREUSS, *Theologie* 2,87f.; KRASOVEC, *Reward* 785.789f. an; anders K. SCHMID in GERTZ, *Grundinformation* 389f. Das „Vielleicht" des Amos findet sich später auch bei Zephanja (2,3) und Joel (2,14) (ROBERTSON, *Christ* 186).

[487] PAUL, *Amos* 289. Vgl. ANDERSEN/FREEDMAN, *Amos* 383: Das Bundesverhältnis zwischen JHWH und Israel bedeutet nicht, dass Israels Sünden für JHWH gleichgültig sind, sondern „the relationship with a sinful people was sustained by punishments, not by indifference. The punishments became a token and proof of divine concern and commitment ... they became disciplines, a corrective, occasions for restoring the relationship to harmony by repentance and return to respect and obedience (4:6–11)."

[488] Siehe MCCONVILLE, *Prophets* 165f. (Lit.) und 175 (zur rhetorischen Funktion im Buch).

[489] ANDERSEN/FREEDMAN, *Amos* 887.

[490] HABETS, „Eschatologie" 358.

[491] MCCONVILLE, *Prophets* 174.

[492] Siehe J. RENZ, „Jahwe" 24f. Ich danke Herrn Dr. JOHANNES RENZ, Berlin, für die freundliche Zurverfügungstellung seiner Studie vor der Drucklegung.

b) Hosea[493]

Hosea droht ebenfalls nicht nur Gericht an, sondern verkündigt auch Heil.[494] Über Israel kommt das Gericht in Form von „Naturkatastrophen, Krieg und Deportation"[495], es bedeutet die Aufkündigung des Bundesverhältnisses durch JHWH (1,4–9; 8,8)[496]. Grund für das Gericht ist, dass Israel die Erkenntis Gottes sowie Treue und Liebe (4,1), d. h. die Toraüberlieferung (4,6), verworfen und vergessen, den Bund gebrochen (6,7; 8,1; vgl. 11,1) und auf die Umkehrbotschaft Hoseas nicht reagiert hat.[497] Israel ist Baal und anderen Göttern nachgelaufen (Plural „Liebhaber", s. 2,7–12.15). Die soziale Gerechtigkeit ist vernachlässigt (z. B. 7,1f.; 10,12). Politische Entscheidungen werden ohne JHWH gefällt (z. B. 7,8–16). Die Opfer sind pervertiert, weil Israel nur äußerliche Opfer darbringt, ohne umkehren zu wollen (6,6; 8,11.13; vgl. oben zu Am 5,22).[498]

Gott lanciert deshalb einen Rechtsstreit (רִיב) gegen Israel (4,1; 12,3).[499] Er führt Israel in die Anfangssituation der Wüste zurück, tilgt so die ganze Heilsgeschichte seit der Landnahme und gewährt zugleich einen Neubeginn (2,16f.; 8,13; 9,3.10; 11,5.11; 12,10; 14,5–9).[500] Nach dem Gericht erneuert JHWH den rückgängig gemachten Bund (2,1–3; vgl. 11,8–11). In 11,8–11 spricht JHWH als „a person in an agony of decision": Er ist zerrissen zwischen der Notwendigkeit des Gerichts über die Sünde und dem

---

[493] Für eine Rekonstruktion der verschiedenen Stadien der Verkündigung des Hosea s. G. I. DAVIES, *Hosea* 28f.31f., zur Redaktion des Hoseabuchs zusammenfassend MCCONVILLE, *Prophets* 138f. Nach DAVIES stand am Anfang wahrscheinlich Hoseas Umkehrruf, der als Konsequenzen Naturkatastrophen androhte (2,2f.9.12; 4,3; 12,9). Am Schluss von Hoseas Verkündigung steht JHWHs Ankündigung, Israel nicht völlig preisgeben zu wollen (Kap. 11) und damit die Ankündigung von Heil durch das Gericht hindurch (2,16.19–20.21–23; 11,11; 14,4.5–8). Der Zeit nach Hosea angehören mögen die „Juda"-Stellen, eine spätere Anwendung der Botschaft Hoseas auf die Gegenwart Judas (2,17; 7,10; 10,12), sowie Hinweise auf das vergangene Gericht (10,9–11.13–15) und einige wenige sekundäre Heilsworte (1,10–2,1.18; 3,5; 11,10.12b; 12,5) (DAVIES, ebd. 36f.). Einen Überblick über die Diskussion gibt K. SCHMID, *Literaturgeschichte* 95f.; DERS. in GERTZ, *Grundinformation* 376–380.

[494] W. H. SCHMIDT, *Glaube* 356.

[495] HABETS, „Eschatologie" 357.

[496] Siehe dazu auch W. H. SCHMIDT, *Glaube* 334.

[497] „Knowledge of God' (4:1; cf. 6:6) implies knowledge of his law ... (4:6)" (MCCONVILLE, *Prophets* 140).

[498] Zur Kultkritik bei Hosea s. MCCONVILLE, *Prophets* 146. Nach NICHOLSON, *God and His People* 201–217 findet hier ein „disenchantment of the world" statt, indem der Kult nicht mehr magisch bzw. ex opere operato wirkt, sondern nur noch in Verbindung mit Toragehorsam in Form von Liebe und Gerechtigkeit.

[499] „Juda" in 12,3 ist wohl redaktionelle Änderung eines ursprünglichen „Israel", s. G. I. DAVIES, *Hosea* 272.

[500] W. H. SCHMIDT, *Glaube* 356, genauso G. I. DAVIES, *Hosea* 37.

Wunsch, Israel aus Liebe zu retten.[501] Nach 2,19f. geht er den Ehebund mit Israel neu ein:

„Diese neue Lebensgemeinschaft ist ... als eine *Überhöhung* der früheren Ehe dargestellt, indem davon die Rede ist, dass nun Jahwe selbst den Brautpreis von Gerechtigkeit und Recht, von Liebe, Erbarmen und Treue erbringen und so den neuen Gehorsam des Volkes garantieren wird. Dadurch wird die Ehe eine unlösliche Gemeinschaft sein."[502]

Der Weg vom Gericht zum Heil spiegelt sich auch in der Komposition des Hoseabuches (Gericht: 1,2–8; Heil: 2,1–3; Gericht: 2,4–15; Heil: 2,16–25; Gericht: 3,1–4; Heil: 3,5; Gericht: Kap. 4–10; Heil: Kap. 11; Gericht: Kap. 12–13; Heil: Kap. 14).[503]

c) Jesaja[504]

Jesaja verkündigt das Gericht als Handeln JHWHs gegen den von ihm erwählten Zion (5,1f.; 28,16.18[505]; 29,1–4 u. a.). JHWH ist „heilig" (5,19.24; 6,3 u. v. a.) und „hoch und erhaben" (6,1), deshalb verurteilt er allen Stolz (2,5–22) und alle eigenmächtige Bündnispolitik, die sich auf politische Maßnahmen statt auf ihn verlässt (7–8; 18–22; 30–31).[506] Weiter ist JHWH charakterisiert durch seine „Gerechtigkeit" (5,16), die Recht durchsetzen will (vgl. 1,26–28; 5,7). Deshalb verurteilt er alle Ungerechtigkeit in Juda: Unterdrückung der Armen und Schwachen (1,17; 5,8–10), Beugung des Rechts (1,21) und Ausschweifung (3,16–4,1; 5,11–17).[507] Jesajas Botschaft heißt: „Glaubt ihr nicht, so bleibt ihr nicht" (7,9).

Nach 6,9–12; 29,9–14 kann das Volk schon nicht mehr Buße tun, weil es verstockt ist. Nach anderen Texten scheint hingegen die Möglichkeit der Buße vorausgesetzt.[508] So wird in 1,18–20 die Alternative Bleiben oder Vernichtung vor Juda ausgebreitet und in 30,15–17 im Rückblick diese Chance als verspielt angesehen. Weiter werden mancherorts Gerichts- und

---

[501] MCCONVILLE, *Prophets* 147; vgl. EMMERSON, *Hosea* 16.21–25.

[502] HABETS, „Eschatologie" 357f.

[503] Siehe MCCONVILLE, *Prophets* 148; Anmerkung in der Neuen Jerusalemer Bibel S. 1286; WOLFF, *Hosea* XXVI.

[504] Zur Kompositionsgeschichte von Jes 1–39 s. BLENKINSOPP, *Isaiah* 89–92; WILLIAMSON, *Isaiah* 3; einen Überblick über die neuere Diskussion zur Komposition von Jes 1–39 bieten MCCONVILLE, *Prophets* 7–10; SCHMID in GERTZ, *Grundinformation* 333–336 und K. SCHMID, *Literaturgeschichte* 97–99. Nach WILLIAMSON sind Kap. 2–5 und 6–12 die ältesten Sammlungen jesajanischer Worte, Kap. 1 ist die spätere Einleitung dazu, enthält aber „a good deal from Isaiah himself". HAYES/IRVINE, *Isaiah* schreiben auch die Niederschrift von Jes 1–39 zum großen Teil Jesaja selbst zu.

[505] Nach BLENKINSOPP, *Isaiah* 393 ist 28,16f. evtl. spätere Redaktion.

[506] MCCONVILLE, *Prophets* 5. Kap. 13–27 enthalten nach BLENKINSOPP freilich „numerous editorial expansions" (*Isaiah* 271).

[507] MCCONVILLE, *Prophets* 5.

[508] Zum Folgenden s. MCCONVILLE, *Prophets* 6.

Heilsankündigungen, die für sich genommen absolut klingen würden, zu-
sammengestellt (z. B. 1,10–15+16–17; 8,1–4+5–8; 29,1–5+5–8). „So salvation and judgement ... represent opposite possibilities, depending on the
people's response."[509] Freilich geht das Alternieren von Gerichts- und
Heilsworten, das sich durchgehend in Kap. 1–12 findet, teilweise auf die
redaktionelle Zusammenstellung der Jesajaworte zurück.[510]

Es finden sich auch Ankündigungen von Heil *nach* dem Gericht. Dabei
spielt die Rede vom Übriglassen eines „Rests" eine besondere Rolle.[511]

Der symbolische Name von Jesajas Sohn, שְׁאָר יָשׁוּב, kündigt an, dass ein kleiner Rest die
Katastrophe überleben wird (7,3).[512] Jes 7,3 wird in anderen Texten des Jesajabuches
aufgegriffen, und der „Rest" bedeutet dort das geläuterte Gottesvolk, das aus dem Gericht hervorgeht. So ist 10,20–23 ein direkter Kommentar zu 7,3: „Ein Rest kehrt um zum
starken Gott, ein Rest von Jakob", wenn auch „nur ein Rest"; er wird das Gericht überleben und sich wieder auf den Heiligen Israels verlassen. Nach 4,2–5 wird der „Rest von
Zion" „durch den Sturm des Gerichts und den Sturm der Läuterung" gereinigt und somit
heilig sein und im Buch des Lebens eingeschrieben; JHWH selbst wird wieder gegenwärtig sein wie in Zeiten der Wüstenwanderung. Derselbe Gedanke findet sich in der im masoretischen Text gegenüber der Septuaginta zugefügten Zeile 6,13bβ: „Ihr Stumpf ist heiliger Same", d. h. aus dem Rest des im Gericht abgehauenen Baums Juda (V. 13) wird
etwas Neues, Heiliges wachsen. Nach 11,11–16 wird in der Zeit des Messias (vgl. 11,1–
10) der „Rest", die „Versprengten Israels", aus allen Völkern zurückkehren, in die sie
zerstreut wurden, und ihr Rückzug wird sein wie der erste aus Ägypten; Juda und Israel
werden ein Volk sein und über ihre Feinde herrschen. Nach 28,5 wird JHWH dem Rest
seines Volkes zur Zier und Krone. Alle diese Texte werden von vielen als nachexilisch
gewertet[513], wie die meisten „Rest"-Texte in den übrigen Prophetenbüchern. Es ist allerdings auffällig, dass in den eindeutig exilisch-nachexilischen Texten des Jesajabuches
(Kap. 40–66) die „Rest"-Terminologie keine große Rolle spielt; nur in 46,3 wird der
„Rest" erwähnt, aber so, dass die entsprechende Konzeption nicht erläutert, sondern
selbstverständlich vorausgesetzt wird. Dies würde zumindest für ein vorexilisches Datum
der „Rest"-Texte in Jesaja 1–39 sprechen.[514]

JHWH wird den Zion zu der Stadt der Gerechtigkeit machen, die er sein
sollte (1,24–27, vgl. 1,21), und wird auch das in Gerechtigkeit herrschende

---

[509] McCONVILLE, *Prophets* 6.

[510] McCONVILLE, *Prophets* 10, vgl. 38.

[511] Vgl. dazu HASEL, *Remnant*; DERS., „Remnant".

[512] Nach HAYES/IRVINE, *Isaiah* 123 bedeutet der Name im unmittelbaren Kontext „a
hopeful message, announcing the sure survival of a remnant. A religious connotation was
possibly intended as well: the remnant that turns to Yahweh will return (survive)." (Siehe
ebd. 122f. zu den verschiedenen Übersetzungsmöglichkeiten des Namens.) Ähnlich
BLENKINSOPP, *Isaiah 1–39* 231.

[513] So BLENKINSOPP, *Isaiah 1–39* zu diesen Stellen. Nach WILLIAMSON, *Book* 125–
142.155 stammt 11,11–16 von Deuterojesaja.

[514] HAYES/IRVINE, *Isaiah* und GITAY, *Isaiah* halten diese Texte denn auch für jesajanisch (HAYES/IRVINE mit Ausnahme von 11,11b.15aα, S. 216f.).

Davidshaus erneuern (8,23–9,6; 11,1–5; 32,1–2).[515] Das Gericht hat bei Jesaja „kein anderes Ziel, als eben das [nämlich Recht und Gerechtigkeit] zu erreichen".[516] Das Heilshandeln JHWHs ist nach Jesaja analog dem früheren und wird zugleich überboten.

JHWHs Gerichtshandeln erstreckt sich auch auf die Assyrer, die er als Gerichtswerkzeuge herbeiberufen hat (5,26–30; 10,5–7): Assur ist stolz geworden und schreibt sich seine Erfolge selber zu (10,8–11.13–14), deshalb wird JHWH es zu Fall bringen (10,15–19.33–34). Auch darüber hinaus „wird Jahwe das Gottesrecht ... in der Völkerwelt durchsetzen (13–23)".[517] Sein Gericht ist universal: „In 2,6–22 ist der Keim gelegt für die Ausweitung des nachexilischen Gerichtsbildes."[518]

---

[515] Siehe W. H. SCHMIDT, *Glaube* 357; MCCONVILLE, *Prophets* 7. In welchem Umfang die Heils- und Messiasweissagungen auf Jesaja zurückgehen, ist umstritten; zumindest für die Echtheit der oben genannten Stellen gibt es gute Gründe, zu 1,14–27 s. BARTON, *Isaiah 1–39* 77–79 („There is no reason why he should not have looked beyond the disaster which he was certain would come, and foreseen a bright future for the survivors and their descendants", S. 79), zu den messianischen Texten s. WILLIAMSON, *Variations* 30–72.

[516] KEEL, „Rechttun" 216; ebenso GITAY, *Isaiah* 236: „for Isaiah, judgment is not an end in itself but a means of purification" mit dem Ziel der „restoration of social justice".

[517] HABETS, „Eschatologie" 359. Die jetzige Komposition Jes 13–23 ist wohl aus Stücken verschiedener Herkunft zusammengesetzt; auf Jesaja gehen sehr wahrscheinlich die Orakel gegen Assyrien (14,24–27), die Philister (14,28–31), Moab (15,1–16,11), Damaskus (17,1–3), Israel (17,4–6) und Ägypten (18,1–6; 19,1–15) zurück (Blenkinsopp, *Isaiah 1–39* 272; anders HAYES/IRVINE, *Isaiah* 220–293, die das Meiste von Kap. 13–23 auf Jesaja zurückführen).

[518] HABETS, „Eschatologie" 359. BLENKINSOPP, *Isaiah 1–39* 194f. gibt als wahrscheinlich jesajanischen Kern an: Anklage V. 6–8a (+10–11) und Gerichtsankündigung V. 12–16 (+17.19).

d) Jeremia[519]

Die Botschaft des Jeremiabuchs gleicht in vielem Hosea.[520] Nach Jeremia ist das Gericht die Folge davon, dass JHWHs Volk den Bund gebrochen hat (bes. 11,1–8). Nach frühen Worten ist Umkehr noch möglich (Kap. 2–6, z. B. 4,1–4), später nicht mehr (Kap. 24).[521] Schlüssel der Anklage ist die Liebe zu den Göttern, v. a. zu Baal, statt zu JHWH (Kap. 2). Diese fehlgeleitete Liebe resultiert in Falschheit, Lüge und Betrug in der ganzen Gesellschaft (9,1–8).[522] Die Sicherheit des Volkes ist eine Täuschung (7,1–15), da sie nicht auf der Einhaltung der Gebote basiert (7,9–11; 11,1–5).[523] JHWH zieht deshalb die Privilegien der Erwählung und des Bundes zurück: die Fruchtbarkeit des Landes (Kap. 14), seinen Beistand im Heiligen Krieg (21,1–10), den davidischen König und den Tempel (39,3; 52,17–23) sowie das Land selbst (Kap. 27).[524]

Weil das Volk sich weigert umzukehren, gibt es Heil jetzt nur noch durch das Gericht hindurch: „It is in fact those who actually go through the punishment who will be saved" (vgl. Kap. 24).[525] Die Exilierten haben das Gericht schon erfahren, deshalb kann Jeremia ihnen – noch bedingt und verhalten – Heil ansagen (Kap. 24 und 29), aber auch den (verbliebenen)

---

[519] Die Frage der Entstehung des Buches und der Echtheit der einzelnen Teile ist hier besonders kompliziert. Zur neueren Diskussion s. MCCONVILLE, *Prophets* 47–51; K. SCHMID, *Literaturgeschichte* 128–131; DERS. in GERTZ, *Grundinformation* 351–359. Die Diskussion wurde vom Kommentar von LUNDBOM (*Jeremiah*) substanziell weitergeführt, indem er in Bezug auf den Wechsel von Poesie und Prosa rhetorische Kriterien mitberücksichtigte. Lundbom rekonstruiert folgende Stadien der Komposition: (1) Jer 1–20 ist das älteste Buch, von Baruch und Seraja zu Lebzeiten des Jeremia geschrieben, mit einzelnen exilischen Zusätzen (I 92–95). (2) Kap. 21–23, der „King and Prophet Appendix", stammt von Jeremia selber, mit einzelnen Zusätzen von anderer Hand (I 95f.). (3) Die Prosa-Erzählungen Kap. 24–45 (ohne Kap. 30–33) stammen möglicherweise von Baruch, Kap. 45 ist Baruchs Kolophon zu seiner letzten Ausgabe (I 95f.). (4) Das „Book of Restoration/Comfort/Consolation" („Jeremias Trostbüchlein"), Kap. 30–33, stammt teilweise von Jeremia (Kap. 30f., vorexilisch), teilweise von Baruch (Kap. 32, Datierung unsicher), teilweise von späterer Hand (33,17–26, noch exilisch) (I 97f., II 499–502, 527, 541). (5) Die Fremdvölkersprüche Kap. 46–51 (LXX: 25–32) gehen im Kern auf Jeremia zurück und sind später ergänzt worden (I 99f.). Das Buch als Ganzes existierte von Anfang an in zwei Fassungen: einer von Baruch in Ägypten (sie entspricht der LXX und 4QJer^b) und einer von Seraja in Babylon (sie entspricht dem MT und den übrigen Qumran-Versionen) (I 100).

[520] Neben Hosea haben auch Amos, Micha und Jesaja Jeremia beeinflusst (MCCONVILLE, *Prophets* 51).

[521] MCCONVILLE, *Prophets* 46.64.

[522] MCCONVILLE, *Prophets* 63.

[523] MCCONVILLE, *Prophets* 63.

[524] MCCONVILLE, *Prophets* 63f.

[525] MCCONVILLE, *Prophets* (64–)65.

Jerusalemern und Judäern spricht er Zukunft zu (32,6b–15).[526] Nach dem Gericht, d. h. nach siebzig Jahren babylonischer Herrschaft (29,10), wird Jerusalem „wieder Ort der Gemeinschaft zwischen Jahwe und Israel sein (3,14–18)".[527] Der neue Exodus aus dem Exil wird den ersten noch übertreffen (16,14f.). Dem Volk werden die Bundesprivilegien: Land, Tempel, Davidide und Priester, zurückgegeben (12,15 u. a.; 23,5f.). JHWH wird einen neuen Bund mit einem Rest ganz Israels schließen (31,31–34; vgl. 3,12f.). Der neue Bund wird dem früheren Bund analog sein und ihn zugleich überbieten: JHWH vergibt die früheren Sünden und „garantiert selbst den Gehorsam, er schenkt das Vollbringen des Gesetzes"[528], indem er jetzt die Bundestora direkt in die Herzen schreibt. Das Verhältnis zu JHWH ist jetzt unmittelbar, nicht mehr über die Lehre vermittelt.

In den im Kern auf Jeremia zurückgehenden Fremdvölkersprüchen (Kap. 46–51) zeichnet sich eine universalistische Perspektive ab.

e) Ezechiel[529]

Nach Ezechiel ist JHWHs Volk als „Haus der Widerspenstigkeit" dem Gericht verfallen (2,3–7; 3,9; 12,2–16 etc.). Grund der Anklage ist, dass es den Bund mit seinen „Gesetzen und Rechtsvorschriften" gebrochen hat (5,6; 20,11–13), insbesondere durch Götzendienst (5,11; Kap. 8; 16; 23) sowie moralische und kultische Vergehen (z. B. Kap. 22). Voraussetzung für das Gericht an Jerusalem ist der Auszug der Herrlichkeit JHWHs aus dem Tempel (Kap. 1 und 10). Das Gericht kommt durch Schwert, Hunger

---

[526] Siehe W. H. SCHMIDT, *Glaube* 358f.; K. SCHMID, *Literaturgeschichte* 167. Jer 32,6b–15 ist nach W. H. SCHMIDT „ein eindrückliches Beispiel prophetischer Heilsansage vor dem Eintreffen oder der vollen Verwirklichung des angesagten Unheils" (359). Der Abschnitt stammt von Jeremia (s. LUNDBOM, *Jeremiah* 2,499–502).

[527] HABETS, „Eschatologie" 360.

[528] HABETS, „Eschatologie" 361. Zum neuen Bund s. MCCONVILLE, *Prophets* 65–67. Jer 31,31–34 weist viele Ähnlichkeiten mit Dtn 30,1–10 auf, s. MCCONVILLE, *Prophets* 66.

[529] Im Ezechielbuch sind echtes Gut und sekundäres Material besonders schwer zu unterscheiden. MOSHE GREENBERG hat dafür Kriterien entwickelt, die sich an den Besonderheiten antiker Literatur orientieren („Criteria"). Damit identifiziert er zwar Zusätze (z. B. 29,17–21), muss aber aus methodischen Gründen offen lassen, ob diese auf eine Überarbeitung durch Ezechiel selbst oder durch eine andere Hand herrühren. Gegen eine nach-ezechielische Überarbeitungsschicht spricht seiner Meinung nach, dass das Buch bald als sakrosankt galt, was sich daran zeigt, dass unerfüllte Voraussagen nicht korrigiert wurden. Greenberg kommt zum Schluss, dass das Ezechielbuch zum allergrößten Teil von Ezechiel selber stammt. Für diejenigen Zusätze, die der MT gegenüber der LXX aufweist, lässt GREENBERG die Frage der Herkunft offen. (*Ezekiel 21–37*, 396; „Criteria" 133–135.) Zur Diskussion s. auch K. SCHMID, *Literaturgeschichte* 131f.; DERS. in GERTZ, *Grundinformation* 364–369.

und Seuche (5,12a.17; 6,12), durch die Zerstörung Jerusalems und das Exil (5,12b).[530] Ziel des Gerichts ist die Erkenntnis JHWHs (s. die sog. Erkenntnisformel in 6,7 u. ö.) und die Reinigung eines Rests von Unreinheit (22,15b.17–22; 36,25). Heil gibt es nur für diesen Rest (5,1–4; 6,8–10; 9,4; 11,13–20; 28,15f.; 29,21). Wendepunkt von den Gerichts- zu den Heilsansagen ist die Zerstörung Jerusalems (33,21f.). Die Exulanten sind das wahre Israel, JHWH weilt jetzt unter ihnen, nicht mehr in Jerusalem, und sie werden ins gelobte Land zurückkehren (11,14–21).[531] Nach dem eingetretenen Gericht sagt Ezechiel den Exilierten (und nur ihnen) Heil an (Kap. 33–48). Dieses entspricht dem neuen Bund bei Jeremia, ohne dass das Stichwort „Bund" fällt: Die Herzen werden durch den Geist Gottes erneuert (Ez 11,19f.; 36,24–28). Das Land – jetzt wieder vereinigt (37,15–23) und erneuert als Paradies (36,35: „wie der Garten Eden") –, der Tempel (37,28) und der davidische König bzw. „Fürst"[532] (Kap. 34; 37,15–28) werden Israel zurückgegeben, das Volk selber wird gereinigt (36,23–25) und in einem Schöpfungsakt JHWHs neu geschaffen (37,1–12).[533]

Dieses umfassende Heil wird hoch symbolisch dargestellt im sog. „Verfassungsentwurf" Ezechiels in Kap. 40–48.[534] Im Zentrum steht die Rückkehr JHWHs zum erneuerten Tempel (43,1–5; vgl. 9,4; 11,1.23). Hier bringen „Fürst" und Priester die Sühnopfer der Heilszeit dar (45,13–46,24; vgl. 43,18–27; 44,15–31 und zur Rolle des „Fürsten" 45,15–17; 46,1–12), und hier entspringt die Tempelquelle, die der Schöpfung neues, paradiesisches Leben bringt (47,1–12).

Das Ezechielbuch trägt inhaltlich schon Kennzeichen der Apokalyptik: Das Ende des verdorbenen Geschlechts ist notwendig (Kap. 14; 18; 20); es findet ein Endkampf gegen die Mächte des Bösen statt (Kap. 38f.)[535]; durch Gottes Initiative kommt die Heilszeit, in der Gott zusammen mit seinem Messias König ist (Kap. 34), in der er sein Volk neu schafft (Kap. 36f.),

---

[530] Siehe MCCONVILLE, *Prophets* 89. Wie Am 8,2 spricht Ez 7,2 vom „Ende".

[531] MCCONVILLE, *Prophets* 84f.; K. SCHMID, *Literaturgeschichte* 168f. Vgl. zum Kontrast die Gerichtsansagen an die im Land Verbliebenen in 14,21–23 und 33,22–29.

[532] Der Messias heißt „König" (37,24) oder „Fürst" (34,24; 37,25), hat aber auch die üblichen Königstitel „Hirte" und „Knecht" (34,23f.; 37,24f.). Nach T. RENZ, *Function* 47.102 ist für Ezechiel Gott der eigentliche König (vgl. 34,15), deshalb zieht er für den Messias den Titel „Fürst" vor.

[533] Zu Letzterem s. W. H. SCHMIDT, *Glaube* 359; MCCONVILLE, *Prophets* 95.

[534] Nach STECK/K. SCHMID, „Heilserwartungen" 25 stammen diese Kapitel noch aus der Exilszeit vor der Wiedererrichtung des Tempels.

[535] Zur schwierigen Frage der Bedeutung und Echtheit dieser Kapitel s. die Übersicht bei MCCONVILLE, *Prophets* 95.

die Schöpfung neu ordnet und den Garten Eden wiederherstellt (Kap. 40–48; 36,35; vgl. 40,2 mit 28,13f.[536]).[537]

f) Zusammenfassung

Von Amos an ist Gott in seinem Richten „als universaler Herr" gesehen, der die Völker und auch sein Volk richtet.[538]

Bei den Schriftpropheten vorexilisch-exilischer Zeit erscheint JHWHs Gericht über die Feinde Israels und über Israel selbst vorwiegend in der *Form* von Krieg[539], Zerstörung und Exil sowie in der Form verschiedenster Naturkatastrophen und kosmischer Erscheinungen. Daneben kommen weitere Gerichtsmotive wie Ernte, Schlachtfest, Jagd, Feuer, Hunger oder Pest vor.[540] Naturkatastrophen und Krieg sind Begleiterscheinungen der Theophanie JHWHs zum Gericht. Das Exil wird im Rückblick mit Hilfe der Verkündigung der vorexilischen Schriftpropheten als Gericht Gottes reflektiert, so im sog. deuteronomistischen Geschichtswerk (bes. 2Kön 17,7–23); hier wird früher von Israel erlittenes Unheil ebenfalls als Gericht Gottes gesehen.[541]

Als *Grund* für das richtende Einschreiten Gottes wird bei den vorexilischen und exilischen Propheten einerseits Israels mangelndes Vertrauen in JHWH und seine mangelnde Gotteserkenntnis angegeben[542]: Israel vergisst JHWHs Heilstaten und seinen Segen. Statt auf JHWH zu vertrauen, sucht es strategische Bündnisse mit den mächtigen Nachbarn und läuft den Götzen nach (zum Götzendienst z. B. Hos 2,9.15; 3,1; zur Bündnispolitik: Hos 5,13–15; 7,11.13; 8,9; 12,2; alle drei Motive in Ezechiel 16; 23; das Wortfeld אמן findet sich v. a. bei Jesaja, z. B. 7,9; 28,16; 30,15[543]). Andererseits

---

[536] Siehe LEVENSON, *Theology* 25–34.

[537] Siehe MCCONVILLE, *Prophets* 101f. Ob die Erfüllung der Heilszeit bei Ezekiel in zwei Stufen vorgestellt ist (nach der Rückkehr ins Land erfolgt ein endgültiger Sieg über das Böse, Kap. 38f., und das dann folgende Heil geht weit über die Restauration nach dem Exil hinaus, s. MCCONVILLE, *Prophets* 95.105), kann hier nicht diskutiert werden. Auch K. SCHMID in GERTZ, *Grundinformation* 368f. beobachtet die Verbindungen von Ezechiel 1–3; 8–11; 37; 40–48 zur Apokalyptik, vermutet darin aber Spuren später apokalyptischer Redaktionsätigkeit.

[538] D. MICHEL, „Gericht" 802.

[539] Die Überwältigung durch die Assyrer und Babylonier hat auch eine ideologische Dimension, sie ist etwas Neues gegenüber dem herkömmlichen Krieg, wie man an der Deportationspraxis sieht (Hinweis von Prof. Dr. T. POLA, Dortmund).

[540] S. zum Einzelnen BIEBERSTEIN, „Der lange Weg" 4f. und SCHREINER, „Eschatologie im Alten Testament" 6; WENDEBOURG, *Tag* 63–65; zum Kriegsmotiv auch H.-P. MÜLLER, „Eschatologie" 1547; W. H. SCHMIDT, *Glaube* 333.

[541] S. zusammenfassend SEYBOLD, „Gericht" 463.

[542] PREUSS, *Theologie* 2,290.

[543] Weitere Stellen bei ROBERTSON, *Christ* 186.

wird als Grund für das Gericht der mangelnde Gehorsam Israels genannt: Es ist von Gott abgefallen, obwohl er es geliebt, erwählt, gerettet und bewahrt hat.[544] Von Amos an ist die Schuld Israels der Grund für die Gerichtsbotschaft, und zwar Schuld auf sozialem, politischem und kultischem Gebiet.[545] Hierbei vollzieht sich ein „ontologischer Wandel": Das soziale Kollektiv ist als solches gescheitert, die Verantwortung der Einzelnen wird neu betont.[546]

Der *Maßstab* der prophetischen Gerichtsbotschaft liegt in dem, was Israel „gesagt ist" (Mi 6,8), nämlich in der „Tora" JHWHs (Hos 4,6 usw.), d. h. der zur Zeit des jeweiligen Propheten faktisch einklagbaren Toraüberlieferung Israels. Die prophetische Botschaft stellt zugleich „den inneren Sinn und Gehalt" der Tora „als die eigentliche Gehorsamsforderung" heraus.[547] Vor allem in den Fremdvölkersprüchen, aber auch in Gerichtsworten an Israel wird zudem auf Weisheitsüberlieferungen Bezug genommen.[548] Beide, Tora und Weisheit, stehen dabei nicht in einem Gegensatz, sondern sind von Anfang an Ausdrucksweisen der Weltordnung JHWHs und werden deshalb immer stärker identifiziert.[549]

Bei den vorexilischen und exilischen Schriftpropheten sind die „Unheilsweissagungen (Gerichtsankündigungen) ... nichts anderes als die nach der synthetischen Betrachtungsweise ... notwendig sich ergebenden unheilvollen Folgen" der Sünde.[550] Dem entspricht der gelegentlich explizite *Umkehrruf* schon bei Amos (5,4–6.14f.; vgl. 4,6–12), Jesaja (1,16f.; vgl. 9,12) und Micha (6,6–8).[551] Wohl bei keinem der Schriftpropheten ist das Gericht „als unausweichliches Fatum" angekündigt, sondern immer sachlich auch die Umkehrmöglichkeit impliziert.[552] Amos, Jesaja und Micha „ging es darum, das Volk Jahwes angesichts drohenden Unheils zur Umkehr aus der verfahrenen Situation zu bewegen und dazu zu bringen, Recht und Gerechtigkeit zu üben."[553] In den Erzählungen über die Wirkung von

---

[544] FICHTNER in KLEINKNECHT, „ὀργή" 403f. mit Hinweis auf Am 2,9–11; 3,2; Hos 11,1–6; Jes 1,2; 5,1f.; 17,10; Jer 2,1–3; 31,1–3; Ez 16,4–14.

[545] Siehe PREUSS, *Theologie* 2,290 und die Belege bei W. H. SCHMIDT, *Glaube* 334–340.

[546] Vgl. unten F.3.

[547] KLOPFENSTEIN, „Gesetz" 289–293; vgl. WENDEBOURG, *Tag* 74f.

[548] S. o. Abschn. 3.c.

[549] S. o. Abschn. 3.c.

[550] KEEL, „Rechttun" 205.

[551] Siehe oben zu Amos.

[552] PREUSS, *Theologie* 2,87, vgl. 84.291 (Lit.); KEEL, „Rechttun" 211; WENDEBOURG, *Tag* 76; anders K. SCHMID in GERTZ, *Grundinformation* 359.

[553] KEEL, „Rechttun" 218; genauso SCHREINER, „Eschatologie im Alten Testament" 7; PREUSS, *Theologie des Alten Testaments* 2,84.87. Diese Sicht, die schon M. BUBER in seiner Prophetenauslegung vertreten hat (*Glaube* 9; s. KEEL, „Rechttun" 217 Anm. 69), steht der eine zeitlang vertretenen Auffassung gegenüber, dass die frühen Schriftprophe-

Prophetenworten können wir genau zwei (und nur zwei!) Möglichkeiten sehen, wie das Prophetenwort spontan wirkt: Entweder „Reue und Umkehr" oder „Zurückweisung".[554] Diese beiden Möglichkeiten beschreibt Ezechiel „fast theoretisch" (3,16–21; 33,7–9).[555] Nach Ezechiel ist es das „Ziel der ganzen Aktion ..., die mit der unbedingten Unheilsverkündigung Bedrohten am Leben zu erhalten (Ez 3,18; 33,8)."[556] Dies wird auch dadurch deutlich, dass das Gericht bisweilen explizit den Zweck der „Züchtigung" hat (z. B. Jer 30,11): Sogar das Gericht selbst hat noch das Ziel, Israel am Ende zur Umkehr zu bringen.[557] Dasselbe gilt für das Motiv der „Läuterung", das manchmal mit dem Gericht verbunden ist (z. B. Jes 1,25): Das Gericht hat zum Ziel, einen „Rest" Israels zu läutern, so dass nicht ganz Israel zugrunde gehen muss. „[I]t is clear that God's mercy constantly overrides his retributive justice" – deshalb wird Gott nicht immer zornig bleiben, sondern sich seines Volks wieder erbarmen (z. B. Mi 7,18; Ps 103,6–18).[558]

Ezechiel und Jeremia sagen die Rückkehr der Exilierten an (z. B. Jer 23,7f.; 29,14; 32,37; Ez 39,25–29[559]), und ab Deuterojesaja tritt die *Heilsprophetie* „als tragendes Thema ... ins Zentrum der prophetischen Verkündigung".[560] „Das Gericht ist nicht Endziel, schon gar nicht Endzweck des Weges JHWHs mit seinem Volk".[561] Es dient vielmehr der Durchsetzung der gerechten Wohlordnung und impliziert *deshalb* notwendig auch die Ausmerzung des Bösen. Heil gibt es immer „nach dem Gericht und durch

---

ten keine Umkehr intendiert hätten und ihre Mahnworte lediglich „Feststellungen der Umkehrunwilligkeit" darstellten (so z. B. VON RAD, *Theologie* 2, 343f.; s. auch W. H. SCHMIDT, *Glaube* 348–352).

[554] KEEL, „Rechttun" 212. KEEL nennt 212–213 u. a. folgende Beispiele: 2Sam 12,1–19; Jona 3; Jer 36,21–26.

[555] KEEL, „Rechttun" 213.

[556] KEEL, „Rechttun" 213. Daran ändert sich nichts durch die Tatsache, dass der Zweck des Gerichts bisweilen als Züchtigung mit dem Ziel der schlussendlichen Umkehr erscheint, oder als Reinigung Israels durch die Vernichtung der Ungehorsamen und die Konstitution eines gerechten „Rests", oder als Offenbarung JHWHs, s. Travis, *Christ* 19–21.

[557] Dazu und zum Folgenden s. Travis, *Christ* 19–21; zum Läuterungsmotiv auch unten 2.c und III.B.7.

[558] Siehe Travis, *Christ* 19–21. Jer 8,18–21 und Hos 11,1–11 sind bekannte Beispiele für die Spannung zwischen Zorn und Liebe (bzw. Trauer), die in JHWH selbst besteht. Vgl. dazu JANOWSKI, „Richter" 82–85.

[559] K. SCHMID, *Literaturgeschichte* 169f. weist diese Stellen allerdings einer „diasporaorientierten Redaktion" zu.

[560] BIEBERSTEIN, „Der lange Weg" 8.

[561] PREUSS, *Theologie* 2,88.

es hindurch".[562] Dies lässt sich bei den Schriftpropheten schon von Anfang an sehen.[563]

Es ist schwierig, zur Frage der Heilsverkündigung der frühen Schriftpropheten einen Forschungskonsens zu formulieren. Die Authentizität und Datierung der einzelnen Heilsworte ist stark umstritten. Nach einer Forschungsrichtung kommt die (legitime) Heilsprophetie überhaupt erst in dem Moment auf, wo das angekündigte Gericht eingetreten ist, nämlich mit der Einnahme Jerusalems. Ez 33,21f. wird bisweilen als dieser genau datierte Umschlagspunkt angesehen. In breitem Ausmaß fände sich dann Heilsprophetie erstmals bei Deuterojesaja. In den älteren Prophetenbüchern wäre das Schema „erst Unheils-, dann Heilsprophetie" nachträglich eingetragen worden.[564] – Diese Sicht ist mit Sicherheit zu schematisch. Nach W. H. Schmidt hat nur Amos kein Heil angesagt, wohl aber schon Hosea, Jesaja, Micha, Jeremia und Ezechiel:

> „Es ist ... unmöglich, ihnen die Verheißungen insgesamt abzusprechen und für Zusätze aus späterer Situation zu halten, so strittig die Entscheidung im Einzelfall bleiben mag. Außerdem scheint die exilisch-nachexilische Prophetie (DtJes, TrJes, Hag, Sach) ältere Heilserwartungen aufzunehmen und weiterzuführen; schon Jeremia schließt sich in seinen Verheißungen an Hosea an."[565]

Man kann mit H. D. Preuss sogar sagen, dass auch für Amos das

> „kommende Gericht ... missverstanden (wäre), wenn man es als unausweichliches Fatum ansehen sollte. ... Neben seinem ‚Das Ende ist gekommen für mein Volk Israel' (Am 8,2) steht das zwar zögernde und zurückhaltende, aber dann doch im Blick auf JHWH gewagte ‚vielleicht' (Am 5,15; vgl. Zeph 2,3; Joel 2,14) eines gnädigen Handelns JHWHs an einem Rest Josephs. Da wird also nicht ein mögliches Heil am Gericht vorbei verheißen, sondern nach dem Gericht und durch es hindurch".[566]

---

[562] PREUSS, *Theologie* 2,88.

[563] Siehe PREUSS, *Theologie* 2,88 und den Überblick bei HABETS, „Eschatologie" 357–369.

[564] So SMEND, „Eschatologie" 260–262, der voraussetzt, dass Habakuk und Nahum illegitime Heilspropheten waren. Auch nach WESTERMANN, *Heilsworte* sind alle Propheten vor Deuterojesaja nur Gerichtspropheten. Nach H.-P. MÜLLER, „Eschatologie" (1550–) 1551 geschah der entscheidende „Umschlag von Unheils- zu Heilsprophetie" im Exil, „wobei die Frage der Echtheit schon vorexilischer Ankündigungen ... im einzelnen kaum noch zu entscheiden ist" (1549). Anders sprach HERRMANN, *Heilserwartungen* vom späteren „Gestaltwandel" der frühen Heilserwartungen (*passim*).

[565] W. H. SCHMIDT, *Glaube* 355f.; ähnlich PREUSS, *Theologie* 2,296.

[566] PREUSS, *Theologie* 2,87f.

2. Eschatologisierung und Universalisierung des Gerichts

a) Deuterojesaja[567]

Schon Jeremia und Ezechiel konnten während des Exils eine Heilswende für Juda ansagen (s. o.). Deuterojesaja (Jesaja 40–55) markiert vollends diesen Wendepunkt der Prophetie.[568] Hier „schlägt die Heilsprophetie noch im babylonischen Exil ihre vollen Töne an".[569] Das Gericht über Gottes Volk ist nun zu Ende (Jes 40,2; 51,17–23; 54,7f.), Israel wurde durch das Gericht geprüft und geläutert (48,10), Gott hat Israels Schuld vergeben (43,25; 44,22; vgl. Jer 50,20). Zwischen Gericht und Gnade besteht ein Ungleichgewicht: Zwar ist Israels Schuld nach 40,2 im Gericht abbezahlt, aber nach 43,22–28 ist der Loskauf Israels allein JHWHs Gnadentat.[570] Offensichtlich reicht das Gericht für die Tilgung von Israels Schuld nicht aus. In diesem Zusammenhang sind wohl auch die rätselhaftem Aussagen zum stellvertretenden Leiden des „Gottesknechts" zu sehen, der die Schuld Israels trägt, als „Schuldopfer"[571] stirbt, mit neuem Leben beschenkt wird und so den „Vielen" (abtrünnigen Juden und wohl auch Heiden, vgl. 52, 10.14f.) Gerechtigkeit schafft (52,13–53,12).[572]

JHWH schafft nun Neues (43,19), bringt sein Volk in einem neuen Exodus heim aus der Gefangenschaft (43,5–7.14–21; 48,20f.; 49,9–12; 51,9–11), heim zum Zion, wohin Gott selbst in Herrlichkeit vor ihnen her und vor den Augen aller Welt zurückkehrt, um seine Königsherrschaft auf-

---

[567] Zur Diskussion über die Einleitungsfragen s. K. SCHMID, *Literaturgeschichte* 132–137; DERS. in GERTZ, *Grundinformation* 338–343.

[568] KRATZ, „Anfang"; K. SCHMID in GERTZ, *Grundinformation* 328f. und STECK/ K. SCHMID, „Heilserwartungen" 26 (hier weitere Lit.) überlegen von 2Chr 36,22f. her (vgl. Jes 44,28; 45,1), ob Jesaja 40–55 nicht ursprünglich als Anschluss an Jeremia 50f. und die Klagelieder konzipiert worden und „ursprünglich unter dem Namen ‚Jeremias' umgelaufen" sei. Nach K. SCHMID in GERTZ, *Grundinformation* 340 gehörten auch Jesaja 60–62 ursprünglich zu Deuterojesaja.

[569] SCHREINER, „Eschatologie im Alten Testament" 7. Einen Überblick über die Heilsverheißungen der Propheten ab Deuterojesaja ebd. 8–15 und bei WESTERMANN, *Heilsworte*.

[570] Darauf verweist z. B. ZIMMERLI, *Grundriss* 193.

[571] Zur Übersetzung von אשם in Jes 53,10 s. C. STETTLER, *Kolosserhymnus* 282 Anm. 112.

[572] Wen Deuterojesaja unter dem Gottesknecht verstand, etwa sich selber, einen treu gebliebenen Rest Israels oder eine zukünftige Rettergestalt, bleibt umstritten (zur Diskussion s. die Beiträge von HERMISSON und JANOWSKI in: JANOWSKI/STUHLMACHER, *Gottesknecht* und von GRAF REVENTLOW in BELLINGER/FARMER, *Jesus*). Dass Jesaja 53 auch für messianische Deutungen offen war – nicht zuletzt weil der Gottesknecht selber königliche Züge trägt –, zeigt die Auslegungsgeschichte (s. die entsprechenden Beiträge in den eben genannten beiden Sammelbänden).

zurichten (40,3–5; 52,7–12).[573] Einige Züge des neuen Exodus stehen in
Analogie zum ersten Exodus, andere überbieten ihn jedoch. So ziehen die
Heimkehrer durch eine verwandelte Schöpfung zum Zion, der sich mitten
in einem paradiesisch erneuerten Land befindet. Die ganze Schöpfung begleitet den neuen Exodus mit ihrem Jubel (42,10–13; 44,23; 49,13;
55,12f.). „Der Weg vom Exil zum gelobten Land kommt so einer neuen
Schöpfung gleich." [574] Israel wird in unbeschreiblichem Maß gesegnet
(44,3–5; 49,15–23; 51,1–3; 54). In 54,9f.; 55,3–5 wird ein neuer Bund verheißen. Darin werden „die über die Väter, die Menschheit oder den König
ausgesprochenen Verheißungen trotz der Verwirklichung, dem ‚Schon-
jetzt' der Erfüllung, in ein ‚Noch-nicht' oder ‚Noch-einmal' verwandelt
und Israel zugesprochen" (51,2; 54,7f.; 55,3).[575] Die Verheißungen des Davidbundes werden in 55,3 auf ganz Israel ausgedehnt.[576] Ähnliches findet
sich vielleicht bei Ezechiel (vgl. Kap. 33–36 mit 38f. und 40–48).[577]

Das wahre, geläuterte Israel wird selbst aktiv am Gerichtswirken Gottes
gegen die ihm feindlichen Völker beteiligt (41,15f.) und trägt als „Knecht
Gottes" Gottes Licht und Tora unter die Völker (42,1–7; 49,6; 55,5), die
auf Gott warten (51,4f.). Nach Andeutungen bei den früheren Schriftpropheten tritt bei Deuterojesaja zum ersten Mal deutlich und explizit die
Hoffnung auch für die Völker zu Tage.[578] Die universale Perspektive, die
sich in Deuterojesaja findet, war schon bei Amos ansatzweise vorhanden[579], und z. B. auch in Jes 2,1–5.6–22 und Zeph 1,1–3.14–18. Ab Jeremia
und Ezechiel wurde diese Perspektive wichtiger; sie brach vollends bei den
nachexilischen Propheten durch (Jesaja 34f.; 56–66; 24–27; Obadja; Maleachi; Sacharja 9–13).[580]

---

[573] Zur Königsherrschaft JHWHs nach Deuterojesaja s. N. LOHFINK, „Begriff" 185–
190.

[574] HABETS, „Eschatologie" 362. Zur neuen Schöpfung in DtJes s. auch die Übersicht
in C. STETTLER, *Kolosserhymnus* 302f.

[575] W. H. SCHMIDT, *Glaube* 360.

[576] W. H. SCHMIDT, *Glaube* 255f.; MCCONVILLE, *Prophets* 36.

[577] Siehe oben im vorhergehenden Abschnitt.

[578] Siehe W. H. SCHMIDT, *Glaube* 402f. Zur Schwierigkeit der Identifikation des
„Knechts Gottes" s. MCCONVILLE, *Prophets* 26f. Meines Erachtens wird die Interpretation, wonach der „Knecht" das geläuterte, wahre Israel ist, den Texten am besten gerecht
(so GESE, z. B. in „Messias" 141).

[579] Siehe oben im vorhergehenden Abschnitt.

[580] HABETS, „Eschatologie" 362f.

b) Die Fortführung der Prophetie Deuterojesajas

Jesaja 56–66 („Tritojesaja") führen die universalistischen Motive Deuterojesajas weiter.[581] So erwarten Jes 56,3–8; 60,3–12 (und der vielleicht ebenfalls frühnachexilische Text 2,2–4[582]) im Anschluss an Deuterojesaja Heil
für die Völker. Von einer Mission Israels unter den Völkern spricht Jes
66,18–24. Deuterojesajas Verheißung einer Erneuerung der ganzen Schöpfung wird bei Joel, Sacharja 14 und Jesaja 24–27 weitergeführt: An die
Stelle der bloßen Überhöhung des vorherigen Heilszustandes tritt bei ihnen
etwas ganz Neues.[583] Jes 65,17; 66,22 kündigt im Gefolge von Jes 43,38f.
einen *neuen* Himmel und eine *neue* Erde an; das neue Jerusalem (Jesaja 60;
62) ist damit identisch.[584]

Nach *Joel*[585] wird JHWH die Völker in der Endschlacht im Tal Joschafat
richten, und zwar in einer Gerichtsverhandlung (4,12) und unter Erschütterungen im ganzen Kosmos. Für diejenigen, die JHWH anrufen, gibt es Rettung auf dem Zion, wo nach dem Gericht Paradieszustände herrschen werden. Der Geist Gottes wird auf alles Fleisch ausgegossen – man kann von
einer Individualisierung und Demokratisierung des Geistempfangs sprechen –, wodurch „das Gemeinschaftsverhältnis von Jahwe und Israel *ganz
neu* sein (wird)"[586]. Auch Joel kennt also die Erwartung einer endzeitlichen
Veränderung der menschlichen Herzen durch JHWHs Eingreifen (vgl.
Deuteronomium 30, Jeremia 31, Ezechiel 36).[587]

Vollends „alle Völker" richtet JHWH nach dem apokalyptischen Kapitel *Sacharja 14* in einem Endkampf mit kosmischen Dimensionen.[588] Die

---

[581] Vgl. dazu K. SCHMID, *Literaturgeschichte* 164–166. Jesaja 56–66 werden heute
meist nicht mehr einer Prophetengestalt „Tritojesaja" zugeschrieben, sondern als „schriftgelehrte Tradentenprophetie" gesehen, zudem wird Jesaja 60–62 von manchen Deuterojesaja zugeschrieben (s. K. SCHMID in GERTZ, *Grundinformation* 339–343).

[582] So BLENKINSOPP, *Isaiah 1–39* 190; anders HAYES/IRVINE, *Isaiah* 82 (Jesaja zitiert,
wie Micha 4,1–5, eine vorjesajanische Tradition); WILDBERGER, *Jesaja 1* 80 (jesajanisch,
aber aus seiner Spätzeit); GITAY, *Isaiah* 49 (jesajanische Opposition zu 1,18–20 mit dem
rhetorischen Ziel der Umkehr Israels).

[583] Siehe HABETS, „Eschatologie" 363.368f. Die nachexilische Datierung dieser Texte
ist freilich nicht ganz unumstritten.

[584] Siehe dazu C. STETTLER, *Kolosserhymnus* 302–304.

[585] Die Datierung Joels ist sehr umstritten; die Vorschläge reichen vom späten 9. bis
zum 2. Jh. v. Chr. Während eine Anzahl von Exegeten noch immer die traditionelle vor-
exilische Datierung vertritt, ist wohl die Mehrzahl mit H. W. WOLFF (*Dodekapropheton
2,* 2–4) für eine Ansetzung nach Nehemias Mauerbau 445 v. Chr., aber vor der Zerstörung von Sidon 343 v. Chr. (s. BARTON, *Joel* 14–18; JÖRG JEREMIAS, „Joel" 91f.; HIE-
BERT, „Joel" 878f.; SIMKINS, „Joel" 720; K. SCHMID in GERTZ, *Grundinformation* 383f.).
Zum Folgenden vgl. HABETS, „Eschatologie" 363f.

[586] HABETS, „Eschatologie" 363f.

[587] Siehe K. SCHMID in GERTZ, *Grundinformation* 384.

[588] Siehe HABETS, „Eschatologie" 364.

Völker, die gegen Jerusalem anstürmen, sind hier der Inbegriff der Feinde JHWHs.[589] „Das Gericht wird als notwendig dargestellt: Der Kampf Jahwes mit den Völkern muss ausgefochten sein, bevor Jahwes Königsherrschaft voll in Erscheinung treten kann. Nach der so heraufgeführten Zäsur wird Jahwe Jerusalem *ganz neu* machen."[590] Es wird Wohnstätte JHWHs sein, heilig und paradiesisch. Die aus den Völkern Übriggebliebenen wallfahren nun zum Zion und feiern dort das Laubhüttenfest. Der Zion wird Zentrum der weltweiten Gottesherrschaft.

Genauso dient nach *Jesaja 24–27*[591] das universale Gericht über die Erde und die Himmelsheere der völligen Durchsetzung von Gottes heilvoller Herrschaft in kosmischen Dimensionen. Der Zion ist das Zentrum des erneuerten Kosmos: „Auf dem von Jes 2,2–4 angebahnten Weg, der bei DtJes und TrJes seine weitere Entwicklung findet, steht Jes 24,23 am Ende."[592] „Alle Völker" werden zum Festmahl, zum Mahl des neuen Bundes auf dem Zion geladen (25,6–8; vgl. 24,23 mit Ex 24,9–11[593]). Der Tod wird vernichtet (25,8; 26,19).

c) Universales Gericht und universale Neuschöpfung

Es ist damit klar, dass der Heilsuniversalismus keineswegs eine Neuerung des frühen Christentums war, wie immer wieder behauptet wird, sondern spätestens mit dem Exil ein fester Bestandteil der prophetischen Zukunftsverheißungen wurde.[594] Dies entspricht der Perspektive von Gen 12,3, wonach durch Abraham alle Geschlechter der Erde Segen erlangen sollen.[595]

Deuterojesajas Ankündigungen sind unmittelbar nach dem Exil nur in sehr bescheidenem Umfang eingetroffen. Sie wurden dennoch als Gotteswort festgehalten und von den späteren Propheten vertieft.[596]

---

[589] BALDWIN, *Haggai, Zechariah, Malachi* 199f.

[590] HABETS, „Eschatologie" 364.

[591] Siehe HABETS, „Eschatologie" 364–367.

[592] HABETS, „Eschatologie" 366.

[593] Gegen HABETS, „Eschatologie" 367, der in der Jesaja-Apokalypse den neuen Bund nicht ausgesprochen sieht.

[594] Vgl. HAARMANN, *JHWH-Verehrer*. Auch nach KONRADT, *Gericht* 14 ist das universale Gericht „keineswegs ein christliches Proprium", die frühesten von ihm ebd. Anm. 96 angeführten Belege sind aber Koh 12,13f. und Sib 4,181–191.

[595] Siehe NICKELSBURG, *Judaism* 75. Die Datierung von Gen 12,1–3 ist freilich stark umstritten. In der klassischen, heute vielfach infrage gestellten Pentateuchtheorie wird der Text dem Jahwisten zugerechnet, aber auch dieser wird zeitlich sehr unterschiedlich angesetzt. Zur neueren Diskussion s. K. SCHMID, *Literaturgeschichte* 125f.

[596] Ein Beispiel dafür ist Hag 2,1–9.20–23 (Hinweis von Prof. THOMAS POLA). K. SCHMID, *Literaturgeschichte* 160 nennt als Beispiel für eine inneralttestamentliche Erfülung den Bezug von Esr 7,27 auf Jes 60,7–13. Vgl. W. H. SCHMIDT, *Glaube* 414.

„The high hopes of the exilic and postexilic prophets ... went, by and large, unfulfilled. There was a return, though not a full gathering, of the dispersion. A second temple was built, but not on the scale expected, nor did Jerusalem see the inflow of the Gentiles and the worship of YHWH by all humanity. The heavens and the earth were not re-created, nor did the world return to primordial bliss. This dismal state of affairs is reflected in different ways in the book of Malachi and the Ezra-Nehemiah corpus. At the same time, the prophetic oracles were collected and formed a basis for hopes yet to be realized."[597]

Deuterojesaja legt mit seiner Verkündigung (noch stärker als Ezechiel) die inhaltliche Grundlage für die Apokalyptik[598], deren Thema *die universale Durchsetzung der Gottesherrschaft* ist.[599] Entsprechend der universalen Dimension des Gottesreichs erhält auch das Gericht universale Dimensionen. In den vielleicht mit Deuterojesaja gleichzeitigen Kapiteln Jesaja 13f., der Ankündigung vom Fall Babels, „[mutiert] eine Unheilsansage gegen eine Nation ... – vermutlich erstmals – unversehens zum *Weltgericht*" (13,11).[600] Die Ankündigung des Gerichts gegen die Nachbarvölker in den Fremdvölkersprüchen (von Amos 1f. an) und die Worte gegen die Völker, die JHWH als Gerichtswerkzeuge benutzte, die dabei aber hochmütig wur-

---

[597] NICKELSBURG, *Judaism* 122.

[598] Siehe PREUSS, *Theologie* 2,303; Schmidt, *Glaube* 414; vgl. BEYERLE, „Wiederentdeckung" 38. Die inhaltliche Wurzel der dann erstmals bei Sacharja auch in typischen Gattungsmerkmalen greifbaren Apokalyptik liegt also bei Deuterojesaja, nicht erst in den Krisenerfahrungen des 2. und 1. Jh.s v. Chr. (gegen BRANDENBURGER, „Gerichtskonzeptionen" 324). In formaler Hinsicht ist schon Ezechiel ein Wegbereiter der Apokalyptik (s. GESE, „Anfang" 204f.; PREUSS, a. a. O. 303). Zur Diskussion über die Definition von „Apokalyptik" (theologische Strömung) und „Apokalypse" (Gattung) s. BEYERLE, „Wiederentdeckung"; HAHN, *Apokalyptik*; COLLINS, *Apocalyptic Imagination* und die in KOCH/J. M. SCHMIDT, *Apokalyptik* gesammelten früheren Arbeiten. W. H. SCHMIDT hält als gemeinsamen Kern der disparaten Forschungsmeinungen fest, dass die Apokalyptik „eine israelitische Bewegung (ist), die hauptsächlich aus der Prophetie hervorgeht, in der sich außerdem weisheitliche (*G. v. Rad*) und andere Überlieferungen sammeln" (W. H. SCHMIDT, *Glaube* 415); genauso GESE, „Anfang"; DERS., „Weisheit" 231; PREUSS, *Theologie* 2,275.299; MCCONVILLE, *Prophets* 114 (Lit.); vgl. VANDERKAM, „Origins". PREUSS verweist darauf, dass die *Prophetenbücher* und nicht die Weisheitsbücher apokalyptische Zusätze enthalten (299). Lit. s. ebd. 301 Anm. 186. Allerdings findet sich in der Sapientia Salomonis apokalyptische Theologie in weisheitlichem Gewand (s. u. 3.b[4]).

[599] PREUSS, *Theologie* 2,304; GESE, „Anfang" 205. Zu dieser am Ende des Alten Testaments stehenden „Grundperspektive", wie sie neben Daniel 2 und 7 v. a. in Jesaja 24–27; 55–66; Ezechiel 38f.; Joel 4; Obadja 15–21; Zeph 3,8–20 und Sacharja 13f. zum Ausdruck kommt, vgl. STECK/K. SCHMID, „Heilserwartungen" 6 (mit Anm. 16: Lit.) und 9f.; K. SCHMID, „Herrschererwartungen" 74.

[600] BIEBERSTEIN, „Der lange Weg" 8 (Hervorhebung von mir). Die Datierung von Jes 13 und der jetzigen Form von 14 ist schwierig; beide Kapitel mögen aus dem Jahrzehnt vor dem Fall Babels (539) stammen (so BLENKINSOPP, *Jesaja 1–39* 276f.285.288, s. ebd. zur Frage von Bearbeitungen; nach anderen beziehen sich die Kapitel auf die Assyrer und gehen somit auf Jesaja selber zurück, so HAYES/IRVINE, *Isaiah* 221–223.227–229, die die Kapitel auf 731–727 datieren).

den (von Jes 10,12–19 an), münden so in eine universale Perspektive als „konsequente[r] Weiterführung des Monotheismus" eines Deuterojesaja.[601] Aus dem Gericht über Israel und seine Nachbarvölker wird, entsprechend der als universal erkannten Herrschaft Gottes, das Gericht über *alle* Völker (Jes 34,2–4; Jer 25,27–31; 45,4f.; Jo 4,12–16; Mi 7,12f.; Zeph 3,8; Sacharja 12 und 14).[602] In den „JHWH-König-Psalmen" wird Gott als Richter der Völker und der Welt erwartet, der als König den Rechtlosen Recht schafft. Das Gericht findet nun nicht mehr – wie nach der Verkündigung der vorexilischen Schriftpropheten – im Rahmen einer bestimmten geschichtlichen Situation im Vorderen Orient statt, sondern „die apokalyptische Schau (greift) über Einzelbegebenheiten hinaus".[603] Alle Lebewesen der Erde, ja die Himmelsbewohner und der Kosmos werden einbezogen: „Wie die Welt vor dem Schöpfer, so wird auch die Geschichte vor dem kommenden Gott zur Einheit."[604]

Gottes Weltgericht dient nun der *Durchsetzung seiner heilsamen Gerechtigkeit und Königsherrschaft* im ganzen Kosmos, was die Vernichtung alles Bösen impliziert (z. B. Daniel 2 und 7).[605] Das Gericht markiert somit das Ende der alten, von Sünde, Leid und Tod geknechteten Welt und den Beginn der neuen Schöpfung bzw. des neue Äons.[606] Weil das Gericht universal ist, müssen auch die Toten gerichtet werden, sie werden zum Gericht auferweckt (Dan 12,2; 2Makk 7,9.11.14.23.29).[607] Das Gericht dient der Läuterung (Mal 3,3; Sach 13,7–9 im Anschluss an ältere Stellen wie

---

[601] BIEBERSTEIN, „Der lange Weg" 11.

[602] Siehe W. H. SCHMIDT, *Glaube* 411; PREUSS, *Theologie* 2,319f.; K. SCHMID, *Literaturgeschichte* 192–194.

[603] W. H. SCHMIDT, *Glaube* 411.

[604] W. H. SCHMIDT, *Glaube* 411.

[605] So z. B. AUS, „Gericht Gottes" 466; HABETS, „Eschatologie" 357; PREUSS, *Theologie* 2,320; WENDEBOURG, *Tag* 72. Zur Königsherrschaft JHWHs nach Daniel s. N. LOHFINK, „Begriff" 196–199. Der Übergang vom Gericht zum Heil wird auch durch die redaktionelle Anlage einzelner Prophetenbücher (mehrfache Wechsel in Micha und Hosea; Jesaja 35–66 nach 34; Jeremia 30–33 nach 1–29; Ezechiel 33–48 nach 25–32) und in der Anlage des Zwölfprophetenbuches insgesamt (Haggai–Sacharja nach Nahum–Zephanja) deutlich (STECK/K. SCHMID, „Heilserwartungen" 5).

[606] Bei Deuterojesaja findet sich „eine erste Anregung zu dieser Sicht" (vgl. SCHREINER, „Eschatologie" 7). Zum Alter der Lehre von den zwei Äonen vgl. BILLERBECK, *Kommentar* 4,799–847.

[607] Zur Entwicklung der Auferstehungsverheißung s. GESE, „Tod"; C. STETTLER, *Kolosserhymnus* 236–240; zurückhaltender W. H. SCHMIDT, *Glaube* 417–427. Zur neueren Lit. s. K. SCHMID, *Literaturgeschichte* 203f. Zu den Jenseitsvorstellungen im Alten Orient s. u. II.F.3.b.(1), zu archäologischen Hinweisen auf die Entwicklung der Auferstehungshoffnung die Beiträge in BERLEJUNG/JANOWSKI, *Tod*, bes. KAMLAH, „Grab".

Jes 1,25) und bewirkt eine Scheidung quer durch Israel und die Völker (Ez 20,33–38; Jes 65f.; Sach 13,7–9).[608]

Das Gericht kann als *Rechtsverfahren* dargestellt werden. In den vorexilischen Propheten ist dies der Fall, wo JHWH in den Rechtsstreit mit Israel tritt (s. o.). Bei Deuterojesaja spielt der Rechtsstreit, in dem Gott die Völker herausfordert, eine wichtige Rolle. In Jo 4,2.14; Mal 3,5; Dan 7,9f. und SapSal 4,20–5,14 wird der Tag JHWHs als Gerichtsverfahren geschildert.[609] Während in Jerusalem nach 587 „nichts mehr zu zerstören war" und es somit in der exilisch-frühnachexilischen Zeit keine Gerichtsansagen gegen Juda gibt[610], findet sich gleichzeitig die ganze Breite der Gerichtsbilder in den Fremdvölkersprüchen.[611] Das universale Gericht kann auch als *Krieg* (Scheitern des Völkersturms gegen den Zion, z. B. Ezechiel 38f.; Jo 4,2.12; Sacharja 12 und 14) oder als *Erschütterung der ganzen Schöpfung* bei JHWHs Theophanie zum Gericht dargestellt werden (z. B. Jes 13,10.13; 34,4; Ez 32,7f.; Jo 2,10f.; 3,3f.; 4,15f.; Zeph 1,15f.; Hab 3,6).[612]

Das Gericht entscheidet darüber, wer in die Gottesherrschaft eingehen wird und wer dem Verderben verfällt. Das Schicksal der Verurteilten besteht in Tod durch Krieg (s. o. zu Joel und Sacharja 14) und Schwert (Jes 65,11f.; Jer 25,31; vgl. Am 9,10; Jes 30,33)[613], Verderben durch Feuer (Mal 3,19; Jes 65,5; 66,24; Jdt 16,17; vgl. Dan 7,9f.) und Würmer (Jes 66,24; Jdt 16,17), Hunger und Durst (Jes 65,13), Finsternis (SapSal 17,20; vgl. Am 5,18; 8,9; Jes 5,30; 13,10; Jer 13,16; Ez 30,18; Zeph 1,15; Jo 2,2; 3,4), Wehgeschrei und Verzweiflung (Jes 65,14; Jdt 16,17), Fluch (Jes 65,15) und Schande (Jes 65,13; Dan 12,2; SapSal 4,19).[614] Wo die Auferstehung schon in den Blick gerät, wird dies bisweilen präzisiert als *ewige* Qual und Schande (von Jes 65,5; 66,24 an, aufgenommen z. B. in

---

[608] Siehe BIEBERSTEIN, „Der lange Weg" 11.

[609] Vgl. BRANDENBURGER, „Gerichtskonzeptionen" 312; REISER, *Gerichtspredigt* 144f.

[610] Haggai 1 ist vielleicht eine Ausnahme, indem das Volk eine Art von Gericht erfährt, weil es den Tempel noch nicht aufgebaut hat. Haggai sagt aber kein künftiges Gericht an, sondern erklärt das schon im Gang befindliche. Ab Tritojesaja finden sich dann auch wieder Anklagen und Gerichtsankündigungen gegen Juda (Jes 56,10–57,13; 58,1–12; 65; 66,5–24).

[611] BIEBERSTEIN, „Der lange Weg" 7(–8).

[612] Siehe BIEBERSTEIN, „Der lange Weg" 12. Zum „Tag JHWHs" in Zeph 1,15f. s. SPIECKERMANN, „Dies irae" 38–43.

[613] In SapSal 18,5f. ist das Wort Gottes das himmlische Schwert, das Gericht übt, wie schon das Schwert des Mundes des Messias in Jes 11,4 (vgl. SapSal 5,20.23 und dazu VOLZ, *Eschatologie* 31).

[614] Vgl. BIEBERSTEIN, „Der lange Weg" 11.

Dan 12,2; Jdt 16,17).[615] Diese „meint ... nicht eine Verewigung des Bösen,
sondern seine ewige Vernichtung".[616]

Das Gericht wird in Gerechtigkeit[617] nach den Taten der Menschen
gehalten (Ob 15; Klgl 3,64; Jo 4,4.7; Sir 16,12). Aus dem Gericht gehen
die Gerechten und Heiligen als Gerettete und Geläuterte hervor[618], sie bilden den heiligen „Rest", das Israel der Gottesherrschaft.[619] Das wahre Israel umfasst nach einem Teil der Schriften auch die Gerechten aller Völker:
Auch sie wallfahren zum Zion (Jes 25,6f.; 56,6–8; 60,11–14; 66,18–23;
Zeph 3,9f.; Sach 8,20–23; 14,16; Mal 1,11).[620] Der Umfang des Heils für
die Völker wird in unterschiedlichen Texten unterschiedlich bestimmt: von
der Hinwendung der beiden Bedrücker der Vergangenheit, Assur und
Ägypten, zu JHWH (Jes 19,18–25) über die Hilfe der Völker bei der Heim-
kehr des Gottesvolks (Jes 60,4; 66,20), das Bringen ihrer Schätze nach Israel (Jesaja 60,5–17), ihren Dienst an Israel (Jes 61,5) bis hin zur Hinwendung von Menschen aller Völker zu JHWH (Jes 2,2–5; 45,22–24; 56,1–7;
66,22–24; Zeph 3,8–20; Sach 2,15; 8,20–23; 14,9.16).[621]

Die Gottesherrschaft geht nicht nur mit einer Neuschöpfung von Himmel und Erde einher (Jes 65,17; 66,22)[622], sondern auch mit einer Neuschöpfung der Herzen (Jes 4,4; 32,15; 44,3; Jer 31,31–34; Ez 11,19;
36,26f.; 39,29; Hag 2,5; Jo 3,1f.; Sach 12,10).[623] Die Hartherzigkeit Israels,
die es immer wieder am Gesetz scheitern ließ (Ez 2,4; Jes 6,9; 29,13; Jer
17,1 usw.), wird beseitigt, indem JHWH alle Schuld vergibt (Jer 31,34; Ez
16,63; 36,25; Jes 44,22; 54,6ff; Sacharja 13) und seinen Geist ausgießt (Jes
44,3; Ez 39,29; Joel 3; Sach 12,10).[624] Israel wird dann die Gerechtigkeit
tun, die JHWH vordem bei ihm vermisst hat, ja es wird zu diesem Tun angesichts des nahen Heils schon jetzt aufgerufen (Jes 56,1; 60,1).[625]

---

[615] Siehe REISER, *Gerichtspredigt* 136.

[616] So treffend EBELING, *Dogmatik* 3,527f. (Hinweis von Zager, *Gottesherrschaft* 2f.
Anm. 9).

[617] Siehe SCHREINER, „Zur Eschatologie" 37 Anm. 42.

[618] Wie in der vorexilischen Gerichtsverkündigung ist auch Israel vom Gericht betroffen, aber für die Getreuen hat es nur die Funktion eines Läuterungsgerichts (s. SMEND,
„Eschatologie" 262).

[619] Vgl. den in LXX fehlenden Zusatz Jes 6,13bβ MT und dazu oben im vorhergehenden Abschnitt.

[620] Siehe BIEBERSTEIN, „Der lange Weg" 12.

[621] Siehe STECK/K. SCHMID, „Heilserwartungen" 10.

[622] Siehe auch BIEBERSTEIN, „Der lange Weg" 9f.; 12f., dort auch weitere Motive im
Zusammenhang mit der Gottesherrschaft.

[623] Siehe BIEBERSTEIN, „Der lange Weg" 9; KRÜGER, „Herz"; GROSS, *Zukunft* 134–
152.

[624] W. H. SCHMIDT, *Glaube* 361.

[625] W. H. SCHMIDT, *Glaube* 362.

Über die Art und Weise der endzeitlichen Reinigung von Volk und Schöpfung gibt es bei den exilischen Propheten nur Andeutungen. Ezechiel verheißt die Reinigung des Volkes durch reines Wasser und Gottes Geist (36,25–27), die Entsühnung durch die Opfer der Heilszeit im transzendenten Tempel (45,13–46,24) und neues Leben in der Schöpfung durch die Tempelquelle (47,1–12). Deuterojesaja spricht in rätselhafter Weise vom „Gottesknecht", der als „Schuldopfer" stellvertretend für die Schuld Israels leidet und stirbt und, zu neuem Leben gekommen, den „Vielen" Gerechtigkeit schafft (Jes 52,13–53,12).[626]

Während sich das nachexilische Judentum zunächst als der „heilige Rest" der Gerechten verstehen konnte, der durch das Gericht des Exils hindurchgegangen war (vgl. Ez 6,8–10; 12,16; Bar 2,13; Esr 9,8.13–15; Neh 1,2), wurde schon bald deutlich, dass auch in diesem „geläuterten" Rest des Volkes nach wie vor Sünde grassierte (vgl. Esr 9,10–15; Jes 65,2–7.11–15; 66,3f.17; Mal 1,6–2,16; 3,5–9.13–15). Deshalb finden sich auch in nachexilischer Zeit Gerichtsansagen (z. B. Jes 63,1–6; 66,15–24; Sacharja 13f.) und immer wieder die Klage darüber, dass faktisch kein Mensch vor dem richtenden Gott gerecht ist, d. h. die Gebote vollkommen hält[627] (Jes 64,5; Ps 51,7; 130,3; 143,2; Hi 4,17; 9,2; 14,3f.; 25,4; Pred 7,20). „Jene späten Beter waren sich ... bewusst, dass es eines großen Erbarmens Jahwes bedurfte, wenn er einen Menschen vor sich gerecht sein ließ".[628] So bitten Dan 9,18 und Bar 2,19 für Jerusalem und Israel „nicht wegen unserer gerechten Taten, sondern wegen deines großen Erbarmens". Die großen Bußgebete Esra 9, Nehemia 9, Daniel 9, Bar 1,15–3,8 und das Gebet Manasses „articulate the repentance that Deuteronomy describes as necessary for the restoration of divine blessing (Deut 30:1–10)".[629] Sie setzen damit für ihre nachexilische Zeit voraus, dass Israel immer noch unter dem Bundesfluch steht.[630] Manche prophetischen Texte erwarten deshalb eine erneute Läuterung des zurückgekehrten Rests (Sach 13,8f.; 14,2; vgl. Jo 3,5; Sach 1,3). Weil offensichtlich der neue Bund, die Erneuerung der Herzen noch nicht eingetreten war, konnte man auch das Exil im geistlichen Sinn (bzw. die Existenz unter dem Fluch) als noch fortdauernd ansehen, obwohl der „Rest" ins Land heimgekehrt war. Hier setzt sowohl Johannes der Täufer mit seiner Taufe als neuem Eisodus ins verheißene Land

---

[626] Siehe dazu oben die Besprechung von Ezechiel bzw. Deuterojesaja.
[627] Siehe VON RAD, *Theologie* 1,389–393.
[628] VON RAD, *Theologie* 1,394f.; vgl. RENDTORFF, „Er handelt nicht mit uns".
[629] NICKELSBURG, *Judaism* 68.
[630] NICKELSBURG, *Judaism* 68.

als auch Jesus mit seiner Sammlung des endzeitlichen Gottesvolks durch
die Wahl der Zwölf an.[631]

Auch wenn in nachexilischer Zeit die Hoffnung überwiegt, dass die (relativ) Gerechten nicht dem Gericht verfallen werden, bleiben doch auch die
Erfahrungen des läuternden Gerichtes Gottes im Geschick des Volkes wie
im Geschick der Einzelnen:

> „Krankheit, Bedrängung durch persönliche Feinde, drohender vorzeitiger Tod und das
> Bewusstsein der Gottesferne sind die Zeichen des Zornes" (vgl. Ps 88,16; 90,7.9f.;
> 102,9.11f.24 und Hiob).[632]

Das innergeschichtliche Gericht Gottes wird schon in älteren Schriften des
Alten Testaments als Züchtigung verstanden. Nach Jes 1,22.25 ist es wie
das läuternde Feuer des Schmelzofens[633], denn das Prüfen der Metalle
durch Schmelzen schließt auch eine Läuterung mit ein. Das Bild vom
Schmelzofen, in dem Israel bzw. der heilige Rest geläutert wird, findet
sich auch in Sach 13,9, wonach ein Drittel des Volkes das Gericht über-
lebt, danach aber ins Feuer geworfen wird zur Prüfung und Läuterung. Das
Ergebnis ist, dass die Geprüften Gott anrufen und er sie erhört und dass
JHWH und sein Volk wieder in ihr Bundesverhältnis treten.[634] Auch nach
Jes 48,10 wirkte das Exil als Schmelzofen, und nach Mal 3,2f. wirkt das
Kommen des (Boten des) Herrn wie das Feuer eines Schmelzofens, in dem
er Levi läutert und reinigt. Nach Sir 2,5.8 ist das Leiden der Gerechten „im
Schmelzofen der Bedrängnis" eine Prüfung, deren Lohn nicht ausbleibt.
Nach SapSal 3,1–9 werden die Gerechten wie Gold im Schmelzofen durch
Leiden geprüft und geläutert; sie werden deshalb im Endgericht leuchten
und die Völker richten können. Nach Jdt 8,25–27 ist das Leiden des Gottesvolks zugleich Prüfung und Läuterung (im Feuer), denn der Herr „hat an
uns kein Strafgericht vollzogen, sondern ... züchtigt seine Freunde, um sie
zur Einsicht zu führen" (V. 27). Vom Leiden der Gerechten als Prüfung
und Läuterung wie von Silber oder Gold sprechen auch Ps 66,10–12; Spr
17,3 und Hi 23,10. Nach den großen Bußgebeten des Alten Testaments ist
Gott „gerecht", weil er nicht willkürlich, sondern nach seinem Gesetz und
seinen Verheißungen handelt und somit durch Leiden (bzw. „Fluch", s.

---

[631] S. u. IV.B und V.C. Zur Fortdauer des Exodus im geistlichen Sinn vgl. WRIGHT,
New Testament; STECK/K. SCHMID, „Heilserwartungen" 14f.

[632] FICHTNER in KLEINKNECHT, „ὀργή" 401f. (dort z. T. gesperrt). Zum Folgenden s.
auch P. D. MILLER, „Slow to Anger" 281–284; ZERAFA, „Retribution" 492f.

[633] Nach P. D. MILLER, *Sin* 137 dient das Senkblei in 2Kön 21,13 nicht nur als Norm
des Gerichts, sondern auch der Wiederausrichtung. Diese Interpretation ist m. E. mehr als
fraglich. Vgl. auch Jes 34,11; Am 7,7–9 (zur schwierigen Übersetzung von Am 7,7–9
s. RUDOLPH, *Joel, Amos, Obadja, Jona* 234f.; JÖRG JEREMIAS, *Amos* 101–103).

[634] Die übliche Auslegung ist die einer Läuterung, nicht nur einer Prüfung, siehe z. B.
MEYERS/MEYERS, *Zechariah 9–14*, 405; MERRILL, *Haggai, Zechariah, Malachi* 338.

Lev 26,40–45) sein Volk zur Buße führt (Esra 9,6–15; Neh 9,9–37; Bar 1,15–3,8; Gebet Asarjas).[635]

Die prominenteste Stelle für das Motiv der Prüfung ist Gen 22,1, wo es heißt: „Gott stellte Abraham auf die Probe".

„,Testing' [נסה] shows what someone is really like, and it generally involves difficulty or hardship. ... The use of the term here hints that Abraham will face some great difficulty but that he will ultimately benefit from it."[636]

Auf die Prüfung Abrahams nimmt Jdt 8,25–27 explizit Bezug: Die gegenwärtige Züchtigung und Prüfung des Gottesvolks wird als Parallele zur Prüfung Abrahams, Isaaks und Jakobs gesehen.

Weitere Stellen in den Geschichtsbüchern sprechen von der Prüfung Israels durch JHWH:

„God is often said to test Israel through hunger and thirst in the wilderness (Exod 15:25; 16:4; 20:20; Deut 8:2, 16), through false prophets (Deut 13:4[3]), or through foreign oppression (Judg 2:22; 3:1, 14)."[637]

Gott prüft Israel, „damit kund würde, was in deinem Herzen wäre, ob du seine Gebote halten würdest oder nicht" (Dtn 8,2; vgl. Ex 16,4), und „um dich zu demütigen ... und dir am Ende Gutes zu tun" (Dtn 8,16). An letzterer Stelle weist die Formulierung „am Ende" schon eschatologische Obertöne auf:

„the term is ... referring not merely to the end of the journey to the land, but also to the idea of a final condition or destiny. This ‚end' is more than a point on a timescale, rather a goal reached. The expression is reminiscent of the prophetic ‚in the latter days' with its eschatological overtones (cf. Is. 2:2)."[638]

Schon im Deuteronomium bahnt sich also die später expliziter ausformulierte Lehre an, dass gegenwärtige Züchtigung eschatologisches Heil zum Ziel hat.

Innergeschichtliches Gericht kann auch die Erkenntnis JHWHs zum Ziel haben (Dtn 4,25–31; Ri 2,11–3,6; 1Kön 8,33–51; 2Makk 9,8; SapSal 18,13; Ps 9,17; Ez 6,11–14; 7,9.27; 38,22f.).[639]

Dem Gericht kann der Mensch entgehen, wenn er umkehrt, Gerechtigkeit übt, durch (mit Umkehr verbundene) Sühnopfer, prophetische Fürbitte und durch eigenes Leiden.[640]

---

[635] Siehe D. FALK, „Psalms" 17.

[636] G. J. WENHAM, *Genesis* 2,103f. Das Alter des Motivs ist umstritten; WENHAM weist auf frühe Belege wie 1Kön 10,1 mit säkularem Gebrauch des Motivs hin (104).

[637] G. J. WENHAM, *Genesis* 2,104.

[638] MCCONVILLE, *Deuteronomy* 165f.

[639] TRAVIS, *Christ* 19f.30f.

[640] Siehe ZERAFA, *Retribution* 489–493; P. D. MILLER, „Slow to Anger" 274–276.

d) JHWHs Gerichtswerkzeuge: der Messias und sein Volk

Nach den Schriftpropheten übt Gott sein Gericht auch durch menschliche Gerichtswerkzeuge aus. So vollzieht er sein Gericht an Israel durch andere Völker. Wenn diese sich überheben, werden sie wiederum durch andere Völker gerichtet.[641]

Andererseits setzt er Israel bzw. die Gerechten ein, um andere Völker zu richten. Ps 149,5–9 spricht den „Heiligen" (חסידים = oἱ ὅσιοι) eine Beteiligung am Gericht über die Heiden zu.[642] Nach SapSal 3,8 werden die Gerechten (3,1) die Völker richten (κρίνειν) und regieren (κρατεῖν) (vgl. 4,16). Das Gottesvolk bzw. die Gerechten oder Armen werden auch nach Jes 11,14; 26,6; 41,15f.; Ez 25,14; Ob 16–18; Mi 4,13; 5,7f.; Sach 9,13; Mal 3,21; Bar 4,25 als am Gericht aktiv beteiligt gesehen.

Der *davidische Heilskönig* (Jes 8,23–9,6; 11; Mi 5; Jer 23,1–8; 33,14–26; Ez 34,23f.; Sach 3,8–10; 4; 6,12–15; 9,9f.; 13,7–9; Dan 7,13f.) übt in der Heilszeit sein königliches Richteramt aus.[643] Nach der alten Jerusalemer Königstradition „(repräsentiert) des Davididen Herrschaft das göttliche Königtum des über der Lade auf dem Zion thronenden JHWH Zebaoth in der ganzen Welt ... [D]ie Erwählung des Zion und die Erwählung Davids und der Davididen (erscheinen) nur als zwei Seiten ein und derselben Erwählung".[644] Der Davidide auf dem Zion thront zur Rechten JHWHs (Ps 110,1), seine Feinde sind auch JHWHs Feinde (Ps 2,2). Diese Königsideologie, wie sie auch in weiteren Königspsalmen (z. B. Psalm 72) zum Ausdruck kommt, hatte ein Stück weit schon immer „messianischen" Charakter, denn „in hymns of praise the present king becomes for the moment the godlike figure of the ideal king"; deshalb war „an element of messianic hope ... always present when these psalms were addressed to the reigning monarch".[645]

Mit der Verwerfung des judäischen Königtums durch die Schriftpropheten ging die Weissagung eines idealen Davididen einher, der auf dem Zion JHWHs gerechte Herrschaft repräsentiert. Die Zentralität der Zionstradition und die theologische Bedeutung Davids für Israel verlangten nach einer

---

[641] Siehe dazu MORRIS, *Doctrine* 23; P. D. MILLER, *Sin* 138f.

[642] SEYBOLD, „Gericht" 465.

[643] Für neuere Literatur zur alttestamentlichen Messiaserwartung s. K. SCHMID, „Herrscherwartungen" 37–40. Einige Forscher beziehen Jes 7,14; 8,23–9,6 und 11,1–5 nicht auf einen künftigen messianischen Herrscher, sondern auf einen gegenwärtigen König Judas (Hiskija, Joschija) (s. ebd. 56–58.73–70).

[644] GESE, „Hermeneutik" 75. Zum Verhältnis der davidischen Königsherrschaft zu Gottes Königtum sowie zum Verhältnis von David und Zion s. auch HORBURY, *Messianism*, bes. 13–25; GESE, „Messias" 129–132; DERS., „Natus ex virgine" 134–139.

[645] HORBURY, *Messianism* 24.

eschatologischen Lösung.[646] In den Heilsworten der Schriftpropheten und erst recht in der Apokalyptik umfasst die Erfüllung der Bundesverheißungen an Israel auch die Erneuerung von Zion, Tempel und Davidsherrschaft, allerdings in unterschiedlichen Bildern und unterschiedlicher Bestimmung des Verhältnisses von Zion und neuer Schöpfung, Bundesvolk und Völkern, Messiasherrschaft und Gottesherrschaft.[647] Die Messiaserwartung transzendierte (wie im Grunde schon die alte Königsideologie, s. o.) von Anfang an die Erwartung eines bloß menschlich-irdischen Herrschers. So vollzieht der Messias[648] nach Jes 11,1–5 Gericht und Herrschaft „nicht nach dem Augenschein", sondern „mit dem Stock seines Wortes", „mit dem Hauch seines Mundes" – also in göttlicher Weise; „der Geist JHWHs lässt sich nieder auf ihn" – er richtet in göttlicher Vollmacht. Die gerechte Richtertätigkeit ist von der alten Königstradition her natürlicherweise eine grundlegende Aufgabe des Messias (Jes 11,3–5; Jer 34,15; Sach 9,9).

Die Hoffnungen, die sich mit Serubbabel verbanden (Sacharja 4; 6,9–15; Esra 2; Nehemia 7)[649], die Fortschreibungen der prophetischen Texte in der persischen und frühen hellenistischen Zeit (z. B. Sach 9,9f.; 13,7; vielleicht auch Jes 59,19f.; 61,1ff.), die frühe Henochliteratur (1Hen 90,16–38; 105,2), messianische Interpretationen in der Septuaginta (Gen 49,10; Num 24,7.17; Psalm 110; Am 4,13) und möglicherweise auch die Chronikbücher mit ihrer „very high doctrine of Davidic kingship" zeigen, dass messianische Erwartungen schon in der persischen und frühen hellenistischen Zeit von großem Einfluss waren.[650] Die Messiashoffnung setzt sich in den

---

[646] Vgl. GESE, „Hermeneutik" 78.

[647] Vgl. C. STETTLER, *Kolosserhymnus* 301f.

[648] Die Diskussion über die Definition von „Messias" und „messianisch" ist keineswegs abgeschlossen, s. die Übersicht bei CHESTER, *Messiah* 193–205. CHESTER betont mit Recht, dass „messianisch" nicht einfach im Sinne von „eschatologisch" verwendet werden sollte (355) und „that the use (or lack) of the term (and equivalent) should not be allowed to be determinative for the definition of messianism" (204). „Gesalbter" ist nur eine von vielen Metaphern oder Bezeichnungen; wichtiger ist die davidische Abstammung und die Rolle als endzeitlicher Herrscher, der Israels Befreiung, Restitution und eschatologische Transformation herbeiführt (vgl. ebd. 204.290f.294f.). „[A]t the heart of messianism" liegt die Hoffnung auf „final deliverance from all forces of evil and oppression, and the bringing about of divine rule on earth" (ebd. 327). Man kann nicht das Messiasbild einer einzelnen Schrift oder einer Gruppe von Schriften als normativ hinstellen und die Aussagen anderer Schriften daran messen (ebd. 355); vielmehr ist die Vielfalt von messianischen Traditionen im Frühjudentum ein Resultat der Entfaltung von Texten und Themen der kanonischen Schriften (ebd. 325f.).

[649] Vgl. dazu K. SCHMID, *Literaturgeschichte* 142.161–163.

[650] Siehe HORBURY, *Messianism* 36–46 (Zitat: 45); anders K. SCHMID, *Literaturgeschichte* 188. Die Tradition hinter Num 24,7 LXX stammt nach HORBURY schon aus persischer Zeit (43). Zu Jes 59,19f. s. ebd. 44, zu messianischen Interpretationen in der Septuaginta auch CHESTER, *Messiah* 352f.; VOLZ, *Eschatologie* 183. Die wichtigen Untersu-

chasidisch-apokalyptischen Schriften der Hasmonäer- und herodianischen Zeit fort, z. B. im chasidischen Buch Daniel.

In den spät-alttestamentlichen und frühjüdischen Texten wird das Verhältnis von Messiasherrschaft und Gottesherrschaft nicht einheitlich dargestellt.[651] Ein Teil der Texte spricht nur von der Gottesherrschaft (z. B. – auf Perikopenebene – Jes 52,7–12; Ez 34,11–16; Sacharja 14). Oft finden sich in unmittelbarer Nachbarschaft auch Texte, die eine Messiasherrschaft verheißen (Jes 52,13–53,10[652]; Ez 34,23f.; Sach 9,9f.; 13,7). Dies zeigt, dass zumindest für die Redaktoren der Bücher das Nebeneinander von Gottes- und Messiasherrschaft kein Problem darstellte.

Der Messias und das erwählte Volk als Richter schließen sich nicht aus. Weil ein König nicht denkbar ist ohne ein Volk, sind in Daniel 7 der Menschensohn und das „Volk der Heiligen des Höchsten" austauschbar.[653] Das Volk der Heiligen des Höchsten „ist, wie sich aus dem Zusammenhang eindeutig ergibt, das Gottesvolk, das wahre Israel".[654] Da der Menschensohn niemand anders ist als der Messias, der „als Erhöhter jetzt im Himmel zum Herrscher über die Welt eingesetzt wird", ist seine Austauschbarkeit mit dem Gottesvolk „möglich und sinnvoll ..., da der Messias ja das Gottesvolk repräsentiert".[655] Daniel 7 knüpft an die ältere Messiastradition an: „Die Einsetzung eines Menschen zum königlichen Weltherrscher als Repräsentanten des göttlichen Königtums auf Erden erinnert ... grundsätzlich an die davidische Konzeption des Zionskönigtums"[656], doch es geht nun um „die Repräsentation der ganzen Menschheit im himmlischen Transzendenzbereich".[657]

Schließlich kann JHWH auch durch den Engel des Herrn bzw. einen der Engel richtend einschreiten (z. B. Ex 11,23; 2Sam 24,16f.).

---

chungen von LAATO zur Messiaserwartung im späten Alten Testament (v. a. *Star*) fasst CHESTER, ebd. 209–216 zusammen; zu dekonstruktivistischen Entwürfen s. ebd. 205–209.

[651] Zum Folgenden s. H. STETTLER, *Christologie* 213–216; GESE, „Messias" 130–133.143; HENGEL, „Jesus" 163; „Setze dich" 164.187; DERS./SCHWEMER, *Königsherrschaft* 9f.; VOLZ, *Eschatologie* 71–77.223–228.

[652] Zu den königlichen Zügen des Gottesknechts in Jes 53 s. o.

[653] Zum Folgenden s. auch C. STETTLER, *Kolosserhymnus* 211.230.

[654] GESE, „Messias" 138; s. auch H. STETTLER, „Heiligung" 374.

[655] GESE, „Messias" 139.

[656] GESE, „Messias" 140.

[657] GESE, „Messias" 142.

3. Individualisierung der Verantwortung und Eschatologisierung des Tun-Ergehen-Zusammenhangs

a) Individualisierung der Verantwortung

In der Gerichtsansage der vorexilischen Schriftpropheten vollzieht sich „eine ontologische Verwandlung", in der „das Vorfindliche ... zum Vordergründigen (wird)".[658] Israel ist nicht mehr ein Heilskollektiv, es verfällt dem Gericht Gottes:

> „[G]erichtet ist das Volk als geschichtlich pauschale Größe, das sich als solches schon JHWH zugeordnet weiß; JHWHs Volk sind nur die Einzelnen, die Gottes Willen zu tun suchen, die seinem Gericht standhalten und auf ihn hoffen."[659]

Aus dem Gericht geht ein geläuterter Rest hervor, der JHWH und seiner Tora treu ist. Es setzt also eine „Individualisierung" der Verantwortung vor Gott ein, die sich nach verbreiteter Meinung auch in den Paränesen des Deuteronomiums niederschlägt[660] und bei Ezechiel lehrmäßig festgeschrieben wird[661]. Nach Ezechiel richtet JHWH, indem er die „Wege" der Menschen über sie selber bringt[662]. Das alte Prinzip der Generationen übergreifenden Schicksalsverfallenheit (Ez 18,2.19; Jer 31,29) wird aufgehoben und ersetzt durch die individuelle Verantwortung und die individuelle Möglichkeit zur Umkehr (14,12–20; 18; 33,10–20; vgl. Jer 31,29f.).[663] Maßstab des Gerichts sind die göttlichen Gebote, sie sind „Gebote des Lebens" (Ez 33,15), der Mensch lebt, wenn er sie tut (20,11.21).[664]

Wie v. a. Ezechiel deutlich macht, ist allerdings im Gericht nicht die Summe der Lebenswerke maßgeblich, sondern ob sich jemand *zum Zeitpunkt des Gerichts* auf dem Toraweg befindet. Wer Böses tut, kann sich dann nicht auf früheren Gehorsam berufen, wer aber vom bösen Leben umgekehrt ist, wird durch das Gericht hindurch gerettet, auch wenn er vor seiner Umkehr ein böses Leben geführt hatte (18,21–32). Wodurch das Böse, das vor der Umkehr getan wurde, unwirksam gemacht wird, wird im Kontext der oben erwähnten Stellen nicht explizit reflektiert. In den Heils-

---

[658] GESE, „Gesetz" (63–)64; vgl. ders., „Gestaltwerdung" 9f.

[659] GESE, „Gestaltwerdung" 9.

[660] Vgl. GESE, „Gestaltwerdung" 10–12; „Gesetz" 63–66. Zur Datierung des Deuteronomiums s. o. E.3.

[661] Zur Individualisierung bei Ezechiel s. überblicksmäßig KOCH, *Profeten* 2,110–114; K. SCHMID in GERTZ, *Grundinformation* 370f.; differenzierter KRÜGER, *Geschichtskonzepte* 382–394; JOYCE, *Initiative*; DERS., „Ezekiel".

[662] Ez 7,3.8; 18,30; 24,14; 33,20; 36,19 (s. dazu NIEHR, „שפט" 426f.).

[663] Nach SCHENKER, „Trauben", bes. 467, wird in Ezechiel die generationenübergreifende Schuldverflechtung nicht aufgehoben, vielmehr führe diese auch nach Ezechiel zum Gericht. JHWH biete aber als Ausweg aus diesem Verhängnis die individuelle Umkehr an. Vgl. auch BIEBERSTEIN, „Der lange Weg" 10.

[664] S. dazu PROCKSCH, *Theologie* 330.

verheißungen des Ezechielbuches ist aber von der Reinigung des Volkes durch reines Wasser (36,25), von der Entsühnung durch die Opfer der Heilszeit (45,13–46,24) und von der Leben schaffenden Wirkung der Tempelquelle (47,1–12) die Rede. Auch Ezechiel setzt also voraus, dass die Umkehr allein keine Vergebung schafft, sondern dass dazu ein Entsühnungs- und Reinigungsakt JHWHs nötig ist.

Die Individualisierung der Gerichtserwartung ist demnach kein spätnachexilisches Phänomen, sondern setzt schon mit den frühen Schriftpropheten ein und findet ihre begriffliche Ausformulierung bei Ezechiel.[665] Daher tritt ab Ezechiel eine Gerichtskonzeption stärker in den Mittelpunkt, die „eine individuelle Scheidung ermöglicht"[666]: das Gericht als Rechtsverfahren. Nun wird Buch geführt darüber, wer zu den Gottesfürchtigen gehört; im Gericht wird nach dieser Buchführung entschieden (Ez 13,9; Jes 4,3; Mal 3,16; Dan 7,10; 12,1).[667]

b) Eschatologisierung des Tun-Ergehen-Zusammenhanges

Nach der altisraelitischen Auffassung ist der Mensch im Totenreich nur ein Schatten, Gerechte wie Sünder teilen dasselbe Schicksal. Von dieser Voraussetzung geht auch die Vergeltungslehre der deuteronomistischen Geschichtsbücher aus, die oft als eine geschichtstheologische Verarbeitung der Schriftprophetie gesehen wird.[668] Sie wendet Segen und Fluch der Bundestora (Deuteronomium 28; Leviticus 26) auf Israels Geschichte an: Toragehorsam zieht als Segen JHWHs gutes Ergehen im irdischen Leben des Einzelnen und in der Geschichte des Volkes nach sich, Ungehorsam als

---

[665] Gegen REISER, *Gerichtspredigt* 150f., der eine wirkliche Individualisierung erst in nachneutestamentlicher Zeit zu finden meint; vorher handle es sich immer um eine Gruppen-Eschatologie (Gerechte *versus* Sünder). REISER übersieht, dass schon die mit den Schriftpropheten einsetzende Individualisierung zu dieser neuen Soteriologie führte, die nicht mehr Israel und die Völker gegenüberstellte, sondern die Gerechten und die Gottlosen (auch *in* Israel).

[666] BIEBERSTEIN, „Der lange Weg" 10.

[667] Siehe BIEBERSTEIN, „Der lange Weg" 11.

[668] Zur deuteronomistischen Theologie s. zusammenfassend v. a. WEINFELD, *Deuteronomy* 320–365; MCCONVILLE, *Grace*, bes. 122; DERS., „Deuteronomic/istic Theology"; RANKIN, *Wisdom Literature* 77–79; STECK, *Israel* 110–218; WOLFF, „Kerygma"; GERTZ, *Grundinformation* 305–308; zu neueren Forschungen s. SCHERER, „Forschungen". Allerdings ist die sog. deuteronomistische Geschichtskonzeption nicht exklusiv deuteronomistisch, sondern auch im Ägypten des 14./13. Jh. v. Chr. weit verbreitet; überhaupt ist der Gehorsam gegenüber den Göttern bzw. *ma'at* und entsprechendes Gericht über Ungehorsam eine Grundkomponente des altorientalischen Denkens, s. KITCHEN, *Reliability* 237f.301.

Fluchwirkung schlechtes Ergehen.[669] Diese Sicht ist eng verwandt mit der alten weisheitlichen Lehre von der Weltordnung und dem Tun-Ergehen-Zusammenhang bis hin zu Sirach (Anfang 2. Jh. v. Chr.; s. u.).[670] Dass die individuelle Vergeltung jedoch mehr und mehr nicht für dieses Leben, sondern erst nach dem Tod erwartet wurde[671], war die Wirkung der Krise der späteren israelitischen Weisheit, wie sie bei Hiob und im Prediger greifbar ist.[672] Diesen Zusammenhängen werden wir im Folgenden nachgehen.

Trotz aller Erkenntnis der göttlichen Weltordnung bleibt schon nach der älteren Spruchweisheit die menschliche Einsicht sehr eingeschränkt; vieles bleibt undurchschaubar (z. B. Spr 16,33; 20,24; 25,2a).[673] Die Übereinstimmung von Tun und Ergehen wird in der späten Weisheit jedoch grundsätzlicher problematisiert. Von Jer 12,1–6 an gerät die alte Weltsicht in eine Krise, die sich um die Frage dreht: Warum geht es den Gottlosen gut, während die Gerechten leiden?[674]

Vollends wird bei Hiob und im Prediger die partielle Undurchschaubarkeit der Weltordnung zur grundsätzlichen Infragestellung: Die bloße Be-

---

[669] In Ri 2,22–3,6 wird als drittes Moment die Erprobung von Israels Treue durch widrige Umstände erwähnt (darauf weist DI LELLA, „Conservative and Progressive Theology" 144 hin).

[670] In den Chronikbüchern wurde diese Lehre noch durchgängiger als im deuteronomistischen Geschichtswerk angewandt (s. die Beispiele bei RANKIN, *Wisdom Literature* 79f.). KONRAD SCHMID bemerkt dazu: „Für die Chronik gibt es kein geschichtliches Aufstauen von Schuld. Vielmehr ist jede Generation jeweils selbst Gott verantwortlich und wird auch jeweils – bei Abfall von Gott – eigens abgestraft. Diese individualisierte Schuldtheologie widerspiegelt priesterlichen Hintergrund: Das Funktionieren des Sühnekults hängt an der persönlichen Verantwortlichkeit für Schuld" (*Literaturgeschichte* 189). Für den Chronisten bestimmen somit Fluch und Segen die Geschichte: „Katastrophen sind mit Schuld in Verbindung zu bringen, Zeiten der Prosperität zeugen hingegen von gerechtem und frommen [*sic*] Verhalten" (ebd.).

[671] Siehe BRANDENBURGER, „Gerichtskonzeptionen" 325.

[672] Statt von einer „Krise der Weisheit" wird in der neueren Forschung auch von „kritischer Weisheit" gesprochen. Gemeint ist, dass keine durch ein geschichtliches Ereignis ausgelöste Krise stattfand, sondern dass es in Israel wie schon fast tausend Jahre zuvor im alten Orient neben der praktisch ausgerichteten didaktischen Weisheit eine reflektierte, kritische Weisheit gab, vgl. KRÜGER, *Kritische Weisheit* und die Hinweise auf altorientalische Parallelen bei WITTE in GERTZ, *Grundinformation* 441f.472f. und SYRING, *Hiob* 8–21.

[673] W. H. SCHMIDT, *Glaube* 375f.; PREUSS, *Theologie* 1,212; 2,223f.

[674] S. dazu zum Beispiel VON RAD, *Theologie* 1,408; FREULING, *Tun-Ergehen-Zusammenhang*.

schränktheit der menschlichen Einsicht in die Ordnung der Welt wird dort
zu „eine[r] letzte[n] Verborgenheit göttlicher Weltordnung".[675]

(1) Hiob und die Entdeckung der den Tod transzendierenden Gottesbeziehung

Das Hiobbuch geht von der Beobachtung aus, dass es Leiden gibt, welches
nicht Strafe für Sünde ist und den Menschen deshalb unverständlich
bleibt.[676] Auf diesem Hintergrund stellt es das neue Postulat einer „Frömmigkeit an sich" auf, die unabhängig ist von der erfahrenen Lebenswirk-
lichkeit des Menschen.[677] Die Freunde Hiobs vertreten die alte Weisheit,
die von einer sinnvollen, wenn auch den Menschen teilweise unergründli-
chen Weltordnung ausgeht.[678] Nach ihr „(erfährt der Mensch) im Erleben
der ihn umgebenden Wirklichkeit ... das Heil", und die „böse Wirklichkeit
... macht ihn fragwürdig", erweist ihn als schuldig.[679] Hiob aber erfährt diese „*Einheit* von Ich und Wirklichkeit" nicht. „Für ihn wird das Sein zu einem persönlichen *Verhältnis* zu Gott", das die Lebensumstände transzen-
diert.[680] Er will „nicht nur dem kosmischen, heilvollen Sein", sondern
„dem Du Gottes begegnen".[681] Er erwartet seine Rechtfertigung nach dem
Ende seiner irdischen Existenz durch Gott, seinen himmlischen Anwalt
(16,18f.; 19,25–27).[682] Gottes Antwort an Hiob zeigt dann, dass gerade der
„Abgrund des Seins ... von Gott in Bann gehalten wird. Die Welt und das
Sein sind vom Schöpfer viel tiefer gedacht, als es menschliche Ordnungs-
vorstellungen zu fassen vermögen."[683]

Die Entdeckung der (gegenwärtig und nach dem Tod) das leibliche Sein
transzendierenden Gottesbeziehung findet sich auch in Ps 16,8–10; 49,16;
63; 73,23–27 und 139.[684] Diese das irdische Leben transzendierende Beziehung des Gerechten zu Gott bedeutet in sich unfassliches Wohlergehen.
Mit der Entdeckung der Fortdauer der Gottesbeziehung über den Tod hinaus ist die Türe dafür geöffnet, die individuelle Vergeltung, die im Dies-

---

[675] PREUSS, *Theologie* 1,212; vgl. 2,223f. Zur neueren Diskussion über das „Scheitern
der Weisheit" als „durch Erfahrungswissen gesteuerte Durchdringung der Welt" s. auch
JANOWSKI, *Weisheit* 7f. Zum Folgenden s. auch GESE, *Lehre*, bes. 77f.

[676] Siehe KRÜGER, „Job"; DERS., „Erfahrung".

[677] GESE, „Frage" 172.

[678] GESE, „Frage" 174; WITTE in GERTZ, *Grundinformation* 435f.

[679] GESE, „Frage" 176.

[680] GESE, „Frage" 176.

[681] GESE, „Frage" 177.

[682] GESE, „Frage" 177f.

[683] GESE, „Frage" 180 im Anschluss an KEEL, *Entgegnung*.

[684] GESE, „Frage" 182–185; DERS., „Tod" 43–49; VON RAD, *Theologie* 1,416–420.

seits ausbleibt, nach dem Tod zu erwarten.[685] *Dann* erst erfolgt „die Einlösung der Gerechtigkeit".[686]

Die damit angebahnte Unterscheidung von Leib und Seele findet sich in anderer Form auch schon in den altorientalischen Nachbarkulturen. In Ägypten werden dabei die Ba-Seele und die Ka-Seele unterschieden.[687] Erstere trennt sich im Tod vom Leib und erhält wie ein Vogel volle Bewegungsfreiheit. Trotzdem ist sie als „Schatten" an die Mumie gebunden, indem sie von ihren Ausflügen immer wieder in sie zurückkehrt. Die Ka-Seele hingegen ist der soziale Aspekt des Verstorbenen, „eine Art geistartiger Doppelgänger".[688] „Um einer Ort- und Heimatlosigkeit der Ka-Seele vorzubeugen, wird etwa seit dem Alten Reich in den Kulträumen des Grabmals eine Ka-Statue aufgestellt", in der die Ka-Seele einwohnen kann.[689] Nur die rituell korrekte Einbalsamierung – ein hoch komplizierter Prozess –, eine aufwändige Bestattung und ein anschließender Totenkult ermöglichen ein Weiterleben im Jenseits.[690] „Und in der Tat verfügten [im Alten Reich, 2670–2160 v. Chr.] wohl nur die Könige, eventuell noch die Mitglieder der Königsfamilie, über die nötigen Mittel, um die beträchtlichen Aufwendungen für Grabmal und Totendienst zu finanzieren."[691] Später, im Mittleren und Neuen Reich (1994–1781 bzw. 1550–1075 v. Chr.), können sich auch einige andere Glieder der reichen Oberschicht diese Versicherung des Weiterlebens nach dem Tod leisten.[692] Aber alle anderen vergehen als Personen mit ihrem Tod unwiederbringlich: „Der ‚zweite‘, und das heißt, der endgültige Tod ist eine Realität und er trifft sämtliche Verstorbenen, die kein [solches] ordentliches Begräbnis erhalten haben oder im Totengericht nicht bestehen konnten. Es geht also im Totenkult speziell darum, den zweiten und endgültigen Tod zu verhindern."[693] Nachdem in der Lehre des Alten Reichs das Totengericht nur bei gewaltsamem Tod zusammenkam, tagt es nun nach neuer Lehre bei jedem Tod.[694] Hier wird das Herz des Verstorbenen gegen die Feder der Weisheitsgöttin Ma'at abgewogen; hierbei zeigt es sich, ob er eines von achtzig Vergehen begangen hat, die gegen die Weltordnung der Ma'at verstoßen.[695]

In Mesopotamien sind „Diesseits und Jenseits, Lebensbereich und Todesbezirk streng voneinander geschieden".[696] Auch hier trennt sich beim Tod der Totengeist vom Leib. Hier kommt alles darauf an, den Toten für seine Reise in das „Land ohne Wiederkehr" gut auszustatten (einmalig mit Kleidung, Reiseproviant und Reisegeld, dann regelmäßig mit dem Totenopfer, das v. a. in einer Wasserspende besteht). Der Aufenthalt in der Unterwelt, der unterschiedslos alle trifft, ist freilich trostlos. „Man könnte sogar ... von einer

---

[685] BIEBERSTEIN, „Der lange Weg" 13.
[686] BIEBERSTEIN, „Der lange Weg" 15.
[687] Siehe A. A. FISCHER, *Tod* 24–27.
[688] A. A. FISCHER, *Tod* 26.
[689] A. A. FISCHER, *Tod* 27.
[690] Siehe A. A. FISCHER, *Tod* 27–31.
[691] A. A. FISCHER, *Tod* 32.
[692] A. A. FISCHER, *Tod* 33.
[693] A. A. FISCHER, *Tod* 34.
[694] A. A. FISCHER, *Tod* 32–37.
[695] Siehe BRANDON, *Judgment* 23–25; ASSMANN in: DERS./JANOWSKI/WELKER, „Richten" 227; A. A. FISCHER, *Tod* 35–37.
[696] A. A. FISCHER, *Tod* 63.

Sicherheitsverwahrung der Totengeister sprechen".[697] Gelingt es nämlich nicht, dass der Tote unwiederbringlich im Totenreich ankommt, irrt er als Totengeist umher und bringt seiner Familie Schaden.[698]

Im alten Syrien (und auch in Kanaan) herrschen ähnliche Anschauungen und Gebräuche wie in Mesopotamien. Allerdings haben die Totengeister eine positive Funktion: Man erwartet von ihnen Schutz und Segen, und zumindest die königlichen Ahnengeister werden zu diesem Zweck bisweilen von professionellen Medien in die Welt der Lebenden heraufgerufen.[699]

Ähnlich wie in Mesopotamien suchen sich auch die Griechen der mykenischen Zeit (ca. 1550–1150 v. Chr.) vor den Toten zu schützen, die sie als „lebendige Leichname" ansehen, jedenfalls so lange sie nicht verwest sind. Dieser Schutz geschieht durch die Ausstattung des Grabes als Wohnung mit allem Lebensnotwendigen, aber auch durch den sicheren Verschluss des Grabes. Einen fortgesetzten Totenkult gibt es nicht.[700] Ab ca. 1200 zeigt die aufkommende Leichenverbrennung einen Wandel der Anschauungen. Nach Homer (ca. 750–500) büßt der Mensch bei seinem Tod seinen Lebensatem, seine Lebenskraft (θυμός) ein. Was übrig bleibt, ist die ψυχή, „ein Hauchwesen ..., das seine Köperlichkeit nur noch als einen luftartigen Stoff bei sich hat": „die entmaterialisierte Nachbildung des Körpers als Totengeist".[701] Dieser Totengeist führt im Hades, dem Gefängnis der Schatten, ein trostloses und sinnloses Dasein.[702] Dies ist keine Strafe, es gibt auch kein Totengericht, sondern es ist das normale Schicksal jedes Toten.[703]

Plato nimmt die orphische Anschauung auf, dass der Leib das Gefängnis der Seele sei. Im Tod wird sie von diesem Gefängnis befreit. Der Tod wird dadurch als etwas Positives verstanden, die Seele ist nicht mehr eine trost- und kraftlose Schattenexistenz, sondern „unsterblich und vernünftig, dem Ewigen und Göttlichen verwandt".[704] Beim Eingang in das Jenseits findet nach Plato ein Totengericht statt, allerdings völlig anders als nach ägyptischer Tradition.[705] Es kann hier nicht darum gehen, ob eine Seele endgültig ins Leben im Jenseits eingehen darf. Die Seelen sind unsterblich, sie kommen ins Jenseits nur zur Vergeltung: Die Gerechten werden in einen himmlischen Ort verwiesen, die Ungerechten in die Unterwelt; sie empfangen die zehnfache Vergeltung für alles Gute und Böse, tausend Jahre lang. Dann gehen sie in der Reinkarnation wieder in einen Leib ein – ebenfalls eine orphische Lehre, die sich im Alten Orient nirgends findet.[706] Allerdings dürfen sich die Seelen nach Plato ihr neues Schicksal selber auswählen.[707]

(2) Prediger (Kohelet)

Während die ältere Weisheit „die Identifikation des Menschen mit seinem Tun und seinem Ergehen und somit auch mit seinem Ansehen" voraussetzt,

---

697 A. A. FISCHER, *Tod* 64.

698 A. A. FISCHER, *Tod* 48–54.

699 A. A. FISCHER, *Tod* 106–113.

700 A. A. FISCHER, *Tod* 67–71.

701 Ilias 16,853–855, s. A. A. FISCHER, *Tod* 73.

702 Odyssee 11, bes. 488–491, s. A. A. FISCHER, *Tod* 78.

703 A. A. FISCHER, *Tod* 80.

704 A. A. FISCHER, *Tod* (82–)83.

705 Politeia 614b–615b, s. A. A. FISCHER, *Tod* 86–88.

706 A. A. FISCHER, *Tod* 88.

707 Politeia 617b–619e, s. A. A. FISCHER, *Tod* 88f.

kommt es beim Prediger „zu einer Auflösung jeder Beziehung des Menschen zu seinem Tun und Ergehen".[708] Nach dem Prediger gibt es keinen empirisch nachweisbaren Zusammenhang von Tun und Ergehen (7,15; 8,14; 9,2.11f.): Gerechte können umkommen, Ungerechte lange leben; der Mensch „ist Zeit und Zufall ausgeliefert"[709], und Gerechte wie Ungerechte haben dasselbe Schicksal, den Tod.[710] Für den Prediger lässt sich die alte Trennung von Gerechten und Frevlern nicht aufrecht erhalten: Es gibt keinen, der nicht auch sündigt (7,20).[711] Es wird zwar ein Gericht Gottes geben über alles menschliche Tun (האלהים ישפט 3,17; פתגם 8,11; משפט 11,9; vgl. 8,12f.). „Diese Vergeltungslehre ist aber nun nicht ein bloßer Ersatz der Anschauung vom Tun-Ergehen-Zusammenhang, so dass sich ein neuer Bezug von Tun und Ergehen ergäbe": Das Gericht regelt vielmehr das Weltgeschehen insgesamt und kommt erst zu seiner Zeit (3,17), u. U. auch erst nach dem Tod des Täters, so dass die Vergeltung ihn nicht mehr persönlich erreichen kann (8,10f.).[712] Der Prediger lässt es offen, wie und wann sich das Gericht ereignet; da er wahrscheinlich gleichzeitig mit apokalyptischen Schriften und Zusätzen zu den Prophetenbüchern schreibt, müssen wir seine Position wohl als eine „ironisch-kritische Rezeption" der apokalyptischen Erwartung interpretieren.[713]

Der Prediger weist die in den oben genannten Psalmstellen ausgesprochene Erwartung zurück, dass der Geist des Menschen nach dem Tod zu Gott aufsteige, und erwartet deshalb nicht wie die Sapientia Salomonis, dass in einem Gericht nach dem Tod die gerechte Ordnung des Lebens hergestellt werde (3,10–21).[714] Beim Prediger ist das Ganze des Weltgeschehens dem Weisen unverständlich und verschlossen. Trotz dieser grundsätzlichen Skepsis hält er „an der *einen* Welt fest, in der Gott alles wirkt und ordnet"; die Entfremdung des Menschen durch sein nie erfülltes Erkenntnisstreben „hat nach Kohelet den Sinn, dass der Mensch sich vor Gott fürchte (3,14)".[715] Die Betonung der Gottesfurcht und des göttlichen Gerichts über alles Tun des Menschen greift auch das (teilweise einer an-

---

[708] GESE, „Krisis" 171.

[709] So die Formulierung von W. H. SCHMIDT, *Glaube* 381.

[710] W. H. SCHMIDT, *Glaube* 380–383.

[711] GESE, „Krisis" 173; KRÜGER, „Dekonstruktion" 170f.

[712] GESE, „Krisis" 173f.; vgl. auch LAURENT, „Paroles".

[713] So KRÜGER, „Dekonstruktion" (Zitat: 158). KRÜGER weist ebd. 172 auf die auffällige theologische Verwandtschaft zwischen dem Prediger und den Sadduzäern hin (vgl. unten III.B.1).

[714] GESE, „Krisis" 174f.

[715] GESE, „Krisis" 178.

deren Hand zugeschriebene[716]) letzte Nachwort 12,13f. auf (מִשְׁפָּם in Aufnahme von 11,9).

(3) Sirach

Im Sirachbuch sind die Traditionsbereiche Tora, Prophetie und Weisheit stark verbunden. Die Weisheitslehre wird nach der Krise bei Hiob und dem Prediger durch diese Annäherung neu konsolidiert.[717] So erscheint in der Weisheitsschrift Ben Siras eine Ankündigung des Weltgerichts, in dem JHWH Gerechtigkeit aufrichtet, jedem nach seinen Taten und Gedanken vergilt und seinem Volk gnädig ist (35,17–26).[718] Die „für Sirach wichtige Theorie von Lohn und Vergeltung"[719] findet sich weiter z. B. in 2,8; 3,14f.31; 4,10.13.28; 35,11.

Sirach lehnt allerdings eine individuelle Vergeltung *nach dem Tod* ab und überhaupt ein ewiges Leben, das über das Schattendasein in der Scheol hinausgeht (vgl. 14,16f.; 17,27f.).[720] Sirach bekräftigt also die sinnvolle Weltordnung und den Tun-Ergehen-Zusammenhang sowie die deuteronomistische Lehre von der irdischen Vergeltung erneut (1,13.18f.; 2,8–10; 4,1ff.; 33,1f.)[721], indem er dem Tun der Weisheit, das Tun der Tora ist[722], langes Leben verheißt (1,12), Gesundheit (1,18), eine gute Ehe (26,3), Freude und Frohsinn (1,12; 26,4), Freude an den Kindern (25,7), Ehre und Nachruhm (1,11; 37,26; 39,11).[723] Wer auf den Herrn hofft, wird nicht zuschanden, spätestens am Tag des Todes wird Gottes Güte über seinem Leben allen offenbar (1,13; 2,10), und er wird in seinen Kindern und im Gedächtnis an ihn weiterleben (30,4f.; 37,26; 39,11). Den Ungerechten scheint es zwar manchmal besser zu gehen als den Gerechten, aber auch

---

[716] Siehe den Überblick bei KRÜGER, *Kohelet* 365f. (KRÜGER selbst hält es ebd. für wahrscheinlich, dass das Nachwort vom Verfasser des ganzen Buches stammt).

[717] PREUSS, *Einführung* 137.142.

[718] PREUSS, *Einführung* 141, nennt diesen und andere Texte „Texte, die aus an sich der Weisheit fremden Gattungen stammen".

[719] So PREUSS, *Einführung* 145.

[720] S. grundlegend HAMP, „Zukunft"; DI LELLA, „Conservative and Progressive Theology" 143–146. Dieser Sicht schließen sich auch die neueren Kommentare an, z. B. CRENSHAW, „Book of Sirach" 627; SKEHAN/DI LELLA, *Wisdom of Ben Sira* 83–87. Allerdings finden sich schon in der griechischen Übersetzung von Sirach, die durch seinen Enkel erst nach der Veröffentlichung des Danielbuches vorgenommen wurde, Hinweise auf eine jenseitige Vergeltung (z. B. 7,17b; 48,11b; vgl. Dan 12,1f.), noch deutlicher in der späteren Bearbeitung der griechischen Übersetzung (z. B. 2,9c; 16,22c; 19,19) und in der syrischen (z. B. 1,12b.20; 3,1b) und altlateinischen Übersetzung (z. B. 18,22b; 21,10b; 24,22b; 27,8; s. DI LELLA in: SKEHAN/DI LELLA, *Wisdom of Ben Sira* 86f.).

[721] PREUSS, *Einführung* 144f.; DERS., *Theologie* 1,213.

[722] Tora und Weisheit werden in 24,23 explizit identifiziert; zur langen Vorgeschichte dieser Identifikation s. GESE, „Gesetz" 68–73.

[723] Siehe DI LELLA in: SKEHAN/DI LELLA, *Wisdom of Ben Sira* 85.

hier ist die Stunde des Todes entscheidend, in der ihre Ungerechtigkeit auf sie zurückfällt (11,24–28); ihre Kinder sind ihr Fluch (41,5–9).

Die Gerechten sind nach Sirach nicht sündlos, doch reinigen sie sich durch die Mittel der Vergebung, die Gott schenkt: Buße (17,24–26), Opfer (35,5–7) und gute Werke wie Almosen (3,30) und das Ehren des eigenen Vaters (3,3.14–16). „People are ‚righteous‘ or ‚wicked‘ according to the basic intention or direction of their lives.“[724]

(4) Sapientia Salomonis

Ganz anders geht die Sapientia Salomonis mit der Krise der Weisheit um.[725] Diese Schrift setzt Erwählung, Bund und Gesetz als bekannt voraus und richtet sich an Juden, die das Gesetz gut kennen, aber auch philosophische Konzepte verstehen können.[726] Die Sapientia Salomonis ist erst nach der Krise unter Antiochus IV. und nach der Verbreitung des Daniel- und des 2. Makkabäerbuchs entstanden[727] und weist Gemeinsamkeiten mit 2. Makkabäer, den Psalmen Salomos und 1. Henoch 1–36.91–108 auf[728]. Es überrascht also nicht, dass sie den für die Apokalyptik grundlegenden *Zusammenhang von Gottesherrschaft und Endgericht* kennt.[729] Der apokalyptische Einfluss zeigt sich weiter im Bild des Endgerichts, aber auch im Nachdenken über die ἐκβάσεις καιρῶν καὶ χρόνων (8,8).

Die jüdischen Martyrien unter Antiochus IV. warfen die Frage nach der gerechten Vergeltung erneut auf, sie ließ sich nicht mehr wie bei Sirach mit dem Hinweis auf die Todesstunde beantworten. In der Sapientia Salomonis ist somit der *leidende* Gerechte Thema; hier wird Jesaja 53 wichtig, bes. in Kap. 5.[730] Der leidende Gerechte mag einen gewaltsamen Tod er-

---

[724] TRAVIS, *Christ* 28.

[725] Zur Vergeltungslehre der Sapientia Salomonis s. DI LELLA, „Conservative and Progressive Theology“ 150–154; LARCHER, *Études* 310–327 und MCGLYNN, *Judgement*.

[726] GOWAN, „Wisdom“ 225. Zur philosophischen Bildung des Autors s. auch WINSTON, „Century“ 8–14; vgl. COLLINS, *Wisdom* 178–221.

[727] Sie wurde sehr wahrscheinlich Anfang/Mitte des 1. Jh.s v. Chr. in Alexandria geschrieben, ist also jünger als die ältesten apokalyptischen Schriften und Zusätze zum Alten Testament (s. HORBURY, „Wisdom“ 652f.; DERS., „Christian Use“). Einen Überblick über die Forschungsgeschichte bieten z. B. MCGLYNN, *Judgement* 9–13; WINSTON, „Century“. WINSTONs eigene Datierung in die Mitte des 1. Jh.s n. Chr. (s. SCHÜRER, *History* 3,572f.; ähnlich WITTE in GERTZ, *Grundinformation* 547) ist eher unwahrscheinlich.

[728] HORBURY, „Wisdom“ 650–652.

[729] Siehe ZAGER, *Gottesherrschaft* 111–114. Zur Rezeption apokalyptischer Theologie in der Sapientia Salomonis s. auch WINSTON, „Century“ 5–8; COLLINS, „Reinterpretation“; BURKES, „Wisdom“; GRABBE, *Wisdom* 55–57; vgl. BLISCHKE, *Eschatologie*.

[730] Siehe z. B. WINSTON, *The Wisdom of Solomon* 146; COLLINS, „Reinterpretation“ 145. MCGLYNN, *Judgement* 79 weist darauf hin, dass in der Sapientia Salomonis der stellvertretende Charakter des Leidens des Gerechten fehlt.

leiden, geht aber dadurch in eine transzendente Gemeinschaft mit Gott ein; das Leiden der Gerechten ist ihre Prüfung und Läuterung, und sie werden dereinst im Endgericht mit Gott richten und über die Nationen herrschen (3,1–9).[731]

Offensichtlich greift die Sapientia Salomonis, anders als Sirach, wieder auf die schon in Hiob, Psalm 73 u. a. angebahnte Erkenntnis der transzendenten, auch das leibliche Leben überdauernden Gottesgemeinschaft zurück und lehnt die andere (ältere) Lehre explizit ab (2,1–9.21–23; 3,1–9; 4,2.7; 5,1–5.15f.).[732] „Dieser eine Hoffnung über den Tod hinaus ermöglichende Ausblick steht ... im Dienst eines anderen Anliegens, nämlich des Festhaltens am weisheitlichen Dogma des Tun-Ergehen-Zusammenhangs."[733] Dies ist die Antwort der Sapientia Salomonis auf die Erfahrung, die bei Hiob und im Prediger thematisiert wird, nämlich dass der Tun-Ergehen-Zusammenhang im irdischen Leben teilweise nicht erkennbar ist. Es „wird nun der Ausgleich dafür bzw. die volle Verwirklichung dieses Tun-Ergehen-Zusammenhangs für das Jenseits erhofft ... (Sap[Sal] 4,20–5,23)".[734]

Im Gerichtsbild der Sapientia Salomonis finden sich viele wichtige Züge der älteren Gerichtsverkündigung wieder. Zugleich ist die hier verwendete Terminologie später für Paulus und das übrige Neue Testament wichtig; auf sie wird deshalb im Folgenden hingewiesen.

Gott ist gütig und langmütig (vgl. Ex 34,6).[735] Er ist ein gerechter König, der das All gerecht verwaltet (12,15). Er richtet und regiert[736] in Gerechtigkeit (κρίσις ἀνυπόκριτος 5,18; οὐκ ἀδίκως ἔκρινας 12,13) und mit Milde (12,16.18), beschützt die Unschuldigen und erbarmt sich über die Geringen (6,6), richtet die Mächtigen aber streng (6,6.8) und bedenkt die

---

[731] WINSTON verweist auf die Parallelen Dan 7,22; 1QpHab 5,4 und den späten Midrasch Tanhuma Buber Kedoshim 1 (*Wisdom* 128f.).

[732] Siehe dazu DI LELLA, „Conservative and Progressive Theology" 151f. Die Sapientia Salomonis nimmt hier nicht, wie manchmal angenommen wird, einfach nur den platonischen Leib-Seele-Dualismus auf (s. die Argumente bei SCHMITT, *Weisheit* 12; DI LELLA, „Conservative and Progressive Theology" 149f.152–154; ausführlicher, aber mit mehr Betonung der griechischen Einflüsse LARCHER, *Études* 237—300).

[733] PREUSS, *Einführung* 150.

[734] PREUSS, *Einführung* 150; vgl. DERS., *Theologie* 1,213. Freilich mahnen uns die ägyptischen Vorstellungen von einem Gericht nach dem Tod, belegt ab dem Alten Reich, 2670–2160, s. o. Abschn. (1), vor einer allzu einlinigen Entwicklungsvorstellung im Blick auf die israelitische individuelle Eschatologie (vgl. DIETRICH, „Gericht Gottes" Abschn. 2).

[735] Zur Formel von Ex 34,6 s. o. Abschn. 2 und HORBURY, „Wisdom" 664, zur Geduld Gottes in der Sapientia Salomonis auch MCGLYNN, *Judgement* 38.

[736] Richten und Regieren gehören für die Sapientia Salomonis noch zusammen (vgl. 12,18).

Ungerechten mit seinem Zorn (ὀργή z. B. 5,22).[737] Es ist die Ungerechtigkeit, die schuld ist an der Verwüstung der Erde im Gericht (5,23).

Israels Tora, das Licht für die Welt (18,4), ist der Maßstab des Gerichts: Es ist das Halten der Gebote, das Unvergänglichkeit bringt (6,18). Israel wird über die Nationen richten (3,8). Die Weisheit ist selber ein richtender Geist durch ihre Omnipräsenz (1,6–11; aktiv richtend 10,19).

Das göttliche Gericht findet nach der Sapientia Salomonis nicht nur nach dem Tod statt bzw. am Ende der Geschichte[738], sondern auch in der Geschichte, wo es pädagogische Funktion hat: Es findet „nach und nach" (πρὸς/κατ᾽ ὀλίγον, κατὰ βραχύ) statt, um die Sünder dadurch zu Umkehr (ἀλλάσσειν, μετάνοια) und Glauben (πιστεύω) zu bewegen (12,2.8.10; 16,6, vgl. die Stichwörter ἐλέγχειν, ὑπομιμνήσκειν, νουθετεῖν, διδόναι τόπον μετανοίας und εἰς νουθεσίαν).[739] Auch die Gerechten werden geprüft und gezüchtigt, wenn sie Leid erfahren (παιδεύειν, πειράζειν, δοκιμάζειν 3,5f.).

Am Tag der „Heimsuchung" (ἡμέρα ἐπισκοπῆς 2,20; 3,7.13; 4,15; 14,11; 19,15, vgl. ἡμέρα διαγνώσεως 3,18) „qui est à la fois gracieuse et secourable pour les justes, menaçante et vengeresse pour les pécheurs"[740] ergeht das Endgericht (κρίσις z. B. 5,18; 6,5). An diesem Tag findet die gerichtliche Untersuchung der Taten der Menschen statt (vgl. die Termini ἐπισκοπή [Belege s. o.] und διάγνωσις 3,18), die Vergehen selbst (ἀνοήματα) überführen (ἐλέγχειν) die Sünder beim συλλογισμὸς ἁμαρτημάτων (4,20) und das Gerichtsurteil wird gefällt.

---

[737] Gottes Weisheit ist deshalb – griechisch formuliert – φιλάνθρωπος, lässt aber zugleich das Böse nicht straflos (1,6). Dies bringt das alte Gerechtigkeitskonzept gut auf den Punkt.

[738] Zum Problem des Verhältnisses von individuellem Gericht (nach dem Tod) und Endgericht (am Ende der Geschichte) in der Sapientia Salomonis s. LARCHER, *Études* 301–321. Die Sapientia Salomonis spricht von beidem; dahinter scheint sich nach Larcher ein eschatologisches System mit einem Zwischenzustand der Seelen anzubahnen (vgl. auch REISER, *Gerichtspredigt* 140).

[739] Siehe dazu MCGLYNN, *Judgement* 42–48.54f.

[740] LARCHER, *Études* 316. Ob dabei die Auferstehung der Toten mitgedacht ist, ist offen; der Autor der Sapientia Salomonis muss zumindest die Auferstehungserwartungen seiner Zeit gekannt haben (vgl. 3,7f. mit Dan 12,3), hat aber möglicherweise im Blick auf seine griechische Leserschaft auf Aussagen dazu verzichtet (so LARCHER, ebd. 321–327; DI LELLA, „Conservative and Progressive Theology" 153f.; PUECH, „Book of Wisdom" 129–132; vgl. BEAUCHAMP, „Salut"; GOWAN, „Wisdom" 227). „Quoi qu'il en soit, son intention directe semble avoir été de donner le pas à la destinée immortelle de l'âme, tout en laissant place à la possibilité d'une résurrection, mais sans se prononcer sur la nature ou le moment précis de celle-ci." (LARCHER, ebd. 327.)

Gott behütet die Gerechten im Endkampf (5,17–23), sie erlangen Rettung (σωτηρία 5,2; 9,19), ἀθανασία (1,15; 3,4[741]; 4,1; 8,13.17)[742], Leben (1,12–16)[743], μισθός (2,22; 5,15), φροντίς (5,15), γέρας (Auszeichnung 2,22), Frieden bei Gott (3.1.3.9), (ruhmreichen) καρπός (3,13.15), κλῆρος im Tempel des Herrn (3,14) und unter den Heiligen und Kindern Gottes (5,15), Triumph und Kranz (στεφανηφοροῦσα πομπεύει) und Sieg im ἀγών um ἀμίαντα ἄθλα (4,2), sowie Reich und Krone (βασίλειον τῆς εὐπρεπείας und διάδημα τοῦ κάλλους 5,16[744]). Die Gerechten haben παρρησία πολλά (5,1), sie werden für immer in enger Gottesgemeinschaft sein und dort Erkenntnis und Liebe erhalten, Erbarmen und Gnade (3,9.14; 4,15), sie erlangen die Unvergänglichkeit, zu der die Menschen eigentlich geschaffen sind (2,23), sie erstrahlen (3,7, vgl. Dan 12,3[745]). Mit Gott zusammen werden sie (in der Gottesherrschaft) über die Völker richten (κρίνειν) und herrschen (κρατεῖν) (3,8; vgl. 4,16).

Für die Frevler gibt es Verderben (ὄλεθρος 1,12), Tod (1,12–16); sie trifft δίκη (1,8), ἐπιτιμία (3,10), Bestrafung (ἄμυνα 5,17); ihre Taten sind wertlos, sie haben keine Hoffnung (3,11), sie werden verurteilt (κατακρίνειν 4,16), verwüstet (χερσοῦν), erleiden Qualen (ὀδύνη), ihr Gedenken schwindet (4,19). Die Frevler werden ihre Schuld einsehen (allerdings zu spät) und den Gerechten Recht geben. Die ganze Schöpfung wirkt beim Gericht mit (5,17; 16,17.24; 19,6–12.18–21).[746]

In Sapientia Salomonis 10–19 wird das Wirken der Weisheit in der Heilsgeschichte beschrieben. Die vergangenen Gerichte Gottes werden als Vorbild des kommenden Endgerichts aufgefasst und geschildert[747], die Begriffe und Vorstellungen sind also auch für das Bild vom Endgericht von Bedeutung. Auch hier ist von der Rettung der Gerechten und dem Verderben der Feinde die Rede (σωτηρία δικαίων – ἐχθρῶν ἀπώλεια 18,7).[748] Nach Kap. 10 wurden die Weisen in der Geschichte behütet, gerettet und beschenkt, erzogen (παιδεύειν), ermahnt (νουθετεῖν) und geprüft

---

[741] Das Substantiv erscheint hier zum ersten Mal im Alten Testament, s. *Jerusalemer Bibel* 923 z. St.

[742] Zur Unsterblichkeit in der Sapientia Salomonis s. MCGLYNN, *Judgement* 82–86.

[743] Zum ewigen Leben im Weisheitsbuch s. PUECH, „Book of Wisdom" 127–132.

[744] βασίλειον kann „Krone" heißen, was dann synonym zu διάδημα wäre (so NRSV), aber auch „Königreich" (so das „Reich" der Heiligen in Dan 7,22LXX); dann wäre hier steigernd von der Inthronisation der Gerechten (vgl. auch 3,8) und der Krönung die Rede (so HORBURY, „Wisdom" 657).

[745] Hier allerdings anders als in Dan ohne explizite Verbindung mit der Auferstehung, s. dazu HORBURY, „Wisdom" 656; *Jerusalemer Bibel* 924 z. St.

[746] Vgl. Sir 39,28f. Siehe dazu auch HORBURY, „Wisdom" 657.

[747] Vgl. 17,20: Die Finsternis in Ägypten war εἰκών der zukünftigen Gerichtsfinsternis.

[748] Vgl. σῴζω, ῥύομαι für die Rettung der Gerechten z. B. auch 10,4.6.9.15; 16,6–8.

(δοκιμάζειν) (11,9f.). Die Frevler gehen unter (Kap. 10), stehen unter dem Fluch (14,8) und werden nicht begnadigt (12,11: keine ἄδεια), sondern gerecht bestraft (μετελεύσεται τὰ δίκαια 14,30; ἡ τῶν ἁμαρτανόντων δίκη ἐπεξέρχεται τὴν παράβασιν 14,31; weitere Begriffe für das Gericht: κολάζειν, βασανίζειν, ἐξετάζειν, τρύχειν, δίκη, ἐκδίκησις 11,8–11. 15.20; ἐξολεθρεύειν, κρίνειν, καταδικάζειν, τιμωρεῖν, κρίμα 12,8. 10f.14f.20; μαστιγοῦν 16,16). Die Frevler sind der Gerichtsfinsternis ἄξιοι (18,4) und in Dunkelheit „gefangen" (17,2.15f.20; 18,4) und werden zum Gespött (12,25f.). Die Gräuel, die sie tun, fallen auf sie zurück (12,23). Gottes θυμός über die Frevler ist ἀνελεήμων und μέχρι τέλους (19,1).

Hingegen richtet er seine Kinder nicht nur mit großer ἀκρίβεια, sondern auch mit Güte und Erbarmen (12,21f.), seine verderbende ὀργή über sie dauert nicht μέχρι τέλους (16,5[–14]; 18,20). Gott selber war es, der „seinen Diener" Aaron seinem eigenen Zorn entgegenstellte (18,21). Gott ruft sein Volk zu sich und verherrlicht es (18,8). Richter und Retter ist Gottes allmächtiges Wort (der Logos als Retter: 16,12; als Richter: 18,15[749]). Mit Moyna McGlynn können wir feststellen:

„Israel's punishments are a reminder of her position; the punishments experienced by the nations are designed to tell them that the false gods in whom they have trusted cannot protect them against Israel's God."[750]

(5) Zusammenfassung

Die Krise der Weisheit, die bei Jeremia beginnt und in einigen Psalmen, bei Hiob und im Prediger greifbar wird, bricht den zeitlichen Horizont auf. Der Tun-Ergehen-Zusammenhang wird durch die zuweilen ausbleibende Vergeltung von Gut und Böse vor dem Tod des Individuums infrage gestellt. Trotzdem hält die Weisheit Israels am Tun-Ergehen-Zusammenhang und somit an der Gerechtigkeit JHWHs fest, erwartet aber die vollkommene Vergeltung nun erst nach dem Tod bzw. im Endgericht. Teilweise wird diese Erwartung mit dem Weiterleben der menschlichen Geistseele verbunden (Hiob, Sapientia Salomonis), teilweise mit der Erwartung der Auferstehung der Toten (Daniel, 2. Makkabäer). Andere lehnen – weitgehend unbeeinflusst durch die Krise der Weisheit – eine Vergeltung nach dem Tod bzw. am Ende der Zeit für alle Menschen aller Zeiten ab und bekräftigen eine rein innerweltliche Vergeltung (Prediger, Sirach).

Die im 2. Jh. v. Chr. in Teilen des Judentums deutlich zutage tretende Auferstehungshoffnung ist letztlich Konsequenz der Universalisierung *und*

---

[749] In 18,22.25 ist hingegen vom „Verderber" als dem Vollstrecker von Gottes Zorn die Rede, er weicht vor dem JHWH-Namen zurück und hört zu verderben auf, weil er an die Väterbünde erinnert wird.

[750] MCGLYNN, *Judgement* 37.

der Individualisierung der Gerichtserwartung.[751] Freilich wird diese Konsequenz nicht von allen Gruppierungen gezogen.[752]

G. Fazit

Die Analyse der alttestamentlichen Gerichtsverkündigung hat gezeigt, dass die nachexilische apokalyptische Endgerichtserwartung nicht verschiedene voneinander getrennte Gerichtskonzeptionen kennt.[753] Vielmehr wird die grundlegende, vom Deuteronomium und der Schriftprophetie geprägte Gerichtserwartung in verschiedenen Motivkreisen ausgedrückt, die ineinander verwoben sind.[754]

Die dominierenden Motivkreise des Krieges JHWHs und des „Richtens" JHWHs sind durch die JHWH-König-Theologie verbunden und deren Ausdruck. Mit dem dritten wichtigen Motivkreis des kosmischen Kampfes bzw. der Naturkatastrophen sind sie zudem durch die Theophaniemotivik verbunden. Das Theologumenon der Königsherrschaft JHWHs ist onomastisch seit Beginn der Königszeit belegt[755], der „Tag des Krieges" als Element der Theophanie inschriftlich seit dem 9. Jh.[756]

Die alttestamentliche Gerichtserwartung fußt auf dem altorientalischen Weltordnungsdenken, das der alttestamentlichen Weisheit, der Königsideologie (und -theologie) und der Konzeption vom Segen und Fluch der Bundestora zu Grunde liegt. Alle diese drei Traditionsbereiche sind für die Geschichte der Gerichtsverkündigung grundlegend: Als König setzt JHWH seine Gerechtigkeit, die heilvolle Weltordnung, richtend durch; in dieser Weltordnung bleibt kein menschliches Verhalten ohne Folgen, alles Tun wird von JHWH indirekt durch den von ihm gestifteten Tat-Folge-Zusammenhang und direkt durch sein richtendes Eingreifen vergolten (wobei beide Vorstellungen komplementär, nicht exklusiv verwendet werden). In besonderer Weise gilt dieser Tat-Folge-Zusammenhang spätestens seit dem Deuteronomium und Hosea für das von JHWH aus Liebe zum Bundesvolk erwählte Israel: Die Tora definiert den Schalom, zu dem Israel berufen ist;

---

[751] Siehe BIEBERSTEIN, „Der lange Weg" 13; KOCH, *Profeten* 2,110–114. Stellen zur Auferstehung nur der Gerechten und der Auferstehung aller bei BIEBERSTEIN 16 Anm. 21, zur Vorgeschichte der Auferstehungserwartung vor dem 2. Jh. v. Chr. s. GESE, „Tod". Zur Entwicklung der Auferstehungserwartung s. zusammenfassend auch C. STETTLER, *Kolosserhymnus* 236–240.

[752] Siehe unten III.B.1 zu den Sadduzäern.

[753] Vgl. oben I und I.A.2.

[754] Dies wird auch aus der Darstellung der Gerichtserwartung der einzelnen Texte bei BRANDENBURGER und REISER (trotz deren anders lautendem Fazit) deutlich.

[755] S. o. E.2 und F.1.f.

[756] Siehe J. RENZ, „Jahwe" 31.

tut Israel die Tora, ist es gesegnet und erfährt Schalom und Leben; gehorcht es nicht, trifft es der Fluch der Tora.

„The way the Lord makes in the world is characterized by righteousness, and such righteousness and justice identify the path that human creatures are to walk."[757]

Die frühen Schriftpropheten behaften Israel bei der ihm jeweils vorliegenden Toraüberlieferung; sie kündigen das Gericht JHWHs über den Ungehorsam Israels an. Zugleich deuten sie an, dass es durch das Gericht hindurch Heil für einen gerechten „Rest" geben wird, der zu JHWH umgekehrt ist. Dieses Heil wird das frühere sogar noch übertreffen. Die Exilspropheten kündigen den Exilierten schon während des Gerichts Heil an, Deuterojesaja verkündet den Anbruch der Gottesherrschaft nach dem überstandenen Gericht. Der Weg zur Gottesherrschaft führt durch das Gericht, das Gericht ist also das Mittel zur Durchsetzung der Basileia. Die sich nach-exilisch entwickelnde Apokalyptik greift diese prophetische Verkündigung auf und weitet sie konsequent ins Universale: Gericht wie Gottesherrschaft gelten nun allen Völkern und der ganzen Schöpfung.

Parallel zur Universalisierung der Gerichtserwartung läuft – in denselben Schriften! – ihre Individualisierung: Schon die frühe Schriftprophetie hat eine Scheidung quer durch Israel hindurch angekündigt, indem nicht mehr die nationale und ethnische Zugehörigkeit zum erwählten Volk JHWHs, sondern Gehorsam und Vertrauen gegenüber JHWH über das Schicksal im Gericht entscheiden. Diese individuelle Verantwortung findet sich schon in den Paränesen des Deuteronomiums, und sie wird erstmals bei Ezechiel grundsätzlich reflektiert. Sie entspricht dem weisheitlichen Weltordnungsdenken: Wer gerecht – d. h. in Übereinstimmung mit der Weltordnung bzw. JHWHs Tora – handelt, erfährt Segen; wer ungerecht handelt, erfährt Fluch.

Die Krise dieses Denkens, wie sie in den Konfessionen Jeremias und dann in einigen Psalmen, bei Hiob und im Prediger greifbar wird, führt zur Erkenntnis der transzendenten Gottesbeziehung und zur Eschatologisierung der individuellen Vergeltung: Weil die von JHWH gesetzte Weltordnung gilt, sie aber im Diesseits nicht voll eingelöst wird, wird ihre volle Durchsetzung in Bezug auf das Individuum nach dem Tod bzw. im universalen Endgericht erwartet. Die allgemeine Auferstehung der Toten zum Gericht ist die Konsequenz dieser Sicht.

Maßstab des Gerichts ist durchgängig der die Ordnung der Welt bestimmende Gotteswille, wie er in JHWHs Tora (d. h. in den zur Zeit des jeweiligen Propheten vorliegenden Toratraditionen) offenbart ist. Rettung im Gericht gibt es für Israel nach den Schriftpropheten wie nach den späten Texten des Alten Testaments nicht allein wegen seiner Erwählung zum

---

[757] P. D. MILLER, „Slow to Anger" 272.

Bundesvolk, also nicht ohne den Toragehorsam, zu dem Israel durch seine Erwählung berufen ist. Für die Apokalyptik ist klar, dass nur Gerechte an der von Gerechtigkeit erfüllten Gottesherrschaft Anteil erhalten können. Dass es diejenigen sind, die der Tora gehorsam sind, ist vorausgesetzt.

Für die Völker gilt nach den Schriftpropheten ein allgemeinerer Maßstab des Gerechten sowie des Wohlverhaltens gegenüber dem erwählten Volk. Teilweise wird erwartet, dass JHWH gegenüber den Völkern Strenge und unparteiische Gerechtigkeit walten lassen werde, Israel gegenüber hingegen Gnade und Erbarmen (so SapSal 12,11.21f.; 16,5–14; 18,20; 19,1).

Das Gericht dient also der Aufrichtung der Gottesherrschaft, wo Gottes Wohlordnung, wie sie in der Tora offenbart ist, allgemein durchgesetzt und auch von denjenigen aus den Völkern, die zum Zion wallfahren, befolgt werden wird.

Im neuen Bund, der Gottesherrschaft, ermöglicht eine Neuschöpfung der Herzen den von JHWH erwarteten völligen Toragehorsam. So ist es letztlich Gottes Erbarmen, das größer ist als sein Zorn, das trotz allgemeiner Schuldverfallenheit Leben und einen neuen Bund möglich macht. JHWH wird nach Jeremia Israels Schuld vergeben (Jer 31,34), nach Ezechiel wird er das Gottesvolk durch reines Wasser und die endzeitlichen Opfer des „Fürsten" und der Priester im transzendenten Tempel entsühnen (Ez 36,25; 45,13–46,24), und nach Deuterojesaja gibt er den „Gottesknecht" in den Tod, um den „Vielen" heilvolle Gerechtigkeit zu schaffen (Jes 52,13–53,12).[758] So wird das neue Jerusalem, ja die ganze Erde dereinst rein sein (Jes 35,8; 52,1; 66,20f.; Zeph 3,9f.; Sach 14,20f.; Mal 1,11; PsSal 17,30; Jub 1,28; 4,26; 50,5; 1Hen 10,20–22).[759]

In den spätalttestamentlichen Texten begegnet uns eine Vielzahl unterschiedlichster Motive und Szenarien der Endgerichtserwartung, auch innerhalb der einzelnen Schriften. Insofern gibt es keine einheitliche apokalyptische Eschatologie und Lehre vom Endgericht. Aber – und das wird oft übersehen – dieses Gewirr von Eschatologien hat eine „gemeinsame weltanschauliche Rückwand".[760] Eine Reihe von Exegeten sehen diese „Rückwand" mit Recht in der seit Deuterojesaja die prophetische und apokalyptische Literatur bestimmenden Erwartung, dass das Endgericht das Mittel zur Durchsetzung der endgültigen, universalen Gottesherrschaft darstellt.[761] Es geht durchs Gericht zum Heil, die Gottesherrschaft wird aufgerichtet

---

[758] Zur Erwartung eines endzeitlichen Tempels und Opferkults im Frühjudentum s. den Überblick bei ÅDNA, *Stellung* 25–89.

[759] Siehe dazu auch C. STETTLER, „Purity" 492f. und zum Verhältnis von neuem Jerusalem und neuer Erde DERS., *Kolosserhymnus* 304.

[760] So K. MÜLLER, „Gott als Richter" 44.

[761] So z. B. K. MÜLLER, „Gott als Richter" 44–49; ZAGER, *Gottesherrschaft* 307–311.

durch das Endgericht. Die alttestamentliche Forschung hat schon längst darauf aufmerksam gemacht (auch dies ist in der neutestamentlichen Exegese weithin unbeachtet geblieben), dass Gericht im Alten Testament etwas eminent Positives ist: Es ist die Durchsetzung von Gottes Gerechtigkeit, seiner Wohlordnung, seines Schalom, seines Heils. Es gibt im späten Alten Testament also keine eigene Konzeption eines „Strafgerichts", wie man in neutestamentlichen Veröffentlichungen immer wieder liest, sondern zuerst und vor allem schafft das Gericht Heil. Freilich ist die Vernichtung des Bösen die notwendige Kehrseite der Durchsetzung des Guten und in diesem Sinne auch Bestandteil des Endgerichts, aber eben nur als ein Aspekt davon, nicht als eine eigene Gerichtkonzeption, und immer mit dem positiven Ziel der Aufrichtung der Gottesherrschaft.

Kapitel III

Die Fortführung und Weiterentwicklung der alttestamentlichen Tradition im außerkanonischen frühjüdischen Schrifttum

Die vielschichtige Bezeugung des Gerichtsgedankens im Frühjudentum lässt es geraten erscheinen, mit einem Überblick über die in Frage kommenden außerkanonischen Quellen und ihre Einordnung in die theologischen Strömungen des Frühjudentums zu beginnen. Dabei wird auf die schon behandelten kanonischen Schriften aus derselben Epoche jeweils kurz verwiesen.

A. Das Frühjudentum – „common Judaism"
oder viele „Judaisms"?

1. Theologische Strömungen im Frühjudentum

Der Begriff „Frühjudentum" (oder „Second Temple Judaism") umfasst gewöhnlich die verschiedenen Strömungen, aus denen sich das Judentum von der persischen Zeit bis zur Etablierung des rabbinischen Judentums nach 135 n. Chr. zusammensetzt.[1] Freilich überlappen sich ein so definiertes Frühjudentum und die spätesten Schriften und Schichten des Alten Testaments. Im Rahmen dieses Kapitels werden mit „frühjüdischen Schriften" v. a. die „außerkanonischen", d. h. nicht in der Septuaginta enthaltenen jüdischen Schriften dieser Epoche bezeichnet, da die kanonischen Schriften unter „Altes Testament" verhandelt wurden. Es wird aber auch hier auf die zeitgleichen kanonischen Schriften verwiesen.[2]

---

[1] SCHÜRER beginnt seine Darstellung des antiken Judentums erst mit der hellenistischen Reform, schließt sie aber ebenfalls mit dem 3. Aufstand ab (zur Begründung s. *History* 1,1–3; vgl. HENGEL/DEINES, „Sanders" 457–461; DEINES, „Pharisees" 452f. Anm. 36). Andere sehen die Zerstörung des Tempels im Jahr 70 n. Chr. als Endpunkt dieser Epoche. S. dagegen DEINES, „Mitwelt" 161f. Die folgende Darstellung schließt sich eng an DEINES, „Pharisees" an. Vgl. auch K. SCHMID, *Literaturgeschichte* 140f. mit weiterer Lit.

[2] Zur Definition des alttestamentlichen Kanons s. o. Kap. II Anm. 1.

Gegenwärtig wird darüber diskutiert, wie weit man von einer allen Gruppierungen und Strömungen des Frühjudentums zugrunde liegenden gemeinsamen Basis, einem „common Judaism" (Ed P. Sanders), ausgehen kann, und wie weit das damalige Judentum in die unterschiedlichsten „Judaisms" zerfiel (Anthony Joseph Saldarini, Michael Stone u. a.).[3]

Nachdem die Exilszeit theologisch v. a. von Deuterojesaja, Ezechiel und dem Abschluss des deuteronomischen Geschichtswerks geprägt war[4], war das Judentum der persischen Zeit zunächst von Sacharja und Haggai, von der in den Chronikbüchern greifbaren priesterlich-theokratischen Bewegung[5], sodann von den Reformen Esras und Nehemias und in diesem Zusammenhang der abschließenden Kodifizierung der Tora sowie von der beginnenden Apokalyptik (Sacharja 9–14; Jesaja 56–66) bestimmt.[6] Schon damals war das Judentum vielfältig:

„one might name priestly, prophetic, wisdom, nomistic, and apocalyptic traditions as the main currents, without thereby indicating that segregation of these traditions from one another or opposition of these traditions to one another is intended".[7]

Abgesehen von theokratischen Strömungen, die sich auch theologisch mit dem Faktum der Perserherrschaft arrangierten, war die noch unerfüllte Hoffnung auf die von den exilischen Propeten angekündigte Restauration die treibende Kraft:

„a return of the dispersed; the appearance of a Davidic heir to throw off the shackles of foreign domination and restore Israel's sovereignty; the gathering of one people around a new and glorified Temple".[8]

In dieser Hinsicht erwies sich das Deuteronomium, bes. Kap. 27–32, in dieser Zeit (und darüber hinaus bis ans Ende der frühjüdischen Epoche) als besonders einflussreich: „the main themes of Deuteronomistic thought are

---

[3] Vgl. DEINES, „Pharisees" 452–455.

[4] NICKELSBURG, *Literature* 9–13.

[5] Diese theokratisch ausgerichtete Bewegung war als solche nicht unbedingt uneschatologisch und unmessianisch, wie K. SCHMID, *Literaturgeschichte* 144 meint (s. HORBURY, *Messianism* 45). So kennt auch die Priesterschrift, die teilweise erst in der persischen Zeit angesetzt wird (s. K. SCHMID, *Literaturgeschichte* 146–150), eine eschatologische Hoffnung (s. GESE, „Sühne" 104f.; gegen K. SCHMID, *Literaturgeschichte* 149).

[6] NICKELSBURG, *Literature* 13–18. Nach STECK/K. SCHMID, „Heilserwartungen" 4 waren v. a. folgende Schlussabschnitte als „Zielaussagen des göttlichen Gesamtweges" von zentraler Bedeutung: Deuteronomium 30–33 als „Zielaussagen" der Tora sowie Jesaja 35–66, Ezechiel 40–48 und Haggai/Sacharja/Maleachi als „Zielaussagen" der Propheten.

[7] DEINES, „Pharisees" 454 unter Berufung auf O. H. STECK. Vgl. auch K. SCHMID, *Literaturgeschichte* 144f.

[8] NICKELSBURG, *Literature* 18.

to be counted among the decisive roots of ,Common Judaism'".[9] Dieser Einfluss war stärker und integrierender als jener der priesterlich-theokratischen Texte wie der Chronikbücher und ist auch noch im 4. Esrabuch (um 100 n. Chr.) sichtbar.[10]

Die in der Zeit der hellenistischen Reform (175 v. Chr., s. u.) greifbare „Versammlung der Frommen (συναγωγὴ Ἀσιδαίων = קהל חסידים), tapfere Männer aus Israel, die alle dem Gesetz treu ergeben waren" (1Makk 2,42), geht mit ihren Wurzeln wahrscheinlich „bis weit in die persische Zeit" zurück.[11] Die vormakkabäische Henoch-Literatur entstand wohl im Kreis dieser Vorläufer der Chasidim (Asidäer).[12]

Die hellenistische Reform unter Antiochus IV. Epiphanes im Jahr 175 v. Chr.[13] stellte für das palästinische wie das Diaspora-Judentum[14] einen entscheidenden Einschnitt dar, weil sie die gemeinsame Basis des Judentums zum ersten Mal infrage stellte. Der offizielle Tempelkult wurde abgeschafft und der private Toragehorsam mit Verfolgung bestraft. Zur Überwindung der hellenistischen Bedrohung schlossen sich diejenigen zusammen, die an der angestammten Form des Judentums festhalten wollten. Außer toratreuen Kreisen des Volkes waren das v. a. die konservativ-zadokidisch geprägten Chasidim.[15] Gemeinsames Charakteristikum dieser Gruppen war ihre Toratreue, die sich auf dem Hintergrund der hellenistischen Reform v. a. in der Einhaltung der augenfälligsten Unterschei-

---

[9] DEINES, „Pharisees" 454. Dieser Einfluss wird auch in mehreren Beiträgen in CARSON, *Justification* Bd.1 herausgestellt.

[10] Siehe K. SCHMID, *Literaturgeschichte* 170 (Lit.). Zum priesterlichen Einfluss in der frühjüdischen Literatur s. NICKELSBURG, *Literature* 11.15f.; DEINES, „Pharisees" 455 Anm. 43. Das samaritanische Schisma, das ebenfalls in diese Zeit fiel, kann hier außer Betracht bleiben (s. dazu jetzt HENGEL/SCHWEMER, *Jesus* 142–147).

[11] BETZ/RIESNER, *Qumran* 222.

[12] BETZ/RIESNER, *Qumran* 222f.

[13] Siehe z. B. NICKELSBURG, *Literature* 71–73; DEINES, „Pharisees" 455f.461.

[14] Das 2. Makkabäerbuch zeigt, dass das Diasporajudentum von den Ereignissen der hellenistischen Reform ebenfalls betroffen war (GOWAN, „Wisdom" 224).

[15] Vgl. 1Makk 7,12f. Siehe dazu DEINES, „Pharisees" 456. HENGEL/SCHWEMER, *Jesus* 148 setzen den eigentlichen Beginn der chasidischen Bewegung um das Jahr 170 an. MAIER, *Qumran-Essener* 3,29 datiert gemäß 0QCD 1,1–5 noch genauer: Ca. 197 v. Chr. „erfolgte ... eine ,Umkehr' im Sinne konservativ-zadokidischer Tradition, wenngleich noch keine eindeutige Klarheit über diesen Kurs herrschte. Aber 20 Jahre später, also ca. 177 v. Chr., trat ein ,Gerechtigkeits-Anweiser' sein Amt an, der mit seinen Torah-Anweisungen und Geschichtsdeutungen eine Konfrontation heraufbeschwor, die einen Kurswechsel einleitete, in deren Folge ,Abtrünnige' die Oberhand gewannen." Nach Maier war dieser „Tora-Anweiser" (oder „Lehrer der Gerechtigkeit") kein (Gegen-)Hoher Priester, er trat vielmehr gleichzeitig mit Onias III. ben Simon auf, der ca. 177 sein Amt als Hoher Priester antrat. Er ging mit seiner Gruppe schon wenige Jahre darauf ins „Land Damaskus" ins Exil und verband sich mit anderen toratreuen Gruppierungen zum „Bund im Lande Damaskus" (MAIER, ebd. 29–31; vgl. DERS., *Lehrer*, bes. 28).

dungsmerkmale gegenüber den Heiden, nämlich der Beschneidungs-, Sabbat-, Reinheits-, Speise- und Opfergebote, äußerte.[16] Von Anfang an scheinen unterschiedliche Ansichten darüber vorhanden gewesen sein, ob das göttliche Eingreifen nur ersehnt und erbetet (so wahrscheinlich Daniel und das Testament des Mose) werden solle oder ob der göttliche Sieg im Zusammenwirken von himmlischen und irdisch-militärischen Kräften herbeigeführt werde (so der makkabäische Aufstand, vgl. 1. und 2. Makkabäer, sowie später 1QM und die Zeloten).[17] Über der Frage, wie die Toratreue im Einzelnen praktiziert werden solle, brach die antihellenistische Koalition ca. zwanzig Jahre nach der Reform auseinander. Die zadokidischen Priester, die sich mit den Hasmonäern arrangierten, bildeten die Religionspartei der Sadduzäer (צדוקים), während sich die übrige chasidische Bewegung in die Essener (חסידים) und die Pharisäer (פרושים) spaltete.[18] 4QMMT dokumentiert uns sehr wahrscheinlich die Anfangsphase dieser Trennung um 159–152 v. Chr.[19] Dieselbe Dreiteilung des Judentums in Sadduzäer, Essener und Pharisäer finden wir in 4QpNah (=4Q169).[20] Josephus setzt sie schon für die Zeit um 146 v. Chr. voraus[21], sie bleibt nach seiner Darstellung bis zum Ende des jüdischen Krieges 70 n. Chr. bestehen.[22] Auch der wahrscheinlich schon in 4QMMT belegte große Einfluss der Pharisäer auf das Volk[23] hält sich nach der Darstellung des Josephus über diese ganze Zeit durch.[24]

---

[16] Vgl. DEINES, „Pharisees" 457. In dieser Hinsicht spricht DUNN mit Recht von „identity markers" oder „boundary markers" (so z. B. in *Jesus, Paul and the Law* 220).

[17] Siehe dazu NICKELSBURG, *Judaism* 70–72.

[18] Siehe BETZ/RIESNER, *Qumran* 223.

[19] Dieser Zeitraum war nach Flav. Jos. Ant. 20,237 ein siebenjähriges Intersacerdotium (s. MAIER, *Qumran-Essener* 3,36). Zur Diskussion der Datierungsfrage von 4QMMT s. die Übersicht bei MAIER, *Qumran-Essener* 2,361; STEGEMANN, *Essener* 148–151; BETZ/RIESNER, *Qumran* 65–83; DEINES, „Pharisees" 462 Anm. 67. DEINES diskutiert a. a. O. 461–474 die unterschiedlichen Interpretationen von 4QMMT; vgl. auch HENGEL/SCHWEMER, *Jesus* 138f. MAIER, *Qumran-Essener* 3,33f. erwägt einen Bruch zwischen den Makkabäern und den Essenern schon zur Zeit der Tempeleinweihung 165 v. Chr.

[20] 4QpNah 3–4.iii.2–9 (s. dazu STEGEMANN, *Essener* 182–184; DEINES, „Pharisees" 476f., bes. 476 Anm. 114; BETZ/RIESNER, *Qumran* 77).

[21] Flav. Jos. Ant. 13,171 (s. HENGEL/SCHWEMER, *Jesus* 148).

[22] Flav. Jos. Bell. 2,166; Flav. Jos. Ant. 18,11; Flav. Jos. Vita 10 (s. DEINES, „Pharisees" 474–476).

[23] Davon zu unterscheiden ist der wechselnde (religions-)politische Einfluss der Pharisäer und Sadduzäer im Sanhedrin (s. u.).

[24] DEINES, „Pharisees" 473f. Zur Darstellung der drei Bewegungen des Judentums bei Josephus s. auch WEISSENBERGER, „Philosophenschulen".

Während über zwei Jahrhunderten war das Judentum also von denselben drei Kräften bestimmt[25], wobei der Einfluss der Pharisäer auf das Volk am größten war, da sie nicht wie die Sadduzäer eine konservative Führungsschicht und nicht wie die Essener eine abgeschlossene Gemeinschaft, sondern eine auf die ganze Gesellschaft zielende Reformbewegung bildeten.[26] Der Pharisäismus

„is a separate movent *within* the nation *for* the nation, whose legitimacy was indeed *accepted* by large parts of the people, even though its requirements were not *observed* to an equal extent."[27]

Die Pharisäer stellten im Grunde genommen den „normative Judaism" dar,

„not because all *lived* according to Pharisaic halakah, but because Pharisaism was by the majority acknowledged as legitimate and authentic interpretation of the divine will for the chosen nation."[28]

Die Pharisäer bildeten also „*the fundamental and most influential religious movement within Palestinian Judaism between 150 B. C. and A. D. 70.*"[29] Pharisäer und Sadduzäer waren zudem miteinander im Sanhedrin vertreten und bildeten so gemeinsam, wenn man so sagen kann, das „offizielle Judentum", allerdings mit wechselnden Kräfteverhältnissen.[30]

Im Volk fand sich auch weiterhin eine chasidisch-apokalyptische Frömmigkeit, ohne dass ihre Anhänger notwendigerweise Essener oder Pharisäer waren. Zu ihnen gehörten diejenigen, die nach Lukas „auf den Trost Israels", „auf die Erlösung Jerusalems" und „auf das Reich Gottes" warteten (Lk 2,25.38; 23,51; 24,21).[31] Auch Johannes der Täufer und seine Familie sowie die Familie Jesu gehörten zu dieser Strömung.[32] Die chasidisch-apokalyptische Strömung war breiter als die beiden Gruppen der Essener und Pharisäer, schloss diese aber mit ein.[33]

---

[25] Die Zeloten spalteten sich im 1. Jh. n. Chr. als militanter Flügel von den Pharisäern ab, sie rekrutierten sich wohl v. a. aus der Schule Schammais (s. HENGEL/SCHWEMER, *Jesus* 154). Zu weiteren in den Quellen erwähnten, für das Judentum aber wohl marginalen, Gruppen wie den Herodianern und Boethusianern s. DEINES, „Pharisees" 477 Anm. 116. Die Samaritaner galten für die Juden nie als Gruppe *innerhalb* des Judentums. Zur Gerichtserwartung der Samaritaner im Anschluss an Dtn 32,35 s. DE ROBERT, „Jour".

[26] Siehe HENGEL/SCHWEMER, *Jesus* 150; DEINES, „Pharisees" 474–477.491–504.

[27] DEINES, „Pharisees" 501.

[28] DEINES, „Pharisees" 501.

[29] DEINES, „Pharisees" 503.

[30] Siehe DEINES, „Pharisees" 480 Anm. 130.

[31] Vgl. dazu WEINFELD, „Expectations" 220.

[32] Siehe BETZ/RIESNER, *Qumran* 225f. (Lit.); PIXNER, *Wege* 23f.45–50.336–339 und die Hinweise von BAUCKHAM, *Jude* auf die Verbindungen der Familie Jesu zur Henochtradition.

[33] Zu den Pharisäern als Teil der apokalyptischen Bewegung s. den immer noch wichtigen Aufsatz W. D. DAVIES, „Apocalyptic".

Nach dem ersten jüdischen Aufstand gegen Rom (66–70 n. Chr.) ordnete sich das Judentum in Jabne (Jamnia) neu, unter Führung der gemäßigten (hillelitischen) Pharisäer und Priester, ohne dass die anderen Gruppen zunächst gänzlich von der Bildfläche verschwanden.[34] Nach dem dritten jüdischen Aufstand (132–135 n. Chr.) konsolidierte sich dann das rabbinische Judentum vollends als die einzige bestimmende Kraft. Jetzt war das Judentum kaum mehr von messianisch-apokalyptischen Erwartungen bestimmt, anders als in den drei Jahrhunderten zuvor. „Es war der ganz andere Weg des intensiven Torastudiums, verbunden mit einer relativen Freiheit gegenüber der hellenistisch-römischen Kultur, gewissermaßen der Weg nach innen", den es nun beschritt.[35]

Das *Judentum der Diaspora* war in frühjüdischer Zeit nur teilweise von den Pharisäern bestimmt.[36] Es weist nach dem Zeugnis der Literatur und der Inschriften eine viel größere theologische Bandbreite auf als das „offizielle" Judentum Palästinas.[37] Am Rand finden sich synkretistische Juden und solche, die sich so weit für die hellenistische Kultur geöffnet haben, dass sie die Gesetzespraxis aufgegeben haben. Beides waren aber keine offiziell tolerierten Optionen innerhalb des Diasporajudentums, wie die Tatsache belegt, dass selbst Philo scharf gegen Juden polemisierte, die Synkretismus praktizierten oder die Tora nur noch allegorisch, nicht mehr wörtlich verstanden (praem. 162; migr. 89–92). Einer dieser stark assimilierten Juden war Philos Neffe, T. Julius Alexander, Procurator von Judäa 46–48 n. Chr. und später Prafekt von Ägypten und Berater des Titus bei der Belagerung Jerusalems.[38] Philo selber gehört nach eigener Aussage zu einer kleinen Elite von philosophisch geschulten Allegoristen (Abr. 147)[39]; das von ihm repräsentierte stark hellenisierte Judentum war also keineswegs *die* dominante Strömung in der Diaspora[40], abgesehen vielleicht von Alexandria, wo es einen gewissen Einfluss ausübte[41] und von wo wir noch

---

[34] Siehe z. B. ALEXANDER, „Torah" 263. Priester waren: Chananja (Chanina); Eleazar ben Azarja, Jose(ph) „der Priester" u. a. (s. STEMBERGER, *Einleitung* 75–79).

[35] HENGEL, „Hoffnung" 332.

[36] Siehe unten zu den Schriften der Diaspora; zum Ganzen s. HENGEL, *Judentum und Hellenismus.*

[37] Besonders wichtig ist die Diskussion der unterschiedlichen Grade von Assimilation bei BARCLAY, *Jews* 82–124.320–335.

[38] Siehe STONE, *Scriptures* 91; SCHÜRER, *History* 1,456–458.

[39] „Philo was probably more deeply steeped in Greek wisdom than any other known Jewish author writing in Greek" (SCHÜRER, *History* 3,813).

[40] „Philo is not typical of Jews in Alexandria, still less of Egyptian or North African or Mediterranean Jews" (BARCLAY, *Jews* 159).

[41] „The preservation of a large body of his writings itself testifies to the existence of Alexandrian Jewish readers who appreciated his works, reading and preserving them at least into the second century C. E." (HAY, „Philo" 364). Aber selbst für das alexandrinische Judentum war Philo nicht typisch (s. die vorhergehende Anm.).

weitere Zeugnisse eines stärker hellenisierten Judentums besitzen. Eine essenische Gruppe ist zumindest mit den Therapeuten Ägyptens belegt.[42]

Am besten sind wir über die ägyptische Diaspora unterrichtet.[43] Von der aramäischsprachigen Diaspora in Mesopotamien und Persien haben wir nur wenige Zeugnisse wie Daniel 1–6, Tobit und Esther sowie ein paar Bemerkungen von Josephus, von Kleinasien nur die ersten beiden Sibyllinischen Bücher, einige Inschriften und ebenfalls Hinweise von Josephus; auch über andere Gegenden der Diaspora wissen wir relativ wenig.[44]

Selbst in der Diaspora haben wir mit einem starken Einfluss des pharisäischen bzw. chasidisch-apokalyptischen Judentums zu rechnen, wie wir aus einigen Schriften ersehen können (s. u.). Parallel dazu hat in Teilen der Oberschicht weniger ein apokalyptisches Interesse als vielmehr ein Interesse am Weg und Schicksal des Individuums vorgeherrscht.[45] Die vielfach engen Kontakte der Diaspora zum palästinischen Mutterland und zu Jerusalem banden weite Teile der Diaspora auch religiös an das palästinische Judentum.[46] Beispiele sind die Wallfahrtsfeste (vgl. Apg 2,9–11), die griechische Übersetzung palästinischer Schriften (z. B. Sirach) oder Philos Besuch in Jerusalem (Prov. II 64).

Andererseits war auch das palästinische Judentum nicht ohne hellenistischen Einfluss. In Jerusalem bestanden mehrere „hellenistische", d. h. griechischsprachige, Synagogen, viele Namen und Inschriften sind griechisch wie auch einige Fragmente von Qumran und dem Wadi Murrabba'at, und in Palästina gab es eine Reihe von griechischen Städten (Sepphoris, Cäsarea am Meer, die Dekapolisstädte etc.).[47]

„(T)he influence of Hellenism among the Jews in Graeco-Roman Palestine... can no longer be discounted; on the other hand, no solid evidence has emerged for a degree of Hellenization like that which apparently took place in the diaspora."[48]

Die hellenistische Reform in Palästina unter Antiochus IV. baute auf offensichtlich vorhandene extrem hellenisierte Juden, war aber nur von kurzer Dauer.

---

[42] Siehe SCHÜRER, *History* 2,591–597.

[43] Siehe BARCLAY, *Jews* 19–228; SCHÜRER, *History* 3,38–60; NICKELSBURG, *Literature* 161–193; PUECH, „Book of Wisdom" 118–127.

[44] Vgl. STONE, *Scriptures* 91; SCHÜRER, *History* 3,1–86; BARCLAY, *Jews* 231–381; TREBILCO, *Communities*; ARNOLD, *Ephesians* 29–34.

[45] Siehe HENGEL, „Hoffnung" 340.

[46] Vgl. STONE, *Scriptures* 88.95

[47] STONE, *Scriptures* 93–95; vgl. HENGEL, *Judentum und Hellenismus*; DERS., *Hellenization*; DERS., „Problem"; DERS., „Begegnung". Zu den griechischen Städten s. SCHÜRER, *History* 2,85–183.

[48] STONE, *Scriptures* 95.

2. Das frühjüdische Schrifttum Palästinas

Die persische Zeit ist geprägt vom Studium der spätestens jetzt in kanonischer Form vorliegenden Tora und dem Bemühen, sie so weit wie möglich zu praktizieren; von der apokalyptischen Theologie; von der Tradierung, Ergänzung und Fixierung der Prophetenbücher (bes. Jesaja 56–66; Sacharja 9–14); sowie von theokratischen Strömungen. Aus dem Palästina der frühen hellenistischen Zeit liegen uns mehrere Schriften der Henochtradition vor, die aus dem Kreis der Chasidim stammen und später auch in Qumran hoch geschätzt waren. Die Henochliteratur (außer dem astronomischen Buch 1. Henoch 72–82) ist stark vom Buch der Wächter (1. Henoch 1–36) aus dem 3. Jh. v. Chr. beeinflusst[49]; die eschatologische Thematik des universalen Weltgerichts und des Anbruchs der Gottesherrschaft (Kap. 1–5) sowie das spekulative Interesse an der Angelologie, der Herkunft des Bösen (Kap. 6–16) und der Kosmologie (Kap. 17–36) „set the agenda of themes and concerns" für die übrige Henochtradition und für weitere apokalyptische Schriften.[50] Von der Henochliteratur sind das Buch der Riesen (0QGiants) und das astronomische Buch (1. Henoch 72–82) ebenfalls dem 3. Jh. v. Chr. zuzuordnen.[51] Auch der Brief Henochs (1. Henoch 91–105), zu dem die Wochenapokalypse gehört, ist wohl noch vormakkabäisch[52], ebenfalls die ältesten Teile von Buch 4 der jüdischen sibyllinischen Orakel (49–101.173–192)[53], die theologische Ähnlichkeiten mit Tobit (s. u.) aufweisen[54]. Unter den kanonischen Büchern der Septuaginta gehören das weisheitlich-schriftgelehrte Werk des Priesters Jesus ben Sira und die Lehrerzählung Tobit in diese Zeit.[55] Alle diese Literatur war in weiten Teilen des Frühjudentums einflussreich.[56]

---

[49] BAUCKHAM, „Apocalypses" 138; NICKELSBURG, *Literature* 48; s. jetzt auch V. BACHMANN, *Welt*.

[50] BAUCKHAM, „Apocalypses" 138.

[51] BAUCKHAM, „Apocalypses" 136f.; NICKELSBURG, *Literature* 47.

[52] Siehe BAUCKHAM, „Apocalypses" 137 mit Anm. 4.

[53] COLLINS, „Sibylline Oracles" 381 („not long after the time of Alexander"). Dieser Teil könnten auch außerhalb Palästinas entstanden sein (ebd. 381f.).

[54] COLLINS, „Sibylline Oracles" 382f.

[55] Zu Tobit s. SCHÜRER, *History* 3,223–225.227; GERTZ, *Grundinformation* 554; zu Sirach s. NICKELSBURG, *Literature* 55–65; WITTE in GERTZ, *Grundinformation* 564–566. Ob Tobit in Palästina oder in der östlichen Diaspora (so NICKELSBURG, *Literature* 35) entstand, ist unklar; die vier aramäischen und das eine hebräische Fragment in Qumran (4Q196–200) deuten jedenfalls auf ein semitisches Original hin.

[56] Zur Henochliteratur s. die Lit. bei BAUCKHAM, „Apocalypses" 137 Anm. 6 und 7; für den Einfluss des Sirachbuchs sprechen seine Inkorporation in den Kanon der Septuaginta, die rabbinischen Sirach-Zitate mit der Einleitung „es steht geschrieben" und die Existenz von hebräischen Handschriften, angefangen von Qumran und Masada bis hin zum 12. Jh. (SCHÜRER, *History* 2,319; 3,203.205). Der frühe Einfluss von Tobit ist durch die Qumranfragmente dokumentiert.

„It is quite evident ... that groupings like pietistic and Hellinizing Jews could scarcely have exhausted the types of groups and trends in third century Judaism. The conservative piety of a Ben Sira must have had a place in it, just as did the speculations embodied in the *Book of Enoch*."[57]

Aus der Zeit des makkabäischen Aufstands stammen das Buch der Träume (1. Henoch 83–90)[58] und zumindest die Endfassung der Visionen des kanonischen Danielbuchs[59]. Beide tragen noch keine Spuren von Kontroversen innerhalb der antihellenistischen Koalition. Anders steht es mit den Schriften, die ab der Mitte des 2. Jh.s v. Chr. verfasst wurden. In ihnen werden heftige Kontroversen ausgetragen „in which questions of correct purity and holiness in cult and personal life play a central role".[60] 4QMMT (ca. 159–152) bezeugt erstmals Kontroversen zwischen den Sadduzäern, Essenern und Pharisäern. Die Literatur aus der Folgezeit kann meist einer dieser drei Gruppen zugeordnet werden. Das in Qumran hochgeschätzte Jubiläenbuch ist wohl in die Mitte des 2. Jh.s zu datieren und stammt aus priesterlich-essenischen Kreisen.[61] In diese Zeit gehören wohl auch die ältesten Teile weiterer essenischer Schriften: der Damaskusschrift (0QCD)[62], der Qumran-Hymnen (1QH)[63] und der Kriegsrolle (1QM)[64]. Der älteste Teil von Buch 3 der jüdischen Sibyllinen (97–349.489–829) aus der Mitte des 2. Jh.s v. Chr. weist viele Ähnlichkeiten mit der Henochliteratur und den Jubiläen auf, was auf die Entstehung in einem essenisch beeinflussten Milieu hindeutet.[65] Möglicherweise gehen auch die (in ihrer vorliegenden Form judenchristlichen) Testamente der zwölf Patriarchen auf früh-essenische Vorlagen zurück.[66] Aus der Zeit irgendwann vor 116 v. Chr. stammt

---

[57] STONE, *Scriptures* 44.

[58] BAUCKHAM, „Apocalypses" 137.

[59] Siehe SCHÜRER, *History* 3,246f.; GOLDINGAY, *Daniel* 326; LUCAS, *Daniel* 312–315; WITTE in GERTZ, *Grundinformation* 502–505. Die griechischen Erweiterungen sind z. T. später hinzugefügt worden (SCHÜRER, ebd. 247f.).

[60] DEINES, „Pharisees" 490.

[61] Siehe DEINES, „Pharisees" 478f. (Lit.: 478 Anm. 121 und 122).

[62] MAIER, *Qumran-Essener* 1,1; anders LANGE/LICHTENBERGER, „Qumran" 60: um 100 v. Chr.

[63] MAIER, *Qumran-Essener* 1,47f.; LANGE/LICHTENBERGER, „Qumran" 64.

[64] MAIER, *Qumran-Essener* 1,125; LANGE/LICHTENBERGER, „Qumran" 61.

[65] SCHÜRER, *History* 3,632–639; COLLINS, „Sibylline Oracles" 355f. COLLINS setzt die Abfassung um 160–150 v. Chr. im Umkreis des Priesters Onias IV., Sohn des gesetzestreuen Jerusalemer Hohepriesters Onias III., in Leontopolis an.

[66] Nach SCHÜRER, *History* 3,772–777 stammt eine ursprüngliche semitische Version aus frühessenischen Kreisen (vgl. die häufigen Parallelen mit den Jubiläen und der Henochliteratur), wurde zwischen 100 und 64 v. Chr. auf Griechisch redigiert und später christlich interpoliert. Nach KUGLER, „Testaments" stammen sie aus einem gesetzestreuen Judenchristentum (208), aramäische und hebräische Texte (z. B. aus Qumran) mit ähnlichem Material beurteilt er nicht als direkte Vorstufen (s. 205 Anm. 60 und 207 Anm.

auch der erste Teil des kanonischen Baruchbuchs (1Bar 1,1–3,8), der keiner der Gruppen eindeutig zugeordnet werden kann; es ist gut möglich, dass er noch vor der hellenistischen Reform geschrieben wurde. Jedenfalls weist er viele Ähnlichkeiten mit Daniel 9 auf.[67]

Das Buch Judith, entstanden etwa um 100 v. Chr., trägt pharisäische Züge, ebenso das 2. Makkabäerbuch aus derselben Zeit.[68] Das gleichzeitige 1. Makkabäerbuch steht hingegen den Sadduzäern nahe.[69] Vielleicht ist die essenische Tempelrolle von Qumran (11QTR) ebenfalls in diese Zeit zu datieren.[70]

Vom Anfang des 1. Jh.s v. Chr. stammen eine Reihe von essenischen Schriften aus Qumran: der Habakuk-Kommentar (1QpHab)[71] und die vielleicht als Überarbeitung und Erweiterung von 4QS^{b,d} zu verstehende Gemeinderegel von Qumran (1QS).[72] Aus dem 1. Jh. stammen wahrscheinlich auch die vorliegende Fassung der essenischen Hymnen (1QH)[73] und Sabbatlieder (0QShir)[74]. Die in der Mitte des 1. Jh.s v. Chr. entstandenen Psalmen Salomos sind pharisäisch.[75] In die 2. Hälfte des 1. Jh.s v. Chr. gehört wohl die Endredaktion der essenischen Kriegsrolle (1QM).[76]

Die am Anfang des 1. Jh.s n. Chr. geschriebene Assumptio Mosis (oder Testament Moses) wird unterschiedlich zugeordnet; Parallelen zur Pharisäerpolemik in 4QMMT, in den Evangelien und bei Josephus deuten auf ein anti-pharisäisches, levitisch-priesterliches, am ehesten essenisches Milieu hin.[77] Die Bilderreden Henochs (1. Henoch 37–71) entstanden wahrschein-

---

207 mit Lit.). Vgl. DERS., *Testaments*. Zu ihrer Bedeutung für unsere Fragen s. KUGLER, „Testaments" 205–213.

[67] Siehe SCHÜRER, *History* 3,735f.

[68] DEINES, „Pharisees" 479 (Lit.) ; vgl. BERLEJUNG in GERTZ, *Grundinformation* 580–583.

[69] DEINES, „Pharisees" 479 (Lit.) ; BERLEJUNG in GERTZ, *Grundinformation* 573. Aber weder das 1. noch das 2. Makkabäerbuch ist nach Deines eine typische Parteischrift, beide spiegeln jeweils auf ihre Weise den „mainstream ‚Common Judaism'" bzw. seinen „broad center" (479f.).

[70] So YIGAEL YADIN (s. SCHÜRER, *History* 3,415–417). Einige Forscher bezweifeln die essenische Herkunft und datieren die Tempelrolle vor die hellenistische Reform (s. ebd. 412–415).

[71] MAIER, *Qumran-Essener* 1,157.

[72] Siehe die Diskussion bei BOCKMUEHL, „1QS" 402–410.

[73] SCHÜRER, *History* 3,455.

[74] SCHÜRER, *History* 3,463.

[75] DEINES, „Pharisees" 480 (Lit.).

[76] SCHÜRER, *History* 3,403.

[77] DEINES, „Pharisees" 480–482 (Lit.); SCHÜRER, *History* 3,283f. („a writer sympathetic to Essene ideology", 284); PRIEST, „Testament of Moses" 921 („The Testament of Moses does appear to have closer affinities with the Essenes than with any other *known* group in the Judaism of the period"); vgl. KUGLER, „Testaments" 190–192 (Lit.).

lich vor 70 n. Chr. Sie sind zwar der einzige Teil des äthiopischen Henochbuchs, der in Qumran bisher nicht belegt ist, weisen aber trotzdem eine klare terminologische Verwandtschaft zu den Qumranschriften auf und sind deshalb wahrscheinlich essenischer Herkunft.[78] Weitere Schriften aus derselben Zeit sind die pharisäischen Vitae Prophetarum[79] und die nationalistisch-pharisäische (schammaitische oder zelotische) Fastenrolle[80]. Möglicherweise ist auch die zweite Hälfte des kanonischen Baruchbuchs (1Bar 3,9–5,9) in dieser Zeit entstanden, aber auch frühere Datierungen werden vertreten.[81]

Die Schriften, die erst nach der Katastrophe von 70 n. Chr. entstanden sind, lassen die Kontroversen zwischen den jüdischen Gruppen weitgehend hinter sich. Sie rufen das jüdische Volk zur Rückkehr zur Tora auf und verheißen den Toratreuen Teilhabe an der Auferstehung der Toten und somit an der Gottesherrschaft im neuen Äon. Die Theologie dieser Schriften ist weitgehend pharisäisch-apokalyptisch.[82] Zu ihnen gehören der Liber Antiquitatum Biblicarum[83], das 4. Esrabuch[84], der syrische Baruch (2. Baruch)[85], die Vita Adae et Evae (oder Mose-Apokalypse)[86] und in mancher Hinsicht auch die Werke des Josephus.[87] Auch der Targum Onqelos und der Prophetentargum mögen in den Jahrzehnten nach 70 n. Chr. redigiert worden sein. Sie repräsentieren eine apokalyptisch-pharisäische Tradition (Erwartung des Messias, der Auferstehung der Toten und der kommenden Welt bzw. der Königsherrschaft Gottes, Hochschätzung der Tora). Hingegen wurde der sog. palästinische Targum erst im 2. oder 3. Jh. n. Chr. redigiert, obwohl auch er auf ältere Tradition zurückgeht.[88]

---

[78] DEINES, „Pharisees" 482–484 (Lit.).

[79] SCHWEMER, *Studien* 1,70f.; DEINES, „Pharisees" 482.484 (Lit.).

[80] DEINES, „Pharisees" 484–486 (Lit.).

[81] Siehe SCHÜRER, *History* 3,736–738. Bar 4,36–5,9 steht Ps Sal 11 nahe (ebd. 736), während 3,9–4,4 eng mit Sir 24 verwandt ist (GOWAN, „Wisdom" 223). Der ganze 2. Teil ruht stark auf Deuterojesaja (GOWAN, ebd.). Theologisch scheint das ganze Buch einen allgemein-chasidischen Charakter zu tragen, was sowohl für ein frühes, vormakkabäisches Datum als auch für ein spätes Datum nach 70. n. Chr. sprechen kann.

[82] Siehe DEINES, „Pharisees" 490.

[83] DEINES, „Pharisees" 483.486f. (Lit.).

[84] DEINES, „Pharisees" 488–490 (Lit.); vgl. CHESTER, *Messiah* 407–409.

[85] SCHÜRER, *History* 3,752f.; vgl. CHESTER, *Messiah* 409–412.

[86] EVANS, „Stories" 66–69; vgl. SCHÜRER, *History* 3,758f.

[87] DEINES, „Pharisees" 490 mit Anm. 164. – Ob auch der griechische Baruch (3. Baruch) hierher gehört, ist schwer zu sagen, da das Buch abgesehen von einer „general similarity to 2 Baruch and 4 Ezra and to elements in 2 Enoch and the Testament of Abraham schwer zu verorten ist. Es kann vielleicht auf das späte 1. oder das 2. Jh. n. Chr. datiert werden; wo es geschrieben wurde, ist offen. Es trägt auch für unser Thema wenig aus. (SCHÜRER, *History* 3,791; vgl. BAUCKHAM, „Apocalypses" 182–185.)

[88] Siehe MCNAMARA, „Targum" (303–)306. Targum Jonatan ist viel später (ebd. 309).

In die Zeit nach dem ersten Aufstand gehört auch die Endfassung des 4. Buchs der jüdischen Sibyllinen[89], die wahrscheinlich von einem Anhänger einer jüdischen Täufergruppe in Syrien-Palästina stammt.[90]

3. Die frühjüdischen Schriften der Diaspora

Die Erzählungen des kanonischen Danielbuchs (Daniel 1–6) gehen wohl auf Vorformen aus der Diaspora der Perserzeit zurück.[91] Das kanonische Buch Esther in der im Masoretischen Text vorliegenden Form stammt wahrscheinlich aus der späten persischen oder frühen hellenistischen Zeit (2. Hälfte 4. Jh. v. Chr.), vielleicht aus Susa selber.[92] Die Septuagintafassung mit ihren Zusätzen wird auf 114 oder 77 v. Chr. datiert.[93] Auch der kanonische Tobit (aus vormakkabäischer Zeit) und der älteste Teil von Buch 4 der jüdischen Sibyllinen (49–101.173–192) sind vielleicht in der östlichen Diaspora entstanden (s. o.). Vom Anfang des 2. Jh.s v. Chr. stammt auch der (Pseudo-)Aristeasbrief, ein ägyptisches, wohl alexandrinisches jüdisches Schreiben, das den Heiden Hochschätzung der Juden und der Septuaginta empfiehlt.[94] Der essenisch beeinflusste älteste Teil von Buch 3 der jüdischen Sibyllinen (97–349.489–829; Mitte 2. Jh. v. Chr.) könnte auch unter den aus Palästina geflohenen Juden in Leontopolis statt in Palästina entstanden sein. Der jüdische Philosoph Aristobulos (vgl. 2Makk 1,10) lebte ca. 180–145 v. Chr. in Alexandrien. Er versuchte, gebildeten Juden und wohl auch Heiden aufzuzeigen, dass die griechischen Philosophen ihre Weisheit von Mose geborgt hatten.[95]

In die 2. Hälfte des 1. Jh.s v. Chr. gehört vermutlich die Endredaktion der jüdischen Fassung des dritten Buchs der Sibyllinen, wahrscheinlich in

---

[89] SCHÜRER, History 641–643.

[90] Buch 4 wurde in der jetzigen Form um 80 n. Chr. verfasst (COLLINS, „Sibylline Oracles" 382f.); zur Eschatologie von Buch 4 s. CHESTER, Messiah 405–407; zu älteren Teilen aus der frühen hellenistischen Zeit s. o.

[91] GOLDINGAY, Daniel 326; LUCAS, Daniel 312f.; NICKELSBURG, Literature 19; K. SCHMID, Literaturgeschichte 156–158; WITTE in GERTZ, Grundinformation 504.

[92] Es geht auf einen älteren Text zurück, der noch im griechischen A-Text (ohne die Zusätze der Septuaginta) greifbar ist. Die religiösen Zusätze der Septuaginta zeigen, dass der säkulare Charakter des Esterbuchs als Problem empfunden wurde. Dies spiegelt sich auch in den Debatten über die Kanonizität, die im Judentum erst um 300 n. Chr., im Christentum sogar erst um 400 n. Chr. zur Ruhe kamen. (S. die Übersicht bei BUSH, Ruth /Esther 273–297; ferner WITTE in GERTZ, Grundinformation 485–486) Neuerdings vertritt STEPHANIE DALLEY die These, dass das Esterbuch auf eine polytheistische akkadische Erzählung aus dem 7. Jh. zurückgeht (Esther's Revenge).

[93] Siehe BUSH, Ruth/Esther 296.

[94] SCHÜRER, History 3,679–681.684. Das Weiterleben nach dem Tod wird nirgends angesprochen (682).

[95] SCHÜRER, History 3,579–586.

Ägypten.[96] Ebenfalls im ägyptischen Judentum, in einem stark hellenisierten, evtl. auch von den Therapeuten beeinflussten Milieu, entstand um 30 n. Chr. das Buch Joseph und Aseneth.[97] Bemerkenswert für diese Schrift ist die an manche Passagen in Qumran erinnernde präsentische Interpretation eschatologischer Traditionen der Bibel (bes. 8,9: Erneuerung durch den Geist Gottes, Neuschöpfung, Wiederbelebung, Ruhe Gottes fürs erwählte Volk, ewiges Leben).[98]

Die Datierung der zum Septuaginta-Kanon gehörenden Sapientia Salomonis ist unklar; jedenfalls setzt sie die Verfolgung unter Antiochus IV. voraus.[99] „The views of the author of the Wisdom of Solomon are predominantly those of Palestinian proverbial wisdom, which he partially modified under the influence of Greek philosophy."[100] Die Schrift gehört in das spezielle hellenisierende Milieu Alexandrias und kann deshalb keiner der palästinischen Gruppen zugeordnet werden. Sie weist aber nicht nur weisheitliche und für das alexandrinische Milieu typische hellenistisch-jüdische Einflüsse auf, sondern auch klar apokalyptische. Dieser Tatbestand sollte uns davor warnen, die Bedeutung der Apokalyptik für die Diaspora zu gering zu veranschlagen.[101]

Nach Alexandria gehört wohl auch das slavische Henochbuch (2. Henoch), das wohl noch vor 70 n. Chr. geschrieben wurde und viele Ähnlichkeiten mit Sirach und der Sapientia Salomonis aufweist, aber auch ältere Henochliteratur voraussetzt. Sein wichtigstes Thema ist das eschatologische Gericht, wiederum ein Beleg für apokalyptische Erwartungen in der Diaspora.[102] Vielleicht schon im 1. Jh. v. Chr., jedenfalls noch vor 70 n. Chr. wurde in Alexandria auch das 3. Makkabäerbuch verfasst, eine fiktive Volkserzählung mit Parallelen zu Esther und den Daniel-Erzählungen.[103]

Ebenfalls einige Jahrzehnte vor oder nach Christi Geburt zu datieren ist das Testament Abrahams. Die längere Version könnte in Alexandria, die

---

[96] SCHÜRER, *History* 3,637.

[97] EVANS, „Stories" 61f.; BURCHARD, „Joseph and Aseneth" 188–194.

[98] Siehe EVANS, „Stories" 63f.

[99] S. o. II.F.3.b.(4).

[100] SCHÜRER, *History* 3,579.

[101] Gegen U. FISCHER, *Eschatologie.* S. dazu HENGEL, „Hoffnung". Nach HENGEL kam FISCHER zu seinem Ergebnis „durch eine einseitige Quellenauswahl", indem er „so entscheidende Zeugnisse wie die jüdischen Sibyllinen, die Zwölfertestamente oder die Abrahamsapokalypse einfach beiseite ließ und auch die Wirkung der griechischen Übersetzungen palästinischer Apokalypsen nur ganz am Rande streifte" (ebd. 316). Zum apokalyptischen Einfluss in Alexandria s. auch PUECH, „Book of Wisdom" 136; COLLINS, „Reinterpretation" 154.

[102] SCHÜRER, *History* 3,746–749; BAUCKHAM, „Apocalypses" 151.

[103] SCHÜRER, *History* 3,539f.; P. R. DAVIES, „Didactic Stories" 122–125.

kürzere überall in der Diaspora (oder in Palästina) entstanden sein.[104] Des Autors „main teaching is not the nature of piety (which is taken for granted) but the inevitability of death and the operation of divine judgement".[105] Ein weiteres Werk aus dem Alexandria des 1. Jh.s n. Chr. (möglicherweise aus dem Kreis der Therapeuten) ist das Testament Hiobs.[106] Es ruft zum geduldigen Ausharren in der Treue zum Gott Israels auf, der die Getreuen reich belohnen wird.[107] Es ist ein weiterer Beleg dafür, dass die Erwartung der „Vollendung des Zeitalters" und der Auferstehung der Gerechten auch in der Diaspora lebendig war (4,6.9). Ebenfalls in diese Zeit gehört die Zephanja-Apokalypse, die den slavischen Henoch und die Susanna-Erzählung voraussetzt und deshalb möglicherweise in der Diaspora entstand. Sie repräsentiert einen apokalyptischen Mainstream, der den Pharisäern nahe steht.[108]

Aus dem kleinasiatischen Judentum der Zeit zwischen 30 v. Chr. und 70 n. Chr. stammen die jüdischen Teile der ersten beiden Sibyllinischen Bücher, die ursprünglich ein einziges Buch bildeten.[109] Diese Texte sind besonders interessant als Beleg für die Existenz von dem Pharisaismus nahestehenden, aber mit griechischen Motiven durchsetzten apokalyptischen Erwartungen in der kleinasiatischen Diaspora: „The Jewish substratum is the only extensive document we have from the Judaism of Asia Minor in this period."[110] Das 1. und 2. Buch der Sibyllinen gliedern die Weltgeschichte in zehn Generationen, die in der eschatologischen Krise, der allgemeinen Auferstehung und dem letzten Gericht gipfeln. Die Gerechten erhalten die zum Paradies verwandelte Erde zum Besitz.

Philo (geboren um 20–10 v. Chr.[111]) zählte sich selber zu den „Wenigen", die allegorische Exegese betrieben (Abr. 147). Er nahm wohl selbst unter den gebildeten alexandrinischen Juden eine extreme Position ein (s. o.), indem er philosophische Ideen nicht wie das 4. Makkabäerbuch oder die Sapientia Salomonis der Schrift unterordnete, sondern „simply

---

[104] SCHÜRER, History 3,763f.; E. P. SANDERS, „Testament of Abraham" 874–876.

[105] SCHÜRER, History 3,762 (gegen E. P. SANDERS, „Testament of Abraham" 876).

[106] Mit seiner Aufforderung zum geduldigen Leiden spiegelt es vielleicht die Erfahrung der Mittellosigkeit der jüdischen Söldner durch die Auflösung der ptolemäischen Armee, die Pogrome von 38 und 66 n. Chr. und die Last des *fiscus Iudaicus* nach 70, so KUGLER, „Testaments" 201.203f. (Lit.); vgl. HENGEL, „Hoffnung" 324. Zur möglichen Nähe zu den Therapeuten vgl. SCHÜRER, History 3,553 (Lit.); SPITTLER, „Testament of Job" 833f.

[107] KUGLER, „Testaments" 197–204; SPITTLER, „Testament of Job" 833.

[108] Jedenfalls kann die Schrift sicher nicht den Sadduzäern, Essenern oder Zeloten zugeordnet werden, s. WINTERMUTE, „Apocalypse of Zephaniah" 500f.

[109] SCHÜRER, History 3,330–332.

[110] SCHÜRER, History 3,332.

[111] SCHÜRER, History 3,816.

saw no fundamental conflicts between the best in pagan culture and the Mosaic revelation".[112] Trotzdem hatten für ihn die Juden durch die Offenbarung der Mosetora eine einzigartige Beziehung zu Gott, und er hoffte auf den Übertritt der Heiden zum Judentum.[113] Philos Hauptaugenmerk galt jedoch dem Aufstieg des Individuums zu Gott.[114] Er scheint in Alexandria eine Anzahl Anhänger gefunden zu haben, so dass seine Werke bis ins 2. Jh. bewahrt wurden, als die Christen sie zu überliefern begannen.[115]

Das 4. Makkabäerbuch entstand wahrscheinlich zwischen 19 und 54 n. Chr.[116] in Antiochien und schärft unter Verwendung hellenistischer philosophischer Terminologie Torastudium und -gehorsam ein. Mit diesem Anliegen ist diese Schrift „in continuity with the ‚mainstream' of Judaism".[117] Sie erwartet ein Leben nach dem Tod und eine jenseitige Vergeltung, erwähnt aber keine Auferstehung.[118] Zur selben Zeit schrieb Pseudo-Phokylides seine Sentenzen, wohl um hellenistische Juden zu überzeugen, „that an esteemed Greek author agreed with the basic principles of their faith".[119]

Anders als eine Reihe von Schriften der Diaspora, die wie erwähnt der Apokalyptik nahe stehen, konzentrieren sich das Testament Abrahams und der griechische Baruch (3. Baruch), beide wahrscheinlich in der Diaspora entstanden, auf das *„Schicksal des Individuums nach dem Tode"*.[120]

Josephus, ein pharisäischer Priester aus Palästina, schrieb sein Bellum Iudaicum in Rom nach dem ersten jüdischen Aufstand sowohl für Juden (als pro-römische Propaganda) als auch für Römer (als Apologie des Judentums).[121] Auch seine *Antiquitates Iudaicae* sind apologetische Geschichtsschreibung[122] und sein *Contra Apionem* eine Apologie des Judentums[123]. Darüber hinaus können seine Werke verstanden werden als Ruf an Israel zur Umkehr zum Gesetz nach der Katastrophe.[124]

---

[112] HAY, „Philo" 361 (mit Anm. 14) und 362 (Zitat). Zur Stellung Philos im Spektrum des Diasporajudentums s. o. Abschn. a.

[113] Siehe HAY, „Philo" 369–373. In Mos. II 44 spricht er von einer endzeitlichen Bekehrung aller Heiden.

[114] HAY, „Philo" 378. Zur Erwartung eines Lebens nach dem Tod bei Philo s. ebd. 373 mit Anm. 48 (Lit.).

[115] HAY, „Philo" 364.

[116] So BICKERMANN, „Date".

[117] GOWAN, „Wisdom" 232 (zu 4 Makk: 230–236). 4Makk argumentiert mit der Vernünftigkeit des Gesetzesgehorsams (GOWAN, „Wisdom" 235f.).

[118] GOWAN, „Wisdom" 235.

[119] GOWAN, „Wisdom" 237.

[120] HENGEL, „Hoffnung" 340. Zum 3. Baruch s. SCHÜRER, *History* 3,791.

[121] Vgl. SPILSBURY, „Josephus" 245.

[122] Vgl. SPILSBURY, „Josephus" 245f.

[123] Vgl. SPILSBURY, „Josephus" 247.

[124] Vgl. SPILSBURY, „Josephus" 258–261.

In die Zeit nach dem ersten Aufstand gehört das 5. Buch der jüdischen Sibyllinen[125], das schon die von Hass aufgeladene Atmosphäre in Ägypten kurz vor dem zweiten jüdischen Aufstand (115–117) spiegelt.[126] Dieses Buch sowie der sich kurz darauf entladende Aufstand der alexandrinischen Juden führt uns den enormen Einfluss apokalyptischer Theologie in den breiten Massen und bis hinein in die jüdische Oberschicht, der der Verfasser des 5. Buchs angehört[127], vor Augen. Dass der Anführer dieses Aufstands, Lukuas, offenbar den Königstitel führte, ist sicher messianisch zu verstehen; der Aufstand stellte somit „eine *Erhebung mit eschatologisch-messiaischem Hintergrund*" dar.[128] Mit Martin Hengel können wir folgern:

> „Man sollte sich daher sehr hüten, das sogenannte ‚hellenistische Judentum' in irgendeiner Weise als wirkliche Einheit zu betrachten. Sein wichtigstes Band war die gemeinsame griechische Muttersprache. Religiös war es dagegen vielschichtig."[129]

Selbst die stark hellenisierten Schriftsteller Philo und Josephus deuten ihre Erwartung eines kriegerischen Messias und einer Restitution Israels im Heiligen Land an.[130]

Während der zweite jüdische Aufstand hinreichend belegt, „dass die nationale, militant-messianische Hoffnung in den breiten, nichtliterarischen Schichten des Judentums der ehemals ptolemäischen Gebiete relativ stark verbreitet war", finden sich bei der gebildeten Oberschicht sowohl apokalyptische Erwartungen als auch eine auf das Individuum konzentrierte Erwartung des Weiterlebens nach dem Tod.[131]

---

[125] SCHÜRER, *History* 643–645.

[126] COLLINS, „Sibylline Oracles" 390f.; zur Eschatologie des 5. Buches s. auch CHESTER, *Messiah* 398–405. – Die ursprünglich ein einziges Buch bildenden sibyllinischen Bücher 1 und 2 sind schwer zu datieren, da sie viele christliche Überarbeitungen enthalten. Die zugrunde liegende jüdische Schrift mag zwischen 30 v. Chr. und 30 n. Chr. in Kleinasien verfasst worden sein, die christliche Redaktion zwischen 70 und 150 n. Chr. (COLLINS, „Sibylline Oracles" 331f.).

[127] Siehe HENGEL, „Hoffnung" 327; CHESTER, *Messiah* 359.

[128] HENGEL, „Hoffnung" 322. Zu Lukuas und seinem messianischen Auftreten s. ebd. 321–324 (Lit.), zur aufgeladenen messianischen Erwartung jener Zeit 324–326.

[129] HENGEL, „Hoffnung" 315 Anm. 2.

[130] Philo praem. 95; 164; vgl. 171; Philo Mos. 2,44; Flav. Jos. Ant. 4,112–125; vgl. 10,208–210 (s. HENGEL, „Hoffnung" 338 mit Anm. 98f.).

[131] Zitat: HENGEL, „Hoffnung" 340. Hengels ebd. geäußerte Ansicht, dass „in den gebildeteren, literarisch interessierten und produktiven Kreisen die – auf griechischem Einfluss beruhende – individuelle Erwartung stärker im Vordergrund stand", mag zutreffen, muss aber durch die ebenfalls aus der Diaspora-Oberschicht stammenden Zeugnisse für apokalyptische Erwartungen ergänzt werden.

4. Die Situation nach 135 n. Chr.

Nach dem 3. Aufstand (132–135 n. Chr.) lässt sich beobachten, dass die messianische Erwartung in der Diaspora und in Palästina schwindet:

„After the disastrous Bar Kokhba war, during which Bar Kokhba had been hailed as Messiah, there was an understandable turning away from messianism. The emphasis in rabbinic Judaism moved towards constructing by peaceful means a righteous, civil and Torah-centered society here and now. Some elements of classic messianism (the resurrection of the dead, the concept of a world to come, the messianic banquet) do survive in the Mishnah, but they are effectively residual."[132]

Die apokalyptische Erwartung wurde hingegen in Synagogengebeten, in den Targumim und in der Volksfrömmigkeit weiter am Leben gehalten.[133]
    Wichtig ist hier z. B. das Achtzehnbittengebet:

„Du bist ein Held, ... der die Toten lebendig macht – in einem Augenblick möge uns Hilfe sprossen. ... Erneuere unsere Tage wie vordem. ... Führe unsere Sache und erlöse uns um deines Namens willen. ... Bringe eilends herbei das Jahr des Termins unserer Erlösung. ... Stoße in die große Posaune zu unsrer Freiheit und erhebe ein Panier zur Sammlung unsrer Verbannten. ... Bringe wieder unsre Richter wie vordem und unsre Ratsherren wie zu Anfang, und sei König über uns, du allein. ... Den Abtrünnigen sei keine Hoffnung und die freche Regierung mögest du eilends ausrotten in unseren Tagen, und die Nazarener und die Minim mögen umkommen in einem Augenblick, ausgelöscht werden aus dem Buch des Lebens und mit den Gerechten nicht aufgeschrieben werden. ... Gib uns guten Lohn mit denen, die deinen Willen tun. ... Erbarme dich, JHWH, unser Gott, in deiner großen Barmherzigkeit über Israel, dein Volk, und über Jerusalem, deine Stadt, und über Zion, die Wohnung deiner Herrlichkeit, und über deinen Tempel und über deine Wohnung und über das Königtum des Hauses David, des Messias deiner Gerechtigkeit. ... Es gefalle JHWH unserem Gott wohl, zu wohnen in Zion, dass deine Knechte dir dienen in Jerusalem. ..."[134]

Ebenfalls wichtig ist das Qaddisch:

„... Sein Reich erstehe in eurem Leben und in euren Tagen und dem Leben des ganzen Hauses Israel schnell und in naher Zeit. ..."[135]

Erst ab dem 7. Jh. n. Chr. wurde die apokalyptische Erwartung auch für die jüdische Theologie wieder bestimmend.[136]

---

[132] ALEXANDER, „Torah" 274.
[133] ALEXANDER, „Torah" 275 mit Anm. 26. Die apokalyptische Erwartung des Volkes, wie sie sich in den Festen und Gebeten sowie in den messianischen Bewegungen und Aufständen spiegelt, ist skizziert bei CHESTER, *Messiah* 412–420.
[134] Palästinische Version, zitiert nach BILLERBECK 4,211–214.
[135] Zitiert nach: BARRETT/THORNTON, *Texte* 239.
[136] ALEXANDER, „Torah" 275 mit Anm. 26.

B. Das Endgericht in den frühjüdischen Schriften

1. Zur Position der Sadduzäer

Die Sadduzäer lehnten nach Josephus und dem Neuen Testament die Erwartung einer Totenauferstehung ab (Flav. Jos. Bell. 2,165; Mk 12,18 par.; Apg 23,8), ja jedes Weiterleben nach dem Tod und jede jenseitige Vergeltung (Flav. Jos. Bell. 2,8,14 [163]; Flav. Jos. Ant. 18,1,4 [16]).

„By denying resurrection and immortality in general, the Sadducees rejected simultaneously the entire messianic hope, in the form at least in which later Judaism, built on Pharisaic foundations, expressed it."[137]

Nach Apg 23,8 leugneten sie ebenso die Existenz von Engeln und Dämonen.[138] Offensichtlich repräsentierten sie im Blick auf die Eschatologie und Angelologie, ähnlich wie Sirach, eine ältere, uneschatologische Traditionsstufe des Alten Testament, die die Sicht der jüngsten kanonischen Bücher (Daniel, Sapientia Salomonis) und der jüngsten, apokalyptischen Schichten der kanonischen Prophetenbücher noch nicht teilte. [139] Möglicherweise spielte das göttliche Gericht bei den Sadduzäern nur im Sinne von Deuteronomium 29f. und 32 eine Rolle, wobei sie diese Stellen rein innergeschichtlich interpretierten, wie Sirach es auch tat.[140] Auffallend nahe an der sadduzäischen Position steht auch das Prediger-Buch, so dass sogar eine sadduzäische Verfasserschaft erwogen wird.[141]

Ob die Sadduzäer wirklich nur den Pentateuch als Heilige Schrift akzeptierten, wie die Kirchenväter meinten, ist nicht klar.[142] In Mk 12,18–27 antwortet Jesus den Sadduzäern mit einem Pentateuch-Zitat, was darauf hindeuten könnte, dass sie nur den Pentateuch als kanonisch akzeptierten.

---

[137] SCHÜRER, History 2,392.

[138] Zu den Lehren der Sadduzäer s. SCHÜRER, History 2,391f.411.

[139] Vgl. WEISS, „Sadduzäer" 592f.

[140] SCHÜRER, History 2,411; WEISS, „Sadduzäer" 593. Auch im apokalyptischen Judentum waren diese letzten Kapitel des Deuteronomiums einflussreich, allerdings in apokalyptischer Interpretation (s. u.). Die eschatologische Gerichtserwartung der Samaritaner konnte sich nur auf Dtn 32,35 berufen, da auch sie nur den Pentateuch als Heilige Schrift anerkannten (und anerkennen), s. DE ROBERT, „Jour".

[141] Siehe dazu KRÜGER, „Dekonstruktion" 172 (Anm. 98: Lit.). Dazu würde auch passen, dass der Prediger sich von der wahrscheinlich gleichzeitigen Apokalyptik kritisch distanziert (s. o. II.F.3.b.[2]) und dass wesentliche Elemente seiner Weltsicht aus der Tora stammen (s. KRÜGER, „Rezeption", bes. 192). Freilich würde es gegen eine sadduzäische Verfasserschaft des Predigers sprechen, wenn KRÜGERs Beobachtung zuträfe, dass der Prediger „[d]as Konzept der Tora als einer letztinstanzlich-normativen, ‚kanonischen' Weisung Gottes ... theologisch kritisiert und relativiert" habe (ebd.).

[142] So aber WEISS, „Sadduzäer" 592. Siehe dazu SCHÜRER, History 2,408. HENGEL/SCHWEMER, Jesus 147 führen die Ansicht der Kirchenväter auf eine Verwechslung von Sadduzäern und Samaritanern zurück.

Möglicherweise haben sie der Mosetora aber auch nur einen höheren kanonischen Stellenwert als den Propheten und Schriften eingeräumt. Aus Mitteilungen des Josephus ist sicher, dass sie zumindest die Autorität der pharisäischen mündlichen Überlieferung neben der schriftlichen Tora ablehnten (Flav. Jos. Ant. 13,10,6 [297], vgl. 18,1,4 [16]). Doch pflegten sie sehr wohl ihre eigenen mündlichen Überlieferungen, die z. T. auch in die rabbinischen Sammlungen eingegangen sein mögen.

„But these were decrees or *gezeroth* (cf. mMak. 1:6), proclaimed by virtue of priestly authority, and not presented as an oral Torah revealed by God to Moses and transmitted via an uninterrupted chain of tradition."[143]

Die Sadduzäer bleiben in den folgenden Überlegungen also naturgemäß außer Betracht. Außer dem 1. Makkabäerbuch, möglicherweise dem Prediger und manchen in der rabbinischen Literatur gesammelten Traditionen haben sie uns ohnehin keine Zeugnisse hinterlassen. Für die Rekonstruktion ihrer Anschauungen sind wir auf das Neue Testament, Josephus und verstreute Bemerkungen in der rabbinischen Literatur angewiesen. Im Hinblick auf unser Thema ist vielleicht noch 1Makk 14,4–15 interessant, ein poetisches Lob auf den Hasmonäerfürsten und -hohepriester Simeon (143–134 v. Chr.), das voller Anklänge an messianische Texte der Prophetenbücher ist, die aber in offenbar typisch sadduzäischer Weise auf einen historischen, vergangenen Herrscher bezogen werden (und sicher auch auf weitere Herrscher hätten bezogen werden können).[144] Eschatologie scheint für die Sadduzäer mit Qualität von vergangener, gegenwärtiger oder zukünftiger Geschichte, nicht mit dem zukünftigen Ende der Geschichte und dem Anfang des Gottesreichs zu tun gehabt zu haben. Damit war ihre Sicht offenbar dem Verständnis von Eschatologie in der existentialen Theologie des 20. Jh.s nicht unähnlich.

2. Das Gericht als Mittel zur Durchsetzung der heilvollen Weltordnung in Gestalt der Gottesherrschaft

In den chasidisch-apokalyptisch geprägten frühjüdischen Schriften ist der thematische Zusammenhang von Gottesherrschaft und Endgericht grundlegend. Das Buch der Wächter aus dem 3. Jh. v. Chr. (1. Henoch 1–36), besonders Kap. 1–5, war für die spätere Literatur inhaltlich wegweisend. Hier zeigt sich der große Einfluss der letzten Kapitel des Deuteronomiums, bes. von Deuteronomium 32–33, und von „Tritojesaja", bes. Jesaja 57; 60–61 und 65. Diese alttestamentlichen Passagen sind für die frühjüdischen

---

[143] SCHÜRER, *History* 2,408, Anm. 22; vgl. DEINES, „Mitwelt" 170; WEISS, „Sadduzäer" 592; Z. FALK, *Introduction* 38–40.

[144] Vgl. dazu NICKELSBURG, *Judaism* 133f.

Schriften „the key eschatological prophecies depicting the coming judgment and restoration of Israel".[145] So sind z. B. auch 4. Esra und 2. Baruch von Deuteronomium 28–30 stark beeinflusst[146], die Assumptio Mosis (= Testament Moses) von Deuteronomium 31f.[147] Auch Daniel spielt in manchen Schriften eine wichtige Rolle (z. B. in 4. Esra).[148]

Im Buch der Wächter bedeutet das universale Gericht über „alles Fleisch" Rettung für die Gerechten (Erwählten, Treuen) und Verderben für die Gottlosen sowie Vernichtung für die dämonischen Mächte und alles Böse (z. B. 1,7–9; 10,20). Im frühjüdischen Schrifttum kommt die Notwendigkeit der Ausschaltung der widergöttlichen Geistmächte immer stärker in den Blick (bes. in 1. Henoch 1–36; 83–90; Assumptio Mosis, Testamente der zwölf Patriarchen und in Qumran).[149] Dies hängt damit zusammen, dass das Böse in der Welt und im menschlichen Verhalten nun immer mehr auch als Auswirkung böser Mächte gesehen wird.[150] Die Schlange im Paradies (Gen 3,1–5) wird mit dem Satan identifiziert (Vita Adae et Evae 12–17; Apk 12,9; zum Satan als Versucher s. 1Chr 21,1; Hiob 1f.), einem gefallenen hohen Engel, der mit seiner Gefolgschaft von gefallenen Engeln gegen Gott zu arbeiten und die Menschen zur Sünde zu verleiten versucht (z. B. 1. Henoch 6–16; Jubiläen 10; 1QS 3,13–4,26; Apk 12,3–9). Wenn die Welt vom Bösen erlöst werden soll, dann spielt die Vernichtung der widergöttlichen Wesen eine zentrale Rolle (vgl. schon Jes 24,21f.).

In den gemeindeeigenen Schriften von Qumran findet sich grundsätzlich das apokalyptische Gerichtsverständnis: Das Gericht wird am Ende der Zeit über die Menschheit ergehen und die Unterdrückten befreien. Die Qumrangemeinde ist die Gemeinschaft der Gerechten, die aktiv am Krieg der Kinder des Lichts gegen die Kinder der Finsternis beteiligt sein und dann in das Heil eingehen wird.[151] Bei den Söhnen der Finsternis wird kein Rest übrigbleiben (1QS 5,12f.).

Philo und Josephus sprechen ebenfalls vom Endgericht, wenn auch nur „sehr verhalten".[152] Philo zeigt am Rande, dass er eschatologische Erwartungen kennt, obwohl sein Hauptinteresse dem Weiterleben der Seele nach dem Tod gilt. Bekannt sind ihm das Kommen des Messias, die Rückkehr

---

[145] BAUCKHAM, „Apocalypses" (142–)143.

[146] Siehe BAUCKHAM, „Apocalypses" 166; 171 mit Anm. 92; 178.

[147] Siehe KUGLER, „Testaments" 193.

[148] Vgl. BAUCKHAM, „Apocalypses" 166.

[149] Vgl. auch WENDEBOURG, *Tag* 134f.

[150] Hierzu und zum Folgenden s. NICKELSBURG, *Judaism* 62–64; C. STETTLER, *Kolosserhymnus* 189–194.

[151] Eine knappe Übersicht über die Eschatologie der Qumranschriften geben z. B. AUS, „Gericht Gottes" 467; SCHREINER, „Zur Eschatologie" 42f.

[152] AUS, „Gericht Gottes" 467.

Israels ins Land und die Hinwendung der Heiden zum jüdischen Glauben (praem. 79–172, bes. 95–97; 164, vgl. 171; Mos. II 44).[153]

„The fact that Philo not only allegorizes messianic themes ..., but also apparently finds it necessary to describe in detail and in a completely non-allegorical way the whole course of events involved in bringing about the messianic age and the nature of that age itself, but at the same time thoroughly spiritualizes and ‚dehistoricizes' it", zeigt nach Andrew Chester, dass „large-scale messianic expectation and messianic (and potentially revolutionary) movements either appeared or seemed about to appear".[154]

Josephus erwähnt die Messiashoffnung seines Volkes in Flav. Jos. Bell. 6,312f., distanziert sich aber selber davon und sieht die Messiasverheißung in Vespasian erfüllt.[155]

„It is ... a mistake to see Josephus himself as holding to popular Jewish messianic hope ... In fact he goes in precisely the opposite direction, deliberately defusing and de-eschatologizing it".[156]

Damit stellt sich Josephus, ähnlich wie Philo, gegen die starken messianischen Tendenzen in weiten Teilen des Volkes, über die er selbst anderswo berichtet (Flav. Jos. Bell. 6,286f.).[157]

In der rabbinischen Theologie nach dem dritten jüdischen Aufstand spielt wegen der katastrophalen Folgen der Indentifikation Bar Kochbas mit dem Messias die Messiaserwartung lange Zeit keine Rolle mehr (s. o.). Wichtig bleibt die apokalyptische Erwartung des neuen Äons, der auch als Gottesreich, als erneuerter Garten Eden oder als messianisches Festmahl charakterisiert wird, und zwar insofern, als der neue Äon durch jenen Toragehorsam herbeigeführt wird, den die Mischna definiert.[158] Inhaltlich erwarten die Pharisäer und das rabbinische Judentum als Lohn für die Toratreuen die leibliche Auferstehung, d. h. einen verherrlichten Leib, die Teilhabe am künftigen Äon und am endzeitlichen Festmahl, ewiges, paradiesisches Leben und Seligkeit im Garten Eden (Flav. Jos. Bell. 3,374; Flav. Jos. Apion 2,218f.; mAv 2,16; 3,17; 4,16f.20; mSan 10,1; TN Gen 3,22–

---

[153] Siehe CHESTER, *Messiah* 359–361; HAY, „Philo" 372f., zur Diskussion und Lit. s. 372 Anm. 46; 373 Anm. 47 und 48.

[154] CHESTER, *Messiah* 360.

[155] Zur Eschatologie des Josephus s. CHESTER, *Messiah* 420–422.

[156] CHESTER, *Messiah* 422.

[157] CHESTER, *Messiah* 421f.

[158] Siehe ALEXANDER, „Torah" 274f.

24).[159] Das Gegenstück zum Heil für die Gerechten sind Gehenna, Schwert und Feuer für die Frevler (mAv 1,5; 4,20; TN Gen 3,22–24 und 15,17).[160]

Eine gewisse Abfolge der eschatologischen Ereignisse wird auch noch im rabbinischen Judentum erwartet[161]: (1) die kollektive Umkehr Israels, (2) die Tage des Messias, (3) der Krieg zwischen Gog und Magog, (4) die Auferstehung der Toten, (5) das Endgericht und (6) der neue Äon.

„The age that is coming will find Adam's successor in Eden's replacement, that is, resurrected, judged, and justified Israel – comprising nearly all Israelites who ever lived – now eternally rooted in the Land of Israel."[162]

Im rabbinischen Verständnis rekapitulieren und realisieren die „letzten Dinge" in endgültiger Weise das, was in der Schöpfung und im Exodus angelegt war.[163]

Im Frühjudentum wie im späteren rabbinischen Judentum markiert das jüngste Gericht somit das Ende der alten, von Sünde, Leid und Tod geknechteten Welt und den *Beginn der Gottesherrschaft*, des neuen Äons. „Zwischen den beiden [Äonen] liegt ein tiefer Einschnitt, eine scharfe Zäsur, das große Gericht".[164] Am klarsten formuliert dies 4Esr 7,113f.:

„Der Tag des Gerichtes aber ist das Ende dieser Welt und der Anfang der unsterblichen kommenden Welt, in der die Vergänglichkeit vorüber ist, die Zuchtlosigkeit vertrieben, der Unglaube vertilgt, die Gerechtigkeit aber erwachsen und die Wahrheit entstanden ist".[165]

Ziel des Gerichts ist die Gottesherrschaft[166], die das Buch der Wächter so schildern kann:

---

[159] Siehe SPILSBURY, „Josephus" 257f.; ALEXANDER, „Torah" 286, Anm. 55; MCNAMARA, „Targum Themes" 311f.; NEUSNER in CHILTON/NEUSNER, *Classical Christianity and Rabbinic Judaism* 237–254.

[160] Siehe ALEXANDER, „Torah" 286 Anm. 54 und MCNAMARA, „Targum Themes" 311f. Zu den Formen des Verderbens nach den frühjüdischen Schriften s. VOLZ, *Eschatologie* 317–327. Zur Frage, ob dort eine Vernichtung (Auslöschung) oder eine andauernde Qual im Blick ist, vgl. ebd. 309–315.

[161] Nach NEUSNER in CHILTON/NEUSNER, *Classical Christianity and Rabbinic Judaism* 250.

[162] NEUSNER in CHILTON/NEUSNER, *Classical Christianity and Rabbinic Judaism* 250.

[163] NEUSNER in CHILTON/NEUSNER, *Classical Christianity and Rabbinic Judaism* 251 (vgl. 249–254).

[164] SCHREINER, „Zur Eschatologie" 36.

[165] Zitat nach *JSHRZ*.

[166] Im Buch der Wächter findet sich zwar kein terminologisches Äquivalent für „Gottesherrschaft", aber Gottes König- und Richtertum werden als eng verbunden dargestellt und sein Endgericht als die königliche Durchsetzung seiner Gerechtigkeit verstanden (s. ZAGER, *Gottesherrschaft* 81–87).

„Alle Menschenkinder sollen gerecht werden, und alle Nationen werden mich verherrlichen, mich preisen, und alle werden mich anbeten. Und die Erde wird rein sein von aller Verderbnis, von aller Sünde, von aller Strafe und von aller Qual; und ich werde nicht wieder (so etwas) über sie bringen von Generation zu Generation und bis in Ewigkeit" (10,21f.).[167]

Die Durchsetzung der Gottesherrschaft durch das Endgericht findet sich z. B. auch in 1. Henoch 37–71 (bes. 45,1–47,4; 48,2–50,5; 51,3–5; 43,1–54,6; 61,8–63,12; 69,27–29)[168]; 83–90; 92,5; 97; in der Assumptio Mosis[169], den Testamenten der zwölf Patriarchen[170], in 1QM[171] und 11QMelchizedek[172].[173] Im Prophetentargum ist oft davon die Rede, dass „die Königsherrschaft Gottes offenbart werden wird", und das Gericht („Vergeltung") wird dabei z. T. explizit erwähnt (z. B. TJon Ez 7,7.10). In TJon Jes 40,9; 52,7 wird die „gute Nachricht" des Freudenboten (מבסר = εὐαγγελίζων) inhaltlich als die „Offenbarung der Königsherrschaft Gottes" charakterisiert.[174]

Die *universale Perspektive* des Buches der Wächter (s. o.) wird in einem Teil der frühjüdischen Schriften fortgeführt, z. B. im Buch der Träume (1. Henoch 83–90): Nach 90,33–38 werden nach dem Endgericht sogar alle Unterschiede zwischen Israel und den Völkern verschwinden.[175] Auch die Wochenapokalypse (1Hen 91,11–17; 93,1–10), der Brief Henochs (1Hen 100,6; 104,12–105,2) und die Bilderreden (1Hen 50,1–3) teilen eine universale Perspektive, nach der schließlich auch Heiden am Heil teilhaben werden.[176] Richard Bauckham charakterisiert den Universalismus der Henochtradition so:

„Contrary to some caricatures of apocalyptic literature, the Enochic tradition retains the prophetic hope for the time when all the nations will acknowledge and worship the God of Israel. Not merely the vindication of the righteous, important as that is in this literature, but universal righteousness is the outcome of the contest against evil in which the righteous are currently engaged."[177]

Eine großartige Synthese prophetischer Verheißungen bietet das 3. Buch der Sibyllinen. Hier führt das Gericht Gottes im Anschluss an Jes 2,2–4

---

[167] Zitat nach *JSHRZ*. Vgl. BAUCKHAM, „Apocalypses" 139–142.
[168] Siehe ZAGER, *Gottesherrschaft* 90–94.
[169] Siehe ZAGER, *Gottesherrschaft* 94–97.
[170] Siehe ZAGER, *Gottesherrschaft* 97–99.
[171] Siehe ZAGER, *Gottesherrschaft* 99f.
[172] Siehe ZAGER, *Gottesherrschaft* 100–102.
[173] Weitere Belege z. B. bei WENDEBOURG, *Tag* 146.
[174] Siehe MCNAMARA, „Targum Themes" 342–346.
[175] Siehe BAUCKHAM, „Apocalypses" 147; NICKELSBURG, *Judaism* 76.
[176] Siehe NICKELSBURG, *Judaism* 76f.
[177] BAUCKHAM, „Apocalypses" 149.

und Mi 4,1–3 zur Umkehr der ganzen Heidenwelt, worauf die Aufrichtung der Gottesherrschaft erfolgt.[178]

Es gibt aber auch Schriften, die keine Hoffnung für Heiden kennen, so 4. Esra (vgl. 3,7; 8,1–3; 9,19–22; 13,5.11.34), Jubiläen, Daniel 7–12, das Testament Moses und der Pesher Habakuk (1QpHab).[179] Im rabbinischen Schrifttum, für das die Verbindung von Endgericht und Aufrichtung der Gottesherrschaft wichtig bleibt, ist sowohl eine universale als auch eine partikularistische Perspektive zu finden:

„There is an ongoing tension in rabbinic thought over the role of Israel as an elect people within humanity as a whole. One chauvinistic strand of thought stresses the idea that Israel alone is benefitted by her election. Another strand, however, sees Israel's election as ultimately benefitting humanity as a whole. She plays a priestly role within humanity, bearing divine revelation and the knowledge of God. Tannaitic literature tends to take the more chauvinistic line."[180]

Vergeltung und *Auferstehung* werden in vielen frühjüdischen Schriften verbunden. Die Erfahrung der Martyrien unter Antiochus IV. hat das Ihre zur Auferstehungshoffnung beigetragen: Wenn die Vergeltung in diesem Leben offensichtlich unvollständig ist bzw. das Gegenteil einer gerechten Vergeltung zu geschehen scheint, muss es eine Vergeltung nach dem Tod geben (so Sapientia Salomonis, 4. Makkabäer).[181]

Nach PsSal 2,31; 3,12; 13,11; 14,10 werden die Gerechten auferstehen am „Tag des Erbarmens" (14,9) und das Leben erben, die Ungerechten werden von ihren eigenen Taten eingeholt – jetzt schon und erst recht im Endgericht mit der Folge ewiger Vernichtung. Es wird kein Gedenken an sie geben, sie werden keinen Anteil an der Auferstehung zum ewigen Leben erhalten (2,31.34; 3.9–12; 14,9; 15,12). Diese Erwartung der Auferstehung (nur) der Gerechten findet sich in vielen frühjüdischen Schriften, so vor den pharisäischen Psalmen Salomos z. B. im chasidisch-vormakkabäischen Buch der Wächter (1Hen 22,9–13; 27,2f.), später in den essenischen Bilderreden (1Hen 46,6; 51,2) und im pharisäischen 2. Makkabäerbuch (7,9–14).[182]

Andere Schriften kennen offenbar keine leibliche Auferstehung, sondern nur ein *Weiterleben der Seelen* nach dem Tod, so im wohl noch chasidisch-vormakkabäischen Brief Henochs (1. Henoch 91–107) und im es-

---

[178] Siehe ZAGER, *Gottesherrschaft* 110f.

[179] Vgl. BAUCKHAM, „Apocalypses" 168; MCGLYNN, *Judgement* 38 Anm. 46; NICKELSBURG, *Judaism* 77–79. Zur Frage einer „nationalen Eschatologie" s. auch unten 6.f.

[180] ALEXANDER, „Torah" 291, Anm. 66; s. auch die bei ZAGER, *Gottesherrschaft* 106–109 angeführten Belege.

[181] S. o. II.F.3.b und GOWAN, „Wisdom" 233.

[182] Siehe C. STETTLER, *Kolosserhymnus* 237 (Lit.).

senischen Jubiläenbuch.[183] Wie weit sich die Qumran-Essener insgesamt zur Auferstehungserwartung stellten, ist umstritten. Immerhin nennt 4Q521 Gott (oder den Messias) den, „der die Toten seines Volkes belebt".[184] Stärker hellenisierte Schriften aus der Diaspora sind nur am individuellen Schicksal der Seelen nach dem Tod interessiert und kennen keine ausdrückliche Auferstehungshoffnung, so Philo (z. B. Cher. 114), Josephus[185] und das 4. Makkabäerbuch (z. B. 18,23)[186]. Die Sadduzäer lehnten die Auferstehungshoffnung explizit ab (Mk 12,18–27; Apg 4,2; 23,6–10)[187], vielleicht auch Sirach (38,21)[188].

Als Weiterführung der Hoffnung auf die Auferstehung der Gerechten lehren andere Schriften, dass zum Endgericht *alle Toten auferweckt* werden, weil auch das Gericht universal ist (Dan 12,1–3 LXX; Ezechiel-Apokryphon; LibAnt 3,10; TestBen 10,5–10; 2. Benediktion des Achtzehnbittengebets; die Lehrmeinung der Pharisäer, vgl. Apg 24,15).[189] Die Verbindung von universaler Vergeltung und allgemeiner Auferstehung zum Gericht wurde nach 70 n. Chr. im Judentum vorherrschend, wie es in 2. Baruch 49–51, im 4. Esrabuch, im Testament Hiobs und im 4. Buch der Sibyllinen, aber auch in den Targumim (z. B. TO Gen 3,19.27; TO Num 11,26) und in der frühen rabbinischen Literatur deutlich wird.[190]

Durch die Katastrophe 70 n. Chr. verloren die Sadduzäer, die Endgericht und Auferstehung der Toten ablehnten, sowie die Essener, deren Lehre über die Auferstehung nicht klar ist (s. o.), an Einfluss, während die Pharisäer, welche die oben dargestellte Verbindung von Auferstehung und Endgericht lehrten, maßgeblich an der Ausformung des rabbinischen Judentums beteiligt waren. Freilich war das rabbinische Judentum nicht einfach die Fortsetzung des Pharisäismus, auch verschwanden die anderen Gruppierungen nicht einfach über Nacht von der Bildfläche, wie man lange gemeint hat. Doch mehr und

---

[183] Siehe C. STETTLER, *Kolosserhymnus* 238 (Lit.).

[184] Frg. 7,6; Frg. 2 Kol. ii,12. Mit „Dann" ist im Kontext der Zeitpunkt der eschatologischen Rettung und Neuschöpfung gemeint (vgl. Frg. 2 Kol. i,9; Kol. ii,7.11). Zu diesem Text s. ZIMMERMANN, *Texte* 343–388, bes. 362–364; BETZ/RIESNER, *Qumran* 186–191; zur Frage der Auferstehungshoffnung bei den Essenern STEGEMANN, *Essener* 290f.; PUECH, *Croyance* Bd. 2; LICHTENBERGER, „Auferstehung"; zusammenfassend C. STETTLER, *Kolosserhymnus* 238f. Anm. 33.

[185] Zu Philo und Josephus s. u.; die Hoffnung des Josephus ist „of a completely individualizing, philosophical character" (CHESTER, *Messiah* 422, vgl. ebd. Anm. 54).

[186] Vgl. GOWAN, „Wisdom" 235.

[187] Siehe PUECH, *Croyance* 1,202–212.

[188] Siehe HENGEL, *Judentum* 274 (Lit.).

[189] Siehe PUECH, *Croyance* 1,213–242. Weitere Stellen bei SCHREINER, „Zur Eschatologie" 37 und C. STETTLER, *Kolosserhymnus* 236–239.

[190] Siehe MCNAMARA, „Targum Themes" 352 (weitere Lit. bei C. STETTLER, *Kolosserhymnus* 239).

mehr setzte sich die hillelitische Linie des Pharisäismus bis hin zu Rabbi Jehuda ha-Nasi im 2. Jh. durch.[191]

Es bestehen *große Unterschiede* in den einzelnen Anschauungen der verschiedenen Schriften.[192] Dies gilt auch für die Schriften der jüdischen Diaspora.[193] Die Unterschiede werden offenbar „problemlos akzeptiert und geradezu für selbstverständlich gehalten", ganz anders als die halachischen Differenzen der verschiedenen jüdischen Gruppierungen.[194] Es gab aber eine „*weltanschauliche Rückwand*", an die sich die im Volk einflussreichen frühjüdischen Gruppierungen anlehnten[195]: Diese wird fassbar in der *apokalyptischen Erwartung der Aufrichtung der Gottesherrschaft am Ende der Tage durch ein Weltgericht*. Sie nimmt ihren Ausgang bei Jesaja 55–66 und bei Sacharja und ist im Buch der Wächter und im Danielbuch (Kap. 2 und 7) belegt, die beide einen großen Einfluss auf die weitere apokalyptische Literatur ausübten.[196] Ihre Heimat hat diese „weltanschauliche Rückwand" in der vormakkabäischen chasidisch-apokalyptischen Theologie, die je auf ihre Weise durch die Essener und Pharisäer weitertradiert wurde.

Wie wir gesehen haben, lassen sich die einzelnen apokalyptischen Schriften nicht immer mit Sicherheit den Essenern oder Pharisäern zuordnen; dies hat damit zu tun, dass die eschatologischen Erwartungen ausgesprochen vielfältig waren und sich zwischen den chasidisch geprägten Gruppen weitgehend überschnitten, aber auch damit, dass wir immer noch viel zu wenig über die einzelnen Gruppierungen vor 70 n. Chr. wissen.[197]

Freilich haben die Sadduzäer und vielleicht auch Sirach gerade diese Erwartung abgelehnt, und einige frühjüdische Schriften haben keine eschatologische Ausrichtung, z. B. die Schriften Philos und des Josephus mit ihrer hellenistisch gefärbten Weltsicht[198], die Lehrerzählungen Tobit, Judith, Aristeasbrief, 3. und 4. Makkabäerbuch. In ihnen liegt der Fokus nicht auf dem Endgericht und dem Kommen der Gottesherrschaft, sondern auf dem Überleben des jüdischen Volkes in einer heidnischen Umgebung durch die Treue seiner Glieder zur Tora.[199]

---

[191] Siehe ALEXANDER, „Torah" 262–267; INSTONE-BREWER, *Prayer* 4f.

[192] „Gott als Richter" 41(–43). Eine gute, knappe Übersicht über die wichtigsten Motive gibt ZAGER, *Gottesherrschaft* 104–106.

[193] So mit Recht REISER, *Gerichtspredigt* 152, gegen U. FISCHER, *Eschatologie* 255f.

[194] K. MÜLLER, „Gott als Richter" 43. Einschränkend ist zu sagen, dass zumindest Texte wie Mk 12,18–27 und Apg 23,6–10, aber auch mSan 10,1 zeigen, dass im 1. und 2. Jh. eschatologische Themen sehr wohl Auslöser heftiger Auseinandersetzungen sein konnten. Zudem sind viele rabbinische Diskussionen über das Gericht überliefert.

[195] K. MÜLLER, „Gott als Richter" 44 (Hervorhebung von mir).

[196] Siehe oben den alttestamentlichen Teil und K. MÜLLER, „Gott als Richter" 45–49.

[197] Siehe HENGEL/SCHWEMER, *Jesus* 167f.

[198] Zu ihren gelegentlichen Hinweisen auf eschatologische Traditionen s. o.

[199] Siehe P. R. DAVIES, „Didactic Stories" 131. Das Buch Judith stammt gar aus pharisäischen Kreisen, hat aber nicht die Eschatologie zum Thema.

Zusammenfassend können wir festhalten, dass in einem großen Teil der frühjüdischen Schriften ein Endgericht erwartet wird. Diese Schriften repräsentieren die apokalyptische Theologie der vormakkabäischen Chasidim, wie sie v. a. von den Pharisäern und Essenern aufgenommen und weitertradiert wurde. Besonders die Pharisäer waren im Volk seit der Mitte des 2. Jh.s v. Chr. sehr einflussreich. Auch in der Volksfrömmigkeit der Diasporajuden war die chasidische Erwartung vorherrschend, während die gebildete Oberschicht des Diasporajudentums teilweise, weil stärker vom Hellenismus beeinflusst, nur am individuellen Schicksal der Seele nach dem Tod interessiert war. Das Endgericht ist in den chasidisch beeinflussten Schriften das Mittel zur Durchsetzung der Gottesherrschaft. In einem Teil der Schriften ereilt das Endgericht die dereinst Lebenden; mehr und mehr verbindet sich mit der Erwartung des Gerichts aber die Erwartung einer Auferstehung der Toten, zunächst als Auferstehung der Gerechten, später als universale Auferstehung. Der Ausgang des Gerichts ist ein doppelter: Die Gerechten erben das Leben der Gottesherrschaft, die Ungerechten fallen dem Verderben anheim und haben keinen Anteil an der kommenden Welt.

3. Der Messias und sein Volk als Gottes Gerichtswerkzeuge

In den frühjüdischen Schriften wird die schon im Alten Testament zu beobachtende Entwicklung fortgeführt, dass Gott nicht allein richtet, sondern sich unterschiedlicher Gerichtswerkzeuge bedient (s. o. II.F.2.d). Wie wir gesehen haben, verstand die alte Jerusalemer Königsideologie den Davididen als Stellvertreter JHWHs auf Erden, durch den JHWH seine Herrschaft und sein Gericht ausübt (s. o. II.D.2). Dass Gott sein Gericht delegiert bzw. „Gerichtswerkzeuge" benutzt, ist also konzeptionell keine „Ausnahme" gewisser frühjüdischer messianischer Texte.[200]

Der Messias[201] (bzw. der messianische Menschensohn und Gottesknecht) bleibt auch nach frühjüdischen Texten Richter in JHWHs Auftrag (z. B. 1Hen 41,9; 45,3; 52,4.9; 55,4; 61,7–9; 62; 69,26–29; Psalmen Salomos 17; 4. Esra 11–13; Sib 5,414–419).[202] Dass Gott durch den Messias

---

[200] Gegen AUS, „Gericht" 466. Zu den im Folgenden genannten verschiedenen Möglichkeiten der Delegation s. auch BRANDENBURGER, „Gerichtskonzeptionen" 327f.; REISER, *Gerichtspredigt* 146.

[201] Zur Diskussion über die Definition von „Messias" und „messianisch" s. o. Kap. II.F.2.d. Wenn man die Definition von „Messias" weit fasst im Sinne eines „agent of final divine deliverance", können vier Kategorien unterschieden werden, die „variations on a theme" darstellen: der königliche, priesterliche, prophetische und himmlisch-präexistente Messias (CHESTER, *Messiah* 324–327, Zitate: 326).

[202] Vgl. AUS, „Gericht" 466–468; REISER, *Gerichtspredigt* 146; VOLZ, *Eschatologie* 214f.

Gericht hält, findet sich auch in rabbinischen Texten (bChag 14a [R. Aqiba], bSan 93b; TJon Jes 16,4f.; 28,5f.; 53,9; MTeh 21,5 zu Ps 21,9; MTeh 110,4 zu Ps 110,1; PesK 18,6).[203]

Dass der Messias das *göttliche* Gericht durchführt, wird in manchen Texten im Anschluss an Jes 11,1–5 (s. o. II.F.2.d) dadurch verdeutlicht, dass er mit dem Wort seines Mundes, nicht mit militärischer Gewalt herrscht und richtet: Nach 1Q28b Frg. 27f.; 4Q285 Frg. 5 und 4Q161, Frg. 8–10 (vgl. 2. Baruch 40) hält der „Spross Davids", der „Fürst der Gemeinde", Gericht, indem er seinen Erzrivalen, den König der Kittim, „mit der Kraft (s)eines Mundes und ... durch Hauch (s)einer Lippe schlägt".[204] Auch nach 4Esr 12,31–34; 13,9–11.37f. richtet der Messias-Menschensohn ohne militärische Gewalt. Hingegen ist der Messias im palästinischen TO zu Gen 49,10–12 und zu Num 24,17–24 und ebenso in Psalm Salomos 17 als kriegerischer Richter gezeichnet.[205]

Der in der Literatur oft zu findende Gegensatz zwischen transzendentem und irdischem Messias wird den Texten nicht gerecht. Mit Martin Hengel können wir sagen:

„Es wäre ... irreführend, wenn man im zeitgenössischen Judentum einen grundsätzlichen Gegensatz zwischen dem irdischen Messiaskönig als Kriegshelden und dem Menschensohn-Erlöser als himmlischer Gestalt konstruieren wollte; beide Motive haben sich in vielfältiger, immer wieder neuer Weise verbunden. ... Man sollte die Vorstellung einer ‚reinen Transzendenz' ebenso aus den Beurteilungskategorien der ‚Apokalyptik' verbannen wie das Zerrbild einer ‚ausschließlich irdischen Hoffnung'. ... Die Gestalt eines *vom Himmel kommenden Erlösers* musste entsprechend durchaus nicht zur Vorstellung vom realen eschatologisch-messianischen Krieg in Widerspruch stehen."[206]

Dies zeigen auch die oben erwähnten Stellen, die einen Messias erwarten, der auch Kriege gegen irdische Feinde führt, der diese aber nicht mit irdischer Gewalt, sondern mit dem Wort seines Mundes besiegt.[207]

Nach Georg Fohrer ist die Messiaserwartung im Frühjudentum „nur in kleinen Kreisen lebendig gewesen und hat auch in ihnen lediglich einen Nebenzug gebildet".[208] Dies trifft keineswegs zu. Schon in der persischen und frühen hellenistischen Zeit war die Messiashoffnung von großer Bedeutung (s. o. II.F.2.d). Sie setzte sich in den chasidisch-apokalyptischen Schriften der Hasmonäer- und herodianischen Zeit fort, z. B. im chasidi-

---

[203] Vgl. AUS, „Gericht Gottes" 468.

[204] Siehe dazu HORBURY, *Messianism* 61.

[205] Zu den Targumim s. MCNAMARA, „Targum Themes" 346f. (Lit.).

[206] HENGEL, „Hoffnung" 334f.

[207] Siehe v. a. auch CHESTER, *Messiah* 291–294.361 und HORBURY, *Messianism* 86–108, der nachweist, dass die transzendenten Züge des Messias in der Apokalyptik des 1. Jh.s v. und n. Chr. sowie im Neuen Testament auf Elemente alttestamentlicher Messiastexte und deren frühe Interpretation, wie sie in der LXX greifbar ist, zurückgehen.

[208] FOHRER, „Fehldeutungen" 165.

schen Buch Daniel, den pharisäischen Psalmen Salomos und den essenischen Qumranschriften, bis hin zum pharisäisch-frührabbinischen 4. Esrabuch (nach 70 n. Chr.).[209] Sie wird beispielsweise auch bei jenen messia-
nisch-chasidischen Kreisen von „Gerechten" greifbar, die nach Lukas „auf
das Reich Gottes warteten" (Lk 2,25.38; 23,51; 24,21) und denen die Familien von Johannes dem Täufer und Jesus nahe standen.[210]

Ein Teil der frühjüdischen Schriften, besonders aus vorherodianischer
Zeit, erwähnt keinen Messias (z. B. Baruch, Tobit, Judith, 1. und 2. Makkabäer, 3. Esra, die griechischen Zusätze zu Daniel und Esther, der Brief
Jeremias und Sapientia Salomonis). Die meisten von ihnen sind Erzählungen, die keine eschatologische Ausrichtung haben.[211] Sie sind aber zeitgleich mit stark messianischen Schriften[212], und ihre Gebete und prophetischen Passagen erwarten die Sammlung des Gottesvolks zum Zion und die
Rache an den Feinden durch Gott selber. Dies „can naturally imply a messianic leader", wie Parallelen in messianisch ausgerichteten frühjüdischen
Schriften zeigen, die sich auf dieselben Schriftstellen beziehen. William
Horbury betont mit Recht:

> „mention of a messianic leader was not thought incompatible with heavy emphasis on the
> deliverance as the work of God himself. It is therefore by no means clear that the silence
> of the prayers and predictions in the narrative Apocrypha ... should be unterstood to ex-
> clude a messianic interpretation".[213]

Zumindest hat das davidische Königtum für eine Reihe dieser Schriften eine sehr hohe Bedeutung.[214] Im Großen und Ganzen können wir also festhalten, dass messianische Erwartungen durch die gesamte frühjüdische
Zeit hindurch als Entwicklung alttestamentlicher Themen z. T. in der Form

---

[209] Siehe dazu HORBURY, *Messianism* 46–63. Zur Diskussion der These eines „messi-
anologischen Vakuums" von 500–150 v. Chr. s. das Folgende und v. a. CHESTER, *Messiah* 276–297. CHESTER fasst seinen Durchgang durch die Belege für diesen Zeitraum so
zusammen: „there is an obvious lack of messianic reference in the case of some bodies of
text ... But there is nevertheless a significant amount of evidence, and some of it is very
striking; and that includes some of the recently available Qumran texts" (279). Weiter
warnt CHESTER davor, die Lehre der überlieferten Schriften mit der Volksfrömmigkeit
gleichzusetzen. Er verweist darauf, dass Philo und Josephus trotz ihrer eigenen unmessi-
anischen Haltung messianische Traditionen erwähnen, weil diese einflussreich waren; die
jüdischen Feste und Gebete sowie die jüdischen Aufstände und ihre Protagonisten weisen
ebenfalls darauf hin, „that messianism was, potentially, a very fervent *hope* for the common people" (279, vgl. 356–359).

[210] Vgl. o. Abschn. 1.

[211] HORBURY, *Messianism* 52f.

[212] Siehe HORBURY, *Messianism* 53.

[213] HORBURY, *Messianism* (54–)55.

[214] HORBURY, *Messianism* 55–58.

eines „latent messianism"[215], oft aber in expliziter Form vorhanden waren. Erst recht für das 1. Jh. v. und n. Chr. kann man sagen, dass messianische Erwartungen „widely held and commonly understood" waren – „there was clearly a generally widespread acquaintance with royal messianic expectation".[216]

Nach George Nickelsburg ist Psalm Salomos 17 „[o]ur most detailed source for postexilic speculation about a futur Davidic king".[217] In diesem pharisäischen Text aus der Mitte des 1. Jh.s n. Chr. werden viele der alttestamentlichen Traditionen aufgenommen, so neben Anklängen an Psalm 89 v. a. Ps 2,9 (V. 23f.), Jes 11,2.4 (V. 37.24), Ezechiel 34 (V. 40) und der Titel „Gesalbter" (V. 32).[218] Auch die priesterlichen Züge des Messias (V. 30, vgl. 36.43)[219] sind nicht wirklich neu (vgl. 2Sam 6,13.14.18; Ps 110,4; Sach 4,14 und der priesterliche Messias in Qumran).

Eine weitere wichtige Verschmelzung alttestamentlicher Traditionen finden wir in den Bilderreden (1. Henoch 37–71).[220] Der Messias wird einerseits mit Motiven der davidischen Tradition charakterisiert: Er ist Gottes „Gesalbter", der seinen Geist trägt, und übt als solcher Gottes Gericht über die Welt aus (48,8–10; 49,3f.; 62,2f.; vgl. Psalm 2 und Jesaja 11). Weiter ist auch der messianische „Menschensohn" von Daniel 7 vorausgesetzt, allerdings wird dem Menschensohn der Bilderreden das Gericht übertragen, während er in Daniel nicht am Gericht beteiligt zu sein scheint und erst nach dem Gericht inthronisiert wird. Drittens wird der Messias in den Bilderreden der „Erwählte" und „Gerechte" genannt – Titel des Gottesknechts in Jes 42,1; 53,11. Auch seine „Nennung" (1Hen 48) nimmt die Berufung des Gottesknechts (Jesaja 49) auf. Die Gerichtsszene in 1Hen 62f., in der der Menschensohn auf dem Thron der göttlichen Herrlichkeit sitzt und die Könige der Erde richtet, nimmt Jesaja 52,13–53,12 auf.[221] Schließlich ist der Menschensohn auch der Träger und Vermittler der göttlichen Weisheit und war wie sie schon vor der Schöpfung da (1Hen 46,3; 48,6; 49,3; 51,3): „this transcendent figure embodies also characteristics of divine Wisdom".[222]

---

[215] CHESTER, *Messiah* 281.

[216] CHESTER, *Messiah* 282.

[217] NICKELSBURG, *Judaism* 92.

[218] Siehe NICKELSBURG, *Judaism* 92f.

[219] NICKELSBURG, *Judaism* 93.

[220] Das Folgende schließt sich NICKELSBURG, *Judaism* 104f. an.

[221] „The Servant of Second Isaiah was already a synthesis of royal, prophetic, and, in a way, priestly strains of the tradition", freilich als leidender und sterbender Gottesknecht, der erst danach erhöht wird – dieser Aspekt fehlt in den Bilderreden völlig (NICKELSBURG, *Judaism* 105).

[222] NICKELSBURG, *Judaism* 105; vgl. C. STETTLER, *Kolosserhymnus* 140–142 (Lit.).

Wie wir gesehen haben (s. o. Abschn. A.4), tritt die Messiaserwartung in der rabbinischen Theologie nach 135 n. Chr. in den Hintergrund (nicht aber in der Volksfrömmigkeit). Der Messias nimmt zwar immer noch eine zentrale Rolle im eschatologischen Drama ein, hingegen scheint seine *Person* an Bedeutung eingebüßt zu haben.[223] Darauf deutet die Tatsache hin, dass mehrere Messiasse auftreten können: aus dem Haus Josephs, dem Haus Davids, als Hoher Priester; einer kann sterben und wird durch einen anderen ersetzt. Der Messias ist nur der Vorläufer der endgültigen Wiederherstellung, der Herrschaft *Gottes*:

„People want the Messiah to come ... but that is only because he will inaugurate the eschatological drama, not because, on his own, he will bring the drama to its conclusion. Only God will."[224]

Dazu kommt, dass Entscheidung über den Zeitpunkt der Ankunft des Messias ganz in der Hand Israels liegt, nicht in der Hand des Messias:

„Israel's own repentance will provide the occasion, and God will do the rest. Is is when Israel has repented that the Messiah will come. ... The Messiah responds to Israel's decision".[225]

Wie schon im Alten Testament, so wird auch in den frühjüdischen Texten das Verhältnis von Messiasherrschaft und Gottesherrschaft nicht einheitlich dargestellt.[226] Wie dort, so stellt auch hier das Nebeneinander von Gottes- und Messiasherrschaft kein Problem dar. Manche Texte sprechen in einem Atemzug von der Herrschaft Gottes und des Messias (z. B. Sib 3,47–49.51; PsSal 17,1.3.21–44.46, vgl. V. 34: „Der Herr selbst ist sein [= des Messias] König"; 1. Henoch 62), beide sind von ewiger Dauer (Dan 7,14; Sib 3,49f.; 1Hen 49,1; 62,14; 71,15–17). Auch für manche frühen rabbinischen Texte sind die „Tage des Messias" gleichbedeutend mit der „kommenden Welt".[227] Andere Texte kennen ein zeitlich begrenztes Messiasreich *vor* dem kommenden Äon (2. Baruch 29f.; 40,3; 72–74; 4Esr 7,28–31; 12,32–34). Die Dauer dieses vorläufigen Messiasreichs wird ganz unterschiedlich angegeben.[228]

---

[223] Dazu und zum Folgenden s. NEUSNER in CHILTON/NEUSNER, *Classical Christianity and Rabbinic Judaism* 245–248.

[224] NEUSNER in CHILTON/NEUSNER, *Classical Christianity and Rabbinic Judaism* 245f.

[225] NEUSNER in CHILTON/NEUSNER, *Classical Christianity and Rabbinic Judaism* 248.

[226] Zum Folgenden s. H. STETTLER, *Christologie* 213–216; GESE, „Messias" 130–133.143; HENGEL, „Jesus" 163; „Setze dich" 164.187; DERS./SCHWEMER, *Königsherrschaft* 9f.; VOLZ, *Eschatologie* 71–77.223–228.

[227] Siehe die Texte bei VOLZ, *Eschatologie* 71f., vgl. auch Joh 12,34.

[228] Nach 4Esr 7,28: 400 Jahre (manche Textzeugen haben 40 oder 300 oder 1000 Jahre); die frühen Rabbinen nennen viele unterschiedliche, immer exegetisch begründete Zahlen von 40 bis zu 7000 Jahren (s. VOLZ, *Eschatologie* 226f.).

Wie schon im Alten Testament (s. o. II.F.2.d), so kann auch in den frühjüdischen Schriften das Gericht nicht nur dem Messias, sondern auch allen Erwählten übertragen werden.[229] Nach 1Hen 38,5; 48,9; 91,12 werden die Könige und Sünder in die Hände der Gerechten und Heiligen übergeben zu einem gerechten Gericht (vgl. Dan 7,22LXX)[230]. Von der Übergabe der Herrschaft an die Gerechten (vgl. Dan 7,22.27) sprechen in positiver Ausrichtung 1Hen 92,4; 96,1; 108,12 (vgl. Lk 22,30; Mt 19,28); 1QM 1,5; 12,14–16 (vgl. 19,7f); 1Q28b 5,21.[231] Die Frommen bzw. Gerechten werden auch in 1Hen 1,1; 90,19; 91,12; 95,3; 96,2f. und SapSal 3,8 (vgl. 4,16) als am Gericht aktiv beteiligt gesehen. Weitere frühjüdische Beispiele sind 1QpHab 5,4 und 1QH 8,18f.[232] Nach der Kriegsrolle von Qumran führen die Kinder des Lichts gegen die Kinder der Finsternis den Endkrieg (z. B. 1QM 1,1.11; 7,5). Hingegen verneint das 4. Esrabuch jede Beteiligung von Menschen am Gericht; nur Gott und der Messias-Menschensohn führen das Gericht durch (12,31–34; 13,8–11.37f.). Richard Bauckham bemerkt dazu:

„This is a forceful rejection of the kind of militaristic messianic activism which had issued in the Jewish revolt and led to the destruction of Jerusalem by the Romans ... For *4 Ezra* the role of the righteous is to keep God's law; judgment and salvation should be left to God alone."[233]

Was wir oben in Bezug auf Daniel 7 festgestellt haben (II.F.2.d), nämlich dass sich der Messias und das erwählte Volk als Richter nicht aus-, sondern einschließen, gilt genauso für die hier behandelten Texte.

In frühjüdischen Texten kann das Gericht ferner weiteren Gestalten übertragen werden, so dem Erzengel Michael (Dan 12,1; AssMos 10,2; 1QM 17,6–8; vgl. Offenbarung 12) und weiteren Strafengeln (1Hen 91, 14)[234], Abel (Testament Abrahams 13) oder Melchisedek, unterstützt von den Elim (11QMelchisedek 10–13).[235]

In den Qumranschriften steht Michael den Engeln des Lichts vor und kämpft gemeinsam mit den „Söhnen des Lichts"; auf der Gegenseite steht der Engel der Finsternis, dem böse Engel und frevelhafte Menschen unterstehen (1QS 3,17–25).[236] Im Alten Testament stellte der „Engel JHWHs" ursprünglich „die dem Menschen zugewandte Seite Gottes" dar; in manchen Texten werden JHWH und sein Engel nicht klar unterschieden (Gen 18,1–15;

---

[229] Zum Folgenden vgl. H. STETTLER, „Heiligung" 374; GRAPPE, „Logion" 204–207.

[230] Der Text der LXX spricht in Dan 7,22 eindeutig von der Übergabe des Gerichts an die Heiligen. Der aramäische Text dagegen *kann* zwar in diesem Sinne gedeutet werden, doch legt der Wortlaut näher, dass gemeint ist, Gott werde Gericht zugunsten der Heiligen geben (so z. B. GOLDINGAY, *Daniel* 146).

[231] Belege bei BREKELMANS, *Saints* 328.

[232] AUS, „Gericht" 467.

[233] BAUCKHAM, „Apocalypses" 165.

[234] S. dazu REISER, *Gerichtspredigt* 45.

[235] Vgl. auch WENDEBOURG, *Tag* 149f.; NICKELSBURG, *Judaism* 100.

[236] Zur Rolle der Engel in den Qumranschriften s. LICHTENBERGER, „Engel".

22,15f.; Ex 3,1–6).[237] Später wurde diese „Außenseite" JHWHs in zwei Aspekte aufgeteilt, ohne dass damit zunächste das alte Konzept aufgegeben wurde: Die das Wort offenbarende, sprechende, gnädige Seite Gottes (die JHWH-Seite) wurde nun mit „Gabriel" benannt, die machtvolle, kämpfende, Gerechtigkeit schaffende Seite (die Elohim-Seite) mit „Michael".[238] Wenn also Michael das Gericht durchführt, ist letztlich Gott selbst der Richter. In manchen apokalyptischen Texten werden Engel-Konzeptionen unterschiedlicher Herkunft (Engel des Herrn, himmlischer Hofstaat, Schutzengel, Deuteengel etc.) miteinander verbunden.[239] So werden Gabriel und Michael zu zwei von mehreren Erzengeln und damit als Geschöpfe verstanden, was ursprünglich nicht der Fall war.[240]

4. Vergeltung unmittelbar nach dem Tod oder im Endgericht?

In der Sapientia Salomonis, in 1. Henoch 22; 92–105, den Testamenten der zwölf Patriarchen, dem Testament Abrahams, dem Liber Antiquitatum Biblicarum und in 4. Esra 7 findet sich eine individuelle Scheidung der Seelen direkt nach dem Tod.[241] Auf Grund des Lebenswandels eines Menschen steht das Schicksal seiner Seele bei seinem Tod schon fest; diese Vorstellung resultiert aus der Verlängerung des Tun-Ergehen-Zusammenhangs über den Tod hinaus.[242] Das unterschiedliche Schicksal der Seelen wird mit den genau gleichen Bildern beschrieben wie das Schicksal der Menschen nach dem Endgericht.[243] Daraus wird deutlich, dass die individuelle Scheidung direkt nach dem Tod nicht in Konkurrenz zur Erwartung des universalen Endgerichts steht, sondern diese traditionsgeschichtlich voraussetzt. In den genannten Texten schließen sich denn auch die beiden Konzeptionen nicht aus, sondern sind miteinander verbunden.[244] *Die Individualisierung der Gerichtsverkündigung verläuft also parallel zur Universalisierung und Eschatologisierung in denselben Schriften und ist nicht ein „anderes Gerichtskonzept".*

Die individuelle Scheidung direkt nach dem Tod macht das Endgericht nicht überflüssig, da auch der physische Kosmos und die Weltgeschichte in

---

[237] Ego, „Seite" 11f. (Zitat: 12).

[238] Mündlicher Hinweis von Professor Dr. H. GESE, Tübingen.

[239] S. dazu EGO, „Seite" 12–17.

[240] Siehe auch MACH, *Entwicklungsstadien.*

[241] Siehe die Besprechung dieser Texte bei REISER, *Gerichtspredigt* und die Zusammenfassung ebd. 137–140; zur Sapientia Salomonis s. o. II.F.3.b.(4).

[242] Vgl. oben II.F.3.b. Es handelt sich also um eine genuin israelitische Entwicklung und keineswegs primär um hellenistischen Einfluss; man kann dies nur behaupten, wenn man die Entwicklung der israelitischen Weisheitstheologie völlig ausblendet (gegen REISER, *Gerichtspredigt* 30.42.140).

[243] Siehe REISER, *Gerichtspredigt* 139 im Vergleich zu 136f.

[244] REISER hat diesen Zusammenhang einleuchtend herausgearbeitet (*Gerichtspredigt* 139f.). Trotzdem spricht er von einer sekundären „Kombination" von zwei verschiedenen Konzepten, weil er verschiedene traditionsgeschichtliche Wurzeln annimmt (133f.140).

die Gottesherrschaft überführt werden müssen. Die Erwartung einer *leiblichen Auferstehung* ist die Konsequenz daraus.[245]

Eine Folge der Auferstehungshoffnung ist die Lehre vom *Zwischenzustand*: Wenn die individuelle Existenz den leiblichen Tod überdauert (z. B. Ps 73,23–26 und Hi 19,25–27)[246], also der Tod als Trennung von Leib und Seele aufgefasst werden kann, befindet sich die Seele zwischen Tod und Auferstehung in einem Zwischenzustand. Das Ergehen der Seele im Zwischenzustand entspricht in vorläufiger, nicht-leibhafter Weise dem endgültigen leiblichen Zustand des betreffenden Menschen nach Auferstehung und Endgericht (vgl. die Vorstellung von getrennten Aufenthaltsorten für die Seelen der Gerechten und der Frevler, z. B. 1. Henoch 22; 4Esr 7,75–101; ferner z. B. Lk 16,22–26; 23,42f.; Phil 1,23).[247] In der Lehre vom Zwischenzustand treffen sich die Auferstehungshoffnung und die im stärker hellenisierten Judentum, aber auch in essenischen Kreisen verbreitete Erwartung eines Weiterlebens der Seele nach dem Tod. Zum ersten Mal begegnet die Lehre vom Zwischenzustand im 3. Jh. v. Chr. im Buch der Wächter (1. Henoch 22).[248] Weitere Beispiele sind die Apokalypse Zephanjas, die Sapientia Salomonis, der Liber Antiquitatum Biblicarum und am klarsten das 4. Esrabuch.[249] Jene Lehre wird gegen Ende der frühjüdischen Zeit immer breiter akzeptiert.[250]

Ab ca. 100 n. Chr. kann die nachtodliche Scheidung auch als *Gerichtsverfahren* geschildert werden, das Endgericht wird dann zu einem zweiten Gericht. Die ersten Belege dafür sind das Testament Abrahams und bBer 28b.[251] In dieser Entwicklung zeigt sich deutlich der aspekthafte Charakter des jüdischen Denkens, das scheinbar Unvereinbares zusammendenkt, ohne es völlig in ein logisches System aufzulösen.

---

[245] Vgl. REISER, *Gerichtspredigt* 143f. Zum Problem der Auferstehungshoffnung in der Sapientia Salomonis s. o. II.F.3.b.(4).

[246] Siehe GESE, „Tod" 43–49.

[247] Siehe VOLZ, *Eschatologie* 256–272. Wo keine Auferstehung der Frevler erwartet wird, fahren deren Seelen nach ihrem Tod direkt an den Ort der Verdammnis, während die Seelen der Gerechten zunächst in einem paradiesischen Zwischenzustand ruhen, um erst nach ihrer leiblichen Auferstehung und dem Endgericht verherrlicht zu werden (z. B. 2. Baruch 30; PsSal 3,11f.; 14,9f.; 1Hen 22,13). Trotzdem ist auch in diesen Zusammenhängen davon die Rede, dass das Endgericht über die Frevler ergehen wird (PsSal 15,10–13; 2Bar 30,4f.). Beides wird nicht miteinander systematisiert, sondern bleibt aspekthaft nebeneinander stehen.

[248] Siehe BAUCKHAM, „Apocalypses" 144.

[249] Siehe REISER, *Gerichtspredigt* 140; LARCHER, *Études* 301–321.

[250] BAUCKHAM, „Apocalypses" 157.

[251] So REISER, *Gerichtspredigt* 109–117.121f.138.

5. Das Wortfeld „gerecht" in den frühjüdischen Schriften[252]

Da die frühjüdischen schriftlichen Zeugnisse in den unterschiedlichsten Sprachen überliefert sind und das Hebräische und Aramäische nach dem Exil selbst Wandlungen unterworfen waren, ist eine semantische Analyse des Wortfelds „gerecht" nicht einfach. „It is no wonder then, that we lack basic work in lexical semantics on the terms for righteousness in these materials."[253]

Generell lässt sich beobachten, dass die oben zum alttestamentlichen Gebrauch des Wortfelds צדק herausgearbeiteten semantischen Komponenten weiterhin bestimmend sind. Die „Gerechtigkeit" von Menschen ist nach wie vor vom Tun des Guten und Rechten bestimmt, v. a. natürlich vom Toragehorsam. Ein frühes außerbiblisches Beispiel ist ein Brief aus Elephantine an einen persischen Statthalter vom Ende des 5. Jh.s v. Chr.: „Wenn sie so handeln, ... wird es dir Gerechtigkeit sein vor JHWH, dem Gott des Himmels".[254] 4QMMT C 31 (= 4Q398 Frg. 14 ii 7) aus der Mitte des 2. Jh.s v. Chr. formuliert so: „... damit es dir zur Gerechtigkeit angerechnet wird, da du das Rechte vor Ihm tust und das Gute zu deinem Besten und für Israel". Dieser Gebrauch von „Gerechtigkeit" in Bezug auf Menschen liegt ganz auf der Linie alttestamentlicher Aussagen wie Ps 106,31 und Dtn 24,13. In der frühen rabbinischen Theologie wird (ת)זכו („Unschuld", von זכך/יכה „rein, schuldlos sein") als Parallelbegriff zu צדקה wichtig (z. B. mAv 2,2). Auch der Begriff „Lohn" (שכר) gewinnt an Bedeutung.[255]

Wie weit צדקה und (ת)זכו auch den Aspekt von „Verdiensten" vor Gott („saving benefit") annehmen konnten[256], ist umstritten. Nach E. P. Sanders heißt „gerecht sein" im Frühjudentum so viel wie „im Bund sein"; Gerechtigkeit könne nicht *erworben*, sondern nur von JHWH durch die Aufnahme in den Bund *geschenkt* und dann von den Menschen im Toragehorsam *bewahrt* werden.

Besonders in Qumran kommen „Gerechtigkeit" und „Bund" oft zusammen vor (z. B. 0QCD 3,15; 20,11f.).[257] Wie im Alten Testament, so hat auch hier der Bund die Komponente der Verpflichtung auf JHWHs Recht (vgl. 1QS 1,7f.: „... alle, die willig sind, Gottes Gebote zu erfüllen, in den

---

[252] Vgl. zum Folgenden SEIFRID, „Rightousness Language" 430–442. SEIFRID betont allerdings den retributiven Charakter von Gottes Gerechtigkeit und den Verdienstcharakter menschlicher Gerechtigkeit zu einseitig.

[253] SEIFRID, „Rightousness Language" 431.

[254] Zitiert nach SEIFRID, „Rightousness Language" 433.

[255] Siehe dazu STEMBERGER, *Verdienst*, bes. 9f., und zum „Lohn" im frühjüdischen Schrifttum KONRADT, *Gericht* 234–253.

[256] So SEIFRID, „Rightousness Language" (432–)433.

[257] Weitere Beispiele bei SEIFRID, „Rightousness Language" 434 Anm. 90.

Bund der Barmherzigkeit herbeizubringen"). [258] In typisch frühjüdischer Aspektive stehen in Qumran mehrere scheinbar widersprüchliche Aussagen nebeneinander: (1) Die menschliche Gerechtigkeit ist ganz Geschenk Gottes, der allein Vergebung schenkt (1QS 11,10–15.17; 1QH 12,29–37); (2) Sünde wird auch durch die Tatgerechtigkeit der Gemeinschaft gesühnt (1QS 8,1–4; 9,4f.); (3) im „Bund" ist jeder zur Vollkommenheit des gerechten Wandels verpflichtet (1QS 1). „Gerechtigkeit aus Gnade" und „Gerechtigkeit aus Werken des Gesetzes" (um paulinische Terminologie zu verwenden) schließen einander in Qumran nicht aus, sondern ein. Für Gerechtigkeit als Toragehorsam den Begriff „Verdienst" zu verwenden, ist nicht ratsam, da Letzterer von seiner Verwendungsgeschichte her den Aspekt der Gnade ausschließt.

Auch für die frühe rabbinische Literatur ist menschliche „Gerechtigkeit" eminent der Gehorsam der Weltordnung gegenüber, wie sie in der Tora offenbart ist. Auf rechtes Tun antwortet Gott mit Vergebung. Daneben steht gleichwertig die Erwählung Israels durch JHWH, die nicht aufgrund von Israels Gerechtigkeit geschah. In einzelnen Aussagen wird mal dieser, mal jener Aspekt (stärker oder ausschließlich) betont; doch nur beide Aspekte zusammen ergeben das Gesamtbild für die rabbinische Sicht. [259] Freilich fehlt im rabbinischen Judentum der für Qumran wichtige Aspekt, dass sogar die Buße nur durch Gottes Wirken zustandekommen kann: „Wie in Qumran, so wird auch nach rabbinischer Lehre die Buße verlangt, wenn Gott Sünden vergeben soll. Aber die Buße ist nicht von Gott gewirkt, und ein jeder ist dazu ermächtigt, recht zu handeln und die Sünde abzuwehren." [260] Der Mensch hat nach rabbinischer Anschauung die Macht (רשות) zur freien Wahl (mAv 3,15; TN und TJ I zu Gen 4,7f.). [261]

Auch im Blick auf *Gottes* Gerechtigkeit setzt sich im Frühjudentum zunächst der alttestamentliche Sprachgebrauch fort. Wie die „Gerechtigkeit" des Königs, so ist auch Gottes „Gerechtigkeit" heilbringend, indem sie dem Recht Geltung verschafft und die gestörte Ordnung der Welt wiederherstellt.

Im Qumran bezeichnet צדקה überwiegend diese heilschaffende Eigenschaft Gottes, der Plural צדקות Gottes Heilstaten (1QS 1,21 etc.). [262] Die heilbringende Gerechtigkeit Gottes wirkt sich auch so aus, dass er Sünder,

---

[258] Übersetzung von E. LOHSE, *Texte* 5. MAIER interpunktiert anders: „Herbeizubringen alle die Willigen, auszuführen die Vorschriften Gottes im Gnadenbund" (*Qumran-Essener* 1,168). Ähnlich auch 1QS 3,9–12.

[259] Siehe AVEMARIE, *Tora*, bes. 376–445; zusammengefasst in DERS., „Erwählung". Zur Vergebung (nur) für Gerechte siehe z. B. die Targume zu Gen 4,7f. (BETZ, „Rechtfertigung" 57).

[260] BETZ, „Rechtfertigung" 57.

[261] Siehe BETZ, „Rechtfertigung" 57.

[262] Siehe BETZ, „Rechtfertigung" 41; STUHLMACHER, *Gerechtigkeit* 148–166.

die Buße tun und die Tora auf sich nehmen, von aller Schuld reinigt (z. B. 1QH 12,37: „Du sühnst Verschuldung, um zu reinigen den Menschen von Schuld durch deine Gerechtigkeit"). Am Ende der Zeit, beim Weltgericht, wird Gott seine Gerechtigkeit durchsetzen auf der ganzen Erde. In Aufnahme von Formulierungen aus Jes 51,5–8; 56,1 kann es heißen: Dann „geht zu Ende der Frevel auf immer, und die Gerechtigkeit (צדק) wird offenbar (יגלה) wie Sonnenlicht" (1Q27 Frg. 1 Kol. i,6); „alles Unrecht und Frevel wirst Du vertilgen auf immer, und es wird offenbar (נגלתה) deine Gerechtigkeit (צדקתך) vor den Augen all deiner Werke" (1QH 6,15f.; ähnlich 0QCD 20,20f.).[263] Die Kehrseite des Heils ist auch in diesen Texten, wie schon im Alten Testament, natürlich die Vernichtung des Bösen.

In der rabbinischen Theologie scheint sich das Verständnis von „Gerechtigkeit" Gottes zu verschieben. Jetzt steht nicht mehr die heilschaffende צדקה im Vordergrund, vielmehr wird der distributive Aspekt von Gottes Gerechtigkeit beherrschend. Jetzt „ist die Gerechtigkeit Gottes als *justitia distributiva* gedacht; sie ist Gottes Antwort auf das Handeln des Menschen, für das dieser die volle Verantwortung trägt."[264] Dies zeigt sich auch in einer terminologischen Verschiebung: Die vergeltende Gerechtigkeit Gottes heißt דין; Gottes Barmherzigkeit (רחמים) ist nicht mehr mit seiner Gerechtigkeit parallel (wie z. B. noch in Dan 9,16.18[265]), sondern ihr entgegengesetzt.[266]

6. „Covenantal nomism": Erbarmen oder Gerechtigkeit, Bund oder Gehorsam als Gerichtsmaßstab?

a) Die Tora als Gerichtsmaßstab

Maßstab des Gerichts bleibt auch in der frühjüdischen Literatur die Tora[267], und zwar in Gestalt der spätestens mit Esra (Mitte 5. Jh. v. Chr.[268]) „kanonischen" Pentateuchtora. Fluch und Segen der Tora werden nun explizit eschatologisch interpretiert (z. B. 1Hen 5,7; 1QS 5,12; 4QDibHam 504

---

[263] Viele weitere Belege für die Durchsetzung der „Gerechtigkeit" Gottes im Weltgericht bei BETZ, „Rechtfertigung" 42–47.

[264] BETZ, „Rechtfertigung" 58.

[265] Vgl. 4Esr 8,36, wo Gottes Gerechtigkeit und Güte parallel stehen und sich darin erweisen, dass Gott denen barmherzig ist, die keinen Schatz von guten Werken haben. (Diese Aussage scheint der pharisäischen Prägung des 4. Esra zuwiderzulaufen, es ist aber zu beachten, dass hier Esra spricht und nicht der Engel.)

[266] Vgl. BETZ, „Rechtfertigung" 58.

[267] Siehe z. B. WENDEBOURG, *Tag* 141–143.

[268] Zur umstrittenen Datierung von Esra s. o. II.E.2.

Frg. 1+2 Kol. III, 10–14).[269] Die Hochschätzung des Frühjudentums für die Tora kommt z. B. in den griechischen Zusätzen zu Daniel zum Ausdruck, nach denen ein guter (Diaspora-)Jude die Tora treu hält (vgl. auch Testament Moses, Testament Hiobs, 2Makk 6,7–7,42; LibAnt 13,10; 16,5; 39,6)[270]; weiter in der שמחת תורה, der Freude an der Tora (vgl. schon Ps 1,2; 112,1; 119,16.24.47.70.77)[271], oder auch in den frühen Targumim, wo in Ausdrücken wie „Gott lieben, fürchten, hören", „zu Gott umkehren, an ihm festhalten", aber auch „Gott vergessen, verlassen" „Gott" oft mit „Tora" ersetzt wird.[272] Die palästinischen Targumim zu Gen 3,22–24, besonders Targum Neofiti, fassen die Bedeutung der Tora für die letzten zwei Jahrhunderte des Frühjudentums schön zusammen: Der Baum des Lebens im Garten Eden ist die Tora, wer ihre Gebote in dieser Welt hält, ist gerecht und darf in der kommenden Welt ihre Früchte genießen; wer die Gebote in dieser Welt nicht hält, gehört zu den Bösen und wird in der kommenden Welt mit dem Schwert und Feuer (vgl. Gen 3,14) der Gehenna bestraft.[273] In den Targumim ist, wie im Neuen Testament, oft von „guten und bösen Werken" die Rede. Die guten Werke sind die Werke der Tora, die bösen der Ungehorsam gegen die Tora.[274]

„[In the Targums] added references to the Torah ... appear to be ubiquitous. ... One's attitude to God is measured by one's attitude to the Law. Conversion (התובה) [= hebr. תשובה] is turning or returning to the Law. ... [The Law] seems to sum up God's revelation to Israel and expressed Israel's response in obedience to God."[275]

Damit sind die frühen Targumin theologische Erben der Tora-Reflexion des Bet-ha-midrasch, wie sie etwa in Sirach oder Baruch zum Ausdruck kommt.[276]

Die Bedeutung des Ausdrucks „Werke der Tora" (מעשי התורה) in den Qumranschriften, bes. 4QMMT C 27 und 31, ist stark umstritten.[277] Simon Gathercole hat darauf hingewiesen, dass die Verbindung von תורה und עשה schon im Alten Testament oft vorkommt (z. B. Dtn 27,26; 28,58; 29,28; 31,12; 32,46; 2Chr 14,3; 33,8; Neh 9,34)[278]: „the phrase ,works of Torah' has its roots firmly established in the Hebrew Bible, and the noun phrase

---

[269] Siehe REISER, *Gerichtspredigt* 39.97.104.147.

[270] Vgl. ENNS, „Expansions" 77–83.88–92.

[271] Zum rabbinischen Judentum s. ALEXANDER, „Torah" 282.

[272] Siehe MCNAMARA, „Targum Themes" 315f.

[273] Vgl. MCNAMARA, „Targum Themes" 311f.

[274] Siehe MCNAMARA, „Targum Themes" 336.

[275] MCNAMARA, „Targum Themes" 309f.

[276] Siehe MCNAMARA, „Targum Themes" 310f.

[277] Siehe dazu v. a. BACHMANN, „Praktiken"; DERS., „Keil".

[278] GATHERCOLE, *Boasting* 92f. Weitere ähnliche Ausdrücke finden sich in 2Kön 17,34.37; 21,8; Esr 10,3; Neh 10,30 (s. ebd.).

we see in Qumran and Paul is a very natural development".[279] Der Ausdruck meint also nicht „Vorschriften der Tora", wie Bachmann meint, sondern schlicht das „Tun der Tora".

Alle Gesetze der Tora sind prinzipiell zu halten (Philo spec. 4,143; Philo migr. 89–93; Flav. Jos. Ant. 3,317f.; 1QS 1,12–15; mQid 1,10; 7,89.94; vgl. Mt 23,23b; Jak 2,10; Gal 5,3).[280] Selbst Philo kritisiert einige extrem hellenisierte Juden, die die Tora nur noch allegorisch auslegen, ohne sie wörtlich zu halten, weil dies für die große Mehrheit der Juden völlig undenkbar war (migr. 89–93). Philo selbst ist zwar v. a. am individuellen Aufstieg der Seele zu Gott interessiert; diesen Aufstieg erfahren jene, die Gott mittels allegorischer Toraauslegung tiefer erkennen. Doch ist diese Erkenntnis nicht ohne die wörtliche Einhaltung der Tora zu haben.[281]

Neue geschichtliche Situationen verlangten nach Auslegung und Adaption der Tora: „New circumstances provided a natural impulse to create new laws and refine old ones."[282] Allerdings unterscheidet sich die Tora-Auslegung der verschiedenen Gruppierungen des Frühjudentums z. T. erheblich. Jede Gruppe setzt ihre Auslegung absolut. So verschärft das Jubiläenbuch biblische Gebote und deduziert neue Gebote auf exegetischem Weg. Der Brief Henochs (1. Henoch 92–105) weist für seine Zeit auf beginnende Differenzen in der Toraauslegung hin. Nach den Qumran-Schriften ist die Lehre der „Gemeinde" für ganz Israel verbindlich (0QCD 15,5), und die Treue zur Tora-Lehre des Lehrers der Gerechtigkeit ist der Maßstab des Endgerichts.

Dass die Tora und ihre Gebote nicht in allen frühjüdischen Schriften explizit erwähnt werden, heißt nicht, dass sie in einem Teil des Frühjudentums keine Rolle gespielt hätte, vielmehr ist dies eine Frage der Gattung, d. h. die Tora und ihre Bedeutung ist dort, wo sie nicht erwähnt wird, stillschweigend vorausgesetzt, weil selbstverständlich. Wie Sirach, so setzen auch die ethischen Paränesen des 2. Henoch die Tora voraus.[283]

---

[279] GATHERCOLE, *Boasting* 93.

[280] Zur Diskussion, wie weit ein Perfektionismus im Blick ist, vgl. BAUCKHAM, „Apocalypses" 171–173; ALEXANDER, „Torah" 284 Anm. 52. GATHERCOLE, *Boasting* 91–111 zeigt, dass auch in den Qumranschriften immer wieder ein Halten *aller* Gebote der Tora eingeschärft wird.

[281] Siehe HAY, „Philo" 378f.

[282] NICKELSBURG, *Judaism* 49. Zum Folgenden s. ebd. 44–50; ferner AUS, „Gericht" 476; SCHREINER, „Zur Eschatologie" 42f.

[283] Siehe MÜNCHOW, *Ethik* 134–142, bes. 139; BAUCKHAM, „Apocalypses" 141, 144, 152. BAUCKHAM verweist auf die Situation in Qumran (ebd. 144 Anm. 30): „The Qumran community provides clear evidence that one and the same religious community could read and value apocalypses, halakah and wisdom paraenesis. These are different genres of literature with different and complementary functions in the life of a Jewish group. There are no necessary lines of ideological difference between the genres."

Im rabbinischen Judentum umfasst „Tora" drei Bereiche:

„there ist biblical law, which in the Mishnah is restated in a more topical, systematic form; there are clarifications and extensions of biblical law; and there are traditional practices and customs. All three elements are woven in the Mishnah into a seamless fabric which *m. 'Abot* calls Torah."[284]

So enthält die Mischna „both Torah laws and rabbinic enactments. All constitute Torah, and all must be obeyed."[285] Die spätere rabbinische Theologie entwickelte dafür die Theorie der zwei Torot, der schriftlichen (Mose-)Tora und der ebenfalls am Sinai dem Mose offenbarten mündlichen Tora.[286]

Die Toragebote sind nach einem Teil der frühjüdischen Schriften für die ganze Menschheit verbindlich, weil sie mit der Weisheit bzw. dem Naturgesetz identisch sind (z. B. Sib 3,599f.686f.; 8,399–401; Philo; Josephus).[287] Die Identifikation der Weisheit (als Weltordnung) mit der Tora findet sich ansatzweise schon im Deuteronomium (4,6), in den Gesetzespsalmen und dann als ausgeformte Lehre bei Sirach (24, bes. V. 23) und Baruch (3,9–4,4, bes. 4,1).[288]

Wie schon weithin für das Alte Testament (s. o. II.E.3), so ist auch für das Frühjudentum die Tatsache entscheidend, dass die Tora untrennbarer Bestandteil des *Bundes* JHWHs mit Israel ist. Im Bund geht die Erwählung Israels als Gnadenakt allem Toragehorsam voraus, zugleich verpflichtet der Bund Israel auf den Tatgehorsam gegenüber der Tora.[289]

Mit George Nickelsburg können wir zusammenfassen:

„[T]he observance of the Torah is integral to the Jewish religion. ... for substantial numbers of Jews, it follows from this fundamental point that one should be prepared to die rather than violate the Torah; *life* in obedience to the Torah may require that one *die* rather than disobey the Torah."[290]

b) Tatgerechtigkeit als Voraussetzung für das Heil

„The evidence of a wide variety of Jewish texts reveals significant continuity with the biblical imperative to right action and the biblical assertion that God punishes the violators of the covenant and rewards those who are faithful to the covenant and make appropriate reparation when they sin."[291]

---

[284] ALEXANDER, „Torah" 276.
[285] ALEXANDER, „Torah" 278.
[286] Siehe ALEXANDER, „Torah" 275–279; Z. FALK, *Introduction* 8–11.
[287] Weitere Belege und Lit. bei BAUCKHAM, „Apocalypses" 186f.; HAY, „Philo" 373 Anm. 50 und 374f.
[288] Siehe KRÜGER, „Gesetz"; C. STETTLER, *Kolosserhymnus* 134–140 (Lit.).
[289] Siehe NICKELSBURG, *Judaism* 32f.35.
[290] NICKELSBURG, *Judaism* 37.
[291] NICKELSBURG, *Judaism* 44.

In Fortführung der alten, von den Schriftpropheten geprägten Gerichtserwartung werden auch nach frühjüdischer Erwartung im Endgericht nur die
Gerechten, die Gehorsamen, gerettet. Für die Gerechten ist die Gerichtsbotschaft ein Segen (1Hen 1,1).

Die im Deuteronomium und bei den Schriftpropheten ihren Ausgang
nehmende Individualisierung der Verantwortung im Gericht bleibt für die
frühjüdische Literatur grundlegend. Im Anschluss an Jesaja 65 kennt die
Henochliteratur, angefangen mit dem Buch der Wächter, die Gruppen der
„Gerechten" (קשיטים) bzw. „Erwählten" (בחירים), die Frieden haben werden,
und der „Sünder" (חטאים) bzw. „Frevler" (רשיעים), für die es keinen Frieden
geben wird.[292] Die Bilderreden betonen den Kontrast zwischen den „Erwählten" und „Gerechten", die an der Gerechtigkeit festhalten (61,4), und
den Götzendienern, Mächtigen und Königen (46,7). Ob die, „die den Herrn
und seinen Gesalbten verleugnet haben" (38,1; 41,2; 45,1f.; 48,10; 67,8),
auch jüdische Apostaten einschließen, ist unsicher.[293] Auch der 2. Baruch
unterscheidet die Gerechten und Sünder (21,11; 24,1f.; 51,1–5; 54,21).[294]
Die Wochenapokalypse und das slavische Henochbuch nehmen in diesem
Zusammenhang die alte weisheitliche Kategorie der zwei Wege auf (1Hen
91,18f.; vgl. 93,14; 94,1–4; 99,10; 104,13; 2Hen 30,15[J]).[295] Nach
Jub 5,16 hält Gott Gericht „über jeden Einzelnen", und nach 4Esr 7,105
kann niemand für den andern Fürbitte tun im Gericht, „jeder trägt selbst
seine Ungerechtigkeit oder Gerechtgkeit".

Gemäß den Qumranschriften spricht ein Gericht, das Gottes Recht entspricht, die Gerechten gerecht und spricht die Frevler schuldig (4Q511 Frg.
63 Kol. iii,3f.; vgl. 4Q424 Frg. 2,1); ungerechte Richter „sprachen gerecht
einen Frevler und verurteilten einen Gerechten" (0QCD 1,19).[296] Das Ad-
jektiv צדיק behält also im Gerichtskontext die alttestamentliche Bedeutung
„gerecht" im Sinne von „gesetzestreu" bzw. „unschuldig". „‚Righteousness' obviously can be used with reference to conformity to divine demands".[297] צדיק ist deshalb im frühen rabbinischen Schrifttum praktisch

---

[292] Vgl. BAUCKHAM, „Apocalypses" 142f.145 (Stellen). „[T]he third-century author of
the Book of Watchers, like many others in the Second Temple period, read the later chap-
ters of Isaiah as the key eschatological prophecies depicting the coming judgment and
restoration of Israel" (ebd. 143).

[293] Siehe BAUCKHAM, „Apocalypses" 150.

[294] Vgl. BAUCKHAM, „Apocalypses" 179.

[295] Zur Zweiteilung der Menschheit in Gerechte und Sünder, Gute und Böse vgl. 2Hen
9,1; 10,4; 61,2J; 65,8; 66,7.

[296] Vgl. BOCKMUEHL, „1QS" 396 mit Anm. 51. Zur Soteriologie der Qumranschriften
s. auch CONDRA, *Salvation* 87–197.

[297] SEIFRID, „Righteousness Language" 440 gegen E. P. SANDERS, für den „Gerechtigkeit" Israels „covenant status" bezeichnet.

austauschbar mit זכו („unschuldig").[298] „Gerecht" ist, wer allgemein die Toragebote hält oder – spezieller – wer Wohltätigkeit übt (z. B. Sir 3,14; Tob 4,10f.; vgl. Mt 6,1), denn צדקה kann nun auch „Almosen" bedeuten.[299]

Die Sprache der frühen Targumim gleicht auffallend der Sprache des synoptischen Jesus und des Paulus; so sprechen sie von „guten Werken" und „bösen Werken" (vgl. Mt 5,16; Röm 2,7 u. a.) und vom „Lohn" (אגר טוב), der für die Gerechten schon jetzt im (präexistenten) künftigen Äon bereit liegt (vgl. Mt 5,11; 6,19–21 par.; 1Kor 3,8 u. a.; vgl. 2Tim 4,8).[300]

Jacob Neusner fasst die Position des rabbinischen Judentums so zusammen:

„The world to come, involving resurrection and judgment, will be attained through the Torah, which teaches proper conduct."[301] „Realizing the law of the Torah, Israel would regain paradise. For, having been granted what man had missed, which is the Torah, and being guided by the Torah, holy Israel would restore Eden. This it would do in the Land that God had given it for Eden but that had been lost to sin. *The Torah*, setting forth the halakhah, the rules for the social order of restored Eden, *would make of Israel* – even sinful Israel, just as capable of rebellion against God's will as Adam was – *a worthy occupant of the Eden that the Land was meant to be, had been for a brief moment, and would once again become.*"[302]

Nach mehreren Schriften werden im Endgericht Zeugen auftreten[303]: der Gerechte gegen seine Bedrücker (SapSal 5,1; 1Hen 94,11; 99,16), uneheliche Kinder gegen ihre Eltern (SapSal 4,6), die Gerechten Baruch (2Bar 13,3), Abel und Henoch (TestAbr B 11), sogar die Seelen von Tieren, die schlecht behandelt worden waren (2Hen 58,6), aber auch die eigenen Handlungen (SapSal 4,20; 2Bar 24,1; 40,1; 48,47; 4Esr 7,35) und die eigenen Worte (1Hen 96,4.7; 97,4). Rabbinische Überlieferungen kennen auch die Engel als Zeugen[304], und nach mAv 4,11 (vgl. jAv 4,11a; R. Elieser b. Jakob[305]) erwirbt man sich durch Gesetzesgehorsam einen Fürsprecher (פרקליט = παράκλητος), durch Übertretung einen Ankläger (קטיגור = κατήγορος).[306] Auch nach Hi 33,23f. LXX tritt im Himmel ein παράκλητος auf,

---

[298] Siehe SEIFRID, „Righteousness Language" 432–434.

[299] Siehe SEIFRID, „Righteousness Language" 438f.

[300] Siehe MCNAMARA, „Targum Themes", bes. 334–336.

[301] NEUSNER in CHILTON/NEUSNER, *Classical Christianity and Rabbinic Judaism* 245.

[302] NEUSNER in CHILTON/NEUSNER, *Classical Christianity and Rabbinic Judaism* 95 (Hervorhebung von mir).

[303] Zum Folgenden s. VOLZ, *Eschatologie* 303.

[304] Siehe VOLZ, *Eschatologie* 303.

[305] Es gab zwei Rabbis diesen Namens, den Älteren um 70 n. Chr. und den Jüngeren um 150 n. Chr. (s. STEMBERGER, *Einleitung* 76.83). Welcher gemeint ist, ist unklar.

[306] Ob damit die Taten selber oder Engel gemeint sind, ist offen (s. VOLZ, *Eschatologie* 303).

und nach 1Hen 9,3; 49,2f.; 61,5; 68,4 verteidigt ein Anwalt die Gerechten vor Gott.[307] Die Gerechten haben nach 1Hen 97,3.5; 99,3 „Ankläger- oder Zeugenfunktion gegenüber den Gottlosen".[308] Als Ankläger fungieren insbesondere auch der Satan und seine Engel (1Hen 40,7; Jub 1,20f.; 48,15; ApkZeph B 1,4; ApkZeph achmimisch 3,8f.; 6,8.17; 9,1; vgl. Midrash Rabba zu Ex 32,11), denn Satans Absicht ist es, Gerechte zu Fall zu bringen und Gottes Heilsabsichten zu hintertreiben.[309] Nach Ze'ev Falk setzt die Vorstellung von himmlischen Fürsprechern und Anklägern eine entsprechende Entwicklung in den irdischen Gerichten voraus, wobei aber die jüdischen Autoritäten gegenüber dem Einbezug von Anwälten vor Gericht immer skeptisch blieben.[310]

Gerichtet wird nach den Taten (z. B. 1Hen 11,7; 95,5; 2Hen 10; PsSal 2,38; 14,4–7; 15,13f.; 4Esr 8,33; 2Bar 51,7)[311], und zwar gemäß der *lex talionis*[312], d. h. die jenseitige Vergeltung entspricht den Taten zu Lebzeiten (z. B. 1Hen 95,1; 2Hen 2,2; 44,36J; 45,1f.; 45,3J; 50,5J; 50,6A; 60,3; 4Esr 15,21; 2Makk 4,38; 5,9f.; 9,5f.; 13,8; PsSal 2,12–15.30.33, 17,10; TestGad 5,10f.; SapSal 11,16; 15,18–16,1; 18,5; 0QCD 7,9; 1QS 8,6f.; 1QM 6,6; 11,13f.; 17,1; 1QpHab 12,2f.).[313] Alle Menschen sammeln sich einen entsprechenden Schatz im Himmel an (1Hen 38,2; Gebet Manasses 13; vgl. 4Esr 7,35; 14,35[314]) und werden am Tag des Gerichts ihre eigene „Last" bzw. ihre eigene Gerechtigkeit oder Ungerechtigkeit „tragen" (4Esr 6,5; 7,105).[315] Der Lohn ist also nicht für alle Gerechten derselbe, noch die Strafe für alle Frevler, sondern beides wird abgestuft vorgestellt, gemäß der *lex talionis*, nach der jede Tat eine ihr entsprechende Folge nach sich zieht (2Hen 43,1f.J; 44,5; vgl. Lk 14,7–11; Mt 11,22 par.).[316] Während die Tatfolge in ihrer Art der Tat entspricht, geht ihr Maß nach vielen Belegen weit über die ursprüngliche Tat hinaus, sowohl im Positiven wie auch im Negativen.[317] Grundlage dafür ist Ex 20,4b–5:

---

[307] Z. FALK, *Introduction* 101.

[308] WENDEBOURG, *Tag* 150.

[309] Siehe die vielen Belege bei VOLZ, *Eschatologie* 286f.

[310] Siehe Z. FALK, *Introduction* 101.

[311] Vgl. TRAVIS, *Christ* 27f.; AUS, „Gericht" 466; weitere Stellen bei SCHREINER, „Zur Eschatologie" 37 Anm. 43.

[312] Zur Geschichte der *lex talionis* im Alten Testament und Alten Orient s. OTTO, „Geschichte der Talion"; zu ihrer Bedeutung im rabbinischen Judentum s. EGO, „Maß".

[313] Vgl. TRAVIS, *Christ* 26f.

[314] Viele weitere Belege bei KOCH, „Schatz".

[315] Siehe VOLZ, *Eschatologie* 293.

[316] Vgl. TRAVIS *Christ* 29f.; BAUCKHAM, „Apocalypses" 153 (Anm. 46: Lit.).

[317] Siehe Phillips, „Balance".

„Bei denen, die mir Feind sind, verfolge ich die Schuld der Väter an den Söhnen, an der dritten und vierten Generation; bei denen, die mich lieben und auf meine Gebote achten, erweise ich Tausenden meine Huld."

Von daher geht nicht nur die Vergeltung weit über die einzelne Tat hinaus, sondern das „Maß des Guten" übersteigt das „Maß der Bestrafung" bei Weitem.[318] Auch die Bedeutung der Verdienste der Väter für spätere Generationen hat hier ihren Ausgangspunkt.[319]

Indem JHWH nach der *lex talionis* richtet, ist er „gerecht".[320] Im Gericht wird es kein Erbarmen geben (1Hen 38,5f.; 62f.). Alles kommt ans Licht, das Gericht ist unparteiisch (2Hen 46,3J).

Die Taten sind in Büchern verzeichnet (Dan 7,10; 1. Henoch 89f.; 98,8; 104,7; 2Hen 19,5J; 50,1; 52,15; 53,2f.; 2Bar 24,1; ApkZeph 3,6 und Kap. 7); nach den (in diesen Büchern verzeichneten) Werken werden die Menschen gerichtet (1Hen 45,3; 63,9; 95,5; 100,7).[321] Die Bücher der Werke stehen in einem gewissen Kontrast zum „Buch der Lebendigen" oder „Buch des Lebens", in dem die Namen der Geretteten verzeichnet sind (1Hen 47,3; 108,3; 104,1; Jub 30,22; 36,10, TgJes 4,3; TJon Ez 13,9; ApkZeph 3,7; 9,2).[322] Dieser Ausdruck „Buch der Lebendigen" oder „Buch des Lebens" nimmt seinen Ausgang bei Ex 32,32 und Ps 69,28; 87,6; 139,16; Dan 12,1. Fast alle Belege setzen voraus, dass ganz Israel durch seine Erwählung in diesem Buch verzeichnet ist, außer ein Name wird wegen Abfalls getilgt. Im Gegensatz dazu wird man nach ApkZeph 3,7 und TestJak 7,27 überhaupt erst wegen guter Taten eingetragen.[323]

Zusammenfassend können wir mit Simon Gathercole festhalten:

---

[318] So tSota 4,1, s. Phillips, „ Balance" 235f.

[319] Siehe Phillips, „Balance" 236; STEMBERGER, *Verdienst* 13–17.

[320] Zum „gerechten Gericht" s. 1Hen 50,4; 60,6; TestLev 3,1 (WENDEBOURG, *Tag* 139 Anm. 54). – Der punitive Aspekt von „Gerechtigkeit Gottes" findet sich also auch in frühjüdischer und rabbinischer Zeit, vgl. SEIFRID, „Righteousness Language" 439; SCHREINER, „Zur Eschatologie" 37 Anm. 42.

[321] Vgl. BAUCKHAM, „Apocalypses" 146f.153; ZAGER, *Gottesherrschaft* 72 Anm. 93; SCHREINER, „Zur Eschatologie" 37 Anm. 39; VOLZ, *Eschatologie* 303.

[322] Siehe VOLZ, *Eschatologie* 290–292; SCHREINER, „Zur Eschatologie" 37 Anm. 40; ZAGER, *Gottesherrschaft* 80 Anm. 123.

[323] Siehe BAUCKHAM, „Apocalypses" 158f. mit Anm. 65. Parallelen zu diesen beiden Sichtweisen gibt es z. B. bezüglich der Gerechtigkeit Abrahams (Gen 15,6): Wurde sie ihm aufgrund seines Vertrauens in die Verheißungen Gottes (so z. B. Mekhilta zu Ex 14,31 [40b] und Paulus in Römer 4) oder aufgrund seines Gehorsams gegen Gottes Gebote angerechnet (so z. B. Sir 44,19–21; 1Makk 2,52; Jak 2,21; vgl. Gen 26,5)? (Siehe STUHLMACHER, *Römer* 66f.)

„[F]inal salvation according to works is not a diaspora tenet that emerges in the Palestinian literature only after the crisis of the destruction of the temple; it is an integral part of the theology of Palestinian Judaism by the second–first century B. C. E. at the latest."[324]

c) Radikalisiertes Sündenverständnis

Während sich das nachexilische Judentum zunächst als der „heilige Rest" der Gerechten, der durch das Gericht des Exils hindurchgegangen ist, verstehen konnte (vgl. Esra 9,8.15), wurde schon bald auch in diesem „geläuterten" Rest des Volkes Sünde wieder zum Problem (vgl. Esra 9,10–15; Jes 65,2–7.11–15; 66,3f.17; Mal 1,6–2,16; 3,5–9.13–15). Daraus resultierte in späten Teilen des Alten Testaments die Erkenntnis, dass letztlich kein Mensch vor Gott bestehen kann und alle Sünder sind.[325] Diese Erkenntnis setzt sich in manchen frühjüdischen Schriften fort.

Nach dem Buch der Wächter sind auch die Gerechten in diesem Äon nicht völlig sündlos (1Hen 5,8f.), ebenso nach dem Brief Henochs (1Hen 92,3–5; vgl. 91,17). Auch nach dem 2. Baruch sind die Gerechten nicht völlig sündlos (85,15); ohne Gnade würde niemand oder nur ganz wenige gerettet (75,5f.; 84,11). Freilich geht der 2. Baruch von mehr treu gebliebenen Juden und Proselyten aus als der 4. Esra (zum 4. Esra s. u. III.B.6.e). Entschieden wird im Gericht aber streng nach ihrer Toratreue, wobei wahrscheinlich eine „fundamental acceptance or rejection of the law" im Blick ist.[326] Auch Philo geht davon aus, dass alle Menschen sündigen (mut. 47–51; Deus 75; Abr. 6).[327] Eine Ausnahme scheint die Wochenapokalypse darzustellen: Nach ihr wird bei den Gerechten bis zu ihrem Tod keinerlei Ungerechtigkeit gefunden (1Hen 102,10).[328]

Qumran ist die strenge Forderung nach Toragehorsam (1QS 1,7f.; 5,1; 8f.; 1QpHab 8,1–3 zu Hab 2,4)[329] gepaart mit der Einsicht in die tiefe Sündhaftigkeit aller Menschen, inkl. der Getreuen. Beispiele dafür sind 1QH 9 (früher 1),21–23; 12 (früher 4),29.34–36; 15 (früher 7),16–19.30f.; 1QS 11,9f. und 4Q507,1,1–3.[330] Die Reinigung von Sünden ist nur als Gnadengeschenk Gottes möglich, sowohl beim „Eintreten" in den Bund der Gemeinde als auch bei der fortwährend nötigen Reinigung. Beim Eintreten in den Bund geht es um Alles oder Nichts, um Rettung oder Verderben. Das Geschenk der Gerechtigkeit, Rettung, Reinigung und Vergebung

---

[324] GATHERCOLE, *Boasting* 160; genauso VANLANDINGHAM, *Judgment* (passim).

[325] S. o. II.F.2.c und D. FALK, „Psalms" 9.

[326] Siehe BAUCKHAM, „Apocalypses" 179f.

[327] Siehe HAY, „Philo" 376.

[328] Nach BAUCKHAM ist aber auch hier eine „fundamental loyalty and life-orientation" gemeint („Apocalypses" 146).

[329] Siehe TRAVIS, *Christ* 32.

[330] Siehe BOCKMUEHL, „1QS" 399f.

wird nur denen zuteil, die ihre bösen Wege bereuen und von ganzem Herzen zum Gehorsam umkehren (z. B. 1QS 10,11f.; 11,3.10–15.17; 1QH 12,29–37; 19,8–14).[331] Markus Bockmuehl bemerkt dazu:

„[T]he texts themselves manifest a number of fundamentally unresolved tensions. As it stands, salvation is on the one hand ‚legalistic' both in its individualistic voluntarism and in its closely regimented corporate life; and yet it is the gift of divine grace alone, both objectively in regard to predestination and subjectively in the experience of the believer."[332]

Gerechtigkeit ist nach den Qumran-Essenern eine Gabe Gottes (1QH 4 [früher 17],18–22; 5 [früher 13],23; 6 [früher 14],23–25; 7 [früher 15],16–20). Dazu noch einmal Markus Bockmuehl:

„Here lies the paradox of Qumran's view of salvation: although the sons of light *freely choose* to belong to the covenant and thus to be saved, the very fact that they do so is itself an expression of the overruling grace of God, whose sovereign design disposes over both the saved and the damned."[333]

Geschenkte Gerechtigkeit und willentlicher Gehorsam, der sich täglich vom Bösen reinigt, sind in Qumran kein Widerspruch, sondern komplementär; deshalb wird die Regel des Gerichts nach den Werken festgehalten.[334]

Auch das Motiv, dass im Endgericht sogar alles „Verborgene", seien es Taten oder Gedanken, durch Gott ans Licht gebracht wird, mag ein Ausdruck dieses gesteigerten Sündenbewusstseins sein (z. B. Koh 12,14; 4Esr 7,35; 14,35; 1Hen 49,4; 61,9; 2Hen 50,1; 52,15; 65,5f.; 2Bar [Apk] 83,3).[335]

Im Anschluss an alttestamentliche Prophezeihungen (s. o. III.F.2.c) erwartet Jub 4,26 eine endzeitliche Sühne[336]:

„Der Berg Zion wird geheiligt werden in der neuen Schöpfung zur Heiligung der Erde. Deswegen wird die Erde von aller Unreinheit und von aller Sünde geheiligt werden in den Generationen der Welt."

---

[331] Zur Soteriologie der Qumrangemeinschaft siehe z. B. BOCKMUEHL, „1QS"; TRAVIS, *Christ* 32–34; GATHERCOLE, *Boasting* 91–111.

[332] BOCKMUEHL, „1QS" 413.

[333] BOCKMUEHL, „1QS" 397. Zur starken Prädestinationslehre in Qumran vgl. 1QS 3,21–4,1; 1QH 9 [=früher 1],8.19f. u. a. und dazu Bockmuehl, ebd. 396 mit Anm. 54 (Lit.).

[334] Gegen TRAVIS, *Christ* 34.

[335] Siehe ZAGER, *Gottesherrschaft* 174; KONRADT, *Gericht* 290 Anm. 461. Allerdings kann sich das Motiv auch vom alten Theologumenon herleiten, dass JHWH die Herzen der Menschen kennt (1Sam 16,7) und alle Taten sieht (Ps 139). (Viele weitere Belege bei KONRADT, ebd. Anm. 458–460.)

[336] S. dazu C. STETTLER, *Kolosserhymnus* 287f.

Ähnliches findet sich in 1Hen 10,20, wonach Michael den Widersacher und seine Heerscharen vernichten und die Erde von Unreinheit reinigen wird.[337]

Charakteristisch für die Pseudepigraphen und Qumranschriften ist, dass sie das Erbarmen Gottes im Gericht nicht für Frevler erwarten – auch nicht für die Frevler in Israel! –, sondern nur für die Gerechten, die ja auch nicht ohne Sünde sind.

Mit George Nickelsburg können wir zusammenfassen:

„[T]he righteous is not a person who never sins, but one who acknowledges his or her sins and God's righteous judgment of them and who atones for them by means of prescribed rituals. The sinner, by contrast, allows sins to pile up without dealing with their consequences."[338]

d) Die Bedeutung der Umkehr (Buße) und der Sühnemittel

Buße und erneuter Toragehorsam sind deshalb die Voraussetzung für das Heil. Buße bedeutet immer auch die Anerkennung der Bundesbedingungen von Segen und Fluch (Lev 26,40–45 par.).[339] Dabei spielt im Frühjudentum die Lehre von Ezechiel 18 eine grundlegende Rolle, nach der nicht der frühere Gehorsam oder Ungehorsam vor Gott entscheidend ist, sondern der jetzige Gehorsam oder Ungehorsam. So wird nach 2. Baruch bei Proselyten der frühere Ungehorsam nicht angerechnet, noch bei Apostaten ihr früherer Gehorsam (41,1.3.6; 42).[340] Nach R. Simeon b. Yohai (nach 130 n. Chr.[341]) gilt: Wer sich von einem guten Leben weg- und der Sünde zuwendet, zerstört seine früheren Taten; wer aber von seinem bösen Leben umkehrt, wird für jenes nicht bestraft (bQid 40b).[342]

Nach Joseph und Aseneth heißt Buße für Heiden Abkehr vom Götzendienst und Übernahme der Tora inklusive ihrer Speise- und Reinheitsgesetze. Craig Evans interpretiert dies so:

„the change of lifestyle, not least the change of diet, plays a vital role in the redemption of Aseneth. God's grace is the presupposition, to be sure, but apart from wholesale adoption of Jewish food and purity laws, the conversion of Aseneth could not have taken place."[343]

---

[337] Siehe NICKELSBURG, *Judaism* 69.
[338] NICKELSBURG, *Judaism* (42–)43.
[339] D. FALK, „Psalms" 10.
[340] Vgl. BAUCKHAM, „Apocalypses" 179.
[341] STEMBERGER, *Einleitung* 82f.
[342] Siehe TRAVIS, *Christ* 47 Anm. 30.
[343] EVANS, „Stories" 66.

Nach der Vita Adae et Evae ist Buße und Enthaltung von allem Bösen die Voraussetzung für das ewige Leben (Apokalypse 28,4); aber Gewissheit über Gottes Erbarmen gibt es nicht (Apokalypse 31,4).[344] Nach Henochs Bilderreden ist Buße auch für die Heiden möglich (1Hen 50,2–5)[345], allerdings nicht mehr im Gericht, da ist es dafür zu spät (62,9–11). Ob nach dem 2. Henoch Buße möglich ist, ist unklar; evtl. kann für weniger schwere Sünden Buße getan werden, aber es findet sich kein Hinweis auf Gottes Gnade für Sünder, und 41,2 lehrt möglicherweise einen ethischen Perfektionismus. Insgesamt ist der 2. Henoch in dieser Frage nahe beim 4. Esra.[346]

Nach der Apokalypse Zephanjas ist Buße, anders als im 4. Esra (7,82), auch noch im Zwischenzustand zwischen Tod und Endgericht möglich (ApkZeph 10,10f.). Das Gebet für die Verstorbenen ist deshalb sinnvoll, besonders durch die Patriarchen, weil Gott mit ihnen den Bund geschlossen hatte (2,8f.; 11,1–6). Aber auch die Gerechten werden nur durch Gottes Gnade gerettet (7,8f.), und wie nach den anderen Apokalypsen gibt es auch nach der Zephanja-Apokalypse im Endgericht und danach keine Möglichkeit zur Buße oder Fürsprache mehr (vgl. 1Hen 38,6; 60,5f.; 2Hen 53,1; 4Esr 7,33f.102–115; 2Bar 85,12f.).[347] Auch nach 2Makk 12,42–45 sind Fürbitte und Sühnopfer für die Toten vor der Auferstehung noch möglich.[348]

Buße heißt für Israel[349] Bekenntnis der Schuld, Bitte um Vergebung, Wiedergutmachung – auch durch gute Werke (gebotene und freiwillige) –, Sühnopfer und Fasten (am Yom Kippur).[350]

Während der Zeit des zweiten Tempels spielten die Sühnopfer am Tempel die wichtigste Rolle bei Buße und Vergebung. Gemäß der priesterlichen Gesetzgebung in Leviticus haben alle Opfer am Tempel sühnende Wirkung.[351] Der Sühnekult stellt JHWHs Weg dar, Israel Vergebung und Reinigung von Schuld zu gewähren:

---

[344] Vgl. EVANS, „Stories" 69.

[345] Siehe dazu BAUCKHAM, „Apocalypses" 150 Anm. 38.

[346] Siehe BAUCKHAM, „Apocalypses" 155f. Zum 4. Esra s. u. Abschn. e.

[347] Siehe BAUCKHAM, „Apocalypses" 159.

[348] Die Sicht der Apkokalypse Zephanjas ist deshalb nicht unbedingt „a very unusual view in the context of Second Temple Judaism (or early Christianity)" (gegen BAUCKHAM, „Apocalypses" 159). In diesem Zusammenhang steht möglicherweise auch die Taufe für die Toten in 1Kor 15,29.

[349] Buße in dem dargestellten Sinn ist nur für Israel möglich; zu den unterschiedlichen Sichtweisen zum Verhältnis von Israel und den Völkern in den rabbinischen Schriften s. ALEXANDER, „Torah" 291, Anm. 66.

[350] Auch Fürbitte und Stellvertretung sowie Fürbitte und Opfer für bereits Verstorbene können Aufschub des Gerichts oder Vergebung erwirken (s. das Folgende und ZERAFA, *Retribution* 489–493).

[351] GESE, „Sühne" 91–95.

„Das Leben des Fleisches ist im Blut. Dieses Blut habe ich euch gegeben, damit ihr auf dem Altar für euer Leben die Sühne vollzieht; denn das Blut ist es, das für ein Leben sühnt" (Lev 17,11).

Der auch in Hebr 9,22, bSev 6a und bJoma 5a überlieferte Grundsatz: „Es gibt keine Vergebung/Sühne ohne Blutvergießen" greift Lev 17,11 auf und bringt den normalen Weg der göttlichen Vergebung vor der Tempelzerstörung auf den Punkt.[352] Wie beispielsweise 2Makk 12,42–45 und 3Esr 8,74–80.91; 9,20 zeigen, waren die Sühnopfer in Verbindung mit Buße der normale Weg, Gottes Gericht abzuwenden.[353] Nach dem Alten Testament wie nach frühjüdischem Verständnis bewirkt der Sühnekult die Entsühnung nicht als bloßes *opus operatum*, sondern immer nur in Verbindung mit Reue, Schuldbekenntnis und Umkehr zum Tun der Tora (vgl. Hos 6,6; Jer 7,16–34; Sir 35,1–15; 38,9–12; 1QS 9,4f.). Auch für Philo vergibt Gott aufgrund der Sühnopfer im Jerusalemer Tempel, wenn Menschen durch innerliche Reue und öffentliches Bekenntnis Buße tun (praem. 162f.; somn. II 299; spec. I 180–193.234.269–279; II 193–196).[354]

Eine spezielle Situation findet sich in Qumran. Nach übereinstimmender Meinung der Qumranforscher lehnte die Qumrangemeinschaft den Jerusalemer Tempelkult nicht prinzipiell ab, sondern nur, weil sie die gegenwärtige Ausführung des Kults als illegitim ansah: „Der von Jonatan am Tempel eingeführte Mondkalender ... bewirkte ihrer Auffassung nach, dass dort überhaupt keine toragemäßen Opfer mehr zustande kommen konnten."[355] In der Hoffnung auf das baldige Endgericht und die Wiederherstellung des wahren Kultes sahen die Qumran-Essener ihre Gemeinschaft als Ersatz-Sühne an. Im Anschluss an Spr 15,8 und Hos 6,6 verstanden sie ihre Gebetsgottesdienste und ihre toratreue Praxis als Ersatz für die Sühnopfer (0QCD 11,20f.; 1QS 8,6f.9f.; 9,4f.).[356] Zwar ist es gemäß den Qumran-Essenern *Gott*, der in seiner heilschaffenden Gerechtigkeit die Sühne schafft (1QS 11,3.14; 1QH 12 [früher 4],37).[357] Er tut dies aber nur für

---

[352] Siehe kazu KOHLER, „Atonement" 276; C. STETTLER, *Kolosserhymnus* 280.

[353] Siehe ENNS, „Expansions" 76f.

[354] Siehe HAY, „Philo" 376f. Vgl. zusammenfassend ALEXANDER, „Torah" 288: „Israel has many means by which to call forth the divine mercy, to make atonement for sin and mitigate the rigors of divine justice. The texts, however, leave the strong impression that Israel must choose to exercise those means. Unless they are invoked justice will take its course. The demands of justice can never simply be ignored." Weitere Lit. zur Bedeutung von Buße für die Wirksamkeit der Sühnemittel bei C. STETTLER, *Kolosserhymnus* 280 Anm. 95f.

[355] STEGEMANN, *Essener* 242.

[356] Siehe STEGEMANN, *Essener* 242–245; KNÖPPLER, *Sühne* 65–100. Weitere Lit. bei C. STETTLER, *Kolosserhymnus* 280 Anm. 98f.

[357] Siehe BOCKMUEHL, „1QS" 394.400. Gottes Gerechtigkeit ist nach den Qumranschriften seine Eigenschaft, die in seinen rettenden Taten zum Ausdruck kommt

Bußfertige, die bereit sind, in die sühnende „Gemeinschaft" einzutreten (4Q504,1–2.ii.9–10 u. a.).[358] Die Voraussetzung dafür ist wiederum ein Lebenswandel in der Tatgerechtigkeit bzw. der Wille, alles Böse zu verlassen (1QH 6 [früher 14],20f.; 1QS 1,7; 2,25 u. a.). Novizen werden zwei Jahre lang daraufhin geprüft (1QS 6,13–23).[359] Wer nicht zur „Gemeinde" gehört, ist unrein und ungerecht (1QS 2,25–3,3).

Nach dem Tempelverlust im Jahre 70 n. Chr. wurden auch im übrigen Judentum ähnliche Konzeptionen entwickelt. Der Verlust des Tempels und damit des Sühnekultes wurde als schwerer Schlag empfunden. Freilich wurde ein Ersatz für die Sühnopfer „nicht unmittelbar nach der Zerstörung des Tempels" gefunden, „sondern erst nach einer Zeit der Verzweiflung und der Not, die von tiefer religiöser Neubesinnung geprägt war", d. h. erst eine ganze Generation später.[360] Bis zum Ende des Bar-Kochba-Aufstands blieb die Hoffnung auf die Wiedererrichtung des Tempels lebendig[361]; sie mag sogar ein Auslöser des Aufstands gewesen sein.[362]

Im rabbinischen Judentum traten an die Stelle der Opfer das Studium der rituellen Gesetze, Buße und gute Werke.[363] Ein großes Gewicht kam dabei der Bedeutung des freien Willens bei der Buße zu:

> „It is an act of will to bring about reconciliation between God and Israel, God and the world. And that act of will on man's part will evoke an equal and commensurate act of will on God's part. When man repents, God forgives, and Israel and the world will attain that perfection that prevailed at Eden. ... All begins with the act of will embodied in repentance, leading to atonement and reconciliation."[364]

Die Buße als Akt des freien Willens ist die Voraussetzung (vgl. mJoma 8,9) für die von JHWH eingesetzten Sühnemittel, die nach der Tempelzer-

---

(s. BOCKMUEHL, ebd. 397.399). 4QDibHam 504, Frg. 2 Kol VI ist vielleicht so zu verstehen, dass die Betenden mit ihrer Buße Sühne schaffen für ihre eigenen Verschuldungen und für die ihrer Väter (so D. FALK, „Psalms" 16), oder, falls Gott Subjekt von „entsühnen" ist (so MAIER, *Qumran-Essener* 2,609), mag das Gebet implizieren, dass Gott auch allein auf Gebet hin Sühne schafft (vgl. FALK, „Psalms" 9.16). Allerdings könnten diese Gebete auch noch in Verbindung mit dem Opferkult verwendet worden sein, denn die früheste Abschrift stammt von ca. 150 v. Chr. (s. MAIER, *Qumran-Essener* 2,606).

[358] Siehe BOCKMUEHL, „1QS" 400f.

[359] Siehe BOCKMUEHL, „1QS" 394–396.

[360] SAFRAI, „Versöhnungstag" 39 (vgl. 49).

[361] SAFRAI, „Versöhnungstag" 40f.; MAIER, „Sühne" 148f.

[362] Nach SCHLATTER, *Synagoge* 9f.56–68 hat Hadrian 130 n. Chr. den Tempelberg den Juden zurückgegeben, worauf sie den Hohen Priester Eleasar ben Charsom und den messianischen König Simon ben Kosiba einsetzten, den Tempel wieder aufzubauen begannen und den Opferdienst wieder aufnahmen. Die Begeisterung des Volkes wie die Gewalt der Niederschlagung des Aufstandes seien nur so erklärbar. SCHLATTERs Sicht hat einiges für sich.

[363] ALEXANDER, „Torah" 293.

[364] NEUSNER in CHILTON/NEUSNER, *Classical Christianity and Rabbinic Judaism* 194.

störung vorhanden sind: Versöhnungstag (*jom kippur*), Leiden und Tod (mJoma 8,8; bShevu 13a).[365] An die Stelle der Opfer tritt die Wohltätigkeit (bBB 9a). Die Buße schiebt die Strafe auf bis zum Versöhnungstag. Der Versöhnungstag schafft Sühne für alle leichten Sünden des vergangenen Jahres, für die Buße getan wurde. Schwere Sünden können – zusätzlich zum Versöhnungstag – nur durch Leiden und durch den eigenen Tod gesühnt werden (tKippurim [Joma] 4,6–8). Dass der Tod – die Buße vorausgesetzt – tatsächlich auch schwerste Verbrechen sühnt, wird auch daran deutlich, dass in mSan 10,1–3 in der Liste derjenigen Israeliten, die keinen Anteil an der kommenden Welt haben, keine Verbrecher vorkommen, die für ihre Vergehen hingerichtet wurden (so explizit auch mSan 6,2).[366] Wer Buße getan und Sühne erfahren hat, für den gilt:

„when he is raised from the dead, his atonement for all his sins is complete. The judgment after resurrection becomes for most a formality."[367]

Das Diasporajudentum kannte Sühne durch Buße schon viel länger, weil dort die Sühnemittel des Tempels schwerer erreichbar waren. Einerseits konnte man dabei an Spr 15,8 und Hos 6,6 anknüpfen. Ein Beispiel ist Dan 3,39f. (Gebet Asarjas), wonach die Reuen sühnt:

„... Wir kommen mit zerknirschtem Herzen und demütigem Sinn. Wie Brandopfer von Widdern und Stieren, wie Tausende fetter Lämmer, so gelte heute unser Opfer vor dir und verschaffe uns bei dir Sühne."

Auch nach PsSal 3,8 sühnen (ἐξιλάσκειν) und reinigen (καθαρίζειν) Frömmigkeit, Fasten und Selbsterniedrigung von Sünden.[368] Vergebung ohne Opfer ist auch in VitProph 4,13, Joseph und Asaneth und vielleicht in der Vita Adae et Evae vorausgesetzt.[369] Interessant ist, dass es sich in VitProph 4,13 und Joseph und Asaneth um Buße von *Heiden* handelt. Normalerweise war aber für den Übertritt von Heiden zum Judentum neben der Beschneidung (bei Männern) und dem Tauchbad ein Opfer vorgeschrieben.[370] Nach dem Gebet Manasses 7–14 vergibt Gott allen, die ernsthaft Buße tun. Hingegen kennt VitAd (Apokalypse) 31,4 in dieser Hinsicht keine Gewissheit.[371]

---

[365] Siehe dazu und zum Folgenden NEUSNER in CHILTON/NEUSNER, *Classical Christianity and Rabbinic Judaism* 198–203.

[366] NEUSNER in CHILTON/NEUSNER, *Classical Christianity and Rabbinic Judaism* 238f.

[367] NEUSNER in CHILTON/NEUSNER, *Classical Christianity and Rabbinic Judaism* 200.

[368] Siehe NICKELSBURG, *Judaism* 68.

[369] Siehe EVANS, „Stories" 68.71f.

[370] Siehe SCHÜRER, *History* 3,173.

[371] Vgl. EVANS, „Stories" 69. Zum 4. Esra s. u. Abschn. e.

Andererseits konnte das Diasporajudentum auch an die weisheitliche Tradition anknüpfen, dass gute Taten sühnende Wirkung haben (Spr 10,12; Dan 4,24).[372] Nach Tob 12,9f. „rettet" (ῥύεσθαι) Wohltätigkeit vom Tod und „reinigt" (ἀποκαθαρίζειν) von jeder Sünde. 1,16–18; 2,1–8 nennen als weitere gute Taten: Hungrige speisen, Nackte kleiden und Tote begraben. Nach Sir 3,30 sühnt Mildtätigkeit Sünde, nach 3,3 und 28,2 bewirken die Ehrung der Eltern und zwischenmenschliche Vergebung die göttliche Vergebung, und nach 35,1–5 kommen Toragehorsam, Liebeserweise und Almosen Sündopfern gleich. Freilich ergänzt all dies nach Sirach die Opfer und ersetzt sie nicht (vgl. V. 6–13).

Viel früher als die Ersatztheorien nach der Tempelzerstörung ist freilich die Ansicht, dass *Strafe, Leiden und die Verdienste und Leiden der Gerechten* sühnen können (vgl. III.B.7). Das stellvertretende Leiden von Gerechten ist eine Art Fortführung des Sühnegedankens. Dtn 24,16 und Ps 49,8f. stellen noch den Grundsatz auf, dass kein Mensch stellvertretend für einen andern sterben bzw. sein Leben als Sühneleistung geben könne; Sühnopfer wurden ja mit Tierblut vollzogen. Auch nach 4Esr 7,102 „trägt jeder selbst seine Ungerechtigkeit oder Gerechtigkeit". Demgegenüber sagt JHWH Israel in Jes 43,3f.22–25 zu, dass er aus Liebe zu Israel „Mensch(en)" (אדם) für Israel „als Sühneleistung (in den Tod) gibt" (V. 4).[373] Von V. 3 her erfüllen ganze Völker diese Funktion.[374] Dies wird in MekhJ zu Ex 21,30 so ausgelegt, dass im Endgericht die gottlosen Völker stellvertretend die Strafen Israels tragen werden. Nach Jes 52,13–53,12 ist es der Gottesknecht, der von Gott für andere in den Tod dahingegeben wird (Jes 53,5–7.10). Daran knüpfen Sapientia Salomonis 2–5 und v. a. 1Makk 3,8; 2Makk 7,33.37f.; 8,5; 4Makk 6,27–29; 12,18; 16,16; 17,20–22 an.[375] Diese Stellen kennen nicht nur läuterndes Leiden aufgrund eigener Sünden, sondern auch das Leiden der Gerechten, Unschuldigen, das als Sühne anderen zugute kommt und zur Belohnung nach dem Tod führt. Nach 2Makk 8,5 wendet sich der Zorn Gottes dadurch in Erbarmen. 2. Makkabäer 7 greift Jesaja 53 auf, und 4Makk 17,20–22 wendet kultische Sühneterminologie auf den Märtyrertod an: καθαρισμός, ἀντίψυχον, ἱλαστήριον.[376] Freilich scheint sich diese Erwartung der stellvertretenden Sühnewirkung des Mär-

---

[372] Zum Folgenden s. NICKELSBURG, *Judaism* 67f.

[373] Zum Folgenden s. GRIMM/DITTERT, *Deuterojesaja* 176–178.

[374] „Ägypten, Kusch und Seba waren nach 45,14 reiche Völker, und so signalisiert die unvorstellbare Höhe des Sühnegelds V. 3c–4 jedenfalls sowohl die Schwere der Schuld als auch die Kostbarkeit der Geliebten in Gottes Augen" (GRIMM/DITTERT, *Deuterojesaja* 167).

[375] Siehe GOWAN, „Wisdom" 235; TRAVIS, *Christ* 30f.

[376] NICKELSBURG, *Judaism* 65f.

tyrertodes vom Kontext der Stellen her nicht auf das universale Endgericht
zu beziehen, sondern nur auf ihre eigene Generation:

„the innocent deaths of the righteous effect the return of divine favor not in a cosmic
epiphany, but through the successful victories of Judas Maccabeus".[377]

Nach den frühen Targumim kommen die Fürbitte und die Verdienste der
Gerechten Israel zugute; besonders wirksam sind die Erzväter, weil JHWH
mit ihnen den Bund geschlossen und ihnen seine Verheißungen gegeben
hatte (vgl. Dan 3,34–36 LXX; Röm 11,28).[378] Die verstärkte Bedeutung der
Verdienste der Väter mag zeitlich mit dem Verlust des Tempels zusammenhängen.

Dass die Verdienste der Gerechten den Sündern zugute kämen, ist auch
die Sicht des noch unbekehrten Esra im 4. Esrabuch. Er bittet Gott aufgrund des Bundes und um der wenigen Gerechten willen um Gnade für die
Sünder (8,32–35, vgl. Gen 18,16–32).

*e) Die Spannung zwischen Tatgerechtigkeit und Erwählung bzw. zwischen
Gottes unparteiischem Gericht und seiner Barmherzigkeit*

Reflexionen über die Spannung zwischen Gottes Gerechtigkeit, die streng
nach den Werken richtet, und Gottes Erbarmen (bzw. Gnade), das Buße
ermöglicht und vergibt, finden sich schon bei Philo. Er legt die beiden
Cheruben am Paradieseingang (Gen 3,24) und die beiden Begleiter JHWHs
in Genesis 18 als dessen „Gerechtigkeit" und „Barmherzigkeit" aus (Cher.
29f.; sacr. 15 [§59f.]).[379]

Das Thema wird auch in der rabbinischen Literatur diskutiert.[380] In Sif-
Dev 26 wird diese Spannung als Spannung in Gott selbst gesehen: Als
JHWH ist er barmherzig, als *Elohim* gerecht. Ähnlich wie schon bei Philo
werden in talmudischer Zeit JHWHs Gerechtigkeit und Barmherzigkeit
personifiziert: Sie stehen im himmlischen Gericht vor JHWH und liegen
im Streit gegeneinander.[381]

Anders als manche Versuche einer Interpretation des rabbinischen Judentums unter deutlichem Einfluss eines liberalen Protestantismus (z. B.
G. F. Moore, *Judaism*; E. P. Sanders, *Paul* und *Judaism*[382]) stellen neuere,
umfassendere Forschungen (z. B. J. Neusner, *Judaic Law* u. a., vgl. „Juda-

---

[377] NICKELSBURG, *Judaism* 70.
[378] Siehe dazu MCNAMARA, „Targum Themes" 319–332.
[379] Siehe auch HAY, „Philo" 377.
[380] Zum Folgenden s. ALEXANDER, „Torah", bes. 286–288.294f. und ausführlich BO-
DENDORFER, „Spannung".
[381] Siehe ALEXANDER, „Torah" 286 (Stellen: Anm. 57).
[382] Weitere Vertreter bei ALEXANDER, „Torah" 271f.

ism" und „Sanders"; F. Avemarie, *Tora*; vgl. „Erwählung") heraus, was P. S. Alexander so zusammenfasst:

„Tannaitic Judaism can be seen as fundamentally a religion of works-righteousness, and it is none the worse for that. The superiority of grace over law is not self-evident and should not simply be assumed."[383]

Nach einigen rabbinischen Aussagen wurde Abraham nicht als gottloser Heide berufen, sondern weil er schon gerecht war, und Israel wurde nicht allein aus JHWHs Liebe, ohne Vorleistung, erwählt, sondern weil es als einziges Volk der Erde bereit war, die Tora zu akzeptieren: *„Because* Israel accepted the Torah, God loves Israel."[384] Freilich gibt es für Israel auch Buße, Sühne, die Verdienste der Väter und die Besserung des Lebens als Angebote von JHWHs Gnade; aber die fundamentale Spannung von Gerechtigkeit und Gnade Gottes, von Werkgerechtigkeit und Erwählung wird im rabbinischen Judentum nirgends systematisch aufgelöst, vielmehr stehen diese Aspekte nebeneinander, ohne dass sie einander für rabbinisches Denken ausschließen.[385]

Die tannaitischen rabbinischen Schriften (Mischna, Tosefta, Baraitot, Midraschim) haben einen homiletisch-juristischen, keinen systematisch-theologischen Charakter. „They often stand in mutual tension, or even contradiction, with little attempt being made to recognize let alone resolve the contradictions."[386] Diese scheinbare Widersprüchlichkeit spiegelt oft Spannungen, die sich schon in der Schrift finden.[387] Dass mehrere neuere Darstellungen des antiken Judentums diesen „aspektiven" Charakter des jüdischen Denkens zu wenig beachten, liegt daran, dass sie das antike Judentum von liberal-protestantischen Kategorien her zu systematisieren versuchen. Dabei verwandeln sie das rabbinische Judentum „into a rather pale reflection of liberal Protestantism"[388], in „a homogenized ‚Judaism' lacking

---

[383] ALEXANDER, „Torah" 300. Dies ist mitnichten eine einfache Rückkehr zum früheren, negativ gemeinten und z. T. antijüdisch gefärbten protestantischen Verdikt, das Judentum sei eine „Religion der Werkgerechtigkeit" im *Gegensatz* zum (protestantischen) Christentum als einer Religion der Gnade. Jedoch verwahren sich jüdische Gelehrte wie JACOB NEUSNER gegen die neuere protestantische (freundschaftlich gemeinte) Vereinnahmung des Judentums als Gnadenreligion im protestantischen Sinn (s. u.).

[384] So zusammenfassend NEUSNER in CHILTON/NEUSNER, *Classical Christianity and Rabbinic Judaism* 110 (Hervorhebung von mir).

[385] Vgl. zusammenfassend ALEXANDER, „Torah" 300f.; AVEMARIE, „Erwählung".

[386] ALEXANDER, „Torah" 268–273. Zur Aspekthaftigkeit des rabbinischen (und allgemein des antiken) Denkens vgl. auch AVEMARIE, *Tora*, bes. 578f.; DERS., „Erwählung"; BRUNNER-TRAUT, *Frühformen*, bes. 7–14.155–158.

[387] ALEXANDER, „Torah" 269.

[388] ALEXANDER, „Torah" 279, vgl. 271–273.

all specific flavor"[389], „a Judaism in the model of Christianity", für Juden „only a caricature and an offence".[390]

Die Erwartung, dass das Reich Gottes bzw. der neue Äon für das ganze Volk (inkl. der Toten, die auferstehen) kommt, sobald ganz Israel die Tora hält[391], zeigt, dass Individualismus und nationale Eschatologie, Bund und Toragehorsam einander nicht ausschließen. [392] Die Spannung wird also nicht aufgelöst; wohl scheint Gottes Gnade aber ein Übergewicht über seine Gerechtigkeit zu haben, wie es auch für das menschliche Gericht verlangt ist. Nach R. Aqiba ist das Maß des Erbarmens Gottes sogar 500-mal größer als das Maß der Gerechtigkeit (MTeh 15,7).[393] Aber das heißt nicht, dass Gott Sünde hinnimmt; es gibt keine Gnade ohne Buße. Interessanterweise „(fehlen) Hinweise auf Gottes Erbarmen ... in jenen Passagen, die sein Gerichtshandeln an den SünderInnen darstellen".[394]

Erbarmen Gottes und Toragehorsam des Menschen, Erwählung und Verpflichtung sind im Gericht also komplementär und schließen sich keineswegs gegenseitig aus.[395] Innerhalb der zwei Pole dieser Spannung wurden im Frühjudentum verschiedene Lösungen vertreten.

(1) Eine Möglichkeit, die Spannung zu lösen, war die Lehre, dass gegenwärtiges, innergeschichtliches Gericht (vor dem Tod) der Läuterung der (relativ) Gerechten dient (s. u. III.B.7).

(2) Eine weitere Möglichkeit, die v. a. die Sündhaftigkeit aller Menschen im Blick hatte, war die Frage, wer denn überhaupt noch gerettet werden könne – wenn doch niemand gerecht sei. Dies ist v. a. die Sicht des 4. Esra. Als Grundproblem wird hier das Verhältnis von Gottes unparteiischer Gerechtigkeit im Gericht und Gottes Erbarmen und Bund mit Israel reflektiert.[396] Nach 4Esr 7,59–61; 8,1 (vgl. 7,20) sind fast alle Menschen Sünder, und Gott ist gegen Sünder in Israel nicht gnädiger als gegen die heidnischen Sünder. Allerdings besagt 4Esr 13,40–44, dass das Gesetz mit

---

[389] NEUSNER, „Judaism" 170.

[390] NEUSNER, „Sanders" 169. NEUSNER schließt seine Rezension ebd. mit dem Satz: „With friends like Sanders, Judaism hardly needs any enemies."

[391] Siehe z. B. NEUSNER in CHILTON/NEUSNER, *Classical Christianity and Rabbinic Judaism* 95. Der Umkehrschluss ist: Durch die Sünde wurde die Ankunft des Messias verzögert (ebd. 186). – Die Rabbinen fordern dabei keinen Perfektionismus ein (vgl. unten zum Abwägen der Werke): „It is the dominant characteristics of a person's life which categorize him as righteous or as wicked"; von den so verstandenen Gerechten zu unterscheiden sind die Heiligen (חֲסִידִם): „Saintliness is a state beyond righteousness, one that is admired and to which all should aspire, but not one which all seemingly are obliged to attain" (ALEXANDER, „Torah" 284).

[392] Siehe ALEXANDER, „Torah" 275.

[393] Siehe TRAVIS, *Christ* 35; vgl. o. Abschn. b.

[394] WENDEBOURG, *Tag* 148.

[395] Siehe ELLIOTT, *Survivors* 178–186.

[396] BAUCKHAM, „Apocalypses" 161.

„very considerable determination and effort"[397] doch vollkommen zu halten ist, wie es die zehn verlorenen Stämme getan haben, die weit weg in die Einsamkeit gezogen sind, um das Gesetz befolgen zu können. Die Vollkommenheit der zehn Stämme bedeutet nicht, dass sie schon immer sündlos waren; denn als sie noch im Land Israel waren, konnten sie das Gesetz nicht halten (13,42; vgl. 7,82; 9,11). Es ist vorausgesetzt, dass sie auf dem Weg in die Verborgenheit Buße getan haben. Im 4. Esra geht es also nicht um Gerechtigkeit im Sinne von völliger Sündlosigkeit während des gesamten Lebens, sondern, mit Richard Bauckham gesprochen, um

„a fundamental choice to observe the Law faithfully or not to take it seriously. The latter option is described in terms of fundamental apostasy from God and his ways [s. 8,56]. ... the rightous who ‚choose life‘ must maintain their choice by continuous effort to be faithful to the Law: loyalty must be fulfilled in obedience. ... for the sinners who have made the wrong choice there remains, while this life lasts, the possibility of repentance, i.e. of changing the whole direction of their lives in order to align it with the Law".[398]

Auch die Gerechten werden im Gericht aus Gnade gerettet (12,34; 14,34; vgl. 10,24), zum einen, weil auch sie nicht völlig sündlos waren (aber demütig Buße getan haben, s. 8,47–55), zum andern, weil schon der Bund, mit dem Gott Israel zum ewigen Heil erwählt hatte, ein Gnadenakt war. So ist das ewige Heil für die Gerechten

„both a matter of reward, within the terms God has given, but also a matter of God's grace, in that he freely chose to make such a covenant with Israel. ... What God does not do ... is exercise mercy to Israelite sinners by withholding judgment from them."[399]

In der Henochliteratur werden die Erwählten aufgefordert: „Sucht und wählt euch die Gerechtigkeit und ein wohlgefälliges Leben" (1Hen 94,4).

„[T]hus election is not envisaged as contradicting human freedom to choose the good. But it is also noteworthy that, in the resurrection, when for the first time people will be able to be wholly righteous forever, this is the result of God's grace and power (92:3–5; cf. 91:17): God ‚will be gracious to the righteous and give him eternal uprightness‘ (92:4)."[400]

Auch nach dem 2. Baruch sind die Gerechten nicht völlig sündlos (85,15), sie werden also aus Gnade gerettet (77,6f.; 78,7; 84,10), aber *wegen* ihrer Gerechtigkeit.[401]

(3) Eine weitere Lösung der Spannung war eine Veränderung des Bildes vom Gerichtsverfahren, indem man nun erwartete, dass die guten und bösen Taten gegeneinander *abgewogen* werden: Überwiegen die guten, gilt

---

[397] Zitat: BAUCKHAM, „Apocalypses" (168–)169.
[398] BAUCKHAM, „Apocalypses" 171.
[399] BAUCKHAM, „Apocalypses" 173.
[400] BAUCKHAM, „Apocalypses" 145f.
[401] Vgl. BAUCKHAM, „Apocalypses" 181f.

der Mensch als gerecht; überwiegen die bösen, gilt er als Frevler (1Hen 41,1; 61,8; 2Hen 44,5; 49,2; 52,15; ApkZeph 13,4; 4Esr 3,34).[402] Diese Sicht konnte sich an jene Stellen in der Weisheitsliteratur anschließen, nach denen gute Taten und das Martyrium von Gerechten sühnende Wirkung haben können (Spr 10,12; Sir 3,3.30, 28,2; 35,1–5; vgl. Dan 4,24; Tob 12,9; zum Martyrium: Assumptio Mosis 10; 4Makk 6,28f.). Das Bild der Waage findet sich in 1Hen 41,1; 61,8; 2Hen 44,5; 49,2; 52,15; Apk-Zeph 85 und schließt sich an Spr 24,12 an.[403] Es ist überhaupt in der Antike weit verbreitet und findet sich schon in altägyptischen Texten über das Totengericht, wenn auch mit anderer Nuance.

Im altägyptischen Totengericht geht es nicht um das Abwägen von guten und bösen Taten, sondern das Herz wird gegen die Feder der Weisheitsgöttin Ma'at abgewogen, um zu prüfen, ob der Verstorbene sich gegen ihre Ordnung, konkret gegen eine Liste von achtzig Verboten, vergangen hat.[404]

Eine Variante des Bildes von der Waage bieten jene Stellen, die vom Abzählen der Werke handeln (z. B. 1Hen 63,9; 89,63; SapSal 4,20).[405] Nach 1Hen 22,9–13 (Buch der Wächter, 3. Jh. v. Chr.) gibt es drei Gruppen von Menschen: Gerechte, Frevler und solche, die nicht völlig ungerecht sind.[406] Hillel und Schammai (ausgehendes 1. Jh. v. Chr.[407]) diskutieren die Frage, was mit der hypothetischen „mittleren" Gruppe geschieht, bei der sich gute und böse Werke die Waage halten. Sie werden entweder durch die Gnade Gottes und auf Grund von Fürbitte trotzdem gerettet oder benötigen eine Zeit der Läuterung nach dem Tod.[408] Auch nach den Qumran-Schriften er-

---

[402] Siehe VOLZ, *Eschatologie* 293.

[403] Vgl. Spr 16,2; 21,2; Hi 31,6; Dan 5,27 und BAUCKHAM, „Apocalypses" 153; TRAVIS, *Christ* 29f. und 46 Anm. 10; VOLZ, *Eschatologie* 293. Nach BAUCKHAM leitet sich die Vorstellung nicht direkt vom alten ägyptischen Bild der Waage beim Totengericht her (s. dazu das Folgende).

[404] S. o. II.F.3.b.(1). Es ist bisher offenbar nur eine einzige Ausnahme in äyptischen Texten belegt, die der jüdischen Ausprägung der Wäge-Tradition entspricht: In einem demotischen Papyrus aus dem 2. Jh. n. Chr., der „Zweiten Erzählung des Setne", werden ebenfalls die guten gegen die schlechten Taten abgewogen, und dabei werden genauso drei Gruppen von Menschen unterschieden (s. E. WINTER, „Zielpunkt" 333; zu den drei Gruppen in frühjüdischen Texten s. u.).

[405] Siehe VOLZ, *Eschatologie* 293.

[406] Siehe dazu BAUCKHAM, „Apocalypses" 144.

[407] STEMBERGER, *Einleitung* 73.

[408] bRHSh 16b–17a, s. AUS, „Gericht" 468; REISER, *Gerichtspredigt* 125 (weitere Stellen und Lit. in Anm. 35) und 138f.; TRAVIS, *Christ* 36f. Insofern hat BAUCKHAM Unrecht, wenn er zu 1Hen 22 schreibt: „no other Second Temple period Jewish text classifies the dead into more than the two categories of righteous and wicked" („Apocalypses" 144).

folgt das Endgericht nach der Menge der Sünden (1QH 12 [früher 4],19).[409]
Nach R. Aqiba (um 110–135 n. Chr.[410]) kommt es auf die „Menge der
Werke" an, nicht auf Perfektion (mAv 3,16).[411]

„Gerechtigkeit" wird in der Tradition von den gegeneinander abgewo-
genen Taten neu definiert. In der älteren Weisheit galten nicht die als gerecht, die vollkommen, ohne Ausnahme, die Tora gehalten haben, sondern
diejenigen, die auf dem richtigen Weg sind (als Gesamtausrichtung oder
Haupttendenz der Lebensführung). Im späteren Alten Testament wurde unter dem Einfluss des Heiligkeitsgesetzes, des Deuteronomiums und der
prophetischen Schriften die Notwendigkeit vollkommenen Toragehorsams
stärker betont (Dtn 5,29; 6,24; 8,1 u. ö.). Weil JHWH heilig ist, soll auch
sein Volk heilig sein (Lev 19,2 u. ö.). Nach diesem Maßstab konnte eigentlich niemand mehr als völlig gerecht gelten.[412] Dies spiegelt sich sowohl
im radikalisierten Sündenbewusstsein, nach dem alle Menschen vor JHWH
schuldig sind (s. o.), als auch in der Erwartung eines neues Bundes, in dem
Gott selber die notwendige Veränderung (oder „Beschneidung") der Herzen vornehmen wird, welche die Menschen erst zum vollkommenen Gehorsam befähigt (s. u.).[413]

Die neue Lehre vom Abwägen der Taten ist sozusagen eine Rückkehr
zur alten weisheitlichen Anschauung von den zwei Wegen, aber von der
neuen Voraussetzung aus, dass Gott vollkommenen Toragehorsam verlangt
und deshalb niemand als völlig gerecht gelten kann.[414]

Die Erwartung des vom Deuteronomium und von Jeremia, Ezechiel und
Deuterojesaja verkündeten neuen Bundes, in dem Gott selber die Herzen
beschneiden und erneuern wird, so dass die Menschen in Gerechtigkeit und
ohne Sünde leben, bleibt auch im Frühjudentum lebendig. Frühe Beispiele
dafür sind das Buch der Wächter aus dem 3. Jh. v. Chr. und der Brief Henochs aus vormakkabäischer Zeit. Nach dem Buch der Wächter sind die
Gerechten erst nach dem Gericht sündlos, als Gabe Gottes (1Hen 5,8f.),
ebenso nach dem Brief Henochs (1Hen 92,3–5; vgl. 91,17). In Qumran wie
auch in einer Reihe anderer frühjüdischer Schriften spielt die alttestamentliche Verheißung eines neuen Bundes eine wichtige Rolle: Gott selbst wird

---

[409] Dass nach 1QH1,24; 16,10; 1QM 12,3; 0QCD 20,19 die menschlichen Werke in
himmlischen Büchern aufgezeichnet werden, spricht dafür, dass nach der Lehre von
Qumran die Einzelwerke der Menschen im Gericht eine Rolle spielen (gegen TRAVIS,
Christ 32, der meint, nur die „membership among the covenant people" werde in diesen
Büchern verzeichnet und spiele im Gericht die entscheidende Rolle, nicht der Gesetzes-
gehorsam im Einzelnen).

[410] SCHÜRER, *History* 2,377.

[411] Siehe ALEXANDER, „Torah" 284.

[412] Anders sieht es z. B. die Wochenapokalypse 1Hen 102,10 (s. o. Abschn. γ).

[413] Vgl. dazu C. STETTLER, „Purity" 491–493 (Lit.).

[414] Freilich ist das Bild der Waage im Zusammenhang mit dem Gericht nicht neu, s. o.

den Gehorsam schaffen (z. B. 4Q504, Frg. 2, Kol. V,9–17; Bar 2,31; Vit-Ad Apokalypse 13,2–5[415]; 2Hen 2,3J). Ein späteres Beispiel ist das 4. Esrabuch von ca. 100 n. Chr. (6,26–28; vgl. etwa gleichzeitig 2Bar 85,15). Nach 4Esr 3,20–23; 7,48 ist das Hauptproblem Israels angesichts des Endgerichts der noch nicht entfernte böse Trieb im Menschen. Die Aporie des Menschen besteht also darin, dass er im Endgericht schon sündlos dastehen müsste, um gerettet zu werden, dass aber die Voraussetzung dazu, das erneuerte Herz bzw. die Entfernung des bösen Triebs, erst nach dem Endgericht im neuen Äon geschenkt wird. Diese Aporie wird im Sirachbuch aufgrund seines optimistischeren Menschenbildes nicht empfunden; vielmehr sei der Mensch fähig, das Gute zu wählen (Sir 15,11–20), und für seine Verfehlungen gibt es Buße (17,24–26), Opfer (35,5–7) und gute Werke wie Almosen (3,30) und das Ehren des eigenen Vaters (3,3.14–16). Ähnlich lehrt das spätere rabbinische Judentum, dass durch Torastudium die Neigung zum bösen Trieb unterdrückt und die Neigung zum guten Trieb gestärkt wird.[416]

Die Qumran-Essener hingegen sind überzeugt, dass sie schon jetzt an der endzeitlichen Gabe des Heiligen Geistes Anteil haben, der die Herzen neu macht. Ähnlich wie Joseph und Aseneth wenden die Qumranschriften auch weiter Motive der eschatologischen Erwartung auf ihre Gegenwart an (z. B. 1QH 11 [früher 3],19–23; 19 [früher 11],3–14): neue Schöpfung, Auferstehung der Toten und das Stehen inmitten der Heiligen (d. h. Engel).[417]

„What the apocalypses ascribe to the future, the Qumran sectarians experience in the present because of the conversion that has brought them into the community of the saved. One has been reshaped from the dust and has passed from death to life; one is rescued from Sheol and stands on the heavenly heights, singing praises in chorus with the holy ones. ... the important salvific event has already occured."[418]

Freilich steht diese präsentische Eschatologie neben der auch in Qumran weiterhin festgehaltenen futurischen Eschatologie, die das Kommen der beiden Messiasse und des Propheten wie Mose, die Endschlacht, das Endgericht und die neue Schöpfung erwartet (vgl. 1QS 3f.).[419]

(4) Das alte weisheitliche, robustere Verständnis von Gerechtigkeit und Sünde wurde z. T. auch weiterhin vertreten. Das Gebet des Manasse stellt fest: „Du, Herr, der Gott der Gerechten, hast nicht Buße auferlegt den Gerechten, Abraham, Issak und Jakob, denen, die nicht an dir gesündigt ha-

---

[415] VitAd 13,2–5 findet sich allerdings nur in einem Teil der Überlieferung und könnte deshalb eine Interpolation sein, s. M. D. JOHNSON, „Life of Adam and Eve" 275.

[416] ALEXANDER, „Torah" 282.

[417] Siehe NICKELSBURG, *Judaism* 128.

[418] NICKELSBURG, *Judaism* 128.

[419] Siehe NICKELSBURG, *Judaism* 128

ben" (8). Auch eine Reihe von Pseudepigraphen und die Targumim gehen von einer Gesamtausrichtung des Lebens aus. So ist das (Lebens-) „Werk" (Singular!) des Abel, des Prototyps des „Gerechten" gut, dasjenige des Kain, des Prototyps des „Frevlers", böse; zudem kann Abel zu Kain sagen: „Meine Werke (Plural) waren besser als deine", was u. U. relativ verstanden werden kann, wie in der Lehre vom Abwägen der Werke (TN Gen 4,6–8). Aber nach demselben Targum waren Noach und Jakob „vollkommen in guten Werken" (TN Gen 6,9; 25,27), und Abraham wie ganz Israel werden aufgefordert, „vollkommen in guten Werken" zu sein (TN Gen 17,1 bzw. Dtn 18,13).[420] Ähnlich wie nach Sir 15,14–17,20 kann nach 4Makk 5,25–30 ein Mensch die Tora halten, wie das Beispiel der Märtyrer gezeigt hat.[421] Auch Philo geht davon aus, dass die Tora erfüllbar ist.[422] Nach Sirach, Pseudo-Phokylides, 2. Baruch und 4. Makkabäer kann das Gesetz vom Menschen gehalten werden[423], und nach 1Hen 102,10 halten die Gerechten die Tora vollkommen. Das rabbinische Judentum geht davon aus, dass die Tora erfüllbar ist: „Israel alone within humanity has the possibility, *and the power*, to bring about God's rule" – durch seinen Toragehorsam.[424] Die Kraft zur Erfüllung der Tora und damit zur inneren Erneuerung des Menschen liegt nach rabbinischer Anschauung in der Tora selber:

„The key to man's regeneration lies in the fact that Israel, while part of humanity and by nature sinful, possesses the Torah. That is how and where Israel may overcome its natural condition. Herein lies the source of hope."[425]

Aufs Ganze gesehen können wir sagen, dass die frühjüdischen Schriften samt und sonders die Erwählung Israels nicht gegen die Forderung des Toragehorsams ausspielen, sondern *beides* in einem differenzierten und oftmals komplementären Verhältnis zueinander sehen.[426]

f) „Covenantal nomism"?

Die von den frühen Schriftpropheten an zu findende Scheidung *innerhalb* Israels durch das Gericht wird auch in den Pseudepigraphen und Qumranschriften erwartet; sie wird nicht etwa (ganz oder teilweise) zu Gunsten einer „nationalen" Eschatologie zurückgestellt, wie seit einem Jahrhundert

---

[420] Siehe MCNAMARA, „Targum Themes" 333f.

[421] Vgl. GOWAN, „Wisdom" 216.235f.

[422] Siehe HAY, „Philo" 374f.

[423] Zu 4Makk: GOWAN, „Wisdom" 236, zu Pseudo-Phokylides: ebd. 236f.

[424] So die rabbinische Position zusammenfassend NEUSNER in CHILTON/NEUSNER, *Classical Christianity and Rabbinic Judaism* 119 (Hervorhebung von mir).

[425] NEUSNER in CHILTON/NEUSNER, *Classical Christianity and Rabbinic Judaism* 192.

[426] GATHERCOLE bringt dies so auf den Punkt: „God is portrayed as saving his people at the *eschaton* on the basis of their obedience, as well as on the basis of his election of them" (*Boasting* 90).

meist angenommen wurde. Dies zeigt jetzt die wichtige Arbeit *The Survivors of Israel* von Mark A. Elliott.[427] Elliott legt seiner Analyse den 1. Henoch, die Jubiläen, die Psalmen Salomos, die Assumptio Mosis, die Testamente der zwölf Patriarchen, den 4. Esra, den 2. Baruch und die Qumranschriften zu Grunde.

Bisher ging man meist mit R. H. Charles, W. Bousset/H. Gressmann, E. Schürer, J. Bonsirven und P. Volz vom Vorhandensein zweier unvereinbarer Konzepte von Eschatologie aus, einer „national-irdischen" und einer „universal-transzendenten".[428] In neuerer Zeit haben die Arbeiten von Ed P. Sanders einen großen Einfluss, der für das Frühjudentum von einem „covenantal nomism" (Bundesnomismus) mit einer entsprechenden nationalen Eschatologie ausgeht. Auf Sanders' Arbeiten sind wir oben schon kritisch eingegangen.[429] Seine Bundesnomismus-These hat in der englischsprachigen Welt großen Anklang gefunden; gleichzeitig erfuhr sie von jüdischen Forschern wie Jacob Neusner und von weiteren Kennern des antiken Judentums heftigste Kritik. Neusner wirft Sanders vor, das antike Judentum als liberal-protestantische Religion zu usurpieren.[430] Wie im Folgenden deutlich werden wird, hat die Forschung nach 1977 Sanders teilweise Recht gegeben, es ist aber auch deutlich geworden, dass er eine sehr einseitige, durch selektive Auswahl der Quellen zustande gekommene Sicht des Judentums bietet, welche die antiken, aspekthaft denkenden Texte zu sehr in einem modernen Sinn systematisiert.[431]

Marius Reiser stellt in seinem Buch zum Endgericht bei Jesus zwar die älteren Alternativen in Frage[432], geht aber selber wiederum von zwei unvereinbaren Konzepten aus: Verdammnis für die Völker/Heil für Israel *versus* Verdammnis für die Ungerechten/Heil für die Gerechten.[433] Freilich stellt er fest, dass die von ihm unterschiedenen „Konzeptionen" praktisch nie rein, sondern fast immer miteinander kombiniert auftreten, die Verfasser der frühjüdischen Schriften sie also „für irgendwie vereinbar oder einander ergänzend angesehen haben".[434] Dem entspricht die Beobachtung von Daniel Falk, dass in den frühjüdischen Gebeten beide Tendenzen vorkommen, ohne dass sie einander ausschließen müssten:

---

[427] ELLIOTT, *Survivors*. Zur Scheidung in Israel bes. 57–113.309–354.
[428] Siehe ELLIOTT, *Survivors*, bes. 27–56.520; REISER, *Gerichtspredigt* 149–151.
[429] Kap. I zu KENT YINGER.
[430] S. o. Abschn. e.
[431] So RIEGER, „Religion" 140–146; vgl. FREY, „Judentum" 38 mit Anm. 144.
[432] REISER, *Gerichtspredigt* 149–151.
[433] REISER, *Gerichtspredigt* 134 u. ö.
[434] REISER, *Gerichtspredigt* 151.

„It certainly cannot be assumed that the two patterns ... represent mutually exclusive soteriologies."[435]

Wie beide Tendenzen inhaltlich *zusammengehören*, zeigt Elliott auf.[436] Sowohl für die Gerichtsverkündigung der Schriftpropheten als auch für das Frühjudentum ist grundlegend, dass das Gericht auch über Israel ergeht.[437] Bisweilen, besonders in den Jubiläen, den Psalmen Salomos, dem 4. Esra und den frühen Qumranschriften, wird die Hoffnung auf eine Errettung ganz Israels oder eines großen Teils von Israel festgehalten, freilich nie nur auf Grund der Erwählung Israels durch Gottes Bundesschlüsse, sondern immer unter der Bedingung der Umkehr zur Torapraxis, d. h. zur Lehre und Praxis des gerechten „Rests" (der durch diese Umkehr weiterer Israeliten ins Recht gesetzt wird, vgl. schon Jes 52,13–53,12 und Esra 9,13–15).[438]

Nach dem 4. Esra wird in Israel eine große Menge gerettet (v. a. die 10 Stämme, 13,12.39f., s. o. Abschn. e); die verurteilten Heiden sind hingegen eine *unzählbare* Menge (13,5.11.34), da es für die Heiden nach dem 4. Esra keine Hoffnung gibt. Da die Heiden viel mehr sind als die geretteten Israeliten, bleibt wahr, dass nur wenige gerettet werden können (8,1), ohne dass Gottes Bundestreue damit aufgehoben wäre.[439] „Thus *4 Ezra*'s remnant theology finally maintains the distinction between Israel and Gentile sinners as more significant than that between righteous and sinners within Israel."[440] Der 4. Esra richtet sich an die religiöse Führungsschicht von ganz Israel, nicht nur an eine religiöse Gruppe innerhalb Israels; das wahre Israel ist deshalb nicht wie in den Henoch- oder Qumranschriften mit einer bestimmten sozialen Gruppierung identisch.[441] Darin sind sich der 4. Esra und der 2. Baruch ähnlich.[442]

Nach 0QCD 1,1–4; 16,1f.; 1QM 10,9f.; 12,13f.; 13,7–9; 17,8 u. a. ist ganz Israel erwählt und zur Umkehr aufgerufen. Es besteht zwar die Möglichkeit, dass einige Israeliten, die Frevler, verloren gehen, aber die Hoffnung, dass dereinst die überwiegende Mehrzahl Israels Buße tun und dadurch gerettet werde, ist festgehalten. Allerdings gibt es auch hier keine Rettung ohne Buße.[443]

Der Bund ist zwar dem Gehorsam vor- und übergeordnet – Gott ist wegen des Bundes barmherzig und zürnt nur eine Zeitlang (z. B. LibAnt 9,4; 13,10; 19,9; 30,7; 35,3; 39,6; 3Esr 8,74–80)[444], und nach dem Jubiläenbuch

---

[435] D. FALK, „Psalms" 25.

[436] ELLIOTT, *Survivors*, bes. 515–573. S. dazu das Folgende.

[437] Siehe ELLIOTT, *Survivors* 57–113.

[438] Siehe ELLIOTT, *Survivors*, bes. 180f.183f.533–540.555–561.636f. An Esr 9,13–15 schließt 4Esr 12,34; 13,48f.; 6,25; 7,28; 9,7f. an (BAUCKHAM, „Apocalypses" 166).

[439] BAUCKHAM, „Apocalypses" 167.

[440] BAUCKHAM, „Apocalypses" 167f.

[441] BAUCKHAM, „Apocalypses" 162f.

[442] BAUCKHAM, „Apocalypses" 176.

[443] Siehe dazu BOCKMUEHL, „1QS" 388f. und zur zunehmenden Verengung der Soteriologie in Qumran ebd. 411.

[444] Siehe ENNS, „Expansions" 89f.

wird Israel immer bleiben, weil Gott es erwählt hat und ihm treu bleibt –
aber Individuen, die das Gesetz übertreten haben, werden von Gott gestraft
und verlieren den Bundesstatus.[445] Insofern werden die Bundes-Verhei-
ßungen immer nur am gerechten Rest erfüllt.

Während der Rest durch seinen Toragehorsam definiert war, wurde der
Umfang des Rests unterschiedlich bestimmt. Die Pharisäer zielten als Reformbewegung stets auf das ganze Volk und dessen Erneuerung; die essenische Qumrangemeinschaft nahm immer mehr die Züge einer abgeschlos-
senen, exklusiven Gruppierung an. Nach 1QH gibt es keine Rettung für die
außerhalb der „Gemeinde" bzw. des „Bundes" Stehenden (12 [früher 4],7–
20). Auch nach 1QS ist nur die „Gemeinde" von Qumran, der heilige Rest,
im Bund mit JHWH, nicht mehr ganz Israel; das abgefallene Volk wird
aufgefordert, in den Bund „einzutreten" (עבר, בוא).[446]

Nach Marius Reiser weisen der pharisäische Liber Antiquitatum Biblicarum und die essenisch gefärbte Assumptio Mosis (= Testament Moses)
eine rein nationale Eschatologie auf.[447] Nach LibAnt 3,10 kommt es aber
bei der Rettung im Gericht auf die gerechten Taten an. Als Kronbeleg für
eine rein nationale Eschatologie wird oft auch AssMos 12,11–13 angeführt:

„Denen, die sündigen und die Gebote nicht beachten,
werde die verheißenen Güter mangeln,
und sie werden von den Heiden mit vielen Plagen bestraft werden.
Dass er sie aber gänzlich ausrotte und verlasse, ist unmöglich.
Denn Gott wird hervortreten, der alles bis in die Ewigkeit vorhergesehen hat,
und sein Bund ist fest gegründet ..."

Doch kann diese Stelle sehr wohl als Verheißung für den „Rest" und nicht
für das ganze Volk gelesen werden[448]: Auch hier geht es um die „distinction within the people of God between the righteous and the sinful" und
um „the concept of a faithful remnant".[449] Ausschlaggebend ist der Gesetzesgehorsam (vgl. z. B. auch 3,12; 12,11); Israels Frevel in der Geschichte
und die Gerichte Gottes darüber werden vielfach erwähnt. Die Verheißung
10,8–10 ist in sich nicht eindeutig:

---

[445] Zur Erwählung siehe z. B. Jub 1,5.18; 50,5; zum Gehorsam: 33,14f. Vgl. ENNS,
„Expansions" 97.

[446] Siehe BOCKMUEHL, „1QS" 390; zur Frage, wie sich der „neue Bund" und der
„Bund Gottes" in den Qumranschriften zueinander verhalten, s. ebd. 391 Anm. 33 und 36
(Lit.). Zur Hoffnung auf eine Bekehrung ganz Israels s. auch 1QS^a 1,1–6 (vgl. TRAVIS,
Christ 32).

[447] REISER, *Gerichtspredigt* 74.151; in Bezug auf die Assumptio Mosis genauso ZA-
GER, *Gottesherrschaft* 94–97.

[448] So auch TROMP, *Assumption of Moses* 260.

[449] TROMP, *Assumption of Moses* 268; zu den dahinter stehenden alttestamentlichen
Stellen s. ebd. 268f.

„Dann wirst du glücklich sein, Israel,
und du wirst auf die Nacken und Flügel des Adlers hinaufsteigen,
und so werden sie ihr Ende haben.
Und Gott wird dich erhöhen,
und er wird dir festen Sitz am Sternenhimmel verschaffen, am Ort ihrer Wohnung.
Und du wirst von oben herabblicken
und deine Feinde auf Erden sehen und sie erkennen und dich freuen,
und du wirst Dank sagen und dich zu deinem Schöpfer bekennen."

„Israel" muss nicht die Nation als Ganze, sondern kann auch das „wahre Israel" sein. Taxo und seine Söhne erscheinen als der heilige Rest, der tut, was alle tun sollten (Kap. 9)[450], woraufhin auch prompt das Ende erscheint (Kap. 10). Das Ende heißt in 1,18 „Tag der Buße" – vielleicht ein Hinweis auf die Hoffnung des Autors, dass die Mehrheit Israels am Ende doch noch umkehren und sich dem „Rest" anschließen werde (vgl. 12,11–13: Israel wird zwar gezüchtigt, aber nicht völlig ausgerottet). Wie sich göttliche Vorherbestimmung (1,13f.; 12,4f.13) und Gnade (12,7) zu Gesetzesgehorsam, Buße und Fürbitte der Gerechten (Kap. 4 und 9) verhalten, führt die Assumptio Mosis nicht weiter aus.

Wichtigster Beleg für das eine Extrem, einen „covenantal nomism", bei dem ganz Israel aufgrund des Bundes gerettet wird, ist mSan 10,1–3:

„Ganz Israel hat Anteil an der zukünftigen Welt:
,Und dein Volk sind allesamt Gerechte;
für immer werden sie das Land besitzen' (Jes 60,21)."[451]

Diese Stelle (und mit ihr das rabbinische Judentum) vertritt tatsächlich eine maximalistische Sicht („ganz Israel erhält Anteil an der kommenden Welt"), weil JHWH zu seinem Bund mit Israel steht und Israel nicht verwirft. Das bedeutet aber nicht, dass (im Sinne einer „nationalen Eschatologie") alle Einzelnen gerettet werden, unabhängig davon, was sie getan haben. Vielmehr geht mSan 10,2f. so weiter:

„Und dies sind die, welche keinen Anteil an der zukünftigen Welt haben:
wer sagt: Es gibt keine Auferstehung der Toten,
und: Die Tora ist nicht vom Himmel,
und der Epikureer.
R. Aqiba sagte: Auch wer in den nichtkanonischen Büchern liest
und wer über einer Wunde (Zaubersprüche) flüstert (...).
Abba Schaul sagte: Auch wer den (JHWH-)Namen mit seinen Buchstaben ausspricht.
Drei Könige und vier Privatleute haben keinen Anteil an der zukünftigen Welt.
Drei Könige: Jerobeam und Ahab und Manasse. (...)
Und vier Privatleute: Bileam und Doeg und Ahitofel und Gehasi.
Das Geschlecht der Flut hat keinen Anteil an der zukünftigen Welt

---

[450] So auch Tromp, *Assumption of Moses* 223. Zur Rolle Taxos s. auch Gathercole, *Boasting* 56–58.
[451] Übersetzung nach Billerbeck, *Kommentar* 1,923.

und sie (be)stehen nicht im (End-)Gericht (...).
Das Geschlecht der Zerstreuung (Gen 11) hat keinen Anteil an der zukünftigen Welt (...).
Die Leute von Sodom haben keinen Anteil an der zukünftigen Welt (...).
Die Kundschafter haben keinen Anteil an der zukünftigen Welt (...).
Das Geschlecht der Wüste hat keinen Anteil an der zukünftigen Welt,
und sie (be)stehen nicht im Gericht (...).
Die Rotte Qorach wird nicht (wieder) heraufkommen (...).
Absalom hat keinen Anteil an der zukünftigen Welt (...).“[452]

Häresie, Zauberei, Blasphemie und Verwerfung der Tora schließen also auch nach dieser Mischna-Stelle ausdrücklich vom Heil aus. „Early rabbinic sources regularly categorize certain groups of Jews as excluded from the world to come.“[453] Wie groß die Gruppe der Ausgeschlossenen ist, lassen die rabbinischen Schriften offen; „the impression one gets is that they expected most of Israel in the end to share in the world to come“.[454] Die Liste der von der kommenden Welt Ausgeschlossenen zeigt die Grenze für Gottes Barmherzigkeit im Gericht an. Mit den Worten von Jacob Neusner:

„Where then is the limit to God's mercy? It is at the rejection of the Torah, the constitution of a collectivity – an ‚Israel' – that stands against God. Israel is made up of all those who look forward to a portion in the world to come: who will stand in justice [d. h. im letzten Gericht] and transcend death. In humanity, idolaters will not stand in judgment, and entire generations who sinned collectively as well as Israelites who broke off from the body of Israel and formed their own Israel do not enjoy that merciful justice ... Excluded from the category of resurrection and the world to come, then, are only those who by their own sins have denied themselves that benefit. These are those who deny that the teaching of the world to come derives from the Torah, or who deny that the Torah comes from God, or hedonists.“[455]

Ein Extrem in die andere Richtung stellt Josephus dar: Er erwähnt den Bund Gottes mit Israel nie, sondern spricht von Gottes „Vorsehung“ (πρόνοια), die jedem nach seinem Gesetzesgehorsam vergilt. [456] Zwar spricht er von Gottes Gunst, die Israel in besonderem Maße gilt, und insofern besteht ein besonderes Verhältnis zwischen Gott und Israel (Flav. Jos. Ant. 4,114; 7,380). Ausdruck dieser Gunst ist die Gabe der Tora (Flav. Jos. Ant. 3,78.223; 4,213.316.318). Daraus erwächst Israel aber lediglich die Verpflichtung, die Tora in jedem Detail zu halten, sonst wendet sich Gott ab (Flav. Jos. Ant. 3,317f.; 5,97f.). Nicht die Abstammung von Abraham sichert also die Gunst Gottes, sondern das Halten der Gebote; Gott wird durch Buße und Bekenntnis versöhnt (Bel 5,415).

---

[452] Übersetzung nach BILLERBECK, *Kommentar* 1,923f.
[453] ALEXANDER, „Torah“ 296.
[454] ALEXANDER, „Torah“ 296.
[455] NEUSNER in CHILTON/NEUSNER, *Classical Christianity and Rabbinic Judaism* 240f.
[456] Siehe SPILSBURY, „Josephus“, bes. 249–251.

Noch deutlicher sagt SifDev 34,3, dass Jakobs Söhne würdig waren zum Empfang des Gesetzes, und nach MekhJ 1,101–107; 5,63–92 bot JHWH die Tora allen Nationen an, aber die Heiden lehnten sie ab.[457] Freilich haben sich Teile des Volkes – bisweilen vielleicht sogar weite Teile – darauf verlassen, dass der Abrahambund Israel als Volk in jedem Fall ewiges Heil zusichere, unabhängig von seinem Gehorsam oder Ungehorsam gegenüber der Tora (vgl. Mt 3,9/Lk 3,8 und die in Römer 2 vorausgesetzte Haltung), ähnlich wie schon die Falschpropheten zur Zeit der Schriftpropheten auf Grund des Davidbundes die Unverletzlichkeit Zions verkündigten[458]. Die verschiedenen für die frühjüdische Literatur verantwortlichen Gruppierungen teilten diese Sicht nicht, sondern verstanden sich selber i. d. R. als den gerechten „Rest" Israels, der im Toragehorsam lebte und somit das „reconstituted Israel-within-Israel" bildete.[459] Wie bei den Schriftpropheten ist auch nach ihrer Anschauung Gottes Bund durch den Abfall Israels gebrochen, und die Sühnemöglichkeiten des Bundes sind dadurch unwirksam.[460] Auch in der frühjüdischen Literatur ist deshalb eine „destruction-preservation soteriology" vorherrschend, d. h. *„salvation is experienced by means of, as well as in the midst of, danger and judgment".*[461]

g) Fazit

Gottes gnädige Bundesschlüsse mit Israel sind auch nach frühjüdischem Verständnis immer mit Verpflichtungen für Israel verbunden.[462] Wie bei den Schriftpropheten gilt demnach auch im Frühjudentum das Prinzip, dass nur die Gerechten gerettet werden.[463] Nur sie werden das Volk der Gottesherrschaft und der neuen Schöpfung darstellen.[464]

---

[457] Siehe ALEXANDER, „Tora" 289f.; PHILLIPS, „Balance" 236 Anm. 31.

[458] Die nationale Eschatologie ist also keineswegs die ältere und der Restgedanke die jüngere Sicht, sondern beides steht seit Amos in Konkurrenz (gegen ELLIOTT, *Survivors* 353f., der leider nicht nach der traditionsgeschichtlichen Vorgeschichte der Pseudepigraphen und der Qumranliteratur fragt).

[459] Zitat: ELLIOTT, *Survivors* 354 (zu diesem „movement of dissent" s. ebd. 187–243).

[460] ELLIOTT, *Survivors* 576.

[461] ELLIOTT, *Survivors* 575–637, Zitate 595.

[462] ELLIOTT, *Survivors* 245–307. Josephus kann so weit gehen zu sagen, dass Israel zwar im Besitz der Tora einen Vorteil habe und die Toragabe an Israel Ausdruck des besonderen Verhältnisses Gottes zu Israel sei, dass aber nur jene an der Auferstehung und dem neuen Äon teilhaben würden, welche die Tora halten (Flav. Jos. Apion. 2,218f.). (Siehe SPILSBURY, „Josephus", bes. 257–259.)

[463] Siehe ELLIOTT, *Survivors* 621–634.

[464] Siehe ELLIOTT, *Survivors* 622f. Zum Verhältnis von Gottesherrschaft und neuer Schöpfung s. auch C. STETTLER, *Kolosserhymnus* 302–307 (Lit.).

Wir können festhalten, dass das Frühjudentum – quer durch alle eschatologisch ausgerichteten Gruppierungen hindurch – an der Tatgerechtigkeit als Voraussetzung für das Bestehen im Endgericht festgehalten hat. Dieser Grundsatz, verbunden mit dem wachsenden Sündenbewusstsein jener Zeit, stand in Spannung zur Erwählung Israels und der Hoffnung auf JHWHs Gnade für die Erwählten. Die Gerichtserwartung umfasste in sich diese Spannung zwischen Erwählung und Gnade einerseits und der gerechten Vergeltung nach den Werken andererseits. Die scheinbar gegensätzlichen Aspekte, welche diese Spannung ausmachen, wurden in unterschiedlichen theologischen Positionen unterschiedlich stark betont, im Bild gesprochen: Das Gewicht wurde auf der Geraden, welche die beiden Pole verbindet, unterschiedlich platziert. Die Spannung wurde aber nicht systematisch aufgelöst.[465] Eine Eschatologie, die den Gerechtigkeitsaspekt ganz ausblendet und rein national konzipiert ist, d. h. nur die Erwählung des ethnischen Israel voraussetzt, ist nicht belegt – jedenfalls nicht als eine in den maßgeblichen Gruppierungen vertretene Lehre, möglicherweise jedoch als eine Hoffnung im Volk (s. o. III.B.6.f).[466] Jede Lösung versucht, beide Pole zu beachten, gewichtet sie nur unterschiedlich.[467] Das Spektrum reicht von einer Hoffnung auf die Rettung der großen Mehrheit der Israeliten (mSan 10,1) über ein Abwägen der guten und bösen Werke gegeneinander bis hin zur Befürchtung, dass nur ein verschwindend kleiner Rest oder nur völlig abgesondert lebende Toratreue gerettet werden können (4. Esra). Die Qumran-Essener gehen einen eigenen Weg: Sie sehen die Verheißung des neuen Bundes in ihrer Mitte schon als erfüllt an; Gott hat schon proleptisch durch die Gabe seines Geistes eingegriffen und die Herzen erneuert.[468]

Eine systematische Lösung der Spannung wird im Frühjudentum nirgends geboten; vielmehr weist das frühjüdische Denken jene Aspektbezogenheit auf, die für das antike Denken überhaupt kennzeichnend war. Es kann Aspekte, die zueinander in Spannung stehen und für unser Denken als Widersprüche erscheinen, nebeneinander stehen lassen. Während wir es notwendig finden, uns für den einen oder den anderen Aspekt zu entschei-

---

[465] E. P. SANDERS löst in seinem „covenantal nomism" die Spannung hingegen auf, s. CONDRA, *Salvation* 46 Anm. 86 (Lit.), vgl. 50.328.

[466] Auch die Tatsache, dass sich Heiden durch die Übernahme der Tora Israel anschließen konnten, widerlegt ein rein nationales bzw. ethnisches Erwählungsverständnis (NEUSNER in CHILTON/NEUSNER, *Classical Christianity and Rabbinic Judaism* 113).

[467] D. FALK, „Psalms" 56 resumiert seine Analyse der frühjüdischen Gebete: „In the context of a heightened eschatological perspective the categories of Israel and the nations become less important than distinctions of righteous and sinner." Freilich gilt dies nicht für alle erhaltenen Schriften; so versucht 4. Esra, beiden Kategorien gleich gerecht zu werden.

[468] Zur Soteriologie in Qumran s. auch BOCKMUEHL, „1QS" und D. FALK, „Psalms" 29.34.

den, bilden für frühjüdisches Denken nur beide Aspekte zusammen die spannungsreiche Wahrheit.

7. Innergeschichtliches Gericht und universales eschatologisches Weltgericht[469]

Die frühjüdischen Schriften führen die alttestamentliche Tradition vom läuternden Gericht fort (s. o. II.F.1.f und II.F.2.c). Die erfahrenen Leiden einzelner Israeliten und des erwählten Volkes insgesamt werden auf dem Hintergrund des Bundes JHWHs mit seinem Volk als Ausdruck seiner Bundestreue gewertet[470]: JHWH züchtigt jetzt die Seinen, damit sie umkehren und so dereinst sein Erbarmen erfahren (Tob 11,15; 13,2.5f.9). Gegenwärtiges Leid ist also einerseits die vorweggenommene Strafe Gottes für Sünde (PsSal 8,7–32; 1Hen 84,4 und Vita Adae et Evae 34). Dies unterscheidet Israel von den Völkern: Diese werden von Gott nicht gezüchtigt – ihr Gericht wird vielmehr aufgeschoben, damit sich ihre Sünden aufhäufen für das Gericht (2Makk 6,12–16; 4Makk 10,10f.; 2Bar 13,3–11).[471] In Sapientia Salomonis 10–19 ist die zeitliche Perspektive umgekehrt, weil hier die ägyptischen Plagen endgeschichtlich ausgelegt werden: Die Ägypter erleiden erbarmungsloses Gericht, während Israel bewahrt wird und wenn, dann nur kurz und leicht geprüft wird, sich aber das Beispiel der Völker zu Herzen nehmen soll (SapSal 11,5–9; 12,22; 16,5–14; 18,8.20.25; 19,1.22).

Das gegenwärtige Gericht ist andererseits nicht nur vorweggenommene Strafe, sondern es soll zur Buße führen und gerade dadurch zur Erfahrung der Gnade (so auch 2Bar 1,5; 4; 78–86). Leiden ist also Läuterung. In der Auferstehung wird Leiden deshalb mit dem Siegeskranz belohnt (2Bar 15,8; TestHiob 4,10).[472] Auch die Qumran-Essener kennen das läuternde Leiden (4Q504 Frg. 2, Kol. V, 15–17).[473] Die individuelle Züchtigung findet sich z. B. in PsSal 18,11.[474]

Das Moment der Läuterung wird in den Psalmen Salomos sogar mit kultischer Terminologie ausgedrückt: Leiden „reinigt" (καθαρίζειν) von Sünden und wischt sie weg (ἐξαλείφειν) (10,1f.; 13,10).[475]

---

[469] Vgl. dazu J. A. SANDERS, *Suffering* 105–116.

[470] Zum Folgenden s. NICKELSBURG, *Judaism* 66f.

[471] S. auch TRAVIS, *Christ* 30.

[472] Siehe BAUCKHAM, „Apocalypses" 178. Zur Frage, ob das Testament Hiobs die Auferstehungshoffnung kennt, s. SPITTLER, „Testament of Job" 842.

[473] Siehe D. FALK, „Psalms" 16. In den Hodajot werden unterschiedliche Begriffe für die „Züchtigung" durch JHWH verwendet (1QH 4,22; 10,14; 15,29; 20,31, s. TRAVIS, *Christ* 34).

[474] Siehe TRAVIS, *Christ* 30.

[475] NICKELSBURG, *Judaism* 66.

Auch nach Philo, QG II 54 hat das gegenwärtige Leiden den Sinn, dass man nicht „in Ewigkeit Gottes Zorn und Vergeltung in Gestalt seiner unversöhnlichen Feindschaft ohne Frieden zu erleiden hat".[476] Nach praem. 162f. besteht der Fluch für Apostaten in der Züchtigung; wenn sie ihre Sünde bekennen und umkehren, wird sich Gott erbarmen (ähnlich spec. II 170; legat. 6f.; Jos. 170–174; Cher. 1–17).[477] Dazu passt die Beobachtung, dass in der Septuaginta im Zusammenhang mit dem Gericht öfter der Wortstamm παιδευ- vorkommt, auch da, wo im masoretischen Text nicht die äquivalente Wurzel יסר steht.[478]

Nach den frühen Targumim und den Rabbinen gibt es schon in diesem Leben eine Vergeltung als Lohn oder Strafe, aber immer nur im Vorgriff auf das Endgericht (z. B. mAv 4,22; TN Dtn 7,9f.). Nach R. Aqiba werden die Gerechten für ihre Sünden schon in dieser Welt bestraft, um in der kommenden straffrei zu sein, die Sünder hingegen werden schon in dieser Welt für ihre guten Taten belohnt und empfangen in der kommenden nur noch Strafe (vgl. Mt 6,1–18 und Lk 16,19–31).[479] Nach mAv 3,17 geschieht diese gegenwärtige Vergeltung täglich; mAv 5,8f. zählt Plagen auf, mit denen Gott vergilt, und mAv 4,9 spricht von der positiven Vergeltung.[480] Nach TN Gen 38,25 ist es besser, in dieser Welt zu brennen als in der kommenden (vgl. Mt 5,29f. par.).[481] Es wäre schrecklich, wenn aller Lohn schon in diesem Leben empfangen worden wäre (z. B. TN Gen 15,1; vgl. Mt 6,1–18).[482] Nach bNid 13b (R. Tarfon, ca. 100 n. Chr.) ist eine Selbstverstümmelung, die Sünde und somit die Verurteilung im Gericht verhindert, besser ist als der Verlust des Heils (ähnlich Mk 9,43–48 par.; Philo, det. 175f.).[483] Der Lohn ist schon jetzt im Himmel bereit (z. B. TN Num 24,23; TN Gen 15,1); worin er besteht, wird nicht gesagt. Man darf ihn vielleicht im Sinne von 4Esr 8,52–54 vorgestellt voraussetzen:

> „Für euch ist das Paradies geöffnet, der Baum des Lebens gepflanzt, die kommende Welt bereitet, die Seligkeit vorbereitet, die Stadt erbaut, die Ruhe zugerüstet, die Güte vollkommen gemacht, die Weisheit vollendet. Die Wurzel des Bösen ist vor euch versiegelt, die Krankheit vor euch ausgetilgt, der Tod verborgen; die Unterwelt ist entflohen, die

---

[476] Philo spricht also nicht nur von Lohn und Strafe im Diesseits (gegen HAY, „Philo" 278 Anm. 69).

[477] Siehe HAY, „Philo" 377.

[478] Siehe BONS, „Éducateur", bes. 202–205.

[479] Siehe REISER, *Gerichtspredigt* 127.

[480] Siehe auch ALEXANDER, „Torah" 285 Anm. 53.

[481] Vgl. MCNAMARA, „Targum Themes" 342; weitere Belege bei ZAGER, *Gottesherrschaft* 213.

[482] Siehe MCNAMARA, „Targum Themes" 335; ALEXANDER, „Torah" 275.285 mit Anm. 53 (dort weitere Stellen).

[483] Siehe ZAGER, *Gottesherrschaft* 214f.

Vergänglichkeit vergessen. Die Schmerzen sind vergangen, und erschienen ist am Ende der Schatz der Unsterblichkeit."

Die Sprache der Targumim gleicht der des matthäischen Jesus (und des übrigen Neuen Testaments): Sie sprechen von „guten Werken" und „schlechten Werken" und von „Lohn" (אגר) – Begriffe, die das hebräisch-aramäische und das griechische Alte Testament noch nicht kennen.[484]

Im Frühjudentum wurde also nicht nur das Endgericht erwartet, sondern entsprechend der früheren Gerichtsanschauung des Alten Testaments wurde auch vergangenes und gegenwärtiges Unheil als Gericht Gottes in der Geschichte gedeutet, als Strafe für Ungerechtigkeit und als Züchtigung der Gerechten, um sie zur Buße zu führen und so zu reinigen und zu läutern, damit sie im Endgericht gerettet werden können.[485]

Dieses zeitliche Gericht wurde oft als Eintreffen der Bundessanktionen verstanden.[486] Es beginnt schon jetzt und steigert sich bis zum universalen Endgericht.[487]

8. Unterschiedliche Gerichtskonzeptionen?

Man kann in den frühjüdischen Texten nicht „zwei Formen" des göttlichen Gerichts „unterscheiden", „das Straf- und Vernichtungsgericht und das juridisch-forensische Gericht".[488] Wie wir gesehen haben, *gibt es keine Konzeption eines reinen Strafgerichts, denn Gericht dient immer positiv der Durchsetzung der Wohlordnung Gottes in der Welt.* Hingegen ist die Gerichts*verhandlung* nur eines von verschiedenen Motiven, mit denen das Gericht beschrieben werden kann (z. B. in 4Esr 7,33; PsSal 18,5; 1Hen 45,2f.; 55,4; 60,5; 61,8; 62,10; SapSal 3,18).[489] Ein weiteres wichtiges Motiv ist der heilige Krieg (z. B. in 1QM; Sib 3,324ff.; 1Hen 1,4f.; 48,10; 50,2; 99,15; Jub 9,15).[490] Es ist mit dem Motiv der Gerichtsverhandlung durch die Tradition vom Königtum Gottes verbunden. Ein drittes bestimmendes Motiv ist der kosmische Kampf (in der Form von Naturkatastrophen, z. B. in 1Hen 1,1–9; Sib 5,344–352; ApkZeph 1ff.).[491] Oft spielen

---

[484] Siehe , „Targum Themes" 332–336.

[485] Siehe ELLIOTT, *Survivors* 575.610–614. Die Katastrophen von 167 v. Chr., 63 v. Chr. und 70 n. Chr. wurden in dieser Weise gedeutet.

[486] Siehe ELLIOTT, *Survivors* 610f.

[487] Siehe unten.

[488] Gegen REISER, der dies behauptet (*Gerichtspredigt* 134), obwohl er selber feststellt, dass schon im Alten Testament, aber auch in späteren Belegen die beiden Konzeptionen meist verbunden vorkommen (144). Ähnlich KONRADT, *Gericht* 15–17.

[489] WENDEBOURG, *Tag* 137–139.

[490] Vgl. WENDEBOURG, *Tag* 136.

[491] Vgl. weiter Jub 23,28; PsSal 15,12; 17,35 und WENDEBOURG, *Tag* 136.

dabei die Traditionen von Sintflut und Exodus eine besondere Rolle.[492] Es kann wie die beiden anderen Motive Bestandteil der Theophaniemotivik sein und ist dadurch mit ihnen verbunden.[493] Das Motiv des Gerichtsverfahrens stellt das auch den anderen Motiven zu Grunde liegende Moment stärker heraus, dass Gericht immer durch menschlichen Ungehorsam gegenüber Gottes geoffenbartem Willen nötig wird. Deshalb „hat sich das Bild des forensischen Jüngsten Gerichts für die gemeinte Sache als das zutreffendste und eindrucksvollste erwiesen".[494] Im frühjüdischen Schrifttum wird das Motiv der Gerichtssitzung immer mehr zur bestimmenden Metapher (vgl. 1Hen 47,3f.; 90,20–26; 4Esr 7). In den rabbinischen Texten ist dies auch terminologisch offensichtlich, indem aus dem alttestamentlichen יום המשפט der יום הדין wurde.[495]

Entgegen einem verbreiteten Irrtum ist das Motiv des Gerichtsverfahrens nicht das einzige Motiv, bei dem eine Bewertung und Vergeltung der menschlichen Taten im Blick ist. Vielmehr ist die Bewertung und Vergeltung der menschlichen Taten die Grundvoraussetzung aller unterschiedlichen Motive. *In sämtlichen Gerichtsmotiven geht es darum, dass Gott auf die Taten der Menschen reagiert, sie bewertet und vergilt.*

Das Verhältnis der unterschiedlichen Motive zueinander wird in manchen Schriften als zeitliches Nacheinander dargestellt. Im Anschluss an Daniel 7 kann das forensische Gericht als Kulminations- und Abschlusspunkt des Endgerichts gesehen werden: Naturkatastrophen und Krieg sind Teil des Endgerichts, sozusagen vorauseilende Begleiterscheinungen der finalen Theophanie; alles gipfelt darin, dass Gott auf dem Gerichtsthron erscheint, die Bücher geöffnet werden, Gott sein ewig gültiges Urteil spricht und es vollstreckt, indem er die Gottlosen auf immer in die Gehenna verdammt und die Gerechten ewig an der Gottesherrschaft teilhaben lässt (so z. B. 1. Henoch 89f.).[496] In einem solchen Szenario ist durch das forensische Gericht „das Endgericht zum Abschluss gebracht und die Voraussetzung dafür geschaffen, dass die Heilszeit beginnen kann".[497] Eine solche Abfolge ist auch in den Endzeitreden Jesu (Matthäus 24–25 par.) und in der Offenbarung des Johannes vorausgesetzt.[498]

---

[492] ELLIOTT, *Survivors* 575–637, bes. 576.596.

[493] Siehe WENDEBOURG, *Tag* 133 Anm. 29; REISER, *Gerichtspredigt* 146.

[494] So REISER, *Gerichtspredigt* 145.

[495] BRANDENBURGER, „Gerichtskonzeptionen" 312; REISER, *Gerichtspredigt* 144f.

[496] Siehe ELLIOTT, *Survivors* 610–614; ZAGER, *Gottesherrschaft* 88.

[497] ZAGER, *Gottesherrschaft* 89 (zu 1. Henoch 89f.).

[498] In Offenbarung 6–19 steigern sich die innergeschichtlichen Gerichte in mehreren Zyklen bis hin zum Endgericht vor Gottes Thron (Apk 20,11–15).

C. Fazit

Das Frühjudentum ist keine theologische Einheit, sondern seit der Perserzeit in mehrere Strömungen aufgeteilt. Das Erbe der bei Ezechiel und Deuterojesaja beginnenden Apokalyptik wird von den „Chasidim" fortgeführt, die ihrerseits nach dem erfolgreichen Aufstand der Makkabäer in die Pharisäer und die Essener zerfallen. Während die dritte wichtige Gruppierung, die Sadduzäer, die apokalyptische Erwartung der Gottesherrschaft nicht teilen, ist diese für die chasidisch geprägten Gruppen zentral. Wie schon in den späten alttestamentlichen Texten, so bildet auch in den außerkanonischen apokalyptischen Schriften *die Erwartung der eschatologischen Gottesherrschaft die gemeinsame „weltanschauliche Rückwand" für eine Fülle unterschiedlicher eschatologischer Motive.*

Anders als oft angenommen, spielte die Apokalyptik auch in der Diaspora eine entscheidende Rolle. Dies wird an einer Reihe von chasidisch geprägten Diasporaschriften, aber auch an der apokalyptischen Stimmung breiter Massen im zweiten jüdischen Aufstand (115–117 n. Chr.) sichtbar. Demgegenüber pflegte ein stärker hellenisierter Teil der Oberschicht ein stärkeres Interesse am Schicksal der einzelnen Seele über den Tod hinaus.

Auch in den frühjüdischen Schriften begegnet das Endgericht als das Mittel zur Durchsetzung der endzeitlichen Gottesherrschaft, ist also etwas grundsätzlich Positives. Die Vernichtung alles Bösen ist die notwendige Kehrseite davon, aber keine eigene „Gerichtskonzeption", wie immer wieder behauptet wird.

Teilweise wird erwartet, dass JHWH gegenüber den Völkern Strenge und unparteiische Gerechtigkeit walten lassen werde, Israel gegenüber hingegen Gnade und Erbarmen (so die Sapientia Salomonis, 4. Esra und die in Röm 2,1–11 vorausgesetzten Gesprächspartner).

Leiden und innergeschichtliches Gericht kann als Läuterung verstanden werden, als Prolepse des Endgerichts, die eine Rettung im letzten Gericht ermöglicht. In Fortführung der Sühnetheologie kann dem Leiden von Gerechten stellvertretende, sühnende Wirkung für Israel zugeschrieben werden.

Wie im Alten Testament, so kann auch im Frühjudentum JHWH das Gericht an seinen Messias oder an die Gerechten delegieren.

Die Tora bleibt der Maßstab des Endgerichts. Wer die Tora tut, ist gerecht und kann deshalb an der gerechten Gottesherrschaft teilhaben. Jedoch wird die Frage, wann genau jemand als gerecht gelten kann, unterschiedlich beantwortet. Im nachexilischen Judentum besteht einerseits die robuste Anschauung der älteren Weisheit fort, dass es in Israel sehr wohl Gerechte gibt, die im Gegensatz zu den Frevlern den Weg der Gerechtigkeit, der Weisheit und der Tora gehen (so v. a. Sirach; die Lehrerzählungen

Judith, Tobit, Esther und Daniel 1–6; die Makkabäerbücher und Josephus, z. B. Flav. Jos. Apion. 2,178). Andererseits wächst durch das Exil und seit dem Exil das Bewusstsein der Sündhaftigkeit auch des erwählten, zum Heil bestimmten Gottesvolks (fassbar z. B. in Psalm 51, den Bußgebeten in Esra 9, Nehemia 9 und Daniel 9, in manchen Texten aus Qumran und im 4. Esra). Wie weit kann Israel im Gericht noch auf Gottes Erbarmen hoffen? Immerhin ist es Gottes aus Gnade erwähltes Volk, dem Gott große Verheißungen gegeben hat. Die sich ergebende Spannung zwischen Erwählung, Toragehorsam und Gottes Erbarmen wird nicht aufgelöst. Es ist typisch für das frühjüdische Denken, dass es verschiedene, scheinbar unvereinbare Aspekte nebeneinander stehen lässt und nicht systematisch miteinander verrechnet. Dieses auch für andere vorderorientalische Kulturen bezeichnende „aspektive" Denken führt in den unterschiedlichen Schriftkomplexen zu sehr unterschiedlichen Lösungen. Das Spektrum der Antworten reicht von einer weitgehenden Rettung Israels mit Ausnahme von schweren Sündern und Irrlehrern (mSan 10,1) über ein Abwägen von guten und bösen Taten (Hillel und Schammai) bis zur Klage, dass fast niemand gerettet werden kann (so der „unbekehrte" Esra im 4. Esrabuch). Auf der Voraussetzung eines vertieften Sündenbewusstseins kann „Gerechtigkeit" im Anschluss an ältere weisheitliche Modelle auch neu definiert werden: Gerecht sind nicht die, welche vollkommen alle Gebote gehalten haben (dies ist unmöglich), sondern die, bei denen die guten Werke gegenüber den bösen in der Mehrzahl sind. Eine rein „nationale" Eschatologie, nach der Israel im Endgericht allein aufgrund seiner Erwählung, abgesehen von seinem Toragehorsam, gerettet werden wird, ist nirgends belegt.

Kapitel IV

Johannes der Täufer

Johannes der Täufer war sowohl nach den Evangelien als auch nach Josephus eine bedeutende prophetische Figur. Seine Botschaft erfasste offenbar in kurzer Zeit große Menschenmengen aus der ganzen damaligen Provinz Judäa (vgl. Mt 3,5 par.; Lk 3,7), aber auch aus Galiläa, wie die Verbindung Jesu und eines Teils seiner Jünger zu Johannes dem Täufer (Mt 3,13 par.; 11,7–19 par.; Joh 1,35–51) und die Gefangennahme durch Herodes Antipas, den Landesherrn von Galiläa und Peräa, nahelegen (Mt 14,3–5 par.; Flav. Jos. Ant. 18,5,2)[1]; ja sein Einfluss reichte weit über Palästina hinaus (vgl. Apg 18,25: Alexandria; 19,3: Ephesus).[2] „In accepting John's baptism, Jesus became a disciple of John in the sense of joining his movement for the restoration of Israel".[3] Wegen dieser hohen Bedeutung Johannes des Täufers für Jesus und das Urchristentum (vgl. Mt 11,7–19 par.; Joh 1,35–51; 3,22–26; 4,1f.) ist hier seiner Gerichtsverkündigung ein eigenes Kapitel gewidmet.

A. Gerichtserwartung und Bußpredigt

In Bezug auf die Gerichtserwartung Johannes des Täufers besteht in der neueren Literatur weitgehend Konsens. Johannes erwartete das nahe Endgericht: „Schon ist die Axt den Bäumen an die Wurzel gelegt" (Mt 3,10 par.). Johannes steht mit seiner Erwartung des Tages JHWHs in der langen Tradition der Erwartung dieses Gerichtstages seit den frühen Schriftpropheten.[4] Angesichts des nahen Gerichts rief er zur Umkehr auf (Mk 1,4

---

[1] Während Johannes nach den Evangelien wegen seiner Kritik an der illegitimen Heirat des Herodes Antipas gefangen gesetzt wurde, nennt Josephus als Grund die massenhafte Anhängerschaft des Johannes und die Gefahr eines messianischen Aufstands.

[2] Allerdings ließen sich aus den Massen, die zu ihm strömten, um ihn zu hören, nicht alle auf seine Botschaft ein; nach Mt 21,23.31f. ließen sich „Zöllner und Huren", nicht aber die Mitglieder des Synedriums taufen, nach Lk 7,29f. „das ganze Volk", aber nicht die „Pharisäer und Schriftgelehrten".

[3] MCKNIGHT, „John the Baptist" 604 mit Verweis auf MEYER, *Aims* 115–128.

[4] REISER, *Gerichtspredigt* 180; MERKLEIN, „Gericht" 62 Anm. 8 (Lit.).

par.). Adressat seiner Umkehrbotschaft war Israel[5]: Johannes stellte im Anschluss an die alttestamentlichen Schriftpropheten jede nationale Erwählungssicherheit radikal infrage. Er stellte den unbussfertigen Gliedern des erwählten Volkes den endgültigen Heilsverlust in Aussicht:

„Ihr Schlangenbrut, wer hat euch denn gelehrt, dass ihr dem kommenden Gericht entrinnen könnt? ... Meint nicht, ihr könntet sagen: Wir haben ja Abraham zum Vater. Denn ich sage euch: Gott kann aus diesen Steinen Kinder Abrahams machen. ... Jeder Baum, der keine gute Frucht hervorbringt, wird umgehauen und ins Feuer geworfen" (Mt 3,7–10 par.).[6]

Die Scheidung, die im Gericht vollzogen werden wird, trennt also nicht Israel von den Heiden, sondern die Gerechten von den Sündern.[7]

Die Buße, die angesichts des nahen Gerichts der einzige Weg zur Rettung war[8], umfasste im Verständnis des Johannes drei Aspekte[9]: *Erstens* verlangte Johannes ein Bekenntnis der Sünden (Mk 1,4f. par.). Damit anerkannten die einzelnen Glieder des Gottesvolkes ihre prekäre Situation angesichts des Gerichts und ihr Angewiesensein auf die göttliche Vergebung. Sie erkannten an, dass ihr künftiges Heil nicht durch ihre Gliedschaft im Heilskollektiv Israel garantiert war. *Zweitens* fand diese Buße ihren Ausdruck in der Taufe im Jordan (Mk 1,4 par.) (s. u. Abschn. 2). *Drittens* bringt echte Buße Früchte hervor, die ihr entsprechen: „Bringt Frucht hervor, die eure Umkehr zeigt" (Mt 3,8 par.). Was dies konkret bedeutet, illustriert die fragmentarisch erhaltene ethische Verkündigung des Täufers (Lk 3,10–14).[10] Die Taufe war also im Verständnis des Johannes nicht in dem Sinne selbstwirksam, dass sie unabhängig von der Gesinnung der Getauften den Freispruch im Gericht garantierte. Damit entsprach Jo-

---

[5] Und zwar nicht nur die Führungsschicht, s. J. E. TAYLOR, *Immerser* 131 Anm. 46; SCHLATTER, *Johannes der Täufer* 141; gegen HOLLENBACH, „John the Baptist" 893f.896. Lk 3,10 (die „Volksmenge" kam zu Johannes) ist nicht von V. 12–14 her zu korrigieren, so dass *nur* Zöllner und Soldaten zu Johannes gekommen wären; vielmehr waren *unter* der Volksmenge *auch* Zöllner und Soldaten (so MARSHALL, *Luke* 143; gegen HOLLENBACH, ebd. 896).

[6] Bei „Kindern" (בנים) und „Steinen" (אבנים) liegt wohl ein Wortspiel vor (KROLL, *Spuren* 169).

[7] Vgl. REISER, *Gerichtspredigt* 180f.

[8] Vgl. SCHLATTER, *Johannes der Täufer* 141.

[9] Vgl. THEISSEN/MERZ, *Jesus* 190; ZAGER, *Gottesherrschaft* 136; REISER, *Gerichtspredigt* 180.

[10] Gegen MERKLEIN, „Gericht" 64, der die *Taufe* als die „Frucht der Umkehr" versteht. Vgl. REISER, *Gerichtspredigt* 180: Die Früchte der Umkehr sind die „rechte Befolgung der Tora"; ähnlich HOLLENBACH, „John the Baptist" 896f.; STEGEMANN, *Essener* 297.

hannes der üblichen frühjüdischen Sicht, dass jegliche Art von Sühne nur zusammen mit einer aufrichtigen Bußhaltung wirksam ist.[11]

B. Zur Bedeutung der Johannestaufe

Johannes verbindet mit seiner Taufe die Vergebung der Sünden, und zwar nach Hartmut Stegemann in einer proleptischen Weise:

„Sie war die ... Gewährleistung dafür, dass *Gott selbst* den Getauften im *künftigen* Endgericht die bis zur Taufe begangenen Sünden nicht anrechnen werde. Diese Garantie sicherte ihnen ... ihre *Bewahrung* vor der Vernichtung im Feuergericht".[12]

Insofern war die Johannestaufe „Rettung vor dem Zorn, Eingang in das messianische Heil."[13] Sie war nicht in dem Sinne symbolisch oder zeichenhaft, dass sie auch verzichtbar gewesen wäre, weil das Eigentliche auch ohne sie empfangen werden könnte; vielmehr war die Zusage der Vergebung an sie gebunden.[14]

Mit seiner Taufe knüpfte Johannes zwar begrifflich (βάπτισμα = טבילה) und im praktischen Vollzug an die damaligen jüdischen rituellen Tauchbäder an[15], die in der Mosetora geboten waren und in der essenischen wie pharisäischen Toraauslegung und -praxis eine wichtige Rolle spielten, wie

---

[11] Siehe C. STETTLER, *Kolosserhymnus* 279f. Vgl. SCHLATTER, *Johannes der Täufer* 138: „Nur durch die Buße würdige Frucht entrinnen sie dem Zorn, während das Ausbleiben derselben ihre Sinnesänderung in des Täufers Augen zum Schein herabsetzt und den Taufempfang völlig nutzlos macht."

[12] STEGEMANN, *Essener* 303. Dass hingegen die Formulierung εἰς ἄφεσιν (τῶν) ἁμαρτιῶν in Mk 1,4 besage, dass „die Taufe des Johannes nur *zur* Vergebung der Sünden" geschehen sei, „während die christliche Taufe ... selbst die Tilgung aller zuvor begangenen Sünden bewirkt", ist durch dieselbe Formulierung in Apg 2,38 in Bezug auf die christliche Taufe widerlegt (gegen STEGEMANN, ebd.; ZAGER, *Gottesherrschaft* 133 Anm. 368; GUELICH, *Mark* 20, vgl. 19.24–26; SCHLATTER, *Johannes der Täufer* 147; mündlicher Hinweis von Prof. Dr. Peter STUHLMACHER, Tübingen). – Nach Josephus diente die Johannestaufe nur der Reinigung des Leibes. „Josephus kennt offensichtlich die sakramentale Deutung der Taufe und weist sie zurück ... zumal er den eschatologischen Kontext unterdrückt, in dem sie als Angebot zur letzten Stunde verständlich wird. Was bleibt, gleicht einem gewöhnlichen jüdischen Tauchbad." (THEISSEN/MERZ, *Jesus* 190). Dass Josephus die Botschaft des Täufers in seiner *interpretatio hellenistica* stark verzeichnet hat, v. a. auch dadurch, dass er ihre Komplementierung durch die Feuer- und Geisttaufe weglieβ, hat schon SCHLATTER, *Johannes der Täufer* 56–65.142f. nachgewiesen. Vgl. auch die Zusammenstellung bei THEISSEN/MERZ, ebd. 185. Hingegen gibt für J. E. TAYLOR, *Immerser* 99f. und MCKNIGHT, „John the Baptist" 603f. Josephus das ursprüngliche Taufverständnis des Täufers wieder. Dies ist aber historisch unwahrscheinlich (s. o.).

[13] SCHLATTER, *Johannes der Täufer* 142.

[14] Siehe SCHLATTER, *Johannes der Täufer* 144.

[15] Siehe SCHLATTER, *Johannes der Täufer* 148.

die in großer Anzahl ausgegrabenen Tauchbäder (*miqwaot*) aus dem 1. Jh.
belegen. Dennoch unterschied sich die Johannestaufe grundlegend von den
rituellen Tauchbädern.[16] Die Tauchbäder beseitigten *rituelle* Unreinheit;
die Johannestaufe eignete proleptisch, im Blick auf das Endgericht, die
Vergebung der Sünden zu, die von Johannes v. a. *ethisch* verstanden wurden. Die Tauchbäder wurden *immer wieder* vollzogen, wenn eine Verun-
reinigung beseitigt werden musste, für die ein Tauchbad vorgeschrieben
war, und konnten *überall* in einem den Vorschriften entsprechenden Bad
stattfinden; die Johannestaufe war ein *einmaliger eschatologischer Akt im
Jordan*, eine prophetische Zeichenhandlung angesichts des unmittelbar bevorstehenden Endgerichts. Die Tauchbäder waren zusammen mit den Opfern am Jerusalemer Tempel *Teil eines komplexen rituellen Systems*; die
Johannestaufe trat in *Konkurrenz zu den regelmäßigen Sühnopfern* am
Tempel, indem Johannes offensichtlich die angesichts des Endgerichts
notwendige Sündenvergebung allein mit seiner Taufe verband und dafür
die regelmäßigen Opfer am Tempel für ungenügend erachtete.[17] Während
sich die Menschen bei den rituellen Tauchbädern *selber untertauchten*,
fungierte Johannes bei seiner Taufe als *„Täufer"*, was auch sein fester Bei-
name belegt.

Schließlich unterscheidet sich die Johannestaufe auch von der jüdischen
Proselytentaufe, die immer wieder als Parallele und möglicher Ursprung
angeführt wird. Wahrscheinlich war schon im frühen 1. Jh. die Praxis vorherrschend, dass beim Übertritt von Heiden zum Judentum neben einem
speziellen Opfer ein Tauchbad (und bei Männern die Beschneidung) vorgeschrieben waren.[18] Aber nun gilt für die Proselytentaufe nicht nur alles,
was oben zu den rituellen Tauchbädern gesagt wurde, „da sie nichts anderes als *das erste Tauchbad* ist"[19]; sondern sie bezieht sich eben auf *Heiden*,
die zum Judentum übertreten, während sich die Johannestaufe an *Juden*
richtet, die Rettung vor dem Endgericht benötigen.[20] Die Johannestaufe
konnte also nicht in der Proselytentaufe ihren Ursprung haben. Auch das
Tauchbad, das beim Eintritt in die Qumran-Gemeinschaft genommen wer-

---

[16] Zum Folgenden s. WITHERINGTON, „John the Baptist" 386; GESE, „Johannesprolog" 198f.; STEGEMANN, *Essener* 306f.; SCHLATTER, *Johannes der Täufer* 148f.

[17] Vgl SCHLATTER, *Johannes der Täufer* 102: „Fällt ... vor dem Zorne Gottes jede Berufung auf die Abrahamskindschaft dahin, so ist klar, dass sämtliche sacra Israels, Beschneidung und Sabbat, gesetzliche Reinheit, Opfer und Tempel, für ungenügend erklärt
sind, vor diesem zu retten." (Vgl. ebd. 118f.)

[18] Siehe SCHÜRER, *History* 3,173f.; WITHERINGTON, „John the Baptist" 386 (Lit.).

[19] GESE, „Johannesprolog" 199 (Hervorhebung von mir); genauso SCHLATTER, *Johannes der Täufer* 148.

[20] SCHLATTER weist darauf hin, dass Johannes die Juden „nicht anders" als Heiden
behandle, „[w]enn er sie dem nimmer verlöschenden Feuer überweise" (*Johannes der
Täufer* 148).

den musste (1QS 5,13f.), kommt nicht als Ursprung der Johannestaufe infrage, denn für jenes gilt ebenfalls alles oben zu den rituellen Bädern Gesagte.[21] Teilweise Parallelen zwischen Johannes und den Essenern[22] weisen nicht zwingend auf eine essenische Prägung des Johannes hin; sie können auch als Hinweise „auf einen konkurrierenden prophetischen Anspruch bei z. T. vergleichbaren Grundüberzeugungen" verstanden werden[23].

Auf einen interessanten Gegensatz zu den Essenern weist Lupieri hin: die Kleidung des Johannes aus Tierhaar und Leder.[24] Nach Stegemann waren die meisten Parallelen zwischen Johannes und den Essenern „für das *gesamte* palästinische Judentum jener Zeit charakteristisch".[25] Die Übereinstimmungen lassen sich m. E. noch präziser als gemeinsames chasidisches Erbe fassen, unabhängig von der kontrovers diskutierten Frage, ob sich Johannes länger bei den Essenern aufgehalten hat (vgl. Lk 1,80b: „Johannes lebte in der Wüste bis zu dem Tag, an dem er den Auftrag erhielt, in Israel aufzutreten" und den Hinweis von Flav. Jos. Bell. 2,120 auf die Praxis der Essener, Waisen zu adoptieren).[26] Nach Stegemann „gibt es fast nur *Unterschiede* zwischen der Johannestaufe und den Qumranbefunden".[27] Die Essener und Johannes seien „sogar heftige *Konkurrenten*" gewesen, die „je für sich (beanspruchten), nur *sie allein* könnten Israel vor der Vernichtung im künftigen Endgericht Gottes bewahren, die Essener durch den Beitritt zu ihrer Union, Johannes durch seine Taufe. Beide Heilswege schlossen einander wechselseitig aus."[28]

Der Schlüssel zum Verständnis der Johannestaufe liegt in ihrer Topographie. Johannes tauft am Jordan (Mt 3,6.13 par.), und zwar „in der Wüste" (Mk 1,4 par.; Mt 11,7 par.).[29] Die Wüste war für mehrere frühjüdische Erneuerungsbewegungen der Ort der erneuten Gottesbegegnung, des neuen Exodus und neuen Bundes.

---

[21] Es ist unsicher, ob dieses Tauchbad beim Eintritt in die Qumran-Gemeinschaft irgendwie in Verbindung mit der Proselytentaufe stand (SCHÜRER, *History* 3,174 Anm. 87 mit Verweis auf BETZ, „Proselytentaufe").

[22] Vgl. WITHERINGTON, „John the Baptist" 384; MCKNIGHT, „John the Baptist" 602.

[23] THEISSEN/MERZ, *Jesus* 186. Offener formuliert WITHERINGTON, „John the Baptist" 384: „while John may have been connected with Qumran at one time, in the Gospels [d. h. zur Zeit seiner öffentlichen Wirksamkeit] this is no longer the case".

[24] LUPIERI, „Johannes der Täufer" 515.

[25] STEGEMANN, *Essener* 306–313 (Zitat: 313).

[26] Siehe WITHERINGTON, „John the Baptist" 384; BETZ/RIESNER, *Qumran* 225 und 301 Anm. 21 (Lit.).

[27] STEGEMANN, *Essener* 306.

[28] STEGEMANN, *Essener* 307f.

[29] Seine Nahrung, „Heuschrecken und wilder Honig", gehört zum Speisezettel der Beduinen und deutet ebenfalls auf die Wüste hin (s. DALMAN, *Orte* 78f.; STEGEMANN, *Essener* 298; vgl. auch LUPIERI, „Johannes der Täufer" 514f.). Nach STEGEMANN, ebd. 309 handelte es sich um „eine planvolle prophetische Zeichenhandlung ... . Sachhintergrund dafür war sowohl die typologische Orientierung an der einstigen Wüstengeneration Israels [s. u.] als auch das Wegbereiten für Gott in der Wüste gemäß Maleachi 3,1 und Jesaja 40,3".

Schon Hos 2,16 erwartet, dass JHWH Israel wieder „in die Wüste hin-
ausführen und sie (dort) umwerben" werde, so, wie in der idealen Zeit der
ersten Liebe zwischen JHWH und Israel (vgl. Hos 11,1.4; 12,10; Jer 2,2).[30]
Theudas führte eine große Menge von Juden in die Wüste am Jordan, um
den neuen Exodus zu inszenieren (Flav. Jos. Ant. 20,5,1 §97; Apg 5,36).[31]
Auch der „Ägypter" sammelte unter Felix (52–60) seine 30'000 Anhänger
in der Wüste und zog mit ihnen von dort zum Ölberg (Flav. Jos. Bell.
2,13,5 §261–263). Zur Zeit des Festus (um 61) wollte ein weiterer Messi-
asprätendent das Volk in die Wüste führen (Flav. Jos. Ant. 20,8,10 §188),
desgleichen Jonathan der Weber in Kyrene nach der Niederlage der Juden
70 n. Chr. (Flav. Jos. Bell. 7,11,1 §437–442).[32]

Das Johannesevangelium nennt die Stelle „Betanien *jenseits* des Jordans" (1,28; 10,40).[33] Dieses Detail wird durch die kürzlich ausgegrabenen
umfangreichen byzantinischen Stätten am linken Jordanufer, die die Johannestaufe kommemorieren, bestätigt.[34]

Noch um 530 stand eine Gedenkkirche am Ostufer, etwa vierzig Jahre später nur noch
das Johanneskloster auf der Westseite des Jordans. Vollends wurde nach der arabischen
Eroberung 638 das Gedenken an Johannes den Täufer ganz auf die Westseite des Jodans
verlegt.[35]

Die Lage von Änon bei Salim (Joh 3,23) ist unsicher. Αἰνών gibt wohl aramäisch עינן
„Quellen" wieder.[36] Das Ainun 10 km nördlich des samaritanischen Salim kommt dafür
nicht infrage[37], eher jenes 12 km südlich von Beth-Schean (*ed-der* oder *Tel Schalem*) mit
seinen vielen Quellen, wo Johannes im Gebiet der Dekapolis vor Herodes Antipas sicher
gewesen wäre[38], oder auch die traditionelle Elija-Quelle, die Quellen des Wadi el-Charrar
unweit der oben erwähnten Taufstelle. Diese Quellen heißen auf der Madaba-Karte „Ai-
non, das jetzt Sapsaphas heißt" – das aramäische ספצפא bedeutet „Euphratpappel", und

---

[30] Weitere Belege bei GESE, „Johannesprolog" 199.

[31] Nach Josephus geschah dies unter dem Prokurator Fadus, ca. 45 n. Chr., nach der
Apostelgeschichte vor 32 n. Chr. (s. SCHÜRER, *History* 1,456).

[32] Vgl. weiter Flav. Jos. Bell. 2,13,4 §259; Flav. Jos. Ant. 20,8,6 §167 und MC-
KNIGHT, „John the Baptist" 602; BRYAN, *Jesus* 30f.; HENGEL/SCHWEMER, *Jesus* 98–101.

[33] Betanien heißt „Haus der Quelle" oder „Haus des Bootes"; bei Origenes und Euseb
und von daher auch auf dem Madaba-Mosaik aus dem 6. Jh. heißt der Ort „Bet-Abara",
„Haus der Furt" (s. KROLL, *Spuren* 174; DALMAN, *Orte* 83). PIXNER, *Wege* 169–179 und
RIESNER, *Betanien* identifizieren Betanien mit der Batanäa, dem Gebiet östlich des Sees
Gennesaret.

[34] Siehe HECHT, „Betanien".

[35] Siehe KROLL, *Spuren* 179.

[36] KOPP, *Stätten* 166.

[37] Siehe KOPP, *Stätten* 172 Anm. 146.

[38] So KOPP, *Stätten* 166–172.

bei den Quellen des Wadis fand Dalman solche tatsächlich.[39] Βηθανία könnte aus בת עיניא oder בת עינים, also Βεθαινών, entstanden sein.[40]

Für ein Wirken des Johannes jenseits des Jordans, d. h. auf dem Gebiet von Peräa, spricht auch seine Gefangennahme durch Herodes Antipas, der Landesherr von Galiläa und Peräa, aber nicht von Judäa war[41], sowie die Gefangenschaft und Ermordung des Johannes in der Festung Machärus in Peräa (Flav. Jos. Ant. 18,5,2).

Der Jordan ist die Grenze zum verheißenen Land. An der Stelle, an der Johannes taufte, fand nach Josua 3–4 der Übertritt des erwählten Volkes ins Heilige Land statt, wobei sich das Wasserwunder des Exodus wiederholte. Die Jordantaufe ist also die eschatologische Entsprechung zum Exodus aus Ägypten und zum Eisodus ins verheißene Land, in ihr vollzieht sich der Eisodus in die bevorstehende Gottesherrschaft.[42] Das Untertauchen im Wasser symbolisiert sehr wahrscheinlich nicht nur die Reinigung von den Sünden, sondern auch den Tod im Chaoswasser, dem die Israeliten im Exodus entgangen waren und den die Getauften nun proleptisch in der Taufe erfuhren, um im Gericht dem Tod zu entrinnen und des ewigen Lebens in der Gottesherrschaft teilhaftig zu werden.[43]

Die mit Johannes dem Täufer verbundene Elijamotivik unterstreicht diese Interpretation. Die Taufstelle am Jordan ist nicht nur der Ort des Eisodus unter Josua, sondern auch der Ort der abermaligen Wiederholung des Jordanwunders durch Elija und Elischa (2Kön 2,8.14).[44] Nahe bei der Taufstelle liegt auf der Ostseite des Jordans der Hügel Dschebel Mar Eljas,

---

[39] DALMAN, *Orte* 85f.

[40] DALMAN, *Orte* 86. Zu Betanien und Änon s. weiter HECHT, „Betanien" 12; KROLL, *Spuren* 174–179; DALMAN, *Orte* 85–90; KOPP, *Stätten* 153–172; STEGEMANN, *Essener* 294f.

[41] HECHT, „Betanien" 12; STEGEMANN, *Essener* 295.

[42] So WEBB, *John the Baptizer* 360–366; GESE, „Johannesprolog" 199f.; STEGEMANN, *Essener* 296f.301.

[43] So GESE, „Johannesprolog" 200 und MERKLEIN, „Gericht" 64: „Die Taufe will ... nicht den kommenden Zorn Gottes gegenstandslos machen, sondern ist dessen Vorwegnahme und Vollzug. Das Untertauchen im Wasser ... symbolisiert das Todesgericht über den Sünder." Zur Todes-Symbolik des Wassers s. ebd. Anm. 20 (alttestamentliche Belege). Nach GESE, „Johannesprolog" 200 und MERKLEIN, „Gericht" [64–]65, ist die Johannestaufe als „Ritualisierung der eschatologischen Geburt" und das Auftauchen aus dem Jordan als „Neuschöpfung" zu verstehen. Demgegenüber betonen SCHNEIDER/THIEDE, „Johannes, Täufer" 699 wohl mit Recht, dass die Johannestaufe noch nicht das eschatologische Neuwerden vermitteln wollte; vielmehr verwies der Täufer auf die noch ausstehende Geisttaufe durch den „Stärkeren" (s. u.). Ähnlich SCHLATTER, *Johannes der Täufer* 146: Die Johannestaufe „tritt noch nicht in das bewusste seelische Leben ein ... Sie ist somit ein rein Negatives, Vorbedingung alles Heils und Lebens, noch nicht dieses selbst, sondern erst Beseitigung seines Gegenteils".

[44] GESE, „Johannesprolog" 200; STEGEMANN, *Essener* 300f.

auf dem umfangreiche byzantinische Kirchengebäude ausgegraben wurden; diese kommemorierten die Himmelfahrt Elijas (2Kön 2,11).[45] Das benachbarte Wadi el-Charrar wurde mit dem Bach Kerit gleichgesetzt, an dem Elija von den Raben versorgt wurde.[46] Auch mit seiner Kleidung knüpfte Johannes der Täufer an Elija an (Mk 1,6 par.; 2Kön 1,8).[47] Er stellte sich also bewusst in einen Zusammenhang mit Elija, der nach frühjüdischer Erwartung unmittelbar vor der Gottesherrschaft zurückkehren sollte (Mal 3,23f.; Sir 48,10).[48] Dem entspricht auch, dass Jesus in Johannes dem Täufer den wiedergekommenen Elija sah (Mt 11,14; 17,11–13 par.; vgl. Lk 1,17.76; kritisch Joh 1,21[49]). „[E]s lag nahe, die Wiederkehr [des Elija] am Ort seiner Himmelfahrt zu erwarten."[50]

C. Zur Heilserwartung des Johannes

In neueren Arbeiten ist wiederholt und mit Recht darauf hingewiesen worden, dass die ältere Sicht, dass Johannes nur das Gericht erwartet und verkündigt habe[51], im Rahmen frühjüdischer eschatologischer Erwartungen zu kurz greift. *Es ist viel wahrscheinlicher, dass auch Johannes im Endgericht das Mittel zur Durchsetzung der Gottesherrschaft sah.* Seine Bußpredigt und Taufpraxis machen nur Sinn, wenn nach dem Endgericht die Gottesherrschaft, das ewige Heil, kommt. Wenn der kommende Richter die Tenne fegt (Mt 3,12 par.), tut er es nicht allein in der Absicht, die Spreu zu verbrennen, sondern vor allem, um den Weizen einzubringen. Mit Recht stellt Gerd Theißen fest:

---

[45] So schon der Pilger von Bordeaux 333: „Von dort [vom Toten Meer] bis zur Taufstelle sind es 5 Meilen [etwa 7,5 km]. Dort ist auch der Ort, oberhalb des Flusses, ein Hügel an jenem Ufer, wo Elija in den Himmel entrückt wurde" (zit. nach KROLL, *Spuren* 177).

[46] Siehe DALMAN, *Orte* 86f.; KOPP, *Stätten* 160.

[47] STEGEMANN, *Essener* 298. HOLLENBACH, „John the Baptist" 892 verweist aber auch auf Sach 13,4, wonach der „härene Mantel" allgemein ein Kennzeichen der Propheten war.

[48] So auch STEGEMANN, *Essener* 298–301. Vorsichtiger THEISSEN/MERZ, *Jesus* 192: „Da er sich für den *letzten* Propheten vor dem Endgericht hielt, liegt es nahe anzunehmen, dass er sich für den in Mal 3,1.23f. angekündigten Elia redivivus hielt" (vgl. 192f. Anm. 18). Zu den Elija-Traditionen und ihrem Alter siehe z. B. ÖHLER, *Elia*; BRYAN, *Jesus* 91–101 (Lit.); WITHERINGTON, „John the Baptist" 385; BOCK, „Elijah" 203–205.

[49] Siehe dazu SCHLATTER, *Johannes der Täufer* 40–43.

[50] STEGEMANN, *Essener* 301.

[51] So z. B. BECKER, *Johannes* 21f.33; HOLLENBACH, „John the Baptist" 893.

„Dieser Vers zeigt: Jenseits des Gerichts wartet auf die Geretteten das Heil – die finstere Predigt des Täufers dient der Bewahrung und Wiederherstellung Israels."[52]

Das Verbrennen der Spreu steht für die ewige Qual im Feuer der Gehenna (vgl. Jes 66,24), das Sammeln des Weizens für das Sammeln des Gottesvolks und das ewige Leben in der Gottesherrschaft.[53] „Die Basileia ... ist der Ort, an dem die eschatologische ζωή zuteil wird"[54]; sie „setzt ... ein Gottesvolk voraus, in dem sie sich durchsetzt"[55]. Nach Mt 3,2 verkündete der Täufer die Nähe der „Basileia", und nach Lk 3,18 „verkündete er das Evangelium". Nach einer Reihe von Exegeten stellen Mt 3,2 und Lk 3,18 Formulierungen der Evangelisten dar[56], aber nach dem eben Gesagten fassen sie die Botschaft des Täufers durchaus adäquat zusammen.[57] Angesichts der wenigen überlieferten Täuferworte können wir ohnehin nicht mit Gewissheit sagen, dass der Begriff „Reich Gottes" „in der Botschaft des *Täufers* völlig fehlte" und er ihn „nie verwendet" habe.[58] Es ist durchaus möglich, dass der Täufer von der Basileia gesprochen hat.[59]

Interessant ist, dass Johannes die traditionelle Reihenfolge der Gerichtserwartung modifiziert. Während die traditionelle Eschatologie davon ausging, dass das Gericht streng nach den Werken erfolgt und erst die Gottesherrschaft danach die endgültige Reinigung von den Sünden und die Bega-

---

[52] THEISSEN/MERZ, *Jesus* 188; genauso STEGEMANN, *Essener* 305; ZAGER, *Gottesherrschaft* 115f. Vgl. MERKLEIN, „Gericht" (63–)64: „Gericht" ist beim Täufer „nicht ... Gegensatz zum Heil, sondern ... notwendiger Schritt auf dem Weg zum Heil"; REISER, *Gerichtspredigt* (180–)182: „Das Heil der Gerechten ... ist das Ziel des Gerichts. Dieser Satz gilt wie für die gesamte frühjüdische Eschatologie so auch für den Täufer"; SCHLATTER, *Geschichte* 53: „Der positive Satz des Täufers, nicht der negative, bildete den Hauptinhalt seiner Botschaft und dieser sagte, dass Gott jetzt die vollendete Gemeinde schaffe, die wirklich ihm geheiligt sei. Dass der Christus mit der Axt arbeitet, ist nicht sein höchstes Amt; er kommt um der fruchtbaren Bäume willen. Die Sammlung des Weizens in die Scheunen ist das Ziel seiner ganzen Arbeit." Vgl. DERS., *Johannes der Täufer* 116: „Das Böse richtend zu vernichten, das Gute zu erhalten und zu verklären, das ist die Grundtat des göttlichen Königtums".

[53] Siehe ZAGER, *Gottesherrschaft* 116f. „(Ewiges) Leben" und „Gottesherrschaft" sind in den Synoptikern die Gegenbegriffe zur Gehenna, s. ebd. Anm. 309.311.312.

[54] ZAGER, *Gottesherrschaft* 117.

[55] ZAGER, *Gottesherrschaft* 118.

[56] So z. B. ZAGER, *Gottesherrschaft* 114f.; W. D. DAVIES/ALLISON, *Matthew* 1,292; MARSHALL, *Luke* 149.

[57] So REISER, *Gerichtspredigt* 182. Vgl. MCKNIGHT, „John the Baptist" 603; MARSHALL, *Luke* 149 zu Lk 3,18: „John's summons to repentance is understood as a way of preaching the gospel, since it showed men the coming way of salvation." Vielleicht ist εὐαγγελίζεσθαι in Lk 3,18 nicht *terminus technicus*, sondern bedeutet (wie auch anderswo belegt) „eine Botschaft verkündigen", was auch ein Vergleich mit Lk 16,16 bestätigen könnte (s. STUHLMACHER, *Evangelium* 216.229f.234).

[58] Gegen STEGEMANN, *Essener* 317.

[59] So J. E. TAYLOR, *Immerser* 137f.

bung mit dem Geist Gottes schenkt (vgl. schon Jer 31,31–34 und Ez 36,22–32)[60], setzt Johannes die Sündenvergebung vor das Gericht. Dies entspricht dem radikalisierten Sündenverständnis in Teilen des Frühjudentums seiner Zeit: Es gibt in Israel niemand, der aufgrund seiner Werke gerettet werden könnte. Nur Umkehr und durch Gott gewährte Vergebung machen eine Teilhabe an der Gottesherrschaft möglich. Traditionell ist hingegen bei Johannes die Sicht, dass der Geist Gottes erst nach dem Gericht als Kennzeichen und Gabe der Gottesherrschaft verliehen werde (s. u.). Weiter vertrat Johannes im Gegensatz zu einer im Früjudentum verbreiteten Ansicht nicht, dass die Gottesherrschaft erst dann komme, wenn Israel bereit sei[61]; vielmehr kam nach seiner Überzeugung die Gottesherrschaft unabhängig von Israels Bereitschaft. Nur so erklärt sich die Dringlichkeit seines Bußrufs und seiner Gerichtsbotschaft.

D. Die erwartete Richtergestalt und seine „Taufe"

Johannes erwartete einen „Stärkeren, der nach mir kommt", einen Richter, der in Kürze kommen werde: „... schon hält er die Schaufel in der Hand ..." (Mt 3,11f.).[62] Nach einem Teil der Exegeten meinte er damit Gott selbst; Johannes wäre dann der letzte menschliche Bote Gottes, der dem Kommen Gottes unmittelbar vorausgeht, entsprechend dem „Boten" von Mal 3,1 (vgl. Mk 1,2): „Seht, ich sende meinen Boten; er soll den Weg für mich bahnen".[63] Auch die vielleicht für Johannes selber wichtige Stelle Jes 40,3[64] (vgl. Mk 1,3) spricht vom Kommen *Gottes:* „Eine Stimme ruft: Bahnt für den Herrn einen Weg durch die Wüste! Baut in der Steppe eine ebene Straße für unseren Gott!"[65]

---

[60] Siehe oben II.F.2.c. Die Qumran-Essener sind insofern eine Ausnahme, als sie lehrten, dass die gnädige Reinigung von den Sünden und die Begabung mit dem endzeitlichen Gottesgeist schon beim Eintritt in die Gemeinschaft stattfänden (s. o. III.B.6.e).

[61] S. die Belege bei ALLISON, „Matt. 23.39"; W. D. DAVIES/ALLISON, *Matthew* 3,324.

[62] Dass Johannes nicht einen stärkeren „Kommenden", sondern eine noch größere Taufe erwartet habe (HOLLENBACH, „John the Baptist" 895), ist eine falsche Alternative.

[63] Zum Beispiel STEGEMANN, *Essener* 299.

[64] Nach THEISSEN/MERZ, *Jesus* 192 ist „vorstellbar, dass schon der Täufer selbst Jes 40,3 auf seine Sendung bezogen hat"; STEGEMANN, *Essener* 299 verweist darauf, „dass der gleiche Schriftbezug auch im Benediktus des Zacharias, einem wahrscheinlich von christlicher Interpretation völlig freien, von Anhängern des Täufers zu dessen Ruhm geschaffenen Hymnus vorliegt (Lk 1,76)".

[65] Weitere Argumente für die Identifikation des „Stärkeren" mit Gott bei THEISSEN/ MERZ, *Jesus* 189.

Maleachi 3 stellt nach Stegemann die „maßgebliche Orientierungsgrundlage für sein Auftreten" dar[66]: Das Kapitel „liest sich ... geradezu wie seine persönliche Berufungsgeschichte", denn hier „finden sich die Motive des Feuergerichtes und der Umkehr (Mal 3,2–3.7.19), ja sogar die Grundmotive seiner Bildworte von der Axt an der Baumwurzel und von der Spreu beim Worfeln (Mal 3,19a.b). Auch die Distanz des Täufers zum Opferkult im Jerusalemer Tempel hat hier ihre deutliche Entsprechung (Mal 3,3–4.8–10; vgl. dort Kap. 1–2)", wie seine Rolle als letzter Gottesbote und eschatologischer Elija (Mal 3,1.23f.).[67] Der Bezug auf die Wüste war „durch die für Johannes wohlbezeugte Beanspruchung von Jesaja 40,3 als des entscheidenden Verständnishintergrundes für Maleachi 3,1 ... von vornherein mitgegeben".[68]

Doch Gerd Theißen weist darauf hin, dass sich die Identifikation des „Stärkeren, der nach mir kommt", mit *Gott* nicht mit dem Textbefund verträgt:

„Der Anthropomorphismus vom ‚Tragen der Schuhe' (Mt 3,11) bzw. vom ‚Lösen der Schuhriemen' (Mk 1,7) ist als Bild für Gott schwer erträglich – trotz aller kühnen biblischen Anthropomorphismen."[69]

Deshalb ist derjenigen Auslegung der Vorzug zu geben, die im kommenden Richter den Messias sieht, der im Auftrag Gottes handelt. Friedrich Lang hat überzeugend nachgewiesen, dass die Richtergestalt bei Johannes deutliche Parallelen zum messianischen Menschensohn der henochischen Bilderreden aufweist.[70] Die Frage des Täufers (Mt 11,2–6 par.), die doch wohl einen historischen Hintergrund hat[71], bestätigt diese Sicht: Der Täufer hat anfänglich *in Jesus* diesen Richter gesehen[72], dann aber aufgrund des nicht eingetretenen Endgerichts diese Identifikation wieder infrage gestellt; somit hat er unter dem „Kommenden" nicht Gott selber, sondern seinen Repräsentanten verstanden.[73]

---

[66] STEGEMANN, *Essener* 301.

[67] STEGEMANN, *Essener* 300.

[68] STEGEMANN, *Essener* 301.

[69] THEISSEN/MERZ, *Jesus* 189; genauso WITHERINGTON, „John the Baptist" 387; J. E. TAYLOR, *Immerser* 143–146. Das Lösen der Sandalenriemen war eine der niedrigsten Aufgaben (TAYLOR, ebd. 145 Anm. 75).

[70] LANG, „Erwägungen".

[71] So auch H. STETTLER, „Bedeutung"; J. E. TAYLOR, *Immerser* 144; zu dieser Stelle vgl. auch unten V.A.

[72] Mt 3,14 und Joh 1,29–36; 3,26–36; 10,41 sind demnach Reflexe dieser anfänglichen Überzeugung des Johannes.

[73] Nach SCHLATTER, *Johannes der Täufer* 152 „enthält die Frage ... ein Glaubensmoment, sofern die Möglichkeit nicht ausgeschlossen ... wird, dass Jesus in der Tat der Kommende sei." „Für sich allein" konnte die Frage sowohl „aus Glauben entsteh[en], der früherem Unglauben kämpfend entgegentritt, oder aus Unglauben, der sich in früheren Glauben drängt". SCHLATTER entscheidet sich für Letzteres, denn er sieht im Schlusswort der Antwort Jesu (Mt 11,6 par.) „nicht Aufmunterung beginnenden, aber noch kämpfenden Glaubens, sondern Warnung vor Unglauben" (153). Dieser Sicht entspricht auch die Darstellung des Johannesevangeliums (ebd. 153f.). Nach THEISSEN/MERZ hat Johannes hingegen eine unbekannte Richtergestalt angekündigt und erst im Gefängnis erwogen,

Der vom Täufer erwartete „Stärkere" „wird mit dem Heiligen Geist und mit Feuer taufen" (Mt 3,11/Lk 3,16). Die Überlieferungsgeschichte und Interpretation dieses Täuferworts ist umstritten: Sprach das ursprüngliche Täuferwort nur von einer Feuertaufe, nur von einer Geisttaufe oder von beidem?[74] Johannes könnte seine Wassertaufe mit einer „Feuertaufe" kontrastiert haben, die dann das kommende Gericht mit Feuer wäre (vgl. Mt 3,10.12 par.); eine solche Fassung des Täuferworts findet sich aber in den Quellen nirgends. Er könnte seine Wassertaufe auch als Vorstufe einer „Geisttaufe" verstanden haben, in welcher der Messias den Gottesgeist, die verheißene Gabe des neuen Bundes (Ez 36,26f.; Jo 3,1–5; Jub 1,23; 1QS 4,20–22), verleihen würde (so Mk 1,8). Nach Gerd Theißen ist es wahrscheinlicher, dass „Geist *und* Feuer" (Mt 3,11/Lk 3,16) die ursprüngliche Erwartung des Täufers zusammenfasst:

„Sein eigenes Wirken, das Gerichtsansage und Heilsangebot verband, soll der göttliche Bevollmächtigte überbietend einlösen, indem er das Endgericht (die Taufe mit Feuer) vollzieht und den Geist über die mit der Johannestaufe Versiegelten ausgießt."[75]

Dabei ist die

„positive Entsprechung zur Wassertaufe ein eschatologischer Reinigungs- und Erneuerungsakt durch den ‚Geist der Heiligkeit'; die negative Konsequenz für die Selbstsicheren, die die Umkehrtaufe nicht auf sich nehmen, ist ein Vernichtungsgericht durch Feuer (oder ewige Pein in der Feuerhölle). So verstanden bildet das Wort von der Geist- und Feuertaufe eine sachgemäße Zusammenfassung der gesamten, auch in den beiden Gerichtsbildern enthaltenen eschatologischen Verkündigung des Täufers."[76]

„dass Jesus der von ihm ganz anders angekündigte Kommende ist" (THEISSEN/MERZ, *Jesus* 191).

[74] Das Folgende lehnt sich an den Überblick bei THEISSEN/MERZ, *Jesus* 190f. an.

[75] THEISSEN/MERZ, *Jesus* 191. Die Feuertaufe kann als Eintauchen des Bösen im Feuersee (z. B. 1Hen 90,26) und Verbrennen der unfruchtbaren Bäume (z. B. Jub 22,22f.; 36,9–11) bzw. als die Gehenna verstanden werden (so J. E. TAYLOR, *Immerser* 138f.). Hingegen lässt sich die Auslegung von SCHWEIZER in KLEINKNECHT, „πνεῦμα" 397, dass πνεῦμα im Täuferwort „Sturmwind" heiße und sich ebenfalls auf das Gericht beziehe, „textgeschichtlich kaum plausibel machen" (ZAGER, *Gottesherrschaft* 133 Anm. 368 mit Lit.). Von der verbreiteten Erwartung der endzeitlichen Ausgießung des Geistes Gottes her ist das oben gebotene Verständnis viel wahrscheinlicher (vgl. auch TAYLOR, *Immerser* 139–142).

[76] LANG, „Erwägungen" 471f.; ähnlich GUELICH, *Mark* 26–28; ZAGER, *Gottesherrschaft* 132–134 (132f. Anm. 368: Lit.); ERNST, „Johannes der Täufer" 517f.; STEGEMANN, *Essener* 305; SCHLATTER, *Johannes der Täufer* 115f. Dass hingegen nicht nur der Geist, sondern auch das Feuer eine rein positive Bedeutung habe, nämlich die Reinigung und Läuterung der Gerechten (so HOLLENBACH, „John the Baptist" 896), wird der deutlich bei der alttestamentlichen Gerichtsmotivik anknüpfenden Verwendung der Feuersymbolik bei Johannes nicht gerecht (vgl. Lk 3,17).

E. Fazit

Johannes der Täufer gehört von seiner Eschatologie her in die apokalyptisch-chasidische Strömung. Wie diese erwartet er ein universales Endgericht, durch das JHWH seine Herrschaft endgültig aufrichten wird. Allerdings steht das Endgericht für Johannes nahe bevor, deshalb die Dringlichkeit seines Umkehrrufs an Israel. Das Gottesvolk ist trotz seiner Erwählung kein Heilskollektiv; auch aus Israel werden im Endgericht nur die Gerechten gerettet, d. h. diejenigen, die umkehren und fortan nach JHWHs Maßstäben (bzw. der Verkündigung des Johannes) handeln. Dies ist nichts Neues – von den frühen Schriftpropheten an wird durch die Androhung des Gerichts über Israel und die Aufforderung zur Umkehr das Volk als Heilskollektiv infrage gestellt.

Einzigartig sind bei Johannes die extreme Naherwartung und sein Selbstverständnis, der von (Deuterojesaja und) Maleachi vorausgesagte letzte Bote vor dem Kommen der Gottesherrschaft zu sein und sein Anspruch, den eschatologischen Eisodus ins verheißene Land, d. h. in die Gottesherrschaft, durch seine Jordantaufe zu vollziehen. Dadurch stellte er zugleich die Wirksamkeit des Jerusalemer Kults infrage. Dies ist insbesondere wegen der priesterlichen Abkunft des Johannes bemerkenswert.

Johannes kündigte einen „Stärkeren" an, der nach ihm kommt. Darunter hat er nicht JHWH, sondern eine messianische Richtergestalt verstanden, ähnlich dem messianischen Menschensohn und Gottesknecht der Bilderreden des äthiopischen Henochbuchs. Der Messias wird mit Geist und Feuer taufen, was am wahrscheinlichsten so zu verstehen ist, dass er die für den neuen Bund verheißene Erneuerung der Herzen vollzieht („Geist") und im Auftrag JHWHs das Endgericht durchführt („Feuer"). Johannes erkennt in Jesus diesen gekommenen „Stärkeren", fährt aber einstweilen mit seiner Tätigkeit fort, wohl weil Jesus sein Richteramt noch nicht angetreten hat. Das fortgesetzte Ausbleiben des Feuergerichts lässt Johannes – insbesondere angesichts seiner Gefangenschaft – die Identifikation des Feuertäufers mit Jesus infrage stellen.

Johannes der Täufer erweist sich einerseits als Vertreter des apokalyptisch-chasidischen Judentums mit gewisser Nähe zur Henochtradition. Innerhalb dieses Rahmens hebt er sich aber durch seinen einzigartigen eschatologischen Anspruch hervor, die Stimme des letzten Boten vor dem Endgericht und der Aufrichtung der Gottesherrschaft durch den „Stärkeren" zu sein. Einzigartig sind auch seine Taufe als eschatologisches Sakrament, das unabhängig vom Tempelkult wirkt, und seine Identifikation des kommenden Messias mit seinem Verwandten Jesus von Nazaret.

Kapitel V

Jesus[1]

A. Jesus und Johannes der Täufer[2]

„Abgesehen von seiner Kreuzigung durch die Römer ist *die Taufe Jesu durch Johannes* die bestbezeugte Tatsache seines gesamten Erdendaseins".[3] Indem Jesus sich durch Johannes taufen ließ, identifizierte er sich mit dessen Botschaft vom nahen Gericht und Gottesreich. „Nie hat sich Jesus vom Täufer distanziert", sondern seine Hochschätzung für ihn deutlich zum Ausdruck gebracht (Mt 11,7–19 par.; 17,9–13 par.).[4] Für Jesus war der Täufer der wiedergekommene Elija (Mt 11,14; 17,12f.). Also sah Jesus sich selbst als den „Stärkeren", dem Johannes den Weg bereitet hatte – als den Feuer- und Geisttäufer, der Gericht bringt und die Gottesherrschaft aufrichtet:

---

[1] Zum Thema der Gerichtserwartung Jesu liegen drei grundlegende neueren Arbeiten von REISER (*Gerichtspredigt*), ZAGER (*Gottesherrschaft*) und RINIKER (*Gerichtsverkündigung*) vor. Die drei Untersuchungen gehen unterschiedlich vor, kommen aber zu vergleichbaren Ergebnissen: „Als Gesamtertrag ... ergibt sich..., dass sich die Situation in der neueren Forschung ... *umfassend verändert hat*. Jesus ist offensichtlich ... *auch* ein jüdischer *Unheils- und Gerichtsprophet* gewesen, fest verwurzelt im apokalyptisch-eschatologischen ‚Denkraum' seiner Zeit" (RINIKER, „Jesus" [8–]9). Vgl. auch A. I. WILSON, *When* 7–44. Eine gute Darstellung der neueren Debatte über die Frage, ob Jesus als Apokalyptiker bezeichnet werden kann, findet sich bei R. J. MILLER, *Apocalyptic Jesus* 6–11 (vgl. auch die Argumente von ALLISON in MILLER, *Apocalyptic Jesus* 17–29).
In Bezug auf die historische Bewertung der Jesustradition schließe mich dem Urteil einer Vielzahl von neueren Arbeiten an, die auf unterschiedlichen Wegen zum Ergebnis kommen, dass die synoptische Jesustradition historisch weithin zuverlässig ist. Besonders einflussreiche Beispiele sind: DUNN, *Jesus Remembered*; BAUCKHAM, *Jesus and the Eyewitnesses*; BOCKMUEHL, *This Jesus*; WRIGHT, *Jesus and the Victory of God*; das sechsbändige Projekt *Gospel Perspectives* 1980–1986 (zusammengefasst in BLOMBERG, *Zuverlässigkeit*); GERHARDSSON, *Memory and Manuscript*; DERS., *Tradition and Transmission*; DERS., *Reliability*; BYRSKOG, *Teacher*; DERS., *Story*; RIESNER, *Jesus als Lehrer*; HENGEL, *Vier Evangelien*; DERS., *Jesus und das Judentum*; das Tübinger Symposion von 1982 (dokumentiert in: STUHLMACHER, *Das Evangelium und die Evangelien*); die Symposien in Dublin 1989 und Gazzada 1990 (dokumentiert in: WANSBROUGH, *Jesus*); BAUM, *Der mündliche Faktor*; vgl. auch THEISSEN, *Lokalkolorit* und SCHRÖTER, *Erinnerung*.

[2] Zur Forschungsdiskussion s. WOLTER, „Gericht" 359–364.

[3] STEGEMANN, *Essener* 316.

[4] STEGEMANN, *Essener* 316.

„Jesus lebte im Bewusstsein, den Täufer zu überbieten. Und das, obwohl der Täufer für ihn schon eine kaum zu überbietende Gestalt war, kein Prophet, sondern mehr als ein Prophet (Mt 11,9), der größte unter den bisher geborenen Menschen (Mt 11,11), mit dem eine neue Epoche angebrochen war ... In all diesen Aussagen über den Täufer ist indirekt ein ungeheurer Hoheitsanspruch enthalten: Wenn der Täufer alle Propheten überbietend an der Schwelle der Gottesherrschaft stand, wieviel mehr muss dann Jesus sein, er, der diese Schwelle schon überschritten hatte!"[5]

Dass Jesus sich selbst nicht mit diesem messianischen „Stärkeren" identifiziert habe, sondern nur davon ausgegangen sei, dass in einer nicht näher bestimmbaren Weise das Reich Gottes in und mit seinem Wirken anbrechen würde[6], ist historisch sehr unwahrscheinlich. Dieser Frage ist unten ein eigener Abschnitt gewidmet.

Ob Johannes Jesus ebenfalls mit dem „Stärkeren" identifizierte, ist umstritten. Zumindest zeigt seine sehr wahrscheinlich historische Anfrage an Jesus (Mt 11,2–6 par.)[7], dass er dies in Betracht zog, und der historische Kontext der Frage (Gefangenschaft des Täufers) sowie die Gestalt der Antwort Jesu machen wahrscheinlich, dass wir die Frage des Täufers eher als Infragestellung einer früheren Gewissheit denn als neu aufkeimende Erkenntnis der Identität Jesu zu verstehen haben.[8] Die Tatsache, dass die ersten Jünger Jesu sehr wahrscheinlich aus dem Jüngerkreis des Täufers stammten (vgl. Joh 1,35–51), setzt zudem ein wie auch immer geartetes Zeugnis des Täufers über Jesus voraus, aufgrund dessen sich einige der Johannesjünger Jesus anschlossen.[9]

Die Frage des Johannes in Mt 11,2–6 par. können wir demnach so verstehen, dass bei Johannes angesichts des ausbleibenden Feuergerichts und angesichts von Jesu Untätigkeit im Hinblick auf seine eigene Gefangenschaft (vgl. Jes 61,1!) Zweifel an dieser Identifikation aufkamen. Mögli-

---

[5] THEISSEN/MERZ, *Jesus* 461. Auf S. 462 formuliert THEISSEN noch klarer: „Wenn nun [in den Augen Jesu] schon Johannes der Täufer in solch eine entscheidende prophetische Rolle hineinwuchs, um wieviel mehr musste sein ‚Nachfolger' eine messianische Gestalt sein!"

[6] So z. B. STEGEMANN, *Essener* 336–343. Nach WOLTER, „Gericht" 387 „bestreitet Jesus die Ankündigung des Täufers, dass nach ihm nur noch der Feuerrichter kommt ... Gegen seinen eigenen Anspruch wird Johannes damit vom letzten zum vorletzten Boten Gottes."

[7] Siehe H. STETTLER, „Bedeutung" und oben IV.D.

[8] Die in ihrem historischen Wert umstrittenen Passagen Mt 3,14f. (Dialog zwischen Johannes und Jesus) und Joh 1,29–36 (Zeugnis des Täufers über Jesus) würden damit übereinstimmen. Nach Joh 1,32–34 erkannte Johannes die Identität Jesu (aufgrund einer vorher empfangenen Prophetie), als er den Geist Gottes auf Jesus herabkommen sah.

[9] BAUCKHAM hat jüngst plausibel gemacht, dass Joh 1,35–51 Kennzeichen von Augenzeugenschaft aufweist (*Jesus* 398), also historisch verwertbar ist.

cherweise hat auch Joh 3,22–24; 4,1–3 einen historischen Hintergrund.[10] Nach diesen Passagen hat Johannes seine Tauftätigkeit auch nach der Taufe Jesu fortgesetzt, während Jesus (bzw. seine Jünger) eine Zeit lang selbst taufte(n). Im Falle ihrer Historizität bestätigte diese Reminiszenz nicht nur, dass Jesus direkt von Johannes beeinflusst war, sondern auch, dass Johannes in Jesus zwar den erwarteten Richter sah, aber davon ausging, dass Jesus noch nicht mit der Ausführung seines Gerichtsauftrags begonnen hatte, weshalb Johannes seine eigene vorbereitende Tätigkeit einstweilen weiterführte.[11]

B. Die Zwei-Stufen-Eschatologie Jesu[12]

1. Gegenwart und Zukunft der Gottesherrschaft

Oft wird der Unterschied zwischen Jesus und Johannes darin gesehen, dass Johannes nur Gericht, Jesus nur die Gottesherrschaft verkündigt habe. Dass dies für Johannes so nicht zutrifft, haben wir schon gesehen. Auch Johannes erwartete die Aufrichtung der Gottesherrschaft, und zwar gut frühjüdisch *durch* das Endgericht[13], und nach Jesus verfällt dem Endgericht, wer seine Einladung in die Gottesherrschaft ausschlägt[14].

„So ist das Proprium der Botschaft Jesu in dem schlichten Satz ausgesprochen: ‚Selig ist, wer an mir nicht zu Fall kommt!' [Mt 11,6 par.] Dieser Satz impliziert den anderen: Aber wehe dem, der an mir zu Fall kommt! So enthält er die Heils- und Gerichtspredigt Jesu in einem und zeigt ..., dass beide zusammengehören und sich gegenseitig bedingen."[15]

Jesus und der Täufer teilten also die Erwartung, dass die Gottesherrschaft durch das Endgericht aufgerichtet werde, auch wenn der Täufer vielleicht öfter vom Gericht und Jesus öfter von der Gottesherrschaft sprach.

„[W]ährend der Täufer das drohende Gericht in den Vordergrund seiner Predigt rückt und einen Weg zeigt, wie man ihm entrinnen kann, stellt Jesus das ... Heil in den Vordergrund und zeigt, was seine Verwerfung bedeutet. ... [B]eide wissen, was auf der anderen Seite ist, und machen keinen Hehl daraus".[16]

---

[10] So z. B. LINDARS, *John* (163–)164 („very likely ... reliable tradition"); BARRETT, *John* 221 („There is nothing inherently improbable in this").

[11] Vgl. SCHLATTER, *Johannes der Täufer* 155.

[12] Den Begriff „Zwei-Stufen-Eschatologie" („two-stage consummation") hat EARL ELLIS geprägt („Interpretation" 711).

[13] S. o. IV.C.

[14] S. u. F.2.

[15] REISER, *Gerichtspredigt* 307, ähnlich HOOKER, „Kingdom" 374; CONDRA, *Salvation* 286–288; WOLTER, „Gericht" 363.

[16] REISER, *Gerichtspredigt* 306f.

Für beide konnte es keine Gottesherrschaft ohne vorhergehendes Endgericht und kein Endgericht ohne sich anschließende Gottesherrschaft geben. *„Eschatologisches* Heil kann ohne Gericht gar nicht gedacht werden"[17], weil das Heil die Ausschaltung alles Bösen voraussetzt, ebenso wie das Gericht sinnlos bleibt, wenn es nicht die Aufrichtung der Gottesherrschaft zum Ziel hat. Hier liegt also kein grundsätzlicher Unterschied zwischen Jesus und dem Täufer.

Jesus unterschied sich hingegen in eklatanter Weise von der Erwartung des Täufers, indem er nicht als der mit Feuer Richtende auftrat, sondern das nahe gekommene Gottesreich ankündigte, Kranke heilte und Dämonen austrieb.[18] In seinen Exorzismen sah Jesus den Anbruch des Gottesreichs und des Siegs über den Satan: „Wenn ich die Dämonen durch den Geist (Lk: Finger[19]) Gottes austreibe, dann ist das Reich Gottes schon zu euch gekommen" (Mt 12,28 par.; vgl. 10,7f. par.), und „ich sah den Satan wie einen Blitz vom Himmel fallen" (Lk 10,18). Jesus sah sich als den „Stärkeren", der den „Starken", Satan, überwunden hatte und so Menschen aus der Gewalt seiner Komplizen, der Dämonen, befreien konnte (Mk 3,27f. par.; vgl. Joh 12,31).[20] In seiner Verkündigung und Heilungstätigkeit brach die Gottesherrschaft schon an (Mt 11,2–6 par.), sie war in Jesus und seinem Wirken schon „mitten unter euch" (Lk 17,21). Jetzt herrschte die Freude des Gottesreichs (Mk 2,18–20 par).[21] Die Mahlgemeinschaften Jesu, zu denen er alle einlud, die umkehrwillig waren und sich ihm anschließen woll-

---

[17] RINIKER, „Jesus" 8; vgl. REISER, *Gerichtspredigt* 307: „Gericht und Heil sind zwei Seiten einer Medaille. ... Wie es beim Worfeln Stroh zum Verbrennen gibt, aber auch Weizen zum Einsammeln, so gibt es beim eschatologischen Mahl Gäste, aber auch Ausgeschlossene."

[18] Zu einem ähnlichen Ergebnis kommt auch WOLTER, „Gericht" 386–388. – Zum radikalen Unterschied zwischen den Geisteraustreibungen Jesu und den Exorzismuspraktiken im Judentum seiner Zeit s. STEGEMANN, *Essener* 325–329.

[19] Für „Geist" und für „Finger" als die ursprüngliche Variante gibt es jeweils gute Argumente (s. DAVIES/ALLISON, *Matthew* 2,340); letztlich ist eine Entscheidung darüber traditionsgeschichtlich müßig, da im Alten Testament „Finger Gottes", „Hand Gottes" und „Geist Gottes" gleichgesetzt werden, vgl. Ps 8,3 mit 33,6; weiter Ez 3,14; 8,1–3; 37,1 und TJon 2Kön 3,15 („Geist" für „Hand JHWHs") (ebd. mit Anm. 35).

[20] Der „Stärkere" ist Jesus, nicht Gott (gegen ZAGER, *Gottesherrschaft* 312 Anm. 9); freilich wirkt Jesus in der Kraft und im Auftrag Gottes, vgl. Mt 12,28 par. (R. PESCH, *Markus* 1,215: „Gott in Jesus"). Genauso z. B. GNILKA, *Markus* 1,150; GUELICH, *Mark* 176f. Vgl. W. D. DAVIES/ALLISON, *Matthew* 2,342: „,The house of the strong man' is Satan's kingdom. ,His goods' or ,possessions' are the people he has under his sway: those possessed by demons. Jesus frees them through his ministry of exorcism."

[21] Weitere Jesusworte, die auf die Gegenwart des Gottesreichs hinweisen, sind z. B. Mk 2,22 par. (der neue Wein); 4,11f. par. (das Geheimnis des Reichs ist den Jüngern gegeben); 4,26–29 (die Saat wächst schon). Vgl. dazu z. B. ALLISON, „Eschatology" 207; BONSIRVEN, *Règne* 44–48.

ten (nicht nur, aber auch Zöllner und andere offensichtliche Sünder), waren die „eindrücklichste Form der Tatverkündigung der Vergebung" und zugleich „eschatologische Mahlzeiten, Vorfeiern des Heilsmahls der Endzeit (Mt 8,11 par.), in denen sich die Gemeinde der Heiligen schon jetzt darstellt (Mk 2,19)".[22]

Zum Bild des eschatologischen (Hochzeits-)Mahls vgl. auch Mk 2,19 par.; 14,25 par.; Mt 22,1–10 par.; 25,10–12. Vom Spottvers Mt 11,19 par. her wird immer wieder von „Jesu Mahlgemeinschaften mit Zöllnern und Sündern" gesprochen, wie wenn sie die Einzigen gewesen wären, die bei diesen Mahlzeiten dabeigewesen wären. Man „darf ... sich durch die spöttische Übertreibung [dieses Spottverses] nicht zu der falschen Vorstellung verleiten lassen, als ob sich die normale Tischrunde Jesu mit seinen Anhängern auf sogenannte ‚Sünder' beschränkt hätte; für den Anstoß der Gegner Jesu genügte es vollauf, dass Jesus niemanden von ihr ausschloss."[23] Erst recht verfehlt ist die Vorstellung, Jesus habe mit seinen Mahlgemeinschaften den früheren Lebenswandel der Teilnehmenden sanktioniert. Wie Lk 19,1–10 schön illustriert, fand das genaue Gegenteil statt: Die Gegenwart Jesu transformierte den Lebenswandel der Teilnehmenden radikal. Jesus vollzog mit seinem Angebot der Vergebung und der Tischgemeinschaft das, was „le but suprême de tous les rites et de tout le culte" war: „la communion" zwischen Gott und Mensch.[24]

Auch die Gleichnisse vom vierfachen Ackerfeld (Mk 4,1–9.13–20 par.), von der selbstwachsenden Saat (Mk 4,26–29), vom Senfkorn (Mk 4,30–32) und vom Sauerteig (Mt 13,33 par.) sprechen vom verborgenen Anfang der Gottesherrschaft, der in ihrer universalen Vollendung gipfeln wird.[25] Mk 1,15 par. fasst also die grundlegende Basileia-Predigt Jesu treffend zusammen: „Die Zeit ist erfüllt, das Reich Gottes ist nahe. Kehrt um, und glaubt an das Evangelium!"[26]

Die Verkündigung des sich schon jetzt vollziehenden Anbruchs der Gottesherrschaft hinderte Jesus nicht, auch noch ein künftiges Kommen der Gottesherrschaft zu erwarten.[27] Er lehrte die Jünger zu bitten: „Dein Reich

---

[22] JOACHIM JEREMIAS, *Theologie* 1,116f.

[23] JOACHIM JEREMIAS, *Theologie* 1,117.

[24] GRAPPE, *Royaume* 220.

[25] Vgl. ZAGER, *Gottesherrschaft* 311f.; D. WENHAM, *Paul* 289f. Keineswegs wird durch die Dynamik vom verborgenen Anfang zur umfassenden Vollendung „die Gerichtsperspektive überholt und in den Schatten [ge]stellt" (gegen RINIKER, „Jesus" 10).

[26] GRAPPE, *Royaume* 220. Zum Verständnis von ἤγγικεν in Mk 1,15 vgl. BONSIRVEN, *Règne* 47f.: „le Règne est là, il est arrivé, mais en retenant une nuance que veut peut-être suggérer le verbe ‚approcher': le Règne a fait son avènement d'une manière décisive, mais il reste une réalité toujours en marche, qui ne cesse de s'approcher, de grandir: dynamisme qui s'exerce tant dans les individus que dans la collectivité."

[27] Vgl. z. B. GRAPPE, *Royaume* 221; ALLISON, „Eschatology" 206f.; HOOKER, „Kingdom" 374 (mit einem guten Überblick über die Forschungsgeschichte ebd. 375–377); MORGENTHALER, *Reich*; BONSIRVEN, *Règne* 50–55; KÜMMEL, *Verheißung* 9–37. Eine vollständige Zusammenstellung der Belege für die gegenwärtige und zukünftige Gottesherrschaft bietet BEASLEY-MURRAY, *Jesus and the Kingdom*. Eine Übersicht über einige

komme" (Mt 6,10 par.), und erwartete die Auferstehung der Toten (Mk 12,18–27 par.) und das Endgericht (Mt 11,20–24 par.; Mt 12,41f. par.; s. u.). Für die zukünftige Gottesherrschaft verwendet Jesus eine Fülle von Bildern:

> „Wo Jesus von der verklärten Welt redet, spricht er fast nur in den Bildern der *Symbolsprache*. Fast unerschöpflich ist ihre Zahl. Gott ist König, er wird im neuen Tempel angebetet (Mk 14,58); Menschenaugen dürfen ihn schauen (Mt 5,8); das Paradies kehrt wieder; der Tod ist nicht mehr da (Lk 20,36); das Erbe wird verteilt (Mt 5,5); der neue Name wird verliehen (5,9); das Lachen der Heilszeit erschallt (Lk 6,21); die familia Dei sitzt am Tisch des Vaters (Mt 8,11f. par.); das Lebensbrot wird gebrochen (Lk 11,3), der Kelch des Heils gereicht (22,18), das ewige Passa der Befreiung gefeiert (22,16). Eine totale Umwertung der Werte findet statt: die Armen werden reich, die Hungernden satt, die Traurigen getröstet, Letzte werden Erste (Mk 10,31). Gott schenkt ewiges Leben (Mk 10,39), ... Anteil am Leben Gottes ... . Die Gottesschau ... ist Inbegriff der Seligkeit, weil sie das Ihm-gleich-Werden einschließt. ... Die Vollendung ist die Stunde, in der ... die Gemeinde der Erlösten anbetet vor Gottes Thron ... . Sodann ist das Hochzeitsbild ... Ausdruck der Gemeinschaft der Gemeinde mit ihrem Gott ... In der Basileia vollenden sich Schöpfung und Erlösung".[28]

Jesus schildert die Gottesherrschaft öfter als Festmahl, besonders als messianisches Hochzeitsfest (z. B. Mk 14,25; Mt 5,6 par.; 8,11 par.; 22,1–14 par.; 25,1–13; Lk 12,37; 22,30). „This figure ... is doubtless meant to express the abundant joy and satisfaction which will be the portion of those who are found worthy at the Judgement."[29] Diese Freude ist nicht nur ein passives Genießen, denn das Leben in der Gottesherrschaft „will be a sphere of enlarged responsibilities and opportunities", „a more intense activity than is possible in the present world" (vgl. Mt 24,47 par.; Lk 19,17.19).[30]

Jesus erwartete also das *Kommen der Gottesherrschaft in zwei Schritten*: Sie kommt jetzt durch und mit ihm, zeichenhaft und noch verborgen und umkämpft, und sie wird in der Zukunft durch das Endgericht endgültig durchgesetzt. Diese Zwei-Stufen-Eschatologie Jesu ist im Frühjudentum ein Novum. Johannes der Täufer kannte sie nicht und nahm an ihr Anstoß. In ihr liegt der Hauptunterschied zwischen Jesus und dem Täufer.[31]

---

neuere Versuche, die Basileia-Botschaft Jesu nicht-apokalyptisch zu verstehen, bietet D. WENHAM, *Paul* 98f.

[28] JOACHIM JEREMIAS, *Theologie* 238; vgl. MANSON, *Teaching* 276f.

[29] MANSON, *Teaching* 276f.

[30] MANSON, *Teaching* 277.

[31] Vgl. REISER, *Gerichtspredigt* 307; BEASLEY-MURRAY, *Jesus and the Kingdom* 338. Eine partielle Parallele zur Zwei-Stufen-Eschatologie Jesu liegt in Qumran vor: Die Qumran-Gemeinschaft beanspruchte, schon im Besitz des endzeitlichen Gottesgeistes zu sein, obwohl sie das Weltgericht und die neue Schöpfung als zukünftig erwartete. Zur Frage, was in der Verkündigung Jesu gegenüber dem Frühjudentum neu war, s. auch unten Abschn. G.

2. Das Endgericht

Wie eben erwähnt, erwartete Jesus wie Johannes der Täufer ein Endgericht, in dem zwischen Gerechten und Bösen geschieden, das Böse endgültig vernichtet und die Gottesherrschaft endgültig aufgerichtet wird. Verweise auf das Endgericht finden sich in der synoptischen Jesustradition häufig.[32] Beispiele sind[33]: die in der Endzeitrede gesammelten Logien (Mk 13 par.), eine Reihe von Gleichnissen (Mk 12,1–12 par.; Mt 7,24–27 par.; 13,24–30.36–43; 18,23–35; 20,1–16; 25,1–13; 25,14–30 par.; 25,31–46) und weitere Jesusworte (z. B. Mt 7,1–5 par.; 7,19.21–23; 10,26–33.40–42; 11,20–24 par.; 12,41f. par.; Mk 9,43 par.; 10,23–31; Lk 13,22–30; 14,7–14).

„[D]ass Jesus so, wie er mit einer letzten Gewissheit vom Reich Gottes sprach, mit einem letzten Ernst auch vom Gericht sprach, kann ... nicht mehr bezweifelt werden."[34]

Zwar will „die Endgerichtsverkündigung des historischen Jesus" primär „zur *Umkehr* aufrufen"[35], aber „[d]er *Realitätsgehalt* des angekündigten Gerichts wird dadurch im Sinn des Sprechers natürlich nicht beeinträchtigt"[36]. Mit Werner Zager können wir für Jesus festhalten, was für die Eschatologie des chasidisch beeinflussten Frühjudentums insgesamt gilt: „Für den historischen Jesus *gehörten Herrschaft Gottes und Endgericht untrennbar zusammen.*"[37] Die Aufrichtung der Gottesherrschaft setzt die Vernichtung alles Bösen und die Durchsetzung der göttlichen Wohlordnung voraus – eben das Endgericht. Gerichtet werden alle Menschen, Israel und die Heiden, die Lebenden wie die Toten.[38] Zum Gericht gehört in Übereinstimmung mit der Apokalyptik die Vernichtung des Satans und seiner Engel (Mt 25,41). Nach dem Endgericht kommt gemäß der Bot-

---

[32] So auch GREGG, *Jesus* 270. Die Gerichtsworte machen nach der Analyse von MARIUS REISER ein Drittel der synoptischen Wortüberlieferung aus: Von etwa 620 Versen Redestoff (die Parallelüberlieferungen werden jeweils nur einmal gezählt) sprechen etwa 210 vom Gericht.

[33] Eine umfassende Liste findet sich bei REISER, *Gerichtspredigt* 293f.; von den Echtheitsurteilen des jeweiligen Autors abhängige Listen zudem bei ZAGER, *Gottesherrschaft* 307–310 und RINIKER, „Jesus" 9.

[34] REISER, *Gerichtspredigt* 293.

[35] ZAGER, *Gottesherrschaft* 315.

[36] RINIKER, „Jesus" 8. WOLTER, „Gericht" 381–385 unterscheidet mehrere Funktionen der jesuanischen Gerichtsworte: (1) Umkehrruf an eine „*noch indifferente Öffentlichkeit*" (381); (2) Vergewisserung der Jünger angesichts der nicht erfolgten Umkehr der Mehrheit; (3) Ermahnung der Jünger zur Fortsetzung der Nachfolge; (4) Einschärfung von konkretem Verhalten; (5) Verdikt über die „*definitiven Verweigerer[n] der Umkehr*" (385).

[37] ZAGER, *Gottesherrschaft* 316.

[38] Siehe GREGG, *Jesus* 272f.

schaft Jesu „das (ewige) Leben", „das Reich Gottes".[39] Damit meint Jesus
(wie das chasidische Frühjudentum) nichts anderes als „a universe clean-
sed from all evil".[40] Mit T. W. Manson können wir zusammenfassen:

„The ideas of a Judgement, of the elimination of evil from the world, and of a blessed
immortality for those who are loyal to God in this life – these ideas are necessary corol-
laries to the central idea of the Kingdom. ... If there is no final victory of good over evil,
the Kingdom of God becomes an empty dream. If there is no inheritance for the saints in
light, the Fatherhood of God is a vain delusion."[41]

Das Endgericht wird gehalten, wenn der Menschensohn kommt „mit großer Macht und Herrlichkeit auf den Wolken" und er „die Engel aussenden
und die von ihm Auserwählten aus allen vier Windrichtungen zusammenführen" wird (Mk 13,26f.; vgl. Mt 8,11 par.). Dieses „Kommen" des Menschensohns wird allen unmissverständlich sichtbar sein, wie ein Blitz, der
über den Himmel fährt (Mt 24,27 par.). Dann wird die Scheidung der
Menschheit in Gute und Böse vollzogen, in solche, die angenommen, und
solche, die verurteilt werden (Mt 13,47–50; 24,40f. par.; usw.). Der Zwölferkreis wird dann auf zwölf Thronen sitzen und über die zwölf Stämme
Israels herrschen (Mt 19,28 par.). (S. u. Abschn. C und zum apokalyptischen Szenario in der Lehre Jesu insgesamt Abschn. E.)

Das Gericht wird mit vielen, meist traditionellen Bildern geschildert: als
Gerichtsverfahren mit Richter, Gerichtshelfern und Zeugen (Mt 5,25f. par.;
7,1 par.; 11,22f. par.; 12,41f. par.; 19,28 par.; 25,31–46), als Rechenschaft-
Ablegen (Mt 25,19–28 par.; Lk 16,2), als Ernte (Mt 13,30.41f.; vgl. Mk
4,29), als Sortieren der Fische im Netz (Mt 13,47–50), als Schließen der
Türe beim Hochzeitsmahl (Mt 8,11f. par.; Lk 14,16–24 par.; Mt 25,1–13),
als militärische Strafaktion des Königs (Mt 22,7) und als unerwartet he-
reinbrechende Katastrophe (Mt 7,24–27 par.; 24,37–39 par.; Lk 13,1–5).[42]

Weil das Gericht zum Ziel hat, die Welt von allem Bösen zu reinigen
und so endgültig die Gottesherrschaft durchzusetzen, ist der Ausgang des
Gerichts ein doppelter.[43] Für die Gerechten bedeutet er Annahme durch den
Richter, Rettung, ewiges Leben, Teilhabe am neuen Äon, Eingehen ins
Gottesreich (Mk 9,47; 10,25 par.; Mt 7,21) und ins Leben (Mk 9,43.45
par.).[44] Für die, welche sich nicht vom Bösen getrennt haben, ist der Aus-

---

[39] „(Ewiges) Leben" und „Gottesherrschaft" sind in der Jesustradition die wichtigsten
Begriffe für das zukünftige Heil, s. ZAGER, *Gottesherrschaft* 116f. Anm. 309.311.312.

[40] MANSON, *Teaching* 276.

[41] MANSON, *Teaching* 284.

[42] Vgl. THEISSEN/MERZ, *Jesus* 243f.

[43] Zum Folgenden vgl. GREGG, *Jesus* 276f.

[44] Vgl. weiter die Formulierungen: „Geh ein in die Freude deines Herrn" (Mt 25,
21.23); „nehmt das Reich in Besitz, das seit der Erschaffung der Welt für euch bestimmt

gang des Gerichts Verwerfung durch den Menschensohn, Trennung vom Menschensohn und seinem Reich (Mt 7,23/Lk 13,27: „Geht weg von mir"; vgl. Mt 13,41f.[45]) und ewige Qual in der Gehenna. Die Gehenna wird einerseits mit „Feuer, das nicht verlischt" (Mk 9,43–48; Mt 13,42.50), andererseits mit „äußerster Finsternis" (Mt 8,12 par.; 25,30) charakterisiert.[46] In Verbindung mit beiden Bildern ist vom „Heulen und Zähneknirschen" der Verdammten die Rede, nach Lk 13,28 ein Ausdruck der zu späten und deshalb vergeblichen Reue (vgl. auch Mt 13,42.50).[47] Nach Mt 24,51 par. (vgl. Lk 19,27) werden diejenigen, die bei der Parusie nicht bereit sind, „in Stücke gehauen werden", nach Mt 7,19 und 13,9 wird der unfruchtbare Baum umgehauen, nach Mt 18,34 werden die nicht zum Vergeben Bereiten den Folterknechten übergeben; die Unbußfertigen werden „umkommen" (Lk 13,3.5), und Kapernaum wird „in die Scheol hinabgestürzt werden" (Mt 11,23 par.).

3. Ein präsentisches Gericht?

Das Endgericht dient in der Lehre Jesu (wie auch sonst im Frühjudentum) der *zukünftigen* Aufrichtung der Gottesherrschaft. Entspricht dem *gegenwärtigen* Anbrechen des Reiches Gottes auch ein sich schon gegenwärtig vollziehendes Gericht?

In der johanneischen Interpretation der Jesustradition findet sich tatsächlich eine Zwei-Stufen-Gerichtserwartung. Einerseits ist in Joh 5,28f. das Endgericht nach der allgemeinen Totenauferstehung im Blick:

„Die Stunde kommt, in der alle, die in den Gräbern sind, seine Stimme hören und herauskommen werden: Die das Gute getan haben, werden zum Leben auferstehen, die das Böse getan haben, zum Gericht" (d. h. zur Verurteilung).

Nach Joh 12,48 findet das Gericht „am letzten Tag" statt. Demgegenüber spricht Joh 3,18 vom sich schon gegenwärtig vollziehenden Gericht:

„Wer an ihn glaubt, wird nicht gerichtet; wer nicht glaubt, *ist schon gerichtet*, weil er an den Namen des einzigen Sohnes Gottes nicht geglaubt hat" (ähnlich 5,24; vgl. 12,47f.).

Das Johannesevangelium berichtet zwar keine Exorzismen Jesu, sieht aber in Jesu Wirken und v. a. seinem Tod am Kreuz das Gericht über den Satan

---

ist" (Mt 25,34); „die Gerechten werden im Reich ihres Vaters wie die Sonne leuchten" (Mt 13,43).

[45] Weiter: „Werft ihn hinaus" (Mt 25,30; evtl. auch Mt 5,13 par.); die Türe ist geschlossen (Mt 25,10–12; Lk 13,25; vgl. Mt 23,13 par.).

[46] Zur Gehenna s. JOACHIM JEREMIAS, *Theologie* 130f. Anm. 24; BILLERBECK, *Kommentar* 4/2, 1075–1083.

[47] So JOACHIM JEREMIAS, *Theologie* 131. Weitere Interpretationsmöglichkeiten von „Heulen und Zähneknirschen" listet LUZ, *Matthäus* 2,16 Anm. 28 auf.

schon im Vollzug: „*Jetzt* wird Gericht gehalten über diese Welt. *Jetzt* wird der Herrscher dieser Welt hinausgeworfen werden" (12,31; genauso 16,11).[48]

Nach Joh 5,22.27.30; 5,16; 8,16.26; 9,39 hat Gott Jesus das Gericht übertragen; in 5,27 wird dies explizit damit begründet, dass Jesus der „Sohn des Menschen" ist.[49] Wie der Messias der alttestamentlichen Verheißungen, so richtet Jesus „gerecht" und „wahr" (5,30; 8,16). Wenn es jedoch in Joh 3,17; 12,47 (vgl. 8,15) heißt, Jesus sei nicht gekommen, um die Welt zu richten, sondern um sie zu retten, ist das nicht als exklusiver Gegensatz (im Sinne von: „nicht – sondern"), sondern, wie oft im Semitischen, komparativisch gemeint (im Sinne von: „nicht in erster Linie – sondern").[50] Das *Ziel* der Sendung Jesu ist die Rettung der Welt; das Gericht ist nur die unausweichliche Kehrseite davon.[51] „[T]he Son of Man ... did not come into a neutral world in order to save some and condemn others; he came into a lost world ... in order to save some".[52] κρίνειν hat die beiden Bedeutungsaspekte „richten" und „verurteilen"; auch das spielt hier mit hinein.[53]

Sogar die eschatologische Totenauferstehung vollzieht sich proleptisch schon überall da, wo Menschen im Hören auf die Stimme des Sohnes Gottes das ewige Leben erhalten (5,24f.).

In Joh 5,25 werden die beiden Stufen (johanneisch: „Stunden") der Vollendung explizit zueinander in Beziehung gesetzt: „Die Stunde *kommt*, und sie *ist schon da*, ...". „The distinction between a present realization of these events and their full future realization is made quite clear".[54] Die beiden Stufen der Vollendung darf man bei Johannes nicht literarkritisch voneinander trennen: Joh 5,24–27 ist nicht eine „Korrektur der alten Eschatologie" im Sinne einer rein präsentischen Eschatologie und 5,29f. kein „Zusatz eines Red(aktors), der den Ausgleich ... mit der traditionellen Eschatologie herstellen will".[55]

Ulrich Wilckens interpretiert die Korrespondenz zwischen gegenwärtiger Scheidung und Endgericht im Johannesevangelium so:

„Die Entscheidung des Endgerichts wird identisch sein mit der ‚Scheidung', die Jesu Sendung unter den Menschen bewirkt: der Scheidung zwischen Glaubenden und Nichtglaubenden, zwischen dem ewigen Leben, das die Glaubenden empfangen, und dem ewigen Zunichtewerden, dem die Nichtglaubenden verfallen".[56]

---

[48] S. dazu WILCKENS, *Johannes* 195.

[49] Zum „Menschensohn" als Richter s. BARRETT, *John* 262 und unten zu Lk 12,8f. par.

[50] Vgl. dazu C. STETTLER, „Purity" 468 Anm. 8.

[51] Vgl. CARSON, *John* 254; BARRETT, *John* 434.

[52] CARSON, *John* 207.

[53] Siehe CARSON, *John* 207.254; BARRETT, *John* 216.

[54] BARRETT, *John* 261.

[55] Gegen BULTMANN, *Johannes* 193 bzw. 196; s. WILCKENS, *Johannes* 119–121; FREY, *Eschatologie* 2,144–146.281–283; 3,398–400; BARRETT, *Johannes* 67–70.263; CARSON, *John* 258f.

[56] WILCKENS, *Johannes* 118.

Ist das präsentische Gericht eine theologische Neuerung des Johannesevangeliums, oder hat es bei der synoptischen Jesustradition einen Anhalt?
Man kann die Dämonenaustreibungen durch Jesus und seine Boten mit
Werner Zager als „Vollzug eschatologischen Gerichtsgeschehens" verstehen: Sie vollziehen den Sturz Satans aus dem Himmel (Lk 10,18) und seine Fesselung (Mk 3,27f. par.) „als Vorstufe für die Auslieferung an die
ewige Verdammnis in der Gehenna, die im noch ausstehenden Akt des
Endgerichts stattfinden wird".[57] Genau dies nennt das Johannesevangelium
die κρίσις der Welt und des Teufels (s. o.).

Nach Mt 11,20–24 par. sprach Jesus über den Orten, die am meisten von
seinen „Machttaten" erlebt hatten, aber mehrheitlich unbußfertig geblieben
waren, Weherufe aus.[58] Der eschatologische Weheruf ist das Gegenteil der
eschatologischen Seligpreisung[59]; er „ist nicht das Wehe der Klage über einen traurigen Zustand, sondern ... das ‚Wehe' der Gerichtsankündigung,
das ‚Wehe' des Fluchs".[60] Jesus sprach die Städte wegen ihres gegenwärtigen Verhaltens als schon jetzt dem Gericht verfallen an, obwohl dieses Gericht erst zukünftig vollzogen wird (vgl. Mt 11,22.24).[61] Indem seine Wunder diese Städte nicht überzeugen konnten, sind sie schlimmer als Heiden,
ja als besonders schlimme Beispiele von Heiden (Tyrus und Sidon und sogar Sodom).[62] Weil sie Jesu Bußruf nicht Folge geleistet hatten, lehnten sie
letztlich ihn selber ab: „those who fail to repent are guilty of disobedience
to him".[63]

Ähnliches finden wir bei den Weherufen Jesu gegen die Pharisäer und
Schriftgelehrten (Mt 23,1–36/Lk 11,37–54; vgl. auch Mk 12,38–40). Die
Parallelversionen weisen zahlreiche Unterschiede in Wortlaut und Reihenfolge auf[64]; jeder Versuch, die Überlieferungs- und Redaktionsgeschichte
mit einer gewissen Wahrscheinlichkeit zu rekonstruieren, ist hoffnungs-
los.[65] Mit Ulrich Luz lässt sich wohl nur so viel sagen, dass Matthäus „die

---

[57] ZAGER, *Gottesherrschaft* 314(–315) mit vielen Parallelen in der apokalyptischen
Literatur. Genauso Riniker, „Jesus" 8; REISER, *Gerichtspredigt* 311.

[58] Zur Echtheitsfrage vgl. Luz, *Matthäus* 2,192, der zumindest mit der Echtheit der
Weherufe gegen Chorazin und Betsaida rechnet, aber auch den Weheruf gegen Kapernaum für möglicherweise echt hält (s. ebd. Anm. 11).

[59] W. D. DAVIES/ALLISON, *Matthew* 2,266; vgl. 1,433f.439f.

[60] LUZ, *Matthäus* 3,320 (in Korrektur von 2,194).

[61] Eine ausgewogene Diskussion der Echtheitsfrage bieten W. D. DAVIES/ALLISON,
Matthew 2,270f.

[62] Siehe W. D. DAVIES/ALLISON, *Matthew* 2,267. Vgl. LUZ, *Mt.* 2,194: „Es geht allein
darum, dass sie die ‚Machttaten', die Jesus wirkte, nicht als Ruf zur Buße erkannten."
Damit sind diese Weherufe die negative Entsprechung zur Seligpreisung der Augen- und
Ohrenzeugen in Mt 13,16f. par. (REISER, *Gerichtspredigt* 301f.).

[63] W. D. DAVIES/ALLISON, *Matthew* 2,266.

[64] Siehe die Übersicht bei MARSHALL, *Luke* 491f.

[65] Siehe LUZ, *Matthäus* 3,318–320.

Weherufe weitgehend neu angeordnet" hat.[66] Wahrscheinlich lagen beiden Evangelisten neben den (nicht mehr mit Sicherheit rekonstruierbaren) schriftlichen Vorlagen auch zusätzliche mündliche Traditionen vor.[67]

Auch hier ruft Jesus in der Gegenwart Gericht über Menschen aus, in Antizipation des Endgerichts. Die Pharisäer und Schriftgelehrten werden angeklagt, selber nicht in die Gottesherrschaft einzutreten und sogar andere am Eintreten zu hindern (Mt 23,13–15). Sie beschäftigen sich mit Details der Gesetzespraxis und missachten das Zentrum des Willens Gottes (V. 16–26), ihre Gerechtigkeit ist deshalb bloß Schein (V. 27–31). In diesen Gerichtsworten setzt Jesus die Gottesherrschaft, in die er einlädt, als gegenwärtige Realität voraus (V. 13).[68] Ebenso gegenwärtig ist das Wehe, das sich seine Gegner jetzt zuziehen, indem sie die schon anbrechende Gottesherrschaft missachten. Im Endgericht wird dieses Urteil besiegelt werden. Die Schuld dieser letzten Generation ist besonders groß: Sie hatte die Chance zum Eintritt in die Gottesherrschaft und hat sie (mehrheitlich) abgelehnt, ja sie verfolgt ihre Boten (Mt 23,32–36 par.).[69] Die Pharisäer und Schriftgelehrten „machen das Maß der Väter voll"[70] – sie werden deshalb das „Urteil der Hölle" empfangen (Mt 23,33), und die Proselyten, die sie gewinnen, sind schon jetzt „Kinder der Hölle" (Mt 23,15).[71]

Jesu Verfluchung des Feigenbaums (Mk 11,12–14.20/Mt 21,18f.) stellt wohl eine prophetische Zeichenhandlung gegen Jerusalem dar:

---

[66] LUZ, *Matthäus* 3,320; ähnlich MARSHALL, *Luke* 492 (vgl. 502–507). Vgl. auch A. I. WILSON, *When* 103–109.

[67] Allein mit einer gemeinsamen Quelle Q und unterschiedlicher Redaktion oder allein mit einer Benutzungshypothese lassen sich die Unterschiede nicht befriedigend erklären (s. LUZ, *Matthäus* 3,218; W. D. DAVIES/ALLISON, *Matthew* 3,283f.). Zu grundsätzlichen Schwierigkeiten der Q-Hypothese(n) s. GOODACRE, *Case*; HENGEL, *Evangelien.*

[68] MARSHALL, *Luke* 507; W. D. DAVIES/ALLISON, *Matthew* 3,287.

[69] Vgl. MARSHALL, *Luke* 505f.; JOACHIM JEREMIAS, *Theologie* 129.

[70] Die Form ist ein ironischer Imperativ. Dieser Satz fehlt bei Lukas, er wird aber schon in 1Thess 2,15f. zitiert und bringt die implizite Logik der Mt 23,1–36 und Lk 11,37–54 zu Grunde liegenden Tradition zutreffend zum Ausdruck: „the addressees will finish what their fathers began; that is, they too will murder the righteous (Jesus and his followers)" (W. D. DAVIES/ALLISON, *Matthew* 3,306).

[71] Vgl. W. D. DAVIES/ALLISON, *Matthew* 3,289.306f. Zur Überlieferungsgeschichte von Mt 23,15 (ohne Parallele bei Lukas) s. ebd. 287(f.): „Matthew ... rewrote a traditional line, turning it into a woe" (ähnlich LUZ, *Matthäus* 3,323). Mt 23,33 ist nach Ansicht von W. D. DAVIES/ALLISON, *Matthew* und LUZ, *Matthäus* 3,342f. möglicherweise redaktionell, eine Wiederaufnahme von 3,7 und 23,15. Allerdings gibt es keinen *zwingenden* Grund, den Satz Jesus abzusprechen – dass er matthäisches Sondergut ist, ist sicher kein Argument gegen die Echtheit. Warum sollte Jesus nicht die Redeweise des Täufers („ihr Schlangenbrut" 3,7 par.) aufgegriffen haben, wie in 12,34 (ebenfalls Sondergut)? Von der Hölle (Gehenna) sprach Jesus sehr oft (s. LUNDE, „Heaven", 310f.).

„Jesus ... was symbolically expressing the divine wrath; he was conveying that, because of the rejection of God's eschatological messengers, God's judgement would curse the land".[72]

Gott hatte durch seine Boten, Johannes den Täufer und Jesus, bei Jerusalem Frucht gesucht; jetzt spitzte sich die Situation zum Gericht zu (vgl. Lk 13,6–9).[73]

An der Stelle der Verfluchung des Feigenbaums bei Matthäus und Markus weint Jesus nach Lk 19,41–44 bei seinem messianischen Zug vom Ölberg nach Jerusalem über die Stadt, die „die Zeit der Heimsuchung"[74], „das, was dir Frieden bringt", „nicht erkannt" hat.[75] Die Zeit der Suche nach der Frucht kommt jetzt zu ihrem Ende, es folgt das Gericht, das Jesus in doppelter Weise ansagt: Das Heil bleibt von jetzt an vor den Augen Jerusalems verborgen, geht an ihm vorbei; und die Stadt wird von Feinden zerstört werden.[76] Dann „werden die Steine schreien" (Lk 19,40), d. h. dann wird das „zerstörte[n] Jerusalem verkünden, dass der Christus zu ihm kam und vom ihm verworfen wurde".[77] Weitere Gerichtsworte Jesu über Jerusalem finden sich im lukanischen Sondergut in Lk 19,27 (beim Auf-

---

[72] W. D. DAVIES/ALLISON, *Matthew* 3,(148–)150, ähnlich z. B. ZAHN, *Matthäus* 623. Dies ergibt sich v. a. von Lk 13,6–9 her. Dort ist der Feigenbaum im Weinberg gepflanzt. Da der Weinberg eine stehende Metapher für Israel ist, muss der Feigenbaum für Jerusalem stehen (ZAHN, *Einleitung* 2,450 Anm. 2). Dies schränkt die Bedeutung der Beobachtung von R. PESCH, *Markus* 2,195 und MARSHALL, *Luke* 555 ein, dass der Feigenbaum im Alten Testament keine stehende Metapher für Israel oder Jerusalem sei. Die Gerichtsansage hat schon in den Bundessanktionen der Tora die Form des Fluches. Nach Mt 25,41 heißen die im Endgericht Verurteilten auch im Mund Jesu „Verfluchte": „Weg von mir, ihr Verfluchten, in das ewige Feuer, das für den Teufel und seine Engel bestimmt ist!" (darauf verweist PESCH, ebd. 194).

[73] Siehe dazu ZAHN, *Einleitung* 2,450 Anm. 2. ZAHN vermutet, dass die 3+1 Jahre des Gleichnisses die zusammengenommen ca. 4-jährige Wirksamkeit von Johannes und Jesus spiegeln. – Trotz der Ähnlichkeit der Thematik zwischen der Verfluchung des Feigenbaums und dem Gleichnis vom Feigenbaum gibt es keinen Grund, diese als Varianten derselben Überlieferung anzusehen (MARSHALL, *Luke* 552f.).

[74] „ἐπισκοπή is ‚visitation', the coming of God whether for good ... or for judgment ... Here the visitation is intended to be the occasion of salvation as proclaimed by Jesus; unrecognised as such, the same visitation becomes the basis for a judgment yet to follow." (MARSHALL, *Luke* 719.)

[75] „[T]he new material expresses the same theme" wie die Verfluchung des Feigenbaums (MARSHALL, *Luke* 717). Zur Echtheitsfrage s. MARSHALL, *Luke* 717. Wegen der sprachlichen Fassung und der Abhängigkeit von Jes 6,6–21; 29,1–4 gibt es keinen Grund, dieses Wort Jesus abzusprechen und als *vaticinium ex eventu* aus der Zeit nach 70 n. Chr. zu verstehen, „although the passage may have been edited in the light of AD 70" (MARSHALL, ebd.; genauso GRUNDMANN, *Lukas* 369).

[76] Auf das Verhältnis von innergeschichtlichem Gericht (Zerstörung des Tempels) und Endgericht bei Jesus werden wir unten in Abschn. E.3 näher eingehen.

[77] SCHLATTER, *Lukas* 410.

bruch nach Jerusalem von Jericho gesprochen) und 23,28–31 (beim Verlassen der Stadt auf dem Kreuzweg).[78]

In Mt 23,37–39/Lk 13,34f. ist eine weitere Klage Jesu über Jerusalem überliefert[79], die ebenfalls in ein Gerichtswort mündet:

„Jerusalem, Jerusalem, du tötest die Propheten
und steinigst die Boten, die zu dir gesandt sind.
Wie oft wollte ich deine Kinder um mich sammeln,
so wie eine Henne ihre Küken unter ihre Flügel nimmt;
aber ihr habt nicht gewollt.
Darum wird euer Haus verlassen.
Ich sage euch: Ihr werdet mich nicht mehr sehen,
bis die Zeit kommt, in der ihr ruft:
Gesegnet sei er, der kommt im Namen des Herrn!" (Lk-Fassung)

Das Wort setzt mehrere Besuche Jesu in Jerusalem voraus.[80] Jesus nimmt wahrscheinlich das alttestamentliche Bild von den Flügeln der Schekina, der Gegenwart JHWHs über der Lade auf und deutet damit an, dass nun er selber die entscheidende Präsenz JHWHs in seinem Volk darstellt, dass er selbst also den Platz des Tempels einnimmt (vgl. Mk 11,15–17 par.; 14,58 par.; 15,38 par.; Mt 12,6; 18,20; Joh 2,19.21).[81] Die Ablehnung Jesu und seiner Einladung in das endzeitliche Volk der Gottesherrschaft[82] hat nach diesem Wort zur Konsequenz, dass die Schekina das Tempelgebäude („euer Haus")[83] verlässt.[84] Dies impliziert die Zerstörung des Tempels, auch

---

[78] Siehe SCHLATTER, *Lukas* 410. Lk 19,27 kann vorlukanisch sein, da eindeutige sprachliche Indizien für lukanische Redaktion fehlen (MARSHALL, *Luke* 709); 23,28–31 weist sowohl lukanische als auch vorlukanische sprachliche Elemente auf und ist *inhaltlich* sehr wohl als ein echtes Jesuswort denkbar (ebd. 862.865).

[79] Für die Echtheit plädiert mit guten Gründen MARSHALL, *Luke* 573–577.

[80] Dem entspricht der Bericht von mehreren Auftritten Jesu in Jerusalem im Johannes-Evangelium. Historisch ist es wahrscheinlich, dass Jesus die Klage (wie in Mt) bei seinem letzten Besuch sprach (MARSHALL, *Luke* 575f.). Anders als in Lk 11,49–51 par. spricht Jesus hier nicht als die Weisheit, welche die früheren Propheten gesandt hatte; „Jesus aligns himself with the earlier messengers of wisdom and expresses his own repeated attempts to win over the people of Jerusalem" (MARSHALL, *Luke* 575).

[81] So GESE, „Weisheit" 237: „Das Bild des Muttervogels für die Schekina ist von den Kerubenflügeln her als Ort der Gotteseinwohnung, als Ort der Lade, der Gottesbegegnung ..., als Ort der Sühne verständlich." Ähnlich W. D. DAVIES/ALLISON, *Matthew* 3,320 (vgl. 2,789f.); MARSHALL, *Luke* 575; vgl. C. STETTLER, *Kolosserhymnus* 143.260f.

[82] „Versammeln" hat die Konnotation der Sammlung des endzeitlichen Gottesvolks (Ez 20,41.44; 36,22–24), zu der sich Jesus gesandt sah und die er mit der Einsetzung des Zwölferkreises symbolisierte (vgl. G. LOHFINK, *Gemeinde* 25–28; W. D. DAVIES/ALLISON, *Matthew* 3,321).

[83] Auch wenn bei „Haus" mit Pronominalsuffix in den biblischen und nachbiblischen hebräischen Belegen immer Gott als der „Besitzer" angegeben wird (BILLERBECK 1,943f.), ist es hier nahe liegend, dass der Tempel, nicht Jerusalem, gemeint ist (vgl. 21,13; 24,1f.). Jesus nennt ihn dann ironisch nicht „Gottes Haus", sondern „euer Haus"

wenn davon hier nicht explizit die Rede ist.[85] Die mit Jesus identische
Schekina wird erst wieder zu Jerusalem kommen, wenn es Jesus bei der
endgültigen Aufrichtung der Gottesherrschaft mit den Worten von Ps
118,26 als den im Namen JHWHs gekommenen Messias bekennt.[86]

Auch das Gleichnis vom Gastmahl (Mt 22,1–14/Lk 14,16–24) ist ein
Gerichtswort über die, welche Jesu Einladung in die Basileia ausgeschla-
gen haben.

> Es „will ... sagen: Wer eingeladen ist und trotzdem nicht kommt, schließt sich selbst vom
> Mahl aus. Das Festmahl aber wird auch ohne ihn stattfinden."[87]

Das Festmahl ist eine stehende Metapher für die Gottesherrschaft (Jes
25,6–12; vgl. 24,23 und Mt 8,11 par.). „Die Schärfe der Drohung will Umkehr in letzter Stunde bewirken."[88]

(W. D.DAVIES/ALLISON, *Matthew* 3,322). Freilich steht in den frühjüdischen Texten Jerusalem oft für den Tempel und umgekehrt (s. DAVIES/ALLISON, ebd.), so dass diese Frage nicht so viel Gewicht hat.

[84] W. D. DAVIES/ALLISON, *Matthew* 3,322 mit Bezug auf THEISSEN, *Lokalkolorit* 231.
ἀφίεται ist *passivum divinum*.

[85] „Mit dem Verlassen der Schekina ist der nachexilische Tempel zerstört wie der vor-
exilische nach der Beschreibung in Ez 10" (GESE, „Weisheit" 237; genauso W. D. DA-
VIES/ALLISON, *Matthew* 3,322). Vgl. die Anklänge an Jer 12,7; 22,5 (MARSHALL, *Luke*
576; weitere alttestamentliche Parallelen bei DAVIES/ALLISON, *Matthew* 3,321). „Jesus'
words would have gained confirmation for first-century readers from three subsequent
events: Jesus' leaving of the temple (24.1–2), the rending of the veil (27.51), and the destruction of Jerusalem." (DAVIES/ALLISON, ebd. 323.)

[86] Zur messianischen Auslegung von Ps 118,26 s. HENGEL, „Jesus" 158f.; W. D. DA-
VIES/ALLISON, *Matthew* 3,126. Diese Selbst-Identifikation Jesu mit dem kommenden
Messias „is cryptic and by no means impossible on the lips of Jesus" (MARSHALL, *Luke*
574). Obwohl Ps 118,26 auch beim Einzug in Jerusalem geprochen wird (Mt 21,9/Mk
11,9/Lk 19,38), ist Mt 23,39 par. von den Evangelisten nicht als Weissagung auf den
Einzug in Jerusalem gemeint (auch nicht auf redaktioneller Ebene!). Es ist historisch
wahrscheinlich, dass Jesus (wie bei Matthäus) das Wort erst nach seinem Einzug geprochen und den letzten Satz eschatologisch gemeint hat: „the point is that the Jewish leaders failed to join in the acclamation then. Hence the ultimate reference must be to the
final consummation when the promise of the coming of the Messiah is fulfilled"
(MARSHALL, *Luke* 577; ähnlich W. D. DAVIES/ALLISON, *Matthew* 3,322). Nach DA-
VIES/ALLISON, ebd. 323(–324) ist die Stelle konditional zu verstehen: „The text means
not, when the Messiah comes, his people will bless him, but rather, when his people bless
him, the Messiah will come." Ungeachtet dieser Frage ergibt sich von Mt 23,39 par. und
Mt 24,14 par. her ein ähnliches Szenario wie in Römer 11: Israel ist vorübergehend verstockt, damit das Evangelium „allen Völkern" verkündet werden kann; schließlich wird
auch Israel sich dem Messias zuwenden, wenn (oder kurz bevor) er kommt. (Auch Römer
11 hat evtl. einen konditionalen Aspekt, vgl. V. 12.15: Die Bekehrung „ganz Israels" löst
die eschatologische Totenauferstehung und somit das endgültige Kommen der Gottesherrschaft aus.) Zu Mt 24,14 par. s. u. Abschn. E.5.

[87] G. LOHFINK, *Gemeinde* 33.

Ein „*Drohwort* gegen Israel" ist Mt 8,11f./Lk 13,28f.:

„Da werdet ihr heulen und mit den Zähnen knirschen, wenn ihr seht, dass Abraham, Isaak und Jakob und alle Propheten im Reich Gottes sind, ihr selbst aber ausgeschlossen seid. Und man wird von Osten und Westen und von Norden und Süden kommen und im Reich Gottes zu Tisch sitzen" (Lk-Fassung).[89]

Mit denjenigen, die aus allen Himmelsrichtungen zum Festmahl der Gottesherrschaft kommen, könnten die Diasporajuden gemeint sein (so in Ps 107,3; Jesaja 25–27 und 49; Ezechiel 37–39; vgl. weiter Jes 43,5; Sach 8,7, Bar 4,37; 5,5; PsSal 11,2; 1Hen 57,1). Mit „Kinder des Reichs" würde Jesus dann ironisch diejenigen bezeichnen, die nach ihrer eigenen Meinung am meisten Anspruch auf die Gottesherrschaft haben, also die Führer der verschiedenen jüdischen Gruppierungen in Palästina, die Jesus ablehnten. Ihnen gegenüber wären die Diasporajuden als „unterprivilegiert" gesehen, weil sie nicht im Heiligen Land wohnten und die Tora nicht völlig halten konnten. Das Schockierende an Jesu Ausspruch wäre dann, dass die Privilegierteren, die die Tora besser halten konnten und hielten, ausgeschlossen, die weniger privilegierten Juden aber eingeschlossen würden.[90]

Es fragt sich, ob damit die Schärfe des Worts wirklich getroffen ist. Zwar ist es tatsächlich ein fester Bestandteil der frühjüdischen Eschatologie, dass die Diasporajuden zum Festmahl der Basileia ins Heilige Land zurückkehren[91], dies aber gerade weil sie selbstverständlich auch zum erwählten Volk gehören, dem die Verheißung der Gottesherrschaft gilt. Sie sind also genauso „Kinder des Reichs" wie die palästinischen Juden. Deshalb trifft die obige Auslegung von Mt 8,11f./Lk 13,28f. kaum zu. Diejenigen, die aus allen Himmelsrichtungen zum Festmahl der Gottesherrschaft kommen, sind also Heiden.[92] Auch die Wallfahrt der Heiden zum Zion ist Teil der frühjüdischen Eschatologie (Jes 2,2–5 par.; 56,6–8; 60,11–14; Sach 8,20–23; 14,16 etc.), und der zentrale Text über das Festmahl der Basileia (Jes 25,6–9) verheißt dieses als „Festmahl für alle Völker". Jesus scheint genau darauf zurückzugreifen.

Das Schockierende des Logions besteht nach Ulrich Luz

---

[88] G. LOHFINK, *Gemeinde* 33.

[89] Lukas hat wahrscheinlich die ältere Version bewahrt, s. W. D. DAVIES/ALLISON, *Matthew* 2,26.

[90] So W. D. DAVIES/ALLISON, *Matthew* 2,27–29. Eines ihrer Argumente ist, dass Mt 19,28 für das Endgericht die Sammlung der zerstreuten zwölf Stämme voraussetzt (27).

[91] Siehe W. D. DAVIES/ALLISON, *Matthew* 2,27.

[92] So auch JOACHIM JEREMIAS, *Theologie* 236.

„darin, dass es die Völkerwallfahrt, von der die alttestamentllich-jüdische Tradition in der Regel ad maiorem gloriam Israels sprach, gegen Israel wendet: Annahme der ‚vielen' Heiden, aber Ausschluss Israels".[93]

Jesus wollte Israel mit diesem Gerichtswort freilich nicht kollektiv verdammen[94] und auch nicht Unheil für alle Zeiten festschreiben, sondern nach Gerhard Lohfink in erster Linie Umkehr bewirken:

> „Jesus will seinen Hörern sagen: Wenn ihr die Botschaft vom Reich Gottes nicht annehmt, werdet ihr keineswegs – wie ihr glaubt – mit Abraham, Isaak und Jakob zu Tische liegen."[95]

Eine direkte Reflexion darüber, wie Jesus mit seiner Botschaft vom Kommen der Gottesherrschaft zugleich Rettung und Gericht bewirkte, stellt die sog. markinische Gleichnistheorie Mk 4,11f. par. dar. Echtheit und Bedeutung des Texts werden kontrovers diskutiert[96], aber neuere Untersuchungen weisen darauf hin, dass ihm sehr wahrscheinlich ein Jesuswort zu Grunde liegt[97], das sich ursprünglich möglicherweise auf das gesamte Lehren und Wirken Jesu bezog (vgl. τὰ πάντα V. 11) und erst im Laufe der nachösterlichen Überlieferungsgeschichte mit dem Gleichnis vom Sämann (Mk 4,1–9.13–20) und schließlich mit der ganzen Gleichnissammlung Markus 4 par. verbunden wurde[98]. Nach der Auslegung von Klyne R. Snodgrass, Stephen M. Bryan u. a. ist das Logion sehr wohl kohärent mit der übrigen Jesusverkündigung (vgl. z. B. Mt 11,25f./Lk 10,21; Mt 13,16f./Lk 12,23f.).[99] Jesus unterscheidet in Mk 4,11 zwischen seinen Nachfolgern und „denen drau-

---

[93] LUZ, *Matthäus* 2,14; genauso REISER, *Gerichtspredigt* 300; MARSHALL, *Luke* 568 (Lit.) u. v. a.

[94] Das ist schon dadurch ausgeschlossen, dass Jesus und alle seine vielen Anhänger(innen) Juden waren (vgl. W. D. DAVIES/ALLISON, *Matthew* 2,27).

[95] G. LOHFINK, *Gemeinde* 31; genauso REISER, *Gerichtspredigt* 300; W. D. DAVIES/ALLISON, *Matthew* 2,31 („8.11f. should be understood as a prophetic threat, a word which speaks of damnation not as a certainty but as a prospect demanding repentance").

[96] Siehe die Übersicht bei GUELICH, *Mark* 198–215.

[97] Siehe BRYAN, *Jesus* 125f. (Lit.); GUELICH, *Mark* 206.208.213.

[98] Siehe GUELICH, *Mark* 206f., 208 (Lit.), 213. Dies ist zumindest möglich, wenn auch nicht zu beweisen, und inhaltlich sicher zutreffend: „Mark, who introduced Jesus' ministry as that of proclaiming the coming of the Kingdom of God (1:14–15), beginning with the call of disciples (1:16–20) and marked by his authoritative teaching, exorcisms and healing that created conflict with the religious authorities (1:21–3:6), would stand in full agreement with the tradition that God has disclosed the ‚mystery of the Kingdom' through Jesus' ministry and does so here in his teaching in parables", mit der doppelten Wirkung von positiven und negativen Reaktionen (207). παραβολή (מָשָׁל) oszilliert dabei zwischen „Gleichnis" und „Rätsel" (209). Ähnlich SNODGRASS, „Parable" 597; BRYAN, *Jesus* 126.

[99] SNODGRASS, „Parable" 596f.; BRYAN, *Jesus* 126–128; EVANS, *See* 103–106. Anders z. B. R. PESCH, *Markus* 1,238f.

ßen" (vgl. Mk 3,32.34 *versus* 31f. und überhaupt 3,13–35[100]). Seinen *Nachfolgern* ist „das Geheimnis des Reichs gegeben". Das „Geheimnis des Reichs" ist nach Stephen Bryan die schon anbrechende Gegenwart der Gottesherrschaft:

„The mystery of the kingdom has to do with the arrival of the kingdom and its blessings in advance of its coming with final glory and power. Disciples have been given the mystery of the kingdom in the same sense that Jesus says they have already entered the kingdom: they are already tasting its blessings, enjoying its goodness, experiencing its forgiveness."[101]

Den Gegensatz zu den Nachfolgern Jesu bilden *die draußen*: Sie „sehen" und „hören" zwar, d. h. sie verstehen sehr wohl, dass Jesus sie in die Gottesherrschaft einladen will (vgl. 4,22.33; 7,14.17; 12,12), aber „they do not enter into an experience of the present eschatological realities they describe (i. e. they do not ‚perceive' or ‚understand')".[102] Im jetzigen Kontext des Gleichnisses vom Sämann bzw. der Gleichnisrede heißt dies: Während die Gleichnisse Jesu die Hörenden einladen, die in ihnen angebotene Realität zu ergreifen, bleibt es den Hörenden auch möglich, diese Botschaft abzulehnen.[103] Dasselbe gilt nicht nur für die Gleichnisse Jesu, sondern ebenso für seine gesamte Verkündigung und Wirksamkeit, auf die sich Mk 4,11f. par. vielleicht ursprünglich bezog. Jesu Worte und Taten bewirken somit ein Doppeltes: Das Eintreten in das schon gegenwärtige Reich Gottes bei den einen, die sich darauf einlassen, und Verhärtung bei den anderen, die sich seiner Einladung verschließen. *Durch Jesu Lehren und Handeln vollzieht sich eine Scheidung, ein proleptisches, präsentisches Gericht an Israel.* „His ministry serves both to set in motion the judgement of the nation and to bestow the kingdom on a purified remnant."[104] Während die-

---

[100] Siehe GUELICH, *Mark* 202f.; SNODGRASS, „Parable" 597.

[101] BRYAN, *Jesus* 126; ähnlich GUELICH, *Mark* 207. Bei Markus scheint das Gewicht nicht auf dem *Verstehen* der Basileia-Botschaft zu liegen, sondern darauf, dass sich die Jünger trotz ihres noch sehr beschränkten Verständnisses (vgl. Mk 4,13.40; 6,52; 7,18; 8,17–21; 9,32) auf die Botschaft Jesu eingelassen haben (GUELICH, *Mark* 203.215; BRYAN, *Jesus* 127). Matthäus und Lukas formulieren hingegen: „Euch ist es gegeben, die Geheimnisse des Himmelreichs *zu erkennen*" (Mk 13,11; Lk 8,10; vgl. Mt 11,25–27 par.; Mt 13,19; Lk 8,18). Damit meinen sie wahrscheinlich nicht nur, dass die Jünger Jesu im kleineren Kreis die Chance hatten, weiter gehende Belehrung zu erhalten, sondern auch, dass die Jünger die Lehre Jesu auf sich selber bezogen und auf- und angenommen haben (so LUZ, *Matthäus* 2,312). Dies ist inhaltlich nicht weit von der Markusfassung entfernt.

[102] BRYAN, *Jesus* 127.

[103] Nach WEDER, *Hermeneutik* 280 ist „Widerstehlichkeit" ein grundlegendes Kennzeichen der Sprache der Gleichnisse Jesu: „Sie *bittet* um Einverständnis, ohne dieses Einverständnis erzwingen zu wollen", sie „hält ... den Raum zum Nein offen". Ähnlich SNODGASS, „Parable" 597; BRYAN, *Jesus* 127; BLOMBERG, *Interpreting* 53–55.

[104] BRYAN, *Jesus* (127–)128 mit Verweis auf die parallele Funktion des Verstockungsmotivs im von Jesus zitierten Jesajawort Jes 6,9f.: Auch Jesajas Botschaft bewirkt

jenigen, die „draußen" sind, nach einem nationalistischen Erwählungsverständnis die Heiden wären, zieht Jesus – wie Johannes der Täufer und andere frühjüdische Bewegungen seiner Zeit – die Trennlinie mitten durch
Israel.[105] *Freilich ist das Kriterium für diese Trennlinie die Stellung der
Menschen zu Jesus selber*: „Draußen" sind diejenigen, die sich nicht durch
ihn in die Gottesherrschaft einladen lassen, sich ihm nicht anschließen, ihn
und seine Botschaft ablehnen.[106] In der johanneischen Interpretation lautet
unser Logion denn auch: „Um zu *richten*, bin ich in diese Welt gekommen:
damit die Blinden sehend und die Sehenden blind werden" (Joh 9,39).[107]

Mit einem solchen Verständnis von Mk 4,10–12 par. ist nach Robert
Guelich das Gleichnis vom Sämann (Mk 4,1–9 par.) kohärent, das schon in
der vormarkinischen Tradition mit dem Logion Mk 4,11f. par. verbunden
wurde:

> „those receiving the seed as good soil and bearing fruit represent the ones to whom God
> has given the mystery of the Kingdom".[108]

Weiter sind jene Jesusworte damit kohärent, die von der Entzweiung von
Familien um seinetwillen sprechen (Mt 10,21.35f. par.) sowie davon, dass
er „nicht gekommen" sei, „Frieden zu bringen, sondern das Schwert" (Mt
10,34) bzw. „Entzweiung" (διαμερισμός Lk 12,51), und um „Feuer auf die
Erde zu werfen" (Lk 12,49).

Auch die Tatsache, dass Jesus das Bild von der Ernte nicht nur, wie in
der Tradition vorgegeben und auch in der Jesusüberlieferung mehrfach be-

---

auf der einen Seite einen heiligen Rest (vgl. z. B. Jes 6,13) und auf der anderen Seite
Verstockung. Zur schwierigen Frage, welche aramäischen Konjunktionen hinter ἵνα und
μήποτε (Mk 4,12) standen und welche Bedeutungsnuancen hier die griechischen Übersetzungen tragen, auch im Kontext der übrigen Jesustradition, s. die ausführliche Diskussion bei GUELICH, *Mark* 209–212. Nach GUELICH (213) versteht man den Vers am besten
als *Illustration* von V. 11b und gibt ihn sinngemäß so wieder (vgl. 199): „das heißt (ep-
exegetisches ἵνα): ,sehend sehen sie, aber sehen nicht ein, und hörend hören sie, aber
verstehen nicht. Wenn sie es täten (μήποτε mit indirekter Frage), würden sie umkehren,
und es würde ihnen vergeben".

[105] Vgl. STEGEMANN, *Essener* 333: „Zeitgenossen hielten Jesus entgegen, für Israel
als erwähltes Volk Gottes müsse das Zustandekommen seines Reiches ausschließlich *positiv* sein, der gleichzeitige Schrecken des Endgerichts nur andere treffen. Jesus verwies
sie auf das *biblische* Bild des Handelns Gottes ..., dass Gott *auch mit Israel* nicht anders
verfahre, als er stets gehandelt hatte, das Reich Gottes also auch für Israel nur teilweise
Heil, teilweise hingegen Vernichtung bringe."

[106] GUELICH, *Mark* 208; vgl. 211: „,those outside' (4:11) who do not ... understand
(4:12) refers to those who have deliberately rejected or will reject Jesus' ministry". Zum
Maßstab des Gerichts nach der Verkündigung Jesu s. u. Abschn. F.

[107] Vgl. BLOMBERG, *Reliability* 156.

[108] GUELICH, *Mark* 205, vgl. 200–202.

legt, für das Endgericht[109], sondern auch für die gegenwärtige Missionsar-
beit verwendete (Mt 9,37f./Lk 10,2; vgl. Joh 4,35), hat mit dem präsentischen Aspekt des Gerichts zu tun: Durch das Wirken Jesu und seiner Jünger vollzieht sich jetzt schon, proleptisch auf das Endgericht, die „Ernte"
und somit Scheidung und Gericht.[110]

Auch die Gleichnisse vom Fischnetz (Mt 13,47f.), vom Unkraut unter
dem Weizen (Mt 13,24–30) und vom vierfachen Ackerfeld (Mk 4,3–8 par.)
sprechen davon, dass die Botschaft Jesu von der Gottesherrschaft nicht alle
zu „Guten" macht, die Saat nicht bei allen aufgeht und Frucht bringt.[111]
Zudem wirkt der Satan aktiv gegen die Gottesherrschaft (Mt 13,19.25).[112]
Der gegenwärtigen unterschiedlichen Reaktion der Menschen auf Jesus
und das anbrechende Reich Gottes entspricht die Scheidung im Endgericht
beim endgültigen Kommen des Gottesreichs.

Mit Hartmut Stegemann können wir zusammenfassen:

> „*Zugleich mit der Heilszeit*, deren Anfang im Weichen von Dämonen vor der Macht Got-
> tes handgreiflich wurde, hatte für Jesus auch *das Endgericht* begonnen. Es war für ihn
> *fester Bestandteil des Reiches Gottes*, das als Durchsetzung des alleinigen Herrschaftsan-
> spruches Gottes in der Welt ja ebenso die Vernichtung alles Widergöttlichen wie Heils-
> gewährung für Gott Wohlgefällige in sich schloss. Diese *negative* Seite des Reiches Got-
> tes in der Jesus-Überlieferung wird oft verkannt. Meist wird nur der *Heils*aspekt wahrge-
> nommen, als handele es sich beim Reich Gottes durchweg um die barmherzige, gnaden-
> reiche und liebevolle Zuwendung Gottes zu der ansonsten vom Untergang bedrohten
> Menschheit. ... Wo immer das Reich Gottes auf Erden Gestalt gewann, wurde es zwar
> den einen zum langersehnten Heil, zugleich aber anderen zum qualvollen Ende und ewi-
> ger Vernichtung."[113]

Das Johannesevangelium fasst also nur explizit in Worte, was nach Marius
Reiser schon der synoptische Jesus verkündet:

> „[A]uch wenn das Endgericht noch aussteht, so entscheidet sich doch schon jetzt, in der
> Annahme oder Ablehnung ... [seiner] Botschaft, welches Urteil in diesem Gericht erge-
> hen wird. Das kommende Gericht wird also nur noch in der Vollstreckung des bereits ge-
> fällten Urteils bestehen und ist nichts anderes als die Folge einer von jedem einzelnen

---

[109] W. D. DAVIES/ALLISON, *Matthew* 2,149 zählen folgende Beispiele auf: Jes 18,4;
27,12; Jer 51,53; Hos 6,11; Jo 3,13; 4Esr 4,26–37; 9,17; 2Bar 70,1f.; bBM 83b; Mt 3,12;
13,30.39; Mk 4,26–29; 13,27; Apk 14,14–20.

[110] Ähnlich W. D. DAVIES/ALLISON, *Matthew* 2,148f.

[111] Auf diese Gleichnisse verweist STEGEMANN, *Essener* 333. Zur schwierigen Frage
der Überlieferungsgeschichte und ursprünglichen Bedeutung dieser Gleichnisse s. LUZ,
Matthäus und W. D. DAVIES/ALLISON, *Matthew* z. St.

[112] „God's work of sowing is countered by Satanic opposition" (W. D. DAVIES/
ALLISON, *Matthew* 2,412).

[113] STEGEMANN, *Essener* 332f.

und dem Volk als Ganzem getroffenen Entscheidung. Das Urteil, das im Endgericht vollstreckt werden wird, fällt jeder über sich selbst, und zwar jetzt."[114]

Jesu Aufruf zur Umkehr und zum Eintritt in die Gottesherrschaft gilt ganz Israel, wird aber nicht von allen angenommen, und dadurch vollzieht sich faktisch die Scheidung zwischen solchen, die sich selber die Verurteilung zuziehen, und dem heiligen Rest, der sich zur Umkehr rufen lässt.

Dass der Täufer einen heiligen Rest Israels sammeln wollte, Jesus aber diesen Gedanken „bewusst zu meiden" schien und den „Anspruch auf ganz Israel ... nie auf(gab)"[115], trifft nicht zu.[116] Auch der Täufer hoffte, ganz Israel auf das Gericht vorbereiten zu können, und wenn Jesus von einer sich schon gegenwärtig vollziehenden Scheidung quer durch Israel sprach, ist das nichts anderes als der Restgedanke. Schon bei den alttestamentlichen Propheten und bei Johannes dem Täufer ist der „Rest" nicht eine besonders exklusive Gruppe, die aus Israel gesammelt wird, sondern ein Resultat von Gericht: Weil Israel nicht als Ganzes Buße tut, obwohl es von JHWH dazu aufgefordert wird, erfährt der unbußfertige Teil JHWHs Strafgericht, und nur der zu JHWH umgekehrte Teil empfängt die Verheißungen, die für ganz Israel gedacht waren. Genau derselbe Vorgang findet sich bei Jesus. Er zielt zwar auf ganz Israel, wie die Einsetzung des Zwölferkreises, der neuen Häupter der zwölf Stämme, zeigt. Wenn Jesus vom „Sammeln" sprach (Mt 12,30 par.; 23,37 par.), meinte er damit nicht die Schaffung eines exklusiven Kreises innerhalb von Israel, sondern seinen Umkehrruf an ganz Israel, der mit der Aufforderung identisch war, zu ihm zu kommen, sich ihm anzuschließen (vgl. Mt 11,28; Mk 10,14 par.; Lk 6,47; 14,17). Trotzdem hatte sein Umkehrruf *faktisch* die Wirkung der Scheidung innerhalb von Israel. Daran ändert auch die Tatsache nichts, dass Jesus durch seinen als Sühnopfer verstandenen Tod Israel noch Zeit zur Umkehr gewähren wollte (s. u.).[117]

Es scheint in der Gerichtsverkündigung Jesu zwei Phasen gegeben zu haben. In einer ersten Phase rief er zur Umkehr auf und machte dabei klar, dass die gegenwärtige Annahme oder Ablehnung seiner Botschaft Konsequenzen für die Teilhabe an der künftigen Gottesherrschaft habe, so z. B. im Wort vom Festmahl in der Basileia (Mt 8,11f. par.). In einer zweiten Phase, gegen Ende seiner Wirksamkeit, sagte er denen, die seinem Umkehrruf immer noch nicht nachgekommen waren, in direkter Weise das Gericht an. Diese „Gerichtsworte weisen ... eine größere Definitivität des Ur-

---

[114] REISER, *Gerichtspredigt* 303; ähnlich THEISSEN/MERZ, *Jesus* 244f.
[115] So REISER, *Gerichtspredigt* 304.
[116] Vgl. zum Folgenden D. WENHAM, *Paul* 169–171.
[117] Vgl. REISER, *Gerichtspredigt* 304.

teils und eine Perspektive des Rückblicks auf einen bereits als hoffnungs-
los erscheinenden Konflikt auf".[118]

C. Jesus als Messias-Menschensohn und Richter

Wir haben gesehen, dass Jesus denjenigen Zeitgenossen Gericht ansagt, die
seine Einladung, in die Gottesherrschaft einzutreten, ausschlagen und damit ihn selbst ablehnen. Die Entscheidung des Endgerichts fällt schon
jetzt, in der Reaktion der Menschen auf die Botschaft Jesu. Mit ihm, durch
sein Wirken, bricht die verheißene Gottesherrschaft an, er ist der *Bringer
der Gottesherrschaft*. Er ist Gottes Repräsentant, der Johannes den Täufer
noch überbietet. Er spricht in göttlicher Vollmacht Wohl und Wehe zu. Er
ist „mehr als Salomo", der Weise *par excellence*; „mehr als Jona", der
Prophet für die Heiden; „mehr als der Tempel", wo JHWH wohnt, nämlich
JHWHs Schekina in Person.

Während auch andere frühjüdische Bewegungen den unbußfertigen
Gliedern des erwählten Volkes Gericht ansagten, erhebt Jesus die Stellung
der Menschen zu ihm selber zum Kriterium des Gerichts. „Damit ist ein
außerordentlicher *Anspruch* erhoben, den viele Zeitgenossen Jesu als un-
geheuerliche Anmaßung empfanden und empfinden mussten."[119] In Mt
10,32f./Lk 12,8 (und der literarisch unabhängigen Parallele Mk 8,38/Lk
9,26) bindet Jesus den Ausgang des künftigen Endgerichts explizit an die
gegenwärtige Stellungnahme der Menschen zu ihm:

> „Wer sich vor den Menschen zu mir bekennt, zu dem wird sich auch der Menschensohn
> vor den Engeln Gottes bekennen. Wer mich aber vor den Menschen verleugnet, der wird
> auch vor den Engeln Gottes verleugnet werden" (Lk-Fassung).[120]

Wen meint Jesus mit dem „Menschensohn"? Interpretiert Matthäus richtig,
wenn er formuliert: „... zu dem werde auch *ich* mich bekennen"?[121]

---

[118] RINIKER, „Jesus" 8; ähnlich REISER, *Gerichtspredigt* 297.

[119] REISER, *Gerichtspredigt* 302.

[120] Zur Echtheitsfrage und Überlieferungsgeschichte s. W. D. DAVIES/ALLISON, *Matthew* 2,213f.; MARSHALL, *Luke* 515f. Nach REISER, *Gerichtspredigt* (308–)309 kann man
zumindest sagen, „dass dieses Wort in Bildgehalt und Aussage mit der sicher bezeugten
Verkündigung Jesu vollkommen übereinstimmt". GREGG, *Historical Jesus* 272 legt die
Stelle so aus, dass Jesus hier zwar nicht der Richter, aber doch „the chief witness" sei,
dessen Verdikt aber faktisch bindend ist, also einem Richterspruch gleichkommt.

[121] Zur Überlieferungsgeschichte der Menschensohnworte Jesu und zur Forschungsgeschichte siehe z. B. W. D. DAVIES/ALLISON, *Matthew* 2,43–52; THEISSEN/MERZ, *Jesus*
470–480; WILCKENS, *Theologie* I/2,24–53; MARHALL, *Luke* 377f.515f.; DERS., „Son of
Man"; BETZ, *Wie verstehen wir* 28–38; HENGEL, *Jesus* 526–541; HAMPEL, *Menschensohn*.

Nach Rudolf Bultmann hat Jesus von einem zukünftigen „Menschensohn" gesprochen und diesen von sich selber unterschieden; folglich seien diejenigen Menschensohnworte, in denen Jesus „Menschensohn" als Selbstbezeichnung verwendet, alle sekundär.[122] Es deutet aber sonst nichts darauf hin, dass Jesus wie Johannes der Täufer einen erwartete, der „nach ihm kam" – „Jesus expected no successors".[123]

Ein weiteres Argument gegen Bultmanns Sicht führt Howard Marshall ins Feld:

„The fact that in so many other texts ‚Son of man' cannot be other than a self-designation must seriously damage the claim that the ‚future' texts originally spoke of a figure other than Jesus."[124]

Dass „Menschensohn" außerhalb der Evangelien (mit Ausnahme von Apg 7,56) nie als christologischer Titel für Jesus verwendet wird, unterstreicht nach Marshall, dass es sich um eine verhüllende Selbstbezeichnung Jesu handelte, die nach Ostern durch deutlichere Titel, v. a. durch „Messias/ Christus", ersetzt wurde:

„It was recognized as a self-designation, and it was replaced by other terms which expressed its significance with greater clarity. ... the fact that the idiom was used as a self-designation prevented it from being taken over by his followers", d. h. als christologischer Titel.[125]

Wie ein Vergleich der synoptischen Parallelversionen der Menschensohnworte (z. B. Mt 10,32f./Lk 12,8) zeigt, konnten die Evangelisten „Menschensohn" gelegentlich durch ein Personalpronomen o. Ä. ersetzen, oder aber ein Personalpronomen durch „Menschensohn".[126]

Mk 13,26 par. und 14,62 par. nehmen deutlich auf den „Menschensohn" von Dan 7,13f. Bezug, der „mit den Wolken des Himmels kommt" und dem Gott ewige „Herrschaft, Würde und Königtum" über „alle Völker, Nationen und Sprachen" gibt. Wie eine Reihe von Forschern gezeigt haben, ist der „Menschensohn" von Daniel 7 nichts anderes als eine Weiterentwicklung der Messiastradition.[127] Dies wird bestätigt durch die Bezugnah-

---

[122] BULTMANN, *Theologie* 30–32.

[123] WITHERINGTON, *Jesus* 173.

[124] MARSHALL, „Son of Man" 778.

[125] MARSHALL, „Son of Man" 781.

[126] MARSHALL, „Son of Man" 780.

[127] Zum Beispiel GESE, „Messias" 138–145; DERS., „Weisheit" 231–234; MARSHALL, „Son of Man" 778; BEASLEY-MURRAY, „Interpretation". Vgl. GOLDINGAY, *Daniel* 168: „The humanlike figure comes in order to be invested as king ... The sovereignty he is given is like God's own ... In serving him, people indirectly serve God". Das sind alles klare Elemente der Jerusalemer Königs- und Messiastradition: „The broadest OT parallels to Dan 7 lie in Ps 2 with it's account of nations and kings striving in rebellion against Yahweh and his anointed, then of Yahweh calmly rebuking them and affirming the king's

men auf den „Menschensohn" von Dan 7,13f. in den Bilderreden Henochs (1. Henoch 37–71; ähnlich 4. Esra 13), wo er ausdrücklich mit dem Messias, dem Gottesknecht, Auserwählten Gottes und Sohn Gottes identifiziert wird.

Freilich ist „Menschensohn" weder in Daniel 7 noch in den Bilderreden ein fester Titel. „Wie ein Menschensohn" heißt in Dan 7,13 so viel wie „einem Menschen ähnlich"[128]; in den Bilderreden findet sich zwar so etwas wie ein Titel-ähnlicher Gebrauch, allerdings in variierenden Formulierungen, was bei einem festen Titel kaum zu erwarten wäre; in 4. Esra 13 kommt der Ausdruck „Menschensohn" so gar nicht vor, es gibt nur andere deutliche Bezugnahmen auf die Figur von Daniel 7.[129] Jesu titulare Verwendung des Ausdrucks war also neu; er gebrauchte ihn, um sich in verhüllender Weise mit der messianischen Figur von Daniel 7 zu identifizieren.[130] Neuere Forschungen zu den Menschensohnworten Jesu kommen zum Schluss:

„Jesus used the son of man idiom ... in a novel or quasi-titular manner with the intent of directing his hearers to Dan 7, ... he saw in Daniel's eschatological figure a prophecy of his own person and fate."[131]

In Lk 12,8f. meint also Jesus mit „Menschensohn" sich selbst, wie auch „die dieses Logion ganz selbstverständlich überliefernde Gemeinde beweist ..., dass sie beim Menschensohn nur an Jesus gedacht hat".[132] Jesus sah sich selber, genau wie es der Täufer erwartet hatte, als den eschatologischen Richter, den messianischen „Menschensohn" von Daniel 7, der nach den Bilderreden zum Endgericht und zur Aufrichtung der Gottesherrschaft kommen wird.

Es ist möglich, dass Jesus Traditionen kannte, die hinter den Bilderreden stehen.[133] In Daniel 7 ist nur vom Gericht *Gottes* die Rede, der „Menschensohn" (=Messias) erscheint vor ihm mit den Wolken und erhält von ihm die Weltherrschaft. In den Bilderreden des 1. Henoch und in 4. Esra 13 ist der messianische „Menschensohn", genau wie in den

---

destiny to crush them and/or rule over them (cf. Ps 110)" (GOLDINGAY, *Daniel* 149; GOLDINGAY selber entscheidet sich S. 169–172 aber für eine andere Interpretation). Auch die Ewigkeit der Herrschaft gehört schon zur Messiastradition (z. B. Ps 89,37f.; 2Sam 7,16), und sogar die transzendenten Züge des Messias sind nicht neu (vgl. Ps 2,7; Ps 110,1; Jes 9,5f.; 11,2–4; Mi 5,1.3), wenn auch jetzt noch stärker betont: „if the humanlike figure is the anointed, the anointed as Daniel pictures him now has a very transcendent dimension" (GOLDINGAY, *Daniel* 170).

[128] GOLDINGAY, *Daniel* 167; LUCAS, *Daniel* 184.

[129] Siehe GESE, „Messias" 142.

[130] MARSHALL, „Son of Man" 781.

[131] W. D. DAVIES/ALLISON, *Matthew* 2,50; ähnlich auch THEISSEN/MERZ, *Jesus* 479f.; MARSHALL, „Son of Man" 781.

[132] BETZ, *Wie verstehen wir* 32.

[133] So z. B. WITHERINGTON, *Jesus* 175.179; DERS., *Christology* 243–248.

Evangelien, selber der Richter, der entsprechend der älteren Königs- und Messiastradition im Auftrag JHWHs richtet (vgl. z. B. Jes 11,3f. und oben II.F.2.d und III.B.3). Dass der Messias zwar ein Mensch ist, aber trotzdem übermenschliche oder göttliche Züge trägt, ist hier aber nichts Neues, sondern schon Bestandteil älterer Messiastraditionen.[134]

Das Endgericht ist noch zukünftig, aber im gegenwärtigen Wirken Jesu und der Reaktion der Menschen darauf entscheidet sich schon jetzt, wie das Gericht ausgehen wird.[135]

Auch nach dem höchst wahrscheinlich in seinen Grundzügen echten[136] Logion Jesu vor dem Hohen Rat Mk 14,61f. par. bezeichnete er sich (wohl zum ersten und einzigen Mal öffentlich) als der künftige messianische Menschensohn-Richter. Auf die Frage des Hohen Priesters: „Bist *du* der Messias, der Sohn des Hochgelobten (=JHWHs)?", antwortete Jesus: „Ich bin es. Und ihr werdet den Menschensohn zur Rechten der Macht (=JHWHs) sitzen (Ps 110,1) und mit den Wolken des Himmels kommen sehen (Dan 7,13)."[137]

„Menschensohn", „Messias" (Christus), „Sohn Davids", „Sohn Gottes" und „Herr" (κύριος) sind Titel, die sich in der alttestamentlich-frühjüdischen Tradition allesamt auf den Messiaskönig beziehen, also nicht aus unterschiedlichen Traditionszusammenhängen stammen.[138] Die Parallelstellen in Lk 22,70 und Mt 26,64 fassen die Antwort Jesu unbestimmter, indirekter („ihr sagt es" bzw. „du hast es gesagt"): „The form of expression is not a direct affirmation; but it is certainly not a denial".[139] Durch die in allen drei Synoptikern berichtete Reaktion des Hohepriesters und des Synedriums wird klar, dass die Antwort Jesu auch von Matthäus und Lukas – genauso wie in Mt 26,25; 27,11 – „als eine entschiedene Bejahung" aufgefasst wurde.[140]

Die Parallele in der Jüngerbelehrung Mk 13,26f. par. bestätigt, dass auch in Mk 14,62 vom Kommen des Menschensohns *zum Gericht und zur endgültigen Aufrichtung der Gottesherrschaft* die Rede ist.[141] Möglicherweise kannten Jesus und seine Ankläger ähnlich lautende Aussagen der Henochtradition: „Ihr werdet meinen Erwählten sehen, wie er auf dem Thron der Herrlichkeit sitzt" (1Hen 55,4); „sie werden ihn sehen, und sie werden

---

[134] Siehe GESE, „Messias" 129–137.

[135] Vgl. W. D. DAVIES/ALLISON, *Matthew* 2,215.

[136] Siehe EVANS, *Mark* 450f.; W. D. DAVIES/ALLISON, *Matthew* 3,532; SCHWEMER in HENGEL/SCHWEMER, *Anspruch* 150f.; HENGEL, „Setze dich "; R. PESCH, *Markus* 2,439.

[137] Vgl. dazu z. B. EVANS, *Mark* 448–452.

[138] Siehe GESE, „Messias"; HENGEL, *Sohn Gottes*, und zu Mk 14,61f. par. z. B. EVANS, *Mark* 448–450; W. D. DAVIES/ALLISON, *Matthew* 3,528 (Lit.).

[139] MARSHALL, *Luke* 851.

[140] ZAHN, *Matthäus* 704; ebenso W. D. DAVIES/ALLISON, *Matthew* 3,528.

[141] Vgl. auch R. PESCH, *Markus* 2,303f.439; W. D. DAVIES/ALLISON, *Matthew* 3,531. Zur Echtheit von Mk 13,26f. s. WITHERINGTON, *Jesus* 175–177.

ihn erkennen, wie er auf dem Thron seiner Herrlichkeit sitzt" (1Hen 62,3).[142]

Auch von Mk 14,61f. par. her ist es also deutlich, dass Jesus sich als den Messias verstanden hat, und zwar in der erweiterten Konzeption des „Menschensohns" als Weltrichter, Bringer der Gottesherrschaft und Weltherrscher im Auftrag JHWHs.[143]

Viele weitere Züge der Jesusüberlieferung bestätigen diesen Schluss.[144] Die positive Reaktion Jesu auf das Messiasbekenntnis des Petrus (Mk 8,27–30 par.) impliziert, dass er sich als den Messias sah[145], wenn auch mit anderen Akzenten als in der zeitgenössischen Messiaserwartung (vgl. V. 31–33 par.; s. u. Abschn. D). Die Inszenierung des Einzugs in Jerusalem (Mk 11,1–11 par.) in Wiederaufnahme des alten Inthronisationsritus (1Kön 1,38) und mit bewusster Aufnahme von Sach 9,9 war eine klare messianische Zeichenhandlung[146]; die Huldigung des Volkes mit Psalm 118 zeigt, dass die Absicht Jesu verstanden wurde[147]. Die Tempelreinigung (Mk 11,15–19 par.) war ebenfalls eine messianische Zeichenhandlung, denn der Messias soll nach frühjüdischen Traditionen (im Anschluss an 2Sam 7,13) den Tempel der Endzeit bauen.[148] Der Titulus am Kreuz, den Pilatus anbringen ließ, gab „König der Juden" als Grund für die Hinrichtung Jesu an (Mk 15,26). Ohne ein messianisches Auftreten Jesu wäre er nicht verständlich. So weit wir aus den überlieferten Jesusworten sehen können, hat Jesus den Titel „Messias" freilich nicht selbst im Mund geführt, nach Peter Stuhlmacher mit gutem Grund:

„Der Grund liegt vermutlich darin, dass die öffentliche Proklamation ‚Jesus ist der Messias!' Jesu Weg und Auftrag zu einseitig auf die damals im Volk sehr lebendige Erwartung festzulegen drohte, der Messias aus Davids Geschlecht werde Israel von der römischen Fremdherrschaft befreien, Jerusalem von den gottlosen Heiden reinigen und die Zeit der Gerechtigkeit heraufführen (vgl. PsalSal 17,21–46). In dieses Schema wollte Jesus sich nicht einordnen lassen."[149]

---

[142] Siehe EVANS, *Mark* 450f. (mit Lit.).

[143] Zum leidenden Messias bzw. Menschensohn s. u. Abschn. D.

[144] Zum Folgenden siehe z. B. CHESTER, *Messiah* 307–324; MOULE, *Origin*, bes. 31–35; MARSHALL, *Origins*; WITHERINGTON, *Christology*; HENGEL/SCHWEMER, *Anspruch*; HENGEL/SCHWEMER, *Jesus* 459–548; STUHLMACHER, *Jesus*; BETZ, *Wie verstehen wir* 23–46; DERS., *Was wissen wir*; D. WENHAM, *Paul* 104–115.293f.

[145] Vgl. R. PESCH, *Markus* 2,33(–34): „Jesu Redeverbot ... setzt voraus, dass er das Messiasbekenntnis Petri akzeptiert".

[146] GESE, „Messias" 135f.

[147] S. o. zu Mt 23,37–39 par.

[148] Siehe ÅDNA, *Stellung*, bes. 50–89.376–387; weiter A. I. WILSON, *When* 93–97; D. WENHAM, *Paul* 171–177.

[149] STUHLMACHER, *Jesus* 29.

Jedoch hat sein offensichtliche messianische Züge tragendes Wirken das Messiasbekenntnis seiner Anhänger „evoziert" (Gerd Theißen), so dass sie ihn als „Messias" und „Sohn Davids" ansprachen (z. B. Mk 8,29 par.; 10,47 par.).[150] Schließlich war die Selbstbezeichnung „Menschensohn", wie wir schon gesehen haben, nichts anderes als ein von Jesus im Anschluss an Dan 7,13 selber geschaffener, allerdings kryptischer und zweideutiger Messiastitel, und sein Sohnesbewusstsein und seine Anrede „Vater" an JHWH (vgl. Mt 11,25–27 par.) nimmt die Tradition vom Messias als „Sohn Gottes" auf (vgl. 2Sam 7,14; Ps 2,7). Die prominente Rolle von Ps 110,1 in der nachösterlichen Christologie verdankt sich Jesu versteckter Selbstinterpretation durch diese Stelle (Mk 12,35–37 par.). Auch die selbstverständliche früh-nachösterliche Anwendung des Messias-/Christus-Titels auf Jesus kann kaum anders erklärt werden, als dass er sich als der Messias verstanden hatte und als solcher aufgetreten war. Es gibt jedenfalls keine frühjüdische Tradition, die besagt, „dass ein ... Frommer durch die Auferstehung der Toten und seine Erhöhung in die Gemeinschaft mit Gott zum Messias eingesetzt wurde".[151] Die neutestamentliche Christologie konnte also nicht erst bei der Auferstehung Jesu ihren Ausgang nehmen.

Dass Jesus sich selbst als den König der Endzeit, aber zugleich auch als den Bringer der Königsherrschaft Gottes verstand, ist kein sachlicher Widerspruch. Wie wir oben gesehen haben, wurde der Davidide auf dem Zion von Anfang an als der Repräsentant der Königsherrschaft JHWHs über Israel und die Welt verstanden, ebenso der Messias als der Repräsentant der endzeitlichen Königsherrschaft JHWHs.[152]

Nach der Aussendungsrede (Mt 10,14f./Lk 10,10–12) vollzieht sich die Entscheidung über den künftigen Ausgang des Endgerichts auch in der gegenwärtigen Annahme oder Ablehnung der Botschaft der Gesandten Jesu, die ihn repräsentieren. Wenn ein Ort die Botschaft der Jünger nicht annimmt, so sollen sie als Zeichenhandlung den Staub von ihren Füßen schütteln, „ihnen zum Zeugnis", d. h. „als im Endgericht sich auswirkendes Belastungszeugnis" (Mk 6,11 par.).[153] Nach dem jüdischen Botenrecht gilt der Grundsatz: „Der Abgesandte eines Menschen ist wie dieser selbst" (mBer 5,5).[154] Wie also ein שׁלִיח (ἀπόστολος) seinen Herrn repräsentiert, repräsentieren die Gesandten Jesu ihn selbst.

---

[150] Siehe THEISSEN/MERZ, *Jesus* 462–470; zusammenfassend 470: „Jesus hatte ein messianisches Selbstverständnis, aber ohne Messiastitel. Er weckte Messiaserwartungen im Volk und bei seinen Anhängern und wurde ihretwegen als Königsprätendent hingerichtet."

[151] HENGEL in HENGEL/SCHWEMER, *Anspruch* 14; vgl. ausführlich WRIGHT, *Resurrection*.

[152] S. o. II.F.2.d und III.B.3; vgl. BEASLEY-MURRAY, *Jesus and the Kingdom* 342f.

[153] ZAGER, *Gottesherrschaft* 309, vgl. 313f.

[154] Siehe BÜHNER, *Gesandte* 423.

Eine besondere Rolle haben dabei die Zwölf. Jesus wählt sie aus als Repräsentanten des endzeitlichen Israel. Dies kommt besonders im Wort von den zwölf Thronen zum Ausdruck, auf denen sie in der Vollendung sitzen und „die zwölf Stämme Israels richten" werden (Mt 19,28/Lk 22,30).[155] κρίνειν ist hier wohl im weiten alttestamentlichen Sinne von שפט als „herrschen" zu verstehen[156], wobei die Richterfunktion im engeren Sinn durchaus impliziert sein kann. Die Zwölf werden als die zwölf neuen Stammesfürsten gesehen, die an der Herrschaft des Menschensohn-Messias und vielleicht auch am Gericht Anteil haben.[157]

Die Beteiligung der Zwölf an der Herrschaft und am Gericht ist nicht ganz ohne Vorläufer im Judentum.[158] Nach der SapSal 3,8 werden die Gerechten „Völker richten (κρίνειν) und über Nationen herrschen (κρατεῖν), und der Herr wird ihr König sein in Ewigkeit", und nach 4,16 und 5,1 verurteilen (κατακρίνειν) die Gerechten die Frevler im Gericht.[159] In TanchB Qodaschim §1 wird als Ausspruch von Aqiba (vor 135 n. Chr.) angeführt, dass die Gerichtsthrone von Dan 7,9 von Jes 3,14 und Ps 122,5 her „für die Großen Israels", d. h. „das Haus Davids" und die „Ältesten und Fürsten Israels" bestimmt seien, die unter dem Gerichtsvorsitz Gottes die Völker richten werden.[160] Auch Paulus kennt sowohl die Mitherrschaft der Gemeinde mit Christus (Röm 5,17; vgl. 1Kor 4,8) als auch, dass die Gemeinde die Welt richten werde (Röm 2,27; 1Kor 6,2).

So, wie sich Jesu Messiasherrschaft zunächst in seinen Heilungen, Dämonenaustreibungen und seiner Verkündigung manifestiert, so beteiligt er die Zwölf an seiner Herrschaft, indem er ihnen „Vollmacht" gibt, um zu heilen, Dämonen auszutreiben und zu predigen (Mk 6,12f. par.). So, wie er leiden wird (s. u.), so werden auch die Seinen leiden (Mk 8,34–38 par.).

Mit der Wahl der Zwölf demonstriert Jesus seinen Anspruch und impliziert nach Jacob van Bruggen zugleich Gericht für diejenigen, die ihn und seine Herrschaft ablehnen:

> „The Twelve must serve as the vanguard of converted Israel. Those who reject Jesus place themselves outside God's people. The lineage of the twelve patriarchs now continues via the twelve apostles. This is a call for everyone to step forward. It is also a threat-

---

[155] Vgl. dazu GRAPPE, „Logion".

[156] Diese Auslegung entspricht der Bitte der Zebedaiden, im Reich des Messias links und rechts von ihm zu „sitzen", d. h. zu thronen (Mk 10,37 par.).

[157] Vgl. THEISSEN/MERZ, Jesus 469; G. LOHFINK, Gemeinde 34.

[158] Zum Folgenden s. VOLZ, Eschatologie 275f.

[159] VOLZ (Eschatologie 275) weist darauf hin, dass SapSal 3,8 an Dan 7,22Θ erinnert, wo der Hochbetagte dem Volk der Heiligen des Höchsten „das Gericht verleiht" (τὸ κρίμα ἔδωκεν) und sie „das Königreich empfangen" (τὴν βασιλείαν κατέσχον).

[160] Text bei VOLZ, Eschatologie 276.

ening omen for the leaders who want to take God's people away from Jesus: it is they who will lose the sons of Jacob and Jesus who will win them."[161]

D. Kreuz und Gericht

Jesu Zwei-Stufen-Eschatologie schlug sich auch in seinem messianischen Selbstverständnis nieder. Dadurch hat er das traditionelle Messiasverständnis entscheidend umgeprägt. Er trat nicht sogleich als der Feuertäufer auf, der die Welt richtet, sondern heilte und verkündigte die Gottesherrschaft. Dem Kommen der Gottesherrschaft in Niedrigkeit entspricht das Wirken des Menschensohns in Niedrigkeit und Verborgenheit; der endgültigen, universalen Durchsetzung der Gottesherrschaft entspricht das „Kommen" des Menschensohnes in Herrlichkeit als Richter der Welt.

Das zwei-stufige Kommen des Menschensohns spiegelt sich in Jesu Menschensohn-Worten[162]: Neben Worten von der zukünftigen Hoheit des Menschensohns (Mt 10,23; 10,32f. par.; 12,40 par.; 19,28 par.; 24,27 par.; 24,37–39 par.; Mk 8,38 par.; 13,26f. par.; 14,61f. par.) stehen solche von seiner gegenwärtigen Vollmacht (Mk 2,10.28 par.; Lk 19,10) und von seiner gegenwärtigen Niedrigkeit (Mt 8,20 par.; 11,19 par.). Letztere zeigen nach Otto Betz

„das Verhängnisvolle der Tatsache an, dass die Messiaswürde Jesu vor seiner Inthronisation und Volloffenbarung noch verhüllt, unter dem Gegenteil des Dienens verborgen und deshalb für die Uneinsichtigen anstößig war. Sie lassen ... erkennen, wie der Menschensohn die Menschen in die Entscheidung stellt. Denn bis zu seiner Wiederkunft zum Endgericht hat jeder noch die Gnadenfrist zum Glauben, aber auch die Gelegenheit zum Widerspruch."[163]

Sozusagen eine Steigerung der Worte von der gegenwärtigen Niedrigkeit des Menschensohns stellen jene Worte dar, die sein Leiden und seinen Tod voraussagen (Mk 8,31 par.; 9,12 par.; 9,31 par.; 10,33f. par.; 10,45 par.). Der Umfang der Echtheit dieser Worte ist umstritten. Joachim Jeremias hat plausibel gemacht, dass die drei ähnlichen Leidensweissagungen Mk 8,31 par.; 9,31 par.; und 10,33f. par. nicht pauschal als *vaticinia ex eventu* verstanden werden müssen, sondern dass ihnen sehr wohl ein Rätselwort Jesu

---

[161] VAN BRUGGEN, *Christ* 168f. Dass Jesus mindestens zwei Brüderpaare in den Zwölferkreis berief, zeigt, dass er die zwölf Stammesfürsten nicht im *genealogischen* Sinn erneuern wollte.

[162] So auch THEISSEN/MERZ, *Jesus* 479. Zur Einteilung der Menschensohnworte s. BETZ, *Wie verstehen wir* 30–38; Hampel, *Menschensohn*; zur Echtheitsfrage s. o. C.

[163] BETZ, *Wie verstehen wir* 33.

zugrunde liegen kann[164], in dem er seine Todeserwartung aussprach, die auch in anderen Zusammenhängen, z. B. in Lk 12,49f. und 13,32f., zum Ausdruck kommt[165]. Nach Jeremias

„dürfte feststehen: der äußere Gang seiner Wirksamkeit musste Jesus zwingen, mit einem gewaltsamen Tod zu rechnen. Wenn ihm der Vorwurf gemacht wird, dass er mit Hilfe des Beelzebul Dämonen austreibe (Mt 12,24 par.), so heißt das, dass er Magie treibt und die Steinigung verdient hat. Wenn er bezichtigt wird, dass er Gott lästere (Mk 2,7), ein falscher Prophet (Mk 14,65 par.), ein widersprenstiger Sohn (Mt 11,19 par. ...) sei, dass er vorsätzlich den Sabbat breche, so nennt jeder dieser Vorwürfe ebenfalls ein Delikt, das mit dem Tode bestraft wurde."[166]

Darüber hinaus hat Otto Betz gezeigt, dass die drei Leidensweissagungen als Reflexion Jesu über sein drohendes Todesschicksal mit Hilfe von Jesaja 53 verständlich sind. Insbesondere die Rede vom „Dahingegeben-Werden", aber auch vom göttlichen δεῖ und vom „Leiden" speist sich aus Jesaja 53.[167]

„Selbst die ausführliche, ins Detail des Leidens gehende Weissagung Mk 10,33f. wird denkbar für denjenigen, der das Schicksal des jesajanischen Gottesknechtes bewusst für sich übernahm und dabei die damals in Jerusalem vorhandene Rechtssituation im Blick behielt."[168]

Auch das Lösegeldwort Mk 10,45 par. ist in seiner Echtheit umstritten. Sicher ist, dass es ursprünglich aramäisch war; wie es gelautet hätte, wenn es aus der griechisch-sprachigen Urgemeinde stammte, zeigt die hellenisierte Fassung 1 Tim 2,6.[169] Nach der Arbeit von Werner Grimm ist das Logion als Reflexion Jesu über sein Schicksal auf dem Hintergrund von Jes 43, 3f.20.22 und Jesaja 53 plausibel.[170] Jesus deutet seinen bevorstehenden Tod als „Lösegeld" oder „Ersatzzahlung" für die „Vielen". Darin ist vielleicht noch kein Sühnegedanke, wohl aber der Stellvertretungsgedanke ausgesprochen.[171] Jesus stirbt stellvertretend für Israel und alle Völker.[172]

---

[164] JOACHIM JEREMIAS, *Theologie* 267–269, aufgenommen z. B. von WILCKENS, *Theologie* I/2,9–11.

[165] Zu Lk 12,49f. s. WILCKENS, *Theologie* I/2,11–15. Zu Lk 13,31–34 bemerkt HOWARD MARSHALL: „The story certainly raises no historical difficulties" (*Luke* 569 mit Lit.); genauso WILCKENS, ebd. 4.

[166] JOACHIM JEREMIAS, *Theologie* 265; ähnlich SCHÜRMANN, *Tod* 26–33.

[167] BETZ, *Wie verstehen wir* 36f.; 45 Anm. 3; DERS., *Was wissen wir* 90f.

[168] BETZ, *Wie verstehen wir* 37 (vgl. DERS., *Was wissen wir* 91). Weiter ist für das Verständnis der Leidens- und Auferstehungsweissagungen Jesu grundlegend: D. WENHAM, *Paul* 138–164; WITHERINGTON, *Jesus* 219f.; BAYER, *Predictions*.

[169] BETZ, *Wie verstehen wir* 35.

[170] GRIMM, *Verkündigung* 231–277. Zu einem ähnlichen Schluss kommt WILCKENS, *Theologie* I.2, 15–18.

[171] So HUNTER, *Work* 98.

λύτρον nimmt כֹּפֶר („Lösegeld, Ersatzzahlung, Sühneleistung") von Jes 43,3 auf. Freilich verweist das Stichwort „die Vielen" auch auf Jes 53,11f. Zwar ist auch in Jesaja 53 der Gedanke der Existenzstellvertretung vorherrschend, aber wahrscheinlich wird die Lebenshingabe des Gottesknechts auch in Jesaja 53 mit der Sühnetradition in Verbindung gebracht, denn sein Tod wird in V. 10 als Sühne schaffendes „Schuldopfer" (אשם) bezeichnet wird.[173]

Ähnlich wie im Lösegeldwort deutet Jesus im Abendmahlswort Mk 14,24 par. seinen Tod als die in Jes 53,12 geweissagte stellvertretende Lebenshingabe des Gottesknechts.[174] Otto Betz folgert:

„Von daher gesehen scheint es ... sicher, dass Jesus den von ihm erwarteten gewaltsamen Tod (vgl. Lk 12,49f.; Mk 10,38; Lk 13,32f.) im Sinne dieses Gottesknechtsliedes als eine die Sünde der Menschen tilgende Tat verstanden hat."[175]

Das Stichwort „Blut" im Abendmahlswort verweist zudem auf die alttestamentlich-frühjüdische Sühnetradition, nach der das Blut beim Sühnopfer eine entscheidende Rolle spielt:

„Des Leibes Leben (נפש) ist im Blut, und ich habe es euch für den Altar gegeben, dass ihr damit entsühnt werdet. Denn das Blut ist die Entsühnung, weil das Leben in ihm ist" (Lev 17,11).[176]

Offensichtlich verstand Jesus seine kurz bevorstehende Lebenshingabe als *das* Sühnopfer, das den von JHWH gestifteten Opferkult Israels zusammenfasst und ablöst. Mit den Worten von Ulrich Wilckens:

„Sein gewaltsamer Tod in Jerusalem wird die eschatologische Sühnekraft haben, ganz Israel von seiner Sünde zu befreien. Diese Deutung war etwas ... tiefgreifend Neues ... Zu ihrer Herausbildung ... hat Jes 53 eine entscheidende Rolle gespielt."[177]

Das Sühnopfer Jesu wird den neuen „Bund" zwischen JHWH und Israel heraufführen, der von den Propheten verheißen wurde (Jer 31,31–34; Jes 42,6; 55,3; 59,21; 61,8; Bar 2,35; vgl. Ps 51; Ez 36,25–28).[178]

---

[172] Wahrscheinlich ist „Viele" in Jes 53,11f. inklusiv gemeint, bedeutet also „Alle" und bezieht sich auf die „vielen Heiden/Völker" von 52,14.15a (s. C. STETTLER, *Kolosserhymnus* 282f.).

[173] S. die Diskussion bei C. STETTLER, *Kolosserhymnus* 282.

[174] BETZ, *Wie verstehen wir* 35. Zu Mk 10,45 und 14,24 und für weitere Lit. s. auch HENGEL, „Sühnetod" 16.21.145–147; STUHLMACHER, *Jesus* 34–36.53–56.73–78; KRAUS, *Tod* 195 Anm. 9; MERKLEIN, „Sühnetod" 159–161.

[175] BETZ, *Wie verstehen wir* 35; genauso WILCKENS, *Theologie* I/2,83–85.

[176] Für eine Übersicht über die frühjüdischen Sühnetraditionen s. C. STETTLER, *Kolosserhymnus* 277–282; KNÖPPLER, *Sühne* 6–110 (jeweils mit Lit.); für die alttestamentlichen Traditionen s. GESE, „Sühne"; JANOWSKI, *Sühne*.

[177] WILCKENS, *Theologie* I/2,18.

[178] Zum „Blut des Bundes" (Mk 14,24), das den (neuen) Bund inauguriert, s. die Entsprechung im Sinaibund Ex 24,8.

Wie für viele alttestamentlichen und frühjüdischen Texte (z. B. Ez 36, 25.33; Jer 31,34[179]), so war auch für Jesus die Gottesherrschaft u. a. durch die Vergebung von Schuld charakterisiert. Er sprach diese Vergebung Einzelnen schon zu (Mk 2,5f. par.). David Wenham stellt diesen Zusammenhang folgendermaßen heraus:

„In proclaiming the coming kingdom Jesus also announced the forgiveness of sins. But on what basis could he apparently bypass the usual Jewish procedures for atonement of sins, namely sacrifice, and simply on his own pronounce people forgiven and fit for the kingdom? He was asked that very question by his critics (Matt 9:2, 3/Mark 2:5, 6/Luke 5:20, 21). The Gospels suggest, plausibly, that Jesus came to see his death as the answer to that question, that is as redemptive suffering for the sins of the people, making possible the kingdom of forgiveness and reconciliation."[180]

Jesu Neuinterpretation der Messias- und Menschensohntradition durch ihre Verbindung mit dem Gottesknecht von Jesaja 53 ist im Frühjudentum einzigartig.[181] Zwar wird der Menschensohn-Messias auch in den Bilderreden als „Knecht" Gottes bezeichnet[182], aber er wird nirgends als Leidender vorgestellt. Die messianische Interpretation von Jesaja 53 im Targum streicht gerade alle Hinweise auf das Leiden des Messias.[183] Es gibt zwar Spuren einer Tradition von einem leidenden und sterbenden Messias; v. a. Sach 13,7 (nach Mk 14,27 par. von Jesus auf dem Weg nach Getsemane zitiert)[184]; aber auch Dan 9,26; 4. Esra 7 und vereinzelte rabbinische Aussagen wären zu nennen.[185] Obwohl das Frühjudentum also vereinzelt die Erwartung eines leidenden Messias kannte, spielt diese insgesamt kaum eine Rolle: „The notion of a slain messiah ... seems clearly to have been less prominent than the expectation of a great and glorious king".[186] Bei Jesus tritt sie aber ins Zentrum seines Messiasverständnisses, zumindest gegen Ende seiner irdischen Wirksamkeit.

Es stellt sich von daher die Frage, wie Jesus seinen bevorstehenden Tod mit seiner Sicht vom *Gericht* in Verbindung gebracht hat. Vom Passakontext der Abendmahlsworte her können wir folgern, dass in Jesu Augen der

---

[179] Zur Identität von Neuem Bund und Gottesherrschaft s. C. STETTLER, *Kolosserhymnus* 301f.

[180] D. WENHAM, *Paul* 143.

[181] Vgl. WILCKENS, *Theologie* I/2,52f.; BETZ, *Wie verstehen wir* 34–38. A. M. HUNTER hat es vor über einem halben Jahrhundert so formuliert: „He knew Himself called of God to fuse in His own person the two rôles of the Danielic Son of man and the Isaianic Servant of the Lord" (*Works* 91).

[182] Siehe dazu CHESTER, *Messiah* 256.344f.374f.

[183] S. dazu ÅDNA, „Gottesknecht". Zu weiteren Spuren einer messianischen Interpretation vgl. HORBURY, *Messianism* 33.

[184] Siehe GESE, „Messias" 136f.

[185] Siehe HORBURY, *Messianism* 33.

[186] HORBURY, *Messianism* 33.

Sinn seines Todes war, „to achieve a new exodus and a new release from the judgment of exile".[187]

Einige Worte Jesu bringen seinen bevorstehenden Tod in direkten Zusammenhang mit dem Gericht Gottes[188]:

Erstens ist hier das schon erwähnte Zitat von Sach 13,7 in Mk 14,27 par. zu nennen. Dass Jesus hier seinen Tod in anstößiger Weise als Tötung[189] durch JHWH selber versteht, spricht für die Authentizität.[190] Er führt das Zitat an, um die Zerstreuung seiner Jünger vorauszusagen. „The scattering of the sheep ... is a temporary undoing of the messianic task of gathering the sheep".[191]

Zweitens bezeichnet Jesus in Getsemane sein Todesleiden als „Kelch" (Mk 14,36 par.; vgl. Joh 18,11).[192] „Kelch (des Zorns, des Todes)" kann ein Bild für das göttliche Gericht[193] oder für das Martyrium (vgl. AscJes 5,13) sein. „Hier mischen sich beide Aspekte, so dass Jesus mit dem Leiden den Zorn, der andere treffen soll, übernimmt."[194] Schon früher in einem Wort an die Zebedaiden bezeichnete Jesus sein künftiges Leiden als „Kelch" und auch als „Taufe" (Mk 10,38f.). Hier ist im Blick auf die Zebedaiden weniger das Gericht als die freiwillige Übernahme des Martyriums im Blick.[195] „Taufe" ist wohl genauso gemeint: „Die Wasserflut ist Bild tödlicher Bedrängnis, ... βαπτίζεσθαι ... für die äußerst bedrängte Lage".[196] Ein weiteres Wort über die „Taufe", mit der Jesus getauft werden soll, ist Lk 12,50: „Ich muss mit einer Taufe getauft werden, und ich bin sehr bedrückt, so-

---

[187] D. WENHAM, *Paul* 146.

[188] Vgl. GREEN, *Death* 319.

[189] „Sach 13,7 ist zweifellos der tödliche Schlag (des Schwertes) gemeint" (R. PESCH, *Markus* 2,380).

[190] EVANS, *Mark* 400.

[191] EVANS, *Mark* 401. Zu Jesu Selbstverständnis als messianischem „Hirten" und seiner Jünger als „Herde" s. Mk 6,34 par.; Lk 10,3 par.; 12,32; 15,3–7 par. (s. R. PESCH, *Markus* 2,380f.).

[192] Dieses Jesuswort ist sicher echt; „[i]t is inconceivable that the early church would create a scene in which Jesus appears panicked and begs God to cancel his impending martyrdom" (EVANS, *Mark* 408 mit Verweis auf CRANFIELD, *Mark* 430 und weitere Lit.; genauso JOACHIM JEREMIAS, *Theologie* 138).

[193] Zum Beispiel Jes 51,17.22; Jer 25,15–18 (vgl. 13,13; 48,26; Ob 17); Jer 49,12; 51,7; Ez 23,32–34; Hab 2,15f.; Sach 12,2; Klgl 4,21; Ps 11,6; 75,9 (vgl. 60,5). Frühjüdische Beispiele sind PsSal 8,14; 2Bar 13,8; LibAnt 50,6 und mehrere Belege für den „Kelch des Todes" in den Targumim (weitere Beispiele und Lit. bei R. PESCH, *Markus* 2,156f.; GOPPELT, „πίνω" 149–152; vgl. EVANS, *Mark* 413).

[194] GNILKA, *Markus* 2,260. Zur Auslegung des Kelchworts auf die stellvertretende Gerichtsübernahme s. auch CRANFIELD, „Cup"; GOPPELT, „πίνω" 153 und W. D. DAVIES/ALLISON, *Matthew* 3,497.

[195] So PESCH, *Markus* 2,157.

[196] PESCH, *Markus* 2,157.

lange sie noch nicht vollzogen ist." Das vorangehende Wort vom Feuergericht (V. 49) zeigt nach Howard Marshall, dass auch in diesem Wort von
der „Taufe" das Gericht im Blick sein muss:

> „Jesus himself shares in the judgment which is to come upon the world. ... his baptism is
> the pre-condition for what is to follow ... Hence the longing of Jesus is for his baptism to
> be accomplished."[197]

Schließlich deutet das Gerichtswort, das Jesus auf dem Kreuzweg an die
Frauen richtet, Jesu Tod als Feuergericht „am grünen Holz", das zu noch
schlimmerem Gericht „am dürren Holz" führen wird (Lk 23,31 mit Anspie-
lung an Jer 11,19 und Spr 11,30f.).[198]

In den letzten Tagen seiner Wirksamkeit stand Jesus immer klarer vor
Augen, dass er, der Messias, das unüberbietbare Heilsangebot JHWHs an
Israel, von seinem Volk verworfen würde. Seine Verwerfung bedeutete
zugleich Gericht für die, die ihn verwarfen (vgl. Mk 12,1–9).

> Dieser Aspekt des Todes Jesu wird im Johannesevangelium theologisch als „Gericht"
> (κρίσις) über die Welt und den Satan reflektiert (Joh 12,31; 16,11). Die „Welt" meint
> hier „die Welt, sofern sie sich gegen Gott stellt".[199] Das Gericht über die Welt bedeutet,
> dass der Satan seine Macht über die Menschen verliert; er kann sie nicht mehr „am Zu-
> tritt zum Licht Gottes hindern", sie sind nun frei zu glauben und das ewige Leben zu
> empfangen.[200] Das Gericht über die Feinde Jesu bedeutet aber auch, „dass die Welt den
> Prozess verloren hat. ... Die Stunde seiner Kreuzigung als Stunde des vermeintlichen
> Sieges der Welt über ihn ist in Wahrheit die Stunde des Gerichts über die Welt. ... Wer
> immer ... den Glauben an ihn als den Sohn Gottes bekämpft ..., der ist bereits gerich-
> tet."[201]

Nach Rudolf Pesch ergab sich so für Jesus am Ende seiner irdischen Wirksamkeit

> „ein Konflikt zwischen seiner Heilssendung und dem faktischen Unheil ..., das durch sein
> Gekommensein entstünde. Er, der gekommen ist, Israel nun endlich zum wahren Gottes-
> volk zu machen und damit auch der Welt Erlösung anzubieten, wäre, wenn die Konse-
> quenz seiner Verwerfung die Verwerfung Israels wäre, faktisch und tatsächlich nicht
> mehr der Heilsmittler, sondern der Unheilsmittler geworden. ... Jesus konnte ... in dieser
> Situation auf die Verheißung des Deuterojesaja zurückgreifen, dass der gerechte Knecht
> durch seinen Tod die Vielen gerecht macht, weil Gott selbst ihn in diesen Tod gibt und

---

[197] MARSHALL, *Luke* 547.

[198] „Das Gerichtsfeuer Gottes ... hat wider alle natürliche Regel zuerst den frischen
Stamm erfasst; was wird mit dem dürren Holz geschehen, wenn dieses vom Feuer erfasst
wird?" (GRUNDMANN, *Lukas* 439; ähnlich RENGSTORF, *Lukas* 266; SCHLATTER, *Lukas*
445; ZAHN, *Lukas* 698; MARSHALL, *Luke* 865).

[199] WILCKENS, *Johannes* 194.

[200] WILCKENS, *Johannes* 195.

[201] WILCKENS, *Johannes* 251f.; genauso MORRIS, *John* 597f.

durch diesen Tod Israel Sühne und neues Leben gewährt und über Israel hinaus aller
Welt."[202]

Eine Zusammenschau von Jesu Deutung seines bevorstehenden Todes mit
seiner früheren Basileia-Verkündigung, insbesondere seinen Gerichtsansagen an die Unbußfertigen, aber auch mit dem Kontext seines letztes Mah-
les (Passamahl mit Ausblick auf das Festmahl der Gottesherrschaft), bestätigt die Sicht, dass Jesus sein sühnendes Leiden und Sterben als stellvertretende Übernahme des göttlichen Gerichts verstanden hat. Mit Ulrich Wilckens können wir festhalten:

> „Hat Israel den Ruf zur Umkehr zur Gottesherrschaft großenteils verweigert und sich da-
> durch endgültig das Gericht zugezogen, das Jesus ‚dieser Generation‘ in aller Härte ver-
> künden muss, so eröffnet Gott jetzt eine ganz neue Chance der Errettung ganz Israels,
> indem sein Messias sein eigenes Leben stellvertretend für diese ‚vielen‘ hingibt und so
> eine Sühnung ihrer Sünden mit endzeitlicher Wirkung schafft, durch die alle, die durch
> ihr Tun und Verhalten sich selbst vom Endheil bereits ausgeschlossen haben, von dem
> Unheil des Gerichts befreit werden und am Heil der Königsherrschaft Gottes teilhaben
> dürfen."[203]

In der synoptischen Jesustradition wird im Zusammenhang mit Jesu Todesverständnis nirgends die Wurzel κρι- verwendet.

Im Johannesevangelium kommt zwar κρίσις im Zusammenhang mit dem Kreuz vor, aber
nicht in dem Sinn, dass Jesus das Endgericht proleptisch an sich erfahren hat (s. o.
Abschn. D). Gleichwohl legt sich dieser Schluss indirekt auch für das Johannesevangelium nahe, weil diejenigen, die an Jesus glauben, des Freispruchs im Endgericht gewiss
sein können und in diesem Sinne „nicht gerichtet werden" (Joh 3,18; 5,24f.).

Aber in Mk 8,37 par. („Was kann ein Mensch als Lösegeld für seine Seele
geben?") ist vom „Lösegeld" die Rede, das im Endgericht fällig wird
(s. V. 39), und eben dieses „Lösegeld" stellt Jesu Tod dar (Mk 10,45 par.).

Mit den beiden verwendeten griechischen Ausdrücken ἀντάλλαγμα (Mk 8,37) und
λύτρον (Mk 10,45) wird in der Septuaginta das eine hebräische Wort כפר wiedergegeben.[204] Hinter Mk 8,37 steht Ps 49,8f., eine Stelle, die „im Frühjudentum von äthHen
[1Hen] 98,10 an (z. T. zusammen mit Jes 43,3f., vgl. MekhEx zu 21,30) auf die Situation
des Endgerichts bezogen" wurde[205] – auch von daher steht das Lösegeldwort Mk 8,37
par. deutlich im thematischen Zusammenhang mit dem Endgericht.

Jesus stellte also seinen bevorstehenden Tod klar in den Kontext des Endgerichts. Mit A. M. Hunter können wir sagen:

---

[202] R. PESCH, „Verständnis" 23.
[203] WILCKENS, *Theologie* I.2,84; ähnlich REISER, *Gerichtspredigt* 304.
[204] STUHLMACHER, *Biblische Theologie* 1,127.
[205] STUHLMACHER, *Biblische Theologie* 1,128.

„it requires only a little reading between the lines to find ... evidence that Christ's suffer-
ings were what, for lack of a better word, we can only call ‚penal.'"[206]

Auch in der nachösterlichen Kreuzestheologie gibt das Endgericht durchweg die Voraussetzung für die am Kreuz erworbene Rettung und Rechtfertigung ab. Hier wird also die Heilstat Jesu am Kreuz ebenso als stellvertretendes Erleiden des Endgerichts verstanden.

E. Das eschatologische Szenario in der Verkündigung Jesu[207]

1. Zwischenzustand und Auferstehung

„[U]nlike many other texts from the late Second Temple period, none of our ... final
judgment sayings contains a full-blown description of the final judgment. ... Apparently a
full account of the final judgment was deemed unnecessary. Rather, the historical Jesus'
final judgment sayings provide *new insight into traditionally accepted scenarios*. ... Jesus' specific understanding of the final judgment fits quite well within the matrix of possibilities generated by his Second Temple contemporaries."[208]

Trotz dieser Feststellung von Brian Han Gregg können wir aus der Jesusüberlieferung gewisse Eckdaten zum von Jesus vorausgesetzten Szenario
gewinnen.

Jesus teilt die Ansicht, dass die Seelen der Gerechten, d. h. seiner Nach-
folger(innen), direkt nach dem Tod ins jenseitige Paradies eingehen werden und die der Ungerechten an einen davon gesonderten jenseitigen Straf-
ort (Lk 16,19–31; 23,42f.; vgl. Mk 9,43–48).[209] Er teilte also die frühjüdische Lehre von einem Gericht in der Stunde des Todes und vom Zwischenzustand.

Wie die chasidischen Frommen seiner Zeit, v. a. die Pharisäer[210], lehrte
er zugleich die Auferstehung der Toten am Ende der Zeit (Mk 12,18–27
par.; vgl. Mt 25,5–7).[211]

Den *Schlaf* der Jungfrauen in Mt 25,1–12 hat möglicherweise schon Jesus als Metapher
für den Tod gemeint (vgl. Mk 5,39) und ihr *Aufwachen* bzw. *Aufstehen* beim Ruf: „Der
Bräutigam kommt, geht ihm entgegen!" als Metapher für ihre Auferweckung, denn anders als im Gleichnis vom wachsamen Knecht (Lk 12,36–38) ist das Einschlafen in die-

---

[206] HUNTER, *Work* 100.

[207] Für das Folgende wichtig sind v. a. ZAGER, *Gottesherrschaft* 307–310 (Übersicht
über die Endgerichtsaussagen des Markusevangeliums); WITHERINGTON, *Jesus* 225–231
(Kapitel „The Eschatological Schema").

[208] GREGG, *Jesus* 270.

[209] Vgl. BONSIRVEN, *Règne* 55f.; HUNTER, *Work* 106.

[210] Zur umstrittenen Frage, ob die Essener die Auferstehung der Toten erwartet haben,
s. C. STETTLER, *Kolosserhymnus* 238f. mit Anm. 33.

[211] Zur Echtheit der Jesusworte in Mk 12,18–27 s. WITHERINGON, *Jesus* 217f.

sem Gleichnis nichts Schuldhaftes.[212] Es spricht viel dafür, dass Paulus sich in 1Thess 4,13–18 auf das Gleichnis von den zehn Jungfrauen bezieht und es in eben dieser Weise versteht.[213]

Anders als manche Gruppen seiner Zeit erwartete Jesus nicht nur die Auferstehung der Gerechten, sondern auch die der Ungerechten und der Heiden, wie seine Worte über das Auftreten der Königin von Saba und der Leute von Ninive, Sodom und Gomorra im Gericht zeigen (Mt 11,24 par.; 12,41f. par.).[214] Die Auferstehung aller Toten ist die Voraussetzung für das Endgericht und die endgültige Aufrichtung der Gottesherrschaft, an der mit Abraham, Isaak und Jakob alle Gerechten aller Zeiten Anteil haben werden (Mt 8,11 par.).[215]

Jesus erwartete das endgültige Kommen der Gottesherrschaft auf der erneuerten Erde, nicht im Himmel.[216] Ben Witherington formuliert in Bezug auf die apokalyptische Enderwartung mit Recht:

„[R]edemption was only final and fully complete if it entailed the human body and the space-time world in which we live."[217]

Deshalb erwartete Jesus die leibliche Auferstehung der Toten und die Neuschöpfung des Kosmos (Mt 19,28[218]). Der Zustand der Gerechten nach der Auferstehung ist für Jesus nicht einfach eine Restitution der irdischen Leiblichkeit, sondern gleicht der Existenzweise der Engel (Mk 12,25).

2. Die Auferstehung und Parusie des Menschensohns

Die endgültige, universale Aufrichtung der eschatologischen Gottesherrschaft wird für Jesus eingeleitet durch sein eigenes Kommen „mit den Wolken" als Menschensohn zum Weltgericht.[219] Dies setzt voraus, dass Jesus nicht nur mit seinem gewaltsamen Tod rechnete, sondern auch mit dem Gewinn des (ewigen) Lebens und seiner künftigen Erhöhung zum Men-

---

[212] Siehe D. WENHAM, *Paul* 311 Anm. 42 mit Lit.

[213] Siehe D. WENHAM, *Paul* 309–311; DERS., *Rediscovery* 77–95.

[214] Vgl. HUNTER, *Work* 105.

[215] Vgl. WITHERINGTON, *Jesus* 219.

[216] Siehe WITHERINGTON, *Jesus* 228. Wenn Matthäus vom „Reich der Himmel" spricht, ist „Himmel" nicht die Lokalisierung dieses Reichs, sondern Umschreibung für den Gottesnamen. Nur im Zwischenzustand befindet sich die Seele im Jenseits (s. o.).

[217] WITHERINGTON, *Jesus* 228.

[218] Hinter παλιγγενεσία (sc. τοῦ κόσμου, πάντων oder τοῦ παντός) steht hier עולם חדש (s. ZAHN, *Matthäus* 601; SCHLATTER, *Matthäus* 582; gegen LUZ, *Matthäus* 129 Anm. 65, nach dem es kein hebräisches oder aramäisches Äquivalent gebe).

[219] Siehe BEASLEY-MURRAY, *Jesus and the Kingdom* 338.342f.

schensohn. „Several texts suggest that Jesus expected to participate in life in the Dominion [sic] beyond death."[220] In Mk 14,25 par. erwartet Jesus seine eigene Teilnahme am Festmahl der Basileia, dem Mahl der Geretteten jenseits des Endgerichts (vgl. Jes 25,6ff.).[221] Etwas spezifischer sind seine Leidens- und Auferstehungsweissagungen (Mk 8,31; 9,31; 10,33f.).[222] Wie Georg Strecker gezeigt hat, weist Mk 8,31 Züge auf, die für Markus und die frühchristliche Bekenntnissprache untypisch sind: ἀνιστάναι statt ἐγείρειν (Mk 16,6; 1Kor 15,4), „nach drei Tagen" statt „am dritten Tag" (Mk 14,58; 15,29; 1Kor 15,4), die Auferstehung des „Menschensohns" statt des „Messias" (1Kor 15,3f.) oder „Gottessohns" (Röm 1,4).[223] Es gibt von daher keinen Grund, das Wort Jesus abzusprechen.[224]

Wie wir schon gesehen haben, hat Jesaja 53 für Jesu eigenes Todesverständnis und insbesondere für diese Leidensankündigungen eine wichtige Rolle gespielt.[225] Nach Otto Betz liegt es von Jes 53,10f. her nahe, dass Jesus mit seiner eigenen Auferstehung gerechnet und sie auch in verhüllter Weise angekündigt hat:

„Denn der Gottesknecht von Jes 53 wird dadurch gerechtfertigt, dass Gott ihn wieder ins Leben zurückbringt und so seine Lebenshingabe als Sühne darstellt".[226]

In seinen Leidens- und Auferstehungsweissagungen blickt Jesus auf seine Auferstehung *in kurzer Zeit*[227] voraus, ohne sie freilich explizit in ein Verhältnis zur allgemeinen Auferstehung zu setzen.[228] Die Auferstehung eines Einzelnen vor der allgemeinen Auferstehung der Toten am Ende der Zeit

---

[220] WITHERINGTON, *Jesus* 218; vgl. BAYER, *Predictions*.

[221] Vgl. dazu WITHERINGTON, *Jesus* 218f.

[222] S. dazu auch oben Abschn. D.

[223] STRECKER, „Passion" 429–442. Vgl. Hos 6,2 LXX: ἐν τῇ ἡμέρᾳ τῇ τρίτῃ ἀναστησόμεθα.

[224] So WITHERINGTON, *Jesus* 219f. (gegen STRECKER, der es lediglich für eine vormarkinische Gemeindebildung hält).

[225] Oben Abschn. D.

[226] BETZ, *Wie verstehen wir* 36; ebenso KÜMMEL, *Verheißung* 39–41. Nach OTTO BETZ mag für Jesu Auferstehungserwartung auch noch die Nathanweissagung eine Rolle gespielt haben, nach der Gott dem David einen Sohn „aufstellen" (קום hi. = ἀνιστάναι), ihn als seinen eigenen Sohn annehmen und seinen Thron für ewig befestigen wird (2Sam 7,12–15, vgl. die messianische Deutung in 4QFlor=4Q174 Kol. III Frg. 1+2,10–12) (BETZ, *Was wissen wir* 102f. und bes. 109–114; DERS., *Wie verstehen wir* 39f.).

[227] Dies ist die nächstliegende Bedeutung, die „nach drei Tagen" für seine Hörer(innen) hatte, vgl. BAUER, „Drei Tage"; HUNTER, *Work* 107.

[228] Vgl. WITHERINGTON, *Jesus* 220. Nach HUNTER, *Work* 109f. unterscheidet Jesus auch nirgends klar zwischen seiner Auferstehung/Erhöhung und seinem Kommen in Herrlichkeit. Dies könnte ein weiterer Grund für das anfängliche Unverständnis seiner Jünger an Ostern gewesen sein.

wurde im Frühjudentum nirgends erwartet. Dies erklärt vielleicht die Diskrepanz zwischen der Auferstehungs- oder Erhöhungserwartung Jesu einerseits und der völligen Abwesenheit einer entsprechenden Erwartung bei seinen Jüngern andererseits. „Later Christian reflection amplified and clarified this tradition in light of the Easter events."[229]

Nach seiner Auferstehung erwartete Jesus sein zukünftiges Kommen in Herrlichkeit zum Endgericht und zur endgültigen Aufrichtung der Gottesherrschaft. [230] Zusammengesehen ergeben die Worte vom zukünftigen Kommen des Menschensohns (Mk 8,38; 13,24–27; 14,62 parr.) nach Edward Adams folgendes Bild:

> „The coming Son of Man is the exalted Jesus (14:62). He comes, at the close of history (13:24), from his heavenly seat of power (14:62), as the divine warrior (8:38), at the head of an angelic force (8:38; 13:27) to effect judgement (8:38; 14;62) and to rescue the elect (13:27). His coming is visible (13:26; 14:62) and its effects are global (13:27) and cosmic (13:24–25)."[231]

3. Die Wehen der Endzeit und die Zerstörung des Tempels

Für das weitere Verständnis der Eschatologie Jesu ist die Endzeitrede Markus 13 par. grundlegend. Nach Vincent Taylor ist die synoptische Apokalypse „the despair of commentators".[232] Fest steht, dass sie von apokalyptischen Motiven und besonders stark vom Danielbuch geprägt ist.[233]

Wie Joachim Jeremias festgestellt hat, fehlen in Markus 13 par. aber in auffälliger Weise auch mehrere traditionelle Motive der Apokalyptik:

> „der Heilige Krieg, die Vernichtung Roms, die Hass- und Rachegefühle, die Sammlung der Diaspora, die sinnlich-irdische Ausmalung des Heils, die Erneuerung Jerusalems zur Hauptstadt eines mächtigen Reiches, die Herrschaft über die Heiden, die Üppigkeit des Lebens im neuen Äon usw. ... Die jüdische Apokalyptik der Zeit Jesu erwartet den Glanz des Tempels, nicht seinen Untergang."[234]

In Bezug auf die Entstehung der synoptischen Apokalypse kann man heute wohl so viel sagen, dass sie blockweise echtes Jesusgut enthält, das im Laufe der Überlieferungs- und Redaktionsgeschichte möglicherweise zeitgeschichtliche Aktualisierungen erfahren hat, da immer wieder zeitgeschichtliche Ereignisse zu dieser Tradition in Beziehung gesetzt worden

---

[229] WITHERINGTON, *Jesus* 220.

[230] Für Jesus war seine Auferstehung und Parusie zeitlich nicht unbedingt eng verbunden oder sogar identisch, s. KÜMMEL, *Verheißung* 38–48 und unten zur von Jesus angekündigten Zwischenzeit.

[231] ADAMS, „Coming" 60.

[232] V. TAYLOR, *Life* 172f.

[233] Vgl. D. WENHAM, *Paul* 291f.

[234] JOACHIM JEREMIAS, *Theologie* 127.

sind (vorgeschlagen werden z. B. Bezüge zur Caligula-Krise, zur neronischen Verfolgung und zur Zerstörung Jerusalems).[235]

Die sog. Caligula-Krise, als der Kaiser Caligula 39/40 n. Chr. seine eigene Statue im Jerusalemer Tempel aufstellen wollte[236], mag in der Überlieferungsgeschichte Spuren hinterlassen haben[237]. Auch zum jüdischen Krieg 66–74 n. Chr. bestehen Parallelen in Mk 13,14–23 par.[238] Trotzdem gibt es, wie Craig Evans herausgearbeitet hat, einige frappante Unterschiede: „By the time Titus stood in the sanctuary, there no longer was any realistic opportunity to flee to the mountains (...). Besides, the saying refers to those in Judea, not Jerusalem. The urgency of vv 15–16 hardly makes any sense in the light of such a scenario. What Jew in the environs of Jerusalem was out working in the field in the summer of 70? Why have Jesus urge his disciples to pray that it not happen in winter, if at the time of the composing this material, everyone knew that Jerusalem was captured in the summer? Incongruities such as these should caution against seeing this material as deriving from Christian prophets, or the evangelist himself, in response to the events of the 60s and 70s."[239]

Die klassische Position von Joachim Jeremias[240], Thomas W. Manson[241] u. a. war, dass die Lehre über die „Zeichen für das Ende" in Mk 13,5–31 par. im Widerspruch stehe zu den Worten von der Unberechenbarkeit des Endes in Mk 13,32–37 par.; Lk 17,20–37; 21,34–36. Nur die zweite Gruppe von Worten gehe auf Jesus selber zurück; der jesuanische Kern der Endzeitrede sei deshalb in Mk 13,1–4.32–37 zu finden. In Mk 13,5–31 könnten darüber hinaus auf Grund von Parallelen in anderen Teilen der Jesustradition mehrere echte Jesusworte identifiziert werden.

Die Spannung zwischen Zeichen und Unberechenbarkeit muss nicht unbedingt als Widerspruch gesehen werden, sondern kann auch Ausdruck der für jüdisches Denken typischen „Aspektive" sein.[242] Auch Jeremias konzedierte, dass Jesus „eine allgemeine Konzeption bezüglich der Zeit des Endes" voraussetzte.[243]

Das hohe Alter der in der synoptischen Apokalypse verarbeiteten Überlieferungen legt sich nach George Beasley-Murray durch eine Reihe von

---

[235] So HENGEL, „Entstehungszeit", bes. 500ff.; vgl. weiter BEASLEY-MURRAY, *Jesus and the Last Days*; LAMBRECHT, *Redaktion*; BOSCH, *Heidenmission* 149–153; WENGST, „Aspects" 234; kritisch zu den zeitgeschichtlichen Bezügen D. WENHAM, *Paul* 291f. und 325 Anm. 84 (Lit.).

[236] Siehe SCHÜRER, *History* 1,394–397.

[237] So HENGEL, „Entstehungszeit" 500ff.

[238] V. a. die judäische Perspektive, vgl. LUZ, *Matthäus* 3,407f.

[239] EVANS, *Mark* 2,316f.; vgl. ADAMS, „Coming" 55f.

[240] JOACHIM JEREMIAS, *Theologie* 124–126.

[241] MANSON, *Teaching* 261f.

[242] So schon BOSCH, *Heidenmission*, s. u. Abschn. 6.

[243] JOACHIM JEREMIAS, *Theologie* 132.

Bezugnahmen in 1. Thessalonicher 4–5 und 2. Thessalonicher 1–2 nahe.[244]
David Wenham geht noch weiter, indem er aufgrund dieser Bezüge in den
Thessalonicherbriefen annimmt, dass es eine vorsynoptische Version der
Endzeitrede gab, die sowohl Vorformen von Markus 13 (par. Matthäus 24/
Lukas 21) als auch Vorformen weiterer Überlieferungen wie Mt 10,17–22;
24,9–14; 25,1–46; Lk 12,35–48; 17,20–37 ; 21,23f.34–36 umfasste.[245] Dar-
aus schließt Wenham, dass diese Stoffe weitgehend auf Jesus zurückgehen.

Im Folgenden soll das eschatologische Bild, das die synoptische Apokalypse ergibt, skizziert werden.

Dem Kommen des Menschensohns gehen die „Wehen" (Mk 13,8 par.)
der Endzeit voraus.[246] Diese werden in Mk 13,5–23 par. geschildert: Verführung (V. 5f.21f.), Kriege (V. 7f.), Erdbeben und Hungersnöte (V. 8b),
weltweite Verkündigung des Evangeliums und zugleich heftige Verfolgung
der Jünger(innen) (V. 9–11.13), inklusive Verrat durch Familienangehöri-
ge und Freunde (V. 12). Diese „Wehen" gipfeln in einer letzten, heftigsten
Verfolgung im Zusammenhang mit dem „Gräuel der Verwüstung" (V. 14–
20).[247] Diese „Wehen" können als sich steigernde Vorboten des Endgerichts verstanden werden: „Quel est le sens de tous ces maux, sinon que la
menace du Jugement de Dieu pèse sur le monde?"[248]

Die Frage der Jünger in Mk 13,4: „Sag uns, wann wird das geschehen,
und an welchem Zeichen wird man erkennen, dass das Ende von all dem
bevorsteht?", nimmt wörtlich Dan 12,6f. auf, wo vom Ende der eschatologischen Drangsale und vom Kommen der Gottesherrschaft die Rede ist
(vgl. Dan 11,29–12,1).[249] Die Jünger verbinden also in ihrer Frage die von
Jesus angekündigte Zerstörung des Tempels (Mk 13,2) mit dem Weltgericht und dem endgültigen Kommen der Gottesherrschaft. Ob dasselbe
auch in der Antwort Jesu in V. 5–23 der Fall ist, ist alles andere als klar.[250]

Jesus kündigt das Gericht in „a narrower and a broader focus" an: einerseits über Israel, speziell Jerusalem und den Tempel, andererseits über die

---

[244] Eine Zusammenstellung der von Beasley-Murray herausgearbeiteten Bezugnahmen auf Mk 13 par. in 1Thess 4–5 und 2Thess 1–2 findet sich bei Witherington,
Jesus 160.

[245] D. Wenham, *Rediscovery*; Ders., *Paul* 289–337, bes. 292; 325 Anm. 85; 326
Anm. 86; 328 Anm. 89; ähnlich Aejmelaeus, *Wachen* 58–89.

[246] Adams, „Coming" 52.54. Zum Motiv der „Wehen" s. 1Hen 62,4f.; 2Bar 29,1f.;
70,6–10 und Adams, ebd. 54 Anm. 67; Maier, *Qumran-Essener* 1,68 Anm. 209; Grelot, *Jésus* 2,171 Anm. 1; zu rabbinischen Belegen Ders., *Espérance* 286–289.

[247] Zum „Gräuel der Verwüstung" s. u.

[248] Grelot, *Jésus* 2,172.

[249] Siehe Adams, „Coming" 55. In Mt 24,3 ist dies noch deutlicher: „Sag uns, wann
wird das geschehen, und was ist das Zeichen *für deine Ankunft* (παρουσία) *und das Ende
der Welt*?"

[250] Vgl. Adams, „Coming" 55; Blomberg, *Jesus* 322.

ganze Welt.[251] Wie weit Jesus aber in seiner Endzeitrede tatsächlich – wie die Jünger in ihrer Frage – die Tempelzerstörung mit dem Kommen des Menschensohns zusammensah, ist umstritten. Lukas bietet in 21,20–24 eine von der Matthäus- und Markusparallele unabhängige Überlieferung, welche die „Not", die über Judäa hereinbricht, mit der von Jesus geweissagten Zerstörung Jerusalems identifiziert.[252] Zumindest für Lukas ist die Zerstörung Jerusalems also ein Bestandteil der Wehen der Endzeit, die dem Kommen des Menschensohns vorausgehen. Er lässt dafür den Hinweis auf die Unüberbietbarkeit dieser Not weg und trennt die Zerstörung Jerusalems von der Parusie durch die dazwischen liegenden „Zeiten der Heiden" (s. u.). Mk 13,14–20 und Mt 24,15–22 wiederum erwähnen die Tempelzerstörung nicht, sondern lassen die Wehen der Endzeit in einer (aus judäischer Perspektive geschilderten) letzten „großen Not" gipfeln (Mk 13,24), der – unter kosmischen Erschütterungen – die Parusie unmittelbar folgt (Mk 13,24–27).

Jesus hat diese Notzeit offenbar nicht einfach mit der ebenfalls von ihm vorausgesagten Zerstörung des Tempels und Jerusalems gleichgesetzt, sondern darunter in Entsprechung zu Dan 11,30–39; 12,11 (vgl. 1Makk 1,54.59; 6,7) die „Abstellung des rechtmäßigen Kultus und Entweihung des Heiligtums durch einen gottfeindlichen Weltherrscher", den später sog. Antichrist, und die damit verbundene letzte, schrecklichste Verfolgung der Jünger(innen) verstanden.[253] Auch bei Markus und Matthäus findet sich

---

[251] D. WENHAM, *Paul* 291(f.). Zu Jesu Ansage des Gerichts über Jerusalem bemerkt V. TAYLOR, *Life* 172: „Jesus foresaw, and spoke of, the calamities which would inevitably fall upon Jerusalem. The relevant sayings are more numerous than has commonly been supposed and there is no need to think of them as ‚prophecies after the event'."

[252] Lukas bezieht sich dabei auf Sach 11,4–14; 14,2 (s. ZAHN, *Lukas* 654). Dass Lukas hier vielleicht eine unabhängige, alte Tradition verarbeitet, zeigt u. a. die Nähe zu 1Thess 2,16, s. D. WENHAM, *Paul* 321–328 (vgl. bes. 325 Anm. 84 mit Lit.); weitere Argumente und Lit. bei MARSHALL, *Luke* 754–758; vgl. schon V. TAYLOR, *Life* 173–175 (Lukas 21 ist „a substantially independent version of the discourse"); SCHLATTER, *Lukas* 415f. Lukas hat also nicht einfach Markus 13 von den Ereignissen im Jahr 70 n. Chr. her überarbeitet (gegen J. SCHMID, *Lukas* 309 u. v. a.); die Beschreibung der Zerstörung Jerusalems bei Lukas spiegelt denn auch gar nicht die tatsächlichen geschichtlichen Ereignisse (s. SCHLATTER, *Lukas* 415).

[253] ZAHN, *Matthäus* 665(f.). Zur Zusammengehörigkeit der Motive „Gräuel der Verwüstung" und „Antichrist" (beide haben Antiochus Epiphanes als Hintergrund) s. D. WENHAM, *Paul* 291.318; zu den vielen Anspielungen auf das Danielbuch in Mk 13,14–20 par. GRELOT, *Jésus* 2,175–178; ZAHN, *Matthäus* 665f. Zum „Gräuel der Verwüstung", seiner Bedeutung im Kontext der Krise unter Antiochus Epiphanes (wohl ein Wortspiel auf *Ba'al Schamem*, der syrischen Entsprechung zum Zeus Olympios) und in der synoptischen Apokalypse s. EVANS, *Mark* 2,317–320 (Lit.). Die früheste erhaltene Interpretation ist 2Thess 2,3f.: „Zuerst (d. h. vor dem Tag des Herrn) muss der Abfall von Gott kommen und der Mensch der Gesetzwidrigkeit erscheinen, der Sohn des Verderbens, der Widersacher, der sich über alles, was Gott oder Heiligtum heißt, so sehr erhebt, dass er sich

noch dieses Verständnis. Lukas hat möglicherweise den tatsächlichen Verlauf der Ereignisse um 70 n. Chr. berücksichtigt.

Die Versuche, Markus 13 und Matthäus 24 *e posteriori* zu interpretieren, vermischen die Ebenen. Eine historische Exegese hat zu versuchen, die jeweilige historische Aussageintention herauszuarbeiten. Auf der Ebene der nachösterlichen Überlieferungs- und Redaktionsgeschichte mag sehr wohl eine aktualisierende Reflexion über Zeitereignisse mit hineingespielt haben. Auf der Ebene des historischen Jesus gilt es, nach Möglichkeit das Verhältnis der Zerstörung Jerusalems und der Parusie *in seinem damaligen Bewusstsein* zu eruieren. Eine Exegese, die nach der Bedeutung der Endzeitrede im weiteren Kontext der biblischen Prophetie und in Bezug auf den tatsächlichen späteren Geschichtsverlauf fragt, ist hingegen nicht nur am damaligen Bewusstsein Jesu, sondern auch an Gottes überzeitlicher Intention im zeitgebundenen inspirierten Wort interessiert. Eine solche Exegese ist primär theologisch, nicht historisch ausgerichtet. Zuweilen werden diese beiden Ebenen in der Exegese von Markus 13 und Matthäus 24 vermischt; Beispiele dafür sind die Auslegungen von Richard T. France und N. Thomas Wright.[254] Weil France offenbar voraussetzt, dass Jesus der weitere Geschichtsverlauf bewusst war, muss er Mt 24,29–34 auf die Zerstörung Jerusalems statt auf die Parusie beziehen.[255] Das Kommen des Menschensohns mit den Wolken (V. 30) interpretiert er als Kommen *zu Gott*, nicht zur Erde; dieses Kommen zu Gott bedeute die Rechtfertigung („vindication") des Menschensohns und seiner Botschaft durch Gott, konkret: durch das Gericht an Israel in der Zerstörung des Tempels.[256] Das Wehklagen aller Völker der Erde interpretiert France als Wehklagen aller Familien des (Heiligen) Landes; was sie „sehen", ist nicht der Menschensohn, sondern seine „vindication": die Zerstörung Jerusalems. Die Engel (ἄγγελοι), welche die Auserwählten aus allen vier Winden zusammenführen, seien die „Boten", die weltweit das Evangelium verkünden und so Menschen ins Gottesreich „sammeln".[257] Die Menschensohnworte Mk 8,38 par. und Mk 14,62 par. legen France und Wright genauso aus.

Edward Adams hat überzeugend nachgewiesen, dass in diesen Stellen das Kommen des Menschensohns von Dan 7,13 verbunden ist mit dem zukünftigen Kommen Gottes *auf die Erde* nach Sach 14,3 und anderen alttes-

---

sogar in den Tempel Gottes setzt und sich als Gott ausgibt." Siehe dazu EVANS, *Mark* 2,319f.; D. WENHAM, *Paul* 318; JOACHIM JEREMIAS, *Theologie* 129. Zur weiteren Auslegungsgeschichte s. LUZ, *Matthäus* 3,412–418.425f.

[254] FRANCE, *Matthew*; WRIGHT, *Jesus* 341.360–367.510–519.632 (für weitere Titel der beiden Autoren s. ADAMS, „Coming" 40 Anm. 4). Im Folgenden gehe ich nur auf den Matthäuskommentar von RICHARD T. FRANCE näher ein.

[255] FRANCE, *Matthew* 334f.

[256] FRANCE, *Matthew* 344.

[257] FRANCE, *Matthew* 345.

tamentlichen Texten. Die fraglichen Menschensohnworte sind deshalb un-
zweifelhaft auf die Parusie Jesu bezogen.[258] Auch andere alttestamentliche
Bezüge deuten klar auf eine endgeschichtliche Auslegung hin; z. B. impliziert die letzte Posaune (Mt 24,31) die Auferstehung der Toten (Jes 27,13;
vgl. 1Thess 4,16; 1Kor 15,52).[259] Ein gewichtiges weiteres Argument ist
die Aufnahme der vorsynoptischen Endzeitrede im 1. Thessalonicherbrief
(s. o.), die zeigt, dass diese Überlieferung schon zwei Jahrzehnte vor der
Tempelzerstörung auf die Parusie und nicht auf das noch ausstehende Gericht über Jerusalem bezogen wurde.

4. Die Zwischenzeit vor der Parusie

In mehreren Gleichnissen setzt Jesus eine Zwischenzeit zwischen der irdischen Wirksamkeit und seiner Parusie zum Gericht voraus.[260] Die beiden
Fassungen des Gleichnisses von den Talenten (Mt 25,14–30/Lk 19,11–27),
das mit stehenden Metaphern arbeitet und somit von vornherein allegorische Züge trug[261], sprechen vom Weggang des „Herrn" oder „Königs" „für
lange Zeit" bzw. „in ein fernes Land". Bei seiner Rückkehr fordert er Rechenschaft von seinen Knechten. Auch beim Gleichnis vom guten und vom
bösen Knecht (Mt 24,45–51 par.) und beim Gleichnis von den zehn Jungfrauen (Mt 25,1–13) ist eine unbestimmte Zwischenzeit integraler Teil des
Gleichnisses. Ob die Zwischenzeit schließlich kurz ausfällt (Mt 24,48–50
könnte zumindest so verstanden werden: „Der Herr wird an einem Tag
kommen, an dem der Knecht es nicht erwartet") oder sich länger hinzieht
(vgl. Mt 25,5: „der Bräutigam kam lange nicht"), entscheidet Jesus nicht.
Es kommt ihm auf die Unbekanntheit der Dauer an.

Vom Kriterium der mehrfachen Bezeugung her gibt es nach David
Bosch keinen Grund, die Lehre von der unbestimmten Zwischenzeit Jesus
abzusprechen:

Es ist „vollkommen unmöglich, alle Aussagen Jesu, die auf eine Zeit, wo die Jünger ohne
ihren Herrn sein werden, hindeuten, als Schöpfungen der Urgemeinde zu betrachten. Solche Aussagen begegnen uns so häufig und sind so natürlich, unpolemisch und selbstver-

---

[258] ADAMS, „Coming"; ebenso WITHERINGTON, *Jesus* 172.

[259] Siehe GRELOT, *Jésus* 2,182f.

[260] Die älteste überlieferte Interpretation der Gleichnisse in Mt 24,43–25,30 deutet
diese auf Jesu eigenen Weggang, auf die Weiterführung seiner Mission durch seine Jünger und auf seine Rückkehr zum Gericht und zur Aufrichtung der Gottesherrschaft. Jedes
Postulat einer davon verschiedenen, noch ursprünglicheren Interpretation ist rein hypothetisch (s. dazu D. WENHAM, *Paul* 294[–297]). Dieser Tatbestand ist im Folgenden zugrunde gelegt.

[261] MARSHALL, *Luke* 702: „the original form could not but have an allegorical significance for the hearers"; der Aspekt der Zwischenzeit geht auf Jesus zurück. Zu diesem
Gleichnis s. auch unten Abschn. F.4.

ständlich in die sonstige Überlieferung aufgenommen, dass sie zweifellos in irgendeiner Gestalt auf Jesus selber zurückgehen müssen. Immer mehr kommen Forscher zu der Erkenntnis, dass Jesus eine Zeitspanne – wenn auch eine kurze – zwischen seinem Tod und seiner Parusie erwartet hat. Wenn er aber eine solche Zeitspanne erwartete, ist es weiterhin vollkommen verständlich, dass er dazu seinen Jüngern gewisse Weisungen gegeben und Aufgaben gestellt hat. Zu diesen Weisungen gehören die Aufrufe zur steten Wachsamkeit und Bereitschaft."[262]

Wie die Wachsamkeitsworte, aber auch die Wachstumsgleichnisse zeigen, war – so David Bosch –

„[d]er Zeitraum zwischen Anfang und Ende seiner Wirksamkeit ... für Jesu Auge durchaus nicht leer. In dieser Zwischenzeit trifft Israel seine Entscheidung für oder gegen seinen Messias, und für seine Jünger bedeutet sie eine Zeit des Wachens und des Bereitseins, eine Zeit der *Arbeit* ... [Hier] haben sie die Aufgabe, ... diese christusfeindliche Welt für ihren Christus zu gewinnen".[263]

Nicht zuletzt zeigt das anstößige Wort Mk 9,1 par., dass Jesus seine Parusie zwar innerhalb einer „Generation", aber nicht in kürzester Zeit, sondern u. U. erst nach einigen Jahrzehnten erwartet hat:

„Amen, ich sage euch: Von denen, die hier stehen, werden einige den Tod nicht erleiden, bis sie gesehen haben, dass das Reich Gottes in Macht gekommen ist" (ähnlich Mk 13,30 par.).

Dies ist wohl kaum anders zu verstehen, als dass Jesus davon ausging, dass *einige wenige* seiner Zeitgenossen (nicht alle oder die meisten!) die Parusie noch vor ihrem Tod miterleben würden.[264] Auch die Urchristenheit rechnete lebhaft mit der Möglichkeit, dass Jesus noch innerhalb einer Ge-

---

[262] BOSCH, *Heidenmission* 139 (vgl. 119 Anm. 17). Genauso MARSHALL, *Eschatology* 39.41; KÜMMEL, *Verheißung* 38–48. A. I. WILSON, *When* 237 (vgl. 233) kommt zum Schluss: „Jesus ... perhaps even gave strong hints that there would be some significant delay". Wie die Erwartung des Paulus, dass die Parusie noch zu seinen Lebzeiten stattfinden könnte, zeigt, war dieser Hinweis Jesu immer noch so unbestimmt, dass der Umfang dieser Zwischenzeit auch im Sinne einiger weniger Jahre oder Jahrzehnte verstanden werden konnte (vgl. Mk 9,1; 13,30 und dazu unten). Zur Frage, wie weit die Parusieverzögerung für die Urchristenheit ein Problem darstellte (die einzigen klaren Belege dafür sind 2Petr 3,4 – ein Spott im Mund von *Gegnern* des Christentums – und Apk 6,10 – ein Gebet der Märtyrer im Himmel), s. MARSHALL, *Eschatology* 16–24; AUNE, „Significance"; STROBEL, „Untersuchungen"; MORGENTHALER, *Reich* 105–108.

[263] BOSCH, *Heidenmission* 143.

[264] Die Auslegungs- und „Zähmungsversuche" zu Mk 9,1 par. sind Legion (vgl. die Übersicht bei D. WENHAM, *Paul* 295f. mit Lit.; MANSON, *Teaching* 279–284; JOACHIM JEREMIAS, *Theologie* 135f.; WITHERINGTON, *Jesus* 37–39.42–44.47f.). Das oben erwähnte Verständnis ist jedenfalls das nächstliegende, denn JOACHIM JEREMIAS hat darauf aufmerksam gemacht, dass das hebräische *dor* bzw. aramäische *dar*, das hinter γενεά steht, nicht wie γενεά auch „Volk/Rasse", sondern nur „Generation" bedeuten kann (*Theologie* 136 Anm. 46).

neration wiederkommen könnte (1Thess 4,15–5,3; 1Kor 15,51f.; 16,22; Phil 4,5 etc.).[265]

David Bosch weist in seiner Diskussion von Mk 9,1 darauf hin, dass die Urchristenheit neben Mk 9,1 das Jesuswort überliefert hat, nach welchem „nicht einmal der Sohn" Tag und Stunde der Parusie kennt (Mk 13,32 par.).[266] Damit verbietet Jesus sich selber und seinen Jüngern alle Berechnungen eines Datums der Parusie.

„Mk 13,32 Par. scheint somit in direktem Widerspruch zu 13,30 Par.; 9,1 Par. zu stehen. ... Dieser Widerspruch ist vielleicht sogar *gewollt*. Mk 13,30 und 13,32 stehen nicht zufällig so nahe aneinander. Die einzelnen Sprüche für sich genommen bilden bloss eine halbe Wahrheit. ... Es ist kaum denkbar, dass Mk. – und noch mehr der spätere Mt., – sich des Widerspruches nicht bewusst geworden wäre. ... Für die Gemeinde stehen Aussagen, die das Ende innerhalb kurzer Zeit verheissen neben solchen, die noch von einer zu gründenden Kirche und einer weltweiten Mission sprechen – man vergleiche beispielsweise auf der einen Seite Mk. 9,1 und 13,30, auf der anderen Seite Mt. 16,18; 21,43 und Mk. 13,10 Par. Das ist aber gerade die Dialektik des Glaubens der Urchristenheit, dass sie die eine Aussage ernst nimmt, ohne die andere zu vernachlässigen oder abzuschwächen. ... Sogar das späte ‚historisierende' Lukasevangelium hat diesen Widerspruch nicht aufzuheben versucht. ... Der Jünger muss jeden Tag wachen, als wäre es der letzte Tag und jeden Tag arbeiten, als läge jener letzte Tag noch in der weiten Zukunft."[267]

Die Lehre von der Zwischenzeit entspricht Jesu Erwartung eschatologischer Drangsale *vor* dem Kommen des Menschensohns zur endgültigen Aufrichtung der Gottesherrschaft (Mk 13,5–20 par., s. o.).[268] Jesus vertrat also nicht eine bereits realisierte Eschatologie, auch nicht eine konsequente Eschatologie im Sinne einer extremen Naherwartung, sondern eine „sich realisierende Eschatologie".[269] Zumindest gegen Ende seiner Wirksamkeit rechnete er mit seinem gewaltsamen Tod, seiner anschließenden Rehabilitierung durch Gott und – nach einer nur Gott bekannten Zwischenzeit, die durch sich steigernde Drangsale gekennzeichnet ist – mit seiner machtvollen Parusie als Weltrichter zur universalen Aufrichtung der Gottesherrschaft.

---

[265] Vgl. MANSON, *Teaching* 278.
[266] BOSCH, *Heidenmission* 144–148.
[267] BOSCH, *Heidenmission* 146–148.
[268] MARSHALL, *Eschatology* 41.
[269] So JOACHIM JEREMIAS, *Gleichnisse* 227; vgl. DERS., *Theologie* 128–141; MARSHALL, *Eschatology*.

5. Die Zeit der Heiden

Jesus vertrat den Grundsatz, zunächst nur zu den „Kindern Israels" gesandt zu sein (Mk 7,27 par.).[270] Diesem Grundsatz entsprechend sandte er seine Boten nur „zu den verlorenen Schafen des Hauses Israel" (Mt 10,5f.). Er erwartete, dass die von ihm und seinen Boten begonnene Judenmission bis zur Parusie fortdauern werde, ohne je abgeschlossen zu sein (Mt 10,23).[271]

Trotzdem wandte er sich immer wieder auch einzelnen Heiden zu[272], so dem besessenen Gerasener (Mk 5,1–20 par.), dem Hauptmann (Mt 8,5–13 par.), der Syrophönizierin und ihrer Tochter (Mk 7,24–30 par.) und Kranken aus der Dekapolis (Mk 7,31–37; Mt 15,29–31).[273]

Die Viertausend beim zweiten Speisungswunder (Mk 8,1–10 par.) sind in der bei Matthäus und Markus vorliegenden, von der Speisung der Fünftausend unterschiedenen Fassung ebenfalls Heiden.[274] Wohl die Mehrheit der Exegeten hält die Speisung der Viertausend (Heiden) für eine überlieferungsgeschichtliche Dublette zur Speisung der Fünftausend (Juden), Davies und Allison freilich mit der Einschränkung: „Still, it is not wholly out of the question that two separate but like events led to the two stories now found in Matthew and Mark".[275]

Auch eine Reihe von Aussprüchen Jesu nimmt die Heiden in den Blick[276]:

Wenn Israel, das erwählte Volk, „die vorgesehenen Gäste für das eschatologische Mahl", teilweise die Umkehr verweigert, werden jene, die sich Jesus nicht anschließen wollten, nicht am Reich Gottes teilhaben, und in ihren Augen Unwürdige, ja sogar Heiden, werden ihnen zuvorkommen (Mt 8,11f. par.; 11,21–24 par.; 13,41f. par.; s. o. B.3).

Im Gleichnis von den bösen Winzern (Mk 12,1–12 par.) wird Israel nicht durch den Weinberg, sondern durch die Pächter symbolisiert; der Weinberg ist die Gottesherrschaft (vgl. Mt 21,43), auf die jene Juden, die JHWHs Propheten und schließlich Jesus, seinen „Sohn", ablehnten, keine Anspruch mehr haben.[277] Das „andere Volk", dem die Gottesherrschaft ge-

---

[270] In Mk 7,27 drückt πρῶτον Jesu eigene Absicht aus: Er beschränkte sich zuerst auf Israel, erwartete aber, dass seine Botschaft in einem späteren Stadium auch den Heiden gelte (s. u. und BOSCH, *Heidenmission* 115; D. WENHAM, *Paul* 178f.).

[271] Siehe dazu BOSCH, *Heidenmission* 157; D. WENHAM, *Paul* 167–169.

[272] Zum Folgenden s. MCKNIGHT, „Gentiles" 260f.; BOSCH, *Heidenmission* 93–115; JOACHIM JEREMIAS, *Theologie* 235–237.

[273] Vgl. auch Joh 4,1–42; 12,20–22.

[274] So die bei W. D. DAVIES/ALLISON, *Matthew* 2,563 Anm. 5 und 564 Anm. 6 genannten Autoren.

[275] W. D. DAVIES/ALLISON, *Matthew* 2,564.

[276] Siehe REISER, *Gerichtspredigt* 296f.; MCKNIGHT, „Gentiles" 260f.

[277] S. die überzeugende Begründung für diese Auslegung bei BOSCH, *Heidenmission* 116–124 (121f. Anm. 26: Lit.). Das Gleichnis trug aller Wahrscheinlichkeit nach „schon im Munde Jesu" allegorische Züge (R. PESCH, *Markus* 2,214; genauso EVANS, *Mark*

geben wird (Mt 21,43 Sondergut[278]), sind nicht die Heiden, sondern das neue Gottesvolk aus *Juden und Heiden*.[279]

Dass das neue Gottesvolk nicht nur aus Heiden, sondern aus Heiden *und Juden* besteht, gilt, obwohl im Gleichnis die Pächter, also Israel, als Gesamtheit gesehen werden; sonst würde Jesus alle seine Verheißungen an seine Jüngerinnen und Jünger zunichte machen, die zu seiner Zeit samt und sonders Juden waren.[280]

Obwohl Jesus also voraussagte, dass die Basileia der im Unglauben verharrenden Mehrheit Israels genommen werde, erwartete er auch, dass Israel ihn am Ende doch noch als seinen Messias anerkennen werde (Mt 23,39; s. u.).

Möglicherweise hat Jesus in Anknüpfung an die alttestamentliche Rede von der „Gemeinde" Israels (קהל, LXX ἐκκλησία) von „seiner Gemeinde" (ἐκκλησία) gesprochen, die er „aufbaute" und die in der Zwischenzeit weiter bestand als das Volk der Gottesherrschaft (vgl. Mt 16,17f.; 18,15–17).[281] Ben Witherington fasst das Verhältnis von Basileia, Israel und der messianischen „Gemeinde" in der Lehre Jesu folgendermaßen zusammen:

„*[B]asileia* refers to the in-breaking of the reign of God and thus could never be equated with the effect of that in-breaking – transformed individuals or the community of transformed individuals. The distinction between *ekklēsia* and *basileia* is especially clear in the sayings that speak of obtaining, inheriting or entering the *basileia*. ... [T]he *basileia* ... is never identical with the *ekklēsia/qāhāl* but rather is the goal of those in the *ekklēsia/qāhāl*. Thus for ... Jesus ..., while the *basileia* (reign of God) is in evidence in the community of Jesus' followers, we cannot make the equation *basileia= ekklēsia/qāhāl*. It is equally true that ... Jesus' sending of his disciples out to the lost sheep of Israel ... make[s] impossible the simple equation Israel *in toto* (or even new Israel) = the *ekklēsia/qāhāl*. ... [Nor does] Jesus speak of the displacement or replacement of *all* Jews by some new entity called Israel. ... Surely what evidence we have suggests that for Jesus, his Jewish followers were those who would ... be the basis of his future *ekklēsia/qāhāl*."[282]

2,222; W. D. DAVIES/ALLISON, *Matthew* 3,176). Mit dem „Sohn" meinte Jesus offensichtlich sich selbst (s. BOSCH, ebd. 119f.).

[278] Dass Matthäus in 21,43 nicht „Reich der Himmel", sondern „Reich Gottes" schreibt, zeigt, dass der Satz schon zur Matthäus vorliegenden mündlichen Überlieferung gehörte (BOSCH, *Heidenmission* 123).

[279] Siehe BOSCH, *Heidenmission* 123 (Anm. 32: Lit.); LUZ, *Matthäus* 3,226f.

[280] Weitere Beispiele dafür, dass sich für Jesus Israel als Einheit („diese Generation") ablehnend verhält und deshalb „das Volk als Volk" unter dem Gericht steht, obwohl in der Realität ja eine Minderheit des Volkes die Gottesreichsboschaft Jesu angenommen hat, bei BOSCH, *Heidenmission* 122.129.

[281] Beide Worte gehen ziemlich sicher auf eine aramäische Fassung zurück; sie fügen sich gut in den Kontext der Jesusverkündigung ein. Zum Einzelnen s. STUHLMACHER, *Biblische Theologie* 1,114; D. WENHAM, *Paul* 170f. (Lit.); JOACHIM JEREMIAS, *Theologie* 164–176; WITHERINGTON, *Jesus* 86–92.

[282] WITHERINGTON, *Jesus* 226f.

In der Matthäusfassung des Gleichnisses vom Gastmahl (Mt 22,1–14) stehen die ersten Knechte für Johannes den Täufer und Jesus, die Israel in die Gottesherrschaft einladen.[283] Nach der Ablehnung dieser Knechte erhalten die Eingeladenen eine zweite Chance: Die anderen Knechte, die teilweise misshandelt und getötet werden, stehen für die Boten Jesu, die sich nach Jesu Tod zunächst nochmals an Israel wenden. An diese Phase, in der Israel ablehnend bleibt, schließt sich das Gericht über Israel an. Nun geht die Botschaft hinaus aus der „Stadt" auf die Landstraßen, d. h. zu den Heiden. Bei Lukas (14,16–24) ist von nur einem Diener die Rede, der also die verschiedenen Boten JHWHs in sich schließt. Es ergehen ebenfalls drei Einladungen: an die ursprünglich Eingeladenen, dann an die „Armen, Krüppel, Blinden und Lahmen" *in* der Stadt (Lk 14,21), wohl die „Zöllner und Sünder"[284], schließlich an die Menschen außerhalb der Stadt, auf den Landstraßen: die Heiden.

Nach Mk 13,10 ist die Zwischenzeit vor dem endgültigen Kommen der Basileia (s. o. Abschn. 4) eine Zeit der Verkündigung des Evangeliums an die Heiden:

„Vor dem Ende muss allen Völkern das Evangelium verkündet werden."

Die Parallele Mt 24,14 formuliert[285]:

„Dieses Evangelium vom Reich wird auf der ganzen Welt verkündet werden, damit alle Völker es hören; dann erst kommt das Ende."

Dasselbe ist im Wort Jesu über die Frau, die ihn in Betanien gesalbt hat, vorausgesetzt:

„Amen, ich sage euch: Überall auf der Welt, wo das Evangelium verkündet wird, wird man sich an sie erinnern und erzählen, was sie getan hat" (Mk 14,9 par.; vgl. auch Mt 10,18; Lk 21,12f.).[286]

Nach weit verbreiteter Meinung spiegelt sich in Mk 13,10 par. schon die urchristliche Missionsgeschichte, da bei einem so klaren Hinweis Jesu auf die Heidenmission die Auseinandersetzungen in den ersten Jahren der Ur-

---

[283] Die Gottesherrschaft, die eschatologische Hochzeit, *ist gekommen*; es kann sich bei den zuerst ausgesandten Knechten also nicht um die alttestamentlichen Propheten handeln (BOSCH, *Heidenmission* 126f.). Zum Folgenden s. ebd. 124–131.

[284] Bei dieser Interpretation sind die ersten beiden Einladungen nicht allegorisch auf zeitlich aufeinander folgende Phasen, sondern auf den gleichzeitig erfolgenden Ruf Jesu an die „Frommen" und die „Zöllner und Sünder" zu beziehen. Zu den Schwierigkeiten einer zu stark allegorisierenden Exegese des Gleichnisses s. MARSHALL, *Luke* 584–586; BOSCH, *Heidenmission* 129.

[285] Wortlaut und Stellung scheinen bei Matthäus ursprünglicher zu sein als bei Markus, s. D. WENHAM, *Paul* 296 Anm. 11 und 324 Anm. 83; DERS., *Rediscovery* 253–285; anders LUZ, *Matthäus* 3,409.425.

[286] Zu Mk 14,9 s. WITHERINGTON, *Jesus* 138f.

gemeinde nicht verständlich seien. Nach Eduard Schweizer ist die Terminologie mit der paulinischen und deuteropaulinischen Missionssprache
verwandt[287], nach Peter Stuhlmacher ist τὸ εὐαγγέλιον *terminus technicus*
der urchristlichen Mission[288], und nach Joachim Gnilka wurde der Satz von
Markus selber formuliert.[289] Für andere hingegen spricht die spätere Missionsgeschichte nicht gegen die Echtheit des Logions:

> „Jesus gave his followers a vision, not a mission strategy specifying how and on what
> terms the Gentiles should be evangelized."[290]

Die Wachstumsgleichnisse und die vielfach überlieferten Mahnungen zur
Bereitschaft und zur Wachsamkeit sowie die schon besprochenen Texte,
die von der Einbeziehung der Heiden in die Basileia sprechen, bestätigen,
dass für Jesus die erwartete Zwischenzeit ausgefüllt war mit der Verkündigung der Gottesreichs-Botschaft an alle Welt.[291] Er sagt voraus, dass die
Missionstätigkeit mit Leiden gepaart sei; die Zwischenzeit ist also „eine
Zeit des *Zeugnisses* und des *Leidens*" (Mk 13,9–13 par.; Mt 10,17–22;
23,34; 24,9–14; Lk 12,8–12; 21,12–19).[292] Zumindest nach Mk 13,10 par.
erwartete Jesus auch, dass die Heidenmission vor der Parusie ihren Abschluss finden werde.[293] Der Zeitpunkt der Parusie ist von dieser „Tatsache
der Predigt" an alle Völker abhängig (offenbar nicht von deren Erfolg oder
einer bestimmten Anzahl Bekehrter), ohne dass dies freilich irgendwie be-
rechenbar wäre.[294]

Die Juden- und Heidenmission geht somit parallel mit den „Wehen" der
Endzeit dem „Ende", der Parusie, voraus.[295]

Bei Lukas sagt Jesus zwischen der Zerstörung Jerusalems und der Parusie zeitlich nicht näher bestimmte „Zeiten der Heiden" voraus, in denen Jerusalem „von den Heiden zertreten" wird und die Juden erneut „in alle
Länder verschleppt" werden (Lk 21,24).[296] Ein ähnliches Szenario ist auch

---

[287] SCHWEIZER, *Markus* 148 nennt Röm 1,5.8–17; 11,11ff.; 15,16.19; 16,26; Eph 3,2–
9; Kol 1,23.27; 1Tim 3,16.

[288] STUHLMACHER, *Evangelium* 287. Freilich hat nach STUHLMACHER, *Biblische Theologie* 1,314 schon Jesus Jes 52,7 und 61,1f., wo vom „Evangelium" die Rede ist, „auf
seine eigene Person ... bezogen".

[289] GNILKA, *Markus* 2,189.

[290] D. WENHAM, *Paul* 179; ähnlich EVANS, *Mark* 2,310; BOSCH, *Heidenmission* 132;
vgl. C. STETTLER, „Purity" 495–500.

[291] Siehe oben und BOSCH, *Heidenmission* 132–143; D. WENHAM, *Paul* 177–179
(Lit.).

[292] BOSCH, *Heidenmission* 159(f.).

[293] Siehe BOSCH, *Heidenmission* 157.

[294] BOSCH, *Heidenmission* 170.

[295] BOSCH, *Heidenmission* 164.

[296] Die lukanische Neufassung des Abschnittes reflektiert wohl auch zeitgeschichtliche Entwicklungen, s. o. Abschn. 3.

in Mt 23,37–39 vorausgesetzt, wonach die Gegenwart JHWHs Israel für eine Zeit verlassen wird, bis ganz Israel sich dem Messias zuwenden wird, wenn er „kommt" und Israel ihn „sieht".[297] Eine endzeitliche Hinwendung Israels zum Messias Jesus am Ende der „Zeiten der Heiden" wird in Lk 21,24 nicht explizit angekündigt, Lukas setzt sie aber in Apg 3,19–21 voraus.[298] „Lukas 21,24 rückt damit in die Nähe von Röm. 9–11 ... und bildet dadurch gewissermaßen eine Parallele zu Mk. 13,10; Mt. 24,14".[299] Offenbar hat nicht erst Paulus, sondern schon Jesus erwartet, dass Israel zunächst mehrheitlich verstockt bleiben (Mt 8,11f. par.; Mk 12,1–12 par.; Mt 22,1–14), dass seine Botschaft sodann den Völkern verkündigt und schließlich ganz Israel zur Umkehr finden werde.[300] Das harte Ringen der Urchristenheit um die Heidenmission entzündete sich nicht am Dass, sondern am Wie des Einschlusses der Heiden.[301]

Eine zukünftige Öffnung des Gottesreichs für die Heiden deuten noch weitere Jesusworte an: Mk 11,17 (der Tempel als „Bethaus für alle Völker")[302]; Mk 4,30–32 (alle Vögel des Himmels werden im Baum Platz finden); Lk 10,1–12 (die Aussendung der 70 oder 72 Boten symbolisiert vielleicht die 70 oder 72 Völker von Gen 10, vgl. 1Hen 89,59–67)[303]; Mt 25,32–34 (im Endgericht werden „alle Völker" vor dem Menschensohn stehen, und auch Menschen aus den Völkern werden in die Gottesherrschaft eingehen).

Sicher beabsichtigte Jesus mit seinen Worten über die Teilhabe von Heiden an der Gottesherrschaft zunächst, Israel zur Umkehr herauszufor-

---

[297] Siehe BOSCH, *Heidenmission* 172 (Lit.). WITHERINGTON verweist in diesem Zusammenhang auch auf Mt 19,28 par. (*Jesus* 131–133).

[298] BOSCH, *Heidenmission* 172.

[299] BOSCH, *Heidenmission* 174; genauso D. WENHAM, *Paul* 323f.

[300] WITHERINGTON, *Jesus* 138.140–143.

[301] Vgl. C. STETTLER, „Purity" 495–500.

[302] Bei der Tempelreinigung standen nach ÅDNA, *Stellung* 358–364 die Heiden freilich nicht im Zentrum der Zeichenhandlung. Nach BRYAN, *Jesus* 199–206 gab es im Frühjudentum zwei gegensätzliche Erwartungen in Bezug auf die Heiden im eschatologischen Tempel: Die einen erwarteten die volle Integration von Heiden, während nach andern die Heiden vom eschatologischen Tempel ausgeschlossen seien. Nach Bryan könnte die Neuerung der teilweisen Zulassung von Heiden in den äußeren Vorhof im herodianischen Tempel eine Kompromisslösung im Blick auf den eschatologischen Tempel darstellen.

[303] Aber auch „an die 70 nach Ägypten ziehenden Israeliten (2.Mose 1,5; vgl. 5.Mose 32,8), die 70 Ältesten (2.Mose 24,1; 4.Mose 11,16) oder die 70, die in 70 Tagen das Alte Testament übersetzten (Arist. 50.307) ließe sich denken" (SCHWEIZER, *Lukas* 114). – Die Historizität der Aussendung der 70/72 ist schwer zu beurteilen. Vielleicht hat Lukas die Markus- und die Q-Version einer einzigen Aussendung auf zwei Ereignisse verteilt, wobei die Q-Version ursprünglich von mehr als zwölf Ausgesandten ausging (s. MARSHALL, *Luke* 413; J. SCHMID, *Lukas* 183f.; GRUNDMANN, *Lukas* 207f.).

dern.[304] Das macht diese Worte aber nicht zu einer leeren Drohung: Nach Mt 8,10f. par. werden die Heiden um ihres eigenen Glaubens willen in die Basileia eintreten, nicht nur dann, wenn Israels Platz frei bleibt. Was den in Ablehnung verharrenden Israeliten real droht, ist also, dass *sie* im Reich Gottes *fehlen* werden und so die groteske Situation entsteht, dass dort mehrheitlich Heiden zu finden sind, obwohl Israel zuerst zur Basileia berufen war. Jesus stellt damit genau wie Johannes der Täufer die Erwählungssicherheit Israels radikal infrage. Was er ihnen vor Augen malt, ist keine „,unmögliche' Situation", sondern sehr wohl eine „Verheißung für die Heiden"[305], die an den prophetischen Verheißungen einer Völkerwallfahrt zum Zion anknüpft (Jes 2,2–5; 60,2–16 etc.) und letztlich die Abrahamsverheißung Gen 12,1–3 par. zur Erfüllung bringt (vgl. den Bezug zu den Erzvätern in Mt 8,10f.): Der Segen der Abrahamsverheißung gilt nicht nur Israel, sondern alle Völker sollen daran teilhaben.

Freilich liegt für Jesus die Öffnung des Gottesreichs für die Heiden „jenseits der Passion, und die Hilfe, die Jesus in einzelnen Fällen Heiden zuteil werden lässt, gehört in die Reihe der Vorweggaben der Vollerfüllung".[306]

6. Berechenbarkeit oder Plötzlichkeit des Endes?

Die Worte Jesu, die auf ein gewisses Endzeit-Szenario hinweisen und „Zeichen" voraussagen, stehen, wie wir oben schon bemerkt haben, in Spannung zu seinem Verbot jeglicher *Berechnung* der Zeiten, die ohnehin unmöglich sei, und zu seiner Warnung vor dem völlig unerwarteten Kommen des Endes (Lk 17,20–37; Mk 13,32). Beide Aspekte waren den Evangelisten in der Jesustradition vorgegeben, „the fact that Jesus had spoken of signs could not be edited away".[307] Klare Zeichen für die nahe bevorstehende Parusie sind nach der synoptischen Apokalypse ohnehin nur die gewaltigen kosmischen Erschütterungen, die der Parusie unmittelbar vorausgehen.[308] Alle anderen „Zeichen" charakterisieren offenbar die ganze Zwischenzeit, deren Länge unbestimmt bleibt. „Von einem feststehenden ‚Programm' der zukünftigen Ereignisse kann darum nicht die Rede sein. ... Sinngemäss läuft die ‚eschatologische Rede' darum bei allen Synoptikern nur auf *Eines* hinaus: auf einen Aufruf zu steter Wachsamkeit."[309] Man

---

[304] So REISER, *Gerichtspredigt* 296; BOSCH, *Heidenmission* 123.130f.
[305] Gegen REISER, *Gerichtspredigt* 297.
[306] JOACHIM JEREMIAS, *Theologie* 237.
[307] MARSHALL, *Luke* 754.
[308] Vgl. MARSHALL, *Luke* 753f.
[309] BOSCH, *Heidenmission* 152f. Genauso MARSHALL, *Luke* 754: „the thrust of both discourses [Mk 13 und Lk 21] is paraenetic rather than apocalyptic. Jesus is not con-

kann mit großer Sicherheit sagen, dass Jesus mit der Möglichkeit einer *kurzen* Zwischenzeit *gerechnet*, aber keine extreme Naherwartung *gelehrt* hat.[310]

7. Zusammenfassung

Wir können für Jesus das folgende eschatologische Szenario rekonstruieren[311]:

1) Das gegenwärtige Kommen der Gottesherrschaft in Jesu Person, seiner Verkündigung an Israel, seinen Taten und seiner Sammlung des endzeitlichen Gottesvolks.
2) Stellvertretender Sühnetod und Rehabilitation/Auferweckung/Inthronisation als messianischer Menschensohn durch Gott.
3) Unbestimmte Zwischenzeit, in der die Jünger sich bereithalten sollen, indem sie „treu" bleiben und durch Wort und Tat die Basileia-Botschaft an Israel (und die Völker?) verkündigen; parallel „Wehen" der Endzeit (Verführung, Verfolgung, Hungersnöte, Erdbeben, Kriege), Zuspitzung der „Wehen" bis hin zur letzten großen Notzeit, in der der „Gräuel der Verwüstung" auftritt, kosmischer Zusammenbruch.
4) Sichtbares Kommen des Menschensohns mit seinen Engeln auf den Wolken, Sammlung der Erwählten aus allen Himmelsrichtungen, Auferstehung der Toten, letztes Gericht durch den Menschensohn. Die Gesetzlosen werden zur Gehenna verurteilt, wo sie – fern der Basileia – ewige (Gewissens-)Qualen erleiden; die treu Gebliebenen empfangen Lohn und eine engelgleiche Leiblichkeit, treten in die Basileia ein und feiern dort das messianische Hochzeitsmahl.

Mit diesem Szenario war Jesus „closer to some of the Pharisaic visions of the future than to any other group in early Judaism".[312] Einzigartig ist freilich, dass Jesus das Kommen der Gottesherrschaft in Stufen erwartete, dass er sich selber als den Repräsentanten JHWHs im Gericht verstand und dass er vom (Opfer-)Tod und Auferstehen des Messias sprach.[313]

---

cerned to impart apocalyptic secrets to the disciples, but to prepare them spiritually for what lies ahead."

[310] So auch WITHERINGTON, *Jesus* 36.

[311] Ähnlich WITHERINGTON, *Jesus* 229. Je nachdem, wie man die Authentizität der oben besprochenen Jesusüberlieferungen beurteilt, könnte man in Bezug auf die Zerstörung des Tempels und die Juden- und Heidenmission in der Zwischenzeit noch weiter differenzieren (s. o. Abschn. E.3–5).

[312] WITHERINGTON, *Jesus* 231. Statt „pharisäisch" müsste man genau genommen „chasidisch" sagen.

[313] Hingegen ist es im Judentum nichts Neues, dass JHWH durch einen Repräsentanten Gericht hält, s. o. II.F.2.d und III.B.3 (gegen WITHERINGTON, *Jesus* 226). Wie weit

F. Der Gerichtsmaßstab[314]

1. Der absolute Vorrang der Gnade

Für Jesus ist Gottes Gnade auf jeden Fall vorrangig. Als Belege mögen aus der Fülle der Aspekte einige Beispiele genügen: der bedingungslose Ruf in die Nachfolge; das bedingungslose Vergebungswort an den Gelähmten (Mk 2,5); das Gleichnis von den Arbeitern im Weinberg, wo die Einladung, im Weinberg mitzuarbeiten, an alle ergeht (Mt 20,1–16); das Gleichnis vom Schalksknecht, wo dem Knecht *zuerst* eine unermessliche Schuld erlassen wird (Mt 18,23–35); die Gleichnisse vom verlorenen Schaf, von der verlorenen Drachme und vom verlorenen Sohn (Lk 15); das Wort vom Pharisäer und vom Zöllner (Lk 18,9–14); Jesu Tischgemeinschaften mit „Zöllnern und Sündern"; die Vergebungsbitte am Kreuz (Lk 23,34[315]); das Wort an den Schächer am Kreuz (Lk 23,43).

Die Zuwendung Gottes in Jesus ist auf jeden Fall vorrangig – so hat Jesus sein Wirken verstanden. Auf den Vorwurf: „Dieser nimmt die Sünder an und isst mit ihnen", hat er mit dem Gleichnis vom Vater geantwortet, der seinem verlorenen Sohn entgegenläuft, ihm um den Hals fällt, ihn küsst, ein Fest für ihn ausrichtet und ihn wieder in alle Rechte des Sohnes einsetzt. Joachim Jeremias bemerkt dazu:

„Das Gleichnis vom verlorenen Sohn ist ... primär nicht Verkündigung der Frohbotschaft an die Armen, sondern Rechtfertigung der Frohbotschaft gegenüber ihren Kritikern. ... *Jesus beansprucht also, in seinem Handeln die Liebe Gottes zu dem bußfertigen Sünder zu aktualisieren.* Damit enthüllt sich das Gleichnis, das keinerlei christologische Aussage enthält, als eine verhüllte Vollmachtsaussage: Jesus nimmt für sich in Anspruch, dass er an Gottes Stelle handelt, Gottes Stellvertreter ist."[316]

---

die Heidenmission theologisch etwas Neues war, lässt sich schwer sagen. Es ist nach wie vor hoch umstritten, in welchem Umfang zur Zeit Jesu im Judentum versucht wurde, Proselyten zu gewinnen (vgl. Mt 23,15). Dass die „automatisch" einsetzende Völkerwallfahrt zum Zion nicht das einzige Modell war, zeigt zumindest Jes 66,18f.

[314] Vgl. dazu GREGG, *Jesus* 273–276. – Im Folgenden wird ein Überblick über zentrale Belege in der synoptischen Jesustradition gegeben. Die Frage nach der Echtheit der einzelnen Logien kann dabei außer Betracht bleiben, weil es um ein Gesamtbild geht, das im Großen und Ganzen der Verkündigung des historischen Jesus entspricht, unbeschadet einzelner möglicher Unechtheitsurteile (zur hier vorausgesetzten Sicht der Geschichte der Jesusüberlieferung s. o. Anm. 1). Die folgende Übersicht lehnt sich teilweise an die Zusammenstellung an, die ZAGER, *Gottesherrschaft* 307–310 zu den Endgerichtsaussagen des Markusevangeliums bietet. Allerdings unterscheidet ZAGER die Endgerichtserwartung Jesu stärker von der Darstellung des Markus (siehe ebd. S. 310 mit Anm. 3–9 und 311–316).

[315] Allerdings ist die textkritische Ursprünglichkeit unsicher (die wichtigsten alexandrinischen Zeugen $\mathfrak{P}^{75}$, $\aleph$*, B, 33, 579, 1241 und bo sind geteilt).

[316] JOACHIM JEREMIAS, *Gleichnisse* 131f.

Diese bedingungslose Zuwendung Gottes in Jesus steht vor allen Forderungen, die er stellt. Freilich verpflichtet Gottes Erbarmen diejenigen, die es erfahren haben, selber Barmherzigkeit zu üben: Sie sind verpflichtet, dieses Erbarmen an ihre Mitmenschen weiterzugeben – durch fortgesetztes Verzeihen, durch Versöhnungs- und Friedensbemühungen. Wer Gottes Erbarmen hingegen nicht weitergibt, verspielt es wieder (Mt 5,7.9.25f. par.; 6,12.14f. par.; 18,21f.23–35; Mk 4,24 par.; 11,25). Denn wer andere verurteilt, wird selber im Endgericht verurteilt werden; im Endgericht wird Gott jeden mit dem Maß messen, mit der dieser andere gemessen hat (Mt 7,1f. par.).[317] Und wer hier Frömmigkeit heuchelt, aber gleichzeitig Schutzbedürftige bedrückt, wird umso härteres Gericht empfangen (Mk 12,40).[318]

2. Umkehr und Anschluss an Jesus

Die Grundvoraussetzung der Gerichtsverkündigung Jesu entspricht genau der von Johannes dem Täufer: „Da allen das Verderben droht, verlangt er von allen die Umkehr."[319] Wer umkehrt, wird in die Gottesherrschaft eingehen dürfen; wer hingegen nicht umkehrt, wird umkommen (Lk 13,3.5).

Durch den Umkehrruf Jesu an ganz Israel „wird die Frage, wie sündig ein Mensch sei, einfach bedeutungslos; die geforderte Umkehr ist für alle dieselbe".[320] Der zweite Teil des Gleichnisses vom verlorenen Sohn (Lk 15,22–32), das Gleichnis von den beiden Söhnen (Mt 21,28–32) und das Gleichnis von den Arbeitern im Weinberg (Mt 20,1–16) reflektieren diesen Grundsatz Jesu, ebenso die Tischgemeinschaften Jesu mit den „Zöllnern und Sündern" und Worte wie:

> „Im Himmel wird mehr Freude herrschen über einen einzigen Sünder, der umkehrt, als über neunundneunzig Gerechte, die es nicht nötig haben umzukehren" (Lk 15,7).[321]

Maßstab für einen Gott wohlgefälligen Lebenswandel sind grundsätzlich „das Gesetz und die Propheten" (vgl. Lk 16,31; Mt 5,17–20; 7,12; Mk

---

[317] κρίνειν hat in Mt 7,1 die Bedeutung von κατακρίνειν (W. D. DAVIES/ALLISON, *Matthew* 1,669), vgl. die Parallele Lk 6,37f.

[318] Siehe dazu ZAGER, *Gottesherrschaft* 286f.

[319] REISER, *Gerichtspredigt* 295; vgl. Lk 13,1–5.

[320] REISER, *Gerichtspredigt* 309 mit Verweis auf die Darstellung der Sintflutgeneration in Mt 24,37–39 par.

[321] In Lk 15,7 (par. Mt 18,13) spricht Jesus seinen Gegnern nicht Gerechtigkeit zu (gegen SCHWEIZER, *Lukas* 161f.; GRUNDMANN, *Lukas* 307; J. SCHMID, *Lukas* 250f. u. a.), vielmehr überlässt das Wort den Hörer(inne)n „zu beurteilen, ob sie selbst ... wirklich gerecht und keiner Buße bedürftig seien. Wenn sie nur anerkennen wollten, dass Gott im Himmel und seine Engel über eben das jubeln, worüber sie murren, würden sie auch an ihrer Selbstbeurteilung ... irre werden" (ZAHN, *Lukas* 560).

12,28–31 par.), die für Jesus offenbartes Gotteswort sind. Wo JHWH im Sinai-Gesetz Konzessionen an die menschliche „Herzenshärtigkeit" macht, greift Jesus auf die (ebenfalls in der Tora geoffenbarte) Schöpfungsordnung zurück (Mt 19,8/Mk 10,5f.). Wer diesen „Willen meines Vaters im Himmel" tut, kann mit der Annahme im Gericht rechnen (vgl. Mt 7,21–23 par.).[322]

Allerdings erhebt Jesus zugleich den Anspruch, den wahren Sinn des Gotteswillens für die anbrechende Gottesherrschaft zu lehren. Mit seinem „Ich aber sage euch" beansprucht er JHWHs gesetzgeberische Autorität (Mt 5,21–48 par.). Seine eigenen Worte sind deshalb das Fundament, auf dem ein Lebenshaus auch im Endgericht Bestand haben wird (Mt 7,24–27 par.). Er ist nicht nur der neue Mose (vgl. Mt 5,1)[323], er ist sogar größer als Johannes der Täufer, der seinerseits „mehr als ein Prophet" war (Mt 11,9.11–15). Jesus ist der zuletzt gesandte „Sohn" (Mk 12,1–12 par.), JHWHs eigene Gegenwart unter seinem Volk (Mt 12,6; 23,37–39 par.[324]), der Messias (s. o. Abschn. C). Wer das Gesetz und die Propheten ernst nimmt, hört auf ihn (Lk 16,31); wer ihn ablehnt, „kennt weder die Schrift noch die Macht Gottes" (Mk 12,24 par.). Jesus ruft denn auch immer wieder dazu auf, seine Worte im Herzen zu bewahren und zu tun (Mk 4,20; Mt 6,19–21 par.; 6,24 par.; 7,21.24–27 par.; Lk 8,15). „*Umkehr meint nichts anderes als die Annahme seiner Botschaft und das bereitwillige Tun seiner Worte*".[325]

Deshalb ist im Endgericht mehr als alles andere die Stellung zu Jesu Basileia-Botschaft und damit zu Jesus selber entscheidend (Lk 12,8f. par., s. o.; vgl. auch Lk 19,14.27 mit Mt 22,7).[326] Ein zweites wichtiges Novum seiner Botschaft neben der Zwei-Stufen-Eschatologie ist nach Marius Reiser

der „Anspruch, dass die Entscheidung über Heil und Unheil ... jedes einzelnen an der Stellung zu ihm und seiner Botschaft fallen müsse".[327]

---

[322] Gegen REISER, *Gerichtspredigt* 302: „Gegenstand des Gerichts sind ... nicht Sünden und Übertretungen der Tora im allgemeinen; Gegenstand des Gerichts ist nach den Worten Jesu allein die verweigerte Umkehr auf seine Botschaft hin". Dies ist eine falsche Alternative.

[323] Siehe LIERMAN, *Moses.*

[324] S. o. Abschn. B.3.

[325] REISER, *Gerichtspredigt* 295 (Hervorhebung von mir).

[326] So auch RINIKER und REISER (s. RINIKER, „Jesus" 8).

[327] REISER, *Gerichtspredigt* 307. Damit hängt die Selbstidentifikation Jesu mit dem verheißenen Messias eng zusammen. Reiser nennt als dritten Punkt die Zentralität des Begriffes „Reich Gottes". Dies mag für den Begriff zutreffen, nicht aber für die Sache, denn die Gottesherrschaft ist das Zentrum der apokalyptischen Erwartung seit Deuterojesaja (s. o. II.F.2.a-b). Hingegen ist ein weiteres wirkliches Novum bei Jesus die Erwartung des Sühnetodes und der Auferstehung des Messias (s. o. Abschn. D und E.2).

Ein Vergleich von Lk 12,8f. par. und Mt 7,24–27 par. zeigt, dass „sich zu mir bekennen" nichts anderes heißt als „meine Worte hören und tun"; wenn sich der Menschensohn im Gericht zu jemandem „bekennt", bedeutet das, dass dessen „(Lebens-)Bau bestehen bleibt", d. h. dass er ins ewige Leben eingehen kann.[328]

Wer sich hingegen Jesus und der durch ihn anbrechenden Gottesherrschaft verschließt oder den Weg der Nachfolge wieder verlässt, wird dem ewigen Feuer der Gehenna übergeben (Mk 8,38; 9,43.34.47f.; 13,26; 14,62; vgl. 6,11; Mt 18,34; Lk 13,5). Wer glaubt, durch Jesus wirke nicht der Heilige Geist, sondern der Teufel, wird keine Vergebung finden (Mk 3,28–30).

Wie ein שָׁלִיחַ (ἀπόστολος) nach jüdischem Botenrecht seinen Herrn repräsentiert (s. o. Abschn. C), repräsentieren die Gesandten Jesu ihn selbst. Eine positive Haltung seinen Jüngern gegenüber rechnet Jesus im Endgericht deshalb gleich an wie eine persönliche Nachfolge Jesu: Alle, die den Jüngern Jesu einen Becher Wasser geben, werden den Lohn eines Jüngers erhalten (Mk 9,37.41 par. Mt 10,40–42)[329], und alle, die seinen Jüngern Gutes getan haben, werden in die Gottesherrschaft eingehen dürfen (Mt 25,31–46).[330]

Mt 25,31–46 ist kein Gleichnis, sondern „an apocalyptic discourse", eine *direkte*, wenn auch bilderschwere Schilderung des Endgerichts.[331] Ἀδελφοί Jesu sind bei Matthäus die Jünger(innen) Jesu (s. 12,50; 28,10).[332] Auch die parallele Verwendung von „Geringsten", „Kleinen" und „geringsten Brüdern (und Schwestern)" in Mt 10,42; 25,40.45 zeigt, dass die Jünger(innen) Jesu gemeint sind. Mit πάντα τὰ ἔθνη (Mt 25,32) kann kaum etwas anderes gemeint sein als in Mt 24,14; 28,19, wo alle Völker, Juden und Heiden, gemeint sind. Da die Heidenmission vor dem Endgericht zu Ende gegangen ist (Mt 24,14), befinden unter „allen Völkern" auch alle jene, die Jesu Botschaft angenommen haben: „Die ‚Geringsten' stehen ... mitten unter den anderen".[333] (ebd. 540). Diese Beobachtungen sprechen gegen die lange vorherrschende Deutung, dass in Mt 25,31–46 nur die Barmherzigkeitswerke von Christen an Christen die Rede sei. Eine andere heute oft vertretene Auslegung unterscheidet von der überlieferten matthäischen eine jesuanische Ebene, auf der die „Geringsten" alle Menschen in Not gemeint hätten. Diese Auslegung

---

[328] LUZ, *Matthäus* 1,413.

[329] Diejenigen, die den Becher reichen, sind kaum nur „ortsansässige Jesusanhänger oder Christen", sonst würde die Lohnverheißung ihnen nichts Neues verheißen, was sie nicht ohnehin schon hätten (gegen ZAGER, *Gottesherrschaft* 233).

[330] „Im Hintergrund steht ... das jüdisch-christliche Botenrecht, also der jüdisch-urchristliche Gedanke des שָׁלִיחַ bzw. ἀπόστολος, in dem der himmlische Menschensohn epiphan wird" (LUZ, *Matthäus* 3,539). –

[331] Siehe STANTON, „Once More" 209 Anm. 1; A. I. WILSON, *When* 238f. Zur Echtheitsfrage s. GRELOT, *Jésus* 2,187.

[332] Siehe LUZ, *Matthäus* 3,537.

[333] LUZ, *Matthäus* 3,540; vgl. 531.

hat am Text selber keinen Anhalt und ist deshalb rein hypothetisch.[334] Freilich ist die *primäre* Aussageabsicht von Mt 25,31–46 nicht eine Lehre über das Heil von Nichtchristen, sondern die Mahnung an die Jünger(innen), ihre Liebe nicht erkalten zu lassen.[335]

Jede Wohltat an seinen Repräsentanten wird in Wirklichkeit Jesus selbst zuteil. Auch das Wort seiner Gesandten gilt wie sein eigenes, die Entscheidung über den künftigen Ausgang des Endgerichts vollzieht sich in der gegenwärtigen Annahme oder Ablehnung ihrer Botschaft (Mt 10,14f./ Lk 10,10–12).[336]

3. Nachfolge und Gehorsam

Wie wir gesehen haben, steht die bedingungslose Zuwendung Gottes in Jesus vor allen Forderungen, die er stellt. Freilich ist seine Einladung nicht *ohne* Forderungen: Er ruft zwar bedingungslos in die Nachfolge, die Nachfolge hat aber eine ganz bestimmte Gestalt, ist Anschluss an Jesus, Übernahme und Befolgen seiner Lehre. Im Endgericht zählen deshalb (auch) die Werke. Es kommt auf die Früchte an, die ein Baum (oder Acker) gebracht hat (Mt 7,16–20 par.; Mk 4,8 par.; Mk 11,12–14 par.; Lk 13,6–9). Es kommt darauf an, ob jemand die Worte Jesu „gehört und getan" hat (Mt 7,24–27 par.), ob er das Licht der guten Werke bei sich hat (Mt 25,1–13; vgl. 5,14–16 par.).

Im Gleichnis von den klugen und törichten Jungfrauen (Mt 25,1–13) sprengen V. 10–12 die Form der Parabel und machen den metaphorischen Charakter des Gleichnisses deutlich.[337] Die Hauptaussage des Gleichnisses liegt nicht darin, dass Jünger(innen) nach einem guten Anfang träge oder untreu geworden seien. Die entscheidende Frage ist, ob Menschen bis zum Augenblick der Parusie ihr Leben im Tun des Willens Jesu, auf seinem Fundament gelebt haben (vgl. die fast wörtliche Übereinstimmung von Mt 25,10–11 und Mt 7,22f.). Das Gleichnis betont „not so much the need to be ready for a sudden, soon coming, as the need to endure to the end in order to be saved"[338]; ja es fordert dazu auf, *von Anfang an* dafür zu sorgen, bei der Parusie bereit zu sein.[339] Im Augenblick der Ankunft des Bräutigams spielt es keine Rolle, ob die Jungfrauen früher einmal brennende Lampen hatten; allein wichtig ist, dass ihre Lampen immer noch am Brennen sind.[340] Da der Bräutigam, der Menschensohn Jesus (vgl. Mk 2,19 par.), unerwartet kommt, kann man die Umkehr nicht hinausschieben; es gibt ein „zu spät".

---

[334] Außer τῶν ἀδελφῶν μου in V. 40 wäre textkritisch sekundär; die alexandrinischen Hauptzeugen B und ℵ sind hier geteilt. Zu den drei Auslegungsmodellen s. LUZ, *Matthäus* 3,521–530. Zur Parallele von Mt 10,40–42 und 25,31–46 s. auch MARSHALL, *Eschatology* 44; WALTER, „Botschaft" 323f.; weitere Lit. bei Blomberg, *Jesus* 327f.

[335] LUZ, *Matthäus* 3,539f.

[336] S. o. Abschn. D.

[337] LUZ, *Matthäus* 3,467.473.476f.

[338] MARSHALL, *Eschatology* 41.

[339] LUZ, *Matthäus* 3,477; ZAHN, *Matthäus* 679.

[340] W. D. DAVIES/ALLISON, *Matthew* 3,400 mit Bezug auf MANSON, *Sayings* 243.

Die törichten Jungfrauen sprechen den Bräutigam in V. 11 mit „Herr, Herr" an. Trotzdem stehen sie nicht für Jünger(innen) – jedenfalls nicht für solche, die in der Nachfolge
ausharren –, denn bei der Parusie müssen alle den Menschensohn als Herrn anerkennen.[341] Dass das Gleichnis im Kontext der Jesusverkündigung eine andere Ausrichtung
gehabt habe als im matthäischen Kontext[342], lässt sich nicht nachweisen; es ist wahrscheinlicher, dass schon Jesus es auf seine Parusie bezogen hat, die er nach einer gewissen Zwischenzeit erwartete.[343] Dass nicht die Braut (vgl. 2Kor 11,2; Eph 5,27; Apk 19,7;
21,2.9), sondern die (vorbereiteten) Brautjungfern für die Jüngergemeinde stehen, spricht
gegen eine Gemeindebildung.[344] Die Möglichkeit, dass Jesus mit dem Schlaf und Aufge-
weckt-Werden der Jungfrauen den Tod und die Auferweckung von Jünger(inne)n meinte,
haben wir schon erwähnt.[345] In diesem Fall wäre der Ölvorrat mit dem „Schatz im Himmel" zu vergleichen: Es ginge darum, für das Leben im neuen Äon „vorzusorgen".

Entscheidend sind nicht Lippenbekenntnisse, sondern Umkehr zum *Tun*
des Willens Gottes (Mt 7,21–23; 21,28–32). Wer hingegen die Worte Jesu
nur gehört, aber nicht getan hat (Mt 7,26f.), also nicht umkehrt (Lk 13,3.5)
und mit dem anvertrauten Gut nichts unternimmt (Mt 25,24–30)[346], bekommt keinen Anteil am Gottesreich.

Nach Howard Marshall könnte das Schicksal des untätigen Knechts in Mt 25,30 allerdings ein matthäischer Zusatz sein.[347] In Lk 19,20–27 ist der Ausgang nämlich anders:
Derjenige, der mit der anvertrauten Mine nichts unternommen hat, verliert zwar die eine
Mine, die ihm anvertraut worden war, und erhält auch keine Verantwortung über Städte
übertragen, hat also keinen Lohn, aber von seinem Ausschluss von der Gottesherrschaft
wird nichts gesagt.[348] Ob „kein Lohn" gleichbedeutend ist mit „kein Anteil an der Gottesherrschaft", ist schwierig zu beurteilen; andere Jesusworte weisen in eine ähnliche
Richtung (Mt 7,21–23.24–27 par.; 25,1–13; etc.), denn keine Werke im Sinne Jesu getan
zu haben ist dasselbe wie ihn selber abzulehnen. Andererseits werden nach V. 27 die
„Feinde" des Königs, die nicht wollten, dass er über sie herrsche, in Stücke gehauen; sie
sind in V. 14f. deutlich von den „Knechten" unterschieden, so dass auch der untätige
Knecht nicht zu den „Feinden" Jesu gerechnet wird.[349] Erleidet also der untreue Knecht
dasselbe Schicksal wie die „Feinde" oder nicht?
    Paulus kennt den Fall, dass jemand keine feuertauglichen Werke vorzuweisen hat,
aber trotzdem „gerettet wird wie duch Feuer hindurch" (1Kor 3,15). Ob er die Lukasfas-

---

[341] Gegen W. D. DAVIES/ALLISON, *Matthew* 3,400.

[342] So LUZ, *Matthäus* 3,473.

[343] Siehe MARSHALL, *Eschatology* 40–42; zur Zwischenzeit s. o. Abschn. E.4).

[344] MARSHALL, *Eschatology* 42.

[345] S. o. Abschn. E.1.

[346] „In its earliest form the parable stressed the importance of human attitudes before
the consummation of the kingdom", „the entrusting of the kingdom to men and their responsibilities to use its spiritual benefits until the consummation" (MARSHALL, *Luke* 702
mit Lit.).

[347] MARSHALL, *Luke* 708f.

[348] GRUNDMANN, *Lukas* 365; SCHWEIZER, *Lukas* 196.

[349] V. 14f.27 scheinen allerdings im Gleichnis eine spätere Hinzufügung zu sein,
s. MARSHALL, *Luke* 701; vielleicht gehörten sie ursprünglich zu einem eigenen Gleichnis,
so JOACHIM JEREMIAS, *Gleichnisse* 56; D. WENHAM, *Rediscovery* 71–73.

sung des Gleichnisses gekannt und entsprechend ausgelegt hat? In 1 Kor 12–14 nimmt Paulus wahrscheinlich auf eben dieses Gleichnis Bezug, allerdings eher in der Fassung, die bei Matthäus überliefert ist (vgl. Mt 25,15; Mk 13,34 mit 1 Kor 12,7.11).[350] Oder kannte Paulus so etwas wie die Fassung im Nazarener-Evangelium, das ebenfalls drei mögliche Schicksale kennt: Lob, Tadel (aber Rettung), Verderben?

Nicht nur die Taten, sondern auch die Worte und sogar die Gedanken werden im Gericht beurteilt werden (Mt 5,22; 12,36f.; 23,26). Dann wird alles Verborgene offenbar werden (Mk 4,22 par.; Mt 10,26 par.), weil Gott ins Verborgene sieht und jedem Menschen (auch) nach dem vor Menschen Verborgenen vergilt (Mt 6,4.6.18).[351]

Der Gehorsam gegen Jesu Wort verlangt vollen Einsatz. Deshalb fordert Jesus auf, alles daran zu setzen, in die Gottesherrschaft hineinzukommen (ἀγωνίζεσθε εἰσελθεῖν Lk 13,24). „Die Gottesherrschaft bricht sich mit Kraft Bahn, und Eroberer erobern sie" (Mt 11,12 par.).[352] Man verkauft alles, um einen Schatz oder eine kostbare Perle zu gewinnen (Mt 13,44). Man kann sein Herz nicht an Besitz hängen und zugleich Jesus nachfolgen bzw. in das Reich Gottes kommen (Mk 10,17–27 par.; Mt 5,24; 6,20f.; Lk 12,33f.). Es ist besser, Gliedmaßen abzuhauen, die einen zum Sündigen verführen, als die Teilhabe am Reich Gottes einzubüßen (Mk 9,43–48).[353] Es ist sogar besser, sein irdisches Leben zu verlieren, wenn die Alternative dazu wäre, des ewigen Lebens verlustig zu gehen (Mk 8,35 par.; Mt 10,28.39 par.; vgl. Joh 12,25). Wer sein irdisches Leben auf Kosten der Nachfolge Jesu erhalten will, wird das ewige Leben verlieren; wer aber Jesus kompromisslos nachfolgt und in Kauf nimmt, deshalb sein irdisches Leben zu verlieren, wird das ewige Leben empfangen (Mt 10,39; Mk 8,35 par.; Lk 17,33).

Gerade die Frucht-Metapher, etwa im Gleichnis vom vierfachen Ackerfeld (Mk 4,1–9) und besonders deutlich im Gleichnis vom unfruchtbaren Feigenbaum (Lk 13,6–9), impliziert aber auch, dass das Wachstum von Frucht Zeit braucht und Frucht nicht von heute auf morgen voll entwickelt sein kann. Zudem kommt gute Frucht von einem guten Baum, von einem guten Ackerboden, gutes Reden und Handeln aus einem guten „Schatz" im Herzen (Mt 7,15–20 par.; 12,33–35 par.; Mk 4,1–9 par.). Ein guter oder schlechter Baum etc. zu sein, ist kein unabänderliches Schicksal, wie das Gleichnis vom Feigenbaum zeigt, nach dem der Bauer in Geduld alles versucht, damit der unfruchtbare Baum doch noch Frucht bringt (Lk 13,6–

---

[350] Siehe D. WENHAM, *Paul* 313 Anm. 47.

[351] S. dazu ZAGER, *Gottesherrschaft* 171–175.

[352] So THEISSEN/MERZ, *Jesus* 235f. ZAGER macht plausibel, dass βιάζεσθαι gemäß dem in der Koine vorherrschenden Gebauch medial-intransitiv zu verstehen ist, also positiv gemeint ist, und auch βιαστής und ἁρπάζειν positiv verstanden werden müssen (*Gottesherrschaft* 120 Anm. 318f.).

[353] Siehe dazu ZAGER, *Gottesherrschaft* 212–215.

9).[354] Auch das Gleichnis vom vierfachen Ackerfeld konstatiert nicht einfach, was bei der Verkündigung Jesu geschieht, sondern lädt ein, ein guter Acker *zu werden*, sich auf Jesus und seine die Herzen verändernde Botschaft *einzulassen*. Darauf deutet vor allem der Schlusssatz hin: „Wer Ohren hat zum Hören, der höre!" (Mk 4,9 par.). Jesu Betonung der Herzensreinheit (Mt 5,8 par.; Mk 7,14–23 par.; vgl. Lk 16,15) zeigt, dass bei denen, die umkehren und ihm nachfolgen, eine Herzensveränderung stattfindet (vgl. Mt 23,26: „macht den Becher zuerst innen sauber, dann ist er auch außen rein").

Zur Herzensreinheit s. auch Mt 5,8 par.; Mk 7,14–23; Lk 16,15. Jesus beanspruchte offenbar, seit seiner Taufe im Besitz des endzeitlichen Gottesgeistes zu sein (vgl. Mk 1,10 par.; 3,29 par.; Mt 12,28). Er sah sich also als den Geisttäufer, den Johannes verkündigt hatte (Mt 3,11 par., s. o.). Von der Gabe des Geistes an seine Jünger spricht er aber in der erhaltenen Überlieferung nur am Rande (jedenfalls nach den Synoptikern, vgl. Mk 13,11 par.; Lk 11,13). Für die Urgemeinde wird dann die Gabe des Geistes von Anfang an zentral. Wie sich die Betonung der Herzensreinheit bei Jesus zur Erwartung der endzeitlichen Geistausgießung verhält, kann hier freilich nicht diskutiert werden.[355]

Nach N. T. WRIGHT besteht der Hauptkontrast bei Jesus nicht zwischen Verdienst und Gnade oder zwischen Tat- und Gesinnungsethik, sondern „between that outer *and* inner state which is evil all through (albeit, from time to time, appearing outwardly clean) and that outer *and* inner state which is being renewed all through". Der erste Zustand charakterisiert diesen Äon, der zweite ist das Kennzeichen des neuen Bundes, in dem die Menschen erneuert werden.[356]

4. Die Entsprechung von Werk und Lohn

Für die positive Vergeltung benutzt Jesus verschiedene Begriffe und Bilder: „Lohn", Lob („Du guter und treuer Knecht"), mehr Verantwortung bzw. eine höhere Stellung im Reich Gottes (Lk 12,44; 19,17.19; vgl. Mt 25,21.23), ein besserer Platz beim Festmahl der Basileia (Lk 14,7–11; vgl. Mk 10,37 par.), ein himmlischer Schatz (Mt 6,20)[357].

Der im Endgericht gezahlte „*Lohn*" ist in einigen Jesusworten das ewige Leben selber (Mk 10,30 par.; Mt 5,12 par.; 5,46 par.; vielleicht auch Mk 9,37.41 par.).[358] In anderen Logien ist ein abgestufter Lohn im Blick

---

[354] Allerdings hat diese Geduld auch eine Grenze (V. 9).

[355] Siehe dazu C. STETTLER, „Purity"; H. STETTLER, „Sanctification"; TURNER, „Holy Spirit"; CONDRA, *Salvation* 289–292.328.

[356] WRIGHT, *Jesus* 283; vgl. DERS., *New Testament* 252–256.

[357] Den Schatz sammelt man zwar selber, es ist aber vorausgesetzt, dass man ihn erst im Endgericht ausgehändigt bekommt, d. h. erst im Reich Gottes genießen kann. S. dazu KOCH, „Schatz". Zur Verankerung des Lohngedankens in der Verkündigung Jesu s. M. WINTER, „Bedeutung" 175.

[358] Ferner kennt Jesus auch diesseitigen Lohn, s. Mk 10,30 par. (gegen M. WINTER, „Bedeutung" 176).

(Mk 10,35–42 par.; Mt 5,19; 11,11 par.), denn neben dem absoluten Gegensatz „gut – böse", „getan – nicht getan", „eingehen in das Reich – hinausgeworfen werden in die Finsternis" etc. findet sich in der Jesusverkündigung immer wieder auch der Aspekt der *stufenweisen Vergeltung*.[359] Die Vergeltung im Endgericht wird dem Handeln der Menschen entsprechen (Mk 4,24 par.; Mt 11,22.24 par.; Lk 12,48).[360]

Nach dem Gleichnis von den anvertrauten Talenten bzw. Minen wird der unterschiedliche Ertrag der Arbeit der Knechte entsprechend belohnt: Wer zehn Talente/Minen vorzuweisen hat, kann diese zehn behalten (vgl. Mt 25,28; Lk 19,24), wer vier Talente (bzw. fünf Minen) vorweisen kann, eben diese vier (bzw. fünf).[361] Während die drei Knechte nach der Matthäusfassung unterschiedlich viele Talente anvertraut bekommen und die beiden treuen Knechte sie jeweils verdoppeln, steht bei Lukas der Aspekt der unterschiedlich starken Vermehrung im Vordergrund: Zehn Knechte erhalten je eine Mine, einer erwirtschaftet mit seiner Mine zehn, ein anderer fünf Minen.

Προσεργάζεσθαι (Lk 19,16) kann „zusätzlich erwirtschaften" bedeuten[362], dann hätte der Knecht zehn (bzw. fünf) Minen zur ersten *dazu*gewonnen. Nach V. 24 hat der erste Knecht am Schluss aber *insgesamt* zehn Minen. Oder musste er die eine, die dem König gehörte, zurückgeben? So interpretiert Howard Marshall: „the servants were rewarded with the profit that they had made and encouraged to use it for further profit".[363] Bei Matthäus können die treuen Knechte das ursprüngliche Kapital zusammen mit dem erwirtschafteten behalten. – Lukas nennt bei der Abrechnung wie Matthäus nur drei Knechte, nicht zehn. Falls den beiden Gleichnisfassungen eine einzige jesuanische Fassung zugrunde liegt, sprach diese wohl von drei Knechten, die je eine Mine bekamen.[364]

Interessant ist, dass all jene, die mit dem anvertrauten Gut Gewinn erwirtschaftet haben, Lob erhalten. Es „wird kein Vorwuf über weniger Geglücktes hörbar, sondern die Treue bei kleinerem wie bei größerem Erfolg gelobt".[365]

---

[359] Siehe dazu ZAGER, *Gottesherrschaft* 233f.; O. MICHEL, „Lohngedanke"; W. PESCH, *Lohngedanke*. – M. WINTER, „Bedeutung" 174; BORNKAMM, „Lohngedanke" und BLOMBERG, „Degrees", versuchen zu zeigen, dass Jesus keinen gestuften Lohn kannte; ihre Auslegungen sind aber gezwungen und durch die Texte nicht gedeckt.

[360] S. dazu ZAGER, *Gottesherrschaft* 175–179; RÜGER, „Maß". Zur Proportionalität der Vergeltung vgl. u. zu Mk 4,25 par.; Mt 25,29 par.

[361] Nach der Lukasfassung werden die treuen Knechte zudem über ebensoviele Städte gesetzt, wie sie Minen erwirtschaftet haben. Lk 19,24 könnte auf die sekundäre Hinzufügung dieses Zuges hinweisen (s. MARSHALL, *Luke* 208; D. WENHAM, *Rediscovery* 75).

[362] MARSHALL, *Luke* 705.

[363] MARSHALL, *Luke* 708.

[364] So MARSHALL, *Luke* 701. Zu diesem Gleichnis s. auch oben E.4 und unten zur Matthäusfassung.

[365] SCHWEIZER, *Lukas* 196.

Da Jesus die Liebe zu Gott und dem Nächsten als die Quintessenz des Willens Gottes bestimmt hat (Mk 12,28–32 par.), gibt es kein einfaches Erfüllen dieses Gotteswillens, kein Abhaken geleisteter Pflicht, sondern die Erfüllung ist in unterschiedlichen Graden, in unterschiedlicher Intensität möglich (vgl. Lk 7,47).[366] Diese unterschiedlichen Grade werden unterschiedlich belohnt. Auch die Worte vom „Sammeln himmlischer Schätze" setzen voraus, dass unterschiedliche „Mengen" möglich sind (Mt 6,19–21 par.; Lk 12,16–21).

Der Verheißung von Lohn scheint Lk 17,7–10 zu widersprechen[367]:

> Der Herr bedankt sich beim Sklaven nicht für die geleistete Arbeit, und „so soll es auch bei euch sein: Wenn ihr alles getan habt, was euch befohlen wurde, sollt ihr sagen: Wir sind unnütze Sklaven, wir haben nur unsere Schuldigkeit getan".

Wie passt dies zu einem bewussten Sammeln von Schätzen im Himmel (Mt 6,19–21 par.), zum Verzicht auf irdischen Lohn, um sich himmlischen Lohn zu sichern (Mt 6,1–18), zum Honoriert-Werden für den erfüllten Auftrag (Mt 25,14–30 par.)? Die Pointe ist in Lk 17,7–10 wohl: Wer im Gehorsam gegen Gott seinen Auftrag ausführt, den Gott ihm anvertraut hat, kann sich darauf nichts einbilden – als ob er etwas Besonderes, „Überpflichtiges" getan hätte, für das ihm Gott Dank schuldet. Er hat *keinen Anspruch auf Lob oder Lohn*. „Es kommt [in Lk 17,7–10] nur auf die Verdeutlichung des Verhältnisses an, in dem der Mensch zu Gott als seinem Herrn steht"[368], es geht um die Haltung der Jüngerinnen und Jünger, nicht um die Haltung Gottes. Ein Gleichnis ist keine ausgewogene Dogmatik; „this parable contains only half the story".[369] Der Gott, den Jesus verkündet, ist denn auch das Gegenteil des Herrn von Lk 17,8: Nach Lk 12,37 wird der Herr selbst „sich gürten, sie am Tisch Platz nehmen lassen und sie der Reihe nach bedienen", und in Lk 22,27 sagt Jesus: „Ich bin unter euch wie der, der bedient" (ähnlich Mk 10,45 par.; vgl. Joh 13,4). Im Unterschied zum Herrn von Lk 17,8 lobt und belohnt Gott im Endgericht alle, die ihren Dienst treu ausgeführt haben.

In Lk 17,7–10 ist kaum eine Unterscheidung von „pflichtigen" und „überpflichtigen" Werken vorausgesetzt; zu einem solchen Gedanken gäbe es keine Parallelen in der Jesusüberlieferung. Die „bessere Gerechtigkeit",

---

[366] SCHWEIZER, *Lukas* 197 drückt es so aus: „Neben Feld-, Wald- und Wiesenchristen gibt es Gipfelstürmer."

[367] Zur rabbinischen Parallele mAv 1,3 s. STEMBERGER, *Verdienst* 26–31.

[368] J. SCHMID, *Lukas* 271.

[369] MARSHALL, *Luke* 647 mit Verweis auf Lk 12,37 und Joh 13,4; genauso J. SCHMID, *Lukas* 271: „Keineswegs will es [das Gleichnis] den christlichen Gottesbegriff anschaulich machen. Dass Gott nicht ein mitleidsloser, tyrannischer Herr ist, sondern der gütige Vater, wird dadurch nicht bestritten, weil jede Gleichnisrede nur *eine* bestimmte Wahrheit darstellen kann".

die Jesus verlangt (Mt 5,20), ist nichts Fakultatives, sondern das, was Gott von allen erwartet.

„Wohl aber folgt aus diesem Gleichnis [Lk 17,7–10], dass der Lohn, von dem Jesus immer wieder spricht und den er zu einem Beweggrund des sittlichen Handelns macht, ein bloßer Gnadenlohn, ein freies Geschenk der göttlichen Güte ist".[370]

Obwohl die „bessere Gerechtigkeit" die Pflicht aller ist, gibt Gott dafür Lohn (Mt 5,46 par.)!

Die Vergeltung im Endgericht entspricht zwar dem Tun, aber gemäß dem Logion vom Haben und Bekommen (Mk 4,25 par.; Mt 25,29 par.) wird zugleich die *Proportionalität* dieser Entsprechung durchbrochen: Die, welche (gute Werke[371]) haben, werden noch mehr bekommen, die, welche nicht haben, werden alles verlieren.[372] Zwar entsprechen sich Tun und Ergehen *qualitativ*, aber nicht *quantitativ* – das Ergehen stellt im Vergleich zum Tun eine Steigerung dar.[373] Auch die schon erwähnten Worte, die allen, die Jüngern Jesu Gutes getan haben, den Lohn eines Jüngers (Mk 9,37.41 par. Mt 10,40–42) und die Gottesherrschaft (Mt 25,31–46) versprechen, zeigen nach T. W. Manson:

„the scales are heavily loaded on the side of mercy. The saying that even a cup of cold water given to a disciple will be rewarded shows Jesus as eager to find the slightest indication that a man is ‚for him'."[374]

Besonders deutlich wird die Durchbrechung der Proportionalität auch in Mk 10,29f. par.[375], wo Jesus denen, die um seinetwillen alles verlassen haben, hundertfache Vergeltung verheißt: in diesem Äon „in einer eingeschränkten Form als Zugehörigkeit zur *familia dei*, die noch Verfolgungen leiden muss"[376], und im zukünftigen Äon in uneingeschränkter Form das ewige Leben. Aus diesem Logion wird zugleich deutlich, dass Jesus eine

---

[370] J. SCHMID, *Lukas* 271. Der Widerspruch ist also nur scheinbar und spricht nicht gegen die Authentizität von Lk 17,7–10 (MARSHALL, *Luke* 537).

[371] ZAGER, *Gottesherrschaft* 183. Die Bilder von den himmlischen Schätzen (Mt 6, 19f. par.) und vom Ölvorrat (Mt 25,8f.) sind inhaltliche Parallelen (vgl. ebd. Anm. 63 und oben zu Mt 25,1–13).

[372] Als „nicht Habende" alles zu verlieren bedeutet: „Wer mit den ihm von Gott anvertrauten Gaben nicht wuchert, also Jesu Worte nicht ohne Wenn und Aber in seinem Leben praktiziert, wird im Endgericht leer ausgehen. Sein Lebensertrag wird keinen Bestand haben." (ZAGER, *Gottesherrschaft* 180; vgl. 179–183). Zur Durchbrechung der Proportionalität s. auch PHILLIPS, „Balance" 236–238.

[373] Siehe ZAGER, *Gottesherrschaft* 182 mit Verweis auf BERGER/COLPE, *Textbuch* 43.

[374] MANSON, *Teaching* 271.

[375] Siehe dazu ZAGER, *Gottesherrschaft* 235–238.

[376] ZAGER, *Gottesherrschaft* 236.

doppelte Vergeltung kennt: in diesem Leben und im künftigen Äon.[377] Darin sind der ältere weisheitliche Tun-Ergehen-Zusammenhang und die apokalyptische Perspektive miteinander verbunden, wie wir es seit der Krise der Weisheit im Frühjudentum oft finden (z. B. in der Sapientia Salomonis).[378]

Lohn gibt es nur einmal – entweder in diesem Äon als Ehre von Menschen oder im kommenden Äon als Lohn von Gott (Mt 6,2.5.16).[379] Dies drückt das mehrfach überlieferte Wort von der völligen Umkehrung der Verhältnisse besonders drastisch aus:

„Viele, die jetzt die Ersten sind, werden dann die Letzten sein, und die Letzten werden die Ersten sein" (Mk 10,31 par.; Mt 20,16; Lk 13,30).

Wer in diesem Äon zu den Ersten gehört, ist es nicht unbedingt in den Augen Gottes. So können die Frommen in späten Psalmen und in den Seligpreisungen Jesu „die Armen" heißen, und Jesus spricht von seinen Jüngern als den „Kleinen", den „Geringsten (Brüdern und Schwestern)" (Mt 10,42; 25,40.45). Wer sich selbst erhöht, seine eigene Ehre sucht, wird von Gott erniedrigt werden; darum soll, wer einen guten Platz im kommenden Äon wünscht, sich in diesem Äon einen niedrigen Platz aussuchen (Lk 14,7–11; vgl. 18,14; Mt 11,23; 18,4; 23,12).[380] Beim (Hochzeits-)Festmahl der Basileia werden v. a. solche dabei sein, die in den Augen der Welt (d. h. in den Augen der Jesus ablehnenden religiösen Führer) nichts gelten (Mt 22,1–14 par.). Wer im Kleinen treu ist, wird über Größeres gesetzt werden (Mt 25,21 par.; vgl. Lk 16,10).

Dies ist eine Botschaft des Trosts für alle, die in diesem Äon benachteiligt sind.[381] Zugleich ist es eine Warnung an die Wohlhabenden, denn für die Reichen dieser Welt ist es schwer, ins Himmelreich zu kommen. Reichtum nützt im Gericht nichts, vielmehr soll er an Arme verteilt werden. Wer dies nicht tut, wird von der Gottesherrschaft ausgeschlossen sein (Mk 8,36; 10,17–27; Lk 6,24; 16,19–31). Wer aber seinen Reichtum den

---

[377] Dass dieses Jesuswort mit dem Endgericht nichts zu tun haben soll, wie ZAGER meint (*Gottesherrschaft* 238), ist angesichts der Vergeltung im künftigen Äon unverständlich.

[378] Vgl. ZAGER, *Gottesherrschaft* 237 mit Anm. 29. Die von ZAGER angeführte Parallele TestHiob 4,4–11 steht also mitnichten allein.

[379] Vgl. TN Gen 15,1: Abraham fürchtet, er erhalte allen Lohn schon in dieser Welt und keinen mehr in der künftigen. Die Weherufe Lk 6,24–26 verkünden all denen, die in diesem Äon reich, satt, fröhlich und gut angesehen sind, das Gericht.

[380] Dass es sich nicht nur um einen weltlichen Ratschlag handelt, zeigt V. 11 (MARSHALL, *Luke* 581). Eine literarisch unabhängige Parallele findet sich in einem Zusatz des westlichen Texts zu Mt 20,28 (s. ebd.). Vgl. auch RENGSTORF, *Lukas* 179f.

[381] ZAGER, *Gottesherrschaft* 316.

Armen gibt, wird in die ewigen Wohnungen aufgenommen werden (Lk 12,33; 16,1–9).

Die ursprüngliche Bedeutung des Gleichnisses vom ungerechten Verwalter und die Interpretation von V. 8 sind höchst umstritten, ebenso, ob V. 9 das ursprüngliche Ende, d. h. die Pointe darstellt, die Jesus dem Gleichnis gegeben hat.[382] Jedenfalls für Lukas ist V. 9 die Pointe Jesu und V. 8 gehört noch zum Gleichnis. Subjekt von „sie werden euch aufnehmen" in V. 9 sind am ehesten die Engel (als Umschreibung des Gottesnamens), kaum die Armen (als Fürbitter) oder gar die personifizierten Almosen.[383] ἐκλίπῃ hat wohl den Besitz zum Subjekt.[384]

Jesus lehrt, dass die Härte des Gerichts den Voraussetzungen der einzelnen Menschen entsprechen wird:

„Wem viel gegeben wurde, von dem wird viel zurückgefordert werden, und wem man viel anvertraut hat, von dem wird man um so mehr verlangen" (Lk 12,48).[385]

Dieser allgemeine Grundsatz kann auf unterschiedliche Gebiete angewandt werden.[386] Im unmittelbaren Kontext bei Lukas (12,42–47) sind die, denen viel gegeben ist, wahrscheinlich Jünger, die eine spezielle Verantwortung für andere tragen – v. a. die Zwölf.[387] In Mt 12,38–42 par. sind es die jüdischen Zeitgenossen Jesu, die ihn erlebt haben, im Unterschied zu Heiden, die das Wenige, das sie erkannten, ernst nahmen. Auch die besondere Schärfe des „Wehe" gegen Kapernaum, Chorazin und Betsaida und gegen die Pharisäer und Schriftgelehrten wird hierin seinen Grund haben.

Das Gleichnis von den Arbeitern im Weinberg (Mt 20,1–16) gehört inhaltlich ebenfalls in diesen Zusammenhang: Die verschiedenen Arbeiter haben zwar unterschiedliche Voraussetzungen, d. h. sie konnten nicht alle gleich lang im Weinberg arbeiten, aber alle, die bis zum Schluss gearbeitet haben, erhalten den gleichen Lohn, unabhängig von der Dauer ihrer Arbeit. Mit dem Lohn ist hier wohl die Teilhabe an der endgültig gekommenen Basileia gemeint. Faktisch wird also von denen, die eine bessere Ausgangslage hatten, mehr verlangt.

---

[382] S. die Übersicht bei Marshall, *Lk.* 614–617.

[383] Siehe MARSHALL, *Luke* 621f.

[384] Siehe MARSHALL, *Luke* 621.

[385] Nach MARSHALL, *Luke* 544 spricht nichts zwingend gegen die Echtheit des Logions; ähnlich JOACHIM JEREMIAS, *Gleichnisse* 109–111.

[386] So MARSHALL, *Luke* 544.

[387] So MARSHALL, *Luke* 540f.; W. D. DAVIES/ALLISON, *Matthew* 3,386; ZAHN, *Matthäus* 675; gegen LUZ, *Matthäus* 3,461.464f. Zur Echtheitsfrage s. D. WENHAM, *Rediscovery* 67–76; MANSON, *Sayings* 118f. Nach BEASLEY-MURRAY, *Jesus and the Last Days* 468–475 und LAMBRECHT, *Redaktion* 249–251 ist Mk 13,33–37 eine Zusammenfassung von Lk 12,35–38 par.; 19,12–27 par. und hat zusätzliche inhaltliche Parallelen zu Mt 25,1–13 und Lk 17,24–30.

Thema des Gleichnisses ist die Großzügigkeit des Herrn und „the surprising upside-down effects of that generosity": Sie gibt „a full place and reward even to the late-comer or outsider".[388] Die Großzügigkeit Gottes gegenüber denen, die sie nicht verdient haben, und der Anstoß, den dies bei denen bewirkt, die schon lange „im Dienst" sind, findet sich auch im Gleichnis vom verlorenen Sohn.[389] (ebd. 115f.).

Auch in der Matthäusfassung des Gleichnisses von den anvertrauten Talenten (Mt 25,14–30) ist die Ausgangslage unterschiedlich: Die Zahl der Talente entspricht der Kraft der Einzelnen (V. 15).[390] Gemeint ist: Alle erhalten gemäß ihrer Kraft einen Auftrag; entscheidend ist nicht die Größe des Auftrags, sondern ob sie ihn treu ausführen und nicht aus Furcht vor Fehlern[391] gar nichts tun bzw. wegen ihrer kleinen Kraft den Auftrag anderen überlassen.[392] Endgültig ins Gottesreich eingehen können die, die etwas aus dem gemacht haben, was ihnen anvertraut war, unabhängig von der Ausgangslage.

„Geh ein zur Freude deines Herrn" überschreitet die Gleichnisebene und macht „auf die metaphorische Tiefe der Parabel aufmerksam".[393] Ähnlich durchbricht Mt 24,51b.c („er wird ihm seinen Lohn geben mit den Heuchlern – da wird sein Heulen und Zähneklappern") die Bildebene und sagt im Klartext, was V. 51a („er wird ihn in Stücke hauen lassen") im Bild besagt.[394]

Die unterschiedliche Anzahl der anvertrauten Talente bei Matthäus könnte dann sekundär sein, wenn die Unterschiede der Matthäus- und Lukasversion nicht auf zwei *jesuanischen* Fassungen des Gleichnisses[395], sondern auf nachösterlicher überlieferungsgeschichtlicher Ausgestaltung beruhten[396]. Die vergleichsweise kleine Summe der Lukasfassung (1 Mine = 100 Drachmen oder Silberdenare = 100 Tagelöhne für Hilfsarbeiter; dagegen 1 Talent = 6000 Drachmen) würde dann zu „über Wenigem treu" passen.[397] Eine andere Meinung vertritt David Wenham: Von der Parallele Mk 13,34, wo der Herr seinen *ganzen* Besitz verteilt, und Lk 12,28 her, wo die übertragene Verantwortung unterschiedlich groß ist, nimmt er die Ursprünglichkeit der Matthäusfassung an.[398]

Die Heiden – offenbar auch solche, die das Evangelium nicht gehört hatten – werden gerichtet werden nach ihrem Verhalten gegenüber den „gerings-

---

[388] D. WENHAM, *Parables* 114f.

[389] D. WENHAM, *Parables* 115f.

[390] ἰδία δύναμις heißt „individuelle Fähigkeit" (vgl. ZAHN, *Matthäus* 681).

[391] ὀκνηρός (V. 26) heißt nicht „faul", sondern „zögerlich, ängstlich" (LUZ, *Matthäus* 3,501).

[392] Siehe ZAHN, *Matthäus* 681; SCHLATTER, *Matthäus* 721f.

[393] LUZ, *Matthäus* 3,495.

[394] LUZ, *Matthäus* 3,459.464; W. D. DAVIES/ALLISON, *Matthew* 3,389f.

[395] So aber ZAHN, *Matthäus* 628 Anm. 23; PLUMMER, *Matthew* 437; u. a.

[396] So MARSHALL, *Luke* 701; ähnlich LUZ, *Matthäus* 3,497.

[397] MARSHALL, *Luke* 706; LUZ, *Matthäus* 3,496.

[398] D. WENHAM, *Rediscovery* 74f.; ähnlich DAVIES/ALLISON, *Matthew* 3,402f. – Zur abgestuften Belohnung und zur anders gelagerten Lukasfassung s. o., weiter zu diesem Gleichnis auch E.4.

ten Brüdern (und Schwestern)" Jesu, d. h. seinen Jüngerinnen und Jüngern (Mt 25,31–46), denn diese repräsentieren ihren Herrn (s. o.).
Mit T. W. Manson können wir diese Beobachtungen so zusammenfassen:

„Taking all these sayings together, the general principle emerges that every generation will be judged by its response to such manifestation of the sovereignty of God as was available in its day."[399]

Dies bedeutet zugleich, dass im Endgericht Israel nicht eine „gnädigere" Behandlung erfahren wird als die Heiden – im Gegenteil: Israel ist durch die Gabe der Offenbarung JHWHs und durch das Kommen seines Messias in besondere Verantwortung gestellt.[400]

Freilich lehrt Jesus nicht, dass man sich das Reich Gottes mit seinen Werken *verdienen* müsse. Wie das Gleichnis von den Arbeitern im Weinberg zeigt (Mt 20,1–16), kommen diejenigen in den Weinberg, d. h. in die gegenwärtige Gottesherrschaft hinein, die sich anheuern lassen, mitgehen und bereit sind, dort zu arbeiten. Entscheidend sind die Einladung durch den Gutsherrn *und* die Bereitschaft der Arbeiter zur Mitarbeit. Der für alle gleiche Lohn, d. h. das endgültige Eingehen in die Gottesherrschaft, wird bei der Abrechnung am Ende des Tages, d. h. im Endgericht gezahlt. Diesen Lohn erhalten alle, die zum Weinberg gekommen sind und dort gearbeitet haben, unabhängig von der Länge und Qualität ihrer Arbeit.[401]

5. Ständige Bereitschaft

Es gilt, *jetzt* in der Nachfolge zu leben. Beim Endgericht gibt es keine Umkehrmöglichkeit mehr, die Türen sind dann geschlossen (Mt 25,10–12; Mk 8,37; Lk 13,25). Weil der Termin der Parusie niemandem bekannt ist als Gott dem Vater allein (Mk 13,32 par.; Mt 24,37–39 par.), müssen die Jünger(innen) Jesu jederzeit bereit sein (Mt 24,42–44.50; Mk 13,32–37 par.; Lk 12,35–38 u. a.). Nur wer „bis zum Ende standhaft bleibt, wird gerettet", wenn der Menschensohn kommt (Mt 10,22; 24,13; Mk 13,13).[402] Bis zum Ende treu und wachsam zu bleiben schließt ein, in der Zwischenzeit bis zur Parusie nach Jesu Worten zu leben; gut für die Jünger(innen) zu sorgen, die einem anvertraut sind (Mt 25,1–13.14–30 par.; Lk 12,35–48

---

[399] MANSON, *Teaching* 271.
[400] Vgl. MANSON, *Teaching* 272.
[401] Vgl. D. WENHAM, *Parables* 116. Die *Qualität* der Arbeit ist z. B. im Gleichnis von den anvertrauten Talenten im Blick, s. o.
[402] Dazu passt das außerbiblisch überlieferte Jesuswort „Wie ihr gefunden werdet, so werdet ihr hinweggeführt" (so die wohl ältere Fassung des syrischen Liber Graduum) bzw. „Worin ich euch antreffe, darin werde ich euch richten" (so bei Justin, Dial. 47,5). Siehe JOACHIM JEREMIAS, *Jesusworte* 80–84; W. D. DAVIES/ALLISON, *Matthew* 3,386.

par.)[403]; in Drangsalen nicht aufzugeben (Lk 18,1–8); sich zu Jesus zu bekennen, auch bei drohender Verfolgung, und bereit zu sein, mit Jesus „sein Kreuz auf sich zu nehmen", d. h. zu leiden und ggf. den Märtyrertod zu sterben (Mk 4,17; 8,35.38; 10,29f.; 13,9.11–13.19.24).[404] Jesus ermahnt also nicht nur ganz Israel, umzukehren, sondern auch seine Jünger(innen), sicherzustellen, dass sie beim endgültigen Kommen der Gottesherrschaft an ihr teilhaben werden.[405] Dann werden jene „Auserwählten", d. h. Anhänger Jesu, die auf dem Weg der Nachfolge trotz aller Verfolgung treu geblieben sind, von den Engeln gesammelt werden und das Volk der Basileia bilden (Mk 13,27).

6. Zusammenfassung

Zusammenfassend lässt sich festhalten: Jesus lädt in die schon gegenwärtige Basileia ein. Indem er umkehrwillige Sünder annimmt, wendet sich Gott selber sich den Sündern zu, erlässt ihnen ihre Schuld bedingungslos und macht sie zu vollberechtigten Mitgliedern seines Reiches. In die Basileia einzutreten heißt, Jesus nachzufolgen – ihn als Messias anzuerkennen und seine Worte zu praktizieren. Somit wird Jesus selber zum alles entscheidenden Kriterium des Gerichts: An der Stellung zu ihm entscheidet sich das ewige Schicksal. Wer ihn anerkennt und deshalb seinen Willen tut, wird von ihm angenommen; wer ihn ablehnt, kann nicht in die Gottesherrschaft eingehen. Die Nachfolge impliziert auch eine Konformität mit dem „Meister": Seiner Niedrigkeit und Demut soll die Niedrigkeit und Demut seiner Jünger(innen) entsprechen, seine Vollmacht in Niedrigkeit ist auch ihre Vollmacht in Niedrigkeit, und seine künftige Erhöhung wird dereinst in ihrer Erhöhung resultieren. Der Charakter der Nachfolge als „Weg" der Lebenspraxis impliziert eine lebenslange Perspektive: Es gilt, diese Lebenspraxis bis zur Parusie des Menschensohns fortzusetzen, d. h. „treu" und „wachsam" zu bleiben. Die individuell unterschiedlichen Voraussetzungen werden im Endgericht berücksichtigt; der Lohn bemisst sich nach ihnen. Der Lohn ist aber überproportional: Auch hier macht Jesus noch einmal die Prävalenz der Gnade deutlich.

---

[403] Lk 12,35–48 par. zeigt, dass für Jesus Bereit-Sein *Dienst für andere* bedeutet; nicht bereit zu sein ist gleichbedeutend mit egoistischer Ausbeutung anderer (vgl. FRANCE, *Matthew* 349). Bereit-Sein ist also nicht nur eine geistige Erwartungshaltung, sondern ein aktives Handeln, das das Richtige tut. Vgl. A. I. WILSON, *When* 230: Bereit-Sein „implies not simply awareness but preparedness in terms of action taken in the present". Ähnlich WENGST, „Aspects" 238.243.

[404] Vgl. MARSHALL, *Eschatology* 47.

[405] MARSHALL, *Eschatology* 47.

G. Fazit

Wie Johannes der Täufer, so steht auch Jesus, was seine Eschatologie anbelangt, klar in der apokalyptisch-chasidischen Tradition. Er teilt mit ihr
die Erwartung des universalen Endgerichts, durch das JHWH sein Reich
endgültig aufrichtet. Wie Johannes ist er überzeugt, dass das Endgericht
nahe bevorsteht und dass deshalb Israels Umkehr dringlich ist. Auch Jesus
versteht Israel trotz dessen Erwählung nicht als Heilskollektiv, sondern
erwartet, dass im Endgericht nur die Gerechten aus Israel gerettet werden,
nämlich diejenigen, die umkehren und sich hinfort an Jesu eigener Lehre
orientieren. Diese Aufsprengung des Heilskollektivs ist nichts Neues, sie
beginnt schon bei den frühen Schriftpropheten durch ihre Androhung des
Gerichts über Israel und ihre Aufforderung zur Umkehr.

Jesus schließt sich der Predigt des Johannes vorbehaltlos an und macht
sie sich zu Eigen. Dies wird dadurch deutlich, dass er sich von Johannes
taufen lässt und die Gerichts- und Gottesreichsverkündigung des Johannes
übernimmt. Zudem bestätigt Jesus den Anspruch des Johannes, der letzte
Bote zu sein, und sieht in ihm den wiedergekommenen Elija. Damit macht
Jesus indirekt seinen eigenen Anspruch klar: Er versteht sich als den
„Stärkeren", den der Täufer angekündigt hat, als den messianischen Menschensohn und Gottesknecht, der mit Geist und Feuer tauft.

Diesem Selbstverständnis Jesu entspricht, dass er erwartet, dass die
Stellung zu seiner Person und Lehre das Kriterium für die Annahme oder
Ablehnung Israels im Endgericht darstellt. Er geht davon aus, dass er selber im Gericht als Richter im Auftrag JHWHs auftreten und für die, welche sich zu ihm bekennen, Fürsprache halten wird. Diese Erwartung ist
durchaus mit der Ankündigung der „Feuertäufers" durch Johannes kompa-
tibel.

Der entscheidende Unterschied zu Johannes dem Täufer und zur gesamten apokalyptischen Tradition, in der beide stehen, ist die Zwei-Stufen-
Eschatologie Jesu, an der Johannes denn auch Anstoß nimmt.[406] Jesus tritt
sein königliches Amt zunächst nicht mit Macht an, sondern übt seine
ἐξουσία in Niedrigkeit und Schwachheit aus, durch sein Wort und seine
Heilungstätigkeit. Er ruft zur Umkehr, lädt in das angebrochene Gottesreich ein und lässt es in seinen Heilungen, Exorzismen und Mahlgemeinschaften zeichenhaft Wirklichkeit werden. Er lehrt, welches Verhalten der
Gottesherrschaft entspricht, in der die Herzen erneuert werden. Seine Tätigkeit bewirkt eine Scheidung mitten durch Israel: Die Einen schließen
sich ihm an und treten damit in die Gottesherrschaft ein, die Anderen ver-

---

[406] Eine gewisse Parallele findet sich höchstens noch in den Qumranschriften, die den
neuen Bund und die Gabe des endzeitlichen Gottesgeistes schon für ihre Gemeinschaft
reklamieren.

schließen sich ihm und seiner Botschaft und schließen sich damit von der
Gottesherrschaft aus. Heil und Gericht ereignen sich schon jetzt durch das
Wirken Jesu, im Vorgriff auf das Endgericht.

Schließlich geht Jesus sehenden Auges auf seine Hinrichtung zu, weil er
sich als den Gottesknecht versteht, der die Sünden der Vielen trägt und so
die endzeitliche Sühne schafft, die allein den Weg in die Gottesherrschaft
öffnet. Er trägt selbst das Gericht. Damit gibt er dem erwählten Volk eine
neue Chance. Er erwartet, nach seiner Hinrichtung von Gott wieder ins Leben zurückgebracht und in seine Herrschaftsposition eingesetzt zu werden.
Andeutungsweise kündigt er an, dass es zwischen seinem Weggang und
seiner machtvollen Rückkehr als Weltrichter eine Zwischenzeit von unbestimmter Dauer geben wird, in der seine Boten das Evangelium von der
Gottesherrschaft Israel und auch allen Völkern verkünden. Wer wachsam
ist, seinen Auftrag ausführt und auch vor Leiden nicht zurückschreckt,
wird dem Menschensohn freudig entgegengehen können, wenn er als Richter kommt.

Aufs Ganze gesehen überwiegt bei Jesus die Gnade: Die Einladung, in
die Gottesherrschaft einzutreten, ergeht an alle, Unwürdige und vermeint-
lich Würdige. Der Vergebungszuspruch, den Jesus später mit seinem Tod
besiegelt, ergeht ohne Vorbedingungen. In die Basileia einzutreten heißt
freilich, sich der Person und Lehre Jesu anzuschließen und seine Lehre zu
praktizieren. Dem Weitergeben der empfangenen Vergebung misst Jesus
dabei eine große Bedeutung zu, ebenso dem doppelten Liebesgebot. Hierin
ruft er zur Vollkommenheit auf. Wie die Vergebungsbitte im Vaterunser
zeigt, rechnet Jesus aber auch mit wiederholtem Versagen seiner Jüngerinnen und Jünger. Sie sind und bleiben immer auch auf die Vergebung angewiesen.

Obwohl Jesus verkündet, dass die Gottesherrschaft durch sein Wirken
schon anbricht und sich in der Reaktion der Menschen auf ihn auch das
Gericht schon gegenwärtig vollzieht, erwartet er dennoch ein universales
Endgericht, durch das die Gottesherrschaft endgültig aufgerichtet wird.
Dem verborgenen Anbruch der Basileia entspricht Jesu Auftreten in der
ἐξουσία des Wortes und der Heilung sowie sein Leiden und Sterben; der
universalen Durchsetzung des Gottesreichs sein Kommen „mit den Wolken
des Himmels" in Macht und Herrlichkeit als Weltrichter und Weltherrscher.

So erweist sich auch Jesus einerseits als Vertreter des apokalyptisch-
chasidischen Judentums, andererseits hebt er sich darin hervor durch seinen einzigartigen eschatologischen Anspruch und durch seine Zwei-Stufen-Eschatologie, die ein absolutes *novum* darstellt.

Kapitel VI

Zusammenfassung

Im Folgenden soll das Ergebnis dieser Studie thesenartig zusammengefasst werden. Gewisse Verkürzungen und Einseitigkeiten sind dabei unvermeidbar.

(1) Entgegen einer unter Neutestamentlern weit verbreiteten Sicht ist JHWHs Gericht nie bloßes „Vernichtungsgericht". Zwar gehört die Vernichtung des Bösen zum Gerichtshandeln JWHWs hinzu, aber der Zweck des Gerichts ist eminent positiv: die Durchsetzung von Gerechtigkeit, Heil, Schalom in der Welt.

(2) Diese Heil schaffende Richtertätigkeit JWHWs ist Teil seines Königtums: Als König herrscht und richtet er, was beides mit שפט ausgesagt werden kann.

(3) Die „Gerechtigkeit", die JHWH durch seine Gerichte durchsetzt, ist letztlich die von ihm gesetzte Weltordnung. In weisheitlichen und prophetischen Texten kommt beides vor: die von JHWH der Weltordnung eingestiftete Gesetzmäßigkeit, dass jede Tat ihre Folge hat, und die richterliche Intervention JHWHs, der jedem nach seinem Tun vergilt. Die beiden Sichtweisen sind komplementär – bis in einzelne Texte hinein! – und nicht exklusiv.

(4) JHWHs Weltordnung kommt nicht nur in der Weisheit, sondern eminent in der Tora zum Ausdruck, ja die Tora ist die Schrift gewordene Weisheit. Während die Schriftpropheten von Amos an die Völker aufgrund einer allen Menschen vorgegebenen weisheitlichen Weltordnung anklagen, wird Israel bei der (jeweils vorliegenden) Tora-Überlieferung behaftet. Durch die Erwählung und den Bund JHWHs ist Israel auf die Tora verpflichtet. Die Erwählung macht Israel gerade nicht zum Heilskollektiv, dem kein Unheil geschehen kann, sondern die Schriftpropheten brechen dieses kollektive Denken auf, indem sie die Toragerechtigkeit einfordern und zur Umkehr aufrufen. Ungehorsam gegen JHWH und seine Tora zieht Unheil nach sich, Gehorsam Segen. Segen und Fluch der Tora werden von den Propheten auf konkretes Tun bezogen und konkret angekündigt.

(5) Das Ziel JHWHs ist immer das Heil. So sagen die Propheten spätestens in der Exilszeit, und wahrscheinlich schon vorher, auch Heil an. Einen besonderen Platz hat die Ankündigung des neuen Bundes bei Jeremia und

Ezechiel. JHWH selber wird die Herzen neu machen, indem er die Menschen befähigt, seine Tora zu tun. Ohne diese Erneuerung sind die Menschen dazu unfähig. Bei Deuterojesaja entspricht dem die Erwartung des Gottesknechts, der die Schuld der Vielen stellvertretend auf sich nimmt.

(6) Bei Deuterojesaja gewinnt die Heilserwartung kosmische Züge: JHWH wird die ganze Schöpfung neu machen, alle Völker werden sein Heil schauen. In der sich ab hier entwickelnden Apokalyptik wird parallel zur Universalisierung des Heils auch immer deutlicher ein universales Gericht erwartet. Es ist das Instrument, durch das JHWH die Welt vom Bösen reinigt und seine Königsherrschaft endgültig durchsetzt.

(7) An der Gottesherrschaft haben nur die Gerechten Anteil; gerecht ist, wer die Tora tut. Ein Teil der erhaltenen Schriften erwartet, dass auch die Gerechten aus den Völkern an der Basileia teilhaben werden. Im Endgericht lautet also die Frage: „Wer ist gerecht?" Die Gerechten werden „gerechtfertigt", d. h. freigesprochen. Es geht hier nicht in erster Linie um „covenant membership" oder „being in a right relationship with God" (gegen J. G. D. Dunn, N. T. Wright u. a.), sondern um die an der Tora gemessene Tatgerechtigkeit. Wann ein Mensch freilich im konkreten Fall als gerecht gelten kann, wird in den frühjüdischen Schriften unterschiedlich beurteilt: Das eine Extrem ist die Erwartung, dass die große Mehrheit Israels gerettet wird (mSan 10,1), das andere Extrem, dass eigentlich niemand vor Gott gerecht ist (4. Esra). Einen Mittelweg bildet die Lehre vom Abwägen der Taten oder auch die Erwartung, dass die toratreue Grundrichtung des Lebens entscheidend ist, nicht die völlige Sündlosigkeit. Auch die Sühnemittel Israels, insbesondere die Sühnopfer, spielen hier eine Rolle.

(8) Zeitgleich mit der Universalisierung von Gericht und Heil findet auch eine Individualisierung der Gerichtserwartung statt. Die Entdeckung, dass die Gottesbeziehung den leiblichen Tod überdauert, und die Erfahrung, dass den Gerechten in diesem Leben nicht immer Gerechtigkeit widerfährt, führt zur Erwartung einer Vergeltung nach dem Tod. Ein Gericht über die Seele unmittelbar nach dem Tod und ein universales Gericht am Ende der Zeit schließen sich nicht aus, sondern sind komplementär zueinander.

(9) Die Universalisierung der Gerichtserwartung bringt die Auferstehungshoffnung mit sich: Wenn das Gericht über alle Menschen aller Zeiten ergehen soll, müssen sie dazu auferstehen.

(10) Im Frühjudentum teilen nicht alle Gruppierungen diese apokalyptische Erwartung der Chasidim, aus denen die Pharisäer und Essener hervorgegangen sind. Schriftgelehrte wie Ben Sira lehnen eine Vergeltung nach dem Tod und eine universale Eschatologie mit einer Auferstehung der Toten ab, ebenso die Sadduzäer. In stärker hellenisierten Kreisen gilt das Interesse dem Aufstieg der einzelnen Seele zu Gott und ihrem Weiterleben

nach dem Tod und nicht so sehr einer geschichtlichen oder kosmischen Eschatologie. Bei all diesen Guppen handelt es sich um gebildete Eliten; weite Teile des Volkes in Palästina und der Diaspora teilten die eschatologische Erwartung der Chasidim, insbesondere unter dem starken Einfluss der Pharisäer.

(11) Von den Schriftpropheten an spielt auch die Messiaserwartung eine Rolle. Der messianische Davidide herrscht und richtet im Auftrag JHWHs. So kann er nach einem Teil der Schriften auch mit der Durchführung des Endgerichts beauftragt werden. Auch der heilige Rest, das Volk der Gerechten, wird bisweilen als aktiv am Gericht beteiligt gesehen, ebenso die Engel und weitere Gestalten.

(12) Johannes der Täufer und Jesus teilen die apokalyptisch-chasidische Erwartung.[1] Sie verkünden das nahe Endgericht, durch das die Gottesherrschaft in der Welt durchgesetzt wird. An der Basileia hat nur Teil, wer umkehrt und gerecht lebt. Vergebung im Blick auf das Endgericht wird in der Johannestaufe zugesprochen, einer Inszenierung des Eisodus in das verheißene Land. Johannes sieht sich als den letzten Boten vor dem, der mit Geist und Feuer tauft: dem messianischen Menschensohn. Jesus bestätigt die Lehre des Johannes wie dessen Anspruch und versteht sich selber als den gekommenen Menschensohn. Allerdings tritt er nicht als der Weltrichter auf, sondern richtet die Gottesherrschaft durch Wort und Tat im Verborgenen auf, erwartet aber zugleich am Ende der Zeit ihre universale Durchsetzung im Endgericht. Wer sich jetzt ihm anschließt, ist schon in die Gottesherrschaft eingetreten; wer sich ihm verweigert, der hat schon das Gericht über sich gebracht. Während Jesus die Gottesherrschaft jetzt als Messias in Schwachheit und Verborgenheit durch seine Lehre und seine Heilungen aufrichtet und vollends durch sein stellvertretendes Leiden und Sterben als der Gottesknecht, wird er dereinst als der von JHWH inthronisierte Messias kommen und mit Macht das Weltgericht abhalten. Maßstab wird die Stellung zu Person und Wort Jesu sein.

(13) Die unabsehbare Fülle von Motiven, die in den Gerichtstexten vorkommen, wird seit der Exilszeit zusammengehalten von der Erwartung des Neuen, das JHWH am Ende der Zeit schafft: dem neuen Bund, der Gottesherrschaft, der neuen Schöpfung. Das Endgericht hat die eminent positive

---

[1] Gegen BRANDENBURGER, der Folgendes behauptet: „Die eschatologischen Gerichtskonzeptionen des Urchristentums sind weder ursprünglich oder grundlegend noch im weiteren Verlauf alle oder in gleicher Weise vom typischen Verstehenshorizont apokalyptischer Theologie aus geprägt und entworfen. ... Auch die unmittelbaren Voraussetzungen des Urchristentums bei Jesus von Nazareth sowie bei Johannes dem Täufer sind weder Bestandteil noch Ausläufer der frühjüdischen Apokalyptik." („Gerichtskonzeptionen" 328.)

Funktion, diese Gottesherrschaft durchzusetzen und die Welt von allem Gottwidrigen zu befreien. Während das Gericht nicht immer als *Gerichts-verhandlung* gezeichnet wird, sondern auch als Theophanie, als kosmischer Kampf, als heiliger Krieg – ist aller Gerichtserwartung gemeinsam, dass JHWH bzw. sein Bevollmächtigter die Taten der Menschen beurteilt. Das Gericht JHWHs ist also immer Beurteilungsgericht, auch wenn nicht das Motiv der Gerichtsverhandlung verwendet wird. Trotz der Vielzahl der Motive ist es nicht sinnvoll, von unterschiedlichen „Gerichtskonzeptionen" zu sprechen, die einander ausschließen, eher von unterschiedlichsten Variationen des einen Themas, der Durchsetzung der Gottesherrschaft.

(14) Die alttestamentlichen und frühjüdischen Texte sind sich nicht einig darüber, ob ein Mensch die Gebote JHWHs vollkommen halten kann. Während die einen, etwa Ben Sira, ein optimistisches Menschenbild vertreten, gehen andere – so schon Deuteronimium und Jeremia – davon aus, dass die menschlichen Herzen erst durch einen Eingriff JHWHs zum Toragehorsam befähigt werden. Die meisten eschatologischen Szenarien machen den Anschein, dass zuerst das Endgericht die Gerechten feststellt und diese anschließend von JHWH erneuert werden. Auch Johannes der Täufer scheint diese Sicht vertreten zu haben, nicht was die Vergebung, aber was den Geist betrifft. Jesus kehrt die Reihenfolge um: Zuerst lädt er Menschen in die Gottesherrschaft ein, wo sie Vergebung und Erneuerung der Herzen erfahren, und erst dann ergeht über alle das Endgericht. Wie nach einem Teil der alttestamentlichen und frühjüdischen Texte JHWH Israel ohne Vorbedingung erwählte, aus reiner Liebe, so lädt Jesus alle ohne Unterschied ein, umzukehren und sich ihm und damit dem Gottesreich anzuschließen. Diese Prävalenz der Gnade wird durch die Gehorsamsforderung Jesu nicht geschmälert, im Gegenteil: Letztere ist umfangen von der Vergebungsbitte des Vaterunsers, die Jesus seine Nachfolgerinnen und Nachfolger lehrt, und die nur Sinn macht auf dem Hintergrund seines eigenen Leidens und Sterbens. So bleibt die Tatgerechtigkeit der Jüngerinnen und Jünger bruchstückhaft, Erbe des Reiches wird man letztlich durch das Opfer des Messias.

Literaturverzeichnis

ADAMS, EDWARD. „The Coming of the Son of Man in Mark's Gospel." *TynB* 56.1 (2005): 39–61.

ÅDNA, JOSTEIN. *Jesu Stellung zum Tempel: Die Tempelaktion und das Tempelwort als Ausdruck seiner messianischen Sendung.* WUNT 2,119. Tübingen 2000.

—. „Der Gottesknecht als triumphierender und interzessorischer Messias: Die Rezeption von Jes 53 im Targum Jonathan untersucht mit besonderer Berücksichtigung des Messiasbildes." In: Janowski/Stuhlmacher, *Gottesknecht* 129–158.

AEJMELAEUS, LARS. *Wachen vor dem Ende: Die traditionsgeschichtlichen Wurzeln von 1. Thess 5:1–11 und Luk 21:34–36.* SESJ 44. Helsinki 1985.

ALEXANDER, PHILIP S. „Torah and Salvation in Tannaitic Literature." In: Carson, *Justification* 1,261–301.

ALLISON, DALE C. UND DAVIES, WILLIAM DAVID. *A Critical and Exegetical Commentary on the Gospel according to Saint Matthew.* 3 Bde. ICC. Edinburgh 1988–1997.

—. „Eschatology." *DJG* (1992): 206–209.

—. „Matt. 23:39 = Luke 13:35b as a Conditional Prophecy." *JSNT* 18 (1983): 75–84. (= Porter/Evans, *Jesus* 262–270.)

AMITAI, JANET, Hg. *Biblical Archaeology Today: Proceedings of the International Congress on Biblical Archaeology, Jerusalem April 1984.* Jerusalem 1985.

ANDERSEN, FRANCIS I. UND FREEDMAN, DAVID NOEL. *Amos: A New Translation with Introduction and Commentary.* AncB 24A. New York 1989.

— UND FREEDMAN, DAVID NOEL. *Micah.* AncB 24E. New York 2000.

— UND FREEDMAN, DAVID NOEL. *Hosea.* AncB 24. New York 1980.

ARNOLD, CLINTON E. *Ephesians: Power and Magic. The Concept of Power in Ephesians in Light of its Historical Setting.* MSSNTS 63. Cambridge 1989.

ASEN, BERNHARD A. „No, Yes and Perhaps in Amos and the Yahwist." *VT* 43 (1993): 433–441.

ASSMANN, JAN. *Ma'at: Gerechtigkeit und Unsterblichkeit im Alten Ägypten.* München 2001.

—, JANOWSKI, BERND UND WELKER, MICHAEL, Hg. *Gerechtigkeit, Richten und Retten in der abendländischen Tradition und ihren altorientalischen Ursprüngen.* München 1998.

—, JANOWSKI, BERND UND WELKER, MICHAEL. „Richten und Retten: Zur Aktualität der altorientalischen und biblischen Gerechtigkeitskonzeption." In: Janowski, *Gerechtigkeit* 220–246.

ATKINS, BERYL T. UND FILLMORE, CHARLES J. „Toward a Frame-Based Lexicon: The Semantics of RISK and its Neighbors." In: Lehrer/Kittay, *Frames* 75–102.

AUNE, DAVID E. „The Significance of the Delay of the Parousia for Early Christianity." In: Hawthorne, *Current Issues* 87–119.

AUS, ROGER DAVID. „Gericht Gottes: II. Judentum." *TRE* 12 (1984): 466–469.

AVEMARIE, FRIEDRICH UND LICHTENBERGER, HERMANN, Hg. *Auferstehung – Resurrection. The Fourth Durham-Tübingen Research Symposium: Resurrection, Transfiguration and Exaltation in Old Testament, Ancient Judaism and Early Christianity, Tübingen September 1999.* WUNT 135. Tübingen 2001.

— UND LICHTENBERGER, HERMANN, Hg. *Bund und Tora.* WUNT 92. Tübingen 1996.

—. *Tora und Leben: Untersuchungen zur Heilsbedeutung der Tora in der frühen rabbinischen Literatur.* TSAJ 55. Tübingen 1996.

—. „Erwählung und Vergeltung. Zur optionalen Struktur rabbinischer Soteriologie." *NTS* 45/1 (1999): 108–126.

BACHMANN, MICHAEL, Hg. *Lutherische und neue Paulusperspektive: Beiträge zu einem Schlüsselproblem der gegenwärtigen exegetischen Diskussion.* WUNT 182. Tübingen 2005.

— „Keil oder Mikroskop? Zur jüngeren Diskussion um den Ausdruck ‚Werke des Gesetzes'." In: Ders., *Lutherische und Neue Paulusperspektive* 69–134.

—. „Was für Praktiken? Zur jüngsten Diskussion um die ERGA NOMOU." *NTS* 55/1 (2009): 35–54.

BACHMANN, VERONIKA. *Die Welt im Ausnahmezustand: Eine Untersuchung zu Aussagegehalt und Theologie des Wächterbuches (1Hen 1–36).* BZAW 409. Berlin 2009.

BALDAUF, CHRISTFRIED. „Läutern und prüfen im Alten Testament: Begriffsgeschichtliche Untersuchung zu צרף und בחן." Diss. masch. Greifswald 1970. (Dem Verfasser zugänglich nur durch das Referat in *ThLZ* 103 [1978]: 917f.)

BALDWIN, JOYCE G. *Haggai, Zechariah, Malachi: An Introduction and Commentary.* TOTC 24. London 1972.

BALOIAN, BRUCE EDWARD. *Anger in the Old Testament.* AmUSt.TR 99. New York 1992.

—. „Anger." *NIDOTTE* 4 (1996): 377–385.

BALTZER, KLAUS UND KRÜGER, THOMAS. „Die Erfahrung Hiobs: ‚Konnektive' und ‚distributive' Gerechtigkeit nach dem Hiob-Buch." In: Sun, *Problems* 27–37.

BANDSCHEIDT, RENATE UND MENDE, THERESIA, Hg. *Schöpfungsplan und Heilsgeschichte: Festschrift für Ernst Haag zum 70. Geburtstag.* Trier 2002.

BARCLAY, JOHN M. G. *Jews in the Mediterranean Diaspora: From Alexander to Trajan (323 BCE – 117 CE).* Edinburgh 1996.

BARR, JAMES. *Bibelexegese und moderne Semantik: Theologische und linguistische Methode in der Bibelwissenschaft.* Mit einem Geleitwort von Hans Conzelmann. München 1965. (=*The Semantics of Biblical Language.* Oxford 1961.)

—. „Some Semantic Notes on the Covenant." In: Donner, *Beiträge* 23–38.

BARRETT, CHARLES KINGLSEY. *The Gospel According to St. John: An Introduction with Commentary and Notes on the Greek Text.* 2. Aufl. Philadelphia PA 1978. (= *Das Evangelium nach Johannes.* KEK Sonderband. Göttingen 1990.)

— UND THORNTON, CLAUS-JÜRGEN, Hg. *Texte zur Umwelt des Neuen Testaments.* Tübingen 1991.

BARSALOU, LAWRENCE W. „Frames, Concepts, and Conceptual Fields." In: Lehrer/Kittay, *Frames* 21–74.

BARTHELEMY, DOMINIQUE. „L'état de la Bible juive depuis le début de notre ère jusqu'à la deuxième révolte contre Rome." In: Kaestli/Wermelinger, *Canon* 131–135. (= *Découvrir l'écriture.* LeDiv. Paris 2000. 29–65.)

BARTON, JOHN UND REIMER, DAVID J., Hg. *After the Exile: Essays in Honour of Rex Mason.* Macon GA 1996.

—. *Isaiah 1–39.* OTGu. Sheffield 1995.

—. *Joel and Obadiah: A Commentary.* OTL. Louisville KY 2001.

—. „Natural Law and Poetic Justice in the Old Testament." *JThS* 30 (1979): 1–14.

BAUCKHAM, RICHARD. *Jesus and the Eyewitnesses: The Gospels as Eyewitness Testimony.* Grand Rapids MI 2006.

—. *Jude and the Relatives of Jesus in the Early Church.* Edinburgh 1990.

—. „Apocalypses." In: Carson, *Justification* 1,135–187.

BAUER, JOHANNES B. „Drei Tage." *Bib* 39 (1958): 354–358.

BAUM, ARMIN DANIEL. *Der mündliche Faktor und seine Bedeutung für die synoptische Frage: Analogien aus der antiken Literatur, der Experimentalpsychologie, der Oral Poetry-Forschung und dem rabbinischen Traditionswesen.* Tübingen 2008.

BAYER, HANS F. *Jesus' Predictions of Vindication and Resurrection: The Provenance, Meaning, and Correlation of the Synoptic Predictions.* WUNT 2,20. Tübingen 1986.

BEASLEY-MURRAY, GEORGE R. *Jesus and the Kingdom of God.* Grand Rapids MI und Exeter 1986.

—. *Jesus and the Last Days: The Interpretation of the Olivet Discourse.* Peabody MA 1993.

—. „The Interpretation of Daniel 7." *CBQ* 45 (1983): 44–58.

BEAUCHAMP, PAUL. „Le salut corporel des justes et la conclusion du livre de la Sagesse." *Bib.* 45 (1964): 491–526.

BECKER, JÜRGEN. *Johannes der Täufer und Jesus von Nazareth.* BSt 63. Neukirchen-Vluyn 1972.

BELL, RICHARD H. *No One Seeks for God: An Exegetical and Theological Study of Romans 1.18–3.20.* WUNT 106. Tübingen 1998.

BELLEFONTAINE, ELIZABETH. „The Curses of Deuteronomy 27: Their Relationship to the Prohibitives." In: Flanagan/Weisbrod Robinson, *No Famine in the Land* 49–61.

BELLINGER, WILLIAM H. UND FARMER, WILLIAM R., Hg. *Jesus and the Suffering Servant: Isaiah 53 and Christian Origins.* Harrisburg PA 1998.

BERGER, KLAUS UND COLPE, CARSTEN, Hg. *Religionsgeschichtliches Textbuch zum Neuen Testament.* Texte zum Neuen Testament 1. Göttingen 1987.

BERLEJUNG, ANGELIKA UND JANOWSKI, BERND, Hg. *Tod und Jenseits im alten Israel und in seiner Umwelt.* FAT 64. Tübingen 2009.

BETZ, OTTO. *Jesus: Der Herr der Kirche. Aufsätze zur biblischen Theologie Bd. 2.* WUNT 52. Tübingen 1990.

—. *Jesus: Der Messias Israels. Aufsätze zur biblischen Theologie.* WUNT 52. Tübingen 1987.

— UND RIESNER, RAINER. *Verschwörung um Qumran? Jesus, die Schriftrollen und der Vatikan.* München 2007.

—. *Was wissen wir von Jesus? Der Messias im Licht von Qumran.* 2. erw. Aufl. Wuppertal 1995.

—. *Wie verstehen wir das Neue Testament?* Wuppertal 1981.

—. „Die Proselytentaufe der Qumrangemeinde und die Taufe im Neuen Testament." In: Ders., *Jesus: Der Herr der Kirche* 21–48.

—. „Rechtfertigung in Qumran." In: Ders., *Jesus: Der Messias Israels* 39–58.

BEYERLE, STEFAN. „Die Wiederentdeckung der Apokalyptik in den Schriften Altisraels und des Frühjudentums." *VF* 43/2 (1998): 34–59.

BICKERMANN, ELIAS JOSEPH. „The Date of Fourth Maccabees." *Louis Ginzberg Jubilee Volume on the Occasion of His Seventieth Birthday: English Section.* New York 1945. 105–112.

BIEBERSTEIN, KLAUS. „Der lange Weg zur Auferstehung der Toten: Eine Skizze zur Entstehung der Eschatologie im Alten Testament." In: S. Bieberstein/Kosch, *Auferstehung* 3–16.

BIEBERSTEIN, SABINE UND KOSCH, DANIEL, Hg. *Auferstehung hat einen Namen: Biblische Anstöße zum Christsein heute. Festschrift für Hermann-Josef Venetz.* Luzern 1998.

BILLERBECK, PAUL (UND HERMANN L. STRACK). *Kommentar zum Neuen Testament aus Talmud und Midrasch.* 6 Bde. 2. Aufl. München 1954–1963.

BLANK, ANDREAS. *Einführung in die lexikalische Semantik für Romanisten.* Romanistische Arbeitshefte 45. Tübingen 2001.

BLENKINSOPP, JOSEPH. *Isaiah 1–39.* AncB 19. New York 2000.

BLISCHKE, MAREIKE VERENA. *Die Eschatologie in der Sapientia Salomonis.* FAT 2,26. Tübingen 2007.

BLOMBERG, CRAIG L. *The Historical Reliability of John's Gospel.* Leicester 2001.

—. *Die historische Zuverlässigkeit der Evangelien.* Nürnberg 1998.

—. *Interpreting the Parables.* Leicester 1990.

—. *Jesus and the Gospels: An Introduction and Survey.* Leicester 1997.

—. „Degrees of Reward in the Kingdom of Heaven?" *JETS* 35 (1992): 159–172.

BLUM, ERHART UND UTZSCHNEIDER, HELMUT, Hg. *Lesarten der Bibel: Untersuchungen zu einer Theorie der Exegese des Alten Testaments.* Stuttgart 2006.

BOCK, DARRELL L. „Elijah and Elishah." *DJG* (1992): 203–206.

BOCKMUEHL, MARKUS N. A. *This Jesus: Martyr, Lord, Messiah.* Edinburgh 1994.

—. „1QS and Salvation at Qumran." In: Carson, *Justification* 1,391–414.

BODENDORFER, GERHARD. „Die Spannung von Gerechtigkeit und Barmherzigkeit in der rabbinischen Auslegung mit Schwerpunkt auf der Psalmeninterpretation." In: Scoralick, *Drama* 157–192.

BOECKER, HANS JOCHEN. *Recht und Gesetz im Alten Testament und im Alten Orient.* 2., durchges. u. erw. Aufl. Neukirchener Studienbücher 10. Neukirchen-Vluyn 1984.

—. *Redeformen des Rechtslebens im Alten Testament.* WMANT 14. Neukirchen-Vluyn 1964.

BONS, EBERHARD, Hg. *Le jugement dans l'un et l'autre testament. Vol. 1: Mélanges offerts à Raymond Kuntzmann.* LeDiv 197. Paris 2004.

—. „„Je suis votre éducateur' (Osée 5,2 LXX): Un titre divin et son contexte littéraire." In : Ders., *Jugement* 191–206.

BONSIRVEN, JOSEPH. *Le règne de Dieu.* Theol(P) 37. Paris 1957.

BORNKAMM, GÜNTHER. *Studien zu Antike und Urchristentum: Gesammelte Aufsätze Bd. 2.* BEvTh 28. München 1959.

—. „Der Lohngedanke im Neuen Testament." In: Ders., *Studien* 69–92.

BOSCH, DAVID. *Die Heidenmission in der Zukunftsschau Jesu: Eine Untersuchung zur Eschatologie der synoptischen Evangelien.* AThANT 36. Zürich 1959.

BOTTERWECK, JOHANNES UND JUNKER, HUBERT, Hg. *Alttestamentliche Studien Friedrich Nötscher zum sechzigsten Geburtstage (...).* Bonn 1950.

BÖTTRICH, CHRISTFRIED UND HERZER, JENS, Hg. *Josephus und das Neue Testament: Wechselseitige Wahrnehmungen. II. Internationales Symposium zum Corpus Judaeo-Hellenisticum 25.-28. Mai 2006, Greifswald.* WUNT 209. Tübingen 2007.

BOVATI, PIETRO UND MEYNET, ROLAND. *Le livre du prophète Amos.* Rhétorique Biblique 2. Paris 1994.

—. *Re-establishing Justice: Legal Terms, Concepts and Procedures in the Hebrew Bible.* JSOT.S 105. Sheffield 1994.

—. „Le langage juridique du prophète Isaïe." In : Vermeylen, *Book of Isaiah* 177–196.

BRANDENBURGER, EGON. *Studien zur Geschichte und Theologie des Urchristentums.* SBAB 15. Stuttgart 1993.

—. „Gericht Gottes: III. Neues Testament." *TRE* 12 (1984): 469–483.

—. „Gerichtskonzeptionen im Urchristentum und ihre Voraussetzungen." In: Ders., *Studien* 289–338.

BRANDON, SAMUEL GEORGE FREDERICK. *The Judgment of the Dead: An Historical and Comparative Study of the Idea of a Post-mortem Judgement in the Major Religions.* London 1967.

BRANSON, ROBERT D. „יסר‎." *ThWAT* 3 (1982): 688–697.

BREKELMANS, CHRISTIANUS WILHELMUS HENRICUS. *The Saints of the Most High and Their Kingdom.* OTS 14. Leiden 1965.

BRENSINGER, TERRY L. „בחר‎." *NIDOTTE* 1 (1996): 636–638.

BRIGHT, JOHN. *Covenant and Promise.* London 1977.

BRUCKER, RALPH UND SCHRÖTER, JENS, Hg. *Der historische Jesus: Tendenzen und Perspektiven der gegenwärtigen Forschung.* BZNW 114. Berlin 2002.

BRUEGGEMANN, WALTER, *Isaiah 1–39.* Westminster Bible Companion. Louisville KY 1998.

BRUNNER-TRAUT, EMMA. *Frühformen des Erkennens: Aspektive im Alten Ägypten.* 3. Aufl. Darmstadt 1996.

BRYAN, STEVEN M. *Jesus and Israel's Traditions of Judgement and Restoration.* MSSNTS 117. Cambridge 2002.

BUBER, MARTIN. *Der Glaube der Propheten.* Zürich 1950.

BÜHNER, JAN-ADOLF. *Der Gesandte und sein Weg im 4. Evangelium: Die kultur- und religionsgeschichtlichen Grundlagen der johanneischen Sendungschristologie sowie ihre traditionsgeschichtliche Entwicklung.* WUNT 2,2. Tübingen 1977.

BULTMANN, RUDOLF. *Das Evangelium des Johannes.* KEK 2. 20. Aufl. Göttingen 1985.

—. *Theologie des Neuen Testaments.* 9. von Otto Merk durchges. und erg. Aufl. Tübingen 1984.

BURCHARD, CHRISTOPH. „Joseph und Aseneth." *OTP* 2 (1985): 177–247.

BURKES, SHANNON. „Wisdom and Apocalypticism in the Wisdom of Solomon." *HThR* 95 (2002): 21–44.

BUSH, FREDERIC. *Ruth/Esther.* WBC 9. Nashville TN 1996.

BYRSKOG, SAMUEL. *Jesus as the Only Teacher: Didactic Authority and Transmission in Ancient Israel, Ancient Judaism and the Matthean Community.* CB.NT 24. Stockholm 1994.

—. *Story as History – History as Story: The Gospel Tradition in the Context of Ancient Oral History.* WUNT 123. Tübingen 2000.

CAMPONOVO, ODO. *Königtum, Königsherrschaft und Reich Gottes in den frühjüdischen Schriften.* OBO 58. Freiburg, CH und Göttingen 1984.

CARSON, DONALD A. *The Gospel According to John.* PNTC. Leicester 1991.

— u. a., Hg. *Justification and Variegated Nomism.* 2 Bde. WUNT 2,140 und 181. Tübingen 2001–2004.

—. „Rezension von: Chris VanLandingham. *Judgment and Justification in Early Judaism and the Apostle Paul.* Peabody MA 2006." *RBLit* 2007.
Quelle: http://www.bookreviews.org/pdf/5679_6710.pdf.

CASETTI, PIERRE, KEEL, OTHMAR UND SCHENKER, ADRIAN, Hg. *Mélanges Dominique Barthélemy: Études bibliques offertes à l'occasion de son 60e anniversaire.* OBO 38. Freiburg CH 1981.

CHESTER, ANDREW. *Messiah and Exaltation: Jewish Messianic and Visionary Traditions and New Testament Christology.* WUNT 207. Tübingen 2007.

CHILTON, BRUCE D. UND NEUSNER, JACOB. *Classical Christianity and Rabbinic Judaism: Comparing Theologies.* Grand Rapids MI 2004.

CLARK, GORDON R. *The Word Hesed in the Hebrew Bible.* JSOT.S 157. Sheffield 1993.

CLEMENTS, RONALD E. *Deuteronomy*. OTG. Sheffield 1989.

—. *Prophecy and Covenant*. SBT 43. London 1965.

—. *Prophecy and Tradition*. Growing Points in Theology. Oxford 1975.

—, Hg. *The World of Ancient Israel: Sociological, Anthropological and Political Perspectives*. Cambridge 1989.

—. „The Deuteronomic Law of Centralisation and the Catastrophe of 587 B. C. E." In: Barton/Reimer, *After the Exile* 5–25.

—, MOBERLY, R. W. L. UND MCCONVILLE, G. J. „A Dialogue with Gordon McConville on Deuteronomy." *SJTh* 65 (2003): 508–531.

COGGINS, RICHARD; PHILLIPS, ANTHONY UND KNIBB, MICHAEL, Hg. *Israel's Prophetic Tradition: Essays in Honour of Peter R. Ackroyd*. Cambridge 1982.

COLLINS, JOHN J. *The Apocalyptic Imagination: An Introduction to Jewish Apocalyptic Literature*. 2. Aufl. Grand Rapids MI 1998.

—. *Jewish Wisdom in the Hellenistic Age*. OTL. Louisville KY 1997.

—. „The Reinterpretation of Apocalyptic Traditions in the Wisdom of Solomon." In: Passaro/Bellia, *Book of Wisdom* 143–157.

—. „The Sibylline Oracles." In: Stone, *Jewish Writings* 357–381.

COLPE, CARSTEN UND BERGER, KLAUS, Hg. *Religionsgeschichtliches Textbuch zum Neuen Testament*. Texte zum Neuen Testament 1. Göttingen 1987.

CONDRA, ED. *Salvation for the Righteous Revealed: Jesus Amid Covenantal and Messianic Expectations in Second Temple Judaism*. AGJU 51. Leiden 2002.

CONRAD, JOACHIM. „נכה." *ThWAT* 5 (1986): 445–454.

COTTERELL, PETER UND TURNER, MAX. *Linguistics and Biblical Interpretation*. London 1989.

COTTERELL, PETER. „Linguistics, Meaning, Semantics, and Discourse Analysis." *NIDOTTE* 1 (1997): 134–160.

COULOT, CLAUDE, Hg. *Le jugement dans l'un et l'autre testament. Vol. 2: Mélanges offerts à Jacques Schlosser*. LeDiv 198. Paris 2004.

CRANFIELD, CHARLES E. B. *The Gospel According to Saint Mark: An Introduction and Commentary*. CGTC. Cambridge 1974.

—. „The Cup Metaphor in Mark 14.36 and Parallels." *ET* 59 (1948): 137f.

CREMER, HERMANN. *Die paulinische Rechtfertigungslehre im Zusammenhange ihrer geschichtlichen Voraussetzungen*. Gütersloh 1899.

CRENSHAW, JAMES L. *Old Testament Wisdom: An Introduction*. 2., überarb. u. erweit. Aufl. Louisville KY 1998.

—. „The Book of Sirach: Introduction, Commentary, and Reflections." *NIB* 5 (1997): 601–867.

CRÜSEMANN, FRANK. *Die Tora: Theologie und Sozialgeschichte des alttestamentlichen Gesetzes*. München 1992.

DALLEY, STEHANIE. *Esther's Revenge at Susa: From Sennacherib to Ahasuerus*. Oxford 2007.

DALMAN, GUSTAF H. *Orte und Wege Jesu*. BFChTh 2,1 und SDPI 1. 3. erw. u. verb. Aufl. Gütersloh 1924.

—. „Die richterliche Gerechtigkeit im Alten Testament." *KZATV* 7 (1897): 89–94.121–125.

DANIELS, DWIGHT R. u. a., Hg. *Ernten, was man sät: Festschrift für Klaus Koch zu seinem 65. Geburtstag*. Neukirchen-Vluyn 1991.

—. *Hosea and Salvation History: The Early Traditions of Israel in the Prophecy of Hosea*. BZAW 191. Berlin 1990.

DAVIDSON, ROBERT. „Covenant Ideology in Ancient Israel." In: Clements, *World* 323–347.

DAVIES, GRAHAM I. *Hosea.* NCBC. London und Grand Rapids MI 1992.

DAVIES, PHILIP R. UND MARTIN, JAMES D., Hg. *A Word in Season: Essays in Honour of William McKane.* JSOT.S 42. Sheffield 1986.

—. „Didactic stories." In: Carson, *Justification* 1,99–133.

DAVIES, WILLIAM DAVID. *Christian Origins and Judaism.* London 1962.

— UND ALLISON, DALE C. *A Critical and Exegetical Commentary on the Gospel according to Saint Matthew.* 3 Bde. ICC. Edinburgh 1988–1997.

—. „Apocalyptic and Pharisaism." In: Ders., *Christian Origins* 19–30.

DAY, JOHN; GORDON, ROBERT P. UND WILLIAMSON, HUGH G. M., Hg. *Wisdom in Ancient Israel.* Cambridge 1995.

—. „Pre-Deuteronomic Allusions to the Covenant in Hosea and Psalm LXXVIII." *VT* 36 (1986): 1–12.

DE ROBERT, PHILIPPE. „Le jour de vengeance et de rétribution (Dt 32,35) dans la tradition samaritaine." In: Bons, *Jugement* 109–116.

DE ROCHE, MICHAEL. „Jahweh's *rîb* against Israel: A Reassessment of the So-Called ‚Prophetic Lawsuit' in the Preexilic Prophets." *JBL* 102 (1983): 563–574.

DE VOS, JACOBUS CORNELIS UND SIEGERT, FOLKER, Hg. *Interesse am Judentum. Die Franz-Delitzsch-Vorlesungen 1989 – 2008.* Münsteraner Judaistische Studien 23. Berlin 2008.

DEINES, ROLAND. „Historische Analyse: I. Die jüdische Mitwelt." In: Neudorfer/Schnabel, *Studium* 1,155–191.

—. „The Pharisees between ‚Judaisms' and ‚Common Judaism'." In: Carson, *Justification* 1,443–504.

— UND HENGEL, MARTIN. „E. P. Sanders' ‚Common Judaism', Jesus und die Pharisäer." In: Hengel, *Judaica* 392–479.

DEVER, WILLIAM G. *What Did the Biblical Writers Know and When Did They Know It?* Grand Rapids MI 2001.

DI LELLA, ALEXANDER A. UND SKEHAN, PATRICK W. *The Wisdom of Ben Sira.* AncB 39. New York 1987.

—. „Conservative and Progressive Theology: Sirach and Wisdom." *CBQ* 28 (1966): 139–154.

DIESEL, ANJA A. u. a., Hg. *„Jedes Ding hat seine Zeit ...": Studien zur israelitischen und altorientalischen Weisheit. Diethelm Michel zum 65. Geburtstag.* BZAW 241. Berlin und New York 1996.

DIESTEL, LUDWIG. „Die Idee der Gerechtigkeit, vorzüglich im Alten Testamente." *JDTh* 5 (1860): 173–253.

DIETRICH, WALTER. „Gericht Gottes." *WiBiLex.*
Quelle: www.bibelwissenschaft.de/wibilex.

DITTERT, KURT UND GRIMM, WERNER. *Deuterojesaja: Deutung – Wirkung – Gegenwart.* Calwer Bibelkommentare. Stuttgart 1990.

DODD, CHARLES HAROLD. *The Bible and the Greeks.* London 1935.

DOHMEN, CHRISTOPH. „Die Leidenschaft des lieben Gottes: Zur Bedeutung des Alten Testaments für ein christliches Gottesbild." *BiLi* 63 (1990): 141–149.

DONNER, HERBERT, Hg. *Beiträge zur alttestamentlichen Theologie: Festschrift für Walther Zimmerli zum 70. Geburtstag.* Göttingen 1977.

DUNN, JAMES D. G. *Jesus, Paul and the Law: Studies in Mark and Galatians.* London 1990.

—. *Jesus Remembered.* Grand Rapids MI 2003.

EBELING, GERHARD. *Dogmatik des christlichen Glaubens.* 3 Bde. Tübingen 1979.

ECO, UMBERTO. *Lector in fabula: Die Mitarbeit der Interpretation in erzählenden Texten.* 2. Aufl. München 1990.

—. *Das offene Kunstwerk.* 9. Aufl. Frankfurt am Main 2002.

EGO, BEATE. „‚Maß gegen Maß': Reziprozität als Deutungskategorie im rabbinischen Judentum." In: Scoralick, *Drama* 193–217.

—. „Die dem Menschen zugewandte Seite Gottes." *WUB* 50, 13. Jg. (4/2008): 11–17.

EICHRODT, WALTHER. *Theologie des Alten Testaments.* 3 Bde. 7. (Bd. 1) bzw. 5. durchges. Aufl. (Bd. 2–3). Stuttgart 1962–1964.

ELLIOTT, MARK ADAM. *The Survivors of Israel: A Reconsideration of the Theology of Pre-Christian Judaism.* Grand Rapids MI 2000.

ELLIS, E. EARLE. „Biblical Interpretation in the New Testament Church." In: Mulder, *Literature* 691–725.

EMMERSON, GRACE I. *Hosea: An Israelite Prophet in Judean Perspective.* JSOT.S 28. Sheffield 1984.

ENNS, PETER. „Expansions of Scripture." In: Carson, *Justification* 1,73–98.

ERNST, JOSEF. „Johannes der Täufer." *RAC* 18 (1998): 516–534.

EVANS, CRAIG A. UND PORTER, STANLEY E., Hg. *The Historical Jesus.* The Biblical Seminar 33. Sheffield 1995.

—. *Mark 8:27 – 16:20.* WBC. Nashville TN 2001.

—. *To See and not Perceive: Isaiah 6.9–10 in Early Jewish and Christian Interpretation.* JSOT.S 64. Sheffield 1989.

—. „Scripture-Based Stories in the Pseudepigrapha." In: Carson, *Justification* 1,57–72.

FABRY, HEINZ-JOSEF, Hg. *Bausteine biblischer Theologie: Festgabe für G. Johannes Botterweck zum 60. Geburtstag dargebracht von seinen Schülern.* Köln 1977.

FAHLGREN, KARL HJALMAR. *Ṣedāḳā nahestehende und entgegengesetzte Begriffe im Alten Testament.* Uppsala 1932.

FALK, DANIEL. „Psalms and Prayers." In: Carson, *Justification* 1,7–56.

FALK, ZE'EV W. *Introduction to Jewish Law of the Second Commonwealth. Part 1.* AGJU 11. Leiden 1972.

FARMER, WILLIAM R. UND BELLINGER, WILLIAM H., Hg. *Jesus and the Suffering Servant: Isaiah 53 and Christian Origins.* Harrisburg PA 1998.

FILLMORE, CHARLES J., UND ATKINS, BERYL T. „Toward a Frame-Based Lexicon: The Semantics of RISK and its Neighbors." In: Lehrer/Kittay, *Frames* 75–102.

FINKELSTEIN, ISRAEL UND SILBERMAN, NEIL A. *The Bible Unearthed: Archaeology's New Vision of Ancient Israel and the Origins of Its Sacred Texts.* New York 2001. (= *Keine Posaunen vor Jericho: Die archäologische Wahrheit über die Bibel.* München 2002.)

FISCHER, ALEXANDER ACHILLES. *Tod und Jenseits im Alten Orient und im Alten Testament.* Neukirchen-Vluyn 2005.

FISCHER, IRMTRAUD u. a., Hg. *Auf den Spuren der schriftgelehrten Weisen: Festschrift für Johannes Marböck.* BZAW 331. Berlin und New York 2003.

FISCHER, ULRICH. *Eschatologie und Jenseitserwartung im hellenistischen Diasporajudentum.* BZNW 44. Berlin 1978.

FLANAGAN, JAMES W. UND WEISBROD ROBINSON, ANITA, Hg. *No Famine in the Land: Studies in Honor of John L. McKenzie.* Missoula MT 1975.

FOHRER, GEORG. *Studien zum Alten Testament (1966–1988).* BZAW 196. Berlin 1991.

—. „Christliche Fehldeutungen der Hebräischen Bibel." In: Ders., *Studien* 160–166.

FRANCE, RICHARD T. *The Gospel of Matthew.* NIC.NT. Grand Rapids MI 2007.

— UND WENHAM, DAVID, Hg. *Gospel Perspectives.* 6 Bde. Sheffield 1980–1986.

FREEDMAN, DAVID NOEL UND ANDERSEN, FRANCIS I. *Amos: A New Translation with Introduction and Commentary.* AncB 24A. New York 1989.
— UND ANDERSEN, FRANCIS I. *Hosea.* AncB 24. New York 1980.
— UND ANDERSEN, FRANCIS I. *Micah.* AncB 24E. New York 2000.
FRETHEIM, TERENCE E. „Theological Reflections on the Wrath of God in the Old Testament." *HBT* 24/2 (Dezember 2002): 1–26.
FREULING, GEORG. *„Wer eine Grube gräbt …":* Der Tun-Ergehen-Zusammenhang und sein Wandel in der alttestamentlichen Weisheitsliteratur. WMANT 102. Neukirchen-Vluyn 2004.
FREY, JÖRG. *Die johanneische Eschatologie.* 3 Bde. WUNT 96; 110; 117. Tübingen 1997–2000.
—. „Erwägungen zum Verhältnis der Johannesapokalypse zu den übrigen Schriften des Corpus Johanneum." In: Hengel, *Johanneische Frage* 326–429.
—. „Das Judentum des Paulus." In: Wischmeyer, *Paulus* 5–43.
GATHERCOLE, SIMON J. *Where is Boasting? Early Jewish Soteriology and Paul's Response in Romans 1–5.* Grand Rapids MI 2002.
GEMSER, BEREND. „The rîb*- or Controversy-Pattern in Hebrew Mentality." In: Noth/ Thomas, *Wisdom* 120–137.
GERHARDSSON, BIRGER. *Memory and Manuscript.* Neuaufl. mit neuem Vorwort. Grand Rapids 1998.
—. *The Reliability of the Gospel Tradition.* Neuaufl. mit einem Vorwort von Donald A. Hagner. Peabody MA 2001.
—. *Tradition and Transmission in Early Christianity.* CNT 20. Lund und Copenhagen 1964.
GERTZ, JAN CHRISTIAN, Hg. *Grundinformation Altes Testament: Eine Einführung in Literatur, Religion und Geschichte des Alten Testaments.* 3., überarb. und erw. Aufl. Göttingen 2009.
—. „Bund." *RGG⁴* 1 (1997): 1862–1865.
GESE, HARTMUT. *Alttestamentliche Studien.* Tübingen 1991.
—. *Zur biblischen Theologie: Alttestamentliche Vorträge.* 2., durchges. Aufl. Tübingen 1983.
—. *Lehre und Wirklichkeit in der alten Weisheit: Studien zu den Sprüchen Salomos und zu dem Buche Hiob.* Tübingen 1958.
—. *Vom Sinai zum Zion: Alttestamentliche Beiträge zur biblischen Theologie.* 2., durchges. Aufl. München 1984.
—. „Alttestamentliche Hermeneutik und christliche Theologie." *ZThK.B* 9 (1995): 65–81.
—. „Anfang und Ende der Apokalyptik, dargestellt am Sacharjabuch." In: Ders., *Vom Sinai zum Zion* 202–230.
—. „Die Frage nach dem Lebenssinn: Hiob und die Folgen." In: Ders., *Alttestamentliche Studien* 170–188.
—. „Das Gesetz." In: Ders., *Zur biblischen Theologie* 55–84.
—. „Die dreifache Gestaltwerdung des Alten Testaments." In: Ders., *Alttestamentliche Studien* 1–28.
—. „Der Johannesprolog." In: Ders., *Zur biblischen Theologie* 152–201.
—. „Die Krisis der Weisheit bei Koheleth." In: Ders., *Vom Sinai zum Zion* 168–179.
—. „Der Messias." In: Ders., *Zur biblischen Theologie* 128–151.
—. „Natus ex virgine." In: Ders., *Vom Sinai zum Zion* 130–146.
—. „Die Sühne." In: Ders., *Zur biblischen Theologie* 85–106.
—. „Der Tod im Alten Testament." In: Ders., *Zur biblischen Theologie* 31–54.

—. „Die Weisheit, der Menschensohn und die Ursprünge der Christologie als konsequente Entfaltung der biblischen Theologie." In: Ders., *Alttestamentliche Studien* 218–248.

GITAY, YEHOSHUA. *Isaiah and His Audience: The Structure and Meaning of Isaiah 1–12.* SSN 30. Assen 1991.

GNILKA, JOACHIM. *Das Evangelium nach Markus.* 2 Bde. EKK 2,1–2. Zürich und Neukirchen-Vluyn 1978–1979.

GOLDINGAY, JOHN E. *Daniel.* WBC 30. Waco TX 1989.

GOODACRE, MARK S. *The Case Against Q: Studies in Markan Priority and the Synoptic Problem.* Harrisburg PA 2002.

GOPPELT, LEONHARD. „πίνω κτλ." *ThWNT* 6 (1959): 135–160.

GORDON, ROBERT P.; DAY, JOHN UND WILLIAMSON, HUGH G. M., Hg. *Wisdom in Ancient Israel.* Cambridge 1995.

GOWAN, DONALD E. „Wisdom." In: Carson, *Justification* 1,215–239.

GRABBE, LESTER L. *Wisdom of Solomon.* Sheffield 1997.

GRANDY, RICHARD. „Semantic Fields, Prototypes, and the Lexikon." In: Lehrer/Kittay, *Frames* 123–141.

GRAPPE, CHRISTIAN. *Le Royaume de Dieu avant, avec et après Jésus.* MoBi 42. Genf 2001.

—. „Le logion des douze trônes: Eclairages intertestamentaires." In: Philonenko, *Trône* 204–212.

GREEN, JOEL B. *The Death of Jesus: Tradition and Interpretation in the Passion Narrative.* WUNT 2,33. Tübingen 1988.

GREENBERG, MOSHE. *Ezekiel 21–37.* AncB 22A. New York 1997.

—. „What Are Valid Criteria for Determining Inauthentic Matter in Ezekiel?" In: Lust, *Ezekiel* 123–135.

GREGG, BRIAN HAN. *The Historical Jesus and the Final Judgment Sayings in Q.* WUNT 2,207. Tübingen 2006.

GRELOT, PIERRE. *L'Espérance juive à l'heure de Jésus.* 2., erw. Aufl. 1994.

—. *Jésus de Nazareth, Christ et Seigneur: Une lecture de l'Évangile.* 2 Bde. LeDiv 167+170. Paris und Montréal 1997–1998.

GRIMM, WERNER UND DITTERT, KURT. *Deuterojesaja: Deutung – Wirkung – Gegenwart.* Calwer Bibelkommentare. Stuttgart 1990.

—. *Die Verkündigung Jesu und Deuterojesaja.* ANTJ 1. 2., überarb. Aufl. Frankfurt am Main 1981. (1. Aufl. 1976 unter dem Titel: *Weil ich dich liebe: Die Verkündigung Jesu und Deuterojesaja.*)

GROOM, SUSAN ANNE. *Linguistic Analysis of Biblical Hebrew.* Carlisle 2003.

GROSS, WALTER. *Zukunft für Israel: Alttestamentliche Bundeskonzepte und die aktuelle Debatte um den neuen Bund.* SBS 176. Stuttgart 1998.

GRUNDMANN, WALTER. *Das Evangelium nach Lukas.* ThHK 3. 6. Aufl. Berlin 1971.

GUELICH, ROBERT A. *Mark 1–8:26.* WBC 34A. Dallas TX 1989.

HAAG, WILHELM, Hg. *Versuche, das Leiden und Sterben Jesu zu verstehen.* Schriftenreihe der katholischen Akademie der Erzdiözese Freiburg. München und Zürich 1983.

HAARMANN, VOLKER. *JHWH-Verehrer der Völker: Die Hinwendung der Nichtisraeliten zum Gott Israels in alttestamentlichen Überlieferungen.* AThANT 91. Zürich 2008.

HABETS, GOSWIN. „Eschatologie – Eschatologisches." In: Fabry, *Bausteine* 351–369.

HAGNER, DONALD A. *Matthew 14–28.* WBC 33B. Dallas TX 1995.

HAHN, FERDINAND. *Frühjüdische und urchristliche Apokalyptik: Eine Einführung.* BThSt 36. Neukirchen-Vluyn 1998.

HALBE, JÖRG. „‚Altorientalisches Weltordnungsdenken' und alttestamentliche Theologie: Zur Kritik eines Ideologems am Beispiel des israelitischen Rechts." *ZThK* 76 (1979): 381–418.

HAMP, VINZENZ. „Zukunft und Jenseits im Buche Sirach." In: Junker/Botterweck, *Alttestamentliche Studien* 86–97.

—. „דין." *ThWAT* 2 (1977): 200–207.

HAMPEL, VOLKER. *Menschensohn und historischer Jesus: Ein Rätselwort als Schlüssel zum messianischen Selbstverständnis Jesu.* Neukirchen-Vluyn 1990.

HANHART, ROBERT. *Dodekapropheton 7.1: Sacharja 1–8.* BK 14/7.1. Neukirchen-Vluyn 1998.

HARTENSTEIN, FRIEDHELM UND PIETSCH, MICHAEL, Hg. *Israel zwischen den Mächten: Festschrift für Stefan Timm zum 65. Geburtstag.* AOAT 364. Münster 2009.

HASEL, GERHARD F. *The Remnant: The History and Theology of the Remnant Idea from Genesis to Isaiah.* Andrews University Monographs. Berrien Springs MI 1972.

—. „Remnant." *ISBE* 4 (1988): 130–134.

HAUSMANN, JUTTA UND ZOBEL, HANS-JÜRGEN, Hg. *Alttestamentlicher Glaube und Biblische Theologie: Festschrift für Horst Dietrich Preuß zum 65. Geburtstag.* Stuttgart 1992.

—. *Studien zum Menschenbild der älteren Weisheit.* FAT 7. Tübingen 1995.

—. „‚Weisheit' im Kontext alttestamentlicher Theologie: Stand und Perspektiven gegenwärtiger Forschung." In: Janowski, *Weisheit* 9–19.

HAWTHORNE, GERALD F., Hg. *Current Issues in Biblical and Patristical Interpretation.* Grand Rapids MI 1975.

HAY, DAVID M. „Philo of Alexandria." In: Carson, *Justification* 1,357–379.

HAYES, JOHN H. *Amos, the Eighth-Century Prophet: His Times and His Preaching.* Nashville TN 1988.

— UND IRVINE, STUART A. *Isaiah the Eight-Century Prophet: His Times and His Preaching.* Nashville TN 1987.

HECHT, ANNELIESE. „Betanien – die Taufstelle Jesu am Jordan." *WUB* 42, 11. Jg. (4/2006): 11–15.

HEINZ, HANSPETER u. a., Hg. *Versöhnung in der jüdischen und christlichen Liturgie.* QD 124. Freiburg i. Br. 1990.

HENGEL, MARTIN UND SCHWEMER, ANNA MARIA. *Der messianische Anspruch Jesu und die Anfänge der Christologie: Vier Studien.* WUNT 138. Tübingen 2001.

—. *Die vier Evangelien und das eine Evangelium von Jesus Christus: Studien zu ihrer Sammlung und Entstehung.* WUNT 224. Tübingen 2008.

— UND MARKSCHIES, CHRISTOPH. *The ‚Hellenization' of Judaea in the First Century After Christ.* London 1989.

— UND SCHWEMER, ANNA MARIA. *Jesus und das Judentum. (Geschichte des frühen Christentums Bd. 1.)* Tübingen 2007.

—. *Jesus und die Evangelien: Kleine Studien Bd. 5.* Hg. Claus-Jürgen Thornton. WUNT 211. Tübingen 2007.

—. *Die johanneische Frage: Ein Lösungsversuch.* WUNT 67. Tübingen 1993.

—. *Judaica et Hellenistica: Kleine Schriften I.* WUNT 90. Tübingen 1996.

—. *Judentum und Hellenismus: Studien zu ihrer Begegnung unter besonderer Berücksichtigung Palästinas bis zur Mitte des 2. Jh.s v. Chr.* 3., durchges. Aufl. Tübingen 1988.

— UND SCHWEMER, ANNA MARIA, Hg. *Königsherrschaft Gottes und himmlischer Kult im Judentum, Urchristentum und in der hellenistischen Welt.* WUNT 55. Tübingen 1991.

—. *Sohn Gottes: Die Entstehung der Christologie und die jüdisch-hellenistische Religionsgeschichte.* Tübingen 1977.

—. *Studien zur Christologie: Kleine Schriften IV.* Hg. Claus-Jürgen Thornton. WUNT 201. Tübingen 2006.

—. „Die Begegnung von Judentum und Hellenismus im Palästina der vorchristlichen Zeit." In: Ders., *Judaica et Hellenistica* 151–170.

—. „Entstehungszeit und Situation des Markusevangeliums." In: Ders., *Jesus und die Evangelien* 478–525.

—. „Jesus, der Messias Israels: Zum Streit über das ‚messianische Sendungsbewußtsein' Jesu." In: Ders., *Studien zur Christologie* 259–280.

—. „Messianische Hoffnung und politischer ‚Radikalismus' in der ‚jüdisch-hellenistischen Diaspora': Zur Frage der Voraussetzungen des jüdischen Aufstandes unter Trajan 115–117 n. Chr." In: Ders., *Judaica et Hellenistica* 314–343.

— UND MARKSCHIES, CHRISTOPH. „Zum Problem der ‚Hellenisierung' Judäas im 1. Jahrhundert nach Christus." In: Ders., *Judaica et Hellenistica* 1–90.

— UND DEINES, ROLAND. „E. P. Sanders' ‚Common Judaism', Jesus und die Pharisäer." In: Ders., *Judaica et Hellenistica* 392–479.

—. „‚Setze dich zu meiner Rechten!' Die Inthronisation Christi zur Rechten Gottes und Psalm 110,1." In: Ders., *Studien zur Christologie* 281–367.

—. „Der stellvertretende Sühnetod Jesu: Ein Beitrag zur Entstehung des urchristlichen Kerygmas." *IKZ* 9 (1980): 1–25.135–147. (= *Studien zur Christologie* 146–184.)

HERMISSON, HANS-JÜRGEN. *Studien zu Prophetie und Weisheit: Gesammelte Aufsätze.* FAT 23. Tübingen 1998.

—. „Das vierte Gottesknechtslied im deuterojesajanischen Kontext." In: Janowski/Stuhlmacher, *Gottesknecht* 1–25. (= *Studien* 220–240.)

HERRMANN, SIEGFRIED. *Die prophetischen Heilserwartungen im Alten Testament: Ursprung und Gestaltwandel.* BWANT 85. Stuttgart 1965.

HERZER, JENS UND BÖTTRICH, CHRISTFRIED, Hg. *Josephus und das Neue Testament: Wechselseitige Wahrnehmungen. II. Internationales Symposium zum Corpus Judaeo-Hellenisticum 25.-28. Mai 2006, Greifswald.* WUNT 209. Tübingen 2007.

HIEBERT, THEODORE. „Joel, Book of." *ABD* 3 (1992): 873–880.

HO, AHUVA. *ṣedeq und ṣedaqa in the Hebrew Bible.* AmUSt.TR 78. New York 1991.

HOFFMAN, YAIR, UND REVENTLOW, HENNING GRAF, Hg. *Justice and Righteousness: Biblical Themes and their Influence.* JSOT.SS 137. Sheffield 1992.

HOLLENBACH, PAUL W. „John the Baptist." *ABD* 3 (1992): 887–899.

HOOKER, MORNA D. „John's Baptism: A Prophetic Sign." In: Stanton, *Holy Spirit* 22–40.

—. „Kingdom of God." *DBiblI* (1990): 374–377.

HORBURY, WILLIAM. *Jewish Messianism and the Cult of Christ.* London 1998.

—. „The Christian Use and the Jewish Origins of the Wisdom of Solomon." In: Day/Gordon/Williamson, *Wisdom* 182–196.

—. „The Wisdom of Solomon." *OxBC* 650–667.

HOSSFELD, FRANK-LOTHAR. „Gedanken zum alttestamentlichen Vorfeld paulinischer Rechtfertigungslehre." In: Söding, *Rechtfertigungslehre* 13–26.

HUNTER, ARCHIBALD M. *The Work and Words of Jesus.* London 1956 (überarb. Aufl. 1973).

HURTADO, LARRY W. „Christ." *DJG* (1992): 106–117.

INSTONE BREWER, DAVID. *Traditions of the Rabbis from the Era of the New Testament Bd. 1: Prayer and Agriculture.* Grand Rapids MI 2004.

IVERSON, CHERYL LYNN. *Restoration: A Semantic Domain Study of Restoration and Recovery as It Related to Persons in the Ancient Israelite Community.* Ann Arbor MI 1996.

IRVINE, STUART A. UND HAYES, JOHN H. *Isaiah the Eight-Century Prophet: His Times and His Preaching.* Nashville TN 1987.

JANOWSKI, BERND. *Die rettende Gerechtigkeit: Beiträge zur Theologie des Alten Testaments 2.* Neukirchen-Vluyn 1999.

—, ASSMANN, JAN UND WELKER, MICHAEL, Hg. *Gerechtigkeit, Richten und Retten in der abendländischen Tradition und ihren altorientalischen Ursprüngen.* München 1998.

—. *Der Gott des Lebens: Beiträge zur Theologie des Alten Testaments 3.* Neukirchen-Vluyn 2003.

—. *Gottes Gegenwart in Israel: Beiträge zur Theologie des Alten Testaments.* Neukirchen-Vluyn 1993.

— UND STUHLMACHER, PETER, Hg. *Der leidende Gottesknecht: Jesaja 53 und seine Wirkungsgeschichte.* Mit einer Bibliographie zu Jes 53. FAT 14. Tübingen 1996.

—. *Sühne als Heilsgeschehen: Studien zur Sühnetheologie der Priesterschrift und zur Wurzel KPR im Alten Orient und im Alten Testament.* WMANT 55. 2., durchges. und um einen Anhang erweiterte Aufl. Neukirchen-Vluyn 2000.

—, UND BERLEJUNG, ANGELIKA, Hg. *Tod und Jenseits im alten Israel und in seiner Umwelt.* FAT 64. Tübingen 2009.

—, Hg. *Weisheit außerhalb der kanonischen Weisheitsschriften.* VWGTh 10. Gütersloh 1996.

—. „Die Frucht der Gerechtigkeit: Psalm 72 und die judäische Königsideologie." In: Ders., *Gott des Lebens* 157–197.

—. „Er trug unsere Sünden: Jes 53 und die Dramatik der Stellvertretung." In: Ders./ Stuhlmacher, *Gottesknecht* 27–48.

—. „Gericht Gottes: II. Altes Testament." *RGG⁴* 3 (2000): 733f.

—. „Keruben und Zion: Thesen zur Entstehung der Zionstradition." In: Ders., *Gottes Gegenwart* 247–180.

—. „Das Königtum Gottes in den Psalmen: Bemerkungen zu einem neuen Gesamtentwurf." *ZThK* 86 (1989): 389–454.

—, ASSMANN, JAN UND WELKER, MICHAEL. „Richten und Retten: Zur Aktualität der altorientalischen und biblischen Gerechtigkeitskonzeption." In: Ders., *Gerechtigkeit* 220–246.

—. „Der barmherzige Richter: Zur Einheit von Gerechtigkeit und Barmherzigkeit im Gottesbild des Alten Orients und des Alten Testaments." In: Ders., *Gott des Lebens* 75–133.

JEREMIAS, JOACHIM. *Die Gleichnisse Jesu.* Göttingen 1965.

—. *Unbekannte Jesusworte.* 3., völlig neu bearb. Aufl. unter Mitwirkung von Otfried Hofius. Gütersloh 1963.

—. *Neutestamentliche Theologie. Erster Teil: Die Verkündigung Jesu.* 4. Aufl. Gütersloh 1988.

JEREMIAS, JÖRG. *Das Königtum Gottes in den Psalmen: Israels Begegnung mit dem kanaanäischen Mythos in den Jahwe-König-Psalmen.* FRLANT 141. Göttingen 1987.

—. *Der Prophet Amos.* ATD 24/2. Göttingen 1995.

—. *Der Prophet Hosea.* ATD 24/1. Göttingen 1983.

—. „Joel/Joelbuch." *TRE* 17 (1988): 91–97.

—. „Lade und Zion: Zur Entstehung der Zionstradition." In: Ders., *Königtum* 167–182.

JOHNSON, BO. „משפט." *ThWAT* 5 (1986): 93–107.

— UND RINGGREN, HELMER. „צדק." *ThWAT* 6 (1989): 898–924.

JOHNSON, MARSHALL D. „Life of Adam and Eve." *OTP* 2 (1985): 249–295.

JOYCE, PAUL M. *Divine Initiative and Human Response in Ezekiel*. JSOT.S 51. Sheffield 1989.

—. „Ezekiel and Individual Responsibility." In: Lust, *Ezekiel* 317–321.

JUNKER, HUBERT UND BOTTERWECK, JOHANNES, Hg. *Alttestamentliche Studien Friedrich Nötscher zum sechzigsten Geburtstage (...)*. Bonn 1950.

KAESTLI, JEAN-DANIEL UND WERMELINGER, OTTO, Hg. *Le Canon de l'Ancien Testament: La formation et son histoire*. MoBi 10. Genf 1984.

KAISER, OTTO. *Der Gott des Alten Testaments: Theologie des Alten Testaments*. 3 Bde. Göttingen 1993–2003.

KAMLAH, JENS. „Grab und Begräbnis in Israel/Juda: Materielle Befunde, Jenseitsvorstellungen und die Frage des Totenkultes." In: Berlejung/Janowski, *Tod* 257–297.

KANG, SA-MOON. *Divine War in the Old Testament and in the Ancient Near East*. BZAW 177. Berlin 1989.

KAUTZSCH, ERNST. *Die Derivate des Stammes צדק im alttestamentlichen Sprachgebrauch*. Tübingen 1881.

KAYE, BRUCE UND WENHAM, GORDON J., Hg. *Law, Morality and the Bible: A Symposium*. Leicester 1978.

KEEL, OTHMAR. *Jahwes Entgegnung an Ijob: Eine Deutung von Ijob 38–41 vor dem Hintergrund der zeitgenössischen Bildkunst*. FRLANT 121. Göttingen 1978.

—, CASETTI, PIERRE UND SCHENKER, ADRIAN, Hg. *Mélanges Dominique Barthélemy: Études bibliques offertes à l'occasion de son 60e anniversaire*. OBO 38. Freiburg CH 1981.

—. „Rechttun oder Annahme des drohenden Gerichts? Erwägungen zu Amos, dem frühen Jesaja und Micha." *BZ* NF 21 (1977): 200–218.

KITCHEN, KENNETH A. *On the Reliability of the Old Testament*. Grand Rapids 2003. (= *Das Alte Testament und der Vordere Orient: Zur historischen Zuverlässigkeit biblischer Geschichte*. Gießen 2008.)

KITTAY, EVA FEDER UND LEHRER, ADRIENNE, Hg. *Frames, Fields, and Contrasts: New Essays in Semantic and Lexical Organization*. Hillsdale NJ 1992.

— UND LEHRER, ADRIENNE. „Introduction." In: Dies., *Frames* 1–18.

KLAUCK, HANS-JOSEF, Hg. *Weltgericht und Weltvollendung: Zukunftsbilder im Neuen Testament*. QD 150. Freiburg 1994.

KLEINKNECHT, HERMANN, u. a. „πνεῦμα." *ThWNT* 6 (1959): 330–453.

— u. a. „ὀργή κτλ." *ThWNT* 5 (1954): 382–448.

KLOPFENSTEIN, MARTIN u. a., Hg. *Mitte der Schrift? Ein jüdisch-christliches Gespräch. Texte des Berner Symposions vom 6.–12. Jan. 1985*. Bern 1987.

—. „Das Gesetz bei den Propheten." In: Ders., *Mitte der Schrift* 283–297.

KNIBB, MICHAEL; COGGINS, RICHARD UND PHILLIPS, ANTHONY, Hg. *Israel's Prophetic Tradition: Essays in Honour of Peter R. Ackroyd*. Cambridge 1982.

KNIERIM, ROLF. „עוׂן [...] Verkehrtheit." *THAT* 2 (1976): 243–249.

KNÖPPLER, THOMAS. *Sühne im Neuen Testament: Studien zum urchristlichen Verständnis der Heilsbedeutung des Todes Jesu*. WMANT 88. Neukirchen-Vluyn 2001.

KOCH, KLAUS UND SCHMIDT, JOHANN MICHAEL, Hg. *Apokalyptik*. WdF 365. Darmstadt 1982.

KOCH, KLAUS, Hg. *Um das Prinzip der Vergeltung in Religion und Recht des Alten Testaments*. WdF 125. Darmstadt 1972.

—. *Spuren des hebräischen Denkens: Beiträge zur alttestamentlichen Theologie. Gesammelte Aufsätze Bd. 1*. Hg. Bernd Janowski und Martin Krause. Neukirchen-Vluyn 1991.

—. *Die Profeten. 2. Bd.: Babylonisch-persische Zeit.* Stuttgart 1980.

—. „Der Schatz im Himmel." In: H.-J. Kraus, *Leben* 47–60.

—. „Gibt es ein Vergeltungsdogma im Alten Testament?" In: Ders., *Spuren* 65–103.

—. „Wesen und Ursprung der ‚Gemeinschaftstreue' im Israel der Königszeit." *ZEE* 6 (1961): 72–90.

—. „צדק *ṣdq* gemeinschaftstreu/heilvoll sein." *THAT* 2 (1984): 507–530.

—. „ṢDQ im Alten Testament: Eine traditionsgeschichtliche Untersuchung." Diss. masch. Heidelberg 1953.

KOHLER, KAUFMANN. „Atonement." *JE* 2 (1902): 275–284.

KONRADT, MATTHIAS. *Gericht und Gemeinde: Eine Studie zur Bedeutung und Funktion von Gerichtsaussagen im Rahmen der paulinischen Ekklesiologie und Ethik im 1 Thess und 1 Kor.* BZNW 117. Berlin 2003.

KOPP, CLEMENS. *Die heiligen Stätten der Evangelien.* 2. Aufl. Regensburg 1964.

KOSCH, DANIEL UND BIEBERSTEIN, SABINE, Hg. *Auferstehung hat einen Namen: Biblische Anstöße zum Christsein heute. Festschrift für Hermann-Josef Venetz.* Luzern: Exodus, 1998.

KRASOVEC, JOZE. *La justice (ṢDQ) de Dieu dans la Bible hébraïque et l'interprétation juive et chrétienne.* OBO 76. Freiburg CH und Göttingen 1988.

—. *Reward, Punishment, and Forgiveness: The Thinking and Beliefs of Ancient Israel in the Light of Greek and Modern Views.* VT.S 78. Leiden 1999.

KRATZ, REINHARD G. UND KRÜGER, THOMAS, Hg. *Rezeption und Auslegung im Alten Testament und in seinem Umfeld.* OBO 153. Freiburg CH und Göttingen 1997.

—. „Der Anfang des Zweiten Jesaja in Jes 40,1f. und das Jeremiabuch." *ZAW* 106 (1994): 243–261.

KRAUS, HANS-JOACHIM u. a., Hg. *Leben angesichts des Todes: Beiträge zum theologischen Problem des Todes. Helmut Thielicke zum 60. Geburtstag.* Tübingen 1968.

KRAUS, WOLFGANG. *Der Tod Jesu als Heiligtumsweihe: Eine Untersuchung zum Umfeld der Sühnevorstellung in Römer 3,25 – 26a.* WMANT 66. Neukirchen-Vluyn 1991.

KREUZER, SIEGFRIED UND LÜTHI, KURT, Hg. *Zur Aktualität des Alten Testaments: Festschrift für Georg Sauer zum 65. Geburtstag.* Frankfurt a. M. 1992.

—. „Gottesherrschaft als Grundthema der Alttestamentlichen Theologie." In: Ders./Lüthi, *Aktualität* 57–72.

KROLL, GERHARD. *Auf den Spuren Jesu.* Innsbruck 1988.

KRÜGER, THOMAS u. a., Hg. *Das Buch Hiob und seine Interpretationen.* AThANT 88. Zürich 2007.

—. *Geschichtskonzepte im Ezechielbuch.* BZAW 180. Berlin 1989.

—. *Das menschliche Herz und die Weisung Gottes: Studien zur alttestamentlichen Anthropologie und Ethik.* AThANT 96. Zürich 2009.

—. *Kohelet (Prediger).* BK 19 (Sonderbd.). Neukirchen 2000.

—. *Kritische Weisheit: Studien zur weisheitlichen Traditionskritik im Alten Testament.* Zürich 1997.

— UND KRATZ, REINHARD G., Hg. *Rezeption und Auslegung im Alten Testament und in seinem Umfeld.* OBO 153. Freiburg CH und Göttingen 1997.

—. „Dekonstruktion und Rekonstruktion prophetischer Eschatologie im Qohelet-Buch." In: Diesel, *Jedes Ding hat seine Zeit* 107–129. (= *Kritische Weisheit* 151–172.)

— UND BALTZER, KLAUS. „Die Erfahrung Hiobs: ‚Konnektive' und ‚distributive' Gerechtigkeit nach dem Hiob-Buch." In: Sun, *Problems* 27–37.

—. „Gesetz und Weisheit im Pentateuch." In: Fischer, *Spuren* 1–12. (= *Das menschliche Herz* 137–148.)

—. „Das menschliche Herz und die Weisung Gottes: Elemente einer Diskussion über Möglichkeiten und Grenzen der Tora-Rezeption im Alten Testament." In: Ders./ Kratz, *Rezeption* 65–92. (= *Das menschliche Herz* 107–136.)

—. „Did Job Repent?" In: Ders., *Buch Hiob* 217–229.

—. „Die Rezeption der Tora im Buch Kohelet." In: Ders., *Kritische Weisheit* 173–193. (= Schwienhorst-Schönberger, *Buch Kohelet* 303–325.)

—. „Überlegungen zur Bedeutung der Traditionsgeschichte für das Verständnis alttestamentlicher Texte und zur Weiterentwicklung der traditionsgeschichtlichen Methode." In: Utzschneider/Blum, *Lesarten* 233–245.

KUGLER, ROBERT A. *The Testaments of the Twelve Patriarchs.* Guides to Apocrypha and Pseudepigrapha. Sheffield 2001.

—. „Testaments." In: Carson, *Justification* 1,189–213.

KÜMMEL, WERNER GEORG. *Verheißung und Erfüllung: Untersuchungen zur eschatologischen Verkündigung Jesu.* 2., völlig neu bearb. Aufl. Zürich 1953.

KUTSCH, ERNST. *Verheissung und Gesetz: Untersuchungen zum sogenannten „Bund" im Alten Testament.* BZAW 131. Berlin 1973.

—. „ברית *berît* Verpflichtung." *THAT* 1 (1984): 339–352.

LAATO, ANTTI. *A Star is Rising: The Historical Development of the Old Testament Royal Ideology and the Rise of Jewish Messianic Expectations.* University of South Florida International Studies in Formative Christianity and Judaism 5. Altanta GA 1997.

LAMBRECHT, JAN. *Die Redaktion der Markus-Apokalypse: Literarische Analyse und Strukturuntersuchung.* AnBib 28. Rom 1967.

LANG, FRIEDRICH. „Erwägungen zur eschatologischen Verkündigung Johannes des Täufers." In: Strecker, *Jesus Christus* 459–473.

LANGACKER, RONALD W. *Concept, Image, and Symbol: The Cognitive Basis of Grammar.* Cognitive Linguistics Research 1. Berlin 1990.

—. *Foundations of Cognitive Grammar.* 2 Bde. Stanford CA 1987–1991.

LANGE, ARMIN, UND LICHTENBERGER, HERMANN. „Qumran." *TRE* 28 (1997): 45–79.

LARCHER, CHRYSOSTOME. *Études sur le livre de la Sagesse.* EtB. Paris 1969.

LAURENT, FRANÇOISE. „Les paroles du Qohéleth et le jugement (*mišpāṭ – šāpaṭ*)." In: Bons, *Jugement* 243–270.

LEHRER, ADRIENNE UND KITTAY, EVA FEDER, Hg. *Frames, Fields, and Contrasts: New Essays in Semantic and Lexical Organization.* Hillsdale NJ 1992.

— UND KITTAY, EVA FEDER. „Introduction." In: Dies., *Frames,* 1–18.

LEVENSON, JON D. *Theology of the Program of Restoration in Ezekiel 40–48.* Missoula 1976.

LICHTENBERGER, HERMANN UND AVEMARIE, FRIEDRICH, Hg. *Auferstehung – Resurrection. The Fourth Durham-Tübingen Research Symposium: Resurrection, Transfiguration and Exaltation in Old Testament, Ancient Judaism and Early Christianity, Tübingen September 1999.* WUNT 135. Tübingen 2001.

— UND AVEMARIE, FRIEDRICH, Hg. *Bund und Tora.* WUNT 92. Tübingen 1996.

—. „Auferstehung in den Qumranfunden." In: Ders./Avemarie, *Auferstehung* 79–91.

—. „Heilige Engel sind in der Gemeinde." *WUB* 50, 13. Jg. (4/2008): 28–30.

— UND LANGE, ARMIN. „Qumran." *TRE* 28 (1997): 45–79.

LIEDKE, GERHARD. „ריב." *THAT* 2 (1984): 771–777.

—. „שפט." *THAT* 2 (1984): 999–1009.

LIERMAN, JOHN. *The New Testament Moses: Christian Perceptions of Moses and Israel in the Setting of Jewish Religion.* WUNT 2,173. Tübingen 2004.

LINDARS, BARNABAS. *The Gospel of John.* NCeB. London 1972.

LINDBLOM, JOHANNES. *Prophecy in Ancient Israel.* Oxford 1962.

LÖBNER, SEBASTIAN. *Semantik: Eine Einführung.* Berlin 2003.

LOHFINK, GERHARD. *Wie hat Jesus Gemeinde gewollt? Zur gesellschaftlichen Dimension des christlichen Glaubens.* 4. Aufl. Freiburg 1984.

LOHFINK, NORBERT. *Studien zur biblischen Theologie.* SBAB 16. Stuttgart 1993.

—. „Der Begriff des Gottesreichs vom Alten Testament her gesehen." In: Ders., *Studien* 152–205.

LOHSE, EDUARD, Hg. *Die Texte aus Qumran: Hebräisch und deutsch mit masoretischer Punktation, Übersetzung, Einführung und Anmerkungen.* Darmstadt 1986.

LOUW, JOHANNES P. UND NIDA, EUGENE A., Hg. *Greek-English Lexicon of the New Testament: Based on Semantic Domains.* New York 1988.

— UND NIDA, EUGENE A. *Lexical Semantics of the Greek New Testament: A Supplement to the Greek-English Lexicon of the New Testament Based on Semantic Domains.* Resources for Biblical Study. Atlanta GA 1992.

LUCAS, ERNEST C. *Daniel.* AOTC 20. Leicester 2002.

LUNDBOM, JACK R. *Jeremiah.* 3 Bde. AncB 21A-C. New York 1999–2004.

LUNDE, JONATHAN M. „Heaven and Hell." *DJG* (1992): 307–312.

LUPIERI, EDMONDO. „Johannes der Täufer: I. Neues Testament." *RGG⁴* 4 (2001): 514–517.

LUST, JOHAN, Hg. *Ezekiel and His Book: Textual and Literary Criticism and Their Interrelation.* BEThL 74. Leuven 1986.

LÜTHI, KURT UND KREUZER, SIEGFRIED, Hg. *Zur Aktualität des Alten Testaments: Festschrift für Georg Sauer zum 65. Geburtstag.* Frankfurt a. M. 1992.

LUZ, ULRICH. *Das Evangelium nach Matthäus.* 4 Bde. EKK 1/1–4. Zürich 1985–2002. (Bd. 1: 5., völlig neu bearb. Aufl. 2002; Bd. 2: 4., veränd. Aufl. 2007.)

MACH, MICHAEL. *Entwicklungsstadien des jüdischen Engelglaubens in vorrabbinischer Zeit.* TSAJ 34. Tübingen 1992.

MAIER, JOHANN. *Der Lehrer der Gerechtigkeit.* Franz-Delitzsch-Vorlesung 5. Münster 1996. (= de Vos/Siegert, *Interesse am Judentum* 72–103.)

—. *Die Qumran-Essener: Die Texte vom Toten Meer.* 3 Bde. Basel 1995–1996.

—. „Sühne und Vergebung in der jüdischen Liturgie." *JBTh* 9 (1994): 145–171.

MANSON, THOMAS W. *The Sayings of Jesus: As Recorded in the Gospels according to St. Matthew and St. Luke.* London 1950.

—. *The Teaching of Jesus: Studies of Its Form and Content.* 2. Aufl. London 1951.

MARKSCHIES, CHRISTOPH UND MARTIN HENGEL. *The ‚Hellenization' of Judaea in the First Century After Christ.* London 1989.

— UND MARTIN HENGEL. „Zum Problem der ‚Hellenisierung' Judäas im 1. Jahrhundert nach Christus." In: Hengel, *Judaica et Hellenistica* 1–90.

MARSHALL, I. HOWARD. *Eschatology and the Parables.* Tyndale Monographs 4. London 1963.

—. *The Gospel of Luke: A Commentary on the Greek Text.* NIGTC. Exeter 1978.

—. *The Origins of New Testament Christology.* 2., überarb. Aufl. Leicester 1990.

—. „Son of Man." *DJG* (1992): 775–781.

MARTIN, JAMES D. UND DAVIES, PHILIP R., Hg. *A Word in Season: Essays in Honour of William McKane.* JSOT.S 42. Sheffield 1986.

MAUL, STEFAN M. „Der assyrische König – Hüter der Weltordnung." In: Assmann/Janowski/Welker, *Gerechtigkeit* 65–78.

MAYER, GÜNTER. „יכח." *ThWAT* 3 (1982): 620–628.

MCCONVILLE, J. GORDON. *Deuteronomy.* AOTC 5. Leicester und Downers Grove IL 2002.

—. *Grace in the End: A Study in Deuteronomic Theology.* Studies in Old Testament Biblical Theology. Grand Rapids MI 1993.

—. *The Prophets (= Exploring the Old Testament Vol. 4).* London 2002.

—. „Deuteronomic/istic Theology." *NIDOTTE* 4 (1996): 528–537.

— „ברית." *NIDOTTE* 1 (1996): 747–755.

MCGLYNN, MOYNA. *Divine Judgement and Divine Benevolence in the Book of Wisdom.* WUNT 2,139. Tübingen 2001.

MCKANE, WILLIAM. *A Critical and Exegetical Commentary on Jeremiah.* 2 Bde. ICC. Edinburgh 1986–1996.

—. *The Book of Micah: Introduction and Commentary.* Edinburgh 1998.

MCKNIGHT, SCOT. „Gentiles." *DJG* (1992): 259–265.

—. „John the Baptist." *NDBT* (2000): 602–604.

MCNAMARA, MARTIN. „Some Targum Themes." In: Carson, *Justification* 1,303–356.

MENDE, THERESIA UND BANDSCHEIDT, RENATE, Hg. *Schöpfungsplan und Heilsgeschichte: Festschrift für Ernst Haag zum 70. Geburtstag.* Trier 2002.

MERKLEIN, HELMUT. *Studien zu Jesus und Paulus II.* WUNT 105. Tübingen 1998.

—. „Gericht und Heil: Zur heilsamen Funktion des Gerichts bei Johannes dem Täufer, Jesus und Paulus." In: Ders., *Studien* 60–81. (= *JBTh* 5 [1990]: 71–92).

—. „Der Sühnetod Jesu nach dem Zeugnis des Neuen Testaments." In: Heinz, *Versöhnung* 155–183. (= *Studien* 31–59.)

MERRILL, EUGENE H. *Haggai, Zechariah, Malachi: An Exegetical Commentary.* Chicago 1994.

MERZ, ANNETTE UND THEISSEN, GERD. *Der historische Jesus: Ein Lehrbuch.* 3., durchges. und um Literaturnachträge erg. Aufl. Göttingen 2001.

METTINGER, TRYGGVE N. D. *In Search of God: The Meaning and Message of the Everlasting Names.* Philadelphia PA 1988.

MEURER, SIEGFRIED, Hg. *The Apocrypha in Ecumenical Perspective: The Place of the Late Writings and Their Significance in the Eastern and Western Church Traditions.* UBS.MS 6. Reading und New York 1991.

MEYER, BEN F. *The Aims of Jesus.* London 1979.

MEYERS, CAROL L. UND MEYERS, ERIC M. *Zechariah 9–14.* AncB 25C. New York 1993.

MEYERS, ERIC M. UND MEYERS, CAROL L. *Zechariah 9–14.* AncB 25C. New York 1993.

MEYNET, ROLAND UND BOVATI, PIETRO. *Le livre du prophète Amos.* Rhétorique Biblique 2. Paris 1994.

MICHEL, DIETHELM. „Gericht Gottes: I. AT." *NBL* 1 (1991): 801–803.

MICHEL, OTTO. *Dienst am Wort: Gesammelte Aufsätze.* Hg. Klaus Haacker. Neukirchen-Vluyn 1986.

—. „Der Lohngedanke in der Verkündigung Jesu." In: Ders., *Dienst am Wort* 45–49.

MIGGELBRINK, RALF. *Der Zorn Gottes: Geschichte und Aktualität einer ungeliebten biblischen Tradition.* Freiburg 2000.

—. *Der zornige Gott: Die Bedeutung einer anstößigen biblischen Tradition.* Darmstadt 2002.

MILLARD, ALAN R. „An Assessment of the Evidence for Writing in Ancient Israel." In: Amitai, *Biblical Archaeology Today* 301–312.

—. „The Knowledge of Writing in Iron Age Palestine." *TynB* 46 (1995): 207–217.

MILLER, PATRICK D. u. a., Hg. *Ancient Israelite Religion: Essays in Honor of Frank Moor Cross.* Philadelphia PA 1987.

—. *Sin and Judgment in the Prophets: A Stylistic and Theological Analysis.* SBL.MS 27. Chico CA 1982.

—. *The Way of the Lord: Essays in Old Testament Theology.* FAT 39. Tübingen 2004.

—. „Slow to Anger: The God of the Prophets." In: Ders., *The Way of the Lord* 267–285.

MILLER, ROBERT J., Hg. *The Apocalyptic Jesus: A Debate.* Santa Rosa, California 2001.

MOORE, GEORGE FOOT. *Judaism in the First Centuries of the Christian Era: The Age of the Tannaim.* 3 Bde. Cambridge MA 1927–1930.

MORGENTHALER, ROBERT. *Kommendes Reich.* Zürich 1952.

MORRIS, LEON. *The Biblical Doctrine of Judgment.* London 1960.

—. *The Gospel According to John.* NIC.NT. 2., überarb. Aufl. Grand Rapids MI 1995.

MOULE, CHARLES F. D. *The Origin of Christology.* Cambridge 1977.

MUDDIMAN, JOHN UND BARTON, JOHN, Hg. *The Oxford Bible Commentary.* Oxford 2001.

MULDER, MARTIN JAN, Hg. *The Literature of the Jewish People in the Period of the Second Temple and the Talmud. Bd. 1: Mikra: Text, Translation, Reading and Interpretation of the Hebrew Bible in Ancient Judaism and Early Christianity.* CRI 2,2. Assen und Philadelphia PA 1988.

MÜLLER, HANS-PETER. „Eschatologie II. Altes Testament." *RGG⁴* 2 (1999): 1546–1553.

MÜLLER, KARLHEINZ. „Gott als Richter und die Erscheinungsweisen seiner Gerichte in den Schriften des Frühjudentums: Methodische und grundsätzliche Vorüberlegungen zu einer sachgemäßeren Einschätzung." In: Klauck, *Weltgericht* 23–53.

MÜNCHOW, CHRISTOPH. *Ethik und Eschatologie: Ein Beitrag zum Verständnis der frühjüdischen Apokalyptik mit einem Ausblick auf das Neue Testament.* Göttingen 1981.

MURPHY-O'CONNOR, JEROME. „John the Baptist and Jesus: History and Hypotheses." *NTS* 36 (1990): 359–374.

NEUDORFER, HEINZ-WERNER UND SCHNABEL, ECKHARD J., Hg. *Das Studium des Neuen Testaments. Band 1: Eine Einführung in die Methoden der Exegese.* BM 5. Wuppertal und Gießen 1999.

NEUSNER, JACOB UND CHILTON, BRUCE D. *Classical Christianity and Rabbinic Judaism: Comparing Theologies.* Grand Rapids MI 2004.

—. *Judaic Law from Jesus to the Mishnah: A Systematic Reply to Professor E. P. Sanders.* South Florida Studies in the History of Judaism 84. Atlanta GA 1993.

—. „Judaism: Practice and Belief 63 B. C. E. – 66 C. E.: A Review of Recent Works by E. P. Sanders." *BBR* 6 (1996): 167–178.

—. „Mr. Sanders's Pharisees and Mine." *BBR* 2 (1992): 143–169.

NICHOLSON, ERNEST W. *God and His People: Covenant Theology in the Old Testament.* Oxford 1986.

NICKELSBURG, GEORGE W. E. *Ancient Judaism and Christian Origins: Diversity, Continuity, and Transformation.* Minneapolis MN 2003.

—. *Jewish Literature Between the Bible and the Mishnah: A Historical and Literary Introduction.* 2. Aufl. Minneapolis MN 2005.

NIDA, EUGENE A. UND LOUW, JOHANNES P., Hg. *Greek-English Lexicon of the New Testament: Based on Semantic Domains.* New York 1988.

— UND LOUW, JOHANNES P. *Lexical Semantics of the Greek New Testament: A Supplement to the Greek-English Lexicon of the New Testament Based on Semantic Domains.* Resources for Biblical Study. Atlanta GA 1992.

NIEHR, HERBERT. *Herrschen und richten: Die Wurzel špṭ im Alten Orient und im Alten Testament.* fzb 54. Würzburg 1986.

—. *Rechtsprechung in Israel: Untersuchungen zur Geschichte der Gerichtsorganisation im Alten Testament.* Stuttgart 1987.

—. „שׁפט." *ThWAT* 8 (1995): 408–428.

NOTH, MARTIN UND THOMAS, D. WINTON, Hg. *Wisdom in Israel and in the Ancient Near East: Presented to Professor Harold Henry Rowley by the Society for Old Testament Study in Association with the Editorial Board of Vetus Testamentum in Celebration of his 65th Birthday, 24 March 1955.* VT.S 3. Leiden 1955.

O'ROURKE BOYLE, MAJORIE. „The Covenant Lawsuit of the Prophet Amos: III 1 – IV 13." *VT* 21 (1971): 338–366.

ODEN, ROBERT A. „The Place of Covenant in the Religion of Israel." In: Miller, *Ancient Israelite Religion* 429–447.

ÖHLER, MARKUS. *Elia im Neuen Testament: Untersuchungen zur Bedeutung des alttestamentlichen Propheten im frühen Christentum.* BZNW 88. Berlin 1997.

ORR, MARY. *Intertextuality: Debates and Contexts.* Cambridge 2003.

OTTO, ECKART. „Die Geschichte der Talion im Alten Orient und Israel." In: Daniels, *Ernten* 101–130.

PASSARO, ANGELO UND BELLIA, GIUSEPPE, Hg. *The Book of Wisdom in Modern Research: Studies on Tradition, Redaction, and Theology.* DCLY. Berlin 2005.

PAUL, SHALOM M. *Amos.* Hermeneia. Minneapolis MN 1991.

PEELS, HENDRICK G. L. *The Vengeance of God: The Meaning of the Root NQM and the Function of the NQM-Texts in the Context of Divine Revelation in the Old Testament.* OTS 31. Leiden 1995.

—. „נקם." *NIDOTTE* 3 (1996): 937–940.

PERLITT, LOTHAR. *Bundestheologie im Alten Testament.* WMANT 36. Neukirchen-Vluyn 1969.

PESCH, RUDOLF. *Das Markusevangelium.* 2 Bde. HThK 2. 5. bzw. 4. Aufl. Freiburg i. Br. 1989 bzw. 1991.

—. „Jesu Verständnis seines Todes." In: Haag, *Versuche* 9–24.

PESCH, WILHELM. *Der Lohngedanke in der Lehre Jesu: Verglichen mit der religiösen Lohnlehre des Spätjudentums.* MThS 7. München 1955.

PHILLIPS, ANTHONY; COGGINS, RICHARD UND KNIBB, MICHAEL, Hg. *Israel's Prophetic Tradition: Essays in Honour of Peter R. Ackroyd.* Cambridge 1982.

—. „Prophecy and Law." In: Ders./Coggins/Knibb, *Israels's Prophetic Tradition* 217–232.

PHILLIPS, ELAINE A. „The Tilted Balance: Early Rabbinic Perceptions of God's Justice." *BBR* 14 (2004): 223–240.

PHILONENKO, MARC, Hg. *Le trône de Dieu.* WUNT 69. Tübingen 1993.

PIETSCH, MICHAEL UND HARTENSTEIN, FRIEDHELM, Hg. *Israel zwischen den Mächten: Festschrift für Stefan Timm zum 65. Geburtstag.* AOAT 364. Münster 2009.

PITKÄNEN, PEKKA M. A. *Central Sanctuary and Centralization of Worship in Ancient Israel: From the Settlement to the Building of Solomon's Temple.* Gorgias Dissertations: Near Eastern Studies. Piscataway NJ 2003.

—. *Joshua.* AOTC 6. Nottingham und Downers Grove IL 2010.

PIXNER, BARGIL. *Wege des Messias und Stätten der Urkirche: Jesus und das Judenchristentum im Licht neuer archäologischer Erkenntnisse.* Hg. Rainer Riesner. SBAZ 2. Giessen 1991.

PLUMMER, ALFRED. *An Exegetical Commentary on the Gospel According to S. Matthew.* London 1915.

POLA, THOMAS. „Was bleibt von der älteren Geschichte Israels? Methodische und sachliche Bemerkungen zu neueren minimalistischen Positionen." *ThBeitr* 34 (2003): 238–255.

PORTER, STANLEY E. UND EVANS, CRAIG A., Hg. *The Historical Jesus.* The Biblical Seminar 33. Sheffield 1995.

PREUSS, HORST DIETRICH. *Einführung in die alttestamentliche Weisheitsliteratur.* Stuttgart 1987.

—, Hg. *Eschatologie im Alten Testament.* WdF 480. Darmstadt 1978.

—. *Jahweglaube und Zukunftserwartung.* Stuttgart 1968.

—. *Theologie des Alten Testaments.* 2 Bde. Stuttgart 1991–1992.

PRIEST, JAMES E. „Testament of Moses." *OTP* 1 (1983): 919–934.

PROCKSCH, OTTO. *Theologie des Alten Testaments.* Gütersloh 1950.

PUECH, ÉMILE *La croyance des esséniens en la vie future: Immortalité, résurrection, vie éternelle? Bd. 2: Les données qumraniennes et classiques.* EtB. Paris 1993.

. —. „The Book of Wisdom and the Dead Sea Scrolls." In: Passaro/Bellia, *Book of Wisdom* 117–141.

RANKIN, OLIVER SHAW. *Israel's Wisdom Literature: Its Bearing on Theology and the History of Religion.* Edinburgh 1936.

REIMER, DAVID J. UND BARTON, JOHN, Hg. *After the Exile: Essays in Honour of Rex Mason.* Macon GA 1996.

REISER, MARIUS. *Die Gerichtspredigt Jesu: Eine Untersuchung zur eschatologischen Verkündigung Jesu und ihrem frühjüdischen Hintergrund.* NTA NF 23. Münster 1990.

RENDTORFF, ROLF. „Er handelt nicht mit uns nach unsern Sünden: Das Evangelium von der Barmherzigkeit Gottes im Ersten Testament." In: Scoralick, *Drama* 145–156.

RENGSTORF, KARL HEINRICH. *Das Evangelium nach Lukas.* NTD 3. 14. Aufl. Göttingen 1969.

RENZ, JOHANNES. „Jahwe ist der Gott der ganzen Erde: Der Beitrag der außerkanonischen althebräischen Texte zur Rekonstruktion der vorexilischen Religions- und Theologiegeschichte Palästinas." In: Pietsch/Hartenstein, *Israel* 289–378.

RENZ, THOMAS. *The Rhetorical Function of the Book of Ezekiel.* VT.S 76. Leiden 1999.

REVENTLOW, HENNING GRAF, Hg. *Eschatology in the Bible and in Jewish and Christian Tradition.* JSOT.S 243. Sheffield 1997.

— UND HOFFMAN, YAIR, Hg. *Justice and Righteousness: Biblical Themes and Their Influence.* JSOT.S 137. Sheffield 1992.

—. „Eschatologization of the Prophetic Books: A Comparative Study." In: Ders., *Eschatology* 169–188.

—. „Basic Issues in the Interpretation of Isaiah 53." In: Bellinger/Farmer, *Jesus and the Suffering Servant* 23–38.

—. „Righteousness as Order of the World: Some Remarks Towards a Programme." In: Ders./Hoffman, *Justice* 163–172.

RIEGER, HANS-MARTIN. „Eine Religion der Gnade: Zur ‚Bundesnomismus'-Theorie von E. P. Sanders." In: Avemarie/Lichtenberger, *Bund* 129–161.

RIESNER, RAINER. *Bethanien jenseits des Jordans: Topographie und Theologie im Johannes-Evangelium.* SBAZ 12. Giessen 2002.

—. *Jesus als Lehrer: Eine Untersuchung zum Ursprung der Evangelien-Überlieferung.* WUNT 2,7. Tübingen 1988.

— UND BETZ, OTTO. *Verschwörung um Qumran? Jesus, die Schriftrollen und der Vatikan.* München 2007.

RINGGREN, HELMER. „ריב." *ThWAT* 7 (1993): 496–501.

RINIKER, CHRISTIAN. *Die Gerichtsverkündigung Jesu.* EHS.T 653. Bern 1999.

—. „Jesus als Gerichtsprediger? Auseinandersetzung mit einem wieder aktuell gewordenen Thema." *ZNT* 5/9 (2002): 2–14.

ROBERTSON, O. PALMER. *The Christ of the Prophets.* Phillipsburg NJ 2004.

RUDOLPH, WILHELM. *Joel – Amos – Obadja – Jona.* KAT 13/2. Gütersloh 1971.

RUDOLPH, WILHELM. *Micha, Nahum, Habakuk, Zephanja.* KAT 13/3. Gütersloh 1975.

RÜGER, HANS PETER. „The Extent of the Old Testament Canon." In: Meurer, *Apocrypha* 151–160.

—. „Mit welchem Maß ihr messt, wird euch gemessen werden." *ZNW* 60 (1969): 174–182.

SÆBØ, MAGNE. „Eschaton und Eschatologia im Alten Testament in traditionsgeschichtlicher Sicht." In: Hausmann/Zobel, *Alttestamentlicher Glaube* 321–330.

SAFRAI, SHMUEL. „Der Versöhnungstag in Tempel und Synagoge." In: Heinz, *Versöhnung* 32–55.

SANDERS, ED PARISH. *Judaism: Practice and Belief, 63 BCE-66 CE.* London 1992.

—. *Paul and Palestinian Judaism: A Comparison of Patterns of Religion.* New Testament Library. London 1977. (= *Paulus und das palästinische Judentum: Ein Vergleich zweier Religionsstrukturen.* StUNT 17. Göttingen 1985.)

—. „Testament of Abraham." *OTP* 1 (1983): 871–902.

SANDERS, JAMES ALVIN. *Suffering as Divine Discipline in the Old Testament and Post-Biblical Judaism.* New York 1955.

SCHARBERT, JOSEF. „Gerechtigkeit: I. Altes Testament." *TRE* 12 (1984): 404–411.

SCHENKER, ADRIAN, CASETTI, PIERRE UND KEEL, OTHMAR, Hg. *Mélanges Dominique Barthélemy: Études bibliques offertes à l'occasion de son 60e anniversaire.* OBO 38. Freiburg CH 1981.

—. „Saure Trauben ohne stumpfe Zähne: Bedeutung und Tragweite von Ez 18 und 33.10–20 oder ein Kapitel alttestamentlicher Moraltheologie." In: Ders./Casetti/Keel. *Mélanges Dominique Barthélemy* 449–470. (=*Text und Sinn im Alten Testament: Textgeschichtliche und bibeltheologische Studien.* OBO 103. Freiburg CH 1991. 97–118.)

SCHERER, ANDREAS. „Empirie contra Heilsgeschichte? Zur Frage nach dem Ort der Weisheit im Alten Testament." *ThBeitr* 30 (1999): 182–201.

—. „Neuere Forschungen zu alttestamentlichen Geschichtskonzeptionen am Beispiel des deuteronomistischen Geschichtswerks." *VF* 53 (2008): 22–40.

SCHLATTER, ADOLF. *Die Geschichte des Christus.* 3. Aufl. Stuttgart 1977.

—. *Johannes der Täufer.* Hg. Wilhelm Michaelis. Mit einem Geleitwort von Theodor Schlatter. Basel 1956.

—. *Das Evangelium des Lukas: aus seinen Quellen erklärt.* 3. Aufl. Stuttgart 1975.

—. *Der Evangelist Matthäus: Seine Sprache, sein Ziel, seine Selbständigkeit. Ein Kommentar zum ersten Evangelium.* 5. Aufl. Stuttgart 1959.

—. *Synagoge und Kirche bis zum Barkochba-Aufstand: Vier Studien zur Geschichte des Rabbinats und der jüdischen Christenheit in den ersten zwei Jahrhunderten.* Mit einem Geleitwort von Joachim Jeremias. Stuttgart 1966.

SCHMID, HANS HEINRICH. *Gerechtigkeit als Weltordnung: Hintergrund und Geschichte des alttestamentlichen Gerechtigkeitsbegriffes.* BHTh 40. Tübingen 1968.

—. „Gerechtigkeit und Barmherzigkeit im Alten Testament." *WuD* NF 12 (1973): 31–41.

SCHMID, HANS-JÖRG UND UNGERER, FRIEDRICH. *An Introduction to Cognitive Linguistics.* 2. Aufl. Harlow 2006.

SCHMID, JOSEF. *Das Evangelium nach Lukas.* 4., durchges. Aufl. RNT 3. Regensburg 1960.

SCHMID, KONRAD, Hg. *Prophetische Heils- und Herrschererwartungen.* SBS 194. Stuttgart 2005.

—. *Literaturgeschichte des Alten Testaments: Eine Einführung.* Darmstadt 2008.

—. „Herrschererwartungen und -aussagen im Jesajabuch." *Prophetische Heils- und Herrschererwartungen.* Hg. Konrad Schmid. SBS 194. Stuttgart 2005. 37–74.

— UND STECK, ODIL HANNES. „Heilserwartungen in den Prophetenbüchern des Alten Testaments." *Prophetische Heils- und Herrschererwartungen.* Hg. Konrad Schmid. SBS 194. Stuttgart 2005. 1–36.

SCHMIDT, JOHANN MICHAEL UND KOCH, KLAUS, Hg. *Apokalyptik.* WdF 365. Darmstadt 1982.

SCHMIDT, WERNER H. *Alttestamentlicher Glaube.* 10. Aufl. Neukirchen-Vluyn 2007.

—. *Königtum Gottes in Ugarit und Israel: Zur Herkunft der Königsprädikation Jahwes.* BZAW 80. 2., neu bearb. Aufl. Berlin 1966.

SCHMITT, ARMIN. *Weisheit.* NEB 23. Würzburg 1989.

SCHNABEL, ECKHARD J. UND NEUDORFER, HEINZ-WERNER, Hg. *Das Studium des Neuen Testaments. Band 1: Eine Einführung in die Methoden der Exegese.* BM 5. Wuppertal und Gießen 1999.

SCHNEIDER, R. UND THIEDE, CARSTEN PETER. „Johannes, Täufer." *GBL* 2 (1988): 698–700.

SCHREINER, JOSEF. *Theologie des Alten Testaments.* NEB.AT.E 1. Würzburg 1995.

—. *Zwischen den Testamenten: Geschichte und Religion in der Zeit des zweiten Tempels.* NEB.AT.E 3. Würzburg 1990.

—. „Eschatologie im Alten Testament." *Eschatologie in der Schrift und Patristik.* Hg. Brian Daley. Freiburg i. Br. 1986. 1–31.

—. „Zur Eschatologie in der Zeit zwischen den Testamenten." *Eschatologie in der Schrift und Patristik.* Hg. Brian Daley. Freiburg i. Br. 1986. 32–43.

SCHRÖTER, JENS. *Erinnerung an Jesu Worte: Studien zur Rezeption der Logienüberlieferung in Markus, Q und Thomas.* WMANT 76. Neukirchen-Vluyn 1997.

— UND BRUCKER, RALPH, Hg. *Der historische Jesus: Tendenzen und Perspektiven der gegenwärtigen Forschung.* BZNW 114. Berlin 2002.

SCHUMAN, NIEK ABRAHAM. *Gelijk Om Gelijk: Verslag En Balans Van Een Discussie over Goddelijke Ergelding in Het Oude Testament.* Amsterdam 1993.

SCHÜRER, EMIL. *The History of the Jewish People in the Age of Jesus Christ (175 B. C. – A. D. 135).* 3 Bde. Überarb. und hg. von Geza Vermes, Fergus Millar, Martin Goodman and Matthew Black. Edinburgh 1973–1987.

SCHÜRMANN, HEINZ. *Jesu ureigener Tod: Exegetische Besinnungen und Ausblick.* Freiburg 1975.

SCHWEIZER, EDUARD. *Das Evangelium nach Lukas.* NTD 3. 20. Aufl., 3., durchges. Aufl. dieser neuen Fassung. Göttingen 1993.

—. *Das Evangelium nach Markus.* NTD 1. 17. Aufl. Göttingen 1989.

SCHWEMER, ANNA MARIA UND HENGEL, MARTIN. *Der messianische Anspruch Jesu und die Anfänge der Christologie: Vier Studien.* WUNT 138. Tübingen 2001.

— UND HENGEL, MARTIN. *Jesus und das Judentum. (Geschichte des frühen Christentums Bd. 1.)* Tübingen 2007.

— UND HENGEL, MARTIN, Hg. *Königsherrschaft Gottes und himmlischer Kult im Judentum, Urchristentum und in der hellenistischen Welt.* WUNT 55. Tübingen 1991.

—. *Studien zu den frühjüdischen Prophetenlegenden: Vitae Prophetarum.* 2 Bde. TSAJ. Tübingen 1995–1996.

SCHWIENHORST-SCHÖNBERGER, LUDGER, Hg. *Das Buch Kohelet: Studien zur Struktur, Geschichte, Rezeption und Theologie.* BZAW 254. Berlin und New York 1997.

SCORALICK, RUTH, Hg. *Das Drama der Barmherzigkeit Gottes: Studien zur biblischen Gottesrede und ihrer Wirkungsgeschichte im Judentum und Christentum.* SBS 183. Stuttgart 1999.

SEELIGMANN, ISAC LEO. „Zur Terminologie für das Gerichtsverfahren im Wortschatz des biblischen Hebräisch." *Hebräische Wortforschung: Festschrift zum 80. Geburtstag von Walter Baumgartner.* VT.S 16. Leiden 1967. 251–278.

SEIFRID, MARK A. „Rezension von Kent L. Yinger, *Paul, Judaism, and Judgment According to Deeds.*" *RBLit* 2000.
Quelle: http://www.bookreviews.org/pdf/2110_1135.pdf.

—. „Righteousness Language in the Hebrew Scriptures and Early Judaism." *Justification and Variegated Nomism Bd. 1: The Complexities of Second Temple Judaism.* Hg. Donald A. Carson, Peter T. O'Brien und Mark A. Seifrid. WUNT 2,140. Tübingen 2001. 415–442.

SEYBOLD, KLAUS. „Gericht Gottes: I. Altes Testament." *TRE* 12 (1984): 460–466.

SIEGERT, FOLKER UND DE VOS, JACOBUS CORNELIS, Hg. *Interesse am Judentum. Die Franz-Delitzsch-Vorlesungen 1989 – 2008.* Münsteraner Judaistische Studien 23. Berlin 2008.

SILBERMAN, NEIL A. UND FINKELSTEIN, ISRAEL. *The Bible Unearthed: Archaeology's New Vision of Ancient Israel and the Origins of its Sacred Texts.* New York 2001. (= *Keine Posaunen vor Jericho: Die archäologische Wahrheit über die Bibel.* Beck, München 2002.)

SIMKINS, RONALD A. „Joel, Book of." *Eerdmans Dictionary of the Bible.* Hg. David Noel Freedman u. a. Grand Rapids MI und Cambridge 2000. 720f.

SINCLAIR, LAWRENCE A. „The Courtroom Motif in the Book of Amos." *JBL* 85 (1966): 351–353.

SKEHAN, PATRICK W. UND DI LELLA, ALEXANDER A. *The Wisdom of Ben Sira.* AncB 39. New York 1987.

SMEND, RUDOLF. „Eschatologie: II. Altes Testament." *TRE* 10 (1982): 256–264.

SNODGRASS, KLYNE R. „Parable." *DJG* (1992): 591–601.

SÖDING, THOMAS, Hg. *Worum geht es in der Rechtfertigungslehre? Das biblische Fundament der ‚Gemeinsamen Erklärung' von katholischer Kirche und Lutherischem Weltbund.* QD 180. Freiburg i. Br. 1999.

SPIECKERMANN, HERMANN. *Gottes Liebe zu Israel: Studien zur Theologie des Alten Testaments.* FAT 33. Tübingen 2001.

—. „,Barmherzig und gnädig ist der Herr...'." In: Ders., *Gottes Liebe* 3–19.

—. „Dies Irae: Der alttestamentliche Befund und seine Vorgeschichte." In: Ders., *Gottes Liebe* 34–46.

SPILSBURY, PAUL. „Josephus." In: Carson, *Justification* 1,241–260.

SPITTLER, RUSSELL P. „Testament of Job." *OTP* 1 (1983): 829–868.

STANTON, GRAHAM u. a., Hg. *The Holy Spirit and Christian Origins: Essays in Honor of James D. G. Dunn.* Grand Rapids MI und Cambridge 2004.

— „Once More: Matthew 25,31–46." *A Gospel for a New People: Studies in Matthew.* Edinburgh 1992.

STECK, ODIL HANNES. *Israel und das gewaltsame Geschick der Propheten: Untersuchungen zur Überlieferung des deuteronomistischen Geschichtsbildes im Alten Testament, Spätjudentum und Urchristentum.* WMANT 23. Neukirchen-Vluyn 1967.

— UND SCHMID, KONRAD. „Heilserwartungen in den Prophetenbüchern des Alten Testaments." *Prophetische Heils- und Herrschererwartungen.* Hg. Konrad Schmid. SBS 194. Stuttgart 2005. 1–36.

—. „Der Kanon des hebräischen Alten Testamentes: Historische Materialien für eine ökumenische Perspektive." *Kanon – Schrift – Tradition (Verbindliches Zeugnis 2).* Hg. Wolfhart Pannenberg und Theodor Schneider. DiKi 7. Freiburg i. Br. und Göttingen 1992. 11–33.

STEGEMANN, HARTMUT. *Die Essener, Qumran, Johannes der Täufer und Jesus: Ein Sachbuch.* 9. Aufl. Freiburg i. Br. 1999.

STEMBERGER, GÜNTER. *Einleitung in Talmud und Midrasch.* 8., neubearb. Aufl. München 1992.

—. *Verdienst und Lohn – Kernbegriffe rabbinischer Frömmigkeit? Überlegungen zu Mischna Avot.* Franz-Delitzsch-Vorlesung 7. Münster 1998.

STETTLER, CHRISTIAN. *Der Kolosserhymnus: Untersuchungen zu Form, traditionsgeschichtlichem Hintergrund und Aussage von Kol.1,15–20.* WUNT 2,131. Tübingen 2000.

—. „Purity of Heart in Jesus' Teaching: Mark 7:14–23 par. as an Expression of Jesus' Basileia Ethics." *JThS* 55 (2004): 467–502.

STETTLER, HANNA. *Die Christologie der Pastoralbriefe.* WUNT 2,105. Tübingen 1998.

—. „Die Bedeutung der Täuferanfrage in Matthäus 11,2–6 par Lk 7,18–23 für die Christologie." *Bib.* 89 (2008): 173–200.

—. „Heiligung bei Paulus." Habil. masch. Tübingen 2008.

—. „Sanctification in the Jesus Tradition." *Bib.* 85 (2004): 153–178.

STONE, MICHAEL EDWARD, Hg. *Jewish Writings of the Second Temple Period: Apocrypha, Pseudepigrapha, Qumran Sectarian Writings, Philo, Josephus.* CRI 2,2. Assen und Philadelphia PA 1984.

—. *Scriptures, Sects and Visions: A Profile of Judaism from Ezra to the Jewish Revolts.* Philadelphia PA 1980.

STRECKER, GEORG, Hg. *Jesus Christus in Historie und Theologie: Neutestamentliche Festschrift für Hans Conzelmann zum 60. Geburtstag.* Tübingen 1975.

—. „The Passion and Resurrection Predictions in Mark's Gospel (Mark 8:31; 9:31; 10:32–34)." *Interp.* 22 (1968): 421–442.

STROBEL, AUGUST. *Untersuchungen zum eschatologischen Verzögerungsproblem.* NT.S 2. Leiden 1961.

STUHLMACHER, PETER. *Biblische Theologie des Neuen Testaments. Bd. 1: Grundlegung; von Jesus zu Paulus.* 3., neubearb. und erg. Aufl. Göttingen 2006.

—. *Biblische Theologie und Evangelium: Gesammelte Aufsätze.* WUNT 146. Tübingen 2001.

—. *Der Brief an die Römer.* NTD 6. 15. Aufl. Göttingen 1998.

—. *Das paulinische Evangelium. Teil 1: Vorgeschichte.* FRLANT 95. Göttingen 1968.

—, Hg. *Das Evangelium und die Evangelien: Vorträge vom Tübinger Symposium 1982.* WUNT 28. Tübingen 1983.

—. *Gerechtigkeit Gottes bei Paulus.* FRLANT 87. 2., berichtigte Aufl. Göttingen 1966.

— UND JANOWSKI, BERND, Hg. *Der leidende Gottesknecht: Jesaja 53 und seine Wirkungsgeschichte. Mit einer Bibliographie zu Jes 53.* FAT 14. Tübingen 1996.

—. *Jesus von Nazareth, Christus des Glaubens.* Stuttgart 1988.

—. „Zum Thema Rechtfertigung." *Biblische Theologie und Evangelium: Gesammelte Aufsätze.* WUNT 146. Tübingen 2001. 23–65.

SUMMER INSTITUTE OF LINGUISTICS, Hg. „Key Terms in Biblical Hebrew or KTBH: A Guide for Researchers." Quelle: http://www.ktbh-team.org/static/KTBHGuideforResearchers.pdf.

SUN, HENRY T. C. u. a., Hg. *Problems in Biblical Theology: Essays in Honor of Rolf Knierim.* Grand Rapids MI 1997.

SYRING, WOLF-DIETER. *Hiob und sein Anwalt: Die Prosatexte des Hiobbuches und ihre Rolle in seiner Redaktions- und Rezeptionsgeschichte.* BZAW 336. Berlin und New York 2004.

TAYLOR, JOAN E. *The Immerser: John the Baptist Within Second Temple Judaism.* Studying the Historical Jesus. Grand Rapids MI 1997.

TAYLOR, JOHN R. *Linguistic Categorization.* 3. Aufl. Oxford 2007.

TAYLOR, VINCENT. *The Life and Ministry of Jesus.* London 1954.

THEISSEN, GERD UND MERZ, ANNETTE. *Der historische Jesus: Ein Lehrbuch.* 3., durchges. und um Literaturnachträge erg. Aufl. Göttingen 2001.

—. *Lokalkolorit und Zeitgeschichte in den Evangelien: Ein Beitrag zur Geschichte der synoptischen Tradition.* Freiburg CH 1989.

THIEDE, CARSTEN PETER UND SCHNEIDER, R. „Johannes, Täufer." *GBL* 2 (1988): 698–700.

THOMAS, D. WINTON UND NOTH, MARTIN, Hg. *Wisdom in Israel and in the Ancient Near East: Presented to Professor Harold Henry Rowley by the Society for Old Testament Study in Association with the Editorial Board of Vetus Testamentum in Celebration of his 65th Birthday, 24 March 1955.* VT.S 3. Leiden 1955.

THOMPSON, JOHN A. *Deuteronomy: An Introduction and Commentary.* TOTC. Leicester und Downers Grove IL 1974.

THORNTON, CLAUS-JÜRGEN UND BARRETT, CHARLES KINGSLEY, Hg. *Texte zur Umwelt des Neuen Testaments.* Tübingen 1991.

TILLING, CHRIS. „Rezension von: Chris VanLandingham. *Judgment and Justification in Early Judaism and the Apostle Paul.* Peabody MA 2006."
Quelle: www.christilling.de/blog/2007/06/review-judgment-and-justification-in.html.

TRAVIS, STEPHEN H. *Christ and the Judgement of God: The Limits of Divine Retribution in New Testament Thought.* 2. überarb. Aufl. Milton Keynes und Peabody MA 2009.

—. „The Place of Divine Retribution in the Thought of Paul." Diss. masch. Cambridge 1970.

TREBILCO, PAUL R. *Jewish Communities in Asia Minor.* MSSNTS 69. Cambridge 1994.

TROMP, JOHANNES. *The Assumption of Moses: A Critical Edition with Commentary.* SVTP 10. Leiden 1993.

TURNER, MAX UND COTTERELL, PETER. *Linguistics and Biblical Interpretation.* London 1989.

—. „Holy Spirit." *DJG* (1992): 341–351.

UFFENHEIMER, BENJAMIN. „From Prophetic to Apocalyptic Eschatology." *Eschatology in the Bible and in Jewish and Christian Tradition.* Hg. Henning Graf Reventlow. JSOT.S 243. Sheffield 1997. 200–217.

UNGERER, FRIEDRICH UND SCHMID, HANS-JÖRG. *An Introduction to Cognitive Linguistics.* 2. Aufl. Harlow 2006.

UTZSCHNEIDER, HELMUT UND BLUM, ERHART, Hg. *Lesarten der Bibel: Untersuchungen zu einer Theorie der Exegese des Alten Testaments.* Stuttgart 2006.

VAN BRUGGEN, JAKOB. *Christ on Earth: The Gospel Narratives as History.* Grand Rapids MI 1998.

VANDERKAM, JAMES C. „The Prophetic-Sapiental Origins of Apocalyptic Thought." In: Martin/Davies, *A Word in Season* 163–176.

VANGEMEREN, WILLEM A. *Interpreting the Prophetic Word.* Grand Rapids MI 1990.

VANLANDINGHAM, CHRIS. *Judgment and Justification in Early Judaism and the Apostle Paul.* Peabody MA 2006.

VANNOY, J. ROBERT. „Retribution: Theology of." *NIDOTTE* 4 (1996): 1140–1149.

VERMEYLEN, JACQUES, Hg. *The Book of Isaiah.* BEThL 81. Leuven 1989.

—. „YHWH en litige avec son peuple: Une lecture d'Is 1,2–20." In: Bons, *Jugement* 165–189.

VOLZ, PAUL. *Die Eschatologie der jüdischen Gemeinde im neutestamentlichen Zeitalter, nach den Quellen der rabbinischen, apokalyptischen und apokryphen Literatur.* 2. Aufl. Tübingen 1934.

VON RAD, GERHARD. *Theologie des Alten Testaments.* 2 Bde. 9. Aufl. München 1987.

VON WALDOW, HANS EBERHARD. *„Denn ich erlöse dich": Eine Auslegung von Jesaja 43.* BSt 29. Neukirchen 1960.

—. *Der traditionsgeschichtliche Hintergrund der prophetischen Gerichtsreden.* BZAW 85. Berlin 1963.

VON ZAHN, THEODOR siehe ZAHN, THEODOR.

VOS, GEERHARDUS. *Biblical Theology: Old and New Testaments.* Edinburgh 2000. (Nachdr. der Aufl. 1975.)

WAKELY, ROBIN. „צר.‟ *NIDOTTE* 3 (1996): 847–853.

WALTER, NIKOLAUS. *Praeparatio Evangelica: Studien zur Umwelt, Exegese und Hermeneutik des Neuen Testaments.* WUNT 98. Tübingen 1997.

—. „Die Botschaft vom Jüngsten Gericht im Neuen Testament.‟ In: Ders., *Praeparatio Evangelica* 310–340.

WALTKE, BRUCE K. *A Commentary on Micah.* Grand Rapids MI 2007.

WALTON, JOHN H. „Principles for Productive Word Study.‟ *NIDOTTE* 1 (1997): 161–171.

WANSBROUGH, HENRY, Hg. *Jesus and the Oral Gospel Tradition.* JSNT.S. Sheffield 1991.

WATTS, JOHN D. W. *Isaiah 1–33.* WBC 24. 2., überarb. Aufl. Nashville TN 2007.

WEBB, ROBERT L. *John the Baptizer and Prophet. A Socio-Historical Study.* JSNT.S 62. Sheffield 1991.

WEDER, HANS. *Neutestamentliche Hermeneutik.* Zürcher Grundrisse zur Bibel. 2., durchges. Aufl. Zürich 1989.

WEINFELD, MOSHE. *Deuteronomy and the Deuteronomic School.* Oxford 1972.

—. *Social Justice in Ancient Israel and in the Ancient Near East.* Publications of the Perry Foundation for Biblical Research in the Hebrew University of Jerusalem. Jerusalem and Minneapolis MN 1995.

—. „Expectations of the Divine Kingdom in Biblical and Postbiblical Literature.‟ In: Reventlow, *Eschatology* 218–232.

—. „‚Justice and Righteousness‘ – משפט וצדקה: The Expression and Its Meaning.‟ In: Reventlow/Hoffman, *Justice* 228–246.

WEISBROD ROBINSON, ANITA UND FLANAGAN, JAMES W., Hg. *No Famine in the Land: Studies in Honor of John L. McKenzie.* Missoula MT 1975.

WEISER, ARTUR. *Das Buch der zwölf kleinen Propheten.* ATD 24/25. 8. Aufl. Göttingen 1985.

WEISS, HANS-FRIEDRICH. „Sadduzäer.‟ *TRE* 29 (1998): 589–594.

WEISSENBERGER, MICHAEL. „Die jüdischen ‚Philosophenschulen‘ bei Josephus: Variationen eines Themas.‟ In: Böttrich/Herzer, *Josephus* 521–525.

WELKER, MICHAEL, ASSMANN, JAN UND JANOWSKI, BERND, Hg. *Gerechtigkeit, Richten und Retten in der abendländischen Tradition und ihren altorientalischen Ursprüngen.* München 1998.

—, ASSMANN, JAN UND JANOWSKI, BERND. „Richten und Retten: Zur Aktualität der altorientalischen und biblischen Gerechtigkeitskonzeption.‟ In: Janowski, *Gerechtigkeit* 220–246.

WENDEBOURG, NICOLA. *Der Tag des Herrn: Zur Gerichtserwartung im Neuen Testament auf ihrem alttestamentlichen und frühjüdischen Hintergrund.* WMANT 96. Neukirchen-Vluyn 2003.

WENGST, KLAUS. „Aspects of the Last Judgment in the Gospel According to Matthew." In: Reventlow, *Eschatology* 233–245.

WENHAM, DAVID UND FRANCE, RICHARD T., Hg. *Gospel Perspectives*. 6 Bde. Sheffield 1980–1986.

—. *The Parables of Jesus: Pictures of Revolution*. London 1989.

—. *Paul: Follower of Jesus or Founder of Christianity?* Grand Rapids MI 1995. (= *Paulus: Jünger Jesu oder Gründer des Christentums?* Paderborn 1999.)

—. *The Rediscovery of Jesus' Eschatological Discourse. (Gospel Perspectives Bd. 4.)* Sheffield 1984.

WENHAM, GORDON J. *Genesis*. 2 Bde. WBC. Waco TX 1987–1994.

— UND KAYE, BRUCE, Hg. *Law, Morality and the Bible: A Symposium*. Leicester 1978.

—. „Grace and Law in the Old Testament." In: Ders./Kaye, *Law* 3–23.

—. „Law and the Legal System in the Old Testament." In: Ders./Kaye, *Law* 24–52.

WERMELINGER, OTTO UND KAESTLI, JEAN-DANIEL, Hg. *Le Canon de l'Ancien Testament: La formation et son histoire*. MoBi 10. Genf 1984.

WESTERHOLM, STEPHEN. „Rezension von: Chris VanLandingham. *Judgment and Justification in Early Judaism and the Apostle Paul*. Peabody, MA 2006." *ET* 119 (2007): 135f.

WESTERMANN, CLAUS. *Grundformen prophetischer Rede*. München 1978.

—. *Prophetic Oracles of Salvation in the Old Testament*. Edinburgh 1991.

—. *Prophetische Heilsworte im Alten Testament*. FRLANT 145. Göttingen 1987.

WHYBRAY, ROGER NORMAN. „Prophecy and Wisdom." In: Coggins/Phillips/Knibb, *Israel's Prophetic Tradition* 181–199.

WILCKENS, ULRICH. *Das Evangelium nach Johannes*. NTD 4. 17. Aufl. Göttingen 1998.

—. *Theologie des Neuen Testaments*. Bd. 1ff. Neukirchen-Vluyn 2002ff.

WILDBERGER, HANS. *Jesaja: 1. Teilband*. BK 10/1. Neukirchen-Vluyn 1972.

WILLIAMSON, HUGH G. M. *The Book Called Isaiah: Deutero-Isaiah's Role in Composition and Redaction*. Oxford 1994.

—. *Ezra, Nehemiah*. WBC 16. Waco TX 1985.

—. *A Critical and Exegetical Commentary on Isaiah 1–27*. ICC. London 2006.

—. *Variations on a Theme: King, Messiah and Servant in the Book of Isaiah (The Didsbury Lectures 1997)*. Carlisle 1998.

—, DAY, JOHN UND GORDON, ROBERT P., Hg. *Wisdom in Ancient Israel*. Cambridge 1995.

WILSON, ALISTAIR I. *When Will These Things Happen? A Study of Jesus as Judge in Matthew 21–25*. PBM. Carlisle 2004.

WILSON, ROBERT R. „Israel's Judicial System in the Preexilic Period." *JQR* 74 (1983): 229–248.

WINSTON, DAVID. *The Wisdom of Solomon: A New Translation with Introduction and Commentary*. AncB 43. Garden City NY 1979.

—. „A Century of Research on the Book of Wisdom." In: Passaro/Bellia, *Book of Wisdom* 1–18.

WINTER, ERICH. „Der Zielpunkt bedingt die Darstellung: Altägyptische und mittelalterliche Typisierung der Wäge-Szene beim Totengericht." In: Bandscheidt/Mende, *Schöpfungsplan* 329–337.

WINTER, MARTIN. „Die Bedeutung des Lohngedankens bei Jesus und Paulus." *WuD* NF 24 (1997): 169–185.

—. „Lohn: I. Neues Testament." *TRE* 21 (1991): 447–449.

WINTERMUTE, ORVAL S. „Apocalypse of Zephaniah." *OTP* 1 (1983): 497–516.

WISCHMEYER, ODA, Hg. *Paulus: Leben – Umwelt – Werk – Briefe*. Tübingen 2006.

WITHERINGTON, BEN. *The Christology of Jesus.* Minneapolis 1990.

—. *Jesus, Paul, and the End of the World: A Comparative Study in New Testament Eschatology.* Downers Grove IL 1992.

—. „John the Baptist." *DJG* (1992): 383–391.

WITTE, MAREIKE VERENA. *Die Eschatologie in der Sapientia Salomonis.* FAT 2,26. Tübingen 2007.

WOLFF, HANS WALTER. *Dodekapropheton 2: Joel und Amos.* BK 14/2. Neukirchen-Vluyn 1969.

—. *Hosea.* BK 14/1. 3., verb. Aufl. Neukirchen-Vluyn 1976.

—. *Gesammelte Studien zum Alten Testament.* ThB 22. München 1964.

—. „Das Kerygma des Deuteronomisten." In: Ders., *Gesammelte Studien* 308–314. (= *ZAW* 73 [1961]: 171–186.)

WOLTER, MICHAEL. „,Gericht' und ,Heil' bei Jesus von Nazareth und Johannes dem Täufer: Semantische und pragmatische Beobachtungen." In: Schröter/Brucker, *Der historische Jesus* 355–392.

WONG, KA LEUNG. *The Idea of Retribution in the Book of Ezekiel.* VT.S 87. Leiden 2001.

WRIGHT, N. THOMAS. *Jesus and the Victory of God. (Christian Origins and the Question of God Bd. 2.)* London 1996.

—. *The Resurrection of the Son of God. (Christian Origins and the Question of God Bd. 3.)* London 2003.

—. *The New Testament and the People of God. (Christian Origins and the Question of God Bd. 1.)* London 1992.

WYNNE, JEREMY J. *Wrath Among the Perfections of God's Life: A Constructive Essay in Systematic Theology Focused on the Doctrine of God, Particularly God's Wrath Among His Other Attributes.* London 2010.

YINGER, KENT L. *Paul, Judaism, and Judgment According to Deeds.* MSSNTS 105. Cambridge 1999.

ZAGER, WERNER. *Gottesherrschaft und Endgericht in der Verkündigung Jesu: Eine Untersuchung zur markinischen Jesusüberlieferung einschließlich der Q-Parallelen.* BZNW 82. Berlin 1996.

ZAHN, THEODOR (VON). *Einleitung in das Neue Testament.* Nachdr. der 3., vielfach berichtigten und vervollständigten Aufl. mit einer Einf. von Rainer Riesner. Wuppertal 1994.

—. *Das Evangelium des Lukas.* KNT 3. 3.–4. Aufl. Leipzig 1920.

—. *Das Evangelium des Matthäus.* KNT 1. 4. Aufl. Leipzig 1922.

ZEINDLER, MATTHIAS. *Gott der Richter: Zu einem unverzichtbaren Aspekt des christlichen Glaubens.* Zürich 2004.

ZENGER, ERICH. „Herrschaft Gottes/Reich Gottes: II. Altes Testament." *TRE* 15 (1986): 176–189.

ZERAFA, PETER PAUL. „Retribution in the OT." *Ang.* 50 (1973): 480–494.

ZIMMERLI, WALTHER. *Ezechiel. 1. Teilbd.: Ezechiel 1–24.* BK 13/1. Neukirchen-Vluyn 1969.

—. *Das Gesetz und die Propheten: Zum Verständnis des Alten Testaments.* Göttingen 1969.

—. *Grundriss der alttestamentlichen Theologie.* ThW 3. 3., neu durchges. Aufl. Stuttgart 1978.

ZIMMERMANN, JOHANNES. *Messianische Texte aus Qumran: Königliche, priesterliche und prophetische Messiasvorstellungen in den Schriftfunden von Qumran.* WUNT 2,104. Tübingen 1998.

Stellenregister
(Auswahl)

Auf ganze Bücher und auf die Namen antiker Schriftsteller verweist das Sachregister.

Altes Testament

Apokryphen
(deuterokanonische Bücher)
des Alten Testaments

Neues Testament

Weitere frühjüdische Schriften;
rabbinische Schriften

Autorenregister

Sachregister

Hebräische Stichwörter

Deutsche Stichwörter

Wissenschaftliche Untersuchungen zum Neuen Testament

Alphabetische Übersicht der ersten und zweiten Reihe

Ådna, Jostein: Jesu Stellung zum Tempel. 2000. Bd. II/119.

Ådna, Jostein (Hrsg.): The Formation of the Early Church. 2005. *Bd. 183.*

– und *Hans Kvalbein* (Hrsg.): The Mission of the Early Church to Jews and Gentiles. 2000. *Bd. 127.*

Ahearne-Kroll, Stephen P., Paul A. Holloway und *James A. Kelhoffer* (Hrsg.): Women and Gender in Ancient Religions. 2010. *Bd. 263*

Aland, Barbara: Was ist Gnosis? 2009. *Bd. 239.*

Alexeev, Anatoly A., Christos Karakolis und *Ulrich Luz* (Hrsg.): Einheit der Kirche im Neuen Testament. Dritte europäische orthodox-westliche Exegetenkonferenz in Sankt Petersburg, 24.–31. August 2005. 2008. *Band 218.*

Alkier, Stefan: Wunder und Wirklichkeit in den Briefen des Apostels Paulus. 2001. *Bd. 134.*

Allen, David M.: Deuteronomy and Exhortation in Hebrews. 2008. *Bd. II/238.*

Anderson, Paul N.: The Christology of the Fourth Gospel. 1996. *Bd. II/78.*

Appold, Mark L.: The Oneness Motif in the Fourth Gospel. 1976. *Bd. II/1.*

Arnold, Clinton E.: The Colossian Syncretism. 1995. *Bd. II/77.*

Ascough, Richard S.: Paul's Macedonian Associations. 2003. *Bd. II/161.*

Asiedu-Peprah, Martin: Johannine Sabbath Conflicts As Juridical Controversy. 2001. *Bd. II/132.*

Attridge, Harold W.: Essays on John and Hebrews. 2010. *Bd. 264.*

– siehe *Zangenberg, Jürgen.*

Aune, David E.: Apocalypticism, Prophecy and Magic in Early Christianity. 2006. *Bd. 199.*

Avemarie, Friedrich: Die Tauferzählungen der Apostelgeschichte. 2002. *Bd. 139.*

Avemarie, Friedrich und *Hermann Lichtenberger* (Hrsg.): Auferstehung – Ressurection. 2001. *Bd. 135.*

– Bund und Tora. 1996. *Bd. 92.*

Baarlink, Heinrich: Verkündigtes Heil. 2004. *Bd. 168.*

Bachmann, Michael: Sünder oder Übertreter. 1992. *Bd. 59.*

Bachmann, Michael (Hrsg.): Lutherische und Neue Paulusperspektive. 2005. *Bd. 182.*

Back, Frances: Verwandlung durch Offenbarung bei Paulus. 2002. *Bd. II/153.*

Backhaus, Knut: Der sprechende Gott. 2009. *Bd. 240.*

Baker, William R.: Personal Speech-Ethics in the Epistle of James. 1995. *Bd. II/68.*

Bakke, Odd Magne: 'Concord and Peace'. 2001. *Bd. II/143.*

Balch, David L.: Roman Domestic Art and Early House Churches. 2008. *Bd. 228.*

Baldwin, Matthew C.: Whose *Acts of Peter?* 2005. *Bd. II/196.*

Balla, Peter: Challenges to New Testament Theology. 1997. *Bd. II/95.*

– The Child-Parent Relationship in the New Testament and its Environment. 2003. *Bd. 155.*

Bammel, Ernst: Judaica. Bd. I 1986. *Bd. 37.*

– Bd. II 1997. *Bd. 91.*

Barreto, Eric D.: Ethnic Negotiations. 2010. *Bd. II/294.*

Barrier, Jeremy W. : The Acts of Paul and Thecla. 2009. *Bd. II/270.*

Barton, Stephen C.: siehe *Stuckenbruck, Loren T.*

Bash, Anthony: Ambassadors for Christ. 1997. *Bd. II/92.*

Bauckham, Richard: The Jewish World around the New Testament. Collected Essays Volume I. 2008. *Bd. 233.*

Bauernfeind, Otto: Kommentar und Studien zur Apostelgeschichte. 1980. *Bd. 22.*

Baum, Armin Daniel: Pseudepigraphie und literarische Fälschung im frühen Christentum. 2001. *Bd. II/138.*

Bayer, Hans Friedrich: Jesus' Predictions of Vindication and Resurrection. 1986. *Bd. II/20.*

Becker, Eve-Marie: Das Markus-Evangelium im Rahmen antiker Historiographie. 2006. *Bd. 194.*

Becker, Eve-Marie und *Peter Pilhofer* (Hrsg.): Biographie und Persönlichkeit des Paulus. 2005. *Bd. 187.*

Becker, Michael: Wunder und Wundertäter im frührabbinischen Judentum. 2002. *Bd. II/144.*

Becker, Michael und *Markus Öhler* (Hrsg.): Apokalyptik als Herausforderung neutestamentlicher Theologie. 2006. *Bd. II/214.*

Bell, Richard H.: Deliver Us from Evil. 2007. *Bd. 216.*

– The Irrevocable Call of God. 2005. *Bd. 184.*

– No One Seeks for God. 1998. *Bd. 106.*

– Provoked to Jealousy. 1994. *Bd. II/63.*

Bennema, Cornelis: The Power of Saving Wisdom. 2002. *Bd. II/148.*

Bergman, Jan: siehe *Kieffer, René*

Bergmeier, Roland: Das Gesetz im Römerbrief und andere Studien zum Neuen Testament. 2000. *Bd. 121.*

Bernett, Monika: Der Kaiserkult in Judäa unter den Herodiern und Römern. 2007. *Bd. 203.*

Betz, Otto: Jesus, der Messias Israels. 1987. *Bd. 42.*

– Jesus, der Herr der Kirche. 1990. *Bd. 52.*

Beyschlag, Karlmann: Simon Magus und die christliche Gnosis. 1974. *Bd. 16.*

Bieringer, Reimund: siehe *Koester, Craig.*

Bittner, Wolfgang J.: Jesu Zeichen im Johannesevangelium. 1987. *Bd. II/26.*

Bjerkelund, Carl J.: Tauta Egeneto. 1987. *Bd. 40.*

Blackburn, Barry Lee: Theios Aner and the Markan Miracle Traditions. 1991. *Bd. II/40.*

Blanton IV, Thomas R.: Constructing a New Covenant. 2007. *Bd. II/233.*

Bock, Darrell L.: Blasphemy and Exaltation in Judaism and the Final Examination of Jesus. 1998. *Bd. II/106.*

Bockmuehl, Markus: The Remembered Peter. 2010. *Vol. 262.*

– Revelation and Mystery in Ancient Judaism and Pauline Christianity. 1990. *Bd. II/36.*

Bøe, Sverre: Cross-Bearing in Luke. 2010. *Bd. II/278.*

– Gog and Magog. 2001. *Bd. II/135.*

Böhlig, Alexander: Gnosis und Synkretismus. Teil 1 1989. *Bd. 47* – Teil 2 1989. *Bd. 48.*

Böhm, Martina: Samarien und die Samaritai bei Lukas. 1999. *Bd. II/111.*

Börstinghaus, Jens: Sturmfahrt und Schiffbruch. 2010. *Bd. II/274.*

Böttrich, Christfried: Weltweisheit – Menschheitsethik – Urkult. 1992. *Bd. II/50.*

– / *Herzer, Jens* (Hrsg.): Josephus und das Neue Testament. 2007. *Bd. 209.*

Bolyki, János: Jesu Tischgemeinschaften. 1997. *Bd. II/96.*

Bosman, Philip: Conscience in Philo and Paul. 2003. *Bd. II/166.*

Bovon, François: New Testament and Christian Apocrypha. 2009. *Bd. 237.*

– Studies in Early Christianity. 2003. *Bd. 161.*

Brändl, Martin: Der Agon bei Paulus. 2006. *Bd. II/222.*

Braun, Heike: Geschichte des Gottesvolkes und christliche Identität. 2010. *Bd. II/279.*

Breytenbach, Cilliers: siehe *Frey, Jörg.*

Broadhead, Edwin K.: Jewish Ways of Following Jesus Redrawing the Religious Map of Antiquity. 2010. *Bd. 266.*

Brocke, Christoph vom: Thessaloniki – Stadt des Kassander und Gemeinde des Paulus. 2001. *Bd. II/125.*

Brunson, Andrew: Psalm 118 in the Gospel of John. 2003. *Bd. II/158.*

Büchli, Jörg: Der Poimandres – ein paganisiertes Evangelium. 1987. *Bd. II/27.*

Bühner, Jan A.: Der Gesandte und sein Weg im 4. Evangelium. 1977. *Bd. II/2.*

Burchard, Christoph: Untersuchungen zu Joseph und Aseneth. 1965. *Bd. 8.*

– Studien zur Theologie, Sprache und Umwelt des Neuen Testaments. Hrsg. von D. Sänger. 1998. *Bd. 107.*

Burnett, Richard: Karl Barth's Theological Exegesis. 2001. *Bd. II/145.*

Byron, John: Slavery Metaphors in Early Judaism and Pauline Christianity. 2003. *Bd. II/162.*

Byrskog, Samuel: Story as History – History as Story. 2000. *Bd. 123.*

Cancik, Hubert (Hrsg.): Markus-Philologie. 1984. *Bd. 33.*

Capes, David B.: Old Testament Yaweh Texts in Paul's Christology. 1992. *Bd. II/47.*

Caragounis, Chrys C.: The Development of Greek and the New Testament. 2004. *Bd. 167.*

– The Son of Man. 1986. *Bd. 38.*

– siehe *Fridrichsen, Anton.*

Carleton Paget, James: The Epistle of Barnabas. 1994. *Bd. II/64.*

– Jews, Christians and Jewish Christians in Antiquity. 2010. *Bd. 251.*

Carson, D.A., Peter T. O'Brien und *Mark Seifrid* (Hrsg.): Justification and Variegated Nomism.
Bd. 1: The Complexities of Second Temple Judaism. 2001. *Bd. II/140.*
Bd. 2: The Paradoxes of Paul. 2004. *Bd. II/181.*

Chae, Young Sam: Jesus as the Eschatological Davidic Shepherd. 2006. *Bd. II/216.*

Chapman, David W.: Ancient Jewish and Christian Perceptions of Crucifixion. 2008. *Bd. II/244.*

Chester, Andrew: Messiah and Exaltation. 2007. *Bd. 207.*

Chibici-Revneanu, Nicole: Die Herrlichkeit des Verherrlichten. 2007. *Bd. II/231.*

Ciampa, Roy E.: The Presence and Function of Scripture in Galatians 1 and 2. 1998. *Bd. II/102.*

Classen, Carl Joachim: Rhetorical Criticism of the New Testament. 2000. *Bd. 128.*

Colpe, Carsten: Griechen – Byzantiner – Semiten – Muslime. 2008. *Bd. 221.*

– Iranier – Aramäer – Hebräer – Hellenen. 2003. *Bd. 154.*

Cook, John G.: Roman Attitudes Towards the Christians. 2010. *Band 261.*

Coote, Robert B. (Hrsg.): siehe *Weissenrieder, Annette.*

Coppins, Wayne: The Interpretation of Freedom in the Letters of Paul. 2009. *Bd. II/261.*

Crump, David: Jesus the Intercessor. 1992. *Bd. II/49.*

Dahl, Nils Alstrup: Studies in Ephesians. 2000. *Bd. 131.*

Daise, Michael A.: Feasts in John. 2007. *Bd. II/229.*

Deines, Roland: Die Gerechtigkeit der Tora im Reich des Messias. 2004. *Bd. 177.*
– Jüdische Steingefäße und pharisäische Frömmigkeit. 1993. *Bd. II/52.*
– Die Pharisäer. 1997. *Bd. 101.*

Deines, Roland und *Karl-Wilhelm Niebuhr* (Hrsg.): Philo und das Neue Testament. 2004. *Bd. 172.*

Dennis, John A.: Jesus' Death and the Gathering of True Israel. 2006. *Bd. 217.*

Dettwiler, Andreas und *Jean Zumstein* (Hrsg.): Kreuzestheologie im Neuen Testament. 2002. *Bd. 151.*

Dickson, John P.: Mission-Commitment in Ancient Judaism and in the Pauline Communities. 2003. *Bd. II/159.*

Dietzfelbinger, Christian: Der Abschied des Kommenden. 1997. *Bd. 95.*

Dimitrov, Ivan Z., James D.G. Dunn, Ulrich Luz und *Karl-Wilhelm Niebuhr* (Hrsg.): Das Alte Testament als christliche Bibel in orthodoxer und westlicher Sicht. 2004. *Bd. 174.*

Dobbeler, Axel von: Glaube als Teilhabe. 1987. *Bd. II/22.*

Docherty, Susan E.: The Use of the Old Testament in Hebrews. 2009. *Bd. II/260.*

Dochhorn, Jan: Schriftgelehrte Prophetie. 2010. *Bd. 268.*

Downs, David J.: The Offering of the Gentiles. 2008. *Bd. II/248.*

Dryden, J. de Waal: Theology and Ethics in 1 Peter. 2006. *Bd. II/209.*

Dübbers, Michael: Christologie und Existenz im Kolosserbrief. 2005. *Bd. II/191.*

Dunn, James D.G.: The New Perspective on Paul. 2005. *Bd. 185.*

Dunn, James D.G. (Hrsg.): Jews and Christians. 1992. *Bd. 66.*
– Paul and the Mosaic Law. 1996. *Bd. 89.*
– siehe *Dimitrov, Ivan Z.*

Dunn, James D.G., Hans Klein, Ulrich Luz und *Vasile Mihoc* (Hrsg.): Auslegung der Bibel in orthodoxer und westlicher Perspektive. 2000. *Bd. 130.*

Ebel, Eva: Die Attraktivität früher christlicher Gemeinden. 2004. *Bd. II/178.*

Ebertz, Michael N.: Das Charisma des Gekreuzigten. 1987. *Bd. 45.*

Eckstein, Hans-Joachim: Der Begriff Syneidesis bei Paulus. 1983. *Bd. II/10.*
– Verheißung und Gesetz. 1996. *Bd. 86.*

Ego, Beate: Im Himmel wie auf Erden. 1989. *Bd. II/34.*

Ego, Beate, Armin Lange und *Peter Pilhofer* (Hrsg.): Gemeinde ohne Tempel – Community without Temple. 1999. *Bd. 118.*
– und *Helmut Merkel* (Hrsg.): Religiöses Lernen in der biblischen, frühjüdischen und frühchristlichen Überlieferung. 2005. *Bd. 180.*

Eisele, Wilfried: Welcher Thomas? 2010. *Bd. 259.*

Eisen, Ute E.: siehe *Paulsen, Henning.*

Elledge, C.D.: Life after Death in Early Judaism. 2006. *Bd. II/208.*

Ellis, E. Earle: Prophecy and Hermeneutic in Early Christianity. 1978. *Bd. 18.*
– The Old Testament in Early Christianity. 1991. *Bd. 54.*

Elmer, Ian J.: Paul, Jerusalem and the Judaisers. 2009. *Bd. II/258.*

Endo, Masanobu: Creation and Christology. 2002. *Bd. 149.*

Ennulat, Andreas: Die 'Minor Agreements'. 1994. *Bd. II/62.*

Ensor, Peter W.: Jesus and His 'Works'. 1996. *Bd. II/85.*

Eskola, Timo: Messiah and the Throne. 2001. *Bd. II/142.*
– Theodicy and Predestination in Pauline Soteriology. 1998. *Bd. II/100.*

Farelly, Nicolas: The Disciples in the Fourth Gospel. 2010. *Bd. II/290.*

Fatehi, Mehrdad: The Spirit's Relation to the Risen Lord in Paul. 2000. *Bd. II/128.*

Feldmeier, Reinhard: Die Krisis des Gottessohnes. 1987. *Bd. II/21.*
– Die Christen als Fremde. 1992. *Bd. 64.*

Feldmeier, Reinhard und *Ulrich Heckel* (Hrsg.): Die Heiden. 1994. *Bd. 70.*

Finnern, Sönke: Narratologie und biblische Exegese. 2010. *Bd. II/285.*

Fletcher-Louis, Crispin H.T.: Luke-Acts: Angels, Christology and Soteriology. 1997. *Bd. II/94.*

Förster, Niclas: Marcus Magus. 1999. *Bd. 114.*

Forbes, Christopher Brian: Prophecy and Inspired Speech in Early Christianity and its Hellenistic Environment. 1995. *Bd. II/75.*

Fornberg, Tord: siehe *Fridrichsen, Anton.*

Fossum, Jarl E.: The Name of God and the Angel of the Lord. 1985. *Bd. 36.*

Foster, Paul: Community, Law and Mission in Matthew's Gospel. *Bd. II/177.*

Fotopoulos, John: Food Offered to Idols in Roman Corinth. 2003. *Bd. II/151.*

Frank, Nicole: Der Kolosserbrief im Kontext des paulinischen Erbes. 2009. *Bd. II/271.*

Frenschkowski, Marco: Offenbarung und Epiphanie. Bd. 1 1995. *Bd. II/79* – Bd. 2 1997. *Bd. II/80.*

Frey, Jörg: Eugen Drewermann und die biblische Exegese. 1995. *Bd. II/71.*
– Die johanneische Eschatologie. Bd. I. 1997. *Bd. 96.* – Bd. II. 1998. *Bd. 110.*
– Bd. III. 2000. *Bd. 117.*

Frey, Jörg und *Cilliers Breytenbach* (Hrsg.): Aufgabe und Durchführung einer Theologie des Neuen Testaments. 2007. *Bd. 205.*
– *Jens Herzer, Martina Janßen* und *Clare K. Rothschild* (Hrsg.): Pseudepigraphie und

Verfasserfiktion in frühchristlichen Briefen. 2009. *Bd. 246.*
- *Stefan Krauter* und *Hermann Lichtenberger* (Hrsg.): Heil und Geschichte. 2009. *Bd. 248.*
- und *Udo Schnelle* (Hrsg.): Kontexte des Johannesevangeliums. 2004. *Bd. 175.*
- und *Jens Schröter* (Hrsg.): Deutungen des Todes Jesu im Neuen Testament. 2005. *Bd. 181.*
- Jesus in apokryphen Evangelienüberlieferungen. 2010. *Bd. 254.*
- *, Jan G. van der Watt*, und *Ruben Zimmermann* (Hrsg.): Imagery in the Gospel of John. 2006. *Bd. 200.*
Freyne, Sean: Galilee and Gospel. 2000. *Bd. 125.*
Fridrichsen, Anton: Exegetical Writings. Hrsg. von C.C. Caragounis und T. Fornberg. 1994. *Bd. 76.*
Gadenz, Pablo T.: Called from the Jews and from the Gentiles. 2009. *Bd. II/267.*
Gäbel, Georg: Die Kulttheologie des Hebräerbriefes. 2006. *Bd. II/212.*
Gäckle, Volker: Die Starken und die Schwachen in Korinth und in Rom. 2005. *Bd. 200.*
Garlington, Don B.: 'The Obedience of Faith'. 1991. *Bd. II/38.*
- Faith, Obedience, and Perseverance. 1994. *Bd. 79.*
Garnet, Paul: Salvation and Atonement in the Qumran Scrolls. 1977. *Bd. II/3.*
Gemünden, Petra von (Hrsg.): siehe *Weissenrieder, Annette.*
Gese, Michael: Das Vermächtnis des Apostels. 1997. *Bd. II/99.*
Gheorghita, Radu: The Role of the Septuagint in Hebrews. 2003. *Bd. II/160.*
Gordley, Matthew E.: The Colossian Hymn in Context. 2007. *Bd. II/228.*
Gräbe, Petrus J.: The Power of God in Paul's Letters. 2000, ²2008. *Bd. II/123.*
Gräßer, Erich: Der Alte Bund im Neuen. 1985. *Bd. 35.*
- Forschungen zur Apostelgeschichte. 2001. *Bd. 137.*
Grappe, Christian (Hrsg.): Le Repas de Dieu – Das Mahl Gottes. 2004. *Bd. 169.*
Gray, Timothy C.: The Temple in the Gospel of Mark. 2008. *Bd. II/242.*
Green, Joel B.: The Death of Jesus. 1988. *Bd. II/33.*
Gregg, Brian Han: The Historical Jesus and the Final Judgment Sayings in Q. 2005. *Bd. II/207.*
Gregory, Andrew: The Reception of Luke and Acts in the Period before Irenaeus. 2003. *Bd. II/169.*
Grindheim, Sigurd: The Crux of Election. 2005. *Bd. II/202.*
Gundry, Robert H.: The Old is Better. 2005. *Bd. 178.*

Gundry Volf, Judith M.: Paul and Perseverance. 1990. *Bd. II/37.*
Häußer, Detlef: Christusbekenntnis und Jesusüberlieferung bei Paulus. 2006. *Bd. 210.*
Hafemann, Scott J.: Suffering and the Spirit. 1986. *Bd. II/19.*
- Paul, Moses, and the History of Israel. 1995. *Bd. 81.*
Hahn, Ferdinand: Studien zum Neuen Testament.
  Bd. I: Grundsatzfragen, Jesusforschung, Evangelien. 2006. *Bd. 191.*
  Bd. II: Bekenntnisbildung und Theologie in urchristlicher Zeit. 2006. *Bd. 192.*
Hahn, Johannes (Hrsg.): Zerstörungen des Jerusalemer Tempels. 2002. *Bd. 147.*
Hamid-Khani, Saeed: Relevation and Concealment of Christ. 2000. *Bd. II/120.*
Hannah, Darrel D.: Michael and Christ. 1999. *Bd. II/109.*
Hardin, Justin K.: Galatians and the Imperial Cult? 2007. *Bd. II /237.*
Harrison; James R.: Paul's Language of Grace in Its Graeco-Roman Context. 2003. *Bd. II/172.*
Hartman, Lars: Text-Centered New Testament Studies. Hrsg. von D. Hellholm. 1997. *Bd. 102.*
Hartog, Paul: Polycarp and the New Testament. 2001. *Bd. II/134.*
Hays, Christopher M.: Luke's Wealth Ethics. 2010. *Bd. 275.*
Heckel, Theo K.: Der Innere Mensch. 1993. *Bd. II/53.*
- Vom Evangelium des Markus zum viergestaltigen Evangelium. 1999. *Bd. 120.*
Heckel, Ulrich: Kraft in Schwachheit. 1993. *Bd. II/56.*
- Der Segen im Neuen Testament. 2002. *Bd. 150.*
- siehe *Feldmeier, Reinhard.*
- siehe *Hengel, Martin.*
Heemstra, Marius The Fiscus Judaicus and the Parting of the Ways. 2010. *Bd. II/277.*
Heiligenthal, Roman: Werke als Zeichen. 1983. *Bd. II/9.*
Heininger, Bernhard: Die Inkulturation des Christentums. 2010. *Bd. 255.*
Heliso, Desta: Pistis and the Righteous One. 2007. *Bd. II/235.*
Hellholm, D.: siehe *Hartman, Lars.*
Hemer, Colin J.: The Book of Acts in the Setting of Hellenistic History. 1989. *Bd. 49.*
Hengel, Martin: Jesus und die Evangelien. Kleine Schriften V. 2007. *Bd. 211.*
- Die johanneische Frage. 1993. *Bd. 67.*
- Judaica et Hellenistica. Kleine Schriften I. 1996. *Bd. 90.*
- Judaica, Hellenistica et Christiana. Kleine Schriften II. 1999. *Bd. 109.*

– siehe *Ahearne-Kroll, Stephen P.*
Kelley, Nicole: Knowledge and Religious
  Authority in the Pseudo-Clementines. 2006.
  Bd. II/213.
Kennedy, Joel: The Recapitulation of Israel.
  2008. *Bd. II/257.*
Kensky, Meira Z.: Trying Man, Trying God.
  2010. *Bd. II/289.*
Kieffer, René und *Jan Bergman* (Hrsg.): La
  Main de Dieu / Die Hand Gottes. 1997.
  Bd. 94.
Kierspel, Lars: The Jews and the World in the
  Fourth Gospel. 2006. *Bd. II/220.*
Kim, Seyoon: The Origin of Paul's Gospel.
  1981, ²1984. *Bd. II/4.*
– Paul and the New Perspective. 2002.
  Bd. 140.
– "The 'Son of Man'" as the Son of God.
  1983. *Bd. 30.*
Klauck, Hans-Josef: Religion und Gesellschaft
  im frühen Christentum. 2003. *Bd. 152.*
Klein, Hans: siehe *Dunn, James D.G.*
Kleinknecht, Karl Th.: Der leidende Gerecht-
  fertigte. 1984, ²1988. *Bd. II/13.*
Klinghardt, Matthias: Gesetz und Volk Gottes.
  1988. *Bd. II/32.*
Kloppenborg, John S.: The Tenants in the Vine-
  yard. 2006, student edition 2010. *Bd. 195.*
Koch, Michael: Drachenkampf und Sonnenfrau.
  2004. *Bd. II/184.*
Koch, Stefan: Rechtliche Regelung von Kon-
  flikten im frühen Christentum. 2004.
  Bd. II/174.
Köhler, Wolf-Dietrich: Rezeption des Matthäus-
  evangeliums in der Zeit vor Irenäus. 1987.
  Bd. II/24.
Köhn, Andreas: Der Neutestamentler Ernst
  Lohmeyer. 2004. *Bd. II/180.*
Koester, Craig und *Reimund Bieringer* (Hrsg.):
  The Resurrection of Jesus in the Gospel of
  John. 2008. *Bd. 222.*
Konradt, Matthias: Israel, Kirche und die Völ-
  ker im Matthäusevangelium. 2007. *Bd. 215.*
Kooten, George H. van: Cosmic Christolo-
  gy in Paul and the Pauline School. 2003.
  Bd. II/171.
– Paul's Anthropology in Context. 2008.
  Bd. 232.
Korn, Manfred: Die Geschichte Jesu in ver-
  änderter Zeit. 1993. *Bd. II/51.*
Koskenniemi, Erkki: Apollonios von Tyana
  in der neutestamentlichen Exegese. 1994.
  Bd. II/61.
– The Old Testament Miracle-Workers in
  Early Judaism. 2005. *Bd. II/206.*
Kraus, Thomas J.: Sprache, Stil und historischer
  Ort des zweiten Petrusbriefes. 2001.
  Bd. II/136.
Kraus, Wolfgang: Das Volk Gottes. 1996.
  Bd. 85.
– siehe *Karrer, Martin.*
– siehe *Walter, Nikolaus.*

– und *Martin Karrer* (Hrsg.): Die Septua-
  ginta – Texte, Theologien, Einflüsse. 2010.
  Bd. 252.
– und *Karl-Wilhelm Niebuhr* (Hrsg.): Früh-
  judentum und Neues Testament im Horizont
  Biblischer Theologie. 2003. *Bd. 162.*
Krauter, Stefan: Studien zu Röm 13,1–7. 2009.
  Bd. 243.
– siehe *Frey, Jörg.*
Kreplin, Matthias: Das Selbstverständnis Jesu.
  2001. *Bd. II/141.*
Kuhn, Karl G.: Achtzehngebet und Vaterunser
  und der Reim. 1950. *Bd. 1.*
Kvalbein, Hans: siehe *Ådna, Jostein.*
Kwon, Yon-Gyong: Eschatology in Galatians.
  2004. *Bd. II/183.*
Laansma, Jon: I Will Give You Rest. 1997.
  Bd. II/98.
Labahn, Michael: Offenbarung in Zeichen und
  Wort. 2000. *Bd. II/117.*
Lambers-Petry, Doris: siehe *Tomson, Peter J.*
Lange, Armin: siehe *Ego, Beate.*
Lampe, Peter: Die stadtrömischen Christen
  in den ersten beiden Jahrhunderten. 1987,
  ²1989. *Bd. II/18.*
Landmesser, Christof: Wahrheit als Grund-
  begriff neutestamentlicher Wissenschaft.
  1999. *Bd. 113.*
– Jüngerberufung und Zuwendung zu Gott.
  2000. *Bd. 133.*
Lau, Andrew: Manifest in Flesh. 1996.
  Bd. II/86.
Lawrence, Louise: An Ethnography of the
  Gospel of Matthew. 2003. *Bd. II/165.*
Lee, Aquila H.I.: From Messiah to Preexistent
  Son. 2005. *Bd. II/192.*
Lee, Pilchan: The New Jerusalem in the Book
  of Relevation. 2000. *Bd. II/129.*
Lee, Sang M.: The Cosmic Drama of Salvation.
  2010. *Bd. II/276.*
Lee, Simon S.: Jesus' Transfiguration and the
  Believers' Transformation. 2009. *Bd. II/265.*
Lichtenberger, Hermann: Das Ich Adams und
  das Ich der Menschheit. 2004. *Bd. 164.*
– siehe *Avemarie, Friedrich.*
– siehe *Frey, Jörg.*
Lierman, John: The New Testament Moses.
  2004. *Bd. II/173.*
– (Hrsg.): Challenging Perspectives on the
  Gospel of John. 2006. *Bd. II/219.*
Lieu, Samuel N.C.: Manichaeism in the Later
  Roman Empire and Medieval China. ²1992.
  Bd. 63.
Lincicum, David: Paul and the Early Jewish
  Encounter with Deuteronomy. 2010.
  Bd. II/284.
Lindemann, Andreas: Die Evangelien und die
  Apostelgeschichte. 2009. *Bd. 241.*
Lindgård, Fredrik: Paul's Line of Thought in 2
  Corinthians 4:16-5:10. 2004. *Bd. II/189.*

Livesey, Nina E.: Circumcision as a Malleable Symbol. 2010. *Bd. II/295.*

Loader, William R.G.: Jesus' Attitude Towards the Law. 1997. *Bd. II/97.*

Löhr, Gebhard: Verherrlichung Gottes durch Philosophie. 1997. *Bd. 97.*

Löhr, Hermut: Studien zum frühchristlichen und frühjüdischen Gebet. 2003. *Bd. 160.*

– siehe *Hengel, Martin.*

Löhr, Winrich Alfried: Basilides und seine Schule. 1995. *Bd. 83.*

Lorenzen, Stefanie: Das paulinische Eikon-Konzept. 2008. *Bd. II/250.*

Luomanen, Petri: Entering the Kingdom of Heaven. 1998. *Bd. II/101.*

Luz, Ulrich: siehe *Alexeev, Anatoly A.*

– siehe *Dunn, James D.G.*

Mackay, Ian D.: John's Raltionship with Mark. 2004. *Bd. II/182.*

Mackie, Scott D.: Eschatology and Exhortation in the Epistle to the Hebrews. 2006. *Bd. II/223.*

Magda, Ksenija: Paul's Territoriality and Mission Strategy. 2009. *Bd. II/266.*

Maier, Gerhard: Mensch und freier Wille. 1971. *Bd. 12.*

– Die Johannesoffenbarung und die Kirche. 1981. *Bd. 25.*

Markschies, Christoph: Valentinus Gnosticus? 1992. *Bd. 65.*

Marshall, Jonathan: Jesus, Patrons, and Benefactors. 2009. *Bd. II/259.*

Marshall, Peter: Enmity in Corinth: Social Conventions in Paul's Relations with the Corinthians. 1987. *Bd. II/23.*

Martin, Dale B.: siehe *Zangenberg, Jürgen.*

Maston, Jason: Divine and Human Agency in Second Temple Judaism and Paul. 2010. *Bd. II/297.*

Mayer, Annemarie: Sprache der Einheit im Epheserbrief und in der Ökumene. 2002. *Bd. II/150.*

Mayordomo, Moisés: Argumentiert Paulus logisch? 2005. *Bd. 188.*

McDonough, Sean M.: YHWH at Patmos: Rev. 1:4 in its Hellenistic and Early Jewish Setting. 1999. *Bd. II/107.*

McDowell, Markus: Prayers of Jewish Women. 2006. *Bd. II/211.*

McGlynn, Moyna: Divine Judgement and Divine Benevolence in the Book of Wisdom. 2001. *Bd. II/139.*

Meade, David G.: Pseudonymity and Canon. 1986. *Bd. 39.*

Meadors, Edward P.: Jesus the Messianic Herald of Salvation. 1995. *Bd. II/72.*

Meißner, Stefan: Die Heimholung des Ketzers. 1996. *Bd. II/87.*

Mell, Ulrich: Die „anderen" Winzer. 1994. *Bd. 77.*

– siehe *Sänger, Dieter.*

Mengel, Berthold: Studien zum Philipperbrief. 1982. *Bd. II/8.*

Merkel, Helmut: Die Widersprüche zwischen den Evangelien. 1971. *Bd. 13.*

– siehe *Ego, Beate.*

Merklein, Helmut: Studien zu Jesus und Paulus. Bd. 1 1987. *Bd. 43.* – Bd. 2 1998. *Bd. 105.*

Merkt, Andreas: siehe *Nicklas, Tobias*

Metzdorf, Christina: Die Tempelaktion Jesu. 2003. *Bd. II/168.*

Metzler, Karin: Der griechische Begriff des Verzeihens. 1991. *Bd. II/44.*

Metzner, Rainer: Die Rezeption des Matthäusevangeliums im 1. Petrusbrief. 1995. *Bd. II/74.*

– Das Verständnis der Sünde im Johannesevangelium. 2000. *Bd. 122.*

Mihoc, Vasile: siehe *Dunn, James D.G..*

Mineshige, Kiyoshi: Besitzverzicht und Almosen bei Lukas. 2003. *Bd. II/163.*

Mittmann, Siegfried: siehe *Hengel, Martin.*

Mittmann-Richert, Ulrike: Magnifikat und Benediktus. 1996. *Bd. II/90.*

– Der Sühnetod des Gottesknechts. 2008. *Bd. 220.*

Miura, Yuzuru: David in Luke-Acts. 2007. *Bd. II/232.*

Moll, Sebastian: The Arch-Heretic Marcion. 2010. *Bd. 250.*

Morales, Rodrigo J.: The Spirit and the Restorat. 2010. *Bd. 282.*

Mournet, Terence C.: Oral Tradition and Literary Dependency. 2005. *Bd. II/195.*

Mußner, Franz: Jesus von Nazareth im Umfeld Israels und der Urkirche. Hrsg. von M. Theobald. 1998. *Bd. 111.*

Mutschler, Bernhard: Das Corpus Johanneum bei Irenäus von Lyon. 2005. *Bd. 189.*

– Glaube in den Pastoralbriefen. 2010. *Bd. 256.*

Myers, Susan E.: Spirit Epicleses in the Acts of Thomas. 2010. *Bd. 281.*

Nguyen, V. Henry T.: Christian Identity in Corinth. 2008. *Bd. II/243.*

Nicklas, Tobias, Andreas Merkt und *Joseph Verheyden* (Hrsg.): Gelitten – Gestorben – Auferstanden. 2010. *Bd. II/273.*

– siehe *Verheyden, Joseph*

Niebuhr, Karl-Wilhelm: Gesetz und Paränese. 1987. *Bd. II/28.*

– Heidenapostel aus Israel. 1992. *Bd. 62.*

– siehe *Deines, Roland*

– siehe *Dimitrov, Ivan Z.*

– siehe *Kraus, Wolfgang*

Nielsen, Anders E.: "Until it is Fullfilled". 2000. *Bd. II/126.*

Nielsen, Jesper Tang: Die kognitive Dimension des Kreuzes. 2009. *Bd. II/263.*

Nissen, Andreas: Gott und der Nächste im antiken Judentum. 1974. *Bd. 15.*

Noack, Christian: Gottesbewußtsein. 2000. *Bd. II/116.*

Noormann, Rolf: Irenäus als Paulusinterpret. 1994. *Bd. II/66.*

Novakovic, Lidija: Messiah, the Healer of the Sick. 2003. *Bd. II/170.*

Obermann, Andreas: Die christologische Erfüllung der Schrift im Johannesevangelium. 1996. *Bd. II/83.*

Öhler, Markus: Barnabas. 2003. *Bd. 156.*
– siehe *Becker, Michael.*

Okure, Teresa: The Johannine Approach to Mission. 1988. *Bd. II/31.*

Onuki, Takashi: Heil und Erlösung. 2004. *Bd. 165.*

Oropeza, B. J.: Paul and Apostasy. 2000. *Bd. II/115.*

Ostmeyer, Karl-Heinrich: Kommunikation mit Gott und Christus. 2006. *Bd. 197.*
– Taufe und Typos. 2000. *Bd. II/118.*

Pao, David W.: Acts and the Isaianic New Exodus. 2000. *Bd. II/130.*

Park, Eung Chun: The Mission Discourse in Matthew's Interpretation. 1995. *Bd. II/81.*

Park, Joseph S.: Conceptions of Afterlife in Jewish Insriptions. 2000. *Bd. II/121.*

Parsenios, George L.: Rhetoric and Drama in the Johannine Lawsuit Motif. 2010. *Bd. 258.*

Pate, C. Marvin: The Reverse of the Curse. 2000. *Bd. II/114.*

Paulsen, Henning: Studien zur Literatur und Geschichte des frühen Christentums. Hrsg. von Ute E. Eisen. 1997. *Bd. 99.*

Pearce, Sarah J.K.: The Land of the Body. 2007. *Bd. 208.*

Peres, Imre: Griechische Grabinschriften und neutestamentliche Eschatologie. 2003. *Bd. 157.*

Perry, Peter S.: The Rhetoric of Digressions. 2009. *Bd. II/268.*

Philip, Finny: The Origins of Pauline Pneumatology. 2005. *Bd. II/194.*

Philonenko, Marc (Hrsg.): Le Trône de Dieu. 1993. *Bd. 69.*

Pilhofer, Peter: Presbyteron Kreitton. 1990. *Bd. II/39.*
– Philippi. Bd. 1 1995. *Bd. 87.* – Bd. 2 ²2009. *Bd. 119.*
– Die frühen Christen und ihre Welt. 2002. *Bd. 145.*
– siehe *Becker, Eve-Marie.*
– siehe *Ego, Beate.*

Pitre, Brant: Jesus, the Tribulation, and the End of the Exile. 2005. *Bd. II/204.*

Plümacher, Eckhard: Geschichte und Geschichten. 2004. *Bd. 170.*

Pöhlmann, Wolfgang: Der Verlorene Sohn und das Haus. 1993. *Bd. 68.*

Poirier, John C.: The Tongues of Angels. 2010. *Bd. II/287.*

Pokorný, Petr und *Josef B. Souček:* Bibelauslegung als Theologie. 1997. *Bd. 100.*

Pokorný, Petr und *Jan Roskovec* (Hrsg.): Philosophical Hermeneutics and Biblical Exegesis. 2002. *Bd. 153.*

Popkes, Enno Edzard: Das Menschenbild des Thomasevangeliums. 2007. *Band 206.*
– Die Theologie der Liebe Gottes in den johanneischen Schriften. 2005. *Bd. II/197.*

Porter, Stanley E.: The Paul of Acts. 1999. *Bd. 115.*

Prieur, Alexander: Die Verkündigung der Gottesherrschaft. 1996. *Bd. II/89.*

Probst, Hermann: Paulus und der Brief. 1991. *Bd. II/45.*

Puig i Tàrrech, Armand: Jesus: An Uncommon Journey. 2010. *Vol. II/288.*

Rabens, Volker: The Holy Spirit and Ethics in Paul. 2010. *Bd. II/283.*

Räisänen, Heikki: Paul and the Law. 1983, ²1987. *Bd. 29.*

Rehkopf, Friedrich: Die lukanische Sonderquelle. 1959. *Bd. 5.*

Rein, Matthias: Die Heilung des Blindgeborenen (Joh 9). 1995. *Bd. II/73.*

Reinmuth, Eckart: Pseudo-Philo und Lukas. 1994. *Bd. 74.*

Reiser, Marius: Bibelkritik und Auslegung der Heiligen Schrift. 2007. *Bd. 217.*
– Syntax und Stil des Markusevangeliums. 1984. *Bd. II/11.*

Reynolds, Benjamin E.: The Apocalyptic Son of Man in the Gospel of John. 2008. *Bd. II/249.*

Rhodes, James N.: The Epistle of Barnabas and the Deuteronomic Tradition. 2004. *Bd. II/188.*

Richards, E. Randolph: The Secretary in the Letters of Paul. 1991. *Bd. II/42.*

Riesner, Rainer: Jesus als Lehrer. 1981, ³1988. *Bd. II/7.*
– Die Frühzeit des Apostels Paulus. 1994. *Bd. 71.*

Rissi, Mathias: Die Theologie des Hebräerbriefs. 1987. *Bd. 41.*

Röcker, Fritz W.: Belial und Katechon. 2009. *Bd. II/262.*

Röhser, Günter: Metaphorik und Personifikation der Sünde. 1987. *Bd. II/25.*

Rose, Christian: Theologie als Erzählung im Markusevangelium. 2007. *Bd. II/236.*
– Die Wolke der Zeugen. 1994. *Bd. II/60.*

Roskovec, Jan: siehe *Pokorný, Petr.*

Rothschild, Clare K.: Baptist Traditions and Q. 2005. *Bd. 190.*
– Hebrews as Pseudepigraphon. 2009. *Band 235.*
– Luke Acts and the Rhetoric of History. 2004. *Bd. II/175.*
– siehe *Frey, Jörg.*

Rüegger, Hans-Ulrich: Verstehen, was Markus erzählt. 2002. *Bd. II/155.*

Rüger, Hans Peter: Die Weisheitsschrift aus der Kairoer Geniza. 1991. *Bd. 53.*

Sänger, Dieter: Antikes Judentum und die Mysterien. 1980. *Bd. II/5.*

– Die Verkündigung des Gekreuzigten und Israel. 1994. *Bd. 75.*

– siehe *Burchard, Christoph.*

– und *Ulrich Mell* (Hrsg.): Paulus und Johannes. 2006. *Bd. 198.*

Salier, Willis Hedley: The Rhetorical Impact of the Se-meia in the Gospel of John. 2004. *Bd. II/186.*

Salzmann, Jorg Christian: Lehren und Ermahnen. 1994. *Bd. II/59.*

Sandnes, Karl Olav: Paul – One of the Prophets? 1991. *Bd. II/43.*

Sato, Migaku: Q und Prophetie. 1988. *Bd. II/29.*

Schäfer, Ruth: Paulus bis zum Apostelkonzil. 2004. *Bd. II/179.*

Schaper, Joachim: Eschatology in the Greek Psalter. 1995. *Bd. II/76.*

Schimanowski, Gottfried: Die himmlische Liturgie in der Apokalypse des Johannes. 2002. *Bd. II/154.*

– Weisheit und Messias. 1985. *Bd. II/17.*

Schlichting, Günter: Ein jüdisches Leben Jesu. 1982. *Bd. 24.*

Schließer, Benjamin: Abraham's Faith in Romans 4. 2007. *Band II/224.*

Schnabel, Eckhard J.: Law and Wisdom from Ben Sira to Paul. 1985. *Bd. II/16.*

Schnelle, Udo: siehe *Frey, Jörg.*

Schröter, Jens: Von Jesus zum Neuen Testament. 2007. *Band 204.*

– siehe *Frey, Jörg.*

Schutter, William L.: Hermeneutic and Composition in I Peter. 1989. *Bd. II/30.*

Schwartz, Daniel R.: Studies in the Jewish Background of Christianity. 1992. *Bd. 60.*

Schwemer, Anna Maria: siehe *Hengel, Martin*

Schwindt, Rainer: Das Weltbild des Epheserbriefes. 2002. *Bd. 148.*

Scott, Ian W.: Implicit Epistemology in the Letters of Paul. 2005. *Bd. II/205.*

Scott, James M.: Adoption as Sons of God. 1992. *Bd. II/48.*

– Paul and the Nations. 1995. *Bd. 84.*

Shi, Wenhua: Paul's Message of the Cross as Body Language. 2008. *Bd. II/254.*

Shum, Shiu-Lun: Paul's Use of Isaiah in Romans. 2002. *Bd. II/156.*

Siegert, Folker: Drei hellenistisch-jüdische Predigten. Teil I 1980. *Bd. 20* – Teil II 1992. *Bd. 61.*

– Nag-Hammadi-Register. 1982. *Bd. 26.*

– Argumentation bei Paulus. 1985. *Bd. 34.*

– Philon von Alexandrien. 1988. *Bd. 46.*

Simon, Marcel: Le christianisme antique et son contexte religieux I/II. 1981. *Bd. 23.*

Smit, Peter-Ben: Fellowship and Food in the Kingdom. 2008. *Bd. II/234.*

Snodgrass, Klyne: The Parable of the Wicked Tenants. 1983. *Bd. 27.*

Söding, Thomas: Das Wort vom Kreuz. 1997. *Bd. 93.*

– siehe *Thüsing, Wilhelm.*

Sommer, Urs: Die Passionsgeschichte des Markusevangeliums. 1993. *Bd. II/58.*

Sorensen, Eric: Possession and Exorcism in the New Testament and Early Christianity. 2002. *Band II/157.*

Souček, Josef B.: siehe *Pokorný, Petr.*

Southall, David J.: Rediscovering Righteousness in Romans. 2008. *Bd. 240.*

Spangenberg, Volker: Herrlichkeit des Neuen Bundes. 1993. *Bd. II/55.*

Spanje, T.E. van: Inconsistency in Paul? 1999. *Bd. II/110.*

Speyer, Wolfgang: Frühes Christentum im antiken Strahlungsfeld. Bd. I: 1989. *Bd. 50.*

– Bd. II: 1999. *Bd. 116.*

– Bd. III: 2007. *Bd. 213.*

Spittler, Janet E.: Animals in the Apocryphal Acts of the Apostles. 2008. *Bd. II/247.*

Sprinkle, Preston: Law and Life. 2008. *Bd. II/241.*

Stadelmann, Helge: Ben Sira als Schriftgelehrter. 1980. *Bd. II/6.*

Stein, Hans Joachim: Frühchristliche Mahlfeiern. 2008. *Bd. II/255.*

Stenschke, Christoph W.: Luke's Portrait of Gentiles Prior to Their Coming to Faith. *Bd. II/108.*

Sterck-Degueldre, Jean-Pierre: Eine Frau namens Lydia. 2004. *Bd. II/176.*

Stettler, Christian: Der Kolosserhymnus. 2000. *Bd. II/131.*

– Das letzte Gericht. 2011. *Bd. II/299.*

Stettler, Hanna: Die Christologie der Pastoralbriefe. 1998. *Bd. II/105.*

Stökl Ben Ezra, Daniel: The Impact of Yom Kippur on Early Christianity. 2003. *Bd. 163.*

Strobel, August: Die Stunde der Wahrheit. 1980. *Bd. 21.*

Stroumsa, Guy G.: Barbarian Philosophy. 1999. *Bd. 112.*

Stuckenbruck, Loren T.: Angel Veneration and Christology. 1995. *Bd. II/70.*

–, *Stephen C. Barton* und *Benjamin G. Wold* (Hrsg.): Memory in the Bible and Antiquity. 2007. *Vol. 212.*

Stuhlmacher, Peter (Hrsg.): Das Evangelium und die Evangelien. 1983. *Bd. 28.*

– Biblische Theologie und Evangelium. 2002. *Bd. 146.*

Sung, Chong-Hyon: Vergebung der Sünden. 1993. *Bd. II/57.*

Svendsen, Stefan N.: Allegory Transformed. 2009. *Bd. II/269*

Tajra, Harry W.: The Trial of St. Paul. 1989. *Bd. II/35.*

– The Martyrdom of St.Paul. 1994. *Bd. II/67.*

Tellbe, Mikael: Christ-Believers in Ephesus. 2009. *Bd. 242.*

Theißen, Gerd: Studien zur Soziologie des Urchristentums. 1979, ³1989. *Bd. 19.*

Theobald, Michael: Studien zum Corpus Iohanneum. 2010. *Band 267.*

– Studien zum Römerbrief. 2001. *Bd. 136.*

– siehe *Mußner, Franz.*

Thornton, Claus-Jürgen: Der Zeuge des Zeugen. 1991. *Bd. 56.*

Thüsing, Wilhelm: Studien zur neutestamentlichen Theologie. Hrsg. von Thomas Söding. 1995. *Bd. 82.*

Thurén, Lauri: Derhethorizing Paul. 2000. *Bd. 124.*

Thyen, Hartwig: Studien zum Corpus Iohanneum. 2007. *Bd. 214.*

Tibbs, Clint: Religious Experience of the Pneuma. 2007. *Bd. II/230.*

Toit, David S. du: Theios Anthropos. 1997. *Bd. II/91.*

Tomson, Peter J. und Doris Lambers-Petry (Hrsg.): The Image of the Judaeo-Christians in Ancient Jewish and Christian Literature. 2003. *Bd. 158.*

Tolmie, D. Francois: Persuading the Galatians. 2005. *Bd. II/190.*

Toney, Carl N.: Paul's Inclusive Ethic. 2008. *Bd. II/252.*

Trebilco, Paul: The Early Christians in Ephesus from Paul to Ignatius. 2004. *Bd. 166.*

Treloar, Geoffrey R.: Lightfoot the Historian. 1998. *Bd. II/103.*

Troftgruben, Troy M.: A Conclusion Unhindered. 2010. *Bd. II/280.*

Tso, Marcus K.M.: Ethics in the Qumran Community. 2010. *Bd. II/292.*

Tsuji, Manabu: Glaube zwischen Vollkommenheit und Verweltlichung. 1997. *Bd. II/93*

Twelftree, Graham H.: Jesus the Exorcist. 1993. *Bd. II/54.*

Ulrichs, Karl Friedrich: Christusglaube. 2007. *Bd. II/227.*

Urban, Christina: Das Menschenbild nach dem Johannesevangelium. 2001. *Bd. II/137.*

Vahrenhorst, Martin: Kultische Sprache in den Paulusbriefen. 2008. *Bd. 230.*

Vegge, Ivar: 2 Corinthians – a Letter about Reconciliation. 2008. *Bd. II/239.*

Verheyden, Joseph, Korinna Zamfir und Tobias Nicklas (Ed.): Prophets and Prophecy in Jewish and Early Christian Literature. 2010. *Bd. II/286.*

– siehe *Nicklas, Tobias*

Visotzky, Burton L.: Fathers of the World. 1995. *Bd. 80.*

Vollenweider, Samuel: Horizonte neutestamentlicher Christologie. 2002. *Bd. 144.*

Vos, Johan S.: Die Kunst der Argumentation bei Paulus. 2002. *Bd. 149.*

Waaler, Erik: The *Shema* and The First Commandment in First Corinthians. 2008. *Bd. II/253.*

Wagener, Ulrike: Die Ordnung des „Hauses Gottes". 1994. *Bd. II/65.*

Wagner, J. Ross: siehe *Wilk, Florian.*

Wahlen, Clinton: Jesus and the Impurity of Spirits in the Synoptic Gospels. 2004. *Bd. II/185.*

Walker, Donald D.: Paul's Offer of Leniency (2 Cor 10:1). 2002. *Bd. II/152.*

Walter, Nikolaus: Praeparatio Evangelica. Hrsg. von Wolfgang Kraus und Florian Wilk. 1997. *Bd. 98.*

Wander, Bernd: Gottesfürchtige und Sympathisanten. 1998. *Bd. 104.*

Wardle, Timothy: The Jerusalem Temple and Early Christian Identity. 2010. *Bd. II/291.*

Wasserman, Emma: The Death of the Soul in Romans 7. 2008. *Bd. 256.*

Waters, Guy: The End of Deuteronomy in the Epistles of Paul. 2006. *Bd. 221.*

Watt, Jan G. van der: siehe *Frey, Jörg.*

– siehe *Zimmermann, Ruben.*

Watts, Rikki: Isaiah's New Exodus and Mark. 1997. *Bd. II/88.*

Wedderburn, Alexander J.M.: Baptism and Resurrection. 1987. *Bd. 44.*

– Jesus and the Historians. 2010. *Bd. 269.*

Wegner, Uwe: Der Hauptmann von Kafarnaum. 1985. *Bd. II/14.*

Weiß, Hans-Friedrich: Frühes Christentum und Gnosis. 2008. *Bd. 225.*

Weissenrieder, Annette: Images of Illness in the Gospel of Luke. 2003. *Bd. II/164.*

– und *Robert B. Coote* (Hrsg.): The Interface of Orality and Writing. 2010. *Bd. 260.*

–, *Friederike Wendt und Petra von Gemünden* (Hrsg.): Picturing the New Testament. 2005. *Bd. II/193.*

Welck, Christian: Erzählte ,Zeichen'. 1994. *Bd. II/69.*

Wendt, Friederike (Hrsg.): siehe *Weissenrieder, Annette.*

Wiarda, Timothy: Peter in the Gospels. 2000. *Bd. II/127.*

Wifstrand, Albert: Epochs and Styles. 2005. *Bd. 179.*

Wilk, Florian und J. Ross Wagner (Ed.): Between Gospel and Election. 2010. *Bd. 257.*

– siehe *Walter, Nikolaus.*

Williams, Catrin H.: I am He. 2000. *Bd. II/113.*

Winninge, Mikael: siehe *Holmberg, Bengt.*

Wilson, Todd A.: The Curse of the Law and the Crisis in Galatia. 2007. *Bd. II/225.*

Wilson, Walter T.: Love without Pretense. 1991. *Bd. II/46.*

Winn, Adam: The Purpose of Mark's Gospel. 2008. *Bd. II/245.*

Wischmeyer, Oda: Von Ben Sira zu Paulus. 2004. *Bd. 173.*

Wisdom, Jeffrey: Blessing for the Nations and the Curse of the Law. 2001. *Bd. II/133.*

Witmer, Stephen E.: Divine Instruction in Early Christianity. 2008. *Bd. II/246.*

Wold, Benjamin G.: Women, Men, and Angels. 2005. *Bd. II/2001.*

– siehe *Stuckenbruck, Loren T.*

Wolter, Michael: Theologie und Ethos im frühen Christentum. 2009. *Band 236.*

Wright, Archie T.: The Origin of Evil Spirits. 2005. *Bd. II/198.*

Wucherpfennig, Ansgar: Heracleon Philologus. 2002. *Bd. 142.*

Yates, John W.: The Spirit and Creation in Paul. 2008. *Vol. II/251.*

Yeung, Maureen: Faith in Jesus and Paul. 2002. *Bd. II/147.*

Zamfir, Corinna: siehe *Verheyden, Joseph*

Zangenberg, Jürgen, Harold W. Attridge und Dale B. Martin (Hrsg.): Religion, Ethnicity and Identity in Ancient Galilee. 2007. *Bd. 210.*

Zimmermann, Alfred E.: Die urchristlichen Lehrer. 1984, ²1988. *Bd. II/12.*

Zimmermann, Johannes: Messianische Texte aus Qumran. 1998. *Bd. II/104.*

Zimmermann, Ruben: Christologie der Bilder im Johannesevangelium. 2004. *Bd. 171.*

– Geschlechtermetaphorik und Gottesverhältnis. 2001. *Bd. II/122.*

– (Hrsg.): Hermeneutik der Gleichnisse Jesu. 2008. *Bd. 231.*

– und *Jan G. van der Watt* (Hrsg.): Moral Language in the New Testament. Vol. II. 2010. *Bd. II/296.*

– siehe *Frey, Jörg.*

– siehe *Horn, Friedrich Wilhelm.*

Zugmann, Michael: „Hellenisten" in der Apostelgeschichte. 2009. *Bd. II/264.*

Zumstein, Jean: siehe *Dettwiler, Andreas*

Zwiep, Arie W.: Christ, the Spirit and the Community of God. 2010. *Bd. II/293.*

– Judas and the Choice of Matthias. 2004. *Bd. II/187.*

Einen Gesamtkatalog erhalten Sie gerne vom Verlag
Mohr Siebeck – Postfach 2040 – D–72010 Tübingen
Neueste Informationen im Internet unter www.mohr.de